Anton Birlinger

Schwäbisch - augsburgisches Wörterbuch

Anton Birlinger

Schwäbisch - augsburgisches Wörterbuch

ISBN/EAN: 9783742891099

Hergestellt in Europa, USA, Kanada, Australien, Japan

Cover: Foto ©Andreas Hilbeck / pixelio.de

Manufactured and distributed by brebook publishing software (www.brebook.com)

Anton Birlinger

Schwäbisch - augsburgisches Wörterbuch

SCHWÄBISCH-AUGSBURGISCHES
WÖRTERBUCH

HERAUSZGEGEBEN

VON

DR. ANTON BIRLINGER.

IM VERLAG DER K. B. AKADEMIE DER WISZENSCHAFTEN.

MÜNCHEN.
IN COMMISSION BEI G. FRANZ.
1864.

Vorrede.

Das »Schwäbisch-Augsburgische Wörterbuch« enthält Beiträge zu einem Sprachschaze derjenigen schwäbischen Lande, die jezt unter k. bayerischer Krone sind. Genauer wäre die Bezeichnung »Beiträge zu einem Sprachschaze des alten Augsburger Bistumgebietes.«. Die Gränzen des alten Bistums, die weit über k. bayerische Marken hinauszgen, sind, wenn Vollständigkeit erzilt werden will, genau einzuhalten. Man musz somit da und dort über die schwäbische Alb hinübergreifen, ja bis Gmünd und Ellwangen hin Gränzpfäle auszstecken. Wie im Calwischen Gebiete Speierische Einflüsze in Sprache sich geltend machten und jezt noch fort und fort erkennbar sind, so wirkte Augsb. Element beispilsweise auf die Gmünder Mundart. Esz ist noch nicht so lange, dasz die Gmünder ir Getraide auf der Augsburger Schranne geholt haben. Die wegen ires belebten Verkeres hochwichtige Strasze von Augsburg über Burgau nach Ulm

*

und von da gegen Böhmenkirchen kan bei Sprachstudien nicht umgangen werden. Ich habe mich bei vorligender Arbeit, die nur ein bescheidener Beitrag genannt werden mag, zunächst an das Augsburger Gebiet im engeren Sinne gehalten. Die Stadt selbst sollte den Auszgangspunkt bilden; da aber, wie ich in der Mundart dargetan, altes Wesen in Sprache und Sitte nur auf einen kleinen Teil, auf die Jakober Vorstadt beschränkt ist, so war notwendig diejenige Gegend um Augsburg genauer zu durchforschen, welche mit der alten echten Augsburger Sprache am meisten stimmt: nämlich das Wertachtal, die »Strasze« und unmittelbar darüber die »Stauden«, eine waldige gegen das Mindeltal, die Reischenau und das Wertachtal hin abfallende Landschaft, die fremder Redeweise beharrlich Aufname verweigert. Disem kleinen Stücke Landes ist der Grundstock des Buches entnommen. Dazu sind fast alle bayer. schwäb. Landstriche bald mer bald weniger hereingezogen: selbst das alamanische Allgaü, das in der schwäb. Grammatik sorgfältig unterschieden und darum hier ferne gehalten werden musz, hat bisweilen Berücksichtigung gefunden.

Wenn ich nach dem wirtembergischen Schwaben hinübergrif, so war esz einmal der eben genannte sprachliche Zusamenhang der alten Bistumsgebiete, sodann die Bekanntschaft mit der Mundart meiner Heimat, bevorab mit der Volkssprache des mittleren und oberen Necargebietes, das ich wiederholt nur Niederschwaben nannte. Dise Mundart, sowie die des sog. altwirtembergischen Gebietes stet von der Augsburgischen weit ab. Näher komt das Land von der Alb an, abgerechnet das sogen. Alamannische, das weder zu dem einen noch zu dem andern Zweige des Schwäbischen gehört. Mit Fug und Recht ist die Waszerscheide des Necar's und der Donau auch die Gränze vom sprachlich verschidenen Ober- und Niederschwaben. Dahin ist Weinhold's Angabe »Oberschwäbisch«, wenn er von der

Rotweiler Gegend spricht, zu berichtigen. Rotweil ist die Gränze von Niederschwaben und dem echt alamannischen Gebiete, das zwischen dem Rhein, Tuttlingen und Rotweil liegt (Schaffhausen, Waldshut u. s. w.) und bis herab an das Ende des Heuberges, bis Beuron reicht. Disz Gebiet vom Rhein bis zu dem Ursprunge des Necar's und der Donau und was in dem Winkel ligt, wenn von Rotweil bis Beuron-Möszkirch eine schiefe Linie gezogen wird, mit dem ganzen badischen Seekreise, umfaszt echt alamannische Mundart. Von Sigmaringen, Scheer, Riedlingen an begint Oberschwaben: Sprache, Sitte, Wuchs, Gesichtsbildung wird eine andere. Von dem Oberschwäbischen ist wieder gar ser die Sprache des Allgaü's verschiden: sie begint da, wo der Nasenlaut aufhört. Unter Oberschwaben habe ich im Wörterbuche innerhalb bayerischer Gränze das Gebiet des Illertales bis zum Lech verstanden: zu Mittelschwaben wird das Mindeltal und von da an mer oder weniger das Riesz mit seinen fränkischen und oberpfälzischen Anklängen zu zälen sein. Die Strasze von Augsburg über Kaufbeuren und die Augsb. Ulmerstrasze tragen verschidenes aber für sich gleichartiges Gepräge. Auf einzelne Sprachinseln innerhalb all diser schwäb. Augsb. Gebiete werde ich nach wiederholten Nachforschungen gelegentlich aufmerksam machen. Sie sind nicht selten. Bei des unübertroffenen Schmeller's Vorgang uud den Anforderungen des heutigen Standes der Sprachwiszenschaft musz aber auch die Mundart, wie sie sich in Urkunden und verschidenen Schriftwerken einer Stadt, eines Klosters, eines Gerichtsbezirks, einer Provinz auszprägt, beigezogen werden. Disen Anforderungen einigermassen zu genügen, habe ich mir besondere Mühe gegeben, umsomer als mir bereitwilligst von Seite der K. Hof- und Staatsbibliothek die benötigten Quellen zur Verfügung gestellt wurden, darum überwigt auch das ausz Handschriften gesamelte Material. Das Gleichgewicht soll aber seiner

Zeit hergestellt werden, da ich nummer mein Augenmerk auf die lebende Volkssprache richten und bei meinen schwäbischen Wanderungen Gelegenheit finden werde, selbst zu hören und selbst zu sehen. Die älteren Schriftwerke, die ich benüzte, gehörten meist Augsb. Klöstern an; hie und da nam ich, aber vorsichtig, einen zweifelhaften cod. d. h. einen von dem ungewisz ist, ob er nicht von der Hand eines bayerischen Mönches in einem schwäbischen Kloster stamt. Hauptgewinn boten mir die Zunftordnungen in Augsburg, vor allen der Weber, sowie deren Aktenkästen. Das Fugger-Nordendorf'sche Archiv, jezt Rechberg-Donzdorfisch, in Mickhausen, von dem man kaum eine Anung hatte, bot mir unschäzbares Material und birgt dessen gewisz noch mer als vil. Das Augsb. Archiv, die Bibliothek des historischen Vereins und die Stadtbibliothek gewärten mir Manches; ich hoffe aber dort mit Beihilfe der betreffenden gefälligen Verwalter in Zukunft reiche Ernte zu halten. Seltene Augsburgische Drucke verdanke ich der Oberndorfer'schen Antiquariatsbuchhandlung dahier. Nicht zu missachten sind die Pfarrbücher der einzelnen Gemeinden: Beweise dafür finden sich im Wörterbuche.

Was bisher an Beiträgen zu einem Wörterbuche für das bayerische Schwaben geliefert worden, ist ausz Schmeller und Schmid bekant. Ein leider zu früh für die Wiszenschaft entriszener Schüler und Freund Schmeller's, Professor Auerbacher dahier, darf nicht vergeszen werden, sein Material soll jedoch bis auf einen Band, der ausz unverzeilicher Nachläszigkeit verloren gieng, in guten Händen sein. Wörterbücher zum Stadtrechte von Augsburg sind vor 120 Jaren und zulezt von Hofmann v. Fallersleben in seinen Fundgruben und auf sie gestüzt von den Herausgebern des Mhd. Wbs. angestrebt worden: leider lag inen allen das Original nicht vor, denn die Texte bei Walch, v. Freyberg sind fast unbrauchbar. Den ältesten Anlauf zu einem Wörterbuche des Stadtrechts machten mit A die Beiträge zur kritischen Historie der deutschen Sprache. Leipzig 1732.

Einen Versuch zu einem Augsb. Idiotikon machte zu Anfang dises Jarhunderts ein Herr von Aman zu Augsburg, dessen Arbeit, mit Not der unbarmherzigen Scheere eines Buchbinders entriszen, manchen alten Auszdruck bewart hat. Ergibig sind die Arbeiten vom Herrn Prof. und geistlichen Rat Jocham in Freising, der selbst ein Allgaüer, bei verschidenen Gelegenheiten seine gesunde Anschauung über die Volkssprache bewis. Die Localreimereien, die schwäbischen mitunter ser wertvollen Gedichte des J. G. Scheifele, und kleinere zu Memmingen und Kempten erschienene mundartliche Proben sind gute Handhaben bei einschlägigen Forschungen. Die Werke von Raiser, Herberger, Greiff bieten eine Masse Stof für Kunde der Schwäbisch-Augsb. Mundart.

Den Anstosz zur Herauszgabe dises Wörterbuches — das zum gröszeren Teil nur Stof zur Verarbeitung bieten soll — gab eine wiederholte Aufforderung von J. Grimm, der in seinen lezten Jaren der Mundart ungleich mer nachhieng denn früher. Er wünschte vor Allem das Allgaüische Gebiet und dann das ganze Land bis Nördlingen sprachlich genau dargestellt. Disem seinem Wunsche nachzukommen war mir ermöglicht durch die huldvolle Unterstüzung Sr. Exc. des Staatsministers Herrn von Zwehl und der k. Bayer. Akademie der Wiszenschaften; durch Dekret eines hohen Staatsministeriums des Innern für Kirchen- und Schul-Angelegenheiten wurde mir eine entsprechende Summe angewisen, die k. Akademie liesz die Vorarbeit als Anhang in iren Sizungsberichten drucken. Dafür spreche ich hier und dort meinen tiefgefülten Dank ausz.

Esz erübrigt mir noch, meine Arbeit milder Beurteilung zu empfehlen. Jeder Anfang ist schwer, und ich halte es mit dem oben genannten Sammler v. Aman, der am Ende seiner Vorrede klagt: dasz man der Gefar zu irren nirgends leichter als bei Sammlungen diser Art auszgesezt ist. Möge der geneigte Leser ob der Menge des Stoffes, die wie schon bei andern vor mir, verunglückte historische Schreibweise entschuldigen.

München, im September 1864.

DER HERAUSZGEBER.

Schwäbisch-Augsburgisches Wörterbuch

von

Dr Anton Birlinger

A.

Kurzes A. got. und ahd. ă

1) die Auszsprache ist in der Regel rein. und gleich italienischem a, erleidet aber Denung in der Stammsilbe. So: vā der, bāch, schlāg, drischlāg, wāfel, spāget, waszerfāl, bāden u. s. w., nās ahd. naz, nasz; fās, ahd. vaz, fasz; sāgh, Sack; klāpf, bātschappel, Klatschmaul, Schwätzer oder Schwätzerin; hāmel, kāmer, jāmer, schlāmpere, lātsche, bātsche, dātsche, léberspāza u. s. w. Vgl. Wb. z. Volkstüml. S. 9. Die Gegend um Böhmenkirch und Gmünd weist Aehnliches auf. Schriftliche Denkmäler bezeichnen dise Denung durch ein doppeltes a: bachaanger bei Gass.; der Judenbrief v. 1299 bei Horm. 1834. S. 116 hat baaden. Nur teilweise hat sich ă erhalten. wenn mehrere Mitlauter folgen, was in der Auszsprache der leztern begründet ist. Der Niederschwabe kennt dise Denung überhaupt nicht.

Wegfall der Endlauter b, g, ch, r hat im wirtemb. Schwaben allgemein Denung des a zur Folge. In Augsburg ist dises sehr selten der Fall; man hört māder, gāta für Marder, Garten; a b verliert das b in ābreagla, āzwalga u. s. w. b fällt noch ausz, wo schon die mhd. Schriftsprache vorangegangen ist; wie in der Abwandlung von geben; für ch vermag ich vorerst nur dernao (darnach); »ze wihennāten« MB. XXIV, S. 407. ad 1316 beizubringen. Vgl. Wb. z. Volkstüml. S. 9. Ueber g vgl. unten.

2) Vor m und n macht sich der Nasenlaut geltend und trübt die Auszsprache fast zu ŏ: mŏ (Mann) wŏ (Wahn) zŏ (Zahn) kŏ (kann) ŏ (an). Die schriftlich. Denkmäler haben: majoron cgm. 601 f. 104 b, Majoran, amaracus, vulgo majorana, Frisch I, 636 b; monier, Kleiderbüchlein; des TN. hat stets won (wann) u. s. w.

3) die Neigung zu ŏ begegnet auch vor l, r: orsch (Ars) holta, (halten) wold, kolt, olt, solz, schmolz u. s. w. Aber um ă zu bewaren, verdoppelten die schriftl. Denkmäler, besonders Sender das l, z. B. in diebstall

S. f. 145b wallzettel f. 173a
Ballingen f. 369b, eine wirtemb.
Stadt.
Wie der Reutlinger Chronist
FizionPforrer, Pforrkirch, Schormitzel,
Stuttgort, bormherzig, gewolttätig
u. s. w. bringt, schreibt
auch Sender schon Malvoseyer
für Malvasier f. 157b, podogra
f. 397 a; »alle cottember«
Manuale f. 4a neben cottemper,
f. 9b u. quotember f.
58a, zem stadol MB. 23, 7a 363
ad 1441. Ein Augsb. Vocabularius
cgm. 689, freilich mehr bayerische,
denn schwäbische Heimat bekundend,
vom Kloster St. Ulrich
u. Afra, schreibt brasiare
molzen, brasiator molzer,
brasiatorium molzhaus u. s. w.
Vgl. Gramm. I², 79. Weinhold
alam. Gramm. § 83. Schleicher,
Sprache S. 328.

4) Aber echt Augsburgisch ist
das Verharren bei gedentem ă
vor r: gāra, faulgāra, gārasieder,
Leipziger gāra, katāra,
bāra, āra (arm) ārenprust,
harenstein (cgm. 601
f. 111 a) u. s. w. Merkwürdigerweise
treffen wir disz wieder in
Oberschwaben, ferner am Fusze
der rauhen Alb, im Hertfelde.
Schon das Ahd. gibt uns aram,
halam, palam, Gramm. I, 3, 8
und weist damit auf die Wirkung
von l u. r. Dise Einschiebung
ist auch in Rheinfranken üblich.
Der Altbayer spricht är als gedentes
år; der Oesterreicher u.
Oberpfälzer als kurzes oar in

noar (Narr) boart, koarten statt
karten u. s. w.
5) Die—en des Infinit. und der
Substantive im plur werden bisweilen
wie reines á gesprochen;
gangá, blomá, cláadá, bõá, liebá,
beggárosz, regglá, káará, gumerá,
duttlá, elabogá; Schriftl.
Denkmäler deuten disz an: elabogá,
Regiomont. 1512. von danna
cgm. 402 f. 74b. Im Alamannisoh-
Lindauischen Gebiete gilt Gleiches;
in der Oberpfalz nur nach
p, f, k, ch, m, n.

6) Abschwächung des ă zu e
und i in unbetonten Silben ist
häufig: mönti, sonnti, wearti,
aftermenti, uffert, (Auffart)
Werderbruggertor (Wertachbruckertor)
bei S. oft. Atlisz
(Atlas) »aus rotem gelem Atlisz«
S. 533b u. s. w. derdurch cgm.
402 f. 58a. Vgl. Weinhold Alam.
Gramm. S. 75.

7) ă für ē, Brechung von i
»salb sibent« Horm. 1834. S.
128 u. s. w. für wurzelhaftes u:
leumand (hliumunt) Mindelh.
Reformation; für ursp. ai: mitanander
cgm. 257. f. 10a 18b.

8) Gegen das Gesez lautet a
nicht um in: »dest baszer« Troj.
Krg. 50a; baser 36; bader im
Kleiderbüchl. 107, das der fraindlicher
236b; schanken, schankung,
trager (Vormünder); durslachten
cgm. 601 f. 104b niederschwäb.
dûrschlācht; die
Chronisten schreiben warz, Lochwarz,
gegenwarz.
Ueber den Umlaut des ă sieh E.

Langes A, å got. ê
1) hat den bekannten tiefen, lang gedenten Laut, der näher dem o als dem a stet. Ich wäle wie herkömlich das Zeichen å dafür. Diser Laut ist allgemein schwäbisch, herrscht aber im Augsburg. Gebiete nicht vor; dafür tritt der Doppellaut ao, au, ou ein. In der alten Reichsstadt Augsburg selbst galt einst ao, ist aber wol unter dem Einflusze der Schule und der Reformation, welche sächsische und sächsisch gebildete Prediger sandte, dem nunmehrigen å gewichen: schmalzwåg; ås — so heiszt der Floh, der eben sticht — åtem, råthaus, blåter, bråtisz, klåfter u. s. w. Luc. Rem schreibt gôba, zur Hochzeit schenken, offenbar gåba. Aber gleich vor den Toren tritt ao auf und sezt sich im Wertach- u. Mindeltale fort bis in das Ulmer Gebiet; der nao (darnach) jaor, spaot, Schwaoba, aobet, braotisz u. s. w. Wieder in andern Gebieten des Bistums zerstreut wechseln au und ou: aubet, oubet; spaut, spout; brautisz, broutisz; dernau, dernou; Schwauba, Schwouba u. s. w. So lautet die 3. pers. sing. der ahd. Zeitwörter stån, lån, gån, hån 1) ståt, låt, gåt, håt augsburgisch und wirtembergisch. 2) staot, laot, gaot, haot im Wertachtal etc. 3) stout (oder staut) lout, gout, hout z. B. in der Altstadt Kempten.

2) Manche schriftliche Denkmäler des 14. 15. und 16. Jarhd. schreiben zwar gewönlich ô, wie esz auch jezt noch unter fränkischen Einflusze im Riesz gesprochen wird: schôf, altôr, wôr (verus), a môl u. s. w. wie esz in der Lindauer Mundart gleichfalls gilt: »iaz wett m. r gô gô, denn wenn's an a gô gô gôt, so gôt gô alles«. So hat cgm. 99 strôl, môl, wôge, schmôchet, ôbent, gewôrcht, antlôz, kemnôten, sôhen, tôten u. s. w. Ebenso cgm. 6. In den Ingolstädter Reimen des Buches Samuelis v. 1562 reimen strasz: grosz; dâ: frôh; rât: gott; hân: tron; stât: not u. s. w. Am häufigsten erscheint in den codd. die nicht blosz Schwaben, sondern auch schweiz. und elsäsz. Heimat bekunden au und ou. Teilweise schreiben sie au, ou, häufig setzen sie ein u oder ähnliches Zeichen auf a, wie Petrus Will ausz Neuburg in seinem christl. Unterrichte; diser hat für å und got. au entsprechendes áu diselbe Schreibung. Dr. Plieninger im Sallust 1514 hat immer ou. Aecht Augsb. codd. weisen stets au auf; so cgm. 97: schauf, genauden, gaut, staut, schaucher; cgm. 201: haut, maul, maus; ebenso cgm. 287. cgm. 239: paubst, lauszen, palmaubent. cgm. 303: audern, blautren; oberostauder u. s. w. cgm. 310: offenbaurung, wauren, andaucht, fraug, waurzu u. s. w. cgm. 312 waug, gaust. cgm. 206:

auszent, strausz, fraugten, staust cgm. 345: verlausz, nauch, wauren, rauthusz, aun underlausz etc. Aulbertus cgm. 234. bei S. Aufrengrab cgm. 257.

3) Vor m u. n erhalten å, ao, au, ou den Nasenlaut: ahd. hân u. s. w. wird hõ, haõ, haũ, hoũ, staõ, staũ, laũ, gaũ, ferner krõmer, krõma, gottsnamakrõmer, jõmer, mõsa, sõma u. s. w. Schriftliche Denkmäler: begaun, gaund, haund, Aunsorg u. s. w. im Manuale; ferner cgm. 92: haun, tüllensaumen; cgm. 601: latuchensaumen, magöl saum, bös saumen saen; krumer,-lchen-hof im Manuale u. s. w.

4) Neben å, ao, au, ou erscheint auch â selbst heute noch im Volksmunde, ob unter bayerischem Einflusze stet dahin: Nâze, dabbeter Nâze, dummer Kerl; spât, am spâtesten. Schriftliche Denkmäler schreiben spaat; Gass.; aber »bei spâtem abend« Feuerordnung. v. 1731; spraach, haar, fraasz bei Werlich u. s. w. Merkwürdig ist dabei die Schärfung der darauf folgenden Consonanten wie schlâffkamer, râtten (raten) cgm. 402. mâll, Gastmal; gemâllt (pictus) Kleiderbüchl. schâffhaut; hier hat Fränkisches u. Bayerisches sicherlich eingewirkt.

Dem Augsb. Gebiet fehlt also urspr. reines â und wo esz sich findet, ist esz ausz der Fremde eingefürt. Einer nähern Untersuchung musz esz vorbehalten bleiben das Verhältnis dis. Augsb. Laute, welche auch zugleich oberpfälz. sind, zu got. ê zu bestimmen. Sovil aber mag schon jezt sichtlich sein, entweder dasz ao, au, ou nicht ausz â hervorgieng oder dasz â nicht den heutigen Lautwert hatte.

Ueber den Umlaut des â s. E.

A, A! Auszruf der Verwunderung, des Eifers; a a! wie schön! Niederschw. neben a, a! ai, ai! ä, ä! Apenzellisch sieh Tobler S. 1 b. Wie die übrigen Vocale Auszruf bei geistiger Aufregung; hier der Ver- und Bewunderung, des Erstaunens, wie ä ä! des Tadels, Spottes, o, o! des Widerspruches, ei, ei! des Liebkosens und Verwunderns; a, a! als Auszruf des Schmerzes, scheint Verkürzung von ach, ach! Vergl. hiezu Weinhold, Alam. Gramm. §. 327, Mhd. Wb. I., 2b.

A A machen, seine Notdurft verrichten in der Kindersprache; Weingartisch ä ä machen; sonst ga ga machen, lat cacare, frz. chier, faire caca; oberpfälz. apf machen; Münchnerisch bä bä machen. Ueber das alte Subst. aa, merda, excrementum vgl. Grimm Wb. I., 5. Der alte Augsburger hat dafür noch bãle macha, bobbe macha. ã, ã! ä pfrrr! Ansprache an das Kind, das sich so beschmuzt, Oberschw.

AB praep. hat in der neuhochd. Schriftsprache seine alte Bedeutung verloren und mit von, sowie hie und da, doch mehr mundartlich, mit **aus z** getauscht. Die schwäbischen und alamannischen Schriftwerke und die Mundarten, somit auch Augsburg, kennen **ab** mit seiner alten Bedeutung bis heutzutage. J. Grimm, der auf Sammlung der Beispiele dringt, zält Wb. I., 7 die Fälle auf, in denen **ab** gebraucht ward: bei den Verbis des Fallens, Gehens, Springens, Erschreckens, Entsetzens, Grausens, Verwunderns, Verdrieszens und Klagens. »Da nun also zu eszenszeit das Volk **ab** der gassen verlauffen«, Dr. Georg Müller. »Disz Angesicht ist controfat **ab** einer alten Tafell zu S. Ulrich«, Kleiderbchl. 25. »Und kompt niemer **ab** der Strasz« Teufels Netz, 13, 362. »So er das flaisch **ab** den bain tut nagen« a. a. O. 9479. »Frucht **ab** dem Baume«, cgm. 372 f. 194 b. »Zwo Fert mit höwe **ab** sinen wisen tuon«, Ulm. Urkd. 1410. In der Riedl. Gegend: »s gåt itt **ab** stett«, get nicht vom Platze, vom Flecke u. s. w. Ab in der Amtssprache: »**ab** seiner Schuldigkeit so und so vil entrichten«; ferner: »**ab** dem und dem Tage«, von dem Tage an. »Von Stundan sind sie **ab** den Dingen entsezt«, Troj. Krg. f. 7b. »Entsezt **ab** dem Tod« a. a. O. f. 33 u. oft. »Da taet er wuun und froed pflegen **ab** Gottes wunneberende Angesicht«, TN. 568 ff. »Du darfst dich **ab** nieman klagen a. a. O. 2780. »**Ab** Gotteslästrung entsitzen«, Mindelh. Reform f. 20 a.

Fizion's Reutl. Chronik hat S. 56: »Abscheu **ab** der päpstlichen mess«; S. 57: Jedermann hat Verdrusz **ab** ihm«. In Niederschwaben kennt das Volk: »a fraid, 'n schrecka **ab**'m haū«.

ABAESCHERN, sich: 1) schwere ermüdende Arbeit leisten, one Hoffnung auf entsprechenden Lon; 2) kümmerlich wirtschaften. Eigentlich: sich in Staub und Asche abarbeiten. Grimm Wb. I., 35.

ABBAUEN, swv.: mit Jemand den Umgang aufgeben; eigentlich culturam remittere. Grimm Wb. I., 11. Von einem Kranken sagt man um Augsburg: »der baut scheint's **ab**«, wird schlimmer, nähert sich der Todesstunde. Schmell I, 136. Oberpfälz. abbauern, abhausen.

ABBEEREN, swv.: pflücken, z. B. Haidelbeeren. Immenstadt.

ABBELLEN, sw. v.: 1) Jemand bellend und beiszend abweisen; 2) instar latrantis canis recitare, etwas abbellen, herunterbellen, z. B. das Chorgebet. Grimm Wb. I, 12.

ABPRUCHELICH, adv.: was nach und nach Abbruch erleidet. »Und man geb dem Kinde abpruchelichen zu saugen«. cgm. 601 f. 105 b. Vgl. abbrüchig b. Grimm Wb. I, 17.

ABDANKEN, swv.: »wann ein kranker Knappe oder Maistersohn, der aus der Büx Aufleggeld geliehen bekam, geneust, musz er ob dem Pilgerhaus abdanken«.

Knappen Ordg. Bekannt ist das allgem. schwäb. Abdanken bei Leichen u. Hochzeiten. Abdanksermonen verboten. Leich. O. GrimmWb. I,19. Abdanken in vielen Gegenden das letzte Auszrufen des Nachtwächters. Der Abdank. ›Es möchte sich aber der Rat hierunter wol bedenken — ob nicht vnnützlicher und vnnotwendiger Newerungen Lon und Abdank gemeiniglich aus göttlicher verhenknis eben dises were, das man vber frevelem tun, auch frevele Reden hören müsse‹. Dr. Müller. Vgl. Volkst. II. 24. 366. 409. 410.

ABDECKER, stm.: Wasenmeister, Schinder, der einem gefallenen Tiere das Fell, die Decke abzieht. ›Die zu Langwaid mögen sich s. h. eines Abdeckers, wo und wie sie wollen, bedienen‹. Vergleich v. 1670; vgl. Wb. zum Volkst. 10, Grimm. Wb. I, 19 ff.

ABEN, swv.: recht abmagern, deficere, occidere. Weingarten. Grimm Wb. I, 22.

ABENTEUER, das: Geschick, was einem zustöszt, begegnet, vom romanisch. adventura, aventura. Ueber das Wort sieh Gramm. I³, 404. In Augsburger Schriftwerken vom 14. Jarhundert herab begegnet aubenteur (â, au) aufentiure, aubeteur u. ähnliche Formen des öftern; ›gelück u. aubeteur‹ cgm. 312 f. 33b. ›aubentür‹ cgm. 208 f. 225a. ›dârumb schlahen, kriegen ist vns aufentiure‹ Astron. f.

32a. Vgl. hiezu das Mhd. Wb. I, 67—73. In Chroniken stet das Wort in folgendem Zusammenhange unzäligemal: nach geschribenen Abentewren cod. Bav. 2517. ›Abgeschribene Abenteuren uffschieszen‹ a. a. O. ›Ein Rat hie ein Ausschreiben solichs Schieszens u. Abenteur haben ausgeschickt 400 pirmentin geschriben Brief‹. S. f. 192a. ›Und in disem 1470 Jar, da warfen die von Augsburg ain kostlich Abenteur auf, zu schieszen mit dem Armbrost‹. Bei Hormayr, Tschb. 1834. S. 189. ›Weiter hat man aufgeworfen ain abenteür, das waren 21 silberne Kleinotter‹ a. a. O. S. 142.

ABENTEURER, stm.: ein Weber, der auf bestellte Arbeit wartet; der auf gut Glück arbeitet. ›Der Lon von Abenteurern, item von einem Abenteurer Werkh zwanzig Creutzer und einem Hausknappen 25 kr‹. Weber Ordng. v. 1549. ›Item Hans Hurscht der Abenteirer von Straszburg‹. Ott Ruland S. 6. Grimm. Wb. I, 27. 28. Schmell. I, 10.

ABENTEURISCH, adj.: ›mir kann sunst kainer kain zur abenteurischen Furm ains klaids aufbringen‹. Kleiderbüchl. S. 14.

ABER, iterum; got. afar; ahd. afar, avar, avur, mhd. aver. Grimm Wb. I, 29 ff. ›Am 28. Tag Aprilis ist aber ein groser Schnee gefallen‹. Sender und alle Augsb. Chronisten gebrauchen disz Wort.

Substantivisch gesezt, das Aber, Eckel, Widerwille; allgemein schwäbisch.

ABERELLEN, swm.: »in dem mânet des aberellen«, Falzblatt s. Augsb. Stadtrechte 1 b. Gramm. I² 682. II, 317.

ABERYLEN, »der Hirsz tritt mit den hindern Fusz gleich in den vordern, das sye ainander ebenstend gleich als es newr ain Fusz sei; etwen dritt er hinfür mit dem hindern Fusz für den vordern Fusz; das ist ausz der Möszen ain gut Zeichen: das zeichen heiszt plendender Aberylen«. — »Und ist es davon, wenn er den vordern Fusz mit dem hindern plendet, wenn er mit dem hindern für den vordern drittet, davon heiszet er ylen«. cgm. 289 f. 105a; ylen, eilen.

ABESZEN, sich: von einer Speise eszen bis zum Widerwillen und Eckel, bis sie widerstet, so dasz einen Jarelang nicht mehr darnach gelüstet; oberpfälz. an Jemanden abeszen, seiner satt werden, ihn nicht mehr mögen; urspr. von etwas heruntereszen. Grimm. Wb. I, 35. âesza, Rottenb. Gegend; dagegen abeesza, abhin eszen, hinab-, hinuntereszen.

ABFAHREN, 1) dem Tode nahe sein; 2) sterben, nicht echt volkstümlich. Grimm. Wb. I, 136.

ABFETZEN, swv.: die Kleider hängen und »schlampen« laszen, zerfezt herumtragen.

ABFRETZUNG, die: 1) Abwaidung; 2) abgeribene Stelle. »Sehet die Kniebein des hl. Nidgarii, an welchen noch heutigen Tages von dem immerwährenden Neigen, Biegen, auf der Erde ligen — noch merkliche Abfretzung und loblichste Merkzeichen zu sehen sind«. Ehrenfest a. 1699 S. 77. Schmell. I, 620. Vgl. abfretten, abfretzen, defricare, wund reiben, zu abfreszen gehörig, wie ätzen zu eszen, sitzen zu Sessel u. s. w. Bayerisch sich durchfretten, sich durchbringen, kümmerlich das Leben fristen, von Armen u. Kranken. Grimm Wb. IV s. v. fretten.

ABGEHEN mit laszen; 1) von Geschützen gebraucht, loszlaszen, abfeuern. »Da hat man die groszen und auch handbixen all laussen abgân«. S. 535 b. »Bei groszer Herren Eintritt pfleget man die grosze Stuckgeschütz abgehen zu laszen«. Gass. J. Frischlin's Hohenzoll. Hochzeit, meine Auszgabe S. 20:
Liesz abgen mit ein Wiederhall
Auf einander sechzehen Knall.
Vgl. Grimm Wb. I, 45. Wurm S. 21 b, der ausz Mathesius eine Stelle anfürt. 2) Abgang, defectus, Mangel bei Getraide-Meszungen, Gilterhebungen häufig; so im Giltbuche von St. Ulrich und Afra cgm. 154: N. gibt vom Hof 3 rh. Gulden on allen abgangk f. 9 b. »Gebent 6 höner, 2 gäns und ain vasnachthon on allen abgangk« f. 16; ferner: Abgang, Nachlaszen der Sinne und öfter cgm. 402 f. 58a. 3) In

mystischen Tractaten: »dasz der mag erhebt werden zu Gott und göttlichen Dingen on Abgang und on Vermischung«. cgm. 402 f. 236b. »Nun ist noch vil ein edeler u. gröszer Abgange des Gaistes«. Tauleri Serm. 1508. »Nu solt ir wiszen, welcher Mensche disen willigen abgang durch Natur und Gaist geton hat a. O. 4) Abgängisch, abgängig von Brücken, Wegen in den Altwirtb. Gesezeu öfters. z. B. V. Land. Orig. v. 1552. Reysch. 12, 228, 4.

ABGEWÜRGTER FEIERTAG, abgewirdigter, abgeschaffter, von Kirche und Staat aufgehobner Feiertag. Offenbar eine volkstüml. Anlenung an würgen, jugulare, mactare. Zu Grimm Wb. I, 155. Schmeller kennt esz ausz Altbayern.

ABKAMPELN, swv.: einen derben beschämenden Verweisz geben. Rechtsaltertüml. von der Strafe an Haut und Haar benannt. Schmell. II, 301: abkämpeln.

ABKAPPEN, swv.: abgipfeln, urspr. etwas vorne abhauen, ihm die Spitze abschlagen; sieh Kappe.

ABKETZERN, swv: sich abäschern. Zu Grimm Wb. I, 160; wol zu gehetzen stehend, abg'hetzen, wie Einghirn g'heien; das Volk dachte an Ketzer, was keinen Sinn gibt. Anderwärts: sich abhetzen.

ABKEREN, einem, swv.: prügeln. »Ey du Schelm, du hast gemacht. dasz mir der Preceptor hat abkörret«. Kleiderb. S. 107.

ABKÜNDEN, swv.: aufkünden. »Martin Franz dritte Pflicht; Jenner 1538, uff ain jar vor Abkinden«. Lucas Rem S. 72.

ABKOMMEN, mit Jemand übereinkommen, bes. von Witibern oder Witwen, die mit den Kindern voriger Ehe sich abfinden. »Sobald der Vater sich wiederum zu verheuraten im Begriff stehet, musz er vor allen Dingen mit seinen Kindern voriger Ehe wegen ihres mütterlichen Gutes abkommen — zu welchem Ende die vorgestellte Abkommpfleger folgender Gestalt vergelübdet werden sollen«. Pflegordg. v. 1779 §. 32 —35. »Doch müszen den Kindern vor allen Dingen Pfleger geszt und durch dieselbe mit der Mutter das Ausgemächt und Abkommen der Kinder berichtiget, der Abkommbrief gefertiget u. s. w«. Ratsdekret von 1668, d. 27. März. »Abkommbrief aufrichten u. fertigen«. Pfleg-O. 1779. »Pflichten der Abkommpfleger« a. a. O.

ABKEILEN, swv.: sich ausz Leibeskräften herumprügeln, zu Keile stehend.

ABKOREN, swv.: Dispens zum Heiraten, ob affinitatem, einholen. Ganz Oberschwb.; âkäara ehedem in Rottenburg.

ABLANGRUND, adj.: länglicht rund. Grimm Wb. I, 60. »Das Hahnenei ist den 15. 25. Aprilis auch eröffnet und anstatt des albuminis oder Eierweiszens, eine sehr zähe, klare, woisze u. durchsichtige Materi u. für den Dotter ein zusammengeballter ablangrunder wüster, fauler u. rotziger zäher Schleim gefunden worden‹. Gockelius S. 25.

ABLASZ, stm. — in des TN. 488 abbalas — 1) indulgentia, Nachlaszung der Sünden. In den Kirchenkalendern Augsburgs komt oft vor: der Seelenablasz, bei den Kapuzinern, oine bestimmte Andacht an einem bestimmten Monatssonntage, auf deren Besuch so u. so vil Tage Ablasz verliehen wurde; d. h. wer die Andacht nach der Meinung der Kirche mitmacht, erhält 30, 50, 100 Tage alter Kirchenbusze nachgelaszen. In der Domkirche war an einem Monatsonntage der sog. Sibenaltärablasz zu gewinnen. Oft, besonders in Altbayern heiszen die Kirchgänge an manchen Sonn- u. Feiertagen blosz Abläsze, ›in den A. gen‹, ›zum A. gen‹, weil an ihnen auf andächtigen Kirchenbesuch mit hl. Beicht und Empfang des Altarsakramentes Abläsze verliehen waren. Vgl. auch ›mit dem Ablisz gaü‹ Wb. z. Volkst. 10. 11. Ein scharfes Licht auf den mit Abläszen verbundenen Kirchenbesuch und die Misbräuche wirft die Stelle in der 2. wirtemb. Landesordnung v. 10. April 1515 bei Reyscher Bd. 12: So aber einzechtig personen uff ein kirchweihin zu seinen Nachbarn gehen wölten, in guter Meinung ablasz zu lösen — zum Wein oder Tanz gehen u. s. w.‹ 2) Zinsablasz, abläszlich S. 110 b. 3) Lechablasz, der, in Augsb. seit uralten Zeiten in Krig und Friden eine grosze Rolle spilend; südöstlich von der Stadt, malerisch gelegen, mit 71 Wasserwerken, durch welche dem Lech schon seit 1000 Jahren eine bedeutende Wassermasse entzogen ward zu Nutz und Frommen Augsburgs. ›In den Ablasz hinaufgehen‹ ward verpönt in einem Ratsdekrete v. 1634, 7. Okt. In eben disem Documente geschieht auch neu gemachter Abläsze Erwähnung. Im Vergleich v. 1596 stet: Solang als der Lech in disem Rinnsall verbleibt und solange sie durch obbemelte ihre Abläsze die Notdurft Wassers in ihren Floszbach führen und einleiten werden‹. — Schmell. II, 473 weisz von einem Hochablasz. Hoher Ablasz und Galgenablasz heiszen 2 städtische Waldungen, one Zweifel vom Lechablasz zu benannt. Früher kam Ablasz, in der Abläszin, auch bis heute bräuchig, als Zeitbestimmung vor. ›In den Abläszen‹, zur Zeit des Lechablaszes d. h. im Frühling oder Herbst. Die Bronnenmeisterordg. v. 1754 hat: Wann an dem vordern, mittlern oder hintern Lech in Zeit einer Frühlings- oder Herbstablasze Feuersgefahr entstünde‹. S. 21. In Zeit einer Abläsze S. 32. Die Feuerordg. 1731 hat:

»zur Zeit der Abläsze« öfters. 4) Grundablasz des Stadtgrabens beim Lohstadel one bestimmte Waszermenge. Ich schalte hier ein 5) Einlasz, der alte, ein mechanisches Kunststück seltener Art; auf Kaiser Max I. besondern Wunsch ward für seine Jagdleute ein kleiner Eingang in der Stadtmauer angebracht. 6) Ich füge ferner an: Ablasz in der altwirtemb. Weingärtnersprache mit Beispilen ausz alten Verordnungen. »Im Bindet oder Ablasz« (Ablasz des Weines) Küferordg. vom 21 Juni 1560. Reysch. XIII, 560. »Ein Ablaszen, Säuberung der Fasz« General-Reskrpt. v. 26 April 1706. »Ablaszbränke« (brennta, Kübel, romanisch) allgem. Vorschrft. v. 12 Sept. 1787. Reysch. 16, S. 375. »Von menigerlei Ringen od. spänen im Herbst und sunst in abläszinen zu bruchen«. Blaub. Klosterordg. 1558. Reysch. Stat. R. 859. Abläszin l. Umgeldordg. vom 29 Mai 1565. Reysch. 17. S. 75. »Im Ablasz zur Herrschaft Wein« Rechnungsabhör v. 27 Mai 1591. Reysch. 12, 473. 7) Ablaszen, abschieszen. »Ich hab wol gesehen, dasz oft ein Schütz ablaszt hundert Pfeil von dem Pogen«. cgm. 601 f. 6b.

ABLICHEN, stv.: Waszer über gereinigte Gefäsze ablaufen laszen, zur lezten Reinigung durch Waszer ziehen. Grimm Wb. I, 74 nennt esz ein ganz veraltetes Wort, mundare emundare und weist auf ahd. lichon polire Graff II, 118, was aber nicht stimt; esz gehört vilmer zu dem alten luhhen luere; irluhhit luit b. Schmell. II, 462. Vgl. althd. luhjan, was neben liuhjan dagewesen sein musz. Graff. IV, 145. 146 führt lüchen an; lichen, lüchen, ablichen ist nichts anderes als ablaugen; Lauge dasselbe; nåliche; Biberach.

ABLUCHSEN, swv.: verstolner, heimlicherweise etwas absehen; abspicken in der Schülersprache. Vgl. Grimm Wb. I, 75.

ABMACHEN, swv.: abkonterfeien. »Nicol. Zorn, ein ritter von Straszburg gewöst — vom alten Jörg Selden a. 1508 abgemacht«. Kleiderbüchl. S. 91.

ABMAUSEN, swv.: einen im Spile übervorteilen, einem abgewinnen: der ist abgemaust worden; darf wol an abmauszen, vertauschen, abwechseln b. Grimm gedacht werden Wb. I, 77?

ABMÜTTERN, swv.: der Mutterbrust entwenen. »Als dann Galienus spricht, darum sol man das Kind abmüttern als ob die Saugamm sunst krank wäre«. cgm. 601 f. 99a. »Wenn die Amme krank oder schwanger ist, und man doch keine andere hat, so wär nüczer, dasz man das Kind abmüttern soll, dann dasz es weiter sägte« a. O. f. 102b. »Von Abmüttren ist ze wissen« a.O. Auch spricht Avicenna: »so man kind abmüttren will« aO. »Rauden kommen den Kindern nach dem Abmüttern« f. 181b.

ABNEMEN, stv.: abtun, abschlachten besond. von Geflügel. Allgem. Grimm Wb. I, 80.

ABPRÄGELN, swv.: abbräteln. »Rinderne âbreaglete Würst« allgem. in Augsb. braüchig. Vgl. Wb. z. Volkst. S. 20. Schm. I, 256. Frisch I, 124a.

ABRACKERN, sich: sich abäschern.

ABRAUMEN (âromme) swv.: wie hochd. 1) besonders wichtig war das Galgen abraumen bei festlichen Anläszen. Sieh Galgen. 2) Schutt abräumen bei Feuersbrünsten. Memming. Feuerordg. 1765. Allgem. schwäb. ist »d' Schueh an oim âbutzə, âromməs, verächtlich behandeln. nâromme, auf die Gipsbänke hinabarbeiten, bloszlegen (Wurml.); endlich ist âromme Spätherbstfutterabmähen, schneiden. Subst. Arommede f.

ABRAUMEN, swv.: die Milch abrâmen, sonst schwäb. abnemen.

ABREDE, »dessen bin ich zwar keins wegs in Abrede, da in werendem kalenderstreit etliche sich auf die päpstische Seite gehenket«. G. Müller. Vgl. Grimm Wb. I, 87.

ABREDEN sieh abspanen. Vgl. Grimm Wb. I, 87. Frisch II, 99a.

ABRIFFELN, swv.: die Dienstboten nach Wunsch u. Willen abrichten. In Oberschwaben kommt vor: den Lein riffeln, den Hanf riffeln, den Flachs riffeln, durch eine Art Rechen oder Hechel ziehen, damit die Bollen abspringen; abriffeln, abkampeln, schelten, Vorwürfe machen. Allgem. Vgl. Graff II, 497. Grimm Wb. I, 91. Schambach 175; f in riffeln ist ursprünglich.

ABSAUGEN, »Saugammen, die 2 oder 3 Kinder absaugend« cgm. 601 f. 990.

ABSCHIESZEN, stv.: die Farbe wechseln, von hellen Stoffen. Allgem. Grimm. Wb. I, 100.

ABSCHLARGEN, swv.: Schuhe, Pantoffeln abnutzen, so dasz die Fetzen wegfallen; Schlargen pl., solche Schuhe. Vgl. das abschlerfen bei Grimm Wb. I, 104. Tobler 12a.

ABSCHLOTZEN, swv.: ablecken, wie esz an dem Saugbeutel Kinder tun. Vgl. Schnullen. Schlotzer, Saugbeutel. Allgem. Oberpfälz. schlotzen, die Kleider achtlos beschmutzen. Schlotze, eine schmutzige Weibspers. engl. slut, slattern.

ABSCHNEGELN, swv.: jemand schmeichelnd etwas ablocken.

ABSCHÖPFEN, swv: den Faum oder Schaum, auch Fettstoff vom Fleischtopfe oben wegnemen. Abschöpfi, die, eben das Abgeschöpfte; Abschöpfet, dasselbe. »Im Jahre 1796 waren die Speisen in der Jacobspfründe Sonntag Mittag ³/₄ Pfund Fleisch nebst Fleischbrühe und Abschöpfet«. Herberger, St. Jacobspfründe S. 49. Anmrkg. Wir haben hier 2 schwache Substan-

tive; das erste gebildet von skapjan, wird skapeins, das zweite gebildet mit-itha; jenes stimt mehr zu dem alam. schwäbischen Gebrauche, dises mehr zum allgem. auch niederschwäb Idiome.
ABSCHRECKEN, swv.: hohen Grad von Wärme oder Kälte mäszigen z. B. kaltes Waszer durch glühende Kohlen — heiszes durch Zugieszen von kaltem- oder kalten Wein, wie auf dem Lande in dem Ofen oder Hölhafen. Man schreckt ein kaltes Zimmer ab durch einen kleinen Feuerteufel im Ofen. Vgl. Grimm Wb. I, 109.
ABSCHRÖDELN, pl. Ueberreste von Speisen, residuae mensae, was die Mundart im übrigen Schwaben bald mit Ueberglaüs, bald Loibete übersezt. Abschrot. m. dim. Abschrötlein, segmen, resegmen, »jener aber richtete aus dem Abschrötlein wieder ein Frühstück«. Simpl. b. Grimm Wb. I, 110. Vgl. ahd. aleipa. »Schrötet ab vnnücz Holz — verwirfet all sine Storren« cgm. 172 f. 43. Daher der Eigenname Schröter, norddeutsch Schröder, eigentlich Schneider, Abschneider v. ahd. scrodan. scriat. Hornschröter, der gehörnte Schröter. Für Abschrödeln, residuae mensae, gebraucht der Augsburger noch Schmaringelen und Ueberbleibselen.
ABSCHWÄTZEN. swv.: »Es solle keiner dem andern seine Ehehalten als Knappen, Lehrjungen od. Spueler, weder durch Biet noch Schankungen abschwätzen und abdingen bei gleichmäsziger Straff aines Guldens«. Erneuerte Web. O.
ABSCHWEISZEN, swv. abpressen, einem den Lidlon abziehen. Grimm. Wb. I, 112.
ABSEIN. v. anom. »genzlich tod und absein« von Gilten, Abgaben. Ulm. Urkd. 1440.
ABSIGEN, einem, devincere. »Als nun der schwäbisch Bund glücklich den Banern hat abgesigt«. S. 371 a. Dafür alt: angesigen; Spec. eccl. »einem angesigen« cgm. 97 f. 22 a.
ABSPANEN. swv.: ablocken, abspenstig machen, z. B. Ehalten. »dasz Niemand dem andern' seine Ehalten geferlichen abreden noch abspanen soll«. Augsb. Poliz. O. 1553. Ehalden-Abspanung. Web. Akten 18. Jhd. Vom alten spanan, spuon »gaspon« Heliand und mit Gespenst, abspenstig zusammen gehörend. Etwas ganz anderes ist abspannan. loszpannen. Grimm Wb. I, 121 ff.
ABSPEISEN. swv.: höflich abweisen. Grimm Wb. I, 122.
ABSPICKEN, swv.: abluchsen; sieh oben, wol von dem Blicke, den man pfeilähnlich dem andern in's Buch fallen läszt oder in die Tafel, um etwas abzulesen oder abzuschreiben. Vgl. Spicker.
ABSPRACHE,f.: Abrede. Grimm Wb. I, 124.
ABSTEHEN, stv.: vom Pferde absteigen. »Von den Rossen sind

sie abgestanden«. S. 165b.
»Da sind sie von ihren Pferden
abgestanden« (o). »Da sind
sye 3 von den Rossen abgestanden« (o).

ABSTILLEN, swv.: sedare, placare. Grimm Wb. I, 132. »Welcher Geschrey und Heulen ich
best, so müglich gewesen, abgestillet, meine Pfarrkinder gesegnet«. Dr. Müller.

ABSTRICKEN, swv.: zu Grimm
Wb. I, 133, abziehen, abbrechen
z. B. Schlüszel. »Die Schliszel
zu den Stuben u. Kammern haben sie abgestrickt«. S. 418a.
»Hat dem Herzog das Geschütz
abgestrickt«. Luz. v. Augsb.
Tagebuch 1525. Leztes u. folgende
Beispile weisen abstricken für
verbieten, entziehen auf; die
Ulmer Sittenpolizei v. 1574 hat das
Wort amtlich für untersagen,
verbieten sehr oft. Ein Herzogl.
Wirtb. Erlasz v. 1556 bei Reysch.
IV, 96: »doch hieneben soll keinem Kloster oder Spital abgestrickt sein — diejenigen Güter
zu kaufen u. s. w« »Durch dise
und dergleichen Mittel ist nicht
allein alles vertrauliche Gespräch,
ehrliche Gastungen und Kurtzweilen abgeschnitten und abgestricket« Dr. Georg Müller.
»Dasz die Papisten der evang.
Kirchen alle Mittel und Weg der
euszersten Ausrottung und Vertilgung sich zu erweren schon allbereit in disen nchsten Jaren
abgestricket und benomen haben« a. a. O.

ABTRITT, stm.: in der Waidmannssprache: »Und das mag ain
Hinde nit getuon, sie tritt auch
ab das Gras. das Zeichen heiszt
der Abtritt«. cgm. 289 f. 104b.
Die Grüne und Welke des abgetretenen Grases ist ein Zeichen
für den Jäger. Grimm Wb. I,
144. Daneben komt Beitritt
vor, »das ist der Hinterfusz bei
den Federn eben und gleich stet«.
a. a. O. Grimm Wb. I, 1406.

ABTRUMPFEN, swv.: abkampeln, abkappen, oberpfälz. grob
widersprechen, heimschicken.

ABTÜRNIG, adj. adv.: abtrünnig. »Welcher nicht Bürger zu
Horuw ist, der mag kainen Burger abtürnig machen«. »Welcher zu Horuw abtürnig gemacht«. Horb. Herkomm. 14. saec.

ABWALKEN, swv.: oben abkeilen, verberibus subigere. Grimm
Wb. I, 146. oberpfälz. walken.

ABWASSER, der Abgang oder
das Schlechte vom Wasser, aqua
defluens ex alia. Grimm Wb. I, 48.

ABWENDIG, abwärts, »die Gelider die dem Haupt zugehorn,
abwendig des Libes«. Astron.
f. 14a und cgm. 737 f. b. Zu
Grimm Wb. I, 151.

ABWISIG, adj.: »absanus, ein
unsinniger oder abwisiger«
cgm. 670.

ABWICHSEN, swv.: einen
durchprügeln.

ACH, AHH: »die träge Ach«
schon »pfalzbayerisch«, entspringt
zwischen dem Pulvermagazine bei
Lechhausen und dem Brunnen-

bach, Branntweinbach u. Mühlbach. Lindach bei Häder, urkdl. 1331. 1378. Weilach neben Wila, Ortsname; Affalterach Apfalterach, urkdl. 11. Jarhd. Flossach, bei Winzer in die Mindel. Vorgach, untergegangener Ort bei Agenwang. Alte Ortsnamen sind ferner: Viscaha, Nifenaha MB. XXII, 3 ad 981, Maisahe a. O. S. 11 ad 1179. Steinaha a. O. S. 20 Ecchinaha, Ilmina 10. Jarhd. u. s. w. Beispile ausz andern schwäbisch-alamannischen Gebieten: bî der Ahe, b. Ostrach. Urkde 1249. Die kleine Ach, die von Heiligenberg nach Ilmensee flieszt, erscheint urkundlich in Mone's Zeitschrift als Ahbiuge. Die Ach bei Salmansweiler, Mone, Ztschr. I, 315 Anmerkg. 3: rivus qui dicitur Ahe. Das Aichachgeländ bei Erbstetten urkdl. b. Mone Ztschr. I, 339. Ahe im Hegau urkdl. 1301. Ein Rubertus von Aha und ein Bertoldus de Aha urkdl. 1183. Mone Ztschr. I, 321. Die Fleischwanger Ach, die Altshauser Ach, die Mendelbeurer Ach, die Elmeneyer Ach, die Ausnanger Ach, die Wurzacher Aach und dazu Aachtal. Die Istrach. Hieher gehören Stokâ, Stockach urkdl. 1283. 1307. Gartâ Gartach, Mone Ztschr. I, 107. 9. Das Wort Ach, gewönlich Aach geschriben, fuszt auf der got. Form ahva und dem lat. aqua, ahd. aha u. bedeutet torrens, flieszendes, ausz mehreren Bächen gebildetes Waszer. Schon frühe begegnen wir dem Wort auwa u. â; letzteres amnis, rivulus scheint nichts anderes zu sein als ah, welches h verlor u. dafür Denung erlitt, u. hauptsächlich alamannisch schwäb. Gebiete eigen. Vgl. Graff I, 18 und 504. auwa und aha sind 2 ebenbürtige Formen; in aha ist w, (v got.) schon längst abgeworfen, darum ist a erhalten; in auwa scheint h in u, wie des öftern geschieht, übergegangen zu sein od. haben wir den Auszfall des h anzunemen und in au eine Wirkung des folgenden w zu erblicken, dessen Einflusz in mehreren Wörtern geradezu unorganisch o, u erzeugt: viko wocha, vaila wola. Was die Auszpracbe der heutigen Schwaben anlangt, so erscheint ah gedent, wenn esz allein stet; als Compositum wird ah gleichsam als Anhängsel betrachtet u. gibt den Ton an die erste Silbe ab; wenn ah sein h verliert tritt ein zwischen a und e schwebender Ton ein mit ǝ bezeichnet: Buachǝ, Kanzǝ, Laupǝ u. s. w. für Buchau, Kanzach, Laupach. Neufra bei Riedlingen spricht das Volk Neufrach; ach sehr betonend. Eine schon in der Uebergangszeit der ahd. zur mhd. Sprachperiode einreiszende Vermischung des aha aqua mit ahi lat. — etum, Graff I, 111 macht sich häufig in schwäbischen Urkunden und Urbarien geltend. Vgl. mein Wb. z. Volkst. S. 11; **ahi** bedeutet immer ein haufenweises Beisammensein von Pflanzen, Steinen, Gebüsch u. s. w. Beispile, auszeraugsb. gröstenteils, folgen hiemit: **Salach**, zu Augsburg gehörige Wismad. cgm. 154 f. 45a. **Aichachi** quercetum; **forachahi** Forenwald; **salahahi** Salweidich. Mone Ztschr. I, 324. 331. **Munichaichah** c a. a. O. I, 331. **Nassachmühle** bei Adelberg. **Weidach, Erlach** am Ufer. Herzogl. Auszschreiben v. 12 Jan. 1615. Reysch. XII, 676. **Hagenah** dumetum, Wald, Mone Ztschr. II, 78 ad 1263. **Farnah** silicetum. **Birkah** betulium; Mone Ztschr. II, 79. **Stangahawe** Wald. MB. 28. S. 507. VI a. **Birkach**, ein Wald bei Ennabeuren. **Arlach** bei Leutkirch, Urk. 1404. Weiler bei Thannheim. **Aspach**, Rev. Reudern. Vgl. Förstemann, die deutsch. Ortsn. 1863. S. 61. Ueber das mit **ahi** zusammengeworfene diminutive **lach** sieh L.

ACHAITZEN, swv.: ächzen. »Die sie mit groszem — hewlen und wainen und schreien und toben, wüeten und wuffen achaitzen von sewfzen als wär sin grosz ungewitter«. cgm. 581 f. 140b. Frommann's Ztschrft. III, 336. Schmell. I, 17. Unsere Form müszte einem gotischen **ahatjan** entsprechen, das zu den 3 Verben **lauhatjan, kaupatjan, ahmatjan** gehörte.

ACHAMBI, stuppa. Gloss. Aug.

ACHELN, f. pl.: 1) steifstehende Spizen. 2) das Strohartige, die Bruchstücke verholzter Pflanzenstengel, die Abfälle von Flachs und Hanf, beim Brechen oder Spinnen, aculei, zu **acus** gehörend. Anderwärts **Agen, Anglen, Egemen, Akamma**. Wb. z. Volkst. 12.

ACKERBRENNGELD, das. In dem Kemptischen Hauptvergleich von 1737 fol. S. 21 heizt esz: »Wird das bishero von der Herrschaft geforderte **Ackerbrenngelt** aufgehoben und nachgelaszen; jedoch mögen allein diejenige Äcker, bei welchen das Brennen solcher Gestalten nötig, dasz one selbiges das Feld nicht füglich ad culturam oder zur Fruchtbarkeit und baulichen Nutzen gebracht werden kann, mit wind dirren und abgestandenen und sonsten unbrauchbaren Holz oder Reiser oder Entgelt gebrannt, hingegen der um das Brennen zu tuen verlangter Anfrage halber (wovon zwar die Ruebäcker vorhin ausgenommen und zu brennen erlaubt sind) bei dem auf instehendes Früjar zu durchgehen beliebten Weidenfusz, der Augenschein, was von Aeckern zu brennen sei, eingenommen und unentgeltlich gestattet; auch ein Gleiches bei Gelegenheit des jeweils erneuerten Weydenfusz zur Erleichterung der Untertanen beobachtet, mithin sie der järlichen Anfrage überhebt werden sollen«.

ACHT, »der achtent« d. h. dies octava, die Oktave. »An St. Johannes des Täuffers achtent hinweggeritten«. S. 287 a. Auf den unbeweglichen Festkalendern vorne in den Gebetbüchern und Psalterien des 14. und 15. Jarhd. heiszt esz stets: z. B. des hl. Hieronymi achtet; in ächt augsb. codd. achtot, der achtote; die bayerisch. codd. haben achtat, der achtate. Zu Grimm Wb. I, 169.

ACHTER, m. 1) ein alter Tanz, den 8 Pare auffüren. Wb. z. Volkst. S. 11 2) Achterle, Achterloable, ein 2 Kreuzerbrot; esz gab runde und lange. Die Achterlen im Augsb. Dominicanerkloster, die wolbekannten und heute noch erinnerlichen, länglichten waren die besten und gesuchtesten. Eine veredelte Gattung derselben war das Anisachterle, ein halbweiszes solches Brot mit Anis bestreut.

ADERLASZ-WEIN. »Umb die vorgeschriben fuenf phunt Haller geltz sueln die Subpriorin und diu Schafnerin unserm Convent gemainclich älliu jar — uf Sant Michels Tag — zuo iru gewonlichen pfruend Win chauffen und geben ueber irn Tisch ze ir Aderlêz« MB. XXIII, 2. 71 ad 1339.

AEBICH, linker Hand, verkert, »da tund sy die äbichen schlag, ainer vnder, der ander oben«; Thalhofers Fechtbuch; »der bruch mit aebicher hand um den halse« a. O. ahd. abuh, verkert, daneben musz ein abih bestanden haben. Das Wort bei Schmid S. 5. Weinhold Wb. 5 a.

AEFERN, rächen, ulcisci, ahd. avaron, afaron. Mhd. Wb. I, 73 b. Grimm I, 181. »Und darumb wöllen wir die ding nit wiederumb äfern von vrdritz wegen« cgm. 402 f. 51 a. »Anden vnd äfern« cod. bav. 2517. Das Constanzer Rautsbuch v. 1453 schreibt immer äffern. »Ob sich des Verurteilten Jemand annemen und das gegen die Stadt und die Ihren äffern wolte«. S. 47. »Und dazu nimmermehr zu äfern noch zu rächen«. Ravensb. Urkd. 1407. »Nit rächen äfern noch melden«. Urkd. 1454. »Und die sach gegen ander niemêr äfern sont« (sollent). Ulm. Urkd. 1410.

AEFFEN, swv.: »swer aber ze sinen tagen komen ist, laet sich der aeffen (im Kegelspile), der habe den Schaden«. Augsburger Stadtrecht f. 51 a Sp. 1.

AELTELN, swv.: übel riechen, von altem Fleisch, von Speisen. Grimm Wb. I, 267. TN. 9355: »So git er dir Brot wieder hain Das altotat und ist klein«.

AENI, der, Groszvater; Aene Groszmutter; Guggäni Urgroszvater; Guggäne Urgroszmutter. Kindersprache. Anherr oder Alteräni cgm. 601 f. 76 a. Groszanherr den etlich Alteräni nennen von dem obersten Uranen a. a. O.

AERMLICH, adj. und adv.: übelschmeckend.

AESCHENREGELE, dim.: eine nach alter, altfränkischer Weise einhergehende Weibsperson, sei sie jung oder alt. An Aschenbrödel darf wol schwerlich erinnert werden. Regel wird als Rigel, Schleier, Rigelhaube, ricinium zu nemen sein?

AESER in AESERWALL, — Eck, auch blosz Eser geschriben. Der Aeserwall bildet die südwestl. Ecke der Stadt Augsburg. Bei Gass. komt ›Esereck‹ vor. Die Bronnenordnung von 1734 hat: ›Wann an dem Eser bei dem roten Thore oder an dem Spital herunter — Feuersbrunst sich ergibet‹ u. s. w. ›Das Wasser nimt seinen Lauf den Eserberg hinab‹ a. a. O. Die Feuerordnung v. 1731 ›am Eser waren Löschwerkzeuge‹. Sollte das Wort mit ász, pl. aeszer zu erklären sein? Ich zweifle kaum. Wie die Ortschaften ihre Schelmenäcker, — Wisen, — Gräben, — Wasen, so hatte Augsburg seine Aszstätte, wohin die Aeszer geworfen worden sind. Ich erinnere hier an vallis hinnomi bei Jerusalem. Neser, der Erbauer, 16. Jarhd. sagenhaft.

AETSCH, in der Kindersprache Spott — Neckruf ›ätsch, ätsch‹! wenn ein Kind etwas bekomt, das andere nicht. Niederschwaben: gätsch, gätsch!

AEWERK, das, in ganz Schwaben mit Umlaut; adj. ›8 Elen äwerknisz tuchs‹ Wirtb. Taxordg. von 1425. Reysch. XII, 423. Ich bemerke zu dem Umlaut noch ähnliche Fälle: änspin, s. unten; aeschwinge, Flachsschwinge. Vgl. dazu awirchi, awirchin rock, awirches, stuppa. Gloss. Schmell.

AFFENBULLE, sw. f.: eine dumme alberne Weibsperson.

AFFENWALD bei Augsburg. ›Und ich bin nicht sehr darwider, dasz er vielleicht der Affrawald heiszen sollte‹ Werlich 16. ›St. Affrawald, welchen Ort der gemeine Mann mit Auslaszung des Buchstabens r den Affenwald nennet‹. Gass. 103. Afrawald ist gang und gäb, in der Volkssprache ein kleines enges Gässchen vom Milchberg zur Bäckergasse bergab fürend.

AFRATURM, der, spilte in Augsburg eine Rolle. ›Kräuter in disen Turm gelegt waren gefeit gegen alles Unzifer‹. Die Apotheker machten sich das seit älterer Zeit zu Nuzen. Im Giltbuche cgm. 154 f. 44b erscheint auch ›ein Mad bei St. Afra im Mosz oder wismad im Mosz‹. Befindet sich als Hintergebäude der St. Afra-Apotheke (Hof) auf dem hohen Weg. Früher spukte esz da. St. Afra, welche im Jare 303 oder 304 den Feuertod zu Augsburg erlitt, ist vor ihrer Bekerung Repräsentantin des Heidentums und insbesondere heidnischer Unzucht im Dienste der Venus geübt, der kyprischen Göttin, wie denn ihre Voreltern selber ausz Kypern stammen; nach ihrer Bekerung das Vor-

bild aller Sünder, denen die göttliche Gnade sich zuwendet, um sie zu retten. Ihre Vererung ist ser alt; die uns überlieferten Akten sind zwar unächt; aber der Kern ist ächt. Schon Venantius Fortunatus † 609 gedenkt der Vererung ihres hl. Leibes. Sie ist die berümte Stadtpatronin von Augsburg. Da sie sowol dem Heidentume als dem Christentume angehört und beiderseits eine hervorragende Stellung erwarb, mag sich im Volksmunde noch Manches erhalten haben, was nicht aufgezeichnet ist. Augsburg ist reich an Sage, an Erinnerungen ausz der Heidenzeit. Dem Mythologen würde sich hier eine reiche Fundgrube eröffnen.
AFTER erscheint in aftermontag, Dienstag (Aftermönti), in den A. Akten durchausz. Ott Ruland: aftermentag. »afftermontag«, G. Müller. »afteranwalt u. procurator« cod. bav. 2517. »aftergewalt«.
afterling, eine mit dickern u. fettern Därmen denn sonst gemachte Leberwurst. Augsb. allgem. Ausz dem übrigen Schwaben teile ich mit »afterbergen«, Nachlese halten im Weinmonate, »das afterbergen in den Wein- und Baumgärten verboten«. Wirtemb. Herbstordg. v. 10. Juli 1607. Reysch. XII, 612.7. »So solle Niemands dem andern in seinem Wein- oder Baumgarten afterbergen od. Laub straifen« Reysch. XVI, 213. afterrechen, swv.: auf frisch abgeheueter Wise nachrechen, Geschäft armer Leute; davon der afterrechen, ein Rechen mit vielen Zänen, groszer als der gewönliche; afterrechete, f.: das Ersammelte; afterrechere, f. die Weibsperson, die das gewönlich tut. Afterschläge, pl. »in Wäldern« II Forstordg. v. 22. April 1540. Reysch. XVI S. 6. aftres, hernach »und die soll er mir aftres zalen«. Ott Ruland S. 5. Aftertagzeit, »darauf mein ehrwürdiger Herr von Alb Abt Lukas samt seinem Convent begehrt ein Bedacht (Bedenkzeit) bis Morgen — es wäre nun Aftertagszeit« Herrenalb. Ref. Akten 1535.

AGALIZO, adv. obnixe. Gloss. August. Vgl. Graff I, 131. Mhd. Wb. I, 12 b, agaleizzi importunitas a. a. O. agaleizze oportune a. a. O.

ÄGEN, pl. f.: Acheln, sieh oben. »Wann ainer ausgesponnen, so soll er das Werkh, die Ägen und anders alsbald sauber hinwegräumen«. Sailerordg. 1687 §. 31. Grimm Wb. I, 189.

AGENWANG, Ortsn. urkdl. Agenwanch Agenwank 13. 14. Jarhd. Zc den baiden Agenwanch Urkd. 1291. Steichele I, 12. Eine Urkunde von 1370 hat Agabang, offenb. bayorischem Dokumente entnomen: b = w.

AI, AI, 1) Küsschen, »ai ai geben«. Kindersp. allgem. dazu gibt esz in andern Gegenden ein

Zeitwort aiaiken, Eichsfeld. Bayern. 2) ai, nein! Göge. Jettkofen.

AKREFTIG, adj., wie âmechtig gebildet. Die Vorsilbe â in Zusamensezungen bezeichnet Trennung, Gegensaz. In Augsb. Denkmälern bis in's 16. Jarhd. hinein. »In der Sunnenstunde, wer krank wird, der überkompt ein stark Fieber und wird sehr âkreftig Hitz halber«. Regiom. 1512. Gramm. II, 705—7.

ALBEG, engl. always, in alten Gebetbüchern »jezt u. allweg« nunc et semper; 1) immer »zum ersten, so sollen sy sich vergleichen, dasz albeg zwue in ainem Manghaus losieren«. Web. Ordg. 1531. 2) sofort »in solcher Ordnung ist man alleweg zu Altaren zu Opfer gangen«. S. 287 a. »N. hat in allweg 1 fl. geben zu opfern« a. a. O. 3) ganz gewisz, mit der eifrigsten Absicht.. Vgl. Wb. z. Volkst. S. 11. Ueber den Wechsel von b und w sieh Lautlere des B. Bayerisch-österreichische Denkmäler haben albeg one Auszname, schwäbische nicht selten.

ALD, ALDE, ALDER, oder = aut, erscheint zu Anfang des 16. Jarhd. noch in schwäbisch-Augsburgischen Denkmälern. Ueber dises echt alamannische Wort, das ahd. alde, olde lautet, vgl. Gramm. I, 211. 780. III, 274. Grimm Wb. I, 203. des TN. hat ald durchausz.

ALLET, allenthalben, echt Augsburgisch-schwäbisch; gebildet wie vollet, vollends.

ALLEWEIL; 1) in disem Augenblicke; 2) continuo. Anzufüren sind die mehr allgemein schwäbischen »all Buff, all Ritt, all Streich, jeden Augenblick«.

ALLOBATTERIE, volkstüml. für das spanische olla potrida, Pastete oder Suppe, Kraftsuppe ausz allerlei Bestandteilen gebraut, besonders ausz mereren Klöszarten und andern Ingredienzien. Zeitschrift II, 24. 16.

ALMUOSEN, Alenmuosen, Almosen. Almosenherren, Pfleger und Aufseher des A. städtische Behörde. Ordg. 1691. Ihr weiterer Name ist »Aeltern des Almosens« a. a. O. Die Almosenbüchse durfte in keiner Taferne, an keinem öffentlichen Orte felen; im Bräuhause stand eine solche für die Spiler, deren Gabe von 1 kr. nach jedem Spile amtlich befohlen war.

ALT, »alter Mō«, eine am Rande des Frauenkleides von Ungefär aufgeschlagene Falte; oberpfälzisch Witwer. In München sagt man »tua dein Kleid hinunter, ein Alter läuft dir nach«.

AM, praep.: auf dem »am Winter, am Ball«, scheint bayerischen Ursprunges zu sein.

AMMELEN, (— ◡◡) »lambere in podice«.

AMPEL, swf.: groszer weitbauchiger Bierkrug, in Klöstern gebräuchlich u. davon die Augsb.

Schelte »Versoffene Ampel«, für eine trunksüchtige und betrunkene Weibsperson.

AMT, stn.: 1) officium divinum, a) der Dienst des Priesters in der Kirche; b) officium, Pflicht der Ordensleute beiderlei Geschlechtes; c) Gottesdienst überhaupt. Lösz dein êwarten ambacht cgm. 206 f. 219 b. dô hân ich hiute diz ambet getan. St. Ulr. Leben v. Albertus. dôvon sprich ôch der in dem hiutigen ampt cgm. 6 f. 222 a. Ein schwäb. alam. Ritual v. 14. Jarhd. cgm. 168 hat: von wem das ampt sî (officium des Tages): man sol merken daz man daz ampt durch allez jares, sî tages oder nahtes, begân von dem gezîte zu allen zîten f. 1 a. Wenn man aber daz ampt von dem gezîte begêt a. a. O. Begât man daz ampt als in festo dupl. f. 6 a. daz samszteglich ampt f. 10 b. doch nIt nach der totenmesze ald ampt nach' fidelium f. 13 a. sol die priorin daz ampt tun zu den zîten f. 26 a. vom gemeinen ampt eines bihters f. 26 b. vom gemeinen ampte der 12 poten f. 27 b. tôtenampt f. 42 a. Am Palmtag abent gieng zum Thom zu dem Ampt im Chor der Cardinal S. 270. 2) sacrificium; früher hiesz das Breviergebet und die unmittelbar folgende missa cantata zusamen ambt; als die Leutpriester allein entfernt vom Kloster celebrierten und vollends gar die Klöster aufgehoben wurden, blieb der Name Amt nur noch dem sacrificium und ist so heutzutage ganz volkstümlich. — dô er volpraucht daz gotliche ampt, dô erschain ez im die goteshand, gesegnet in und daz volk zu der hailigen messe. Bebenh. Legd f. 10 b. dâhin koment patriarchen, byschoffe vnd pryester und volpringent daz loblich ampte f. 13 b. Und dô er krank ward und daz jungst ampe t volprâcht a. o. 104 a. Und ainsmâls an dem heiligen Ostertag, dô St. Mathäus daz gotlich ampt volpracht f. 44 b. dârnâch kam der byschof mit dem pfaffen und Schulern und mit dem volk und sungen da ein ampt f. 97 b. Sender hat unzälige Belegstellen: zu St. Ulrich hat man ein Amt gesungen f. 270 a. Wir wollen vor unserm Abschied hie das Amt bei jenen in St. Afra hören — und sol unsere Canterei — das — singen und hat das ampt mit andacht gehört f. 349 b. Item hat man gesungen 2 Amt: bei beiden Amten sind die Bischoffen gegenwirtig gewesen f. 260 b. Der Bischof hat das Amt gesungen f. 189 a. Nach dem Ampt, unter dem Ampt, das erst Ampt f. 173 a. Das Ampt hören f. 284 b. Das Seelampt singen f. 180 a. 188 a. 279 a. Nach dem Seelampt, (o). des Kaisers Kanterey mit Orglen u. Trumethen hat das Ampt angesungen und der Bischof hat es angesungen f. 507 a. Die Burgundische Hochzeit Isenbergers von Memmingen hat f. 8: das man ein herrlich Amt von der rainen Jungfrau Maria — mit sonderer christlicher Andacht gesungen. Mit was fürstlicher Herlichait das Opfer unter dem Ambt volnbracht ward, weisz ich in Warheit nit zu beschreiben. In den Augsb. Kirchenkalendern des 17. und 18. Jarhunderts lesen wir von gesungenem Amt; — also sagt man von den Sängern und dem Celebranten ein Amt singen und ansingen, — von einem musikalischen Amt, von einem gesungenen Lobamt, von einem figurierten Lobamt; von einem musikalischen Hochamt, Engelsamt, von einem musizierten Amt, von einem Choramt, Choralamt, von Seelämptern, Hochamt (Gass.), von einem hl. Ampt (Kiszlegger Klosterrodel) u. s. w. 3) weltliche Behörde. In Augsburg gab esz ein Bauamt, ein Steueramt, Umgeltamt, Hospitalamt, Oberpflegamt, Krigs- u. Provinzialamt, Forstamt, Oberrichteramt, Burgermeisteramt, Stadtamtschreiber, Taxieramt u. s. w. Der bischöfliche Hof hatte in der Provinz überall sog. Pflegämter; in Füszen war ein Probstamt, in Dilingen ein Rentamt, Stadtammannamt, Bräuamt, Hospitalpflegeramt, Bauhofamt; in Augsb. ein Hofkastenamt, Wâg- und Fronzollamt, Steuerkassieramt, Pfalzprobstamt, Zollamt u. s. w. Amthof hiesz des Amtmanns Wohnung mit freiem Grundstücke. Der Ampthof erscheint im Giltbuche, cgm. 154 f. 11 b. Vgl. Förstemann, O. N. S. 106 ff. Grimm Wb. I, 281. Wann got. andbahtei ambaht ward u. wo zuerst, kann nicht genau festgestellt werden. Bemerkenswert sind die plur. Amt, dat. Ambten; Ämter, selten. Ich füre hier noch an in's Amt schenken, beim Antritt eines Amtes jemand beschenken. ›Meim Herrn Bruder Bischof von Kemsee, mit meyner Muoter, Bruoder Endris u. Hans in's hochwirdig Amt geschenkt samt etlich kosten die ich hatt — 15 fl.‹ Luc. Rem S. 55. Das Wort Amt ist deutscher Wurzel. got. andbahts, Diener. Mit disem hat nach Dr. Glück das keltische Ambactus nichts zu schaffen, aber dem got. andbahts stet schon nordisches ambâtt, Dienerin gegenüber, was zu einem got. ambahts fürt.

ANAGIUURFIDO, iaculatione. Gloss. August. Zu Graff I, 1030 ff.

ANBAMPFEN, swv.: unschön, mit vollen Backen eszen, sich voll eszen.

ANBINDEN, stv.: ein Kalb zurückbinden um esz aufzuziehen; anebinda, Rottenb. Gegend. anhin, hinanbinden. Wb. z. Volkst. S. 12.

ANBLASEN, stv.: in Felix Fabers Evag. deutsch f. 2 a: ›die

Nacht hat hergebrochen, mit ihrem dunkeln Licht, Botzen was beschloszen, der Wachter sie anblies. O liebes, treues Wächterli, Schleisz auf das Thor und lasz uns in, Wir sind fremd Bilgeri‹. Die Blaser auf den Türmen spilen in den alten Städteordnungen mit den Turmwächtern eine Rolle.

ANBLÄRREN, swv.: anbellen, jemand grob und heftig anreden.

ANBRECHEN, stv.: elucescere.

ANDATSCHEN, swv: grob befülen, unvorsichtig eine Sache angreifen.

ANDER, das, 1) monatliche Reinigung der Frauen; 2) 's andert, das 2. Laüten zur Kirche. ›'S haut no Zeit, ma haut grad 's andert gea‹, sagen die Bauern, die noch vorher in's Wirtshaus wollen. Sch.

ANDERTENS, 1) ›zumAndern‹, zweiten Male 2) ›erste u. anderte Vesper‹. Festkalender. Vgl. Grimm Wb. I, 313.

ANDEUCHE, ANDÄUCHE, ANDEICHE, pl. m.: die Kloaken, Abzugskanäle für den Unrat. ›Und dann die gewölbte Andaüche under der Erden zur Ausfürung des Unflats.‹ Werlich. ›die Andaüche sind zum Teil zur Ausfürung des Unrats gemacht‹ a. a. O. Ital. doga, Graben, franz. douve. Diefenb., Gloss. 43 hat waszerduch, — duche; Kehrein, Sammlung, fürt ausz dem Jar 1304 anduche an. Vgl. Weigand Wb. I, 235.

ANDLIT, Antliz, bei Sender durchausz gebraucht.

ANDRECHT, stm.: Enterich.

ANERSTORBEN GUT, ein durch Erbschaft einem zugekomenes Vermögen.

ANFALLEN, stv.: einfallen, von der Witterung gebraucht. ›Ist ein rawer kalter Winter angefallen‹ S. 299b. ›Darnach ist ein Regenwetter angefallen‹ a. O. Grimm Wb. I, 323.

ANFAREN, stv.: — neque in ira tua corripias me, — ›noch anfare mich in deinem Zorne‹. cgm. 62 f. 16b.

ANGEL, stm.: Stachel des Insekts: ›hetten die mugken ein weiszen angel klain und spizig als die wefzen hand‹, cgm. 206 f. 72a. Schmell. I, 78. 165. Vgl. die Angeln, verholzte Pflanzenspizen, Bruchteile des Hanfstengels; Gerstenhaare. Wb. z. Volkst. S. 12. angin, aculei. Gloss. August. Sieh Agen.

ANGER, stm.: Wisenplaz, unbebautes, bisweilen zum Waideplaz bestimtes Feld, got. vaggs, oberpf. Ranger. Das Wort wird in Niederschwaben höchst selten gebraucht; in Rottenburg, am mittlern Neckar gar nicht. Desto häufiger in Oberschwaben; in und um Augsburg. Im Augsburg. Manuale komt vor ain anger in dem Siczmunt f. 25b. Im Giltbuche von St. Ulrich cgm. 154 f. 32b: fronanger; engerlin f. 38b. 47b; tagwerkangers f. 20b. 21b; torangergilt f. 21 b. In der Stadt selbst: der **Schwibogen - Anger**; **Kreuzanger**; die heurig oder **Felberanger**, Metzger Akt. 18 Jarhd. »An die **Aenger** Schranken aufrichten«, Senatsdekret 1632. Vom wirtemb. Schwaben kenne ich »Im **Anger**« Böhmenkircher Wald; den **Anger** ob Wisensteig; die **Angergärten** bei Saugart. Die erste Müle in Riedl. hiesz **Angermüle**. »Der natürlich geblüemt **Anger**«, Seuse's Briefe.

ANGERICHTS - BETT, vollständiges Bette.

ANHÄBIG, zudringlich, anhaltend, »die Franzosen sind arbeitsam, zu aller Not gedultig und **anhebig**«. Elucidarius Augsb. Auszgabe. Grimm Wb. I, 364.

ANHANG, unehlicher Beisizer. Polizeiordg. 1553. Grimm Wb. I, 366. Die vilen Bekannten und Freundinen einer **Magd** heiszen heute in Augsburg »**Anhang**«.

ANHÄNGEN, »sich eins anhängen laszen« auszerehlich eines Kindes schwanger werden. Pfaff's Eszling. 124 ad 1564.

ANHEBEN, 1) »er wird ã hebə schwach«, fängt an schwach zu werden. Allgem. 2) **Anhebender Mensch**, ein mit der Rechtfertigung anfangender Mensch; **anhebendes Wesen**, der Zustand eines solchen Menschen. cgm. 601 f. 82 u. oft.

ANHENKERLE, dim.: kleine Medaillen oder Münzen, worauf Christus und Maria abgebildet oder abgeprägt ist. Kinder und Erwachsene tragen sie um den Hals. In Niederschwaben, Rottb. Gegend **Dêlen**, offenb. ausz **Medaille**.

ANHÖRIG SEIN, anstellig, eine besondere Fertigkeit Vilerlei zu ordnen haben; sich in alles gleich zurecht finden können.

ANIGELN, sw: stechend schmerzen an Fingern oder Zehenspizen, prickelnd schmerzen, den laufenden Schmerz haben, was in vilen Gegenden schlechthin **bizeln** heiszt. Da diser Schmerz im Winter bei schnellem Erwärmen der Fingerspizen am Ofen entstet, so meint man auch besonders und allein disen damit. »Man sol es auch halten in zymlichem Luft nit zu warm, dasz es **oniglen**, nit zu kalt, dasz esz wieder hineinslahe« cgm. 601 f. 112 b. In andern Gegenden Schwabens hörte ich a͞u négla, a͞u nérgla, was auf â, warscheinlich das verstärkende â hinweist; in Weingarten **durnegeln**. In München: 's négelt mi ō. Schmeller I, 38 kennt **anigeln, ainigeln** und **urigeln**.

ANKE, swf.: Nacken.

ANKEN, swm.: butyrum »**maygenanken isze nüchtern**« Astron. 6 b. Grimm Wb. I, 378. Ein mehr alamannischen Mundarten eigenes Wort.

ANKOMEN, stv.: esz übel treffen, anreden. »darmit kainer den andern möcht **ankomen**, er wer ein Henkersknecht gewessen‹. S. 548a. »Darnach ist der Eheim dem Mesmer mit heftigen, vnerlichen Worten ankomen‹. S. 560b. Vgl. Grimm Wb. I, 384.

ANLAINE, swf.: Lene, Anlene, reclinatorium. »Auch auf einem freien Stul on Anlainen‹. Horm. 1834 S. 140. (Augsb. Chr.).

ANLANGEN, das, Ansuchen, Bitten in Amtssachen. »Auf deren von Rindsmezgern gehorsames Anlangen, Mezg. Akt. 1684. In der Sailerordg. dagegen heiszt esz »bittlich Ansuchen‹. Zu Grimm Wb. I, 391. Anlangen, Geschäftstil in Weberakten.

ANLEGUNG, — kaufmännische Sprache, — Beilegung von Waren, »tatt ain nutzliche guote Anlegung mit Marokan‹; d. h. machte ein gutes Geschäft in Safran. L. Rem's Tageb. S. 7.

ANMACHEN, stv.: »Michel Schneyd von Schongaw, Pfarrer zu dem heiligen Kreuz, hat einer Dienstmagt ein Kind angemacht und darnach sie zu der E genomen‹. S. 380a. Heutige Bedeutung: 1) überreden; 2) aneinanderbefestigen; 3) Teig, Salat anmachen.

ANNABÄRBERLE, dim.: kurzer Schlafrock. (?)

ANPUMPELN, swv.: hinter's Licht gefürt werden, übel ankomen, sich irren.

ANSCHIEBEN, stv.: »Haben sye (das Heer) desselben Tages dem Kampffe angeschoben‹. Trg. Krg. f. 27b.

ANSCHOPPEN, swv.: sich voll und übervoll aneszen.

ANSINGWEIN, stm.: »Fürohin sol zu Nachts kein Ansingwein, so der Preutigam und die Braut zusamen nidergelegt, gegeben oder getrunken werden, bei Peen zweier Gulden; die nit allein der Preutigam und die Braut oder ire Eltern, die solchen Wein raichen, sondern auch eine jede Manns- oder Weibsperson, besonders so bei disem Ansingwein erscheinen wurde, zur Pusz bezalen solle‹.Hchzt.O.v.1540.

ANSPIN, ÄNSPIN, stm.: Wirtel, Beschwerring der leeren Spindel. »Du must auch spindel und ainen Änspin hân; die spindel ist von Holz als die Gungell. Das bedewt die geleichait, die wir haben mit Jesu Christi. Die Spindel bedewt dein edle Seel, die dir Got so clärlichen eingoszen hât und gepildet nâch im selber. — Der änspin der ist erdin: das bedewt den leib der von erden ist gemachet, den dir Got gegeben hât, dasz du im stetiklichen dienen solt mit hitziger lieb. Wann du nun alsô ein Weil gespinnst, sô solt du den änspin abzîehen und blôsz mit der spindel spinnen: das ist, wann du deinem leib alles das abprichst was zeitlich ist‹ u. s. w., cgm. 480 f. 85a. (1446) Zu Grimm Wb. I, 465 ff. Schmell. Glossen haben anspin

verti., bombus, vertigines, go aenspin. Allgäu: eispe, obrpf. ásper.
ANSPRACHE, swf.: Anspruch, in den Urkunden häufig; ahd. anaspråhha Graff VI, 383. Kehrein, Sammlg. 26 b. Stdtrecht. ANSTAL, statio, induciae, Grimm Wb. I, 472. »Des andern Tages begerten die Griechen Anstal des Frids« Troj. Krg. 71 a. »Schickt er seine Botschaften zu dem Priamo, welche auf 3 Jar Anstal oder Fristung des Kriges begeren solten« a. O. 71 a. »Die Trojaner schickten Botschaften hin, begerten des Krigs Anstal« 74 a.
ANSTAND, stm.: Amt, Anstellung. G. v. Ehingen Leben.
ANTÄDELE, wol richtiger Aūtädele, dim., auch nicht der kleinste Tadel od. Flecken, Fehler.
ANTELER, stm.: Enterich. Antrechter (Burgau). Antvogel, Wildente; Erlasz 1609. Auch S. fürt Antvogel bei Schmausereien an. Heutzutage ist nur Entrich und Antrich bräuchig. ahd. antrecho.
ANTRITT, stm.: eine kleine Bretterstaffel, Erhöhung beim Fenster für den Nätisch. »Schön gefärbter Antritt«. Erenfest 1699. Allgem. ist Antritt ein eingefridigter Plaz beim Hause. Frommann's Zeitschrift III, 331.
ANTWORTEN, swv.: tradere, übergeben, »daz si (die Knechte) daz rint in die zvne nicht wider antwrtent«. Stadtrecht f. 10 a; »wirt ein man herin gevangen

vnd dem vogte geantwrtet« f. 21 b. u. s. w. Allgemein.
ANWALT, stm.: Geschäftsträger, Sachwalter eines Bischofes, Abtes. Im Giltbuche v. Ulrich, cgm. 154 komt oft vor: der Abt od. sein Anwalt«. Grimm Wb. I, 515.
ANWENDEN, swv.: sich nähern, sich zu etwas hinwenden: Felix Fabers Evag. deutsch f. 2 a: Das Gebirg das hand sie angewendt, Von Oesterrich dem Fürsten sinds komen in sein gländ.
ANWERDEN, einer Sache loszwerden; spr. aüwëədə.
ANZIEHEN, Gegensaz von aufgen, der erste gleichsam vorbereitende Grad des Gefrierens, wenn feuchte Stellen eine Art fester Haut gewinnen.
ANZWACKEN, swv.: »Attila bliebe so ein unleidenlicher Feindt des römischen Reichs, dasz er schier ganz Europa mit Anfallung ringsum angezwackt. Es füget sich das Wörtlein anzwacken gar hübsch auf die Stette in Retien, seitemal dise Provinz gleichsam als ein Schweiff oder Rand an Italien ligt«. Werlich 97.
ANZWEHREN, swv.: eine Milchspeise zubereiten.
APER, eine voll angesponnene Spindel. Sieh Grimm Wb.
APFEL in der Redensart »der hat mê 'n Apfel verdruckt«, von einem in allen Waszern gewaschenen Menschen gesagt. Zusmarshausen.
APFELMANN, der, Apfelschmarren.

APOSTEISEREI, Apostasie. »So erzürnen wir Gott numen mit unser Aposteiserei«. Krchb. Ref. Akt. 1556. In Augsburger Schriften häufig.

APOSTEL, »Apostel -u. Laszbrief Instrument«' cgm. 2517. »Der Appellant Apostel- und Gerichtsakta begeren«. 2. Landrecht 1567. Reysch. IV, 179.

APOSTELBROCKEN, gebackne Melnudeln mit Aepfeln und Weinbeeren gefüllt.

APOSTELGARTEN, Name eines Gögginger Torgartens, in älterer Zeit Fugger'sche Reitban; später und bis 1857 Erholungsplaz einer Privatgesellschaft, schon im vorigen Jarhd. so genannt, weil dise Gesellschaft urspr. statutenmäszig nur 12 Miglider zälen durfte.

APOSTELBIER, schlechtes Bier, von dem esz 12 Männern an 1 Schoppen genügt. Ehingen a. D. Die Apostel heiszen in Gmünd die 12 armen Männer, die am Gründonnerstag ihre Almosenrunde machen.

APOTHEKE, swf; in Augsb. gab esz eine Afra-, Engel-, Stern-, Marien-, Hlg. Kreuz-, St. Georgs- und St. Jacobs-Apotheke und ein Apotheker Gäszlein. Urkdl. Formen: Appentegker, Ulm. Urkd. 1323. Appenteg a. O. Appenteger Ravensb. Urkd. Appenteger, cgm. 201 f. 107. In Niederschwb. und Oberpf. spricht man Abbadaigger, in d' Abbadaigh u. s. w. Augsburg fürte das erste deutsche Apothekerbuch ein.

APPEL, np.: v. Apollonia, von albernen Weibspersonen gebraucht. Wb. z. Volkst. S. 13. Abbelhaft, der Albernheit änlich. Das Diminutiv Abbele ser häufig, wo das übrige Schwaben Abbel hat.

AR, altes, ex, unser jeziges er in erspringen, ersten, »Grosze Aufrur ersprungen ist«. S. 169 a. »Sind allweg 3 neben ainander geritten, alle kostlich und wol erbuzt«. S. 186 b. Dises ar, mit abgeworfenem r und Denung des a, steckt sicherlich noch in mundartlich â gesprochenen und als ab vermeinten Zusamensezungen. Vgl. Wb. z. Volkst. S. 9. Gramm I³ 91. Schmell. I, 90. Felix Faber, Evag. deutsch schreibt noch armessen f. 1b; arfochten f. 8b; arkantf. 8b; arschrocken f. 13b; arstocket u. s. w. cgm. 359. Vgl. Weinhold, Alam. Gr. 13. §. 9. Ich verweise auf das Isidorische armarian, archennan, arrahhon, araaughan, arspringan, arwerpan, ardriban, arflaugan, ardhinsan, arkeban u. s. w.

ARBAISZ, ERBISZ, Erbse in Augsburg. codd. erbiszbrü, cgm. 601 f. 99b. In Niederschwb. aesch, stf. pl. aeschə.

ARBEITO, invigilo. Gloss. Aug.

ARCHE, swf.: ein in Holz eingefasztes kastenänliches Gerinne an Mülen und Teichen zum Ablaszen des Waszers. Grimm

Wb. I, 545. Schmell. I, 103.
»Mögen auch den Griesz zu Beschüttung der Archen, wo esz unschädlich ihnen am gelegensten und dem Bau am bequemsten, nemen und abfüren«. Augsburger Confirmation 1596. »In dem Land waren auch Lampreden; der ain wag 160 Pfund; die fing man in reiffen und hürden; die waren gemacht von kleinen Rippen der Helfenbain; wann was reyschen und Ablasz waren auch Hürd oder ander Ärch sie mit vormachten; die fraszen die visch und wurden all ledig darausz. Auch darum mueszt man die reyschen u. Aerch stark machen und vesten, dasz nicht die schönen Waszerweib — der gar vil da was, die leichtlichen zureiszen möchten«, cgm. 581 f. 129 b. Das starke msc. der Arch mit falschem Umlaute Aerch gehört mit arche stf. zu altem arca, schon bei Vitruv. 10, 8 (13) für Waszerlade, Kiste, Waszerfang gebraucht. Woher Kaltschmid die Aerch, Saum, oberer Teil des Fischernezes hat, weisz ich nicht, jedenfalls ist esz merkwürdig. Das mhd. Wb. I, 56 weist arc, Schatzkammer neben arke und der arch auf. Am reichhaltigsten ist eben auch hier wieder der alte Frisch I, 32 c. Die Wurzel, die sowol unsern verschiedenen Formen als auch dem lat. arca zu Grunde ligt, ist arh, ark und begegnet in griech. ἔρκω, ἕλκω (umziehen), urspr. einschlieszen, einschränken,

einsperren, arceo neben warh, wark u. mit Vorschlag-S svark (Sark); in arcus Bogen; ὅρκος (Fόρκος) Eid. Band; ἕρκος, Zaun, Fangnez; in urceus, urceola, Krug; Orkus, die eingeschloszene Unterwelt; got. aurkeis, urceus u. s. w.

ARG, adj. und adv., von Speisen, schlecht, ungenieszbar; an Masz und Gewicht leidend »von args brots wegen« fand das Schupfen der Bäcker statt in einem Augsb. Ratsdekret 1443; arge milch, cgm. 601 f. 105 b; »das ergest plut« bei Schwangern. a. a O. f. 99 a.

ARAKI, tenacia. Gloss. August. Vgl. das Otfrid. thiu argi, culpa. V. 25, 63.

ARGWAENIC, adj.: »der die burger, die danne vor gerichte waeren, arcwaenic dûhte«. Augsb. Stadtr. 53 b; daz er in arcwaenic dunche a. a. O.

ARMBOUGA, armilla. Gloss. Augustanae. Mhd. Wb. I, 178a; armbouch, braciale a. a. O.

ARMSPINDEL, f.: Armröre, tibia brachii. »Item ein partikel von der Armspindel des hl. Viti«, cgm. 2913. Augsb. Domschaz. »Und ein Spindel von dem Arm der hl. Maria Magdalena« a. a. O. Grimm Wb. I, 560.

ARRAS, Stadt in den französ. Niederlanden, wo das bekante leichte und geringe Wollengewebe verfertigt ward, das in Deutschland und besonders in den Reichsstädten ser im Brauche war. »Leder, Gewandt vnd Arras«. Augsb. Erlasz 1538. »50 Arras«, O. Ruland. »Gewäszerten oder ungewäszerten Doppeldaffet, Terzenell, Seidenrupf, Seyden-Arras, gemuszierter Sammet«. Polizeiordg. »Arrasi Zotten«, Kleiberbüchlein.

ARSCH, podex — årsch — Arschkrapfen, Arschbeller 1) Stockprügel der ehemaligen wollöblichen Stadtgarde; 2) Schläge auf den Arsch überhaupt. K. v. Megenberg: Afterpellen. Arschwisch, ein schlechter Aufsaz. Halwäsch, ein Augsb. Mezgerspizname. Lahmäsch 1) Schelte, 2) ein fauler, träger Mensch. Spiz und Asch spilen, Osterspil der kleinen Buben u. Mädchen: sie picken 2 Eier mit Spiz und Stumpfseite an einander: wessen Ei zerbricht, hat's verloren. Vgl. Wb. z. Volkst. Zu den 14 Arschbacken hiesz die alte Augsb. Taferne zu den 7 Hansen. Im Anfang dises Jarhd. als die alte Linde bei der Wirtschaft »zur schwedischen Linde« von Obrigkeitswegen gefällt ward, erboste darob das Volk ser und nannte dafür Jarzehnte lang besagte Wirtschaft vor dem Wertachbrucktor »zum nackten Arsch«. Lackierter Kindsarsch, Spottname für Erwachsene, die Kindereien treiben. Arsch heiszt auch das Nadelöhr. In Adorf (Bayern) nennt man die den Boden streifende untere halb gewölbte Seite der Sense beim Mäen Arsch. Redensarten: du Arschkerl, verächtlicher Mensch; du Arschkrot, für einen streitsüchtigen zwergartigen Menschen. Arschgsicht, mit überhängenden Wangen; der hat einen Zorn, dasz er eine Nusz mit dem A. aufbeiszen möchte, wenn man den höchsten Grad von Zorn hat. In Bettringen (Wirtemb.) heiszt esz: Kannst mich im A. lecken! der andere erwidert: esz kann nicht sein, ich hab's schon einer andern Sau versprochen. Oberpfälz., kann nicht sein, ich leck keine Sau. Plur. Ärsche; — mundartlich äsch, — »so machtent in die Müs frat, dasz ir keiner uff den Ärschen gesitzen mochtent von dem Biszen das jenen die Meüs hettent getân«. cgm. 206 f. 139 a.

ARSTOCKEN, swv.: stocken, verstocken. Grimm, Wb. III, 117. »Wir stundent ganz arstocket«. Felix Fab. Evag. cgm. 359 f. 13 b.

ARTOLLERI, — ei, »ein Zeugdiener von der Artollerei«. Ärztl. Berichte 1641. Augsb. Lazar. Haus. »Artlerei«, Hohentwiler Akten 1564. 25. April.

ASZ, vgl. Aeszer. »'S sticht mi wie Asz« von einem bösen Flohstich. »Denn das sind luadrisch kecke Auser«. Sch.

ASCHE, swf.: cinis, got. azgo, ahd. azca, mhd. asche: »vnz daz der eschensegen hât ende«, cgm. 168 f. 32 a; »die kustrin sol berait hân die e s c h e n mit wihem waszer« f. 52 a. Sô der daz ampt tut, die e s c h e besprenget, sô sol er die e s c h e knüwende emphâhen« a. O. An die e s c h i g e n mitwochen f. 16b. 18b; die e s c h i g mitwoche 25 a. 47 a. Grimm Wb. I, 578. 579. A s c h e n k e r e r und Abgötterer war eine Schelte auf die Katholiken in A. der R e l i q u i e n halber. Ehrenfest 1699. S. 19. »In der A s c h e n s i t z e n« von einem niedergebrannten Kloster. Urkdl. »Also lit der Arm zwifalt smerzen, Und lit ihm die Sach in der E s c h e n« TN. 3780. ASCHLOCH, »die Sägamm soll meiden — Aschloch, Knoffloch, Zwifel, Senif, Gren.« cgm. 609 f. 101 a.

ASCHWINGE, fast immer mit dem Umlaut »A e s c h w i n g e«, verholzte Wergabfälle, stuppae. Vgl. Gramm. II, 707; âgla (Riesz) ákəmə (Ehing a. D.) altb. a g a. Weiszenhorn: K u d e r. Wb. z. Volkst. S. 12.

ASSIET, n.: kleiner Teller; assiette, franz.

ATEILO, exsors. Gloss. August. Otfrid hat öfter a d e i l o.

ÄTTE, Vater, in der Kindersprache; got. a t t a, ahd. a t t o, mhd. a t t e one die Lautverschibung des t in sz. Niederschwäb. oft V a t e r überhaupt; sonst nur J u d e n s p r a c h e.

ATZEL, stf.: Perücke, scherzweise; sonst für E l s t e r.

ATZEN, got. atjan, zu eszen geben, i t a n, eszen; »sie ward auch so swach vnd krank, daz sie weder hend noch füesz gerurn mocht und man muszt si nur a t z e n«, cgm. 164 f. 39 a. Mhd. Wb. I, 760. Diemer's Genesis 1862: a e z z e n, 82, 15. Nur von Vögeln gebraucht und jenen Ortsarmen, die in der Gemeinde zur Kost herumgen, nach der Reihe bei allen Bauern eszen, »r u m a e z ə«.

AU, die, sieh bei A c h. Wie der Name A n g e r, so ist A u in und um Augsburg und auf dem Lande ser häufig. Alte urkdl. Belegestellen sind: C h l e n i n a w a (Klenau) ad 843. M i n d e l o w a (Mindelau) 1175. M e r g a r t o w e 1249. In M u r n a w e, abgeg. Ort ad 1316. R e i s z e n o w e 1293. R i c h s e n a w 1357. A u w e in der R e i s c h e n a w a. O. R i s c h e n a w 1322. Prunnen der R i c h s n a w u. s. w. Die R e i s c h e n a u ist jener Strich, der von Seifridsberg herunter zu beiden Seiten der Zusam bis gegen Dinkelscherben sich ausdent. Der Ortsname A u n b e r g hat sicherlich Zusamensezung mit A u erfaren. Berümt war und ist noch das Mezgergut: die M e h r i n g e r A u, Waideplatz, »churpfalzbayerisch«, ferner die H a u s t e t t e r A u. Die G e r s t h o f e r A u e n komen in Erlaszen öfters vor, besonders sollten da keine Gerten geschnitten werden; desgleichen gab esz Verbote für die B i s c h o f s a u. A u e n hieszen mehre längs des Lechufers ligende Wäldchen. In der Au Holz holen, verbieten Dekrete von 1634, 7. Oct. und andere. Die Krotenau lag bei Augsb. Die berümte Au im Lech erwänt Werlich: »Und ward im Augsb. Gebiet hierzu vor alten Zeiten die Awe in dem Lech, ausz welcher nochmals ein fest eben Land worden‹. Ausz dem wirtemb. Schwaben ist mir bekannt die Engelau bei Herbertingen (Lagerbuch). In Auen, ebendas. Auvorstadt hiesz ehedem die Altstadt Rottweil.

AUF, praep.: der Augsb. sagt immer »lachen aufeinen‹, »auf einer Masz Bier sizen‹, bei e. M. sizen. In den Weberakten häufig zu finden. Auf's Haupt etwas vernichten, penitus, mit Stumpf und Stil.

AUFDAMEN, swv.: einem sein Unrecht vorhalten, hart zusezen.

AUFERZUCHT, swf.: Erziehung, ahd. zuhti.

AUFGABELN, swv.: zufällig etwas auftreiben.

AUFGEN, 1) »Kaiser Sigmund — ein frawenmann, der esz aber tapfer mit sich aufgenlisze‹ Gass. 172. 2) Aufgen laszen, kostbar leben. 3) »Auch so Kind volkumen seind vnd die zen hart aufgeend, so erlamen sie zu zeiten groszes schmerzens wegen‹. cgm. 601 f. 106b. »Von aufgeend zend‹ f. 107b. »Zend gend etlichen kinden leicht auf, sô aber die zend hart aufgend und mit smerzen u. s. w‹. »Wann die spiz zän aufgend‹ f. 108a. Heute ist eine Redensart im Brauche: er hât aufganga lâszǝ, er hat einen streichen laszen.

AUFGELEGT, part. pass.: gewisz, unfelbar, in folgd. Beispile: »Er hat das Amt aufgelegt‹, hat's gleichsam schon schriftlich im Sack. Ferner im Kartenspil »einen Matsch, ein Brand aufgelegt‹, gewonnen haben.

AUFHABEN, swv.: etwas gut haben, herauszbekommen.

AUFLAGE, Gesellenauflage, Einlage der Weber-Altgesellen in die Jnnungskasse des Zunfthauses, was in eigentümlicher Art geschah; esz wurden mit Kreide Kreise auf dem Tische gezogen; mit noch allerlei kleinern Förmlichkeiten geschah die Einlage.

AUFLASZEN, stv.: »eine Kuh auflaszen‹, belegen laszen.

AUFLEGEN, swv.: sein herkömliches Quatembergeld in die Büchse der Weberzunft legen; sodann auch Strafgeld bezalen.

AUFLEGGELT ward bisweilen kranken und armen Knappen ausz der Büchse geliehen, sowie Maistersönen, die »daneben ihr Quatembergelt treulich vor die Büchse gelegt haben‹.

AUFLEINEN, swv: auftauen, vom Eise und Schnee gesagt.

AUFLIGEN, stv.: sich im Bette wund ligen. Allgem.

AUFLUSEN, swv.: sich anstrengen Heimliches zu hören.

AUFMAISTERN und **VERMAISTERN**, aufeszen; über Speisen Herr werden; derkräftə, bayr.

AUFMUZEN, swv.: vorhalten, tadeln. Allgem.

AUFREIBEN, stv.: 1) aufkrazen, eine gewisze Art Tücher von Wolle aufkrazen. »Den 20. Febrer 1536 aufgriben Duch, die örmel mit Samat brembt«, Kleiderbüchl. 77. Esz ist offenbar eine Art Plüsch. Ferner: »Ebner gestalt seind jnen die seydine Strimpf, wie auch die Schuech mit aufgeribenem Cordawon —abgeschafft.« Erneuerte Zierd- und Kleiderordnung von 1668. »Item der schwarzen Schuech von aufgeribenem Cordawon — bemüszigen« a. o. O. 2) coire. »O Lieber, gang hin und reib die Magt wol auf, wol lauszt sie sich so gerne aufreiben; ich tue sie nit aufreiben, ich fürcht sie sag es meinem Weib. Das tet der Beck darum, er forcht die Magt wurd traget; so geb sie mit glympfen das Kind dem Knecht. Also ging der knecht hin und rieb die frawen auch auf und vermaint auch, es war die Magt«. Sender 315b. Ein Seitenstück ist in Boccaccio's Decamerone; ebenfalls in den Gesamtabenteuern zu finden. Im mhd. Wb. II, 681a fand ich riberîn 1) Reiberin im Bade; 2) Hure. Ferner ribe, prostituta, ahd. hrîpa. Graff IV, 1146.

Im Nithart: losiu hofribe. Am fruchtbarsten für Erklärung von reiben, aufreiben, wird die Herbeiziehung des romanischen riber (altfrz.) sein = Weiber verfüren, bei Diez, etymol. Wb. II. Auflage. I, 348. Nicht unbeachtet darf das griech. τριβάς bleiben, das ein Weib bedeutet, welches mit sich selbst oder ires Geschlechtes Unzucht treibt (Passow); ferner füre ich terere an, das harscharf aufreiben wiedergibt. Plautus cpt. 4, 2, 108: Boius est, Boiam terit. In ganz gleicher Bedeutung findet sich molere, permolere: Horaz hat alienas permolere uxores, Sat. I 2, 35. Petronius 23: super inguina mea multumque frustra moluit (von einem Cinaedus). Auson. Epigr. 71, 7. ibid. 90, 3. Theocrit 4, 58: τὸ γερόντιον ἦ ῥ' ἔτι μύλλει Τήναν τὰν κυάνοφρυν ἐρωτίδα — permolit amicam u. s. w.

AUFRÜLPSEN, swv.: lautes Aufstoszen des Magens in Folge schnellen Eszens u. s. w.

AUFRUPFEN, swv: vorwerfen, aufmuzen. »Nacht und Tag tranken die alten Teutschen; die Trunkenheit war keinem verargt, nachteilig, noch ein Aufropfung«. Augsb. Druck des Elucidarius 1543. Dise Stelle fürt Grimm Wb. I, 716 ausz Seb. Franks Weltbuch an. »Sprecher, die den Leuten ihre Laster aufrupfen, seind schier wert, dasz man sie henke«. Hauszucht und Regiment. XVII. Jarhd.

AUFSAGEN: 1) aufkünden; 2) etwas Gehörtes wiederholen, hersagen, bekennen, gestehen. »Da hat der Mann zu ir gesagt: so du mir nit wilt **aufsagen**, so sich ich wol, dasz du bist hinter d'Schul gangen«. S. 386 a. Grimm Wb. I, 717. Heute nur noch Schulauszdruck, »auszwendig hersagen«.

AUFSENDEN, swv.: das Lehen dem Lehensherrn **aufsenden.** »Her Marquart von Laugingen, Hern Volkwins Tochtermann hete an dem zaehenden ze Altheim von Herren Heinriche von Staufen, das sin Lehen was von dem Abte von Aelwangen, dasz er dasselbe lehen bi uns uf gesandt hat unserm Herren dem Abte«. MB. XXIII. 1, 147 ad 1280. »Gaben wir im denselben zehenden auf, als sitlich und gewonlich ist sogetaniv lehen ufgegeben und hat derselb Herr Ulrich unser Herre sich derselben Lehenschaft verzigen vnd vfgeben und **oufgesandt**, als sitlich und gewonlich ist nach des Landes Recht« a. a. O. S. 518. Allgem.

AUFSEZEN, swv.: 1) instituere, inducere. »Umgelt **aufsezen**«. S. 170a; im Gegensaze zu **absein**, »dasz alle newe Umgelt sollen **abseyn**«. S. 170 b. 2) auferlegen, z. B. eine Busze. »Er sol sein puesz, sein tagzeit und was ihm **aufgesezt** ist worden von seinem peichtvater, mit vleis volpringen«. cgm. 601 f. 83 a.

AUFSCHÜSZELN, swv.: jemand mit Eszen und Trinken herrlich versehen, reichlich bewirten.

AUFTREIBEN, stv.: 1) auszfindig machen. »Adi 11 April kam ich mit meinem Herrn Angelo Cosalo, den mir Herr Stefan Krösz adi 29. Marzo nächst vergangenen zu Botzen **auftriben** hat, gen Verona«. Kleiderbüchl. S. 1*l*1 ff. 2) »Esz sol auch mit **Auftreibung** der Richter den Rechten gemäsz gehalten werden; und so der, so ain oder mer **auftreibt**, sich der andere Richter nit begnügen laszen wölt, so sollen die **Aufgetriben** auf des **Auftreibers** Kost ersezt werden«. Mindelh. Reformat.

AUFZWACKEN, swv.: »Allein bin ich erst in meinem Exilio berichtet worden, dasz die Papisten etwas scheinbares ausz einer meiner auf 9. Feb. 84 ausz dem Ev. Math. 8 vom Schifflin Christi getaner Predigt **aufgezwacket** und mir auf dise Meinung fälschlich und böslich verkeret haben«. Dr. Müller.

AUGSBURG, die alte Augusta Vindelicorum »in pago **Ougesgowe**, in pago **Augustensee**«. Der **Augstgau** (urkdl. bei Steichele I, 303) erstreckte sich nach der alten Gaueinteilung über des Bistums grösten Teil und reichte, sovil kann jezt schon sichergestellt werden, bis an den Ammersee. Sprachvergleichenden Untersuchungen wird wol am meisten Erfolg zur Seite sten. Förstemann II, 132 bringt für den Gau die Namen: **Augustgowe;—gawe; Ogesgowe, Owesgowe**. Für die Stadt: **Augustburg; Ougistburgh; Ougisburch**; in einer deutschen Tradit. Urkd. c. 1050, vorne in einer Münchner Hdschr. 4° (Augustinus super Johannem). **Augnsburk, Augesburk; Osburc** u. s. w. Vom 13. Jarhd. ab ist **Auspurg**, wie auch das Stadtrecht hat, die häufigste Form. Die heutige Auszsprache ist **Aogschburg; — st: sch**. — Bekant sind die **Augsburger Pfenninge**, die schwarze oder **Augsburger** heiszen; z. B. im Stadtrechte oft: mit zehen phunt **Rotwilern** oder mit sehs phunt **Auspurgern** u. s. w. Der Monat August heiszt schlechthin ›**Augst**‹ im **Augsten**; das Kleiderbüchl. hat **Agust, Agost**, in **Agosto**: ›anno 1500 im **Agosto** hat er die besen Kindsblatern‹ S. 20 u. s. w. So auch im wirtemb. Schwab. ›zu mitten **Augsten**‹, Baknanger Stiftslagerbuch 1501. Reysch. 123. Ravensb. Mezg. O. 14. Jarhund. **Augstfalg** a. a. O. ›Der **Augsten**‹ Ernte. Zeitwort: ernten; Biberach (Wirtemb.).

AUGSTER (Hausl. I, 326) und **AIGSTER** (Mögglingen) werden für ›Bliz‹ gebraucht, besonders vom Wetterleuchten an warmen Sommerabenden. Zeitwort: esz **augstet; aigstelet**.

AUGUSTINER, Münze. ›Und darnâch hiesz Augustus **guldein pfenning** schlahen, der war zween als schwer als ein **guldein jezo** ist und die nannt er **Augustiner**, der Stadt Augusta zu êren‹. cgm. 259 f. 5a. ›Must jedlichs ainen **Augustiner** bringen ein die Hauptstat der Provinz‹ a. a. O.

AUN (aū): nein! Riesz. Nördlingen.

AUNSER; stm.: loculus, Speisesack zum Umhängen, was got. **matibalgs**. ›Und da sprach Jesus zu im: Da ich ew sandt on Sack und on **Aunsar** und aun geschüch, geprast ew da nichtz‹. cgm. 226 f. 59b. ›Da sprach er zu in: welcher nun hat ain Sack der nem in und alsam ainen **Aunsar**‹ a. a. O. Schmell. I, 116 fürt ausz dem Vocab. 1445 **aser** an. In Hundersingen bei Riedlingen ist **aūser** Brotsack für Feldarbeiter. Hebel hat **oser**, Büchersack. Tobler 355 a. Stalder wird wol richtig verglichen haben, da er **âsz, itan** herbeizieht.

AURÉ, AURÉ! rufen die Buben in Munderkingen u. sonst für ›ausz dem Weg‹! beim Bodenschlittenfaren. Oberpflz. **auré**, hinausz; hier sicherlich noch altes r für s.

AUSZ, praep.: ›Mein Schwecher Jörg Echain ist geboren **ausz** Jörg Echain und Clara Relingerin‹. ›Mein Schwiger Anna selig ist geboren **ausz** Hans Endorfer und Barbel Greslerin‹. Luc. Rem, S. 2.

AUSZBECHELN, swv.: ein

schwächliches Kind u. s. w. sorgfältig pflegen; obpf. **aufbacheln**. Niederschwaben: **ufbëcherla**.

AUSZBREITEN, swv.: glänzend machen, polieren.

AUSZDUMPELN, swv.: Butter auszrüren. **Dumpelfasz**, Hertfeld, Wertingen.

AUSZFÖRSCHELN, swv.: auszforschen, auszfrägeln; bayerisch **fratscheln**.

AUSZFREZUNG, Abtrieb; »**Auszfretzung** des jungen Gehäu«. Augsb. Urkd.

AUSZGESTOCHEN, part. pass.: πολύτροπος, versutus.

AUSZHEIRATEN, swv.: dotare, auszsteuern, auszstatten. »Und hat jm darzu ein Tochter **auszgeheiret**«. S. 310 b. Grimm Wb. I, 884. Allgem.

AUSZHÖLDERN, swv.: auszhölen, auszboren. K. von Megenberg: **auszhölern**, excavare.

AUSZKLAUBEN, swv.: auszlesen, eligere. »**Auszklaubt's** wolgerüst's Volk«. S. 249 a. »**Auszklaubts** starks, werlichs Volk«. S. 145 b. »Und waren etwas bei 100 **auszklaubter** böser Buben«. Buxheimer Chronik 29 a. 17. Jarhd. in Frauenfeld.

AUSZLASZEN, stv.: Butter auszsieden, Speck, Fett, Unschlit auszsieden u. s. w.

AUSZMACHEN, swv.: 1) auszpuzen, z. B. Wonungen; »gewelb **auszmachen**«. S. 265 b. »das gwölb **auszgemacht**«. cgm. 667 f. 211. 2) einen Verweisz geben, auszzanken. 3) seinen Pflichtteil auszscheiden (von Eltern), Leibding festsezen. **Auszmachen**, **Auszgemächts**: »Wenn auch gleich die Kinder — nicht mehr in der Eltern Unterhalt sind, soll dem Vater doch die Nuznieszung des **Auszgemächts** nicht entzogen werden«. Pfleg. O. 1777. §. 36. Vgl. **abkomen** a. a. O. §. 43: »Da sich auch öfters gezeigt, dasz Aeltern, welche bei irer andern oder weitern Verheiratung iren bereits ehlich erzeugten Kindern als **väterlich** oder **Mütterliches auszgemacht** haben, hernach aber, und zwar manchmal lange Zeit hernach, sich die Reue ankomen laszen, uud unter dem Vorwand, als wenn entweder gar nichts oder nicht sovil Väter- und Mütterliches vorhanden gewesen, als **auszgemacht** worden, um Aufhebung der Minderung desselben eingekomen sind, — dasz auf dergleichen Vorwand und Gesuch nicht geachtet, sondern csz bei dem **Ausgemächt** lediglich gelaszen werde«. Dekret v. 1726. 15. Jan.

AUSZNEMEN, stv.: 1) excipere. »Welches todter Leichnam über das Gebirge nach Augsburg geführet, **daszelbs auszgenomen** — und also zu Aach begraben worden«. Gass. 2) intelligere, begreifen, verstehen, mit Gesicht und Gehör. »Von wem er sprach, konnt ich nicht ausznemen«. Ausznemet, adv. eximie.

AUSZPATSCHEN, swv.: etwas auszposaunen, Schwazereien machen.

AUSZPICHT, »einen auszpichten Magen haben«, einen Magen haben, der Alles verdauen kann; auszpichen, auszkleben, besonders vil Getränk einnemen, zumeist von Biertrinkern gesagt, sie einem auszgepichten Bierfass vergleichend.

AUSZPLAZEN, swv.: erumpere. Zu Grimm Wb. I, 924. »Derhalben ist Pandarus der erst gewest, der zu dem Tor herauszgeplazt ist«. Troj. Krg. 18a. Vgl. »Die Barbarier hereinplazende« a. a. O. »Wie aber der Menelaus on Gefar des Alexandri ansichtig wurde, ist er mit ganzer Macht ihn angeplazt« a. a. O. »An demselben Tage ware alle Schiff angezündet und vertilget worden, wann nicht die Nachte der Arbeitenden Zuflucht hineinplazende die Feind von irem Fürnemen getriben hätte« a. a. O. f. 35a, »Und alle Dinge, wo der Feinde eingeplazt ware, mit Waffen erfüllt worden« f. 36a. »Sind die Trojaner mit groszer Macht hineingeplazt« f. 41 a. ff. »Dô der künig sach, daz sy plazten an in gächleich«. cgm. 300 f. 52b.

AUSZRICHTEN, swv.: sich empfehlen, grüszen laszen.

AUSZSCHAFFEN, swv.: auf der Stör arbeiten, wie Schneider und Schuster tun. Oberschwb.

AUSZSCHANZEN, swv.: »anno 1584 auf 9. April habe ich einen frommen und gottseligen Herrn, so entwann ein Ratsverwandter geweson, aber unlangst mit wunderbarlicher Kreiden ausz dem Rat von dem Papisten auszgeschanzet worden«. Dr. Müller.

AUSZSCHLAGEN, stv.: Auszschlag bekomen, »feng an auszschlagen.« Luc. Rem. S. 26. »Also dasz ich wieder auszschlug« a. a. O. Der Auszschlag. 1) »Wie esz aber mit disem Augsb. Fürsten endlich auch einen Auszschlag gewonnen habe, ist meniglich nicht unbewuszt«. Dr. Müller. 2) an Kleidern »Auszschläg u. Krägen«. Kldrord. 1608. »Über das sollen sie zu iren Kleidern und Mänteln, bevorab zu den Auszschlägen u. Krägen kein Fueter von Zobel — gebrauchen a. a. O.

AUSZSCHLIZEN, swv.: ausz der Natgehen, auszreiszen. Rockschliz oder Schliz schlechthin, am Frauenkleide. Ahd. sliz. herisliz, bayuw. Geseze.

AUSZSCHODLEN, swv.: sorgfältig auszsuchen, in Speisen wälerisch sein.

AUSZSCHUSZ, stm.: arcora, Erker. 8' über der Erde; 1½ Mauerstein in die Reichsstrasze ragend; 8' breit. Bauordnung. »Auszgeschoszen kreuzfenster«. Frank.

AUSZSTEUER, AUSZSTEUERN, swv.: »und sint diu alliu ûz gehistiuret«; »hât ein Man, wîb unde chint unde der chinde einz oder zwei ûz gehiustiuret« unde sind alle ûz gehistiuret«. Stadtr. f. 60b 63a u. s. w.

AUSZSTEN. 1) tolerare, sei man zu- oder abgeneigt. 2) ausz dem Dienst gen.

AUSZWARTEN, swv.: pflegen: »plib allda bis 22. Agosto in Endris Imhof Haus — da mir on alles Masz ganz überausz triulich — ausz Lieb und Fleisz auszgewartt war von Frau Agnes Imhof« Luc. Rem S. 22.

AUSZWENDIG. 1) adj.: auszwärts wonend. »Alle auszwendigen Mezger« S. 101. »Auszwendig gestorben« f. 314b. Zu Grimm Wb. I, 1014. 2) adv., got. utana, ahd. ûzan; »ûzwendig der osterzit«, cgm. 168 f. 38a. »ûzwendig dem Kore« f. 40b; im Gegensaze zu »inwendig unser Frauen Octave« f. 49b. »Inwendigs und auszwendigs« adv. cgm. 480 f. 114a.

AUSZZUG, stm.: feinstes Mel von Waizen, Roggen u. s. w.

AVE MARIA, gewönlich »'s Betläuten«, das 3 malige tägl. Gebetläuten U. L. F. zu Eren. »Nach Ave Maria's Zeit« S. 262b. »Solcher Streit hat geweret — bis man das Ave Maria hat geleyt« S. 205a. In Tüb. âvə mērgə; Alb: aūvə mērgə; Rottb. 's âvə mērgə; in Deggingen im Gaisztäle ist eine Avəmergəkirch.

AWASEL, stm.: ein Tier, das durch Schuld eines Menschen umkam. Vgl. mhd. Wb. I, 74. cgm. 510 f. 67: der abas, den abasen. »Unde ist der âwasel des, der da gebezzert hât«; Stdtr. der aworse, aborse, den aborsen cgm. 21 f. 88. »Vil sein nachtpawren vih darein (in die Zisterne), er must ims gelten, und der aborse bleib dem des dew cisterne was, — so ist dir der abars widervaren«. cgm. 632 f. 78. abars vel verwürfling» a. a. O. f. 2a.

AUUIRCHI, stuppa. Gloss. August. und Stadtrecht.

AXT, die, im Stadtrecht »ein mezzer, ein axes, ein speer« f. 45a; »akkest in cinis Zimmermanes hant« cgm. 172 f. 34a, ein akkest die ein maister nutzet« a. a. O. cgm. 581 hat für Beil immer »Mordaxten« f. 73a. »Da im Kampfe der Vindelizier gegen Varus mechst du gesechen han, was das rheinisch swert und die swäbisch Axt gegen einander tetten« f. 36b cgm. 570. Die Gloss. Schmell. füren folgende Beispile ausz dem ahd. auf: achus, riut achus. acchussi secures; helmakes = spata u. s. w.

B.

B lautet allgemein, wie im Romanischen und stet genau gotischem b gegenüber.

1) Im Anlaute ist esz von dem Geseze der Lautverschiebung unberürt geblieben und weder ausz gotischem f hervorgegangen noch ausz ahd. p durch Rücklautung zur Geltung gekomen. Mag in altdeutschen Handschriften auch gar oft p sten, wo späterhin wieder b erscheint, so haben wir vorerst nur einen Wechsel der Lautzeichen und esz drängt sich vor allem die Frage auf, ob ahd. Zeichen p auch den Lautwert des heutigen p hatte. Ist doch in gleicher Weise b an die Stelle von w in der Schrift getreten. Nach disem Vorgange kann also p auch den weichern Laut des b vertreten. Ich werde an einem andern Orte mich eingender hierüber äuszern und will hier nur bemerken, dasz die Mundarten in Schwaben, Bayern, Oesterreich und Oberpfalz heute noch kein echtes p kennen, sondern dafür eine Schärfung des b in bb, wie umgekert eine Erweichung des b in w aufweisen. Sowie got. f. im Anlaute sich der Lautverschiebung entzog, so auch got. b; p scheint das gotische als Anlaut gar nicht zu haben. Die Lautverschiebung erstreckt sich mithin auf die anlautende Reihe b p f nicht und die heutige süddeutsche Mundart stet für dise auf derselben Stufe mit dem Gotischen. Dagegen ist b als In- und Auszlaut teils gleich gotischem f. teils wieder gleich b.

2) Ausz Vorstehendem get hervor, dasz b einen dreifachen Lautwert habe:

a. den reinen natürlichen Laut des romanischen b zu Anfang und Ende des Wortes;

b. einen zu bb verschärften, welcher den romanischen p Laut vertritt, im aber nicht ganz entspricht; worüber unten bei p;

c. einen in w erweichten, zwischen 2 Selblautern, sieh w.

Da disz auch allgem. schwäbisch ist, so vergl. die Beispile im Wörterbüchl. zum Volkstümlichen S. 14 ff.

3) Wie w und m wechseln, so auch b und m. Das Kleiderbüchl. S. 140 hat »in Erbl geschloffen«, = Ärmel, manica, oberpf. »irbl«, ahd. armilo, Graff I, 426. Mhd. Wb. I, 57b; bei Hans Sachs Erbl. Grimm Wb. I, 557. Merbel, Merbelspil; Gemürbel S. 143a: »da ist ein Geschrei und Gemürbel auferstanden«; »on wider Mürblung« Tauleri Serm. 1508 f. 212b; pfulm für pfulben, »dō leget er den man ain pfulm« f. 220b; »sich an mich arbent saeligen« cgm. 450 f.

36 a; »meine arbentsaeligkeit« f. 43b; »mine ellend arbentsaeligkeit« f. 44b.

4) Als In- und Auszlaut fällt b öfters ab und veranlaszt dadurch Denung des vorhergenden Selbstlauters, wie in Umstandswörtern; vorzüglich bei ab, — â sieh ă, — aber auch bei Zeitwörtern z. B. in der Abwandlung von hŏ — haben, gëə — geben u. s. w., was allgem. süddeutsch; ferner in bleiben: er bleit Sch. 116. Landschaftlich. In Lebzelten fällt b nicht nur immer ausz, sondern esz wird sogar sinnlos »Leszelten«? u. volkstümlich angelent »Leckzelten«; S. 389a und oft. Vgl. Weinhold, Alam. Gramm. S. 119. Grimm Wb. I, 1084. 1054.

5) Umwandlung von bh in pf, wie sie im Bayerischen erscheint, z. B. in pfüet Gott! Pfalter, pfêben, »ear pfêbt sē bös = tut weleidig; pfäb, behäb kent Augsburg nicht so auszgedent als die Landschaft. Bemerken will ich das Vorkomen von bulgen und pfulgen.

6) Ebenfalls dem Bayerischen änlich weist die Augsb. Mundart den Antritt des b und p an m auf, sowol da, wo esz ahd. Brauch, als auch da, wo esz lediglich Gewonheit des Volksmundes ist und keinen Sinn hat. Weinhold, Alam. Gramm. 120. 121 u. 116.

a. Wampe, Imbisz, Kampel, Lamb, Lämblein, Lamp, Lemplin (der hl. Agnes) cgm. 257 f. 6a; Osterlamp cgm. 402 f. 139a. Wämbstler, eine Klasse von Mezgern, die Eingeweide der Tiere reinigen und verkaufen, z. ahd. wamba; krump u. s. w. b. »Wirmb«, W. im Kopf, Horm. 1834, S. 147. Breutigamb, Leichnamb, Köhrbesamb, Leutenampt, Oberunderleutenampt, bei Werlich 61. »Sumptag Laetare«. S. 299a. »am Sumptag hat der Rat 20 fl. geben« a. a. O. 330a. Ermblen Horm. 1834, S. 140; genembt (namnjan), Bistumb, Werl. 19. Erdpidump, gezimpt, unberümpt, sieh Insignia 75. Demptv. dämmen (1477) Augsburger Druck. Magtumbs, Reichtumbs, abgefaimbter, lamp (lahm) cgm. 257 f. 6a; usnempt, nampten in cgm. 737 f. 15b. III praes. sing. von nemen. cgm. 736 f. 15a. Eigentümlich ist auch der landschaftl. conditionalis i theab, ich täte. Sch. 59. »I moi i theab iahn wittra«. »Ja, theab ear schreia wia ear will«. a.a.O. 60. »Bekannt ist die Geneigtheit der schriftlichen Denkmäler des 16—18. Jarhd. und noch heute des Volkes in ganz Süddeutschland, b und p ebenfalls ungehörig vor T und D zu entfalten, daheimbd, frembd, Ambt, sambd« u. s. w. in Grimm's Wb. II, 1054. 7. e. Von d. Hagens Germ. III, 101 — Corssen: Ueber Auszsprache, Vocalismus u s. w. I, 57 macht auf den Vermittlungslaut p zwischen m und folgenden Zungenlauten, aufmerksam in emptus, redemptus, comptus, sumptus, contomptus, contempnere, hiemps, eine Schreibweise, die weder etymologisch noch phonetisch einen Sinn hat. cgm. 6 hat sompnus. Ueber bayerisches um und umb, für ung an einem andern Orte.

7) b für v und f. Abenteirer, Abenteuer und Aufenteuer; Kurbe und Kurf (in der Müle); Schwefel u. Schwebel; Zwibel und Zwifel: Salbai und Salfai; doch ist zu bemerken, dasz ältere Marktordnungen, Zunftordnungen lieber Zwifel (Sail. Ordg. 1687), Salfagion schreiben: »dîn drank si ab Salfagion blumen von rutten«; »ab salfaigen«, Astron. f. 7b. 8b; ebenso lieben sie Knofflauch, Knoflach für Knoblauch, cgm. 601 f. 140. Das Wort Hefamme für Hebamme ist im Augsburgischen und Im Riesz, fast im ganzen bayerischen Schwaben, bräuchig. cgm. 257 f. 86a hat Tifer oder Tiber. Täbere: Taferne »als er eines Morgens ausz der täberen zu haus wolt gen« cgm. 601 f. 57b. Ich erinnere an Heben u. Hefe, schnauben und schnaufen; Hebel und Hefe, »brotanhebel, geheblot brot«, voc. opt. Schraube und Schraufe, Pöfel und Pöbel, Kaffanetle und Kabinetle. Unziber cgm. 402 f. 76a. Josua und Galef f. 127b. Vgl. Grimm Wb. II, 1053. d. 1054. 8. Zabern, Zabergau, Zaberberg und Zavelstein (Kalw), Bauballen und baufallen, Rebental und Refental (refectorium) u. s. w.

8) Allgemein süddeutsch ist die Verhärtung des alten w zu b im In- und Auszlaute; wo aber auch b fast gänzlich abhanden gekomen, wie bisweilen im sog. heutigen Hochdeutschen, da hat Augsburg in schriftlichen Denkmälern und im Volksmunde esz gewart. Albeg, allweg cgm. 601 f. 98b; 1531, sieh oben. Vgl. mhd. Wb. III, 687. Gramm. III, 140. Schmell. I, 42. riebig, griebig ruhig, S. 583; gerubig, geryebig, Regiom. 1512; rüebig leben. S. 171a; von ahd. ruowa, ruowen; schmirben, Schmirbe, schmieren ahd. smirwa, smiruwa, Graff VI, 832. »Den ganzen Leib schmirben« Regiomont. 1518; speiben, uuch im Oberschwäb. f. speien, augsb. sbaibə, got. sbeivan. ahd. sbiwan, mhd. spiwen und spien, Gramm. I³, 97. Astron. »sbiwen«; schnaiben, 's schnaibt zu got. snaivs, Schnee, ahd. sniwan, schneien. Graff VI, 852; melbeln, nach Mel riechen, von ungesottenen Speisen, zu ahd. milwa gehörend; Jubelen, Juwelen, Poliz. O. 1735. »Mit Jubelen besezte Uhren« a. a. O. »Silberkramer und Jubilier« Gass. S. 302b. Wibele:

böser Finger von ahd. wêwo. Allgem. schwäbisch ist ebbisz, etwisz, ebbməhī, et-wahin, zum Besuche in die Liechtstube gen; ōbbern, acc. Sch.; ferner Felber zu ahd. Felawa gehörend, ›Felberbrunnen‹, emals in der hl. Kreuzgasse; Hans Felber hiesz ein alter Augsb. Werkmeister; Thoman Velber, ein Giltmann von St. Ulrich, cgm. 155 f. 5b. Daher gehört auch das mer allgemein vorkommende Flexions b in grabes gen. von grâ; plabes, nom. plâ, heute grâb und grâ auch im Nominativ. In' Erbse wechselt b und w: arbiszgarten cgm. 154 f. 39b; erwysen cgm. 28 f. 35b. Grimm Wb. I, 1054. 8b. Weinhold, Alam. Gramm. 120. Lauchert S. 17.

9) Wol zu unterscheiden ist der Wechsel von b und w auch im Anlaute: wesunder, barmer trunk, bomboll u. s. w. — cgm. 601 — was entschieden bayerisch-österreichisch u. den Venediger Älplern eigen ist. Die codd. der k. Hof- und Staatsbibl. laszen sich auf den ersten Anblick erkennen, ob sie von Augsb. oder ausz bayerischen Klöstern; oft herrscht bayerische und schwäbische Lautlere neben einander, was von den Schreibern herrürt, die sich in beide Stämme teilten. Eine besondere Abhandlung hierüber behalte ich mir für eine Darstellung der bayerischen Lautverhältnisse vor. Vergleiche Grimm, Wörterbuch I, 1054. 8a.

BA! BA! häszlich, abscheulich; Abmanruf an Kinder. Vgl. Grimm Wb. I, 1055: »Auszruf verdroszenen, gleichgiltigen, abweisenden Staunens.«

BABETTE, Barbara, seit einigen Jarzehnten im Brauche; Barbel cgm. 92 f. 27b — ebenso bei Luc. Rem 54 und Kleiderbüchl.; St. Barblen cgm. 97 f. 128a — scheint beliebter Name im alten Augsburg gewesen zu sein. Oberpfälz. Bärbl und Waberl; Ellwangisch Bärmele; niederschwäb. Bäbel, Bäbele und Bärbel, Bärbele; Bäbe und ›Bèbé‹ häufiger auf dem Lande. Bei Jeremias Gotthelf ist Babi ein einfältiges Weib; im Thurgauischen, Frauenfeld, gilt Babele für Puppe. Babelesbuben = Sektirer, laue Katholiken.

BACH, stm. in und um Augsb. komen vor: der Hauptstadtbâch, Neubach, Stadt-, Sägmül-, Herren-, Rändelmül-, Lechmeister-, Proviant-, Durchlasz-, Hanrey-, Abkehr-, Eis-, Fichtels-, Schäffler-, Ueberwaszer-, Walkbach-, Schauerbächlein, Loch-, Oel-, Wolfs-, Kauff-, Mittelbrunnenbach; Jägerbächlein, Ochsenbächlein; Sibenbrunnen-, Hauptbrunnenbach, Spitalbächlein; Malvasier-, Welsel-, Pferseer-, Brunnenbach; Hetten-, Hessenbach, Senkelbach, Siechenbächlein, Hexenbächlein. ›Auf dem Bach‹, Wirtschaft vor dem roten Tore an der Strasze nach Fridberg, wo die Floszleute vom Lech mit Holz für die Stadt länden. Der Bacher-Anger, eine Bastei. Werlich S 2. Das Stadtrecht hat: ›unde bringet ein gast holz her in dise stat, ez si in den obern bach oder in den nidern‹ ›wer mit holz kumt in die bäche, ez si nidere oder obene‹ u. s. w. Im Augsburger Gebiete: Tinzelbächlein bei Eglingen; Schmiechenbach bei Merching; Steinbach und Finsterbach zwischen Merching und Möringen. Urkundlich: Pernopach 784. Muninpach a. a. O. Calmanopach 823. Chiupach 1011. Snaitpach Orts. N. bei Aichach. Scembach, Schembach, Schämbach, Schönbach, (16. Jarhd.) Salenbach, Gabelbach, Hurenbach, Dachspach, (1322) abgegang. Ort, Werinespach, (1404) Schaidbachmann, ein Geist in Phronten gegen Jungholz hin. (Vilstal). Bach, ahd. bah, altsächs. biki, in welch lezterer Form esz in den niederdeutschen Zusamensezungen auftritt. Vgl. Förstemann, die deutschen Ortsnamen, S. 33 ff. Alb. Schott 1863, S. 36a. Weigand Wb. I, 90. Grimm Wb. II, 1057.

BACHE, swm. 1) porcellus. 2) Mastschwein. 3) Speckseite. Das Augsb. Stadtrecht f. 6b, 9b, 21b u. s. w. ›von ainem bachen, der ains phundes wert ist zwên phenninge‹; ›von ainem bachen einen helbeling‹; ›ein bache ainen helbelinch‹; ›ze bachen (under keufel sin)‹ u. s. w. Im Memminger Stadtrechte: ein geschnitten Bachen, im Gegensaze zum ganzen Bachen. ›Sie ziehend all vaiste Bachen, das mugen wir Tüfel wol gelachen‹. TN. 1745. ›So klimpt er unders Dach, und wirft herab Wurst und Bachen‹ a. a. O. 13255. Vgl. ahd. pacho bei Graff III, 29. Mhd. Wb. I, 76. Grimm Wb. I, 1061. Ich erinnere an das bayerische Fack, Fackerl, an porcus, farch, barg, ebenso an Bracke, die jedenfalls zusamen einem Stamme angehören. Sollte am Ende nicht auch Speck sich davon herleiten? S wäre Vorschlag wie in lecken, schlecken u. s. w. Backel ›von einem backel darnâch und esz grósz ist‹, Stadtrecht f. 17a. Weigand Wb. I, 90.

BACHEN, stv.: backen. Abbachen, ›sei ein ganzes Jar alle Wochen in die 25,000 Laib ein jeden von 4 pfunden abgebachen (worden)‹. Anti—Müller. Bacheln, swv.: nach Backwerk riechen. ›Bech‹, Backwerk, ›Bech und Brot‹, Augsb. Getraidekaufordg. 1535. Im Burgau ist Bech eine Traget Brot: niederschw. Bachet: sovil Brot, als man auf einmal bächt. Vgl.

Wb. z. Volkst. S. 15. »Und dieweil mit alter Herkomen und noch an viln Orten gebreuchlich ist, das neue Jar, item Martinsnacht und Fasnacht zu halten, damit dann dise alte Personen zur sollichen Zeiten auch ein Ergezlichkeit haben mögen, so soll esz zur Weihnachten, allermass wie zuvor der Gebrauch gewest ist, gehalten und nemblich ein Pech brots, halb von Korn halb von Kern gebacken und jedem Pründtner und Pfründtnerin davon ein Brot, desgleichen dem Saurbecken, der esz becht, auch ains gegeben, auch zur solchen lange Wecks gebachen und zue einem neuen oder gueten Jar alles ungewogen gegeben und für kein Wochenbrot gerechnet werden solle«. Jac. Pfründordg 1543. Bacherei, das Brotbachen: »i hau̅ heit a bacherei im zuig« Immenstadt, Sonthofen. Schmid 35.54. Bachtafel, pala: Brett an einer Stange zum Einschieszen des Brotes, sonst auch in Niederschwaben Bachschaufel genannt, Grimm Wb. II, 1068. Bachhaus, pistrina, Grimm Wb. II, 1068. »Der Rat hatt eine eigenes Bachhaus, das er einmal bei groszer Theuerung zu gemeinnüzigem Gebrauche hergab«. Werlich 101. Bachofen, eine emalige Bastei am Wertachbruckertor. Werlich S. 2 sagt vom Bachofen nicht ganz genau: »das Wertachbruggertor, so vom gemeinen Manne der Bachofen genennt wird«. Bekant ist »das Einfallen des Bachofens«, Niederkunft der Frauen. Bildl. »Wir sollen darum in keinen brennenden Bachofen schlieffen.« Reform. Akt. 1526. Backofen, ein Geschüz »darin man pecht bösz brot« cgm. 356 f. 149a. Gebaches, das, »die Saugamm sol meiden hert grob fleisch, Gebaches, Visch, Käs« u. s. w. cgm. 601 f. 99. »Meid Bachas« f. 109b. »Gen Nacht ein Bachens« Pfründordg. 1543. neben »ein Pratens«. Bildlich: dâ was im daz gewand in die wunden gepachen und verhertet was, sam ez mit laym eingelegt war. cgm. 402 f. 136b. »Dâ zugen sie im sein rock ab, der da was angepachen in die wunden« a. a. O. 138a. »Aber in lusten wird die selle verpachen in dem leibe und ertrinket«. cgm. 603 f. 2b. »Daz in daz haes in die schinpain ist bachen«, TN. 6392. Grimm Wb. II, 1065, 2. Neubachen, Neuling; ironisch: »disem von Argon als einem neugebachenen Edelmann« Gass. Altbachener Mensch, ein altfränkischer Mann. »Einem eine hinbachen«, beorfeigen. »Humsa bacha« dasselbe Sch. 142.

BÄCK, BECK, stm. In Augsb. gab esz einen Galgenbecken in der Jakober-Vorstadt; einen Grabenbecken, einen Torbecken, Plazbecken, Hofbecken,

Saumarktbecken, Theaterbecken; Saurbecken S. 467b.
Bechin, Bäckerin, Becken-Nudeln, Rornudeln. cgm. 92 f. 26b. Beckenrosse hieszen Mietpferde, »derhalben sich Stadtpfeiffer, Böckenross und Weiberschlitten wol muesten leiden« Kleiderb. S. 140. Beckenschlitten, bekante Schlitten im alten Augsburg für 2 und 4 Personen. Bildlich: dês ist a Beckahiz, eine ser grosze Hize. In der Kempter Confirmation S. 21 wird ein Beckenschuz von Seite des Stifts erwänt. »Ist von der Hochfürstlichen Deputation die fernere Erläuterung wegen der Beckenschutz,Hucklerei,Kalch- und Branntweinbrennens Verwilligung gegeben worden, dasz vor eine alte Beckenschutzgerechtigkeit der Herrschaft alle Jar ein Pfund Pfenning oder Häller, wie esz hergebracht man treibe gleich das Handwerk oder nicht, gereicht werde; wann aber einer den Beckenschutz wieder aufgibt oder solcher wegen järlicher Nichtbezahlung heimfällt, selbiger nicht weiteres zu geben haben solle«.

BACKENBRENNEN, das, in Augsburg häufig angewendetes Brandmarken der Diebe an Wangen«. »Und hat man 5 schön Frauen durch die Backen brennt«. S. 407b. das Stadtrecht erwänt des »durch die Zähne brennen«. In Rottenburg, wie in der ganzen Grafschaft Hohenberg war das Backenbrennen üblich. Vgl. Osenbrüggen, Alam. Strafrecht S. 95.

BAD. stn.: esz gab ein Mauerbad, Neu's Bädlein, Gass.; Burgerbädlein, Neidbädlein u. s. w.

BÄGGEN, BÄCKEN, AUFBÄGGEN, aufpicken, aufschlagen, so dasz ein Bigg, Bick (TN.) darauf entstet. Vgl. Wb. zum Volkst. 15.

BÄHEN, BÄEN, swv.: rösten, »bäte Schnitta«, geröstete Weiszbrotschnitten; »wolgebets« brot cgm. 601 f. 109a. »Mit peen ob warmem waszer« f. 111b. In Pfeiffers Arzneibüchern II, 11c. 12b. 15d. 16d. stet baen, erwärmen, z. B. den Bauch, das Haupt. In der Tuttl. Gegend hiesz das Speckdrehen so: Hirten und Rossbuben brieten Speck an Hölzlein gesteckt ob dem Feuer. Gebäht ist = biscotto, biscuit, überbacken, zum zweytenmale gebacken; bayer. bacherl, warm; Bähe, Wärme habend; stet zu lat. fax. Mhd. Wb. I, 78b. Schmid 37, Grimm Wb. II, 1076. Grein, Ablaut u. s. w. S. 58. (fovere, φώγειν).

BALG, stm.: 1) Haut, Pelz, Hasen-, Fuchs-, Maulwurfspelz.
Stirbt der Fuchs, so gilt der Balg,
Lebt er lang, so wird er alt,
Friszt er vil, so wird er dick
Und zulezt gar ungeschickt.
    Kinderreim.
2) Getraidehülse, »4 Pfund an Balg u. Roggen«. Augsb. Erlasz

1542. 3) Schwertscheide. »Swer auch dem andren in siniu venster stôzet, mit sînem swerte, ez sî mit blôzem swerte oder mit balge«. Glosse z. Augsb. Stadtrecht. 4) Schimpfwort auf Kinder und Weiber angewendet, echt altaugsburgisch. Man sagt Freszbalg, Freszsack von Kindern — in der Obpf., weil sie viel eszen und nichts oder wenig arbeiten u. verdienen. Lasterbalg, Conlin. Grimm, Wb. I, 1085. 4.

BALGER, der, Raufer zu BALGEN, sich, raufen, herumprügeln. »Und (haben) mit einander auf ihren Stuben grewlich mit bloszen Wehren gebalget« Gass. 198. »Diser Markgraf Albrecht von Brandenburg, von Natur ausz ein überausz strenger, heftiger Mensch und ein rechter Balger gewesen« a. a. O. »Sollen zwei ausz dem gröszern Bat gleiches gewalts gewälet werden, welche die Gemein in der zucht hielten und sonderlich die Balger, Erenschänder« a. a. O. Vgl. Grimm Wb. I, 1086 ff.

BALIEREN, swv.: polieren, glätten, ächt augsb. Grimm Wb. I, 1058. »Messer und Gablen balieren« in den Weberhausakten häufig. »Und Alexander was komen in Ciliciam an ain grosz waszer, das — was gar ein hübsch schönes waszer durchleuchtig und sichtig als ain balierten cristal« cgm. 581 f. 34b. Einer Balier- und Schleifmühle wird gedacht an der Egen bei Lauingen, in Neuburg-Augsb. Akt 1742. Auch Augsb. besasz früher merere Schleif- und Baliermülen. Grimm Wb. II, 1088. »Tubalkain, der dritte Bruder, der ward ein Palierer in aller Maisterstucken, ärzs und Eisens« Elucidarius 1543. Augsb.

BALIER, stm.: Aufseher von parlare. »Beede Balier« bei Maurern u. Zimmerleuten, »Ballier und Zimmermann« Augsb. Feuerordg. 1731. »Brunnenmeister, Balliere u. Waszerleut« a. a. O. Jezt gibt esz einen Brunnenbalier bei den Brunnenwerken der Stadt.

BALL, stm.: — Bāl gesprochen — »Tanzen und nach dem Bal springen«. TN. 5581. »Spil hinfür mit den Kindern, deinen gleichen und schimpf mit dem bal« cgm. 581 f. 25 b. Ahd. pallo, m. und palla, f. Mhd. bal, gen. balles. Vgl. Grimm Wb. I, 1090 ff.

BALLONSPILEN. »Hat Gustav Adolf sampt etlichen Fürsten auf dem Fronhoff bei öffentlichem Zusehen der Burger den Balohn geschlagen. Weilen aber ein unverschambter Burger in das Balohnspil — sich eintringen wöllen — hat man aufgehöret«. Denkwürdigkeiten 21.

BANDBRETT, stn.: Werkzeug des Wundarztes. »Ein Junge, so dem Barbier das Bandbrett nachtragen musz«. Laz. Ordg. 1632. Zu Grimm Wb. I, 1098.

BANDE, stn.: »In Banden«,

alte herköml. Augsb. Gerichtssprache für »in Ketten«. Grimm Wb. I, 1097. 2.

BÄNGLEN, swv.: herzen, küszen; Kindersprache, vgl. nudla, vernudla. Schmid 40.

BANK, stm. In der Augsburg. Mezgersprache spilen die Bänke eine grosze Rolle. Die Fleischbänke in der Stadtmezg werden järlich verloszt und besteuert. Die schlechter gelegen sind, heiszen die unbesteuerten Freibänke armer Mezger, welche auch unter dem Tarif verkaufen dürfen. In der Schmalbank ist Fleisch von Jung- und Kleinvieh zu haben; ein solcher Mezger wird in München Jungmezger genannt. »Die guten und die bösen Bänke, d. h. die besteuerten u. unbesteuerten, abgelegenen« komen in den Mezgerakten oft vor. Bildl. »etwas auf dem unrechten Bänkle finden«, stelen. Red. Art: »Und wenn ma sie heart, sind sie krank; ja freili uff der gfreszna Bank«. Sch. 146.

BANKLEN, swv.: drängen, pressen, »wie lasz it so bankla und sei do au gscheidt Narr! 's ischt ja koi Brauscht it, es glimt nu a Scheit«. Sch. S. 118. Zu Grimm, Wb. I, 1110.

BANN, BANNEN: in der alten Rechtssprache »bännig waszer«. Stadtrecht f. 72a. »Bännische Menschen«, gebannte Menschen. Mindelh. Reform. »Gebannte Feiertage«, kirchlich festgestellte Feiertage. »Esz ist von Altem her hie Recht (gewesen), an gebannen virtagen dechainiu pfand hie nit sol vergantnen«. Memminger Stadtrecht. »Noch an deheinen andern gebannen virtag«. Ulm. Urkde 1410. Vgl. Grimm Wb. I, 1115 ff. mhd. Wb. I, 85b.

BANTSCHEN, swv.: 1) mit der flachen Hand auf den Hindern schlagen. 2) schlagen überhaupt (Schiller). 3) in Flüszigkeiten herumarbeiten, hin u. her gieszen, daher Bier bantschen, Bier mit Waszer fälschen; guter augsb. Auszdruck. Fidlabantscher, Schulmeister, spöttisch. Gebantsch, das, »bringt kaum Suppa auf da Tisch, geschweiges denn a guets Gebansch«. Sch.

BAOLE, m.: Kater: in der Augsb. Gegend häufig gebraucht; dagegen Bâle, Bôle, dummer Kerl, Schelte. Raole, verb. raole. Staud. Auszdruck.

BARCHE, BARCHA, Farzeug. Kleiderbüchl. vom ital. barca. »Auf Septembris waren wir oberhalb Tiachi in einem groszen Nebel, hetten Zeitung ausz einer Barcha, die wir fanden bei den Milinen de la Zafalonie«. Augsb. Flugbl. 1538. Grimm Wb. I, 1133.

BARCHET, m.: dichtgewobener Baumwollenzeug mit rauhen, gekartetschten Sailen, d. h. mit gefärbten Leisten oder Streifen. Der Barchet (Barchent) konte auch zur Hälfte leinin sein. In den Weberhausakten komt vor »Geschnürter und ungeschnürter Barchet«,

»braite u. schmale Barchet-Waaren«, »Grätischer Barchet mit 4 Tritt; Kittelbarchet mit 3 Tritt«. Der Maisterstück-Barchet bestand in 3 Stücken: jedes Stück wurde anders geschlagen: 's erste guet, 's zweite mittelmäszig, 's dritte ganz gering; letzterer galt brauchbar für Unterfutter und Furmannskittel. Der neugedingte Lerjung hatte neben dem »Aufleggelt« von 3 fl. in »einer Wochen 3 Barchettüchlein oder Bombasinlen zu wirken«. Neuverbeszerte Weberordg. 1748. »Ein jeder, der Meister werden wollte, muste zuvor einen Barchetwepfen zettlen«. a. a. O. Das so wichtige Geschauzeichen beim Barchet-Tuch durfte nicht ausz- sondern inwendig 1 oder 2 Spannen von den 2 Enden entfernt angemerkt werden a. a. O. Der breite Barchet muste ausz einem zwei und zwanziger, wol mer aber nicht weniger gewirkt werden von »guter Woll und wullen blauen Leisten ausz dem weid gefärbt« a. a. O. »Den Barchetstul feiern laszen« a. a. O. Der Bettbarchet war der stärkste u. gröbste. Barchetstul, Stul auf dem Barchet gewebt wird. Barchetüberellen, verworfene, bei der Geschau als zu lang befundene Stücke. Barchanter, Barchantner, Barchetmeister, deren esz in A. vor dem 30jährigen Kriege 6000 gab. Schmell. I, 194.

Schmid 42. Das Wort hat schon im Mhd. n auszgeworfen und komt ausz dem mittellat. parcanus, parchanus, eigentlich barracanus, Art Zeug ausz Kameelhaaren, Camelot; der Name stamt ausz dem (schwerlich) Arabischen barracân, Art langen Gewandes von schwarzer Farbe. Weigand I, 105.

BARE, die, Sark. Barhütte, »die Bâr niedergesezt unter ein Bârhitten«. S. 182a. Barhütten oder Barhäuslein hieszen auf den beiden protest. Gottesäckern die kleinen gemauerten Hütten, worin die Tragbaren, Schaufel, Gerätschaften aufbewart wurden. »Und wurdt die vierdt Grub gemacht gleich neben dem Barheuszlein in dem Eckh«. Chronik bei Horm. 1834. S. 132.

BARINEL, ein kleines Ruderschiff. L. Rems Tagebuch.

BARN, swm. ahd. parno; Bāraschalter in den Stauden: Schuzbrett beim Dreschen unter dem Scheuertor. In der Dillinger Gegend heiszt esz von einem unbrauchbaren Menschen »du hast alle Ufürm, wie 's Juda Fülle, dês hât in Bān gschisza«.

BARLIS, das, paralysis, Epilepsie; »daz vom Lauszen komend böse natûren und daz parlis«. Astron. 26 b. »daz perlis« f. 27 b. »das perlis schlagt ein« f. 30a. »in dem schlaff u. parlisen« f. 39a u. s. w.

BARMEN, swv.: zunemen; in der Immenstadter, Sonthofer

Gegend; besonders dicker, fetter werden: »isz brav, dann barmest de reacht«; stet wol zu barme, f. engl. barm, dänisch baerme, Hefe, von baren: tragen, steigen machen, wie Hefe von heben, — daher barmen, zunemen, wachsen. Schmid 44. Grimm Wb. I, 1134.

BART. »Da fieng ich an den Bart zu ziehen«, sten zu laszen. Kleiderb.

BARTHAUBE, weisz, mit Rosen an den Oren herab, das Gesicht fast verdeckend mit steifen Spizen. Abgegangen.

BARTEL und BARTLE, niederschwb. Bâtle, Bartolomeus.

BASA, amita. Gloss. August. Graff III, 215.

BASCHELE, das, Nachttischlein.

BASSELTANG TREIBEN, Kurzweil treiben, ausz franz. passer le temps. Vgl. Schmid 46.

BASTEL, Sebastian; niederschwb. Basche; Bäschele dim. Oberschwb. Baschte. cgm. 154 schreibt öfter Bastel, bayerisch Wastel. Bastiaů, Mindeltal.

BATSCHI, BOTSCHI (altbayerisch), einfältiger, gutmütiger Mensch. Bei Jeremias Gotthelf Baschi. VI, 224.

BATTIER, »der Schilt schwarz, darin ein gelbes Battier«, cgm. 92 f. 16 a.

BÄZE, swf.: Hündin; jezt Fez genannt. Grimm Wb. I, 1159. Vrgl. Bazel, Bozel, Schwein. Bazel, dim. von Bäze, wirtemb. Hausl. I, 327. Schmid 51.

BÄZELE, Bodensaz der auszgesottenen Butter.

BÄZNER, BÄZENER, eine Art Schmuck, den die Weiber emals am Halse trugen. »Ein Bäzner oder erzine Hauben«. Polizeiordg. »Wie auch die ser thewere Bäznerhauben mit daraufgesezten perlinen-guldenen oder silbernen Gestücken, oder guldenen Knöpfen, Spizen und Borten, sie seien gut oder falsch, hiemit gänzlich verbotten sein«. Polizeiordg. v. 1668. »Ein Bäznerhauben aber über siben oder 8 fl. nicht kosten solle« a. a. O. — »Deszgleichen eine erzene Hauben zwischen 6 u. 7 Gulden, vnd ein Bäznerhauben one Sammet auf 4 oder 5 fl.« a. a. O.

BAZEN, der; bekant sind allgemein die 3 und 6 Bäzner: »An Maxdor und 5 Bäznern verloren«. Weberrechnungen. In den Mezgerhausakten komen die halben und ganzen Schweizerbazen vor. 17. Jarhundert. Bazle, Geldstück überhaupt, in der Kindersprache. Bazenschmelzer, Goldmacher. Bazenlippel, ein flegelhafter Mensch. »Der hot Baza wie Heu«, ist reich; ächt Augsb. »Du muezt oane nema die Baza hât«, reiche Heirat machen; er gilt seine Baza. In der Saulgauer Gegend schneuzt der Bauer auf den Boden u. sagt: »Dä Spilmã hâşt 3 Baza«. »Warten bis d'Kuh einen Bazen gilt«. Schlafen bis d'Kuh einen Bazen gilt, ad calendas graecas, in ganz Süddeutschland.

BAZIG, adj. adv. 1) stolz, gebieterisch, »sich bazig machen«. 2) Vom kotigen, schmuzigen Wetter sagt man, »esz ist a bazigs W.« Wirtemb. Hausl. I, 327. Schmid 51. Weigand I, 111. Grimm Wb. I, 1160. Vgl. Päz.

BAUCH, stm.: »einen groszen Bauch haben«, schwanger sein. »Aber sein Weyb liesz man ausz: denn sye hett einen groszen Bauch«. S. f. 300a. Bauchstecherlen, pl. gedrete, oben und unten spiz zulaufende Nudeln, welche in Schmalz u. Eiern gebacken werden; Schmell. I, 145. Oberpf. geschuzte Nudeln. Im übrigen Schwaben Schupfnudeln von schupfen: abstoszen. Vgl. Wb. z. Volkstüml. S. 84. Bauchstöszig heiszt in der Saulgauer Gegend ein gailer Mensch.

BAUCHHAUS, stn.: die Waschstube oder Küche, in der die Wäsche abgelaugt wird. Bauchhaus spilt in den Augsb. Chroniken eine hervorragende Rolle. Gass. und and. »Soll auch niemands in den Hüsern laugen oder büchen«. Adelberg. Gerichts-Ordnung 1502. Reysch. S. 9. Im TN. 2545 sagt der Teufel: Da will ich si sicher wäschen Ane Laug und ane Eschen Büchen u. kelten, slahen u. treten. Im wirtemberg. Orte Wilfertsweiler heiszt bauchen: Tuch zusamenrollen; in andern Gegenden: Rohgarn sieden u. in Lauge waschen, in kleinen zusamengebundenen Ricken oder Schnellern. Das Wort ist also nicht erst im 16. Jarhd. (Grimm Wb. a. a. O.) in Oberdeutschland üblich, sondern schon im Anfange des 15. Jarhd. Schmid 48. Schmell. I, 145. Ich möchte bauchen, ahd. »pouchan in heri pouchan«: schlagen, herziehen, wie denn das Geschäft des »Wäschebauchens« nichts anderes ist als die mit Lauge überschüttete Wäsche einstoszen; in mereren Gegenden geschieht esz mit einem Dümpfel. Ueber pouchan vgl. Gramm. II, 160. Wb. z. Volkst. 16. Bayerisch heiszt das Geschäft »sechteln«. An bäen zu denken, wie schon geschehen, gienge sachlich an, nicht aber lautlich, denn das Verfaren von aha und auwa findet auf ein etwaiges got. bêhjan, ahd. bâgjan und pouchan keine Anwendung. Grimm Wb. I, 1166 weist auf romanische Abstammung, auf ital. bucata, span. bugada, franz. buée.

BAUER, vgl. Söldner.

BAUM, stm.: boumohti, nemorosa. Gloss. Aug. Baumfalter, stm. papilio. »So waren auch der Raupen und Baumfaltern den ganzen Sommer über so vil« u. s. w. Gass Grimm Wb. I, 1191. Papillon u Millimaler komen heute noch vor. Baumfidela, swv. coire; fidlé podex.

BAURENTANZ hiesz ein altes

Augsb. Wirtshaus von dem Gemälde an der Auszenwand, das eine Hochzeit vorstellte, volkstümlich so benannt, weil die Braut tot gegen den Bräutigam hinsinkt, eine Geschichte, die in eben dem Hause vor Altem sich ereignet haben soll. In der Bronnenordnung von 1754 wird des Bauerntanzes erwänt, »unten am Berg da die Feuerkessel angefüllt werden müssen«. In Aichach ist ebenfalls ein Baurentanz.

BAUSCH, stm.: Fall- oder Polsterhut ausz Taffet den Kindern aufgesezt, »damit sie beim Falle nicht beschädigt werden«. »Und peuschlach von zartem Tuch darin genegt, die pind ihm über seinen Schlaf«, cgm. 601 f. 105 b. Peu schlin a. a. O. f. 111 a. Hanfpeuschlin a. a. O. Grimm Wb. I, 1198.

BAYER, spr. Bájer, heiszen eine Art Schweine ausz Bayern, alljärlich nach Schwaben zum Verkaufe hereingetrieben vom Bájermã. Saubájer, rohe Schelte für Freszer und Saufer, wobei der Vo'ksname aber ganz und gar abhanden gekomen ist; báira, r'umbáira, vagari, besonders aber von Kindern gebraucht, die im Kote sich wälzen; im Kote, in Lachen ir Spil und ire Freude haben. Hoi sou! frisz da bájer! heiszt esz auf der schwäb. Alb in Baach, wenn jemand rülpst; oder ho ho! dã springet d'Bájerweiber mit da Soukübel! »də Bájer stecha«, da und dort für »den Abtritt säubern, ausztragen«. Bájernudla heiszen die fetten Kartoffeln in der Riedlinger Gegend. Sollte beim Worte Bajer, Schwein der schwäb. Lautlere zum Troze villeicht ausz Abgang des Verständnisses volkstümlich nicht eher an beier, ahd. bêr, pêr, Graff 3,102; mhd. bêr, Wb. I, 104, Zuchteber zu denken sein? »Unum verrem i. e. beier pascere« bei Kehrein, Sammlung u. s. w. S. 3 b. Schmid 83. »Bayerische Rüben« in den Augsb. Marktordnungen. Vgl. Schmell. I, 161. In den Weberordnungen komen eigene Verordnungen über die bayerischen Wepfen vor. »Esz sollen auch die ungesigelten bayerischen Wepfen von den verordneten Messern abgezält und gemessen werden, und sollen 70 Leinwath Elen an der Länge u. an Zal 1100 Fäden haben«. 1549.

BECHEN, swv.: Pech krazen, bayerisch pecheln, ein dem Wald schädliches Geschäft gewiszer armer Leute, welche den Baum rizen und nach einiger Zeit das Harz abnemen. In alten Verboten oft vorkomend. »Item wer in den Bannhölzern u. auch in den gemainden bechet, der verfällt zu Peen und Busz zehen Pfund Heller«. Mindelheimer Reformation. 18 a.

BEGEINE, langweilige, unfreundliche Frauensperson von den bekannten und berüchtigten Nonnen hergenomen; über deren

Auszartung seien von den vilen Stimmen nur einige wenige hier genannt: »So närrisch, so spizig, so apostuzlerisch, dasz kein Vogel ihnen entflien möge, der nicht eine Feder laszen müsze«, sagt Eberlin bei Schmid 53. »Aposteuzler oder Begein Hor«, cgm. 46 f. 6b. — »Begeynen und alle die sich meinen gaistlich zu sein, die ander vertaylen (verurteilen) u. ains hoffärtigen spizigen Gaists sind«, cgm. 603 f. 22a; etwas anderes ist oberpf. Bogauner, böhmische Schweine, weisz, mit langen Borsten. Bagaunerhuer, Mindeltal.

BEHÄB, oder ächt augsb. ghäb, genau anpaszend, anschlieszend. cod Bav. 2517. Grimm Wb. I, 1331. Dafür auch »ghoif«.

BEHEIMJSCH, böhmisch. 1) Kleidungsstücke, Tücher von Böhmen oder nach böhmischer Art gemacht und gewirkt, erscheinen oft in den Weberhausakten und Kleiderordnungen. »Beheimisch, Barchanttuech«, cod. av. 2517 f. 21b. »Falsche Böhmisch strimpf«. S. f. 90b. »Ingleichen mögen sie sich zu denen Böhmischen oder Polnischen Hauben zwar wol der Zöbel bedienen, jedoch dasz dieselbe all zu unförmliche Höhe durchgehends abgestellt und verbotten, auch ein polnische oder Böhmische Hauben bei dermaligem des Pelzwerks hohem Werte über 24 fl. nicht wert sein«, Polizeiordg., Zierd- und Kleiderordg. 1668. »Denen Weibspersonen insgemein in disen dritten Stand, sollen die hohe Böhmische und polnische Hauben mit Zobel und gut glatt sammetinen Böden, wie auch die ser teure Bätznerhauben verbotten sein« a. a. O. »Darbei aber werden denjenigen Weiben u. Döchtern, deren Männer und Väter namhafte Gewerb, Handthierungen, Kramereyen oder thewre Waren füren oder künstliche u. reputirliche Handwerker sind, die Böhmische oder Polnische Hauben zwar erlaubt, jedoch mit disem Unterschid, dasz die Böden an solchen Hauben, allein von geblümtem Sammet u. gefärbten Mader sein vnd ein Böhmische Hauben über 10 oder 12 fl., und ein polnische über 8 oder 9 Gulden« a. a. O. »Die andern schlechtern und gemainern Handwerksweiber sollen der Böhmischen und Polnischen Hauben durchausz müszig sten und allein erzene Hauben tragen« a. a. O. 2) Münzen. »Und gab ym einer ein guten Behmischen Groschen, so gab jm der Wirt aine gute Malzeit darumb und gab jm darnach 30 oder 40 Pfenning herausz an dem Böhmisch oder Plapart«. »Es gelt ain gutter alter Behmischer grosch oder Plapart 50 oder 60 Pfenning (= ein Paar Schuhe). Horm. Taschenb. 1834. S. 130. »Dem Priester bleibt sein Opfer, auszer dasz er dem Pfarrer zu Göggingen alle Quatember 1 Ort Ungrisch und Böhmisch geben musz«. Vergleich von 1412. Anno 1399 verkauft Hans Ilsung seine zu Wilmannshofen gelegene Holzmark der Stadt Augsburg um 50 fl. Ungar und Böhm gut an Gold und schwer an rechtem Gewichte«. Urkunde, Copie 18. Jarhundert. Schmell. I, 140. 3) »Böhmisch Bier« S. 543. Behmisch und Sachsisch Bier« a. a. O. Purgier auf Behemer Art, Erbrechen wegen Volltrinkens. S. 386 a. 4) Böhmisches Geschirr in den Marktordnungen neben dem Lützelburgischen. 5) Beheimische Drischel, auf der Wagenburg; Kriegsbuch cgm. 356 f. 192 b. »Mit der behemischen pleyden« f. 172. Allgemein ist Böhmaggen für böhmische Leute.

BEICHEL, das. »Schlug in der raiszig knecht mit ainem Wurfbeichel hinden an den Kopf«. Horm. 1834. S. 147. Belagerungsbeichel, cgm. 356 f. 192 b. Floszbeichel.

BEILICHEN, »beim B.« adv., ungefär, beiläufig. Schmell. I, 164. Schmid 53. beiliche, f., Nähe. Grimm Wb.

BEIN, stn.: spr. bōï, bōe, woher die Schreibung bonlingen erklärlich = bainlingen, das Fell, Hautstück ober dem Kniegelenke abtrennen, u. beim Hammelschlachten üblich und gebräuchlich. In einer Mezgertafel der Zunftstube stet folgende Vorschrift für den Jungen:

Den Hammel gleich darneben Muszt du bonlingen tun, Und den Beschauern fürheben Auf dasz du möchst beston. Grimm, im Wb. I, 1387, kent wol Bainling aber kein bainlingen. Beinschrot, Beinschröte f., laesio, incisio ossis, »dasz hinfür der Vogt alle Beinschrott, esz seien flieszende Wunden oder trockene Straiche, auch die flieszenden Wunden, so gemaiszelt werden und daher eine Lähme entstet und hingegen das Domcapitul alle andere flieszende Wunden und trockene Straiche, so nicht beinschrott sind, sie werden gemaiszelt oder nicht und daher keine Lähmin entstet, — im Dorf Gerschhofen zu strafen und büszen haben sollen«. Augsb. Privileg. und Verträge, Copie v. 1706. »Esz seien Würfen, Stiche, Stösze, Schläge, Lähmin, Beinschröttin oder flieszende Wunden«. Privileg. v. 1516. »Welcher den andern bainschrott, lidtief, hafftend, maiszlend, wunden oder lahm schlecht, der ist dem Gerichtsherren zu Pusz 10 Pfund Heller. verfallen«. Mindelh. Reformation f. 12. Vgl. ferner MB. XXIII, VI b, S. 512. Vgl. Grimm Wb. I, 1388. Böäheislē, dim. heiszt ein ganz abgemagerter Mensch, für das Beinhaus reif. Schmid 54. »Der Boinig«, der Tod: »do haut schō der Boinig zwea Anstifter gholt«. Sch. 132.

BEISCHLE, dim.: spr. augsb. Baischlē, Zuwage beim Einkauf

von Schaffleisch, zumeist in den edlern Eingeweiden, wie Lunge, Leber, Nieren u. s. w. bestend. Oberpfälzisch ist Beischerl, Eingeweide der Fische. Bei S. Helbling ebenfalls Beischerl. Vgl. mhd. Wb. I, 102.

BEISIZ, stm.: unelicher B. concubitus. »Esz will auch ein ersamer Rate als unelichen B. ernstlich verboten haben«. Poliz. Ordg. v. 1553; dazu unelicher Beisizer, concubinarius. Grimm Wb. I, 394. Beisizer, Insasze, der kein Bürger ist. Beisizgeld, was die Beisizer zu steuern hatten.

BEISZEN (baisza) in A. nur von Hunden gebraucht.

BEKLOT, BEKLET, BEGGLET partic? »desz wappen Goszenbrot ist der Mann in rotes beklott schlapweisz und schwarz«, cgm. 92 f. 18 b.

BELAUF, stm. Der Gesamtbetrag verschidener Summen. Grimm Wb. II, 1438.

BELZEN, PELZEN, swv.: zweigen. »Baum peltzen«, Regiom. 1512. »In Gerten arbeiten, Baum peltzen« a. a. O. »Belzschul der Gärtner«, Fund. Büchl. 1645. Belzmüle, Malmüle am linken Ufer des Oelbaches. C. 186. Belzmiller, Sailerordg. 1687. Pelzung. »Und also (die Vindelizier und Römer) gleichsam als ein geschlachter Baum durch Pelzung aufgenomen«. Werlich 21. Grimm Wb. II, 1456 ff.

BEMALIGEN, swv.: maculare. »Des Antenoris und Anhise Heuser sind unberürt und unbemaligt gebliben«. Troj. Krg. f. 32 b. a stet hier für ai. Weinhold, Alam. Gramm. 587.

BEMÜTEN. »Und jm flienden nachgeeilt durch bayde füesz getroffen und jm zum lezten ganz bemüten erschlagen«. Troj. Krg. 41 a.

BEREIT, baar. Beraitgelt, pecunia parata, Baargeld. Auer z. Stadtrecht von München 306 a. »Unde git sinen koufschatz vmb beraite phenninge«, Augsb. Stadtrecht. Schmell. III, 155. Grimm Wb. I, 1498.

BEREN, BÄREN, BÄR, swf.: Traggestell, Tragbare. »Darnach die Menschen die jn in peren tragen hatten, namen in u. s. w.« cgm. 402 f. 63 a. »Ward getragen von den andern in einer Beren« a. a. O. Vgl. Schmell. I, 189.

BEREDEN, swv.: beweisen, meist nur vom Beweise mit Eid gebraucht. Auer z. Münchner Stadtrecht 306 b. Schmell. III, 52. »So soll unser, aintweder oder unser Oehein ainer der vorgenannten bereden zu den Heiligen, dasz das guot, da wir mit Wiederkaufen unser aigenliche guot si, wer aber, dasz wir oder unser Oehain bi dem Lande nicht enwaren oder verfuren, so sol esz unser und unser Erben, der oberst Amptmann bereden zu den Heiligen«. MB. XXIII, VI a. 354. Zu Grimm Wb. I, 1493 ff.

BERG; in Augsburg gibt esz

einen Milchberg, Predigerberg, Putzenberg (soll von einem Italiener Pozzo, der einen Garten da hatte, benannt sein), Hunoldsberg, Judenberg, Eisenberg, allwo das uralte Stadtgefängnis war; Steinberg, Schmidberg, Saubergle, Mauerberg mit den Hünerstäffelein; Schwedenberg. Der Hauptberg ist der Perlachberg, der in einen vordern und hintern geteilt wird. Im Giltbuche zu St. Ulrich cgm. 154 komt vor: auf dem Weinsperg f. 39a, am Dornberg f. 39b. mad im Byessenberg f. 42b; esz scheinen dise Berge in der Umgegend zu ligen. Im bischöfl. Augsburgischen Gebiete begegnen: Edenbergen, Oedenbergen, als Ortsname urkdl. 12. 13. Jarhd. Bergen (ze den); Hattenberg bei Fischach; Ochsenberg am Wege von Bayersried nach Ursperg. Hauchenberg zwischen Diepolz und Waltrams; dort ist esz nicht geheuer (Palastfrau.) Rimenberg, ebenfalls dort, jezt abgegangen. In der Nähe finden wir den Buschelberg und Schalkenberg bei Wolmetshofen. Gerwigsberg bei Werliswang (1418). Burgberg im Maisachtale u. s. w. Vgl. mhd. Wb. I, 105a. Kehrein, Sammlung 37. Berg, Name des Ulmer Kinderfestes auf dem Michelsberg. Sieh Schmid 56.

BERN, »Berner Tuch« (Verona) fürt L. Rem S. 46 als Hochzeitsgeschenk auf »10 Elen swarz berner Tuch zu einem Mantel 9 f. 10 kr. »Bernisch Biret« Kleiderb. S. 51.

BEROSSUNG, die, bei L. Rem S. 32. Zu Grimm Wb. I, 1527.

BESAUEN, swv.: verunreinigen, beschmuzen. Grimm Wb. I, 1542.

BESCHÄCHTUNG. »So solle auch fürohin vermög der Verträge zur Beschächtung des Lechs Schwabseits, die weitere Notdurft ausz den nicht gar zu weit entlegenen Gehölzen auszgezeigt und abgegeben werden«. Vergleich v. 1699. Zu Grimm Wb. I, 1542.

BESCHAID tun, vom andern trinken oder doch dergleichen tun, als ob man trinke (Zünfte). Beschaideszen, das. »Hiernach ward allhie das stattliche Panket, so die Burgermeister u. Herren des Rates järlich vmb Fasnacht zu halten und davon hin und wieder Gericht u. Bescheideszen auszzuschicken pflegten von dem Rat abgeschafft«. Gass. Grimm Wb. I, 1558.

BESCHÄZZERIN von Schaz? »Swa aber ein man eins biderben mannes wibe ein hure heizzet oder eins biderben mannes niftetn oder siner beschezzerin oder sust einem biderben frewelin, der ist schuldic u. s. w.« Augsb Stadtrecht f. 50a. S. 1. Glosse. Sonst »beschazen«, ein Lösegelt auferlegen? Städtechroniken I (Nürnberg) 32,11. 368, 15.

BESCHEISZEN, stv.: 1) beflecken, beschmieren. »Wir habend dein Rock mit Lämmerblut beschiszen«. Geistl. Josef 1608. 2) »beschiszen sein«, den Auszschlag im Gesicht haben; oberpf. somerflekig sein. 3) lügen, betrügen; daher: Beschisz, stm. List, Betrug; »damit der Feind den Beschisz nicht merket«. Troj. Krg. f. 37b. Aecht Augsb. vom Kartenspile hergenomen ist: Der B'schisz Komt auf den Tisch. Im TN.: Wenn du ietz din Sel tuost maszen und beschiszen, So dust sin mornent wieder wiszen. V. 899. Wer ist komen mîn wiszen, Mich hat der Tüfel beschiszen. V. 895. Grimm I, 1560.

BESCHLACHT, ntr.: ein mit eingeschlagenen Pfälen verwartes Ufer. Grimm Wb. I, 1570. Sonst Schlacht und Gschlacht.

BESCHLAG, stm. u. BESCHLÄG, stn.: Schlieszhacken am Buche, besonders an Gebet- u. Gesangbücheru, womit die reichen alten Augsburgerinnen oft ser groszen Aufwand machten; endlich heiszt Bschläg, Schlieszhacken überhaupt an Türen, Toren und Schränken. Vgl. Beschlacht.

BESCHLOSZEN. »Ain ander clayd schikt St. Ulrich gen Kempten ainem frumen beschloszen und lamen Mann, Namens Ruzzo«, cgm. 402 f. 31b.

BESCHNALLEN, swv.: 1) Jemand unvermutet zu Rede stellen, hart anfaren wegen Unarten. 2) einen um etwas bereden, besprechen, was im Wirtemb. Schwab. braffeln heiszt. Zu Grimm Wb. I, 1586.

BESCHNARCHEN, swv.: bereden, aufstechen, z. B. eines andern Feler; im Wirtemb. Schwaben bschnarchla. »Diogenes der Weltbeschnarcher«. Erenfest 1699. Grimm Wb. I, 1586.

BESCHNOTTEN, adv.: kaum zureichend, karg.

BESCHREIBEN, stv.: amtlich aufnemen, auszpfänden. »Khamen die Schuldner gen Augsburg und lieszen all sein Hab und Gut verbieten und beschreiben auf disen Tag, da der Hof seiner Freundschaft war«. Horm. 1834. S. 131. Zu Grimm Wb. I, 1593.

BESEHEN, stv.: des Kindes warten; davon Beseherin. »Und solicher Ding aller sol die Beseherin des Kinds warnemen«. cgm. 601 f. 96. Im ganzen Oberschwaben ist besehen, bsẽã, Fachauszdruck für »Hausschau halten«, die dem Heiratstage im Hause der Braut voranget, »uff Bschaob«, sonst. In der obern Donaugegend bedeutet bseha, dem neugebornen Kinde Geschenke bringen, ferner die Wöchnerin besuchen, wie Verwandte tun (Mengen). Zu Grimm Wb. I, 1611 ff.

BESEZEN, swv.: den Hemdsaum am Halse einfaszen, darzu: das Bsez, dise Einfaszung. In rechtsaltertüml. Formeln komt vor: »An Besuchtem und Unbesuchtem, Erbauens und Unerbauens, Besezes und Unbesezte s, Benennts und Unbenennts u. s. w.« Cod. Bav. 2517. Grimm Wb. I, 1619. 4. Beseztes, Beseszenes.

BESINGEN, stv.: Trauergottesdienst abhalten, exequias celebrare. Allgem. »In der Fastwuchen (ward) Pfalzgraf Philipps seinen Gemachel, Frau Margaretha, Herzog Jörgen von Bayern Schwester besungen gar köstlich«. S. f. 300 b. Besinknus, exequiae, Trauergottesdienst mit Hochamt, gesungener Messe. oberpfälz. das Singets. »Damit hat sich dise Besinknus geendt«. S. 183 b. »An St. Marxtag ist die Besinknus des Cardinals begangen worden«. S. 180 b. »Dise sind auf der Besinknus gewesen, des Pabsts Botschafter«. S. f. 255 a. »Auf Kaiser Fridrichs Besinknus«. S. 254 b. »Wie der Kinder Alexandri Besinknusz gehalten worden«. Troj. Krg. 46 a. Der Tod Gustav Adolfs 1633 ward durch eine »feierliche Besinknusz« bei St. Anna öffentlich betrauert. Grimm Wb. II, 1621 ff.

BESTÄTEN, swv.: bestätigen. Grimm Wb. I, 1615 ff. mhd. bestaeten. »Kaiser Sigmund hat sye ayme Rat das Umgelt von dem Wein bestett, das davor nit bestett ist gewessen«. S. 93. Güterbestätten, Bestätter, ordentliche Bestätter, in der Hallordg. 1735 öfter. Mit bestatten, sepelire zusamengeworfen ist bestätigen, vgl. Grimm Wb. I, 1658. »Zur Erde bestettigen«. S. f. 77 a. Die Blaubeurer Klosterordnung hat »den Wein einlegen und bestatten. Reysch. St. R. S. 358.

BESTAND, stm.: Miete, Pacht, wie allgem. Verb'ständen, verpachten und pachten. B'ständner, Pächter. Bestandsmann, Kemptner Reform. Bestandsbriefe a. o. O. Grimm Wb. I, 1652. 4. 1653.

BESTECK, stn.: Messer, Gabel und Löffel. Wolhabende Bürgersfrauen trugen sie einst, in ein silbernes Futteral gesteckt, am Gürtel — den bayerischen u. teilweise auch den schwäbischen Bauern und Burschen stecken sie noch jezt in der äuszern Hosentasche am Oberschenkel. »Item seind ihnen — dergleichen Messerschaid oder Bestöck zu tragen erlaubt, oder wann sie die silberne Gürtlen ganz weisz tragen wollen, solle das Loth über 1 fl. oder 16 Batzen nicht kosten, auch ein solche Leibgürtel über 24 Loth und die Messerschaid oder Bestöck über 24 Loth nicht wögen«. Kleid. Ordg. 1668. »Gegoszne Messerschaid« a. a. O. »Hingegen aber ist den Weibspersonen one Vnderschid vergundt, die silberne Flaschen- oder Banzer-, wie auch die Gusz- oder Riemengürtlen sambt einer geraiffleten Messerschaid oder Bestöck doch beede Stück zusamen nicht über

25 oder 30 fl. wert, zu tragen bei Straff der Uebertrettung 6 fl.‹ a. a. O. Vgl. Grimm Wb. I, 1664.

BETNOBBEL, f.: Betschwester, scherzhaft, verächtl. Allgemein.

BETLEHEM, spaszhaft ›nach B. gen‹, zu Bette gen; besonders in der Kindersprache. In einigen Gegenden Wirtembergs hat der arme Orts- oder Stadtteil, meistens abgelegen, den Namen Bethlehem; ich erinnere mich an den bergigen Teil der Altstatt-Rotweil u. s. w.

BETHENBROT, BETTENBROT, Botenbrot, die erste Botschaft von einer glücklichen Niederkunft.

BETT, ›das Bett auf den Kopf geben‹, ausz dem Dienst entlaszen. Dr. G. Müller.

BETTRIS, paraliticus, krank. ›Der ich vom 7. Nov. 1556 bis 21. Mertzen 1557 ain böttrisz was‹. Kleiderbüchl. S. 120. ›In denselben Zeiten war ain böttrisz gefürt gen Augsburg, derselb böttrisz war getragen in die Kirch‹, cgm. 402 f. 62. ›dô kam ein bette rise und ruft da Sant Jacoben an‹, cgm. 257. f. 73. ›Also dasz er betrisz lag wol 20 wochen‹. Augsb. Auszgabe von Tauleri Serm. f. 220a. a. 1508. ahd. pettiriso, Graff II, 541. Grimm, Wb. I, 1788. Pfeiffers, Arzneibücher II, 16d.

BETTSTATT, ewige, hiesz in der Augsb. St. Jacobspfründe ein Freiplaz, eine Freikammer. A. 1357, d. 23. Juni kaufte Johannes, der Goppolt und von den Goppolt'schen Erben Christof Rehlinger von Horgau eine solche ewige B. Eine zweite ewige B. hatten schon in frühester Zeit die Herwarte eigen und esz ward inen am Aftermontag nach St. Johannistag dise Gerechtigkeit erneuert. In einem Ratschlage vom Ende des 15. Jarhd. ist von 3 solchen ewigen Bettstätten die Rede und dise besten auch gegenwärtig noch nur mit dem Unterschide, dasz die Herwartische jezt von der Stiftungspflege besezt wird, da die Familie selbst in Augsburg auszgestorben ist; die dritte Freikammer ist die Imhof'sche; a. 1567 zum erstenmale erwänt. Sieh Herberger, die St. Jacobspfründe, S. 6. Anmerkung. Bettscheere, swf.: Bettzange von Holz zur Eingränzung und Zusamenhaltung des Oberbettes. Landsch. Adam sagt: Und lasz a maul deī Zung in Ruah Sust schlag i mit der Böttscheer zua! Sch.

BETTEL. ›Bettelherr‹, terminierender Klosterbruder. Bettelmanns-Umker, ein Ort voll Unordnung und Unreinlichkeit, und wo nichts zu finden und zu haben ist. Allgem. schwäb. ist ›Bettelmannseinker‹, wo etwas zu haben u. zu finden ist. Häufig von zweideutigen Häusern gebraucht. Die Polizeiordnungen kennen: sich auf Bettel legen, dem Bettel Kinder nachschicken u. s. w.

BEUG, BEIG, swf.: Holzstosz; beugen im Wirtemb. Oberschwb. gefräszig tun, vil eszen oder trinken ›dear kā beuga‹ vom Holzbeigen hergenomen; ahd. pîgo, pîga, Graff III, 32. mhd. bîge, Wb. I, 117. Schmell. I. 158. Grimm Wb. I, 1371. Kehrein, Sammlg. 38a.

BEUNTE, BEUNDE, BAINDT ist ursprünglich jeder eingefangene, umhegte Wisgrund, der später auch dann jenen Namen behielt, als die Umhegung fiel. Ich vermute sogar, dasz B. in den frühesten Zeiten die ganze eingehegte Flur um den Hof begriff; so heiszt in Ursendorf jezt noch jedes Ackerland beim Hause Boint, ebenso verblieb dem Hausgärtchen hinter dem Hofe in der Oberpfalz die Benennung Point. Die Ableitung ist schwierig, wenn auch oft versucht. Ich halte esz zu dem Stamme bah, welches zu fak sich verhält, wie fairguni zu Berg, und verweise auf das lat. fundus und funis, dem biunda nach dem Lautverschiebungs-Geseze entsprechen musz. Die heutige Auszsprache im bayerisch. und wirtemberg. Schwaben óə und óē, gotischem ái mit folgenden m oder n entsprechend, läszt sich mit eu ausz altem iu umgelautet, nicht vereinigen und dasz die Mundart in disem urschwäb. Worte felerhaft sei, läszt sich nicht wol annemen; Graff III, 342 und Schmeller I, 288 ziehen angels. pyndan herbei; dises aber müszte süddeutsch ›pfünden‹ lauten. Nemen wir gegen die Mundart Beunte an, so müszte im vilmer ein gotisches biundjô entsprechen. Wir müszen wol 2 Wörter desselben Stammes vorauszsezen, auf denen unsere erhaltenen Beispile beruhen; ein biundjou. ein baindjo. Die MB. XXII, S. 725 haben: pongarten, an peunten, an egern. an angern. S. 31: Tunebiunton O. N. S. 50: Wato de Genginbiunte. S. 54: Ruopreht de Pholespiunt u. s. w. (Augsb. Urkunden.) «An Angern, Egerden und Baindten« cod. Bav. 2517. Als Flurname kenne ich ausz dem wirtemb. Schwaben: Bunde ›eine Wise in der Bunde‹, Bebenhaus. Urkd. 1319 bei Schmid, Pfalzgrafen 404. ›Zu Stetten in der Bundtflur N. im Mülheimer (a. D.) Urbar S. 59. ›Wegen des Hafenmeyrs Baindl im Stift‹. Kempt. Confirm. 71. Bõä̃d heiszt eine eingehegte Wise bei Niederhofen; Bõï̃t ist in der sog. Göge. Bei Jeremias Gotthelf ist Bäunde eine Hanfpflanzung. Vgl. Schmid 58, der an binden erinnert. Gramm. I, ³ 190. 190. 192: wo Grimm fragt, ob piunt nicht zusamengezogen sein dürfte und an das dunkle bijands (Gramm. III, 127) erinnert. Förstemann, die deutsch. Ortsnamen S. 80: ›Der Acker wird gebaut und zum Bauen gehört ahd. piunt‹. Kehrein Sammlung 40. Grimm Wb. I, 1747. Mhd. Wb. I, 181 a. Städtechronik I, (Nürnberg) Wb. 482b. Weigand Wb. I, 145. Ich kann nicht umhin dem allgem. schwäbischen verboint, verböet seine Stelle hier anzuweisen. Das Adj. bezeichnet eine Person oder Sache, die einem unzugänglich, verschloszen ist, sei esz bei Personen die wegen Falschheit oder Ueberklugheit durchausz nicht unserem Wunsche entsprechen, bei Sachen, die uns unerreichbar oder erreichbar aber ungenieszbar sind, etwa verpönt. Dem Fuchse in der Fabel ist die zu hoch hängende Traube ›verbaint‹; dem Jungen ist seine Gaiselschnur, die zu lang, in selbst ins Gesicht trift ›verbaint‹; dem Nebelmann am Federsee ist das Nebelglöcklein des Grafen Stadion verbaint, weil esz in beim Laüten an den Kopf schlägt, wenn er schaden tut. Volkstüml. I, 350. No. 580. Wbl. S. 88. Schmell, I, 178. Pfeiffers Germania IV, 44. Ich erinnere an ›verfeimt‹ und Vehme: die Wörter sten sicherlich zu einander. Ein Beispil bei Gass. ›Und demselben trotzigen verbeinten Bischof solchen jren Abschid durch jre Abgesandten alsbald zu wissen getan‹ u. s. w. S. 158. Bei Conlin: ›das verbainte, Erabschneiderische und nicht weniger Rachsälige Weib‹. Das Volk lente sicherlich schon frühe an Bain an, wie bei Schmell. a. a. O. zu ersehen und wie auch Conlin ›stainig und verbaint‹ zusamensczt.

BEUTEL, stm: ein wollener Sack in der Müle, durch welchen der Melstaub geschüttelt wird, mittellat. buletare, franz. bluter: der Beutel selbst buletelus, buttellus, franz. bluteau. Grimm Wb. I, 1751. ›Beutelscheib am Müleisen befestigt, 6 Zapfen, welche man Beutelkropfen oder Beutelkammern nennt‹ J. Faulhabers Haus- und Handmülin 1617. Augsb. bei Frank. ›Under sich gekert, da jeder zwen zoll lang ist, die schlagen im Umtreiben an die Beutelzungen oder den Klopffer des Beutelsteckens am aichin Welbeumlin, welches uf dem Beutelsteg eingezäpft ist‹ a. a. O. Vgl. mhd. Wb. I, 190a; ahd. bûtil, Graff III, 86.

BEUTELN, spr. baiteln, zu Beutel, Baitel: durchprügeln; auch altbayerisch üblich.

BEUTEN, swv.: berauben. ›Und weil er ihn beuten ’wolt, kam Achilles darüber‹. Troj. Krg. 73 a. ›Diser Beuterich ein Gauner‹. Gass. 124. Grimm Wb. I, 1753 ff.

BEWARTEN, stv.: abwarten. ›Auch sol man die Kinder bewarten vor fallen, darum man nit einig laszen soll‹, cgm. 601 f. 96 a. Zu Grimm Wb. I, 1767.

BEWEREN, swv. armare. Grimm Wb. I, 1776. ›Und vom gesamten Rat vor notwendig erkannt wurde, dasz die Burgerschaft weiter bewört werden solle, so solle eine Gleichheit in Auszteilung des Gewörs sein«. Akten 18. Jarhd.

BEWERUNG, f.: Bewaffnung. »Vogtbare Gilt- und Zinsleute sollen bei Bewerung der Untertanen, one des Rats Consens damit nicht beschwert werden«. »Gleichheit der Bewerung der Bürgerschaft«. Akten 17.18. Jarhd. »Bei fürzunemender General-Musterung und Bewerung der Untertanen« a. a. O.

BEWEINEN, sich, swv.: sich betrinken. Der Pfründenmeister Reszler ward von seinem Amte entlaszen »in Ansehung, dasz er sich nit allein vbel beweint, sondern auch der evangelischen predig und leer äuszert und dem Pabsttum anhängt«. Herberger's St. Jakobspfründe S. 19. Grimm Wb. II, 177. Beweinung, die 1) Trunksucht; 2) Trunkenheit. »Und wer Anzeigung und Schein der Beweinung, esz sei mit Worten oder Werken, von ihme gibt, der sol on mittel in das Narrenheuslin geführt werden«. Der Stadt Augsb. Beruf 1541. f. 3a. Ueberwinen, beweinen, sich. Offenburgisch, alamannisch.

BIBER, stm.: wälscher Hahn, »wie ein B. so rot« über und überrot. Vgl. Schmell. I, 291. Als wie a Biebhenn steigt er hes. Sch. 204.

BIBELHUSAR, scherzhafte, oft abweisende und spöttische Benennung dessen, der für jeden Fall Bibelsprüche hersagt.

BIBER, volkstüml. für Biburg,

O. N. urkdl. Biberin, Bibern 1178. Bibertäle, ebendaselbst. BIBRACH, bischöfl. Augsb. Ortschaft »Bibracher Feld«: »Da man dann den 12. Augusti auszerhalb der Statt bei dem Galgen, auf dem Bibracher Felde, daher man's noch den Bibrachischen Zug heiszet, reich und arm durchgen laszen«. Gass. III, 56. Ueber die Ortsnamen mit Biber — sieh Förstemann, S. 145.

BIEGEL, BIEGELE, Winkel, Ecke, zu biegen und Bug. »Die Klayder seiner Tochter, die er in einem piegel oder Winkel behalten hatte«, cgm. 252 f. 160. »In Winkheln und schlupfbüegelln«. I Hand. Ordg. v. 20. Juni 1601. R. XII, 566. Esz gibt einen Stubenbiegel, Kammerbiegel u. — ele, Kuchebiegele. Schmid 67.

BIENE, f : Bühne, »auf einer hohen Binnen im Tanzhause«. S. f. 197a. Mhd. Wb I, 277b. An den Stall reihet sich beim oberschwäb. Hause der Tennen an disen der Schopf, auch Unterbinn genannt mit der Binn (Heueinlage) darüber.

BIER, das Augsb. B. spilte einstens eine grosze Rolle; noch zu Anfang dises Jarhunderts besasz die Stadt Augsburg 90—95 Bierbrauereien, von denen wol noch ²/₃ Teile an Zal existieren. A. 1817 machte ein Weiszbierbrauer König den Versuch mit Haberbier, aber nur kurze Zeit und esz gieng im wie dem

Waizenbierbrauer, der anfangs der dreiziger Jare auftauchte und bald wieder sein Geschäft aufgab. Bier gehörte einstens zu den stenden Abgaben an das Kloster St. Ulrich und Afra; das Giltbuch cgm. 154 f. 8b und öfter tut dessen Erwänung. Als Arznei oder als gesunden Trank überhaupt empfiehlt eine alte schwäbische Vorschrift Astron. f. 9b. »Trinke nit vil Wins, esz sige den frischer Bier oder Mett maktu trinken«. Biermalzeiten werden hin u. wieder angefürt: »Solle ein Pfalzprobst für sich und die Seinige zu seiner Notdurft Bier einlegen, und davon seinen ankomenden Gästen neben dem Wein auch begeren ein Bier auftragen; wie auch sonsten pfalzfähige Boten und Diener auf der Malzeit ebenfalls mit Bier abspeisen dürfen, aber Niemand Biermalzeiten geben«. Vergleich v. 1642. Gewallenes Bier komt auf dem Speisezettel der St. Jacobspfründe nach der Ordnung v. 1542 vor.

BIETEN, stv.: vorladen, Gerichtssprache, was nhd. entbieten ist; befehlen, heiszen vom Richter; im Augsb. Stadtrechte komt vor: enbieten »vnde sol ieme enbieten, daz er dar chome« f. 32 a. »er welle im recht bieten« a. a. O. für wiederfaren laszen, offerre; fürpieten a. a. O. Bietgelt »dem Waibel etliche Bietgelt, »dem Mailing Bietgelt«, Lon für das Vorladen, Bieten, noch heute in A. Bietbazen. In den Mezgerakten komt ein Büethäusel vor, was wol zu Hut, behüten, bhüeten, nicht aber zu bieten sten dürfte. In der mittlern Nekargegend heiszt esz: »deam håt ma bota«, »der Schütz håt 'm bota«, der Schultisz håt im bot's u. s. w. Praes. ind. i bût, du bûtạt, ear bût, mier bietẽ u. s. w. »In die piet nachkomen: actor debet sequi forum rei.« Wer jemand wil mit dem rechten zusprechen der sol dem aber, dem er zuspricht nachkomen in die piet oder für den Richter«, cgm. 345 f. 2 a. Grimm Wb. II, 6 ff.

BIGLE, BÜGLE zu Bug gehörend und an dessen Stelle altaugsb. gebräuchlich: das vordere Viertel des Kalbes.

BIHEIZZUNGA, conjuratio. Gloss. August.

BILD, in Zusamensetzung Mannsbild, Weibsbild, im guten wie im bösen Sinne durch ganz Süddeutschland üblich, bayerisch vorherrschend im bösen Sinne. »Doch verendrent sie sich und verlaszen Kind so in ir Natur wächst als Frauenbilden die Brust u. Mannspilden der part«, cgm. 601 f. 106 a. »Sunder so in ir Natur wächst als Frauenpilden ir Krankheit und Mannspilden der part, so verlaszt das Ohrenrinnen die Kind von im selbs« f. 116. »Unter allen Mannsbildern (St. Johannes) die bishero von Weibern geboren«, Erenfest 1699. »Afra war zwar ein Weibspild aber von königl. Geblüt« a. a O. »Frauenbilden koment zu irem Alter um die 12. Jar, Mannspilden um die 14. Jar«, cgm. 601 f. 116 b. Ueber die Verbindung des Adj. weiblich, männlich mit Bild, früher häufig, vgl. Schmid Wb. S. 67. Grimm Wb. II, 11. Schmell. I, 170. Red. A. »dau wead's it üble Bildle tra'«, üble Folgen haben. Sch.

BILERLE, dim. zu Biler, das eben herauszstoszende Kindszänchen. »So soll die Hebamm dem Kind greifen in seinem Mund und soll ein Rosenhönig oder sonst ein Hönig an den Vinger streichen, damit sie dem Kind die pücheler, den Gaumen und die Zungen beraiten soll«, cgm. 601 f. 96 a. »So gab man im dester mer Musz, doch merk, dasz man dem Kind die püler nit mit heiszem Musz verprenn; wann von den heiszen Muszen gewinnen die Kinder in dem alter bös zan« a. a. O. f. 102 a. »Nun so zend wellend aufgân, so statt Kinden manigerlai zu als geschwulst und die püchler und den Hals; auch werden sie gern durchpruchig und so die puchler anvahend zu schrinden, so sol man's den Kinden reiben mit Salz und Hönig, wann esz nimt im die wê und kräftiget die püchler. — Und später sol man die püchler inreiben mit Hasenhirn« a. a. O. f. 108 a.

»Wenn die piler swerend«, cgm. 317 f. 6 b. »Esz werden auch von den Weibern der Kinder Bühler und Zahnfleisch, mit Hahnenhirn gerieben, damit sie desto leichter zahnen«. Gokelius S. 24. In München: Zahnbiler, pilar, bilar. Pfeiffers Arzneibücher II, 7 c. 12 c. Schmid 105. Schmell. I, 168. In Bauchert's Rotweiler Mundart ist bilger S. 18 aufgefürt mit unorganischem g, was unrichtig: g ist vilmer ursprünglich, weil die Wurzel balh zu Grunde ligt. Der Zusamenhang mit Bille, Flachhaue für Müle und, mit Beichel ist klar am Tage; nur musz mer als eine Grundform für einzelne süddeutsche Landstriche angenomen werden. Vgl. Grimm Wb. II, 24. 25.

BILLIGKEIT, Wolfeilheit »der B. nach«, Kleiderbüchl.

BIRZEL, stm.: Steisz bei Vögeln, in dem die Schwanzfedern stecken.

BISEN, swv.: durch Zischen rufen. Vgl. mhd. Wb. I, 168 a. In Oberschwaben wird noch ganz der mhd. Sinn damit verbunden und sonst keiner: schreiend, lechzend springen vom Vieh, das mit aufgerecktem Schwanze Schatten und Waszer suchend, daherläuft, besonders aber geplagt wird von Bremsen. Dërra, Oberschwb.

BISTAL, stn.: Türpfosten, Vorderhaus. »Swer den andern sagt — slet er nach im in daz bistal oder in die tür«, Augsb.

Stadtrecht f. 47a. Bei Jeremias Gotthelf: Fensterpfosten bei der ältern Bauart, die je 2 nahestende Fenster durch ein Bistal schied.

BIT, stn.: 1) der Saft, den ein Insekt beim Zertreten oder Zerquetschen von sich gibt, bayerisch Baz. 2) der Saft, der beim unordentlichen Eszen ausz dem Mund läuft; niederschwäb. der Driel, die Drielete.

BIZE, swf.: Liebkosewort für Kazen; Bizele, ebenso häufig.

BLÄEN, swv.: bläuen, blau machen, von der Wasch.

BLAHE, swf.: 1) grobe Leinwand über Wagen und Schiffe. 2) Wagen, Fur selbst. Grimm Wb. II, 60. »Er-sol auch nemen von ainer blahen salzes vier phenninge«. Stadtr. f. 6b. »In win faszen ald in blahen«, Memming. Stadtrecht. 3) Bodenteppich.

BLAICHE, die, spilt bei der alten Weberzunft eine grosze Rolle; esz gab eine obere u. untere Blaich; einen Blaichmeister, einen Blaichschreiber, Blaichknecht, Blaichumgelt, eine Abgabe an die Stadt; das Blaichzeichen komt in den Weberhausakten vor; esz gab eigene selbiges betreffende Vorschriften. Auf beiden Blaichen waren Blaichjungfern die weiblichen Bediensteten, welche die Leinwand in Empfang zu nemen, mit zu registrieren und bei der Abholung herzugeben hatten. Beide Blaichen sind jezt eingegangen.

BLANGEN, BELANGEN, sich, Verlangen haben, »in blangt's« allgem. oberschwäb. »Jerusalem do blangt sy hin«. Felix Faber f 3b. »In Orient stat die gegni, zu der fast blanget euch«. f. 8 b. »Vns planget ser vffs Land« f. 24a. »Und wenn die Müttren planget, so ir Kind nit pald gend, wellent, so siede man stengel«, cgm. 601 f. 115. »plangen tut mein herz«, »mich planget nach« u. s. w. Hätzlerin I, 52. 1. I, 15, 67.

BLANTSCHEN, pl.: 1) Silberbarren. »Etliche B. Silber und Gold«. Gass. 2) schwazen; subst. Blantscherin. Mindeltal.

BLÄSTIG, adj.: schwerfällig, körperlich unbeholfen. Im Troj. Krg. Bl. 68a, stet »Neoptolemus grosz, giftig, plastig, schlurkend«. Schmid 73. Im Mhd. öfters vorkomend.

BLATER, ahd. plâdara. Blåterhaus, an der Oblatertor-Mauer hinter der St. Maxkirche zur Aufname von Blatterkranken bestimt, ward im 1. Zehent dises Jarhd. aufgehoben und ist jezt im Privatbesize. Urkundl. erscheint Bladerhaus (Festkalender), Platherhaus. »Hye im Platherhaus sind gegen 100 armer Menschen, die hat ein Rat versehen, bis sie wieder sind gesund worden«. S 303b. Bei Gass. »Blatterhaus oder Brechhaus. Red. Art: »Heunt redt' ebber von mier, iez ist mein Zung vola Blåtara«.

BLÄTTLE, ntr.: wie allgem. das Lokaltagblatt.

BLÄTTER, stn. pl.: viereckigte bunte Schnupftücher. Kleiderbchl.

BLÄTTERSEZER, nach den Weberhausakten eine zur Weberzunft gehörige Klasse von Arbeitern, welche die Messingblättchen zum Einschlag der Fäden für den Webstul zu verfertigen hatten. Emals waren esz ital. Schilfblättchen.

BLÄTTER-EID: »Item jr werdend globen das jr nyemand von Eurentwegen in khain Webstat, Markht oder Fleckhen khain Geschirr, plat noch khannen, so der Augsburger Geschau an praitin und an Zal gleich und gemes sei, nit machen wöllend; dasz jr auch alle Fueszarbeit wöllend machen rechte Maisterpraytin u. die gefärbten Ziechlin Geschnüerlin rechte gewürfelte Ziechpräytin«. 1549.

BLAU, »blauer Montag«, für »guter Montag«, ist mir in den Akten einmal, wol aber hie und da im Volksmunde vorgekomen. In einem Erlasz Kaiser Josefs II, von 1772 an Augsburg ist der »blaue Montag« auszdrüoklich genannt. Blau Himmel amt, geheimes Strafamt bei Reichsstadtszeiten. Da musten die auszer der Ehe Geschwängerten nach Verhältnis ires Vermögens eine Geldstrafe erlegen; der Name blieb verschwigen; darum geheimes Strafamt. Blāē, Stichelname der Meitinger. Blausieder heiszen die Dinkelsbühler.

BLAUNK, adj.: furchtsam, scheu. »Do ear it blaũk und kurzweg bsonna«. Sch. 245.

BLEANK, swf.: stets unzufriedene Weibsperson.

BLECHEN, swv.: unfreiwillig viles Geld erlegen müszen; neues Wort. Schmell. I. 284.

BLECKEN, swv.: weinen.

BLERCHE, swf.: »krûtblearcha« die Deckblätter des Krautkopfes. Sonthofen. Immenstadt. Bletscha, Niederschwab.

BLEZ, stm.: 1) Fleck, Lappen, Flicklappen; auch bildlich von unbedeutenden Dingen. »Da nun des Cardinals Diener sahen, dasz nu altes Blezwerk da was«. S. 338a. 2) Fladen, Zelten. 3) Laz mit Schnürband, farbiger Brustfleck unter dem wollenen Mieder; ältere Weibertracht auf dem Lande.

BLICKEL, stm.: Fensterladen, auch Augenlid, »Augenblickel«. »Mädle tua da Bl. neĩ!« Liebs Muetter Gottesle dua deĩ Blickele aufl Stauden. Vgl. A. Bauordg. 1740. Augsb. u. ganz mittelschwäb. Schmid 76. Schmell. bluckel.

BLICHI, fulmina. Gl. August.

BLIND, in »Blindkuh- und Blindmäuslespilen«; ein bekantes Kinderspil, wobei eines mit verbundenen Augen das andere erhaschen musz. Blindtuoh? »Reiten durch das Blindtuoh«. S. 326a.

BLINZLINGEN, adv.: mit verschloszenen Augen; bei Jeremias Gotthelf blinzlige.

BLIZGEN, blizen mit altem

organ. überlieferten g; sieh Lautlere v. G. hauptsächlich der katholischen Bevölkerung der untern Stadt eigen. »A. 1499 am Donstag nach der escherin Mitwuchen hat esz hye in der 9. Stund in der Nacht fast feindlich plizget und durnet und hat ein Fewrstral in den hohen Thuren Luginsland geschlagen«. S. 303, der das Wort oft gebraucht.

BLOANE und BLAUNE, swf.: der Boden über d. Scheuertenne.

BLÖCKISCH, BLECKISCH, bauerisch, roh; v. blecken; »die Zäne, Zunge herzeigen«, Spott, Verachtung.

BLOCK, stm.: bildlich hie und da für einen ungelenken, störrischen Menschen gebraucht. »Luz am Block« hiesz eine alte Augsb. Wirtschaft.

BLÖD, adj.: 1) schwach, besonders von Frauen wärend der Menstruation. Grimm Wb. II, 189, 5. »Darum sol man das Kind abmüttern als ob die Saugamm sunst krank wäre und so ein Saugamm blöd von ir selbs ist, je minder sye dann das Kind saugt, desto nüzer esz dem Kind ist«, cgm. 601 f. 99a. »Der Frauen Blödigkeit«, Hauszucht und Regiment. 2) von Krankheit beiderlei Geschlechter. »Sin caplân also wartet z' Venedig blöd und krank«. Felix Faber f. 26b. »des Leibs Blödigkeit«, Altersschwäche, Univers. Ordination 16. Sept. 1661. R. XI, 147. 3) abgetragen, fadenscheinig von Kleidern, Strümpfen u. s. w. gebraucht. 4) in Fäulnis übergend, »blöde Fisch«, Marktordg. v. 1735. S. 11.

BLONZE, swf.: bildlich eine kurze dicke, unförmliche Gestalt. Bekant ist der Stichelname Blonzen für die Lauinger u. s. w., die eine übergrosze Wurst im Strudel und Brandung der Donau wärmen wollten, weil sie das Waszer für siedend hielten. In der Baar ist Blonze eine grosze Schafsblutwurst. »Ma mözget u. wůstət im ganzə land, 's geit überall plunzə u. leaberwůst«. Sch. blōzafenster, ser finster.

BLOSZIG, spr. blåaszig, blosz. Landschaft.

BLOSTEN, swv.: Feindseligkeit, Verdrusz mit Jemand haben. Kindersprache.

BLOSTWINKELE, wohin eigensinnige, unfolgsame Kinder zur Strafe gestellt werden, bis sie abbitten.

BLÜHE, die, Blüte flos. Grimm Wb. II, 154. »Der hat alle Blye der Bäume verderbt«. Blühende Vesper sieh Vesper. S. 334b.

BLUME, f.: »Der Byfus ist gut den Frowen zu irem siechtagen, der dä heiszet menstrua; esz haiszent die artzat ain blumen von als ein bom on blumen nit Frucht geberen mag, alsô mag onch ein wib nit on die pluomen ein Kind geberen«. ogm. 384 f. 1a. »Ist er ir aber weitter, dann zween Gulden für die Kindbött und ein Paar Schuoch für iren **Plumen** zugeben nicht schuldig, sie hette dann ein Kind von im geboren«. Ulmer Sitt. Ordg. 1574. Ueber den Magtum und **Blumen** vgl. Osenbrüggen, alam. Strafrecht S. 276.

BLUMENBESUCH, der, pascuum, pastio pecuaria. Grimm Wb. II, 158. Schmell. I, 236. »Doch one präjudiz des gemainschaftlichen Waidwerks und eines jeden hergebrachten **Viehtriebs** und **Blumenbesuchs**«. Augsb. Vergleich v. 1670. »Doch dasz den Bierbrauern ir laut Vertrags v. 1602 in der Bischofs-Au gebürende **Viehtrieb und Blumenbesuch** verbleibt« a. a. O. »Der **Blumenbesuch** in der Mehringer Au zu Waidung des Rindviehes«. »**Blaimgeburten**«, »schier gar erstorbene Bl. erfrischen«. »Mit Farben abwechselnde Bl.«? Klimmacher Predigtbuch.

BLUNDER, PLUNDER, stm.: Gepäck, Habseligkeiten, Hausgeräte. »Fünf Pfund Haller, was Gewand oder **Plunder**« im Gegensaze zu den Rindern, Rossen und Silbergeschirr, die 10 Pfd. Heller bezalt. Memminger Stadtrecht. »Ist aber esz Gewand oder ander **Blunder**« a. a. O. Der Kiszlegger Klosterrodel S. 38 hat: 2 guott Mentell und sunst menigerlei guots **Blunder** 2 Ballen in das Haus geschenkt«. »Ander **Blunder** mer« a. a. O. »Und sunst noch vil guts **Blunder**« a. a. O. Des TN. 7301:

Die Pferd die tuond si laden
Mit dem **blunder** der da ist
Und lärend trog und Kist. —
Vgl. mhd. Wb. I, 218 b. Schmid 79.

BLUTRÜSTIG, cruentus; eine Verwundung, so dasz Blut zur Erde tröpfelte, wenn eine bestimte Busze statthaben sollte. »Dasz sie beyde **blutrüstig** wurden«. Gass. Blutrunstig im Stadtr.. blutrünsz in der Mindelh. Reformat.; ahd. plotruns, Graff II, 221. Mhd. bluotrunst, Wb. II, 721. R. A. 629. Kehrein, Sammlg. 4 b. Osenbrüggen, alam. Strafrecht S. 332. 234.

BLUZGER. stm : »Dreiviertelskreuzer oder sog. **Bluzger**«. Mezg. Akt. 18. Jarhd. Schmell. I, 340 hat »**Pluzer**, ausgehöhlte Kürbis, Melone. Grimm Wb. II, 198.

BOARHAUBE, f.: alter Name für die **Rigelhaube** (oa: ö).

BOCHSELN, swv.: pulsare. Grimm Wb. II, 200. Schmid 80. »daz sie nit fürbaz lese, ê daz der stüle **bochseln** ein ende habe (in der Kapelle), cgm. 168 f. 3 b.

BOCHSTEIZLEREI, STEISZLEREI. »Dise N. nam sich darnach an **Bochsteizlerei** und grosze Gleisnerei und nam alle Wuchen das hochwirdig Sacrament«. S. 228 a.

BOCK, stm.: »Und sobald solichs beschicht, so fallen demselben andere Confessionisten, wann sie schon zuvor etwas anderst dekretirn und stimen helfen, mit einer guten Anzal bey, da get dann der **Bock** an, das

5*

Gewiszen musz allenthalben zuvorderst in acie sten«. Anti-Müller. »Einen Bock schieszen«, felen. Allgem. »In ein Bockshorn jagen (Gass) beengen. Vgl. v. d. Hagens Germania I, 131. Gemein schwäbische Redeweisen: Bock, Bocksblut, Bockskrös, Bockslunge waren ehedem Constanzer Flüche. Marmor 156. Sie hat den Bock, ist stuzig. Ehing. Böck, Ortsstichelname. BOCK, ein noch nicht mannbares Mädchen, daher »sie hat den Bock verkauft«, ist zu iren Jaren gekomen. »Den Bock heimreiten«, ein Mädchen Nachts vom Tanzboden heimfüren. Bocksreiter, Teufel. Bockssprung, agilis in sublime saltus. Im Liede vom geistlichen Josef, Basel 1608, Schröter:
Er ritt dorther gleich wie ein
    Bock
Und ist stolz über d'Maszen.
Belzebock, ebenfalls Teufelsname, cgm. 345 f. 77a. Bockstein, Beutelbock sieh Wbl. S. 19. Holzbock, Augsb. Familien Name, Luc. Rem S. 13. Bockisch, adj.: widerspenstig, stuzig, »bockisch, stolz und eigenwillig gewest«. Luc. Rem 65. Vgl. Schmid 83.

BOCKELN, swv.: eine Art Kartenspil, wobei ein Brett mit länglicht ovalen Vertiefungen gebraucht ward, über die einige Namen des Spiles eingeschnitten sind und in die ein beliebiger Einsaz gelegt wird, den jene ziehen, welche die abgebildeten Blätter erhalten haben. Vgl. die auszfürl. Beschreibg. b. Schmid 82.

BOCKELHAUBEN, die, gehörten zur alten Tracht der schönen Augsburgerinnen, sind aber seit den dreisziger Jaren verschwunden. Bei Reichen von Gold, bei Geringern und Dienstboten von Silber, zur Trauer von Stahldrat. Die Katholischen begnügten sich mit kleinern Maschen als die Evangelischen, imer aber giengen 3 Spizen tief in's Gesicht herein. »Und dann sollen inen die schöne gestrickte Buggelhauben bei Straff 1 fl. abgeschafft, diejenige gestrickte Hauben aber, so in 40 kr. oder 1 fl. gelten, erlaubt sein«. Kleid. Ordg. 1668. Schmell. berürt das Wort I, 152. Schmid 38.

BOCKELMANN, eine villeicht nie existierende Persönlichkeit, erscheint in Tänzen; so schlieszt einer: (vielleicht ist d. Tod gemeint)
Wann i doch nett tanza kã
Tauz i mit 'm Bockelmã.

BODEN, hie u. da noch altertümlich Bodem als Dimin. am mittlern Necar, Bödämle, wie Lädemle, Fädemle, Gädemle u. s. w. 1) der Haubenboden, meistens gestickt. »Die hohe Bömische und Polnische Hauben mit Zobel u. gut glattsametnen Böden«. Kleid. Ordg. 1668. »Dasz die Bömische oder Polnische Hauben hiemit zwar erlaubt, jedoch mit disem Underschid, dasz die Böden an solchen Hauben, allein von geblümtem Samet und gefärbtem **Mader** sein‹ a. a. O. In Niederschwaben jezt schlechthin **Haubenblez** geheiszen. In Ulm gab esz emals **Bodenhauben** mit einem Wulst, hinten mit einem Neze überzogen, im Gegensaze zu den Hauben, welche das Haar nicht völlig bedecken. Vergl. Schmid S. 81. Bekant sind die **Häubchen** der Rieserinnen mit dem oft silbernen und goldenen **Bödele**. 2) Flosz, ›siebenzehen Boden mit Holz, mit Dilen, Bruckstück, Laiterbäm, Bretter und Latten geladen‹. Donauwörtsche Urkd. 1450. Schmid S. 80. 3) der untere **Mülstein**. ›Der untere Mülstein, sonsten der Boden genant, uff dem geheusz also umb machet, dasz er nicht weichen kann; in demselben ist das Müleisen durch einen **Buchs** (wie man's nennet) satt und drang gend gemacht, damit man den obern Mülstein wagrecht richten und perpendikulariter einspingeln u. spannen könde‹. J. Faulhabers Haus- u. Handmülin. Augsb. 1617. Frank. 4) **Böden** heiszen die obersten unter dem Dach befindlichen Hausräume, Getraideschütten. ›Geistliche B.‹ Bodawurst, kleine untersezte, dabei aber kräftige Person. ›Einen neuen **Boden legen**‹, neues Gesinde eintun. Allgem. schwäb. und Augsb. ist **bodabösz**, ser bös, schlimm. **Bodaggen**, Kartoffeln.

BOFEL, BOFFEL, stm.: Pöbel, bayerisch Pável. ›Dem mürmüreten Bovel‹, cgm. 581 f. 23 b. ›Weil das Handwerksvolk und der Boffel ob dem Tisch ist geseszen‹. S. 362 a. ›Ueber ain klains Weyllin hat sich unter dem Boffel‹ u. s. w. a. a. O. ›Und sahen durch die Fensterklegk hinausz haimlich was der Boffel tet a. a. O. 365 a. ›Da ist der Boffel das drittemal wieder für ein Rat gegangen‹ a. a. O. 365 b. Vgl. Bäfel. verlegene, auszermodische Waare. Schmid 37.

BOGEND, von Wunden ›mit scharfem Ort‹, ›stet aber iemen den andern mit cholben oder mit schitern oder mit swibin er in slet, daz ez ein bogendiu wunde heizzet‹. Stadtrecht f. 45 a. Vgl. mhd. Wb. I, 220 b. Schmell. I, 158. Schmid 82. Im Bayerischen Landrechte ist esz eine **Stechwunde**. Osenbrüggen, alam. Strafrecht 233. Auer, Glossar z. Stadtrechte von München.

BOHNEN, pl.: Hausgerätschaften von Nuszbaumholz.

BOI, m. one pl. pannus villosus, vilis, lockergewebter Wollenzeug, deutsches Wort. ›Sonderlich aber wird denen von der Gemaind insgesamt aller Boy u. Crepon zu ganzen Kleidern oder Klagmänteln zu gebrauchen verboten‹. Poliz. O. 1683. S. 128. Ital. bajetta. Grimm Wb. I, 229. ›Der andern Sort sind gleiche vil Als Engelsat, Boy u. Grobgran Spint und läszt weben Jederman‹.
Erhard Cellius.

Frisch I, 123b. adj. bayen, niederdeutsch die baje, engl. bay. Weigand I, 167. Boyweber, BOLER, Schleuder, Wurfmaschine. Vgl. ahd. bolôm, swv.: mache aufspringen. Mhd. Wb. I, 118a. »Sie hetten auch Schlingen und Boler, damit sie wurfen grosz und klain Stain«, cgm. 581 f. 67b. Grimm Wb. I, 230. Schmell. I, 169. Grôlet ist ett bôlet Sprichwort.

BOLL, swf.: unauszsteliche Weibsperson, »eine eade Boll«.

BOLLE, swf.: Bollen swm.: ein runder Körper, überhaupt gleich vil ausz welchem Stoffe, daher Rossbollen (Excremente) Kuhbollen, an den hintern Oberschenkeln; Kartoffelbollen, die grünen Kapseln nach der Blüte; Eichelbollen, »Eichelbollen und gleien haben die dem Hungertod nahen Leute im 30järigen Krige gegeszen«. Chronik des Kl. Maria Rosengarten, Wurzach. Vor allem für Leinsamenbehälter: Bollen, Bollenblag, (Blahe, Tuch z. Bollen-sonnen), worauf die oberschwäb. Redensart get, wenn man einen faulen Menschen bezeichnen will: »dear mä lieber gar nix tun, asz Bolla hüta«. Vgl. J. Frischlin's Hohenzoll. Hochzeit. S. 134 ff. Bollenmel, Aftermel. Schmell. I, 280. Bollshammel, ungelenkige, eckige Person. Bolli, Knolli, abgekürzte Schelten u. Stichelwörter für die Weber, gewöulich »Weabersbolla«. Eine Frau, die, wie csz allgemeine Sitte war, eine Puppe zum Kripplein am Christtag in der Früh mitnam, fand die Kirche von Webersleuten so überfüllt, dasz sie wieder fortgieng; aber zu der Puppe, welche das Christkind darstellen sollte, sagte sie: »Komm liebs Jesiskindle, lasz dier die Weabersbolla auf die Kirchweih koma«! Der Name Bolla, wie das beigefügte Knolla ist erklärt, wenn man auf die Weberschlichte achtet. Bollet, adj. dick, unrein, besonders vom Flachse gebraucht, wenn er nicht sauber gebechelt worden ist. »Bollet und knollet« ist echt augsburgisch.

BOLSTERIG, adj.: krank, nur von Hünern, Vögeln und andern Hausgeflügel gebraucht.

BOMBASIN (spr. bommasa—ᴗᴗ). 1) bombycinium, lana mixtum; ital. bombagino. Grimm Wb. II, 236. Von d. Hagens Germ. I, 309. 2) Baumwolltücher ausz disem Stoffe; der Einschlag baumwollin die Kette linnin. Gebleichte, breite B. komen in den Weberhausakten oft vor. Bommasinle, pl. dim. war am volküblichsten. »Waun der Lerjung in ainer Wochen 3 Barchatbüchlein oder Bombasinlen würkt, ist man im schuldig 6 kr. und von vieren 10 kr., von ordinari Schnurtuch oder $^6/_4$ oder $^7/_4$ breiten Bombasin von dreien 8 kr., von vieren 16 kr., vom ordinari einschnürig. Schnurtuch aber von zweyen 12 kr., von dreien 20 kr., desgleichen auch von denen breiten Bombasin«. Web. Ordg. 174?. Der Augsb. Bombasin war in der Regel sechs oder sieben Viertel breit.

BONZ, BONZEN, swm.: eine Art Kübel, Banz, bayer. »Lederne Eimer, Kessel, Brennten, Bonzen, Leitern, Hacken«. Feuer-Ordg. 1731. S. 19. Bei Schmid 106: Schmalzgefäsz von Holz; Weinfäszchen, Fleischbonz.

BORGSPIL, zu Grimm Wb. II, 241. »Wa jemand mit dem Andern auf Kreiden oder Borgspilen würde, dasz der verlurstig solch auf die Borg verspilt helt, zu bezalen nit schuldig sein soll«. Poliz. Ordg. 1553. Borgs: auf Borg, auf Zuwarten. »Und tuot im ain eln umb 5 schilling lân Die musz man borgs umb siben hân«. TN. 9211.

BORTE, swf.: 1) ein starkes, ausz Seide und Goldfaden gewirktes Band. Mhd. Wb. I, 223 a. In der Augsb. Kleid. Ordg. werden die Borten oft erwänt. Bortle, das, mhd. bortelîn, erscheint eben so oft. Die Borten komen in Verbindung mit silb. od. goldenen Spizen, Galonen, Schlingen und Knöpfen; mit geschmeidigen Spiz und Borten« u. s. w. »Spiz und Borten von gutem und falschem Gold«. »Mäntel vnden mit seydinen geschmeidigen Borten 3 oder 4 fach verbrämen laszen«. »Auch sollen die Brüstlen allein mit seydenen Spizen oder Bertlen gebrämbt, auch an denen Schnüermidern und Brustflecken, das verbrämen mit guldenen Spizen und Borten, sie seien gleich guet und falsch«. Kleid. Ordg. v. 1668. »Kleine Spizlen oder Bärtlen« a. a. O. »Bortenwirkerspizlen oder Bärtlen« a. a. O. »Mit seidenen Bertlen verbrämbt« a. a. O. 2) Schmuziger Rand am Kleide. St.

BORZE, 1) virgulta, Reisachbündel und Reisach überhaupt. 2) kleine, eine Hand voll oder etwas mer umfaszende Reiser zum Anzünden des gröbern, des Scheitholzes im Ofen. »Holz und Porzen«, Gass. »Am Freienstul vor der Porzen gelegen, cod. Bav. 2517. Ein Fueder Buechenborzen 1 fl. 13 kr. Alte Web. Rechnung. »Ein Schober Borzen aufzien 2 fl. a. a. O. »Borzengeholz« war eine alte Abgabe des Stifts an die Stadtknechte. Vergleich von 1602. »Ein Fuder Borzenholz und ein Fuder Wegholz« a. a. O. »Der Herr Herzog von Baiern (hat) juen alles das hierzu benötigte Porz- und Tannen und Rauchholz jederzeit auszzeichnen und unbezalt folgen laszen«. Confirmation von 1596. In den Augsb. Händeln des Dr. G. Müller wird erzält, wie der päbstische Bürgermeister Ilsung bei den evangel. Bürgern »einen spötlichen Nachnamen (erhalten) und wird der Borzenmacher genennet‹. Ferner ›Welcher vernünftiger und bescheidener Biedermann hat im das gefallen laszen? Gleichwol hatte diser Bürgermeister ziemliche Ursach geben. Denn da՚ er yme die Borzen und das Reisholz wol hette anf einen andern Tag können furen und hacken laszen — und da er oinen Hof im Haus gehabt, allda das Holz hette können gehacket werden, verordnet er, das esz auf der Gassen und fast auf mittlem Perlach oder Herrnmarkt gehacket werden. Darüber Hon mit spot ist abgelonet u. im der Borzenmacher Name gegeben worden‹. ›Darauf sagt man mit kurzem; der rumpelkarren vnd porzen seien nit wert, das man derselben bei sollichen wichtigen Handel gedenke‹. Anti-Müller. Vgl. Grimm Wb. II, 247. Schmell. 1, 240.

BÖRZEL, stm.: eine Steiszkrankheit? zu Burzel, burzeln gehörig. ›A. 1387 um Liechtmesz ist zu Augsburg ain Krankheit auferstanden, die hat man den Pörzel geheiszen‹. S. 39b. ›Dise Krankheit nennt der gemeine Mann Bürzelen‹, Gass. ›Da kam eine gemeine Plag und Bürzel unter die Leith‹. Horm. 1834. S. 131. cgm. 407 fürt ›dreierlei purzel des Pferdes‹ f. 62a. Ich erinnere an das Conzenbergische borzeln, boazla, den Hinterleib nachschleppen, eine Krankheit der Schweine; in derselben Gegend auch bärhämmig geheiszen u. zu altem hamlichen, hinken gehörig.

BOSCHEN, swm.: Busch, Blumenstrausz. Burgauisch. Federboschen bei S. öfter f. 533 b. Augsb. Busch. Mhd. Wb. I, 223 b. Schm. I, 214. Böhmenkirch. Boschahuet. Landschaftlich. Boscum, Busch. Mhd. Wb. I, 223. Kehrein, Sammlg. 4b. ›Nec non inter villam Nawe et Blint hain sitas-quae contingunt in terris, agris, pratis pascuis, nemoribus, silvis viis et inviis, in Bosco et in plano, aquis, aquarum decursibus‹ MB. XXIII, VI, 88. ›In prato et in agro, in silvis et in cetis, Bosco et plano‹ a. a. O. ad 1274. Boschenwisen, Böhmenkirch. Mrkg. ›Tam in busch quam in pelano‹. Bebenhaus. Urkd. 1271. Gramm. II, 277; romanisch bosco, bois. Förstemann, Ortsnamen S. 58.

BÖSERN, swv.: verschlimern, zum Bösen keren, deteriorem reddere; in pejus ruere. Grimm Wb. II, 256. Mhd. boesen, mhd. Wb. I, 226 b. ›Und hat der abgesezt Abt das Kloster gebeszert um 14,000 fl.‹ Horm. 1834. S. 129. ›Dasz er der Rechte wartend wär auf die Chirchen ze Magerbain; auch ist gerette, dasz disiu Teidinge twedern tail siniu recht bösern noch beszern sulen an der zvevert‹. MB. XXIII. 6a. S. 471 ad 1323.

BOSSEN, 1) Possen. ›Allerlei Bossenwerk ausz sonderlicher

Andacht machen‹. Gass. Grimm Wb. II, 265 ff. ›Caracalla stellet sich also in Bossen, als wollte er der andere Sylla werden‹. Werlich 64. 2) Halbstifel, franz. bottes. ›Hab vergebens auch zum Anfang, wie man sicht, zue der Jugent ettlich Bossen machen laszen, als was zuer selben Zeit für Freud unter der Jugent gewöst ist‹. Kleiderbüchl. S. 14. Schmell. I, 211.

BOSZIEREN, swv. fingere, bilden. ›A. 1320 ist Niclaus Zorn ein Ritter von Straszburg gewöst, ligt zu St. Margret dasselbst, diser Gstalt bosziert von Jörg Selden a. 1508 abgemacht‹. Kleiderbüchl. S. 91. Boszierung, Welser, Antiq. 45. Grimm Wb. I, 266. Noch jezt werden die Wachsarbeiter ›Wachsboszierer‹ genannt. Steinbozila, lapides ceciderunt. Gloss. August.

BOTEGE, swm.: rundes Fasz, Bottich; ›von aime botegin einen helbelinch‹. Stdtrcht. ahd. botaha. Graff III, 85. Mhd. Wb. I, 227.

BOTSCHEN, pl.: Pantoffeln mit oder one niedergetretenem ›Hinterquartier‹.

BOTTER, Rosenkranzkügelein, (pater noster).

BOZEN, die Stadt. ›Swelch burger silber kaufen wil, des er bedarf, hinze kerlingen ze Franken, ze Bozen oder Venedie u. s. w Stadtrecht f. 26. ›Zwainzig mark und nicht mer hinze Bozen‹ a. a. O. Bekant ist ausz Augsb. Urkd. Bozanicum vinum, Bozner Wein. Konrad v. Megenb. 195. 25. ›Der Bozner Fastenmarkt‹. Kleiderbüchl. 110. Vgl. mhd. Wb. I, 227a.

BRABANDERLEN, pl.: hieszen in A. die allerorten bekanten schmalen aber um so längere Ellen meszenden Brabanter Tücher; neben den Brabantischen Spizen vil verbreitet. Vgl. Frisch I, 123 b.

BRAND, 1) als Flurname für urbar (mit Feuer) gemachte Waldstellen, ser verbreitet. Mein Wbl. S. 20. prand, Giltbuch, cgm. 154 f. 40 a. ›Brand u. Brunst, wie Schlag und Schlacht geben Zeugnis vom Tilgen des Waldes‹. Forstemann, Ortsn. 79. 2) Rausch, allgem. 3) Hochgesteigerte Fieberhize. Der gemeine Mann sagt von schwer Kranken, die über groszen Durst und Hize klagen, ›der hat 'n Brand im Leib‹. Oberpfälzisch ist: das hat den Brand, bietet unerwartete Hindernisse. In der mittlern Necargegend: ›dês ist a Brand‹, das ist arg, herb. Brandhütte, f.: ›Brandhütt‹. Urkd. 1662; vor dem Jacober Tor; Eigentum der Mezgerzunft. Brandsteine, röm. Auszgegrabene Zigelsteine.

BRÄNZELN, swv.: ustionem redolere: ›die Suppe bränzelt‹; oberpfälz. brünzeln.

BRÄT, ntr. 1) das weiche Fleisch one Bein. ›Mezgfleisch, Brät und Wurst›. Polizeiordg. 1683. ›Verbotene Fleisch, Brät und Wurst‹ a. a. O. S. 61. Das Verkaufen und Kaufen von »Fleisch, Brät und Wurst« unterlag der strengsten polizeilichen Aufsicht. 2) Gehacktes Fleisch. Mhd. daz brât und braete, Schleicher, Sprache 181. Bratmezger sieh unten. Bratstück, »ein Rind oder Schwein oder Bratstück«. Akten. BRATEN, stv. Davon sind gebildet: Brätle, beliebtes Augsb. Wort; der echte Augsburger kent u. verlangt nur »a Brätle und a Salätle«, nie Braten und Salat. Dem See zu »Brätli«, Bräter, Bratenwinder. »Der in der Küche vom Waszer getribene Bräter«. Rechenmeist. Bei Jer. Gotthelf »ein altes, der Form wegen ausz der Mode gekomenes, doch noch brauchbares, aber nach den jezigen Begriffen zu groszes Stück Hausrat«. XVIII, 47. Brâtes, Brâtisz, Gebratens, Brâtis kar und Brätlisz kar, Schüszel z. Braten; prattes, ogm. 601 f. 110a. Bratmezger, eine besondere Unterart bei der Mezgerzunft, was in der Reichsstadt Rotweil ehedem der Kälbermezger hiesz. Ruckgaber I, 191. 6. Bratvieh, »von einem Stück Bratvieh oder Schwein 8 fl. Poliz. O. 1683. S. 62. Brätling, der eszbare Schwamm agaricus lactifluus L. Brätela, halbgedörrte Birnen (Immenstadt). Brätle für Teufelsbraten, ein loser Vogel, stets mit Schwänken und Schnurren bei der Hand. Bratspiesz, scherzhafte Benennung für Degen, änlich wie Krautmesser für Infanterie-Säbel. Vgl. mhd. Wb. I, 233b. Schmid 89. Liechtbraten, sieh unter L.

BRÄUAMT, »das solches das Salzamt nicht vertrüge, die Abstattung bei dem Bräuamt Mehringen zu tun wäre«. Vergleich v. 1699.

BRAUCHEN, swv.: Arznei nemen, »er braucht imer«, allgem. schwäb.

BRÄUGER, stm : Bräutigam. Vgl. unter P. Bräugerkrêzen, swm.: Korb, in dem die Braut dem Bräutigam nach Vermögen Tags vor der Trauung Geschenke übermacht: Hut, 2 Hemden, Manschetten, Knöpfe an Hemden, silberne Halsschnallen, Halstücher, Nastücher, 2 Paar seidne Strümpfe, Handschuhe und 2 goldne Ringe. Bei Dienstmägden stet die bisherige Frau für die Kosten ein. Im Kleiderbüchl. erscheint Briglmeister, »da was ich Briglmeister in der Brautstuben« u. s. w. S. 67. Ob Beiständer? Aufseher? Schmid 92. Sieh P.

BRAUT in: Brautschaft, Brautpaar. Brautschuh, Rechtsaltertum: »Es sol auch khainer khain Brautschuah geben, dann in seinem und der Braut Haus, bei Peen zween Gulden«. Horm. 1834. S. 133. Brautstücke, Geschenke an das Brautpaar. »Die übermachte sogen. Brautstücke an Geld oder Kleidungen, so bei Verheiratung von denen verlobten Personen oder iren Eltern, deren Dienerin, Knechten und Mägden pflegen gegeben zu werden, verboten und abgestellet, und sollen selbige bei denen vom 1. Stand nicht höher als auf 15 fl., von dem andern 12 fl., vom dritten 8 fl., von dem vierten 4 fl. und von dem fünften auf 3 fl. zu sten komen, bei so vill Gulden Straff als darwieder excediert worden«. Augsb. Poliz. O. 1735. S. 19. Brautfrauen, Hochzeitsordg. 1683. S. 115. »Sie hatten die Braut in das Haus, ausz dem Haus; in's Wirtshaus, um wieder heimzugeleiten.

BREANZGEN, BRENZGEN, swv.: anhaltend seufzen, weinen, weinerlich, klagend reden, murren: breanzgist imer fott! »Mit deim Breanzga«!

BRECHE, f.: Ruhr, epidemische Krankheit. »Von wegen des groszen Brechens, die Gott über die Welt liesz gån, dasz die Leut unrichtig wurden«. Horm. 1834. S. 118. Brechhaus, Gassar 109. Blaterhaus oder Brechhaus a. a. O. 113. In jenen Zeiten wurde für die der Seuche Erlegenen der äuszere Gottesacker auf dem jezigen Pfannenstil gegründet, der a. 1635 mit aller Umgebung von den kaiserlichen und bayerischen Belagerungstruppen verwüstet ward.

BREIGOFF, Geschenk der Braut an den Bräutigam vor dem Trauungstage. »Darvon hat sie kauft 2 girtlen zu der Hochzeit bei 20 fl. — ain atlasz Unterrock, irem Schneider nuis und alts zalt, auch mein Breigoff 2 Hemder, Badsack« u. s. w. L. Rem 45 »Sie hetten aber mir, meim Weyb eerliche Breygoftstuck nach ir Manier geschenkt«. S. 53.

BREIT in BREITFELD, eine jenseits der Wertach, dem Lechfeld änliche Fläche, die Wasserscheide zwischen Lech u. Schmutter, eine durch das Wertachtal unterbrochene Fortsezung der erstern. Die Orts- und Flurnamen mit Breit zusamengesezt oder das Subst. Breite allein sind ser zalreich in ganz Schwaben. »In der gebreittun«. Salemit. Urkd. 1262. Mone, Ztschr. II, 78. Breitenbronn, urkdl. alt. Braittenbrunn, Praittenbrunnen u. s. w. Vgl. Förstemann, Ortsn. 81. »Das Substantivum Breite planities nimt bekantlich oft auch den Sinn eines Acker- und Wisenstückes an«.

BRELLEN, swv.: schreiend beten; spöttisch.

BREM, BERÄM, das, eine Art Schleifen auf den Kleidärmeln; schlechthin gleich Rand, Einfaszung. Das Kleiderbüchl. hat Atlasz-Brembl. Mhd. brëm, stm. Einfaszung von Samet oder Pelzstreifen. Schmell. I, 258.

BRENTE, swf.: vom romanischen brenta; erst seit Rosenblut von Grimm Wb. II, 372 nachgewiesen. Wechsel von k und t im Wirtembergischen brenke und Brente. Wbl. 21. 1) Futtertröglein, länglichtes hölzernes, für das Hausgeflügel. 2) Waszergeschirr ist neben Eimer, villeicht mit 2 Handheben versehen, in der Feuerordg. oft erwänt v. 1731. S. 20. 3) Waszerkufe überhaupt in der Immenstädter Gegend. 4) Todtenurne für Todtenasche, im Troj. Krig ser oft gebraucht. ›Und hept dieweil in den schosz die Prenten mit den Beinen des Patrokli‹ f. 30 b. ›Den Memnonem habend sie auf einem Ort von den andern verbrennt, und was überbliben in ein brentele eingemacht und bei des Königs Freunden in das Vaterland geschickt‹ f. 36 b. ›Dieweil habend die Grecier des Achillis Bain in ein Brentele oder Geschirr eingemacht und zu des Patrokli Bainen getan‹ 39 a. Die Kempt. Confirmatio fürt ein von Alters herkömliches Viertel oder Brenntenmasz an. S. 60. In der Augsb. Bräuer O.: Brennten (Malz) versieden; Brenntenmesser (Aufschläger) u. s. w.

BRENTLEBIER, das, altbayerisch Standerling zum Unterschide von Schöps, Nachsud, Absud des Bieres ist das hölzerne Gefäsz, welches beim Anzapfen und Auszschenken des Bieres unter den Hanen gestellt wird, um den Abfall, das Tropfbier aufzunemen.

BRETT; allgem. schwäb. ›ans B. komen‹, die Reihe trifft einen. ›Brettspil‹, Besteckbehälter. ›Einem ein Brett ziehen‹, sieh buzen (2). Echt schwäb. ist die uralte ungebrochene Form Britt, Brittle.

BREZGE, die, spilte. im alt. Augsburg eine Rolle; die länglicht runden hieszen Fastenbrezgen; die gewönlichen, die man das ganze Jar haben konte, hieszen Kesselbrezgen. Seelenbrezgen schenken die Paten iren Täuflingen, änlich wie am mittlern Necar die Saila auszgetragen und geschenkt werden. Ein merkwürdiger Brauch, sicherlich Ueberrest der alten Todtenopfer ist das Herumhängen der Seelenbrezgen an den Gottesackerkreuzen und Steinen; mit denen natürlich über Nacht sauber aufgeräumt wurde. So in der Wertachgegend bis nach Bayern hinüber. Brezgen müszen auch als Geschenke gut aufgenomen gewesen sein. Der junge Schwarz (Kleiderbüchlein S. 101) erzält uns: ›ich gab zum Einstand ain jedem Schüler ein Brözen; da ward ich vom Preceptor, seinem Weib und auch den Bueben — mit heelen und guten Worten empfangen‹. Vgl. Schmell. I, 273. 274. Das Augsb. Stadtrecht hat Braezte. Mittelal. bracellus dim. v. brachium brecita, crustulum est genus panis oleo conspersus in medio concavus et tortus. precitella panis quod inter manus colliditur. Schmell. Gloss. Ms. Die Auszsprache ist bald Brägzet, (Necar) Bräxet (anderwärts) Brézget. (Augsb.).

BRICKEN, BRÜCKEN nennt der Augsb. die Art Fische, Neunaugen sonst geheiszen.

BRIETEN, ein Kinderspil; uralten Entstehens. Der junge Schwarz (im Kleiderb. S. 104) bemüt sich mit einem vermittelst des Daumens fortgestoszenen Knipoder Schnellkeulchen ein anderes in einer gewiszen Entfernung ligendes Kügelchen zu treffen. Dabei stet: »Esz gilt 12 ausz und die 3 lezte mit Brietten«. Jezt heiszt das Spil in A. und sonst spicken und spanen, stechen und spanen. Ein Knabe wirft seinen Glucker ausz; der andere sucht mit seinem Schuszer dises auszgeworfene Marmorkügelchen entweder so zu treffen, dasz esz durch den Anstosz vernembar und sichtbar ausz seiner Stellung fortgetrieben, d. h. gespickt od. gestochen wird, oder wenigstens so nahe an das auszgeworfene Kügelchen zu gelangen, dasz er den Raum zwischen beiden Schuszern mit seiner auszgespanten Hand zu decken, d h. zu spanen vermag. Lezteres mag wol unser brietten sein.

BRINGEN, stv.: einen dahin bringen, dasz u. s. w. »Bracht mich, (die Krankheit) dasz nur Haut und Bain an mir, gar kein Fleisch, Blut was«. L. Rem 16.

BRISILLENSPÄNE, pl. stm.: Brasilienspäne Färbeholz. »Brisiller Toback«. Vergleich v. 1707. »Zum Blaufärben allein Endich one Röt, Preszill, Waidplumen genomen werden«. Färb. Ordg. 1647. »Ausz Preszill rot Färben« a. a. O. In der Wirtemb. 7. Zollordg. bei Reyscher 17, 224 komt als Einfur-Artikel Brisil vor. Die Häzlerin II, 58, 86: brisiligen rot.

BROT, esz gab probierte Brote; ein Dekret, dasz die Becker das Brot nach einem gewiszen Gewicht backen und verkaufen sollen, ward erlaszen, »welches Brot man zur selbigen Zeit probierte Brot genenet hat«. Gass. Ein beliebtes Brot war das Süeszbrot (Gass.) das noch jezt unter dem Namen Ulmer Brot bekant ist. Kustbrot, d. h. geschautes brot, komt im Stadtrechte öfter vor. Mhd. Wb. 1, 264b. »Args Brot«, schlechtes, besonders unter dem Gewicht gebackenes brot, wegen dessen die Bäcker geschupft wurden. Mein Wbl. s. v. schupfen. In der Kemptisch. Confirmatio bekomt »der Tambour 3½ Laib von dem sog. Schreiberbrot, ein Gemeiner 3½ Laib vom gemeinen Brot«. S. 44. Gottesbrote komen häufig vor = Almosen, milde Gabe »gotberaut«. Man. f. 26a. Vgl. unter G. Brothaus hiesz urkundl. und mundartlich das Beckerzunfthaus; esz gab ein unteres und ein oberes B. Vergleich v. 1682. Brotkarren; in einem Recesz v. 1682 heiszt es: »Sollen sich dise Becken des weiten Glais' mit iren brotkarren enthalten u. kein weiszes Heffenbrot füren. Mögen sie in dem churbayerischen Territorio vor ire **Brotkärren** bis an die **Lechbrucken**, so vil Pferd spanen, als sie wollen; von daran aber und bis auf den **brotmarkt** in A. nicht mer als 1 Pferd brauchen und was sie von Brot damit füren könen, erlaubt sein; auch einander durch Schieben an den Bergen oder auf andere Weise nicht helfen sub poena certa‹. **Brotmarkt** hiesz bis zum Jare 1807 der untere Teil der jezigen **Maximiliansstrasze**, weil in der Hungerzeit Ende der lezten 70er Jare dort fremdes Brot verkauft werden durfte. Auf dem **Brotmarkt** spilten die **Lechhauser** und **Fridberger Brote** eine nicht unbedeutende Rolle; von Fridberg kamen 6, von Lechhausen 2 Becken. ›Weiszes **Heffenbrot**‹ durfte nicht eingefürt werden. ›Um das **Brot singen**‹, eine bekante Schülersitte älterer Zeit. Der junge Schwarz erzält (Kleiderbüchl. 23) ›ich sang um das **Brot** zu Hochstät, Hundelfingen, Schmaiten, Bolay‹ u. s. w. ›**Gebröte Diener**, ehedem und heute noch üblich; = Untergebene, die in Lon u. Dienst sten‹. ›Der ganzen Clerisey **gebröte Diener**‹. ›Darin solle einem Rat auch gegen der Clerisei **gebrödten Dienern** allen zu handlen gebüren und zusten‹. Erlasz v. 1582. ›Unter den **gebrödten Dienern** nur diejenigen und keine andern zu versten seien, welche auf das ganze Jar bedingt und besoldet sind, auch vollkomen in des Herrn Musz und Brot sich wirklich befinden‹. Bischöfl. Jagdordg. v. 18. Jarhd. ›Das **Broteszen**‹ heiszt auf dem Lande das sog. Neunbrot der Arbeiter, bestend in Most und Brot, oder Wein (Leiren, Bier) und Brot.

BROXMOLLE, swm.: ein hartkopfiger, starrsinniger Mensch.

BRUCH, stm. 1) hernia, ramex. Frisch I, 142a. ›So die Kind krank sind, dieweil man sie sauget, so sol sich die Sägamm halten als ob sie die Krankheit selb hette und ob die Milich **Bruch** hätte‹, cgm. 601 f. 103a. ›**Bruchlach** koment die Kinder von übrigem Weinen u. Schreien oder von groszem Husten‹ f. 111a. 2) **Bruchsilber**, zerbröckeltes Silber, **Bruchsalz**. Ott Ruland. Schmell. I, 418. 8) **Fadenbruch**, ruptura, ruga telae, Bruch im Gewebe in den Weberordnungen, ein strafbarer Feler. ›Wegen der **Fädenbrüch** aber sol esz folgender Gestalt gehalten werden, dasz nemlich, wann einer über 15 Elen **Fadenbrüch** oder **falsch Drit** hätte, das Stück verfallen sein; was aber unter 15 Elen **Fädenbrüch** oder **Falschtrit** sich befinden wurden, solle denen jederw'eiligen Geschaumeistern von jeder Elen 6 kr. zur straff bezalet u. s. w. Web. Ordg. 1748. Vrgl. Grimm Wb. III, 1234.

BRÜCHIG, adj. 1) mit der Ruhr behaftet, cgm. 601 f. 114 b. 2) foedifragus, »brüchig an einem«, cgm. 581. »Welcher aber in dem Allem brüchig erfunden«. Sail. Ordg. f. 2a. Grimm Wb. II, 412. 3) »durchbrüchig« von den Kinderzänen, cgm. 601 f. 108 a. 4) ehebrecherisch. Mhd. Wb. I, 244 b. »Sturbe aber das unbrüchig vor dem Brüchigen, so sol die Teilung beschechen«. Ulm. Ordg. 1574. Sigelbrüchig (Anti-Müller).

BRÜCHLER, stm.: Leinwandhändler, ein Augsb. bürg. Gewerbe.

BRÜCKEN gab esz: die Fridberger Brück, die Lechhauser Brück, die Wertach- od. Bettelbrück, die Pferseer Brück, das Sinkelbrücklein vor dem Wertachbruckertor muste vom Stift unterhalten werden. Saubrück, Brillbrück.

BRUDER, in BRUDERÜBRIG, ein Mensch, dessen man leicht entraten kann, überzäliger Mensch. Bruderhaut heiszt ein Flurname im bischöfl. Gebiete Augsburgs seit dem 15. Jarhd., was urkundl Briederhang lautet. Steichele I, 446. Stulbrüder, sieh Stuhl. Jacobsbrüder s. J.

BRÜHE, swf.: »ein Brühle über etwas machen«, etwas vertuschen, beschönigen. Die Astron. schreibt brüge, wie sie überhaupt eher auf Lindau und Bregenz als auf Augsburg weist.

BRUMELN, swv.: unverständlich, meistens unwillig vor sich hinreden. Brumelsuppe, Schelte in A., auch bei Jerem. Gotthelf mislaunige Person. Brumhumeler. 1) die Humel, apis terrestris. 2) mürrische Person. Wirtemb. Hausl. I, 327. Schmid 102.

BRUNNEN, der, in Verbindung mit Galgen, in Galgbrunnen, lautet Galbbrunna, wie allgem. schwäbisch. Ein Galgbrunnen ist auch im Troj. Krg. 12 a aufgefürt. In Augsburg gab esz folgende Brunnen: Herkulesbrunnen, Merkursbrunnen, Augustusbrunnen, Neptunsbrunnen, St. Georgsbrunnen, Vogeltorbrunnen. Bis zum Jare 1808 gab esz auf dem St. Ulrichs- jezt Schrannenplaz einen Schertlinsbrunnen, mit der Marmorstatue Seb. Schertlins, die jezt im Schloszhofe zu Burtenbach stet. Siebenbrunnen war ein ehmaliger Erholungsplaz für den Augsburger mit einem Bad, 5 Viertelstunden von der Stadt, entfernt in der Mehringer Au. A. 1811 hörte das Bad auf. Brunnengelt, Abgabe des Weberhauses an die Stadt, Brunnengeltsamlung. Vgl. Brunnenkreuzer in Rottenburg. Wb. zum Volkst. 22. Ueber Flurnamen, Kehrein, Sammlung 39 b. Förstemann, die deutch. O. N. S. 36.

BRUNSTIG, verliebt. Füszen; spr. braū̆ stig.

BRÜSLEN, pl. dim.: Kalbsmilch, Brustdrüse, sieh Brües b. Schmeller.

BRUST, sieh Wolkenbrust.

BRÜSTLEN, dim. pl.: Bekleidung der weibl. Brust. Grimm Wb. II, 446. 4. »Zu Wammasen und den Brüstlen — sol Atlasz und Damast zu tragen erlaubt sein«. cgm. 1581. Akten. »Denen Weibspersonen dises Standes werden die Brüstlen nicht mit Kegel sondern allein mit seidinen Spizen gebrämt«. Poliz. Ordg. »Döch mögen sie die Fürfleck, wie auch die Hirnschläpplen — brämen laszen — und zu iren Kleidungen, esz seien Mäntel, Röck, Brüstlen oder andere Stuck, keinen Scharlach tragen«. Poliz. Ordg. v. 1668. »Item solen ihnen die Brüstlen, Müeder und Fürtüecher von schlechten und wolfailen Zeugen und Materialien zu tragen erlaubt sein« a. a. O.

BRUSTFLECK, von seidenem Zeug oder Samt. »So sollen inen auch keine Brustfleck von seidenem Zeug, Sammet oder öbberürt verbotenem Tuch, weniger selbige mit goldenen oder silbernen Spizen zu verbad«. Poliz. Ordg. 1683.

BRUSTTUCH, stm.: In Settembrio 1522. »Das Wammes was samatin, ein gefalten Brusttuch vor dem Hemt«. Kleiderbüchl. S. 50.

BUB, swm. 1) jeder etwas erwachsene Knabe; dim. Buele zu kleinen Kindern gesagt. Der junge Schwarz sagt »da hab ich — das Bubenleben von mir geworfen«. Kleiderbüchl. 78. Er will seinen Uebertritt ins besonnenere Jünglingsalter bezeichnen. 2) Die Augsburger Landschaft heiszt jedes männliche Familienmitglied »Bua«, sei er erwachsen oder jung, sei er wessen Standes er will: er ist bei Eltern und Geschwister »aūsər bûe«. 3) in schlimmer Bedeutung, one Rücksicht auf Alter. »Dann die Laurbuoben (2 Wegelagerer) wurden von dem Kaiser und seinen Räten vertragen und verricht«. Chronica v. 1512—26 bei Greiff, L. Rem S. 101. In den Müller'schen Händeln wird der Lakai eines Reichsfürsten, der Spektakel während der protest. Predigt machte »wälscher Bub« genannt. Poschtbua, Postknecht. Sch. 99: Der Poschtbua samt der Extraschös. »Ein Erzbub u. Landbetrüger«. Gass. 129. A. 1398 hat man die Kezer in A. doch allenthalben als die ärgsten Buben lebendig verprannt« a. a. O. 4) Stadtknecht. »Da auch zuvor bey den Burgermeistern nur 4 Stadtknecht, welche man vor Zeiten die Stadtbuben genennt, nun aber Schergen heiszet — aufzuwarten hatten. Gass. II, 35. 5) Lerbursch, Lakai. 6) Bubenschinder hiesz zur Zeit des Bockelregimentes der streng den Stock handhabende Schulmeister. Bua wird in lebhafter Rede zur Beteuerung eingefürt »i hō a Katz, Bua, dia! d. h. wenn du sie sähest würdest du staunen! I hō ebbisz bei miar, Bua, dês! vorauta, bua! ja du hâşt's erraten.

Am merkwürdigsten ist die doch mer der Landschaft eigene Abwandlung von bua? wie ein Dual: bua, buat; plur. buans, buant, »dês ist schēə gwēa, buant«! Stauden. Vgl. das mhd. Wb. I, 278 a. Schmell. I, 141. Der Geist Eschenmann in Eschach zwischen dem Iller- und Rottale ruft den Leuten:
Mier zue, mier zue
I bin der Wirtsbue!
Bubensamat, »kein Bremin von Bubensamat oder anderst nit«. Ulm. Sitt. Ordg. 1574.

BUCH, in vilen bischöfl. Augsb. Ortsnamen: Raitenbuoch, praedium 1126. 1179. Buch bei Kutzenhausen, urkdl. Buch und bayerisch klingend Bouch. Buchschorn, Buochscorro, praedium in Buochscorn 1179. 1129. Curia in Puhsperge 1280. Vgl. Wbl. 22.

BÜCHERESEL wurden vom Volke etliche Bücher-Antiquare, die am Weberhause und in der Nähe des Schmidberges feil hatten, genannt. Der lezte, welcher disen harmlosen Namen trug, war L. Windprecht, ein Warzeichen A's. durch seine Laune, seine Bücherkunde und den feinen Tastsinn, womit er, obwol blind, sein Geschäft, das noch blüt, auszübte.

BUCKEL, stm. 1) Rücken one Auszwuchs. 2) Haarlocke, franz. boucle, bayerisch Wugl, Haarwugl. Von dürren, langen Personen pflegt man zu sagen: »Langer Buckl und a Loch«.

Schmalzbuckel, ein breitschultriger, wol genärter Mann; änlich dem Speckbuckel, zugleich eines Tübinger Lonkutschers Beiname. 3) st. u. swf.: Metallbeschläg, goldenes Beschläg, überhaupt Beschläg, in der Augsb. Kleiderordg. häufig: »Und auch solen sie keine guldene oder perline Ketten, Bugglen, Armband, Medeyen zu tragen befugt sein«. Kleiderordg. 1668. »Ingleichen solen sie sich nit understen, hart guldene Bugglen, Stefft, Armb-, Kehl- und Halsband zu tragen« a. a. O. »Doch würdet den Jungfrauen von der Kaufleutstuben zugelaszen, oben auf dem Baret, ein guldene Buggel oder Rosen zu haben« a. a. O. »Die Jungfern mögen zwar wol perlene Haarband u. mit Gold und einer dergleichen Buggel oder Rosen gezierte Baretlein, Kränzlein oder Aufsäta tragen«. Polizeiordg. 1689. S. 83

BUCKEN, ABBUCKEN, swv.: abbiegen, biegen. Immenstadt. Allgem. »Und buckends und biegends war sie wend« »ich wil sie bucken, biegen und brechen« a. a. O. TN. 3648. 4393.

BÜCHSE, swf.: 1) Zunftlade, bes. Zunftkasse. Esz gab einen Büxenpfleger, Büxenmeister; eine Färberbüxse, Schwarzfärberbüxse u. s. w. In der Knappen- und Gesellenordnung spilt die Büchse eine Hauptrolle; in den Akten stet: zue der Büx bringen; in die

Büx den Quatembergroschen legen. »Vor der Büx musten alle fremden Knappen und erseszene Lerjungen ire Lernbrief oder guete Zeugnisse irer Lernung an der nechsten Quattember nach dem Auslernen oder Herkomens auflegen und fürbringen«. Web. Akt. »In die Büxen gestrafft werden« nach Befund des Verbrechens. »In die Ratsbüx zu legen, gestrafft werden«. Alle Quatember wurden die Namen der unredlichen Knappen »vor der Büx« auszgerufen. 2) Ein Frauen- und Männerschmuck. »Ebenfals solen die Manns- und Weibspersonen keine Schlieffer oder Büxlen von gutem glattem Samet, sondern allein von gemodeltem Tripsamet tragen«. Kleiderordg. v. 1668. 3) Weibsperson, besonders eine Schwäzerin, »du Sohnetterbüx«! Augsb. Füszen. »Du bist sə leəbtə a Schnetterbüx gewesa« a. a. O. Büchsenschlecker, Spottname für den Apotheker. Bildlich: in die Büchsen blasen, consentire. »Etliche Ketzer aber, so den Richtern in die Bixen bliesen (d. h. bestachen) namen sie in der Still zu Gnaden auf«. Gass. 137.

BULEN, swv.: öffentlich verliebt tun. »Im Gesicht bulen, wie ein Esel um ein Bund Heu«. Kleiderb. 130. Oberpfälz. »verliebt sein, wie der Esel in ein Bund Heu«.

BÜLHERD, stm.: Platte von Guszeisen in dem Stubenofen, um Feuer darauf zu schüren.

BULLE, zu Grimm Wb. II, 513; villeicht Bollen? »Item ein Haupt ser schön geziert auf einem guldenen Kussle mit schönen ganz gulden u. geschmelzten Bullen oder Buckhlen«, cod. Bav. 2913. »Vier kleiner messener Bullen« a. a. O.

BUMBEL, f.: kurze, dicke Person, beiderlei Geschlechtes.

BÜNDEL, stm.: Felleisen.

BUNKIS, das, klein gehackte Rübenspeise, echtes Augsburger Gericht; warscheinlich gebildet wie Brâtis. Schmid 107. Von einem Zeitwort bunken, schlagen, stoszen, zerhacken bei Schmell. I, 287. Weigand I, 193.

BURGEL, allgem. Walpurga.

BURGFELD, in einer Urkd. 1316: acker auf Burchvelt bei Augsb. mit einem Ziegelstadel. Mittlg. der deutschen Gesellschaft zu Leipzig I, 202. Gassarus kennt einen Burgschlag oder Burgfeld. Für Burgstal, so häufig in ganz Schwaben, stet Buschel, Public. des Histor. Vereins für Schwaben und Neuburg I, 1835. S. 14. Vrgl. die mer norddeutschen Formen Burstel, Burschel und das Isenhagische Beedenbostel, urkundlich 15. Jarhundert für Baginburgstall. Förstemann, Ortsnam. 90.

Burggraf, der, von Augsburg, comes castrensis. Grimm Wb. II, 543. Sein Amt war in Augsburg das des Richters. Schmell. I, 98.

Nach dem Stadtrechte lag im folgendes ob: »ein jeglich burggråfe sol rihten dem armen unde dem richen unde sol auch niemen cheinen gewalt tun, esz si umbe gulte oder umbe lipnar unde stât auch sîn buzze nit hôher danne ze fiunf Schillingen unde sol auch cheinen Satz setzen uber die lipnar, an die rât geben noch auch sie an in, unde swen unser hêrre der bischof dârzu gît. Swa er des niht entaete, sô hât der burggrâve unde di râtgeben den gewalt, daz si der stete râten daz beste, daz si wizzen umbe di lipnar unde swes er unde die rât geben mit einander uberein choment: daz sol er in staete haben unde rihten unde swa er in daz braeche unde des niht enrihte, daz sol in der bischof rihten hinz im«. Sodann komen die Pflichten gegenüber den einzelnen Ständen und Zünften.

BÜRLING, der: kleiner Heuhaufen, in der Grösze, dasz eine Person in zu tragen vermag, oberpfälz. eine Bür Heu oder Gras, d. h. sovil als eine Person auf dem Rücken oder auf dem Kopfe herein tragen kann — verkürzt ausz Bürde, Last; gehört zu got. bairan, tragen. Bei Jerem. Gotthelf Birlig, für Schöchli VIII, 253.

BURREN, der, swm.: Hügel, Anhöhe, in Schwaben ser häufig vorkomend; vgl. Wbl s. v. Daher der Giltmannsname v. St. Ulrich »Burrenhauser«, cgm. 154 f. 30 b; mit bûr, Wonung hat esz nichts zu tun, wol aber stet esz zu burjan extollere, erigere; wozu das schwäb. Bussen zu stellen sein dürfte. In der Dorfstechersprache im Ulmer Ried heiszen kl.Erhöhungen»Torfburren«, »T. abstechen«, »nacher angelegene Burren«. Martin Müller 34. 98. Schmid 107.

BURSCH, die, erscheint mündlich und schriftlich in der alten Augsb. Stadt- und Landschaftsprache. »Unserer Geschlechter junge Bursch«. Gass. »Ich entschlug mich der jungen Bursch (Kleiderb. 117) und gesellet mich dann zu den ehrbaren und fürnemen Leuten« sagt der junge Schwarz. Vgl. das Lied von S. Mauriz, Viktor und Urs. Constanz 1692.

Mauritius Viktor und Urs,
Die tatens dapfer wagen,
Der Bischof tet die ganze Burs
Von newem zu Rittern schlagen.

An die hergebrachte Erklärung von bursa, ausz dem bûşt, büştle, bürstl, werden sol, kann ich mich nicht anschlieszen, esz wird wol an Kopfhaar (Bürste), capillatura, zu erinnern sein und Bursche urspr.d.Knecht m. geschorenem Kopfe bedeuten, den Leibeigenen und Hörigen.

BURSHOF, Elmanswanger Landgut b. Vischach.

BURSCHAT, BURSAT, — adj.: burschatin, — eine Art halbseidener Zeug »Satin de cyprès«. »Das Wams war burschatin«.

Kleiderb. 51. »das Röckle von Burschat mit Kehlmeder gefütert«. 80. »purschet«. 80. Schmid 109.

BURZ in BURZSTENGELA, swv.: einen Burzelbaum machen. Immenstadt, allgem. »Du haust denn Hüpf gmacht wie a Floah, und Pûzaṣtengel obadreī«. Sch. Niederschwäb. schurabûzla und Bûzṣtengel macha. Burzer, Bûzer 1) e. zwergart. Mensch, verbuttet. 2) ein gewiszes Zeichen am Hirschfusz. Waidmannssprache. cgm. 289 f. 105 b. Burzenhofer hiesz ein Giltmann zu St. Ulrich. cgm. 154 f. 20 a. Schmid 109.

BUSZMEISTER der Weberzunft, 4 an Zal, waren eine Art Aufseher, Inspectoren, so von der Zunft aufgestellt wurden, die Aufrechthaltung der Zunftordnung zu bewachen, Mängel und Uebertretungen zur Anzeige zu bringen. Besonders lag inen ob, auf faule Gesellen und Lerner Obacht zu halten und bei den Meistern die gesezliche Zal der Stüle zu controlieren. Wer falsch, d. h. über 6 Zäne wirkte, den musten sie anzeigen. 1 Zan bezalte nichts. Zwei Zäne büszten 6, 3 Zäne 12, 6 Zäne 90 Pfennige. Ferner lag inen an, ob keine gemeinen Weibsleute »in den Winkeln hocken« oder die »Wolle streichen;« ob keine Brüchler oder Barchethändler Ueberellen verkaufen, d. h. Tuch one ordentliches Geschauzeichen. Von der Busze bekam der Buszmeister $^1/_3$ oder $^1/_3$ des Geltes. Schmähungen gegen sie büszten ungleich härter.

BUTTE, swf.: Tragkorb, Rückenkorb, in dem die Landleute ire Erzeugnisse für Küche zu Markte bringen. Bütte, dolium: »und hiez in setzen in ein böttenun siedendigs öls«; cgm. 257 f. 17 a. darnach warf man sy gebunden mit henden und mit Füszen in ein bittenun vol kaltes wassers«. f. 66 b, cf. putina, Graff III, 87. Grimm, Wb. II, 579 ff. Vgl. Botegin, Mhd. Wb. I, 286 a. Schmid 104. Frisch I, 159 c.

BUTTENMANNSKAPPE, swf.: eine landschaftliche Tracht alter Weiber, eine niedere Pelzhaube von Marder- oder Otterbräm mit grünem oder blauem Samtboden und gekreuzten Samtschnüren, die zwischen Hut u. Visir getragen wird.

BUTTER, stm.: Red-A. »wie B. an der Sonne dasten« ertappt sein Vergen bekennen. Butternoggelen pl. dim. »mit Butter abgetriebene Mehlklösze«. Butterweiber. Mrktordg. 1735.

BUTTRICH. »Er samet die waszer des meres als in einem buttrich«; cgm. 82 f. 82 a.

BUZ, swm.: larva, Popanz, Kinderschrecken. »Wenn wir dem Butzen die Larven vom Angesicht reiszen«. Augsburger Ref. Schrift. 152 s. (491 h.). Buzenbercht, — mann, mummel nebst Knecht Ruprecht, Pelzmärte,

Schwarzermann, Wauwau, sind echt augsb. Schreckgestalten. Im Riesz gilt **Buzenberch** und **Buzenwubele**, welche, als steinalte Personen, bes. Weiber, die groszen Taschen voller Kinder haben. **Buzen-Nigele** oder **Buzle** heiszt ein kleines kurzgewachsenes Kind. **Buz**, Immenstädtisch, ein böser unartiger Bube. Mhd. Wb. I, 287. Schmid 111. BUZEN, sw. m. 1) Kernhaus der Aepfel u. Birnen. Heraldisch: ein blauer Schildt, die zwen Spitz samt den Rosen darob weiss mit gelben **buzen**. Insignia 123. 2) Der Abfall d. brenn. Dochtes. 3) Der Grund eines körperlichen Uebels, eines verborgenen Uebels; und davon bildlich in vilen Fällen üblich. 4) Verhärteter Nasenschleim der Kinder »besunder so die Kinder den atum hart haben und **schnudrent** durch die Nasen wann esz erwaicht die pützlein und wendet die Flusz zu der Nasen heraus.« cgm. 601 f. 97 a. Schmell. I, 230. 5) Schneeflocken »**Aprilabuz**.« »Thund d' Wolke **Buza** falla laü.« Sch. 189.

BUZEN, swv. 1) ornare. »wol **gebuztes** und gestaffiertes Volk.« Gass. »mit wol **gebuzten** Haufen« a. a. O, bes. also von wol gerüstetem Heere. **Einbuzen**, eine Leiche zieren und einlegen in den Sark; Geschäft der Seelnonne. **Buzaweg**, Scharfrichter. **Buzung**, »Buz und Säuberung der Wisen«, »buzte Gans« Mrktordg. 1735. Kempt. Confirm. 2) perdere »man lasze nun Gott hinter sie, der kann sie butzen und izt da, denn dort einen vom Brett rücken.« Dr. Müller.

P.

Der Schwabe wie der Süddeutsche überhaupt vermag den Laut des p wie in die Norddeutschen und die Romanen haben, gar nicht wiederzugeben. Will er p auszusprechen, so tut er esz nur mit eigentümlicher Anstrengung, um nicht mit einem starken Hauch zu enden, gleich als wollte er bei pf anlangen.

Auszsprache: Im Anlaute wie b, b—h, p—h; im Inlaute p—h; bb—h; bb. Im Auszlaute bbh. Beispile: a) **Brobst**, **Boledden Balmtag**, cgm. 168. **Balmesel**, **Babst**, **Briester**, **Botter** (pater noster), **Bilger**, **Bilgramschaft**, Poliz.O. 1553. **Bein** (Pein), altes Messbuch; **Bredig**, **Banzer**, **Batên** (Patene a. a. O.). **breisen**, **Brimzeit**, cgm. 480 f. 54 b. **Bombbermetten**, **Budel**,

Budergott u. s. w. b. Däbbeler, altersschwacher Mensch, Dobbe, geronnene Milchteile, daher Dobbenudla, Dobbakäs; deckte Ribbh, Stücke der Brust, Mezgersprache. Nobben, zum Kapaunen machen; Wibbe, Faschine, Dibbidabbh, Tölpel; Klagkabben; stibben, mit Hand oder Ellbogen einen Stosz geben; Krotasohnabber, i. e. schlechtes Schnappmeszer; Bazzalibb. 1 (Philipp) roher Mensch; Bobbarädle, Mezgerstichelname; Abber, eine voll angesponene Spindel; Knabben, Hausknabben sieh K. Schäbberlĕ, Brusttüchlein, Schmuzlappen für Kinder; grobbet, rauh, uneben; Dobbeldaffet; hobbs, schwanger. Abbel (Apollonia) u. s. w. c. hobbh! (jucken, auf einem Fusz springen, hüpfen), zabbh (Chagrin) u. s. w. Ueber den Lautwert von P sieh mein Wörterb. zum Volkstüml. S. 14. Ueber wirkliche und gestörte Lautverschiebung a. a. O. 29 und unten bei F. Disz ist ebenso allgemein schwäbisch, wie Augsburgisch. Angleichungen von p, t, u. s. w. wie z. B. in Nobburg für Notpurga, Settember f. September, Kleiderb. S. 80 finden sich in schriftlichen Denkmälern nicht selten, sowol in bayerischen als schwäbischen. wo auch Salter und Psalter, Salmen und Psalmen üblich sind; cgm. 168 f. 25 u. oft. Die Schreibung p oft geradezu noch für b in Prot u. s. w. ist echt bayerischen Denkmälern eigen, weniger den schwäbischen.

PALM, PALMEN, der, ein Büschel Palmweiden, die am Palmsonntage kirchl. gesegnet werden, meist v. Kindern geschnitten, gebunden u. zur Kirche gebracht. Nach altem Brauche steckt man einen Palmzweig in den Erenplaz der Stube, in das Cruzifixeck und bei Bliz und Donner vor das Fenster. Ueber das Anzünden der Palmzweige bei Gewittern, über die oberschwäb. Formen der Palmbüschel und deren Aufbewarung sieh mein Volkstüml. II, 73 ff. Die heilige Handlung heiszt Palmweihe; »man weihet den Palm«, »die Palmweyh« Festkalender. Die Käzchen der Palmweide heiszen in Augsb. Palmmulle, amenta Salicum L.

PALMESEL. Ueberall in Schwaben war der Palmesel volktümlich. So auch in Augsburg. Das Jareinmal hat:
Wenn Ostern bald heran will komen,
Wird der Gebrauch in Acht genomen,
Dass auf den Ostermarkt man geh
Und ja den Palmesel seh;
Die Kinder auch darauf läszt reiten,
So g'schiet's Jar einmal; was soll's bedeuten?
Dieser Palmesel war eine hölzerne Eselsgestalt mit Christus dem Herrn darauf sizend, gefertigt von einem Ulmer Künstler.

Seit 1436 ward er in der St. Ulrichskirche herumgefürt, vollauf von Kindern besezt, weil esz Paten u. Eltern für die Kinder als eine grosze Ere hielten, wenn sie am Palmtage auf dem Palmesel reiten durften. Jedes Kind muste einem Aufseher 1 Kreuzer bezalen. Diesz heiszt Gass. das **Palmeselfest halten** S. 47. Bald hörte die Sitte auf; dafür wurden kleine hölzerne Eselein den Kindern verkauft. Paul v. Stetten berichtet in s. Erläuterungen S. 71 von dem Herumfüren des Esels als noch järlich vorkommend. Cgm. 302 f. 17 schildert eine Augsb. Palmtag-Prozession: »Darnach **segnet** St. Ulrich die **Palmen**; darnach ward ein kostlich Prozession von Pfaffen und Laien gehept mit creutzen und fanen und dem heiligen Evangel voran **pildnusz vnsers Herren auf einem Esel sizend** vnd jedermann palm in Henden tragend vnd gieng die Prozession von S. Afra bis auf den **Perlach**. So khomen der procession entgegen die Chorherrn vnd Pfaffen von vnser Frawen vnd mit inen die purger von der statt, die in der stadt belibend und nett bei Sant Ulrich warend und bei in vil anderleut von den Dörfern und Weilern zu dem fest chomen ware. Daselbs ward lobgesang volpracht, die **palmen** geworfen und die claider gesträt nach des fests gewonhait. Darnach thut St. Ulrich ein predig vnd verpracht St. Ulrich das Ampt der Mess. Darnach jedermann heim.« In Homo Simpl. heiszt esz: »Ein rechte züchtige Jungfrau musz sein wie der **Palmesel**, der läszt sich im Jar nur einmal sehen.«

PALTROCK, »Um 4 Elen obstends tuech zu ain **Paltrock**« 6 f. 12. L. Rem. S. 44.

PANTOFFELSTAFFETTEN, pl., Weiberneuigkeiten. Scherzweise.

PANTSCHMÜLE, f., Walkmüle. zu **bantschen** s. v. B. Sieh Nikolai's Reisen 8. Bd. Beilage S. 83.

PAPPELE, dim.; Milchbrei, Kinderbrei.

PAPPELET, adj.: weichlich.

PAPPELN, unverständlich oder vil reden; besonders von der anhebenden Kindersprache.

PAPPERLE, dim.: Papagei.

PAPPET, adj.: eifrig, schwärmerisch in seiner Religion.

PARR, alt Parra, ein moosig. Grund b. Schlosze Kaltenberg.

PARTITENSPILER, Betrüger. Schmell. I, 296. »diser komt durch das Hörensagen den Leuten in die Mäuler als seye er ein **Partitenspiler**, ein gewiszenloser Wucherer«. Homo Simplex. »Wollte Gott solche **Partitenspiler** wurden auf dieser Welt exemplarisch abgestrafft«. a. a. O.

PASSAUER Wein und Aepfel erscheinen häufig als Feinheit und Leckerbiszen, auch als

Arznei; möglich, dasz wirklich **Passauer** Gewächs verstanden ist, oder hat das Österreichische über **Passau** eingefürte Erzeugnis als **Passauisches** schlechthin den Namen bekomen. **Passau** lag an der Hauptstrasze. ›Ein wolgesmachs suesz pier zimpt ir (der Saugamme) geszen und getrunken. Ein **Passauer** oder sunst süszer Wein, daraus sie vnderweil ein Brot esze, ein gerstenreysz oder Hyrsch (Hirse) in Milch gekocht ir nütz.‹ cgm. 601 f. 100. ›Oder ein **Passauer** öpfel oder österreicher öpfel vnd tu den grucz daraus‹. cgm. 317 f. 23 a. Ueber die **Passauer** Kunst d. h. Hexerei, sieh Schmid. 46. **Passauer Klingen**. ›Er biegt sich zusammen wie ein **Passauer Klingen**: er schreit wie ein Nachtwächter, er schwizt wie ein Postklepper‹, Conlin. ›Der gedultige Narr musz sein wie ein **Paussauer Kling**, die durch lauter Bucken und Biegen ir Prob zeiget‹. a. a. O. Die Passauer werden von den Schwaben, zum Teil von den Oberpfälzern insgemein damit aufgezogen, dasz sie kein s sprechen können. Der Neckreim heiszt oberpfälzisch: bidd denn du àū a **Baddaua**? bidd denn du àū a **Daldad**? traudt di niad affi af d' Maua traudt di niad eini in d' Dad.

PASSAUER DÖLPEL scheint eine Art Lälle, ein Städtewarzeichen zu sein. ›Wanns werden (Maulaffen) fortgeschafft, sie gehen gleichwol nicht. Reiszen die Mäuler auf und bleiben auch gleichwol stehen. Diese vergleiche ich **Passauer Dölpels Gsicht**. Wie das in Passau ist noch täglich anzusehen‹. Natürliche Zauberei v. Rudolf Lang von Augsburg 1740. 3. Heft. 49.

PASSIERLICH, adj.: ›der Vollmond im Widder verspricht windig sonst passierlich Wetter‹ Augs. Hof- u. Kirchenkalender 1751.

PASTEI, wie hochdeutsch; in A. gab ezs solche bergartige Vorwerke bei dem Bacher Anger, bei dem Waszerturn, nahend dem roten Tor; bei dem Gänseck des Gögginger, in den Judengottesacker bei dem Wertacher Tor; bei dem Luginsland und dem roten Turn. Werlich S. 2.

PASTERNAT, Pastinak, pastinacia sativa. L.

PASTETE f. Klubb, Gesellschaft; ›die ganze Pastêt‹ die ganze Gesellschaft, wie sie beisamen ist.

PAUSE; cgm. 168 f. 42 b. u. oft hat ›mit Pausen‹; ›zwo pausen f 49 a. ū schon zu au.

PÄZ, swm.: 1) Pfüze, Kot, Sumpf: ›dā hupfât dy chrot ein den tiefen Waszergraben. da was ir pâz‹; cgm. 259 f. g. b. Mer bayerisch. 2) Päz ntr. komt in liturg. und myst. Büchern vor als Friedenskuss von pax vobis.

PAZCINHOVA, O. N.: Batzenhofen. Urkdl. 838. Hof des Pazzo. Später: Pazzenhova, Pazzenhoven. Bazzenhoven. 13. Jarh. Batzenhofen.

PECHFISEL, msc.: Schuster, sutor; scherzweise, im übrigen Schwaben Pechfidla.

PEICK? »also waren die Schweizer zu gech und paugketen auf — item sie löseten aus der peigk 1300 fl.« Frank, Annal. »Helfen ein peigk gewinnen.« a. a. O.

PELZIG, adj.: krampfartig, erschlaffend.

PERLACH, Perlachberg, Perlachstieg in Augsburg, in Chroniken Perlacher Plaz (Gass. 125). Volküblich:

PERLENBERG. Sieh Urk. in d. Public. der deutschen Gesellschaft zu Leipzig I, 167: Berlaich Den vilen der abenteuerlichsten Erklärungen, besonders auf Seite der Romanomanen können vorerst nur die ältesten urkundlichen Belege entgegengehalten werden.

In Augsburg gibt esz folgenden Schnellsprechvers:
Welcher Beck becht die besten
              Brezgen?
Den Berlaberg auf und ab?
Und hängts beim hintern Fensterladen Nagel nab?

PEST in Pesthaus, Pestkirchhof, Pestcapelle; »durch wen, und wie das zum Pestkirchhofu. Häusern geschenkte zu verwenden«. »Errichtung eines Pestkirchhofs zu gesunden Zeiten in der Stadt steht den Pfarrern nicht zu«. »Capelln zu errichten in Pesthäusern ist unverwert« u. s. w. Akten. »Ein hitzig pestelenzials Fiber« L. Rem. 8. 7. Flurnamen kenne ich folgende: Pestacker ¼ Std. v. Seibranz. Grabstätte für Pesterlegene und Hingerichtete.

PESTKREUZ. 1) bei Röttingen OA. Nersheim. 2) bei Horb an der sog. Talstrasze. Pestilenzholz, bei Breitingen (Ulm) u. s. w. Pestgottesacker bei Wernsbofen.

PESTH und **OFEN** leben noch ausz dem Türkenkriege in oberschwäb. Kinderreimen:
Uraxdax und Shureschâ
Pesth und Ofa Wereschwâ.

PETER, ein gutmütiger Mensch von geringerm Verstande und wenig Klugheit. Kinderreim:
Der Peter und der Paul
Die schlaget einander auf's Maul
Der Peter ist so keck
Und wirft da Paul in Dreck,
Der Peter lauft davon
Und sagt i habs nett thon.
              (Augsb.)
Ich füre hier auch den schwäbischen Kirschenpeter an; ein Fest, bestend in Kirschenbesuch und nachher Gelage, bei Plochingen bis Bottwar und Heilbronn hin am Peter und Paulstage.

PETELL, der, »So ein Vogtsgeding auf der Phallenz zu Augsb. gehalten wird, so sol der Reichsvogt dasselbe Vogtsgeding besitzen und von dem Petell den Stab nemen und richten.« Vrgl. v. 1456.

PETERLING, der, Petersilie. In Wurml. und Umgegend Paiterling; im Eichsfeld Paêtersillie, swf. Mhd. peterlîn. Wb. III, 372 b. Schm. I, 301. »Und wer Juden, ald Essenmacher oder iemand anders zu kouffent git peterlin ald was in den garten wachst, wann an offen Markt, der verfallet 5 schilling als dick er das tuot.« Memming. Stbch. Ueber die mit -ling gebildeten Aepfel- u. Schwämmenamen. Vgl. Gramm. III, 372. 376. 782.

PEUTINGER, erhalten in dem Peutinger- oder Jesuitenholz, der Holzmarke Kehlbach zwischen Rumoltsried, Willishausen, Ockenhof u. Biburg.

PFAFFE. 1) »Pfaffengässchen gibt esz in Augsburg 3: das untere, mittlere u. obere.« Pfaffenhäuslein bei St. Peter, Gassarus 91: «Verpranne sampt den nahendten Pfaffenhäuslein zu St. Peter auf dem Boden hinweg.« »Die Pfaffenjungen« a. a. O. »den Pfaffen mit der Kutte eszen« Redensart: groszen Hunger haben. Bekannt sind die auch in Augsb. bräuchigen Pfaffenschnizlein, das Brustfleisch der gebratenen Gans. Pfaffenkeller b. d. Reitschule. Adj. pfäfflich »Dasz ist, swer einen pfaffen beraubet ûf des riches strâsze, der gewihet ist vnd pfäflichen ritet oder gât ône wer«. Augsb. Stadtb. f. 3 a. Sp. 2. Mhd. Wb. III, 475. Ausz andern Teilen Schwabens kann das Wort Pfaffe besonders in Zusamensezungen in folgenden Bedeutungen nachgewiesen werden: Pfaffengasse 1) b. Kolbingen. Mülh. Urb. 30. 2) in Riedlingen. Pfaffenberg, Wurml. Weinberghalde. Pfaffenau, Rottenb. »duo jugera pratorum in der Pfaffenau«. Descript Carm. Pfaffental 1) bei Ueberlingen. 2) bei Villingen (Baden), 3) bei Wehingen (Würtemb.). Pfaffeneichenrain, Grundelbach. Waldname. Pfäffenäcker bei Hohentwil. Pfaffensee bei der Solitude. Pfaffenbrand b. Möhringen, e. Wald. Pfaffenwald bei Reinerzau (Freudenstadt). Pfaffenstein unterhalb der Schilzburg im Lautertal. Pfaffenhölle, Klosterhölle Schlucht beim Moosberg im Lautertal. Pfaffenbauerhof, Ulm. Ob. A. Beschrbg. S. 218. Pfaffen-wâge, Mone-Ztsch. I, 202. Phafinwisi, Madacher Flurname. Mone-Ztsch. I, 329. Pfaffenriedertal od. Ober-Rottal. b. Leutkirch. Pfaffenröhrlein, dens Leonis, bei Hirschau. Pfaffenholz, Oberdorf. Im Pfäffinger, a. a. O. Unter dem Pfaffenholz, a. a. O. Pfaffenhölzlein »nächst bei Scheppen gelegen«. Pfarrbuch v. Währingen. 2) Pfaff, Pfaffenmilch, die zusamengesottene käsartige Substanz der Erstlingsmilch der

Kühe nach dem Kälbern in Herbertingen, Binswangen; K u a p r i e s t e r sonst; B ü e t s c h in Weingarten. »Der Pfaffasack hot koin Boda«, überall. Zu den Flurnamen vgl. Förstemann, O. N. S. 165.

PFAL; in den Stauden galten einst, jezt selten mer, Pfäle als Markzeichen. »Ein Pfal am Graben, auf der Leitin, ein Grueb und ein Pfal in Urb. oft. Eine Pfalung vornemen. Eine Pfalungshandlg.«. 1567 Mickh.Akt.

PFALZ Die bischöfliche Pfalz in Augsburg spilt in Urkunden, Chroniken, überhaupt in der Geschichte Augsb. eine grosze Rolle, besonders in den oft ser ernsten Kämpfen des Krummstabs mit den Bürgern, bis die lezten die Pfalz zerstörten. Das Stadtrecht hat die alte Form Phallenz, »vnd sol auch den ersten tag rechten ûf der phallenz vnd sweme das dinch ûf der phallenz verboten wirt, swer danne dâhin nicht chomen ist« u. s. w. f. 58 b. Sp. 2 Die Chroniken schreiben »Pfalz«. Gass. 244: »der bischöfliche Pallast die Pfalz genannt«. Mhd. Wb. III, 476. Gram. I, 39 f. Die Hofstatt der ehemalig abgetrag. Pfalz komt in den Akten und Verträgen öfter vor. Ebenso erscheinen Vogtsgeding auf der Pfalz gehalten« a. a. O. Otfrid I, 5, 17: palinza; 4, 20, 6: palenzhûs. Schmell. Glossen: falanza, aula; phalenzlicher palatinus, palazgravium, magistratus, phalanza, zi, ad praetoria u. s. w. Die Erinnerung an die alten Pfalzen erhielt sich noch da und dort in Münzen und Flurnamen. Pfalzgraf heiszt Reutlingens beste Weinbergshalde. Vrgl. Schmid, die Tüb. Pfalzgrafen S. 139. Pfalzhalde heiszt noch jezt der südliche Abhang von Hohentübingen. Pfalzgräfer, e. Münze. »18 gemeiner leichter Pfennig, so man Pfalzgräver nennet.« Mülheimer (a. D.) Urbar f. 8. Aenlich hat sich noch der Feldername Markgraf in meinem Heimatorte erhalten für wenige Jauchart Ackers, offenbar von den Hohenberger Grafen her benannt, die hier zalreiches Gut und vil Land und Leute besaszen. Oder von den Tübingern?

PFANNE: in dem Fuggerschen Inventarium zu Hardt von 1691 werden »Messene Pfannen, eiserne Pfannen, Pfanneisen u. s. w. erwänt« »A Pfändle machen« allgemein: das Gesicht zum Weinen verziehen, wie Kinder tun. Pfannzelten, Pfannenkuchen: »desgleichen sol man jedem pfründner und pfründnerin des Spitâls in der Vasten alle Wochen zwen pfantzelten, nemblich ain am Montag, ain an der Mitwoch; dorzu ir jedem als quatember ain pfantzelten, nemblich an der mitwochen, an den 3 Donnerstagen nechten vor wichennächten genant die knöpflinsknecht auch ir jeglichen ain pfandzelten geben; derselben pfantzelten ainer ain halb Pfund wegen sol.‹ Erneuerte Pfründordnung v. 19. März 1462. ›Statt der 8 pfandzelten sollen, zwo Hennen gegeben werden.‹ Pfründe-Ord. v. 1543. In den Stauden ist Pfannzelter Familiename. (Mickhaus. Akten.) PFÄRRIG sein, schuldig, verpflichtet sein, offenbar v. Pfarre ursp. zu der und der Pfarre zehnden, Gilten bezalen müszen. In dem Altenstaiger (Schwarzwald) Lagerbuch v. 1660 bei Reyscher, Stat. Rechte 81 komt das Wort auch vor: ›Und Beyren dahin pfärrig gemacht.‹ Im Pfärrle‹ eine Ortsbezeichnung in Augsb. Bronn. O. 1754. In der Pfarrei heiszt volktümlich seit Alters der Bezirk Horgau.

PFAUSEN; vom Vileszer heiszt esz bei Regiomontanus 1512: ›das ain Mensch schwer und träg wirt nach dem Eszen vnd den Atem tief holt und pfauszet, das sein natürliche Wirme ist geschwecht.‹ Gehört wol das pauszen in einer herzogl. wirtb. Verordg. v. 31. Jan. 1561 bei Reyscher. Samlg. XII, 314 auch daher: ›übermäszig pankettieren, Gastungen, Schlemmen, Paussen und Prassen.‹

PFEFFER, in Hasenpfeffer, Ganspfeffer, im wirtemb. Schwaben so volküblich, kennt Augsb. auch; in der Pfründnerordg. v. 1462: ›Am gailen Mäntag zu Imbis die gewonlichen pfrönd und zu dem Nachtmal einen pfeffer mit Zungen und Eiter und ain Milch dazu‹. ›Am St. Martinstage zu Inbis die gewonlichen Speis, darzu ain pfeffer: Vieren ain gans, jedem ein seidlin Weins‹. Die Ord. v. 1543: ›Item auf Martini gen Morgen soll man einem jeden Pfrüudtner oder Pfründtnerin zue sambt dem so ime sonst gebürt gegeben werden ein Pfeffer, darinnen Zungen und Eiter‹. Nicht kann ich esz für Geschenke, wie in meinem Volkstüml. II. 112 und öfter esz vorkomt, nachweisen. Vrgl. mein Wb. z. Volkst. s. v. F.

PFEIFE, die, ›Er dappet nicht blind unbedachtsamb drein, damit er nicht, wie man zu sagen pflegt, ein Ross umb eine Pfeiffe vertausche‹. Homo Simplex.

PFENNIG, ›Münchner pfening‹ sowie von den schwäbischen Reichsstädten benannt, komen unzäligemal i. d. Akten vor. Pfennwert, was 1 Pfennig wert ist, Schmell. I, 316. cgm. 2517 f. 26 b. Schulden und Pfennwerten S. 437 b. Pfenniggilt sieh Eisengilt. Pfennigmeister und Partitenmacher hieszen Kaiser Karls V. Geldauftreiber. Gassarus II, 78. Gastwirt und Pfennfertkrämer.

PFERDELN, den Pferdegeruch an sich haben.

PFEZEN, zwicken, drücken, ›mit glühenden Zangen pfetzen‹‹ Gass. II, 122. Mhd, Wb. III, 493 b: pheze, swv.: vellicare, zwicken, kizeln; ital. pizzicare.

PFIFFERLING, wie hochd. d. Schwamm, Erdschwamm in Augsb. auch Kot und bildlich eine wertlose unbedeutende Sache, änlich wie Judenheller. Schon Abt Peter von Salem sagt »Sie waren von dem Ossa (30järig. Krieg) also verordnet und hielten auf die Salva Quardia nit einen Pfifferling«. Urk. b. Baader, Farten I, 65. Dasz von Pfifferling, dem Erdschwamm, Flur- und Waldnamen herkomen, wie z. B. Pfifferlingshau Rev. Ringgingen u. andere, ist ganz natürlich. Rosspfifferling. Swd.

PFIPFI, hartes Zungenspizhäntlein b. Geflügel, auch Pfiffis.

PFISIG, »ja ist die Sägam volkumen und rottenhaft, so sol man ir laszen zu der Adern, wär sie aber plaich und pfisig villeicht bedärft sie säuberung«; cgm. 601 f. 103 a. In den Stauden heute noch bräuchig: fett, wol auf.

PFITSCHE PFATSCHE NASZ, adj. ganz durchnäszt.

PFLADER, »die Mülen an der Pfladerlachen«, Gass. 126. Vrgl. pflätschen, pflätschgen, pfladern und zabeln (im Waszer), cgm. 581 f., 112 b. Esz gab eine Pfladergasse.

PFLÄNDERN, »herumpfländern«, herumreiszen

PFLASTERZOLL, v. K. Sigismund (1416) d. Einfürung erlaubt; bischöfl. u. capitlische Untertanen teilweise befreit. Wegen dieses soll (1602) die domstiftische Clerisei dem Stadtzollerer järlich ein gut Fuder Holz geben.

PFLATSCHGEN, swv.: stark regnen; Pflätsch, Nässe, in Folge verschütteten Waszers; dann das fieszende oder stende Waszer auf Straszen bei Wolkenbrüchen, starkem Guszregen. Pflätschen swv., stark mit der Hand ins Waszer schlagen; im Waszer spilen wie Kinder tun.

PFLEGÄMTER waren in allen bischöfl. Augsb. Städten und bedeutenden Orten. Im Fuggerischen Schlosze zu Mickhausen gab esz eine Pflegkuchin, ein Pflegbadstüblein.

PFLEMPFEL, lümmelhafter Mensch.

PFLÉZ, das, der Hofraum. »Auf das pflêz ausgeschidt vnd zerriszen«. S. 151 b. »Herunden auf dem pflêz der Kirchen«. (a. a. O.) »Der Götz fiel von der Höhe auf das Pflêz nicht one Schrecken des Pöbels«. Gass. II, 114, Der Altbayer spricht Fléz. In andern Gegenden Schwabens Pflêz.

PFLODERN. Von Kassandra heiszt esz im Troj. Krg. 24 a.: »In einer newen und barbarischen Klaidung angelegt mit pflodertem Haar«. Das flodrizen in dem bayer. cgm. 254 f. 4 b. scheint dasselbe zu sein. Vom Fuchse, der sich vor dem Raben tot stellt, heiszt esz: »mit vercherten Augen, mit niedergefallenen Kinpachen mit gestrackten Fäusten, mit geflodriztem Swanz«.

PFLOTE, swf.: unreine Hand.

Pflote schreiben, unleserlich schreiben. Vgl. Schmid s. v.

PFLUG umziehen, ein altes Augsb. Frülingsfest zu Eren der Zisa (Nerthus) wird in einem »Berufumb Fasnacht« v. 1510 verboten, »Ain ersamer Rat diser stat Augspurg vnd des hailligen reichs vogt daselb schaffen vnd gepietten, das weder man noch frauen, alt noch jung, gaistlich oder weltlich die fasznacht vnd zu angender fasten weder tags noch nachts in diser stadt auf des reichs straszen kain schenbart vor sinem angesicht tragen. Es sol auch niemand an der escherigen mitwoch vnd die tag darnach den andern weder fähen noch nötten zum wein zu gân. Man sol auch an bemelter escherigen mitwoch des vmziehens mit dem pflug müssig steen, alles und jedes bei der straff die darauf gesezt worden ist unablössig zu bezallen — darvor sich menigelich wiss zu verhieten.« Hans Hector Mairs Rathsdieners (1501—1537) Memorialbuch 86 b. Augsb. Archiv. In e. solchen Beruf v. 1567 heiszt esz ausfürlicher: gleicher gestalt wil auch ein ersamer rat das pflugziehen und tragen in die wazertrög ernstlich abgestellt und verboten haben«. f. 151 a Sieh Herberger's Burg- und Batfeld LXXXIX.

PFLUM, der, Flaumfedern. pluma latein. Mhd. Wb. sv.

PFRENGEN, pfrangte, in die Enge bringen. Mhd. Wb. III, 315. Schmell. I. 332. »Sie (die Frawen) legen iren leyb in einen engelnotstall des Bawmwollenrocks gepfrengt und geprysen; vnd der es yn zu busz sazt: sye trugen es nit«, cgm. 311 f. 49 b. »Du bist erlediget worden durch sein hilf von deinen sünden, die du getan hast und um die du dich also gepfrengt mit den eysinn zirklen hast«; cgm. 402 f. 61 b.

PFRAUMIGER Freitag heiszt in den Stauden der Freitag vor der Fasnacht; gehört mit pfromig zu bromig, brâmig v. brâme Kot, Schmuz.

PFUI Has! beliebter Augsburger Abweisungsruf.

PFRÜNDE: esz· heiszt der älteste Spital Jakobspfründe; einige Zeit auch Barfüszerpfründe; die Nuzniesszer sind die Pfründner; die Ordnungen dieser Pfründe sind ser alt. Herberger's Monografie. Das Verabreichte im Pfründegebäude hiesz ebenfalls Pfründe, daher Weinpfründe und trockene Pfründe. Herberger S. 20. »Am gailen Montag zu Jnbis die gewonl. Pfründ«, öfter. Pfründ. Ordg. 1432. Esz gab einen Pfründemeister. Die sog. reichen Pfründen kamen erst 1730—1740 auf.

PFULGEN, swm.: Kissen, bes. Kopfkissen, grószer denn andere Kissen: wirtemb. Pfulben, Pfulbenziech; besonders hieszen in Augsb. wie im ganzen Mittelalter allerwärts **Pfulgen** und **Bulgen** ledernene Säcke für Reiseeffekten, überhaupt für Kleider, Kleinodien. In den alten Weberhausrechnungen komt oft vor »den **Pfulgen in der Tuchscheererstub** auszubeszern 30 kr.« »Dem Herrn Baumann für die zway **Pfulgen** 1 fl.« u. s. w. In seiner ersten Bedeutung erscheint das Wort im Backnanger Stifts-Lagerbuch von 1501 bei Reyscher Stat. 3. S. 125: »Item Federwath bedarf man nit verdritayln; es were denn, dasz einer federn bett, die noch nit gefaszt weren, weder in Betten noch **Pfülgen**; dieselben Federn müszen verdritayla« In dem Hardter Fuggerschen Inventar v. 1491 werden aufgezält »Angerichte Ehebalten — Pettstatten. jede mit Ober- und Unterbett und **Pfulben**, 11 übrige u. vorrätige Leilacher nebst **Pfulbenziechen**«. f. 28 b.

PFUZGEN und **pfuchzgen** 1) kichern, 2) winseln vor Schmerz. In andern Gegenden laut **aufschreien** bei plözlich entstandenem Schmerze; von Gegenständen: die **Schnecken** in der Bratpfanne **pfuzgen**; das siedende Schmalz **pfuzget** u. s. w. Einen **Pfuzger** nauszlaun

PICKEL, die unten spizige Haue mit langer Handhabe (Helm), in **pickelhart**, adj. so hart, dasz man den Gegenstand nur mit einer solchen Hacke zerschlagen kann.

PIPPEN, »disem alten Vogel **pippen** die Jungen nâch«. Erenfest 1699 S. 30.

PIREN, **Pinen**, die, heiszt in den Chroniken das Augsb. zirbelnuszartige Stadtwarzeichen. Bei Gass. (4) stet: »Vnd der gemeine Mann, da er solt sagen der Stadt **Pinen** spricht er mit zähem Teutsch der Stadt **Piren**.« S. 28: **Stadtpyr** (Obsbiren) von **pyramo** (Boëtius), ein runder zugespizter Markstein.« Warscheinlich ist das Zeichen nichts anderes als das jeder röm. Colonie eigene Stadtabzeichen. Gewagter dürfte sein, die Pyren als Ueberbleibsel des phönikischen Phalluskultes anzusehen, wie schon geschehen.

PISTOLE laden, eine Pfeife Tabak einstopfen. Scherzweise.

PITSCHE, die, einmasziges Trinkgeschirr mit Handhabe und Deckel. Butschen, Bütschen bei Schmell. I, 226.

PLANKELN, swv. Von Neoptolemus heiszt esz im Troj. Krg. 58 b.: »Darnach aus Wildigkait des Ungewitters ist er sehr hin und her auf dem Waszer geplanklet worden«. Mit Umlaut komt **plenkeln**, schleudern, werfen, bei Schmell. I, 337 vor, der das got. usbliggvan vergleicht.

PLAST, der, Blähung. »Und haben die vileszenden Kinder vil **pläst** des Leibs vnd höchsend daron«. cgm. 601 f. 101 b. »Auch kumbt die Grossy des haubtes von groben plästen vnd tempfen, welch die har des haubts aufbömend«. f, 104 b. »Oder von plösten erkent man also, wann so man in die wessrigen geswulst greift, so beleibt ein Teil, welichs nit geschicht, so geswulst von plösten ist«. a. a. O. Sieh oben bei B.

PLAPPART in Kueplappart, eine Schelte: »dasz ein Burger von Costanz mit einem von Luzern, mit Würfeln gespilt vnd da er das Geld, so er gewunnen hatte, einzoge, einen Bernerischen Plappart ein Kueplappart genenet«. Gass. 195. Ich erinnere hier auch an den historisch merkwürdigen Ruf Kuhgaüer, Kuhgayer ausz dem schwäb. Städtekrieg, als die Schweizer in den Hegau hereinzogen. Die von Randeck riefen inen zu, da jene vorbeigiengen: mu, mä, Kuhgyer! Die Schweizer zerstörten Randeck a. 1499. Vgl. v. Martens, Hohentwil 19. Ildefons v. Arx II, 438, welch lezterer ergözlicher, sonderbarer Weise gir, delectatio carnis als Erklärung dazu gibt. In der Mikhauser Dorf-Ordg. 1532 erscheint der Plapart als Abgabe an den Vogt und als Strafe.

PLASSE, swf.: weiszer Flecken. »Ein Kueh mit einer weiszen Plassen«. Mickhaus. Akt. 1642. »Und vornen an der plassen des Rosses ist des Grafen Wappen gewesen angeheft«· S. 279.

PLATTE, 1) tonsura, corona. »Aber die Kron des priesters, die in grobem Deutsch genenet wird platten.« Augsb. Messbch. 4 b. »Und darumb, so nenet die geschrift im Latein die blatten ein Krone; darum so sol sich der Priester der blatten oder kron nit schamen«. »Also nach dem Tode Sanct Petri, do liesz der babst vnd die Bischof allen Briestern blatten scheeren« 5 a. 2) Waldstellen, kale Pläze am Leitaberg, 3) Waldname überhaupt. Stauden.

PLAZ in Augsb. wie allerwärts gab esz diese Lokalbenennung: »auf dem Pläzle bei dem Beckenhaus«. Bronn.O. 1784 »Ob dem Pläzle onfern dem B.« am St. Stefansplaz, St. Ulrichsplaz, St. Gallenplaz, 's Gögginger Torpläzle. Pläzle bei der Brillbrücke. Plazwirtschaften gab esz und gibt esz noch merere. *

PLODRIMENT, »Und dises geschicht absonderlich wann man alle Schwäzerei und Plodriment leichtlich glaubt und für die gründliche Warheit ausszbreitet«. »Vil reden und plodern«. Homo Simplex. Volküblich kaum mer; esz ist auch blosz eine andere Form für plaudern, Plauderung; worüber Schmeller I, 333 nachgesen werden kann.

PLUMPFEN, mit Geräusch fallen. »Und ward Achilles der Polixena besichtig, da plumpfet sie in sein Herz und hub an sie vbermaszen lieb zu haben«. Troj. Krieg 74.

PLUDERHOSEN: »ein altes abgeschabenes zerrunzeltes Weib, so mehr falten in ihrem Gesicht hatte als ein altes schweizerisches Paar Pluderhosen«. Homo Simpl.
POLACK, der Rest Taback in der Pfeife. Schmell. I. 280. Rest im Glase. Poläckle, ein geschnittenes Hun.
POLDERER, GEPÖLDER zu poldern: »da vor disem zween des Rats darzu verordnet gewesen, vor welchen dieselben Polderer ihr Verbrechen persönlich auszsagen und bekennen müszen«, Gass. 131. »Den 28. Martii hirnach wurde verbotten, die papistischen Pfaffen, wann sie das Sacrament mit den vorleuchteten Laternen und Glöcklein, den Kranken über freie Gassen tragen, weder mit Gelächter, nicht pfeifen, noch handbatschen oder sonst anderem Gepölder zu verspotten«. Gass.
POLES, eine Art Gebäck ausz feinem Mel. Inserat: »Heute Montag den 16. Nov. frischgebackene Poles im Kafeestübchen am hintern Perlachberg«. Ahd. bolla f. feines Mel, lat. pollis; mhd. polle schwm. Wackernagel Wb. 4 Aufl. 42 a.
POLITTEN hieszen ursprünglich Zettel, die man sonst vom amtierenden Bürgermeister abholen muste, um nach dem Torschlusz ausz der Stadt zu komen. Später hatte jeder Reisende disen Zettel auf der Polizei zu holen.

Sodann hieszen alle kurze schriftliche Beglaubigungszeichen so bei Furen, beim Mautamt. »Dasz sie keine Person, one Fürweisung einer Politen entweder vom Jacober oder Wertachbrucker Tor einnemen, sondern diejenigen, so gar keine Politen, auszschaffen und fortweisen«. Poliz.-O. In e. Vergleich von 1601 dürfen »die Fuhrleut, die für Geistliche fahren, nicht im Spilhaus abladen, noch um die Politen etwas geben«. Esz gab ein Amt der Politenauszgeber.
POMPERMETTEN. »Am Mitwoch (i. d. Charwoche) Nachmittag haltet man die erste Passionmetten, insgemein bei Volk die Pompermetten genannt«. Festkalender.
POMPERER, der laut hörbare Fall eines Dinges. In Niederschwaben sagt man vom groszen Geschüze »'s pomperet«. Vgl. den alten Reim: Rompede bomp bomp u. s. w.
PÖRTNER, «die Pörtnergeschlechter« in Augsb. Gass. 4. »Es hat auch Imbricius a 1070 das Kloster und Kirch St. Martini für die vermumbten Nonnen, dazu dann die Geschlechter, Pörtner genannt, ihr Haus zu sunderem Gottesdienst geben, aufrichten und weihen laszen«. a. a. O.
PORTE, die, erscheint in H. Ottmar'schen Drucken (1499. 1509) in folgender Verbindung: die sieben Porten oder Fest der Mutter Gottes: »die erst äuszerlich port der Mueter Gotes

bedeut das Fest irer hailigen empfahung« u. s. w. Ebeno gab esz bis ins vorige Jarhundert herein sog. Himmelsp'orten. asket. Flugblätter und kleine Erbauungsbüchlein.

POST, Nachricht. »Er kundt kaum reden mehre, die poscht gfiel im nicht wol«. In einem Morhardt'schen fliegenden Blatte (Augsb.): Lied von Todt und jungen Mann. Postmichel, Briefträger.

PRANGEN, um den Vorrang, zu rechter oder linker Hand gen zu dürfen, streiten. Prangstube, Staatszimmer. Prängisch: »die Burger und Inwohner dieser Stadt seind je und allwegen zur Arbeit geneigt, freundlich und eines ehrbarn eingezogenen Wandels und Lebens gewesen; wie auch noch bevor ab die Weibsbilder von Gestalt schön, an Kleidung prächtig, mit Eszen und Trinken köstlich, in Worten und Wandel prängisch, in Handlungen geschickt, an Geberden auszlendisch, die fremden Nationen alles nachtun wöllen vnd von wegen ihrer Reichtumb und altem Herkomen vil von sich selber halten«. Gass. 2. Prangerin für Brautfürerin, ist in einzelnen schwäbischen Gegenden noch üblich.

PRASCHELN swv. »ich höre die Flammen bereits praschlen die glühende Kolen schnalzen«. Erenfest 1699. Praszeln sieh S u. Sz.

PREIS, der, 1) Dachziegel. 2) In der Red. A. »Es wurden keinem seine Güther Preis gemacht, jeder bei seiner Freiheit gelaszen«. Gass. 85.

PREISKETTE, silberne Kette, die unter die Gollerkette um das »Leibstück« herum gefürt wird.

PRESZREUTERN, einen gewaltsam zur Arbeit anhalten, PRETTLINSKNECHT: »Rodler oder P.« Gass. Pritschenknecht.

PREÜSZICSH: »nach welchem das Lechhauser oder Jacobertor auf angebung eines teutschen Herrn auf die Preuszische Art und Form mit einer Pastey gleich in disem Monat, werlicher zu machen angefangen worden«. Gass. 203. Bis zum Aufhören der Augsburger Reichsunmittelbarkeit bestand da ein preuszisches Werbecommando, welches sich im Prinz von Oranien befand. »Ein Gesicht als y. rotem preuszischem Leder überzogen«. H. S.

PREYGER, Bräutigam. »Preygêr« S. 345 b. »Nach solichem sagt der Kaiser vor dem Altar zu dem Preygêr«. a. a. O. Der Preygêr ist in Mitten des Kaisers und Pfalzgraf Ludwigs geritten«. »Nach dem Nachtmal hat man ain Danz gehept und darnach disselbe Nacht hat man den Preygêr und Braut zusammengelegt und haben bei einander geschlauffen und den schwäbischen Brauch gehalten«. S. 346 a. »Urbanum den Preygêr« S. 385 a.

Anmrkg. Diser altschwäb. rechtsaltertümliche Brauch heiszt »mit der Decke beschlagen«. »Wenn am ersten Hochzeitstage die Nacht herankam, ward die Braut von den Eltern oder Vormündern und dem Brautfürer und der Brautfrau, oft aber von der ganzen Gesellschaft in die Brautkammer geleitet und dem Bräutigam übergeben. Sobald eine Decke das Paar beschlug galt die Ehe als rechtsgiltig angetreten und die Braut war nunmehr Ehefrau; daher war die öffentliche Beschreitung des Ehebettes zur gesezlichen Bedingung erhoben. Das Verlezende, was für die jungfräuliche Braut darin lag, ward in jüngerer Zeit gewönlich dadurch gemildert, dasz beide sich völlig angekleidet niederlegten und es also eine blose Förmlichkeit war. Allein disz war eben jüngere Milderung; in früherer Zeit blieben die Brautfrauen so lange im Gemache, bis die Braut entkleidet dem Arm des Bräutigams vertraut war«. Weinhold, deutsche Frauen S. 268. 269. Grimm, Rechtsalt. 440, 1. Ueber die rechtsaltert. Sprichw. davon sieh: Simrock, deutsche Sprichw. 1014. 1516. Eisenhart 132, 133. Hillebrand 123. 124. Pauli, Abhandlungen ausz d. Lübeck. Recht II, 1. J. Frischlin, Hohenzoll. Hochzeit (meine Ausg.) S. 143. 144. Text S. 54 Hier get das ganze Gefolge, mit Trompeter vornedrausz; der Bräutigam legt seinen Schmuck ab: alles stund im Zimmer, im Brautgemache:

Die zwen Brautfürer traten her,
Die Gsponsz sie brachten höflich sehr,
Und legten sie hinein ins Bett
Ihr weisze Kleider noch anhett.
Dann legten sie den Bräutigam
Zu seiner Gesponsz also zusam.
Die Döcken überschlagen theten,
Bis sie ein weil gelegen hetten.
Gar bald sie wieder aufgestanden,
Die Fürsten, Herren seind verhanden,
Wünscht jeder da für seinen Teyl,
Dem Bräutigam und Braut vil Heil,
Vil Glücks und guten Segen reich,
Darnach lugt jeder dasz er weich.

Die Mickh. Fugger'schen Rechnungen des 16. u. 17. Jarhds. erwänen wiederholt eines Einnemgeldes »vmb Preutleuff« 1576. »Adi 9. Sept. empfieng ich von Hansen Spazen — wegen seines Preytlaufs 1 fl.« »Adi 22. Febr. zalt mir Jörg Hafner, Afra Gözfridin Sohn seinen Preutlauff 1 fl.« u. s. w.

PRIMZEIT, prima horarum canonicarum: früh um 6 U. Die bayerischen Codd. haben durchausz preimzeit. Allgem. Sitte war esz nach den Horen auch im alltäglichen Verker zu rechnen. Ich füre statt der vilen Beispile nur einige ausz dem Stadtrecht an: »Esz sol auch kain fueteraer vor primezit kein hew kauffen. Swelcher das prichet, daz er vor primezit kauffet hew, der ist dem vogte schuldic fünf Schillinge‹. f, 55 a. Sp. 2. ›Ist daz ein fueteraer stât bi hewe vor prime zit — kaufet aber ein fueteraer hew vor primezît u. s. w. Vgl. Schmell. I, 343.

PROFESSONER: 1) Invalide. 2) Nach Pfaffs Eszl. S. 4: hieszen Provisioner Adelige, die ein Werbgeld erhielten, für welches sie mit einer bestimten Anzal Reisiger Krigsdienste tun musten‹. Vgl. Schmell. I, 846. Wirtemb. Hochz. 87: ›Bevelchs und Krigsleut da erschienen, All Provisoner neben inen, Die in den Krigen man kan nüzen‹.

PROPST, Aufseher. ›Ein Pfalzprobst‹ im Wirtsbause auf der Pfalz. Poliz. Ord. Kornprobst, Kastenknecht, Kastenaufseher, der zur Weberzunft in engem Verhältnisse stet. Die Kornwal ist die Wal des Kornprobstes, ein Weberzunftfest. Der Gatterer muste zur Kornwal ansagen, wofür er ein Ansaggeld von 30 kr. erhielt. In den Web. Akten komt oft vor: den abtretenden 2 Kornpröbsten gibt man so vil u. s. w. ›Als die neuen Kornpröbste geschworen‹. ›Verordnet geweste Kornpröbst‹. Der Probstkeller zu St. Ulrich‹. Akt. 1582.

PROZESS, die, Bittgang, Umgang, Pozession: ›dem ist alle priesterschaft hyn in einer process engegen gangen‹. S. 179 a. ›a. 1340 ist zu A. am S. Marcustag die Litanei und process hinläszig gehalten worden‹. S. 25 a. ›Zu Valentz sach die triumpflich St. Sebastian- und sonder St. Vincenz Processz, das ain überausz schon kostlich wesen ist‹. Luc. Rem. S. 8 ›Als sie sich hetten thon bereiten Mit der Prozess in d' Kirch zu leiten. Wirtb. Hochzt. S. 182.

PRUDELN, rauschen, von siedendem Waszer; wie wodeln; Prudel und Wodel: ›warmer Dampf, Wärme im Zimmer, PUDELN, alle mögliche auch schmuzige Arbeit tun; Pudel, eine Person, die solche Arbeit verrichtet. Vgl. Schmell. I, 278.

PUDERGOTT, Friseur. Puderquaste Puderstäuber.

PÜFFEN. Von den Hungern heiszt esz im Augsb. Elucidarius: ›Ihr har püffen und pflanzen sie, mit einem leinin Hütlin bedeckt‹.

PULBRETT: ›da ist des Königs Caplan zu dem Pulbrett gangen und hat das Evangelienbuch genomen‹. S. 288 b. ›Ist das Evangelbuch von einer person von der andern empfangen auf das Pulbrett tragen worden‹. S. 289 b. (Lettner).

PULLE, dim.: 1) kleines Hun, 2) unerfarnes kl. Mädchen.

PUMPF GROB, adj.: über alle Maszen grob. Vgl. pumwizig, aberwizig. Schm. I, 283.

PUTTAN, die. In Herretshofen

fand am Fasnachtmontage eine Art Haberfeldtreiben statt. Sonntags vorher erschien in Babenhausen ein Trupp Reiter und lud ein. Ein Mann wurde in weibliche Kleidung gesteckt und hiesz Puttan, ward zum Tode verurteilt als Hexe. »Hüte dich oder du komst in die Puttan!« war eine Drohung. Ital. putta, puttana, schlecht beleumundete Person, franz. putain. Ueber die Sitte vgl. d. Sulzb. Kalend. 1855.

PUZELNBACH, O.N. urkundlich neben Puozilnbach, bayerisch Pouzellibach 1126 und 1179; ist zum heutigen Bieselbach geworden. Steichele I, 72.

C sieh K

D T

1) Das schwäbische wie überhaupt das oberdeutsche D entspricht genau gotischem D: nach dem Geseze der Lautverschiebung wäre T gefordert. Das schwäbische D = got. D ist Tatsache. Hiefür bedarf esz keiner Berufung auf eine gelerte Autorität, nur auf ein gesundes Or. So gewisz dise Erscheinung, so unsicher stet esz mit irer Erklärung. Allgemein wird angenomen, dasz bei den Oberdeutschen ursprünglich auch die zweite Lautverschiebung von got. D in alth. T eingedrungen, aber im späteren Mittelalter durch den Einflusz mittelhochdeutscher Schriftsprache wieder zurückgegangen sei. Darnach bestände für die Oberdeutschen neben dem Geseze der zweiten Lautverschiebung, einfacher gesagt Lautvorschiebung, noch ein besonderes Gesez, das der Lautrückschiebung. Eine solche läszt sich aber ebensowenig in den oberdeutschen Mundarten geschichtlich nachweisen, als sie überhaupt möglich ist. Wer sie behauptet, kent warlich das Volk nicht. Der gemeine Schwabe, Bayer, Oberpfälzer sollte in jenen als finster bezeichneten Jarhunderten, wo esz nur selten Handschriften, keine Sündflut von gedruckten Büchern gab, wo nur der Gelerte lesen konte, das Volk

aber one Schulen war, dem Einflusze der Schriftsprache, die er nicht lesen konte und nicht zu lesen bekam, sich geöffnet haben, wärend er in unserem Jarhunderte des Geistes, nachdem er zehn Jare in der Schule für eine im fremde Sprache, das Hochdeutsche, gedrillt worden, mit dem lezten Schritte ausz der Schule sogleich wieder zu jener Sprache zurückkert, die er von der Mutter erlernte, zur Mundart? Man prüfe den Schulmeister und man wird finden, dasz er ebenso wenig als sein Schüler ein echtes p, k, t. wie esz Niederdeutsche und Romanen im Munde füren, auszzusprechen vermag. Man frage in, was im die meiste Not beim Rechtschreiben der Kinder schaffe? Doch nur die p, k, t. Seine Buben schreiben auch in der Tat ganz nach dem obersten Rechtssaze der Rechtschreibung gerade nur wie sie sprechen. Allein sie kenen eben kein p, k, t und am allerwenigsten im In- und Auszlaute, sondern nur ein b, g, d, bei Schärfungen bb, gg, dd. Ich habe schon längst den Saz aufgestellt, dasz der Oberdeutsche im In- und Auszlaute für got. b, g, d die zweite Lautverschiebung überhaupt niemals angenommen habe, damit also zurückgeblieben sei, ferner dasz d. Schriftsprache auch in den frühesten Zeiten der Volkssprache vorauszgeeilt sei, bei den Deutschen im 8. Jarh. nach Chr. so gut wie bei den Griechen im 8. Jarh. vor Chr., dasz man also nicht imer und überall von jenen auf dise zurückschlieszen dürfe. Im heurigen Sommer habe ich in Schmellers Nachlasze eine Bemerkung vorgefunden, wörtlich lautend: »Die in- und auszlautenden d des bayerischen, oberpfälz. und fränk. (?) Volksdialekts, scheinen eine Fortfürung der ältesten Sprache: stad, rod, blued, guld, God« u. s. w. Ich stehe sonach mit meiner Behauptung nicht mer allein, sondern habe eine gewichtige und anerkannte Autorität für mich. 2) Noch mer: bei volktümlichen Schriftstellern des Mittelalters wigt d, dh, dd, th vor, insbesondere seit dem 14. Jarhundert, wo althochdeutsch reines T stet, z. B. bei Geiler etc. Wol wird nach l, m, n, r auch oft T gefunden, aber nur weil der Oberdeutsche nach disen Lauten den Zungenlaut schärft. 3) Im Anlaute: Dǝr (Tor, porta), Daddelfist sieh unten; Denna (Tenne). Malzdenna; Dǝd, Dǝdǝgribel, sieh unten; u. s w. Im Inlaute: Gadder (Gatter), Gadderer sieh G. Badder, Badderliederle (Pater-Liederlich, liederlicher Mensch), Schlodder, gestockte Milch, Schloddermill; noddlǝ, an den Haren schütteln; hoddlǝ, hottospilen, Kindersprache u. s. w. Im Auszlaute imer dh, th, dd; wie denn auch die schriftlichen

Denkmäler esz aufweisen: seith (estis), vorgenannth, Leith (Leute), Orth u. s. w. sieh Horm. 1834. S. 116 ff. Weinhold. Gramm. § 181 b, c. 4) Vor allen andern Consonanten ist dem d u. t das Wegbleiben, wo esz organisch und der An- und Eintrit, wo esz unorganisch ist, eigen, eine Erscheinung, die weit über die oberdeutsche Gränze hinauszget. Vgl. Wrtb. z. Volkst. 23. 24. Mhd. Wb. III, 1 b. a) Unorganischer Abfall des d u. t meistens bei Anänlichungen, um desto leichtere Auszsprache zu bewirken. Liechmess (2. Febr.) mündlich und urkundlich: Lichmess, Man. f. 3 a. (14. Jarhd.). Haupgnt für Hauptgut, im Stadtrechte. Haupkerle, volküblich. Kripp (Krypta) cgm. 402 f, 13 b. Reipeitsch, Reitpeitsche. Lynisch duch (Lündisch, von London), S. 279 b. Fluch (Flucht), cgm. 402 f. 11 b. Pulprett, Pultbrett in der Kirche, worauf Epistel und Evangelium verlesen ward; ser häufig S. 288 b. Leipriester, Leypriester, Liupriester, Stdtrecht f. 31 b, für Leutpriester, plebanus, Excurrentpriester. Ser oft findet sich Leihkauf für Leitkauf, vom got. leithus, geistiges Getränke, sieh L. Wir müszen wol eine volkstüml. Anlenung an leihen in den meisten Fällen uns denken. Wie Leipriester findet sich in schwäbischen Schriftwerken, so im cgm. 436: Lückilch, Leutkirch, wir-

temb. Oberamtsstadt. Schönbar (Schönbart). S. 141. Spågə, Spagat; ital. spaghetto, Schmell· III, 568. Anlyt, Antliz »vor seinem anlyt«. S. 289. Antaschung, Antastung. Troj. Krg. 8 a. Senfmutigkeit, cgm. 402. f. 72. Felkirch, Feldkirch, Vorarlbergisch. cgm. 436 f. 56 a. Ser häufig ist das bayerische Mark für Markt; Milchmark. S. 34. W. 32. 34. Gass. Markmeister ein städtisches Amt sieh M. Ob Norkau in den codd. f. Nordgau und Nörlingen für Nördlingen mit unorg. d stet, musz vorerst dahingestellt bleiben: denn einem Nordgau musz ein Südgau entsprechen und wo wäre der? kun für kund »daz haun ich ew kun getân«, cgm. 437 f. 113 a. lichiklichen, leicht, Astr. 27 b; ölst »sînem ölsten sun«, cgm. 436 f. 3 a. Der ölst f. 56 a. Ganz in Schrift und Volksmund übergegangen ist Gjerschhofen für Gersthofen, Ortsname. Ausz lat. obstinatus hat sich volktüml. obsanat eingebürgert. Anänlichung wie häbbmər, hätten wir, u. hammər, hebbm'ri, hob mir, haben wir. Am m'ã, Amtmann. Lammenz für Landmünz, Erbbêra, Erpələ sind bekant. Regelmäszig erscheint noch neəmə, Niemand, im Volksmunde, ebenso ornen, ornung, S. 212 b. Abgwirgt f. abgewürdigt sieh A. b) Weit zalreicher sind die unorganisch an- oder eingeflickten d und t, an l, r, n, z, s, k, ch, vor Suffixen, Flexionen; nach Präfixen und in Zusamensezungen. Sender schreibt imer: Dänemarkt, Steiermarkt f. 202. 209. Dazu komt das übermarkten, mit dem Markstein in eines andern Acker faren, Akt. von 1682 (Augsburg). Senft 1602; der Burggraf hatte vom Senft, Eszig u. s. w, 1 Masz Abgabe zu erheben. Klaffert, Holzklafter. Web. Akt. Seucht, Seuche, Gass. Winstockt, cgm. 437 f. 112 b. Dunsttag a. a. O. f. 121 b. Das Markt, im Gebein, cgm. 402 f. 122 a. Sippt (Sippe) 1574. Ulmer Urkunde. Leichtnam, »Fuggers abgestorbener Leichtnam«. Mikh. Akt. 1579. Ein Ellendt lang für Elle S. 144 b. Sinkelt, Sinkel, Bach b. Augsb. P. v. Stetten, Erl. 90. Ob t nicht organisch und Sinkel falsch ist? Trugnust, cgm. 345 f. 3 a. Erlaubtnusse a. a. O. f. 36 a. Aptgötter in bayerisch. und schwäb. codd. ser häufig. Geheimten, der geheimde Rat, in Augsb. Akten des 17. 18. Jarh. gewâptnet, cgm. 448 f. 131 a. dô spracht der herr, cgm. 437 f. 125 a. aushöldern bei S. herübert, Paul v. Stetten, Erl. 55. drübert; endlich: weags deinat, mündlich; oberthalb, Astron. 15 b; inerthalbe f. 3 b. allwegent, cgm. 168 f. 3 a. 29 a. innrenthalb a. a. O. f. 4 b 30 b. erenthalben, W. Ehrentreich, Karl v. Burgund, in Isenbergers Hochzeit.

dennacht, Horm. 1834. selbert, Troj. Krig 9 a. daheimst S. 305 a. gestert S. 312 a. cgm. 601 hat für terere imer zertreiben statt zerreiben. anderstwa S. 333 b. u. oft. Wie esz mit ênder, sinder, eader für eher stet, kan hier nicht eingänglich erörtert werden, erindern, erinnern. Memming, Stadtrecht. Ganz der Volkssprache gemäsz schreibt cgm. 736 f. 17 a.: Mentschen; denn nach n wird s scharf angeschlagen, als ob esz tz wäre. Allgem. schwäbisch ist Trostel für altes Trossel sieh unten. Falsches t in Obszt, Obsztner hat die Sailer-Ordnung und andere Augsb. Schriftwerke nicht. Organisches t und d der III p. Sing. praes. begegnet noch bis zum Schlusze des vorigen Jarhd. neben unorganischem im praet. III, plur. Organisch ist das vilfach als unorg. verschriene d in Kandel (Kanne). Schrand (Schranne), Zend in cgm. 106 f. 108 u öfter; in Mand pl. für Männer, in den Stauden, oberpf. mandds und villeicht auch in Mändle, Mändel u. s. w. Dem Man musz urdeutsch ein manth entgegengestanden haben, denn nordisch gilt mâdhr dafür; n n kann nicht ursprünglich sein. Was die t in folgenden Zeitwörtern bedeuten: an einem andern Orte: vertlaŭ (verlaszen) vertscheichə (verscheuchen) vertwirnə (zerstören), vertrichtə (vorrichten), vertwischə (verwischen, erwischen), vertlaufə, vertwermə (erwärmen), verzwäzlə (vergen vor Sensucht oder Weh), vertwelə (verwelen, erwärmen) vertheb ə (verheben), vərdoə nairə (verunëren) u. s. w. Ist ent- u. der- ver- im Spile? Das Fuggersche Inventar sezt Damask imer für Damast, hie und da Brenke für Brennte. Vgl. hiezu Schleicher, Sprache 211. Mhd. Wb. III, 1 b. Rumpelt, Grammat. 160 ff Meine Auszgabe v. J. Frischlin's Hohenzoll. Hochzeit 137. Frommann's Ztsch. III, 105 ff. Bekant sind gottig und gotzig, geitig und geitzig u. s. w.

TĂBER, der, fester Ort, Lager, Wagenburg. Die Wörterbücher, bevorab Schmell. I, 423, leiten das Wort vom ungarisch böhmischen tábor ab. Frank's Annalen 100: »da henkt man zu Wien 150 Dieb die 2 Tag, die hätt man auf einem Täber gefangen«. Mhd. Wb. III, 1 b.

TĂBERE, swf., warscheinlich zu Taferne gehörig, komt cgm. 601 f. 57 b. vor: »als er eines morgens ausz der täberen zu haus wolt gên«. Wechsel von f und b: sieh Lautlere v. B. 41.

DACH, die, monedula: »die tach oder hetz«, cgm. 312 f. 40 a. Ahd. tahâ, thâ. Wb. z. Volkst. 27. Schmell. I, 360.

DACH, stn.: 1) Sonnen- und Regenschirm überhaupt one Zusaz. 2) Kopf, Schädel; pöbelhaft: »'s Dach umschlâ« eine Orfeige geben. Allgem. 3) Wie hochd. Dach des Hauses; davon: Dachloch, Dachöffnung, Dachfenster. Dachlicht in der Memminger Feuerordnung 1765 S. 37: »Fenster oder Dachlichter«. Dachtroffe. — Vgl. Graff V, 530. Grimm. Wb. III, 670: — »das Capitel sol in der Mülen zu Gerschhofen und zwar nur in deren Hofraitin und Einfäng, auch soweit der Dachtroffen gehet, gleiches Recht und Obrigkeit wie inur beeder Ettern haben«. Vergleich von 1582. — 4) Fensterdächlein u. Ladendächlein komen in der A. Bauordnung wiederholt vor, weil ir Hinauszragen in die Reichsstrasze oder in die Gassen nach Länge und Breite amtlich festgestellt war; desgleichen ire Entfernung vom Erdboden. Die Ladendächlen musten der Reichsstrasze zu wenigstens 8' erhaben sein und durften höchstens 5—6' in den Tag hinauszgen. Gleichen Vorschriften unterlagen die »Dachblatten« und die kupfernen Regendächlein über den Fenstern; leztere sollten nicht über 10 Zoll haben. Dachlatte, ein dummer Kerl, den man überall zum Narren hat.

DACHELE, dim.: Hund, in der Kindersprache, neben dem Wuwu, Nachbildung des Naturlautes. Vgl. Dockele. Schmid 114.

TĂCHER, Groszverkauf, nach Schmid 115, »Ez ensol niemen — besunder verkauffen, wenn in die krâme bi dem tâcher«.

Stdtr. 14 b. »dem mag er wol geben ze kaufenne, swaz er wil, ez si bi dem tächer oder anders«. a. a. O. »unde ob ein armiu frowe oder ein gartellin, die lichte eins tächers niht verlegen mohten«. a. a. O.

DACHTEL, die, alapa, Orfeige; wol bayerisch. Grimm, Wb. III, 669. »Denn, Bua, dau hammer dachtla gfanga«. Sch.

DÄCHTNUS, die, Gedächtnis. Allgem. in d. Schriftwerken, »in frischer dächtmus« »aller hochseliger Dächtnus«. N. Frischlin, Wirtcmb. Hochzeit, Beier, S. 42 u. 63. Grimm, Wb. III, 66o. **Eingedächtig**. »Alle Haubtleute, die der Tugenden Ayacis eingedächtig warend«. Tr. Krg. 52 a. **Bedacht, Bedenkzeit**. »B. bis auf d. andern Tag«. a. a. O.

TADEL, Feler, wunde, böse Stelle: »wann aber die kind Aysz haben, so sol man den Tadel nit aufreiszen«. ogm. 601 f. 112 a.

TAFEL, die, 1) ein hölzernes Werkzeug statt der Glocke, in Klöstern und sonst in der Karwoche üblich. Die Ritualien ausz den Nonnenklöstern, in das 14. 15. Jarhundert gehörend, bringen unzäligemal die tâvel. womit das Zeichen gegeben wird. »Sô die vesper ende hât und dye tâvelle geslagen wirt«. cgm. 168 f. 60 b. »am stillen Frîtag früje, sô sol man die tâvel slahen« a. a. O. f. 58 b. »die tâvel anderwerb (iterum) slahen«. Ritual 15. Jarh. »wenn eine swester genzlich zu dem tôd nêchet, denn sol die tâvel geslagen werden in einzigen slegen in dem creuzgange und in andern steten, ob ez nôt wird«. cgm. 78 f. 12 a. Stellen ausz bayerischen wie schwäbischen codd. sind überausz zalreich. Schmeller und Schmid, ebenso das mhd. Wb. III, 18 b füren dise Bedeutung des Wortes nicht auf. In der Gegend von Tübingen, Neckaraufwärts, lebt in den katol. Ortschaften noch Dâfel, ein Brett mit beweglichen Holzklappern, in der Karwoche statt des Laütens benüzt; davon heiszt das Zeitw. dâflə; eine Ortsschwäzerin nennt man da flëggadâfel. 2) **Fridenstäfel**, die, ward in A. bei öffentlichen Festen umhergetragen; die Tafel, Lobsprüche und Krigsrüstung befanden sich beisamen. 3) **Wildbanntafel**, in Akten von 1620 als Grenztafel gebraucht. 4) Die Wertachbrucker Zolltafel komt in den Akten oft vor.

TÄFER und **TÄFEL**, contignatio; das griech. Ros im Troj. Krig heiszt f. 49 b.: »ein getäfert Ros«. Wb. z. Volkst. 24.

TAG, wie hochd. »in den Tag hinauszbauen, hangen, sten« komt in der A. Bauordnung vor und war ser üblich. Taghauben »hingegen aller Haartouren und reichen Band, wie auch der Taghauben zu enthalten und sich allein der glatten sogenannten **Nachtzeug** zu bedienen haben«. Poliz. O. 1735. S 11. **Tagschein** »das Feuer oder **Tagschein**« Tr. Krg. f. 7 a.

DAHINAB, der berümte, mytische. Durch das enge Gässchen am St. **Galluskirchlein**, zeigte der Teufel dem Dr. M. Luther den Weg zur Flucht vor dem Kardinal (1518) mit den Worten: »**dahinab!**« Ein Beispil, wie eine uralte Sage, erst in Teufelsfrazen übertragen, zulezt auf eine jüngere historische Persönlichkeit übertragen ward. Ein altes Bild am **Galluskirchlein** eingemauert hat man schon im 14. Jarh. für den **Teufel** erklärt u. das nahe **Pfärrle** auf die **Hölle** gesezt: daher die Uebertragung auf **Luther** einen tiefen myt. Kern offenbart. Vgl. Herberger, Burg- und Batfeld 81.

DAIGAFF, eine geistig und körperlich verweichlichte Persönlichkeit. Schmid 118.

TAL, TÄLE, eine Augsburger Stadtteilbezeichnung. »Ueber den Säwmarkt und die Gassen, die man's im **Thällin** nennet«. Gass. 2. In andern Städten, z. B. in München ist das **Dåj** (l) in Ehing. s. D. 's **Krotental** u. s. w. Das ahd. Dim. belegt Schmell. in s. Glossen: talili (valliculus) talille; telili u. s. w., dazu talondi vallatione, talohti, vallata.

DALKET oder **dalkisch**, bayerisch **dåjggət**. 1) nicht ausgebacken, was allgem. schwäbisch ist. 2) dumm, tölpelhaft, neben **Dalk** und **Daliwatsch**, aber nur spurenweise in Schwaben volküblich. In München heiszt esz: »am Mitwoch betet man in der Kirch für de **Dåjggətə**«.

DALLEPATSCH, Tollpatsch: sieh **Dachlatte** oben.

DAMASK, Damast. Im Fuggerschen Invent. komen vor: »von kurzem **Tamaschgg** genaehte kleine Tischtiechel, zur Morgensuppe aufzudecken«, »12 von kluegem **Tamaschgg** geworchene Tischfacanet«, »i gelb **Tamaschggen** Rockh mit einem gelben gertel prämbt«. »Von schwarz **Tamaschgg** mit Seidenporten prämbten Frauen- Jangger one Erbl mit Keel Mäder« u. s. w.

DAMASPIL. »Aber wenn man mich solte fragen, was Christus an dem Kreuz mit dem Tod für ein Gspil getan, wurfe ich das Losz auf das Brettspil oder **Damaziehen**, wie man's zu nennen pflegt. Wer in diesem Gespil erfaren ist, der brauchet einen Vorteil und List; gibt seiner Gegenpartei freiwillig oftermalen einen Stein zu freszen, auf dasz er dem andern 2 oder gar 3 könne hinwegnemen, und wo der andre nur ein Sprung, tut er 2 oder 3«. Homo Simplex.

DAMISCH, adj.: sinnenverwirrt, zerstreut, neben **dämisch** mit Umlaut. »I schlâ di, dasz də **damisch** wirst«. Ausz Altbayern eingebürgert.

DAMMELN, swv.: modricht,

sumpficht riechen. Schmid 119; wie mosəle, von Fischen: nach Moos riechen.

DÄMMER, Schwelger, Schmell. I, 371. »Schlemmer und Demmer« neben Bauchbruder. Homo Simplex. Dammern, swv: auf ein Brett schlagen. Ein Rätsel in den Stauden heiszt: A hell's Zimmer, a laut's Gedammer und a boinerne Wis? (Kirche. Glocke. Kirchhof.) Schmid 124.

DAMPES. »Esz ist nichts Neues, dasz oft ein kleines Butzenmändel eines groszen, ungeschickten Dampes über einen Haufen geworfen und ihmc Stösz angehenkt«. Homo Simplex.

DAMPF in der Bäckersprache: »'s Dampf machen«, Hefe mit Waszer vermengen und verdünnen, was anmachen anderwärts heiszt. Nachdem »'s Dampf« gemacht, komt's Urbet, d. h. der erste Taig wird ausz dem Mel geschlagen.

DÄMPFEN, swv.: schwizen; dämpficht schwül, windstill. Auf Kopfkrankheit deutet cgm. 317 f. 1 a.: dempfig v. Haupte, Bei Pferden bedeutet das Wort sovil als ersteckt; wie die mhd. Sprache sich auszdrückte; unser jeziges versteckt.

DAMUS LAMUS heiszt scherzweise bei den Alten Augsb. das Te Deum laudamus; ob villeicht ausz der Reformationszeit?

TÄNDLER, die, halten auf dem Graben feil, vorschriftmäszig nur Montags und Freitags, und haben nur altes Gerümpel, Messer u. s. w. Gegenüber dem Käufler war die Sippe der Tändler ser beschränkt. Die niederste Art T. sind die sog. Dreckkäufler, Erdkäufler, die ire Waare nur auf ebenem Boden auszbreiten dürfen und iren Verkaufsplaz auf dem Saumarkt neben der Fuggerei haben. — »Dändel- oder Jarmarkt« stet in den Schusterzunftakten.

DANGEL in Dangelmann der pickende Todanzeiger in dem Getäfelwerk, ein Wurm, ist im Volksglauben ser gefürchtet; doch trägt er in der Augs. Landschaft denNamen Erdschmidle, was das wirtemb- Schwaben nicht kent. Dangellaib, Abgabe an den Dorfschmid, wol urspr. nur für das Sichel oder Sensendängeln, d. h. für das Schärfen auf dem Ambosz. »Um disen ebengenannten Lon und Tangellaib solle der Schmid einem jeglichen Bauern schmiden«. Mickhaus Dorf-Ordg. 1532 u. 1525. Tangelzeug z. Sicheln u. Sensen dangeln, im Harter Inventar. Schmid 119.

DANKNEM, dankbar. »So müszen wir sehen, dasz wir Gott danknem seien«. »wir müszen auch danknem sein in aller Widerwärtigkeit«. Augsb. Messbch. f. 7 b. Grimm Wb. III, 738.

TANNENKÜHE, Tannenzapfen, Tannenwädel, Tannenzweige.

DANNEST, dennoch. Tr. Krg.

f. 44 b. Dennest sonst in Oberschwaben.

TANZ. TANZHAUS. DÄNZELWOCHE. In Augsburg, wie überall in Schwaben hieszen die echt volktümlichen 4 zeiligen Liedlein, seien sie von einem oder mereren gemacht, meist uralt, schlechthin Tänze. Das mit Händebewegung und taktmäszigen Klatschen veranstaltete Tanzen, hat wol seinen Namen von eben disem Klatschen: das ursprüngliche war das Lied (vgl. Leich, der) mit Fusz- und Händebewegung, welch lezteres jezt noch allein Tanz heiszt. One Lied gab esz keinen Tanz, aber one Tanz war das Lied üblich. Echte alte Augsburger Tänze sind: der Dreher von der entsprechenden Bewegung; der Achter, sieh oben; das Wennawetle (Menuette); der Kisselistanz von der Sitte des Kissenzuwerfens; der Balbierertanz, weil dabei beim Laternenschein rasiert und der Boden auszgefegt wird; der Rutscher, wovon das Lied heiszt:

Rutsch hin, rutsch her,
Rutsch mit der Magd ins Federbett.

Ferner musz ich nennen den Hanentanz, wobei stark in die Hände geschlagen wird, der Vierer, der Sechser, der Achter hatte seinen Namen von der Anzal Paare. Auf den Schlusz der Tanzzeit get der Reim:

Auf Kathrei
Dâ gât der Tanz ei.

Soweit die volktümlichen Tänze. Anders musz esz bei den Geschlechttänzen hergegangen sein. Vorerst werden erwänt Nachttänze. ›Nach selbiger gütlicher Vergleichung villmal Turnier u. Nachttänze gehalten worden‹. Gass. 141. ›Und ward das ander Gebäw widerumb mit züchtigen Tänzlein und erlichen Kurzweilen an Sankt Michaelis des Erzengels Kirchweyhe eingeweyhet‹ a. a. O. 166. ›Und ward ir zu Gefallen auf irem Tanzsoler ein Nachttanz gehalten‹. a. a. O. 170. Die Chroniken strozen von Nachrichten über festliche Tänze in A. Das Tanzhaus (Gass. erwänt, dasz man den Tanzplan von neuem höher baute, 166) war da für die groszen Bälle der Geschlechter und Genossen, sowie für den anwesenden fremden Adel und stand anfangs zwischen dem Rathause und Perlachturm, hernach verlegte man esz auf den Plaz bei der St. Morizenkirche und erst a. 1632 ward esz abgetragen. Zum Tanz bedurfte esz der Erlaubnis des Rates. Einige jungen Leute ausz den Geschlechtern musten einladen; die Kleider derselben waren uralter Sitte gemäsz auffallend: ein rot carmosin atlaszines Wammes, rote Hosen mit rotem Doppeltaffet durchzogen und mit rotseidenen Schnüren verbremt; dazu kam ein kleiner rotwollener Mantel, der bis auf den Gürtel gieng, oben mit einer seidenen Schnur zusamengeknüpft; auf der rechten war er offen und hieng um den Leib; ferner ein mit goldenen Schnüren umwundener Kranz. Die Herren und Frauen trugen bei Tänzen eine Art Maskenkleider. Auf der Stube war gemeinsames Mittagessen. Solche feierliche Tänze waren 2 mal in der Fastnacht und bei Anwesenheit groszer Herren. Die ältesten Geschlechtertänze, deren die Chroniken gedenken, fallen in's Jar 1313, als dem Kaiser Albrecht und s.Gemahlin zu Eren ein solcher veranstaltet ward. A. 1418 galt ein Tanz dem Kaiser Sigismund, bei welcher Gelegenheit er den Frauen goldene Ringe austeilte. A. 1577 war der lezte Geschlechtertanz. Religionsverhältnisse scheinen die Ursache des Aufhörens gewesen zu sein. Ueber die bei den Tänzen üblichen Hofnarren sieh unten s. v. N. Vgl. ferner den Freimütigen 1804. II. Bd. S. 102. 103. Einen alten Geschlechtertanz in Noten auf einem Gemälde von 1522 fürt Paul von Stetten an, Erläuterungen S. 86. Eine Hauptrolle bei den Zünften spilte die Dänzelwoche; esz ist eine Jaresfestwoche der Gesellen. Voran stet wie billig die Weberdänzelwoche in der sog. Lorenzwoche. Schon Erhard Cellius sagt von den wirtemb. Webern: »Sie halten Dänz und Frewdenspil«. (10. August). Vor dem 7. August durfte keine Zunft ire Dänzelwoche halten; die Weber hielten sie in der Vorderhand. Der Tag began mit Prozession der Gesellen zu St. Afra und von da zu St. Georg, wo der Gottesdienst mit Hochamt gehalten ward. Bei der Magistratsherren Häuser hielt man und der Knappenknecht tat den Spruch. Die Meister waren alle geladen. Von dem Magistrat ausz erschien ein Deputierter, der gnädiger Herr von den Anwesenden betitelt werden muste und den Erenplaz einnam. Auch zum Umzug geschahen besondere Einladungen. Groszartig waren Mal und Tanz, wo auf Gesundheit des gnädigen Herrn und der Meister Vorgeher getrunken ward. Esz gab auch 2 Nachdänzel: etwa Afterfeste, blaue Montage. Von der Weberdänzelwoche an namen auch die übrigen eine nach der andern iren Anfang. Am heitersten gieng esz schon da her. Die Weberrechnungen weisen so c. 23—30 fl. auf, was die Kasse, die alles bestritt, zu bezalen hatte. Das Augsb. Jareinmal:

Auch tut man wie ich hör' und seh
Des Jar's einmal dem Geld recht weh,
Da viel Handwerker kostbar dänzlen;
Und ob die Jungfern ire Kränzlen
Allzeit heim bringen unverlezt,
Bleibt hier die Antwort auszgesezt.

A.1760 ward das Weber-Jubiläum festlich gehalten zur Erinnerung an die Hunnenschlacht »da geschah der völlige Auszug am Tänzelmontag«. Web. Umzug S. 35. Umzug 1760: »Der marsch gehet erstlich bei denen Herrn Stadtpflegern vorbei, wie auch bei denen Herrn Deputierten des Weberhandwerks, allwo jederzeit vor iren Häusern ein Fähndrich um den andern seine Exercitia mit der Fahne macht. Sodann marschieren sie vor das Weberhaus, allwo inen durch die Herrn Beysitzer aus iren hebenden Pocalen ein Trunk gereichet wird. Von da gehet der Marsch nach St. Ulrich in dem Hof, allwo die Fähndriche abermalen ire Exercitien machen. Von St. Ulrichen marschieren sie durch die Beckengassen hinab auf ire Herberg, allwo sie eine Malzeit halten u. die Herren Beisitzer und Büchsenpfleger dazu einladen. Inmittelst wird die Fahne zu einem Fenster hinausgehänget. Den andertn Tag ziehen sie weiter vor derer Herren Beisitzer u. Bixenpfleger ire Behausungen, allwo inen ein Trunk gereichet wird. Endlich begeben sie sich nach vollendetem Zug auf ihre Herberge, augsb. Confess. Den Zug bildeten ein Hauptmann (Meisterson), 2 Lieutenants, 2 Fändriche; sodann die Professionsvorsteher, 4 Altgesellen katol. Teils, 1 Ladenschreiber, ein Knappenknecht, 4 Altgesellen, protest., 1 Ladenschreiber, 1 Knappenknecht. Die Reihenfolge: 1) 2 Knappenknechte mit rot u. gelbem Kleid, Schuh mit einem roten und gelben Absaz, mit einer dergleichen 2färbigen Duseggen und machen Bahn. 2) Ein Chor Musicanten. 3) Die Stadtpyr oder Wappen, daneben 2 Knaben, jeder 1 Adler tragend, neben inen 2 Gesellen mit Degen; 4) Der Hauptmann mit dem Sponton in gefärbter Kleidung, inen folgt ein Knab in weiszer Kleidung mit rot und gelbem Band, einen Lorbeerkranz tragend. 5) 2 Feldwäbel. 6) Die 8 Altgesellen in roten Kleidern sampt Hut mit Federn, gehen unter einander nach dem Rang. 7) Der Willkomm von beiden Laden, neben inen 2 mit blossen Degen. 8) Die 4 Bixenpfleger, in schwarzer Kleidung, Mantel und Degen. 9) Die Taffel vom Weberhaus mit dem Wappen, die a. 1660 getragen worden. 10) 4 Trommelschläger und 1 Pfeifen. 11) Drei Knaben mit der gnädigen Herren Deputierten vom Weberhaus, ire adelichen Wappen tragend, neben inen 2 Gesellen mit blossen Degen. 12) Der erste Fändrich mit den neuen Fahnen und 2 Vierer; disen begleiten einige Gesellen in roten Westen und gelben Aufschlägen mit blossen Degen. 13) Die erste Tafel von der Schlacht von einer Bedeckung zweier Gesellen. mit blossen Degen, nebenzu folgen einige in Cuiras. Der halbe Teil von der Gesellschaft 4 u. 4 zwischen eingeteilt die Lobsprüch und Friedenstaffel, auch Kriegsrüstung, neben inen 2 Gesellen mit blossen Degen, auch eingeteilten Knaben oder Meistersönen, welche wol aufgebuzt, in Hut und Federn mit einer Leibbinden und Degen, Bogen und Pfeil, worbei von einigen Gesellen, der halbe Teil der Schenkkannen getragen werden. 15) Der 2. Chor Musikanten. 16) Bildniss von Kaiser Otto und St. Ulrich, auch Weberhauswappen von Knaben tragend, neben inen 2 Gesellen mit Degen. 17) 6 Sechser, 3 und 3 gehen in schwarzen Kleidern, Hut mit schwarzen Federn mit rot und gelbem Fuszband, auch gelben Absaz tragen die Pocal vom Weberhaus und 4 Gesellen neben inen mit blossem Degen. 20) Die Taffel von der Wappen übergab an Kaiser Otto darneben 2 Gesellen mit blossen Degen und einige mit Cuiras. 21) Der andere halbe Teil von der Gesellschaft mit blossen Degen u. Knaben eingeteilt; auch zwischen inen die Fridensfaffel und Lobsprüch und Kriegsrüstung eingeteilt, wobei von einigen Gesellen der andere halbe Teil der Schenkkannen getragen werden. 22) 4 Trommelschläger und 2 Pfeiffer. 23) 2 Lieutenants. 24) 2 Leibschüzen. Alle Gesellen tragen gelbe und rote Maschen. Den Beschlusz machen einige von der Meisterschaft in Harnisch zu Pferd welche zerschidene in dem hochlöbl. Reichsgotteshaus zu St. Ul-

rich und **Afra** allhier bis anhero aufbehalten waren«. In der nämlichen Beschreibung heiszt esz S. 32: »ist den Webern von einem hochedlen Magistrat verstattet worden, in irer sog. **Tänzelwochen** järlich einen öffentlichen Auf- und Umzug mit Ober- und Untergewer, fliegenden Fanen, Trommeln und Pfeifen solenniter zu halten. Welchen freien Zug im Anfang eine lange Zeit, sowol Meister als Gesellen beigewonet haben, hernachmals aber von den Meistern denen Gesellen allein überlassen, bis endlich mit eingefallenen schweren Zeiten (jedoch one Vergebung solcher erworbenen Freiheit) ermeldter Zug von einer Zeit zur andern eingestellet und auf verhoffende Besserung verschoben worden. Wie dann noch järlich durch gewisse dazu verordnete Büchsenmeister vor Amt auf dem Weberhause entweder dem nächsten Siz vor od. nach St. Ulrichstag zu erscheinen und darum anzuhalten pflegen, welcher aber seit a. 1660 nicht mehr gehalten worden, ob zwar wol gleich hierauf im Jare 1666 solcher wiederum durch die Herren Deputierte vergönnet, aber wieder eingestellt worden bis 1760« u. s. w. Auch in Kaufbeuren gab esz ein **Dänzelfest**, über dessen Ursprung man indess nichts Sicheres weisz, als dasz esz ein **Schulkinderfest** schon frühe gewesen sein musz. Urkundlich a. 1567 wird esz als »üblicher Dänzeltag der Schulkinder« bezeichnet. An dem öffentlichen Umzuge mit Trommeln und Fanen des Vormittags erschienen die Knaben in militärischen, die Mädchen in verschienenartigen Costümen und zogen Nachmittags in das Hölzchen: das Fest dauerte 3 Tage. Red.-A.: »Also zergieng der Tanz« d. h. die Sache. Frank S. 117. Tanz. berg am westl. Ende v. Mazzsies ligender Hügel.

Den Augsb. Baurentanz (s. B) soll Johannes Holzer ausz Kloster Marienberg bei Meran in Tirol gefertigt haben.

DAP, dim.: Daeplē u. Daiplē Pfötchen; scherzweise »'s D. geba« bei Kindern. Schmid 114. »Jazt thua miar nu glei 's Daipla gea«. Sch.

DÄPPELN, swv.: in kleinen Schritten gen; Däppeler, der ausz Altersschwäche in kleinen Schritten marschiert. Däppelispolka, ein Tanz in solcher Weise. Tapp in's Mus, der, oder Tappes, ungeschickter Mensch; »du schmalk'scht 'n Käs wie a Tapp ins Muasz«, (Sch.) was sonst tappig auszsagt. Schmid 114.

DAPPER, Gang. »I thua mein alta Dapper gaū«.

DARNE DENNA! ist's doch so! Verwunderung, wenn etwas, was man ante, eintrat. darnach?

DARRE, die, Dörrofen, Darrete (Wurml.)

TARTSCHE, swf.: ein kleiner Schilt, pelta. Mhd. Wb. III, 116, 117. »Die Tartschen fürzuwerfen sind sie so geschwind, dasz sie Wurf und Pfeil, so sie die ersehen, aufhalten«. Elucid. 1543. »Tartschen und Armbrust«. Fizion 51.

DAS, stn. in den Stauden die Streu ausz Tannenreisern, wie esz dort bräuchig; überhaupt Tannenreisach. »Die Eichen und Ahorn aber nach vorherigen Anfragen bei dem Forstherrn zu hauen; sodann auch die Abhollung des Daaszes und Holzes ausz dem Wald inner der verbotenen Zeit — (soll) unentgeltlich concediert werden«. Kempt. Confirm. S. 23. Verb. daasen. Vgl. Schmid 115. Schmeller I, 352.

TASCHE, die. »Nach altem Herkommen ist besonders eine eheliche Gemeinschaft des Vermögens bei den Wein- und Bierwirten, Becken und Mezgern und Huckern hergebracht, die daher die exempten Handwerker oder von der offenen Tasche genannt werden«. Anschlagzettel 1681 bei Huber.

DÄSIG, adj.: ruhig, degenmäszig, furchtsam. »Begab sich dann enher, dasz entweder der Adelsgenossen in Frei- und Reichsstädten Regierung däsiger und eingezogener wurde«. Insign.

DAT, DAETLE, dim.: Fach, Schublade, Fächlein. »Nicht uneben sind vormals dise wertiste Heiltumb, doch one sondern Zierrat in iren absonderlichen Thätlein«. Ehrenf. 1699. »Käst denn

leaba von der leera Daut?«
Sch. Am mittleren Necar allgemein. Schmid 115. 116.

DATSCHE, swm.: 1) ein mit Obst belegtes kuchen- oder fladenartiges Backwerk, wie Zwotschken-, Apfel-, Weichseldatsche u. s. w. Beliebte Augsb. Speise. 2) Ein misglücktes, sei esz wegen mangelhafter Hefe oder wegen unpraktischer Behandlung misratenes Backwerk, eine unförmliche Masse. 3) Bildlich: ein dummer, träger Mensch, der, gleichsam one Hefe und rechte Behandlung, esz zu Nichts brachte. Hingegen heiszt ein auszgewirkter D. bildlich ein raffinirter Mensch, ein homo versutus, astutus, weil das Auszwirken des Augsb. Backwerkes seine Güte bedingt. Ich halte das Wort ursprünglich nach seiner Auszsprache für bayerisch. Der Grundlaut datsch ist Nachamung des Naturlautes, der entstet, wenn mit flacher Hand oder mit flachem Instrument auf einen Gegenstand eingeschlagen wird, besonders auf Taig, der breit geschlagen wird. Das a ist ursprünglich kurzes a und erhält die bei A, in der Lautlere S. 3 a. berürte Denung, die der Stadt und dem unmittelbar gegen die Mindel und Wertach hin ligenden Lande cigen ist und nicht mit Unrecht bayerisch-schwäbisch genannt werden mag. In der Tübinger und Rottenburger Gegend komt dötsch vor für Pfannkuchen, dötsche, Pf. backen. Vom nicht durchsaüerten Taige, sagt man »er ist zemmadätscht« mit Umlaut und zwar in Niederschwaben allein mit Umlaut. Vgl. Schmid 117.

DATTEL, die, Puppe in irer 2. Metamorphose. Dattelfürst, ein alter Mezgerspizname in A.

TAUBE in TAUBENJACKEL, Taubenhändler und Taubenliebhaber. Taubenkobeln, ein Spil der Buben in den Stauden. Irgendwo auf freiem Felde, in Garten oder Scheucr macht man ein Zil d. h. einer stet in weniger Entfernung von dem Haufen und ruft

Tauba 'rousz kobla
8 oder 9
Gheart all oine meï l

Im Augenblicke verläszt der Taubenkobler sein Zil und springt auf den Haufen Buben (Tauben) losz und wen er fängt, der musz an's Zil; bekomt er keinen, so get's wieder von vorne an, er musz wieder 's earstei sein.

TAUF, stm.: in Pfingsttauf, Ostertauf, das an den Vorabenden der Vierfeste geweihte Waszer. Der Augsb. Festkalender hat dafür »Hochtauf«. »Bei St. Morizen pflegt man das Feuer zu weihen um 7 Uhr und nach dem die Osterkerze und Hochtauf«.

DAULEN, allgem. oberschw.: bedauern: »du doulascht mi, i käs it sä«. Sch. 21. Schmid 121.

DAUMEN, swm.: pollex, ahd.

dûmo; »den gerechten dûmen«. Stdtr. f. 50 b. »Alsô dasz man sol sin begraben unz an den nabel; und sol er in siner hant haben ainen aichinen stap, der sol siner dûmellen lanch sin«. f. 30 a. Red. A. den »Daumen auf's Aug 1) drücken«, durch die Finger sehen. 2) moralisch nötigen.

TAUSET in Verwunderungsreden: »Und aufbuzt ischt sui, tausetneï! Sch.

DÄZELN, ein Augsb. Kinderspil. Die Buben schlagen ein viereckichtes Holz in den Boden, legen auf das Stözlein einen Zwäering oder Pfennig, was teuer oder wolfeil tun heiszt. Von einer kleinen Entfernung wirft man mit Ziegelblättchen nach dem Holze; am liebsten nemen die Buben Solenhofer Steinplättlein. Wer trifft d. h. wer so an's Holz wirft, dasz das Geld herabfällt, läuft mit den andern hin und schaut ob Münz oder Wappen gefallen ist. Je nach Verabredung gilt das eine oder andere. Das Wort scheint bayerischen Ursprunges.

TÄZLEN, Hemdspizen, Manschetten. Schmell. I, 465. »Handtäzlein mit oder one Spiz«. Poliz. O. »Ein Halstuch, sowie den Handtäzlen und denen Kragenbändern mit oder one Spizen über 15 f. nit wert sein«, a. a. O. In dem Fuggerschen Inventar komt vor: »8 par Täzl mit merlei Seiden auszgeneet«. »25 par Täzel mit und one Spiz«.

DECKE, »unter einer Decke mit einander ligen« häufig in Augsb. Akten »conspirare«. Bedecken, »betreten oder bedecken laszen« von den Hennen. Gockel. 11.

TEFERDINGEN, O. N. heiszt urkdl. v. 1288: Tenfridigingen, v. 1408: Tenferdingen und Däferjdingen.

DEIL, DEILUNG, hölzerne Canäle, das Waszer in's Haus zu leiten. Schmid 123. Teyhelfürer in der Feuer-O. 1731.

DEINSELER, der,Kropf.Sch.124. verb. deinseln, davonschleichen.

TEMPERFASTEN, allgemein in den schwäbischen Schriftwerwerken des 14. u. 15. Jarhd. »in der tempervasten des advents«. (Quatemberfasten.) cgm. 157 f. 2 a.

DENN »und denn« beliebte Uebergangsworte von einem Saze auf den andern. Mindelheim.

TENNEN, swm.: Vorplaz des Hauses, Hausgang selbst. »Ain tännen und ain sumerlauben«, »dor tännt, daz allernydrest vndan an dem tännen«. allgm. cgm. 625 f. 284 b. u. ff. In der wirtemb. Hochzeit: »Ein hoher langer weiter Tennen, da man tät etwa stechen rennen.« Aufgestellte Thännenmeister, Memming. Feuer-O. 1765.

DEPSHOFEN, O. N., urkdl. 1241: Tebeshofen; 1364: Tepzhofen; unwarscheinlich auf einem alten Tepizo u. s. w. beruhend. In D. ist esz nicht ratsam zu fragen, warum der Schimmel

lachte Sie sollen, wie anderwärts esz auch erzält wird, einen Schimmel den Kirchturm hinaufgezogen haben, um das Gras dort abfreszen zu laszen. Bereits oben, bleckte er noch vor seinem Ende die weiszen Zäne, wobei die Depshofer schrien: jezt lacht er!
DERZEL, der, eine Art kleiner Falken; mittellat. tertius, tertiolus. Mhd. Wb. III, 32 b. »Ist es ein Habich, das ist ein sy, so ist eins ein Derzel oder klein Habich, das ist der er«. cgm. 289 f. 108.
TERZIANA, Febris tertiana in Akten, Chroniken ser oft. — Luc. Rem. S. 7: »am hineinreiten stuos mich ein Fieber terzana an«.
TEUFELSPEITSCHE, eine Schelte für böse Frauen. »T., Schindbeitsch«. Homo S.
DIBES (- u) Rausch. »Du håst 'n dibes«; »deam guckt der dibis zuə də ogə ròusz!« ganz was Dames und Dusel. Schmid 115.
DICHEN, swv.: schleichen, leise gen. Schmid 123.
DICKET, die, Dickicht.
DICKORET neben dosåərət, taub, übelhörig,
DICKPFENNIG in einem Vergleiche von 1508. Die Stadt A. ist befugt »silberne Münz und Dickpfennig zu ganzen und halben Dugaten in der Münz zu schlagen«. Der Dickpfennig galt 20 kr. Schmell. I, 314. Grimm Wb. II, 1083. Kehrein. Sammlg. 22 b. Augsb. Pfenninge sieh A. Rotweiler Pf. sieh R. Esz gab auch »truckne Pfenninge« Akt. Vergl. 1368.
Dicktuch, eine besondere Art Tuches: bei dem Maisterexamen hatte ein Weber 1) ein grobes, 2) ein dickes und 3) ein Krontuch zu weben.
DIECH, stn. femur, Oberschenkel beim Menschen und bei Tieren; seit dem 17. Jarhd. m. u. f. gen. Vgl. Mhd. Wb. I, 324 a. Grimm Wb. II, 1098. »Wer ein diech verkauft, sol sein nierstal darin laszen«. cgm. 290 f. 76 a. »Der Schütz, das Zeichen, hat an dem Menschen die hifft und die Dyech«. Reg. 1512. »Auf die Diech für alle Gebrechen« a. a. O. »Der Schütz betütet die Dieche«. Astron. 30 a. »Man sezt die Köpf auch an die Diecher« 39 a. »S Mittel im Diech« ein Mezgerfachauszdruck für das Kreuzstück am Hochbalg. Liddiech sieh unter L.
DIENSTLER, wer in welcher Art imer von der Obrigkeit für niedere Dienste verwendet ist.
DIGNEN, swv.: Schweinefleisch räuchern; verdignen, Kraft und Saft herauszbraten. Dignes, geräuchertes Schweinefleisch: »ir sult auch nit tigens fleisch eszen, wann ez hertet den pauch«. cgm. 223 f. 5. »Sie sollen meiden alle wolgesalzene Kost und Salzes und diges fleisch«. cgm. 601 f. 101. Digne Würst, geräucherte Schweinswürste in A. beliebter Auszdruck. Schmid 126.

TILGERLE, beim, eine alte Wirtschaft in der Bäckergasse.

DILLE, DÄLLE, ein einfältiger Mensch, mit dem Scherze getrieben werden.

DINGELER. ein groszer unbeholfener Mensch; dingelaere, oberschwäb. eine vierschrötige, unbehilfliche Weibsperson.

DINGEN, häufiger ist der Fachauszdruck aufdingen bei Hirtenbuben im Brauche. Stauden.

DINGLACH, Habseligkeiten: »der hat dem Marschalk sein Dinglach gefüert«. S. 267 a. »Den andern Wagen mit 4 Rossen hat ein Rat bestellt, der hat der andern Edelleut Dinglach gefüert«. a. a. O. Ueber lach sieh L.

DINKELSCHERBEN, O. N. heiszt urkdl. 1217. 1220 Tenchelserun; vom 14. Jarhd. ab Dinkelscherben.

DIPPEL, plur.: Zuglöcher am Backofen. Als Schimpfname für e. dumm. MenschengiltHiradippel.

TISCH: »ze tische stân« feil haben: »sô mag ein burger, der wahs hât wol ze tische stân drî tage vor vnd sol in des niemen irren«. »Ez sol auch kain krâmer, der ze krâme stât kein wahs ûf deheine tische noch niender verkaufen, wan in sîner krâm«. Stdtr. f 13 b. Tischen, Malzeit halten; vgl. das züricherische »vertischgelten« in einer Familie zur Kost gen. Tischafette, dim. Serviette. Sibentischwald ein Augsburger emaliger Vergnügungsort.

DISGUST, stm : »Im Himmel ist lauter Freud, in der Höll ist lauter Leid, im Himmel ist lauter Lust, in der Höll ist lauter Disgust«. Conlin.

DISSELE, das, Lockruf für Küchlein. Sieh Anhang.

DITSCHE: 1) verächtlicher Hut. 2) Orfeige. »Eva: Ah sey iaz do it gar so ead! Dasz 's Uebel it no ärger wead; du hauscht schoa oft 'n Ditscha thau, drum schimpf i all und lasz mi gau«. Sch. 18.

DÖBHABER, stm. »Esz gabe besonders an der Hochstrasze in Bobingen solichen Haber, den sie Döbhaber nennen und dem Treffzg im Rocken nit ungleich ist. Wer von solchem Brot oder Mel asze, wurde in dem Kopf ganz dumm, hat vil Schmerzen«. Reinhartshaus. Pfarrbuch. Vgl. Dippelhaber, Schmid 125.

TOBIN, der, gewäszerter Taffet: le tabis, franz.; il tabino, ital.; the tabby, engl. »Atlasz, Tobin, Taffet« oft in Akten, besonders Kleiderordnungen. Wirtemberg. Hochzeit:
In weissem Samat unvertrogen
Mit guldenem Tobin durchzogen u. s w.

DOCKE, l. 1) bei Waszerbauten: kurze dicke Säule ausz 2 Querhölzern in Puppengestalt: »In dises Geländer von holen und gedrehten Docken oder Sparren mehrmalweise verfertigt«. Heimfürungsbegängnis 49. »Von den Eichen abgangen, welche man zu

den Docken in Hart verbraucht hat«. Mickhaus. Akt. 16. Jarhd. »An den Schwebdocken«, 1567. »Ich hab die 3 Gräben vor den Docken gefischt«. 1570. Vgl. Wb. z. Volkst. 26. 2) Kinderpuppen. In dem Leben der Elisabetha Bona, Reimerei vom 17. Jarhd. heiszt esz:
Als dasz sie in ihrer Kindheit
Mit den Docklin vertrieb die Zeit.
Dockenwerk, Puppenspil für Kinder. Dockenküche, in der Alles, was zu einer Haushaltung gehört, im Kleinen aufgestellt ist. In Augsb. trieben Vorneme esz soweit, dasz eine solche Dockenküche oft auf 1000 fl. zu sten kam. Sogar Bräute hatten noch ir Spil mit Do'ckenhäusern. Darum werden auch des öftern Künstler und Dockenkrämer mit einander aufgefürt (Gass.). Im Homo Simplex komt das Wort in folgendem Zusamenhange vor: »Präsentiert die falsche Welt dem Geilen, Unzüchtigen allerhand Docken, Saitenspil, Ueppigkeiten des Fleisches« u. s. w. »Wie manche schön aufgebuzte, geschmückte, gezierte, angestrichene, mit Balsam und Ambra überfirnieszte Docken wurde auszsehen wie ein häszlicher kohlschwarzer Teufel« u. s. w. a. a. O. »Macht eine Gleichnus unter euerem und euerer lieben Voreltern Aufzug und Kleidertracht, da werden sich manche spompenadi-Schneider, manche Aufpflanzerin und Popendocken schämen müszen«. »Get eine sauber gekleidet ist sie eine hoffartige Spreisserin, eine Hofdock«. Puzdocken, früher allgem. Die Eava steiget wia a Dogg Und 's Mannsbild haut fleack am Rock«. Sch. DOCKELE, dim.: Hund. »Doggele, Doggele, sä, sä!» Hunderuf und Locken bei Kindern. Birkach. Stauden. Schmid 130. DOCKELMAUSEN und DUCKELMAUSEN, swv: heimlich eine List auszfüren. »Geht sie schlecht daher, ist sie eine Schlamplin, ein sv. Mistfink; redet sie, ist sie ein Buhlerin, ein Ehebrecherin; schweigt sie, ist sie ein Dockelmauserin, in der nichts guts steckt«. Homo Simplex. Schmid 131. Duckmausen.
TOD, »Tods verscheiden«, sterben, allgem. in Augsb. Schriftwerken. Toadaschlaile, uralter Name für eine Filiale hinter Sigertshofen in einer Art Bergtobel. Todagrübel, Todtengräber, Mindelheim und sonst. Ein Klopfanlied in Mindelheim heiszt:
Holla, Holla, Klopfertag
Schüttelt d' Birn und Aepfel râ,
Schmalz im Kübel
Ist au itt übel,
Bhüet uns Gott vom Toadagrübel.
»Vil Schmalz im Kübel, 's ischt au it übel«
Und a langa Ruah voarm Toadtagrübel«. Sch. 10.

Red. A. »Er ist gut den Toad z'holla«, er nimt sich zum Gen Zeit. »Der Tod ist mir über's Grab gelaufen«, esz schauert mich. »Esz ist zum Todschieszen«, wo man sonst zu sagen pflegt: esz ist zum Tod lachen.

DOD, DODLE, Pate, in Niederschwaben Dött. Dodenpfennig, Patengeschenk, was als Kleid am Palmsonntage oder sonst gegeben wird, und in Wurml. Dottaschüz; in Rottenburg Dottagschäft hiesz; in Aarau Kindstrossel genant. »Von Konrad Rechlinger meines Todts wegen«. Kleidb. »Doch bleibet hernach einem jeden solchen Kindern und Dotlen Guts zu tun unverwert«. Poliz. O. Schmid 116

DOLENSTEIN: »dann darvor ist jedermann ain gemainer Durchgang durch dises Haus gewesen, und hat geheiszen Dolenstain«. S. 58 a. Esz war eine Müle bei dem Steffingertor.

TOLLFUSZ, schiefgewachsenes oder gar hölzernes Bein.

TÖLPELSFELS, alter Name des Eisenberges. Gass. »Zum T.«

DOM, stn.: in der Augsb. Landschaft, Stauden, kurz gesprochen. Red. A. »Mit dier könnt ma z' Augsburg 's Domm nei rumpla voar lauter Dumme« von einem dummen Menschen gebraucht: zugleich Wortspil. Ein Rätsel in den Stauden heiszt:
Zu Weiszenburg im Dom
Da ist a gelbe Blom,
Und wer die Blom will haben,
Musz Weiszenburg zerschlagen.
(Ei)

R. A. Domherrn-Arbeit tun: müszig gen und Geld dabei einnemen.

DONNERSTAG, der alleinige Name für den 5. Wochentag. Bald schreiben die Denkmäler Donrstag, cgm. 168 f. 9 b und öfters; bald, wie noch im Volksmunde üblich, Donderstag; ganz so schreiben die Kalender von 1500 —1518 des Regiom. Donstag komt auch oft vor, selten aber, wie in Bayern, Pfinztag. Der halb Augsb. cgm. 740 f. 31 b hat: Dornstag oder Pfinztag. Ott Ruland hat auch Pfinztag. In Niederschwaben Daüstig; Oberschwb. Donstig. Bekant ist der gumpige D. sieh G.

TOPP und tô (pp), esz gilt; ein Mann, ein Wort!

TÖPPEL, emals die Büchse, in die beim Schieszen der Mitschieszer seinen Einsaz legt. Schmid 129. Jezt in A. nicht mer lebend. »Das ander nimpt man usz dem Töpel, sovil sich dennocht geburt« cgm. 2517. »So soll der Töppel auch einander heben« a. a. O. »Bis der Töppel gar uffgât« a. a. O.

DOPPELGLUFE f., Haarnadel.

DOPPELWEIB zu Grimm, Wb. II, 1275. »Etlich haben den Ackermann, den Edelmann (im Spile) den Wucherer, den Pfaffen, das Doppelweib, den Ryffian, den wirt vnd gewint je ains dem andern ab, dem Edelmann der Wucherer., dem Wucherer der Pfaff, dem Pfaffen das **Doppelweib**, der Ryffian dem Ryffian, der wirt dem Wirt u. s. w. cgm 311 f. 47 a.

TOPPANUDLA und **TOPPASTRIZFL**, bayerisch Dopfa-.

TOR. Die Tore spilten in A. eine grosze Rolle; die Himelsgegenden, die Wanderschaftsländer wurden nach dem Tore bezeichnet. Die 4 Haupttore waren: »Gegen Westwindt und Bayrlandt das Jacobertor; gegen Ost und dem Allgäu das rote Tor; gegen Sudwindt und Schwabenland das Geggingertor; gegen Nordt und der Thonaw das Wertachbrugertor. Und über diese 4 noch 6 kleinere als das: Vogeltörlein, Schwybogen-, Klenker-, Fischer-, Steffinger- und Oblatertörlein«. Gass. Walkertörlein. a. a. O. Das Klenkertörlein komt in der Almosen-Ordg. oft vor als einziger Einlasz für fremde Bettler, bewacht von den sog. Gassenknechten (1694). »Auszerdem dardurch man die Leuthe zu Nacht vmb ain genanntes Geld ausz- und einläszt (Einlasztörle genannt), welche kleine Törlein an Feiertagen unter der Predigt oder so sich sunsten etwas Widerwertiges und Unglückliches zuträgt, nicht aufgemacht werden, sonsten aber werden sie sowol als die 4 Haupttor mit einer starken Quardy verwöhret«. Gass. 2. Das rote Tor hiesz ehedem **Hauptstettertor**. Gass. 143.

Red. Art: zum Tor hinauszkomen, zu rechter Zeit fertig werden. Die Torschreiber in A. wurden zur Reichsstadtzeit Torwart genannt.

DORE, Dorothea. Dourathea sonst.

DÖRE, **DÖRRE**, die, Krankheit der Vögel, die in einer Art kleiner mit Eiter aufgelaufener Bläterchen am Steisz entstet.

DORGLEN, von .Berauschten, krumm, unsicher gen, hin- und herwanken, taumeln. Er hat schon wieder einen Dorgler gemacht, sagt man gewönlich. Im Homo Simplex: »Mancher hütet sich das ganze Jar vor Sünd u. Laster, sovil er kann, aber zur Zeit der Fasnacht dorgelt er, als ein blinder Narr in die Sünd hinein«. Vgl. Mhd. Wb. III, 149 b. (tarc) Frisch II, 377 b.

TORKEL, die, torcula, Weinpresse. »Wein, der do gelesen ist von den weinreben lauter und klar auszgetorkelt vnd gedruckt und nicht agrest Wein noch Confektwein«. Augsb. Mssb. Dises fremde Wort erscheint schon im Ahd. b. Graff. Mhd. Wb. III, 52 a.

TORMENT, ser grosz, furchtbar. »Nach Mitnacht kam ain tormentsturmwind an uns«. Luc. Rem. 10.

DORSCHE, eine Kohlart, deren Strunk oder Stock zu Lichtstöcken dient. »O heil. Thosso! die brennende Lieb Gottes in deinem Herzen! fürwahr, diesen deinen Liebesflammen, welche die **Körz** und **Dorschen** in deinen Händen hat angezündet, gehört das Lemma des heil. Pauli« u. s. w. Erenfest 1699.

DOSCHEN, swm.: 1) Quaste. 2) wirtelständige Dolde. »Eine **doschete** und **doschige Kuh**« was der Oberländ. Schwabe gstocket, bodenmäszig, auf breiter Grundlage stend heiszt. »Kurze Klagbinden als von schlechtem Flor oder Zendel zu malen one Doschen oder Rosen tragen sollen«. Poliz. O. 1688. In den Schusterbruderschaftsrechnungen komt oft vor: vor die Doschen, vor ein Spagen u. s. w. zur Zierde der Fane.

DOSEN (Wurml. dossen) 1) horchen in der Stille. 2) schlummern, dosâeret, übelhörig. Vgl. Mhd. Wb. I, 386, dôse, ich verhalte mich still. Ebenso III, 155.

TOXENFLACHS komt oft vor in Fuggerisch-Mikhaus. Rechnungen, wol zu **Docke**, Handvoll, Büschel. »Gedoxten Flax«. 1671.

TRACHTER. stm., d. Trichter.

TRAGE, swf., sovil man auf einmal tragen kann. Im übrigen Schwaben: Traget, Tragete. Tragbär Tragbahre.

TRAGEN, fructum dare, gebraucht v. einem äckerlin. cgm. 154 f. 39 a. ein ackerlin, trag es oder nit«. f. 39 b.

TRAGER, der, 1) Helfer, Verwalter, Vorsteher. »O Herre schick den Trager der E über sy«. cgm. 82 f. 22 a. Von Gott heiszt esz: »O Herr unser richter vnd unser Eetrager«. cgm. 345 f. 4 b. 2) curator. Pfleger, Vormünder; esz scheint ein Auszdruck abgefallen zu sein; das ahd. sorgentragil dürfte hiehergezogen werden: »vnd ist der sundersiechen trager«. cgm. 154 f, 11 a. Auf erbare Träger soll in alter Form geliehen werden. Vergleich von 1602. Das Memminger Stadtrecht hat folgende Erklärung: »Umb Trager zu gebent. Wir habent auch gesezt und sigent mit dem ailiften ze raut worden, dasz jeglich burger und burgerin hie ze Memmingen iren Kinden wol mugent Trager geben bi gesundem und siechem lib oder an dem Todtbett, wa sie wend, die auch hie Burger sind, es sigend friund oder ander lüt, dasz sye niemandt davon irren mag; wer aber seinen Kinden nit Trager gibt, der von Tod abgaut, so sol der Rat denselben Kinden Trager geben, die dem raut nutz und gut dunkent und zu jeglichem Trager geben, dri oder zwen von dem Raut, dasz kain Trager nichzit versetzen, verkauffen oder mit der Kind Lieb und Gut, der Trager sie sint, nichtz tuon u. s. w. Vgl. Mhd. Wb. III, 79. Ich erinnere an das ahd. tragôn b. Ofrid: sich nären; mhd. sich tragen, betragen, sich nären; wol zu unterscheiden von trâgen mit â: mich beträget etwas: mir ist etwas langweilig.

TRAGHEIM, abgegang. Ort b. Häder, urkdl. 1296 Tragheim. Eine Flurmarkung nördlich von Lindach heiszt noch das Tragheimer Feld.

TRAIDSÄCK (Troidsäck) Stichelname der Burgauer.

TRAINEN, blühen; der Train, Blüte. Kaufb. Schmid 135.

TRALLIQUATSCHEN, reden wie einem der Schnabel gewachsen ist. (Nicht Augsburgisch.)

TRÄM in UEBERTRÄM, Ueberbalkenwerk. »Also da man dieselben auf die vberträm und Balken legen musz«. cgm. 402 f. 37 a. »St. Ulrichs Grab war auch mit Balken und Träm verfallen«, f. 43 a. Vgl. Mhd. Wb. I; 391 b. »Getrembs« unter dem Kornboden. Akt. 1585.

TRAMPELTIER, Dromedar, e. volkstüml. Anlenung an trampeln, schwerfällig (ειλίπους) einhergen, latschen. Bildlich zu einer schwerfälligen Weibsperson gesagt, e. Schelte. Schmid 135. Im Mhd. Wb. III, 83 stet trample, trete stark auf.

TRAUBE hiesz die beste Gattung Barchet mit dem Traubenstempel; esz gab rohe Trauben neben den feinen. In Ulm hiesz die beste Gattung und die erste des besten Barchents Ochs; die zweite Löw; die dritte Traube; die vierte Brief. Ebenso in Nördlingen und Basel. Vgl. Schmid Wb. 413.

DRECK, assa foetida, in den Redensarten: »Du verstehst da Dreck, du muoszt a Häfner wera« scherzende unwillige Rede zu einem dummen Menschen, der etwas hinterfür anfaszt. »Dä häſt da Dreck, was gilt der Butter« heiszt esz, wenn einem etwas hinabfällt, z. B. zerbrechliche Geschirre. »Aber sie — die Wasserburg belagernden Ulmer — gewunnen ein Dreck«. Frank S. 108. »Bald kommscht derhea wie d' Sau im Dreck«. Sch.

DRECKELN: 1) im Dreck d. h. Kot oder Lem arbeiten: »Und dreckla mea im Hafnerloim«. »An etwas herumdreckala«, spilend an etwas arbeiten, one Ernst. 2) Schmuzig sein.

DRECKSCHÜZEN: scherzweise Bezeichnung des Volkwizes in A. für die ersamen Mitglieder der Handbogen- und Armbrustschüzengesellschaft daselbst, weil sie auf Scheiben von feuchtem Lem schieszen.

DRECKSCHWALBEN, Maurer. Scherzweise. Hennadreck bei Vergleichungen: nichts.

TREFFER in der Judenmezgersprache im Gegensaze zu kauscher; die Lunge wird geblasen und hat sie nur den kleinsten Feler, so heiszt sie treffer. »Sollte aber der Ox treffer werden, so solten die Juden dem Mezger den Schnitt bezalen«. Mezger-Akt. 17. Jarh.

DREHER, ein alter Tanz; sieh Tanz.

TREIBER: »damit nicht sie auch

als **Treiber** und Verfechter dises Streites beschuldiget werden‹. Dr. Müller.

TREIBMITTEL. ›Wenn die Wehen felen oder ausbleiben oder langsam und kurz sind, deszwegen nicht Treibmittel brauchen, noch die Gebärende über Macht oder vor der rechten Zeit an- oder übertreiben‹. Augsb. Hebammen-Ordg. 1750. S. 44.

DREISZGERLE, das, kleinstes Melmasz. Stauden. ›Zum 19. in einer jeden Mihl soll ein ganzer und ein halber Metzen, ein Vierling und ¹/₂ Vierling, auch ein Dreyszgerlin, so ganz beschlagen und zu Augsb. gericht ist‹ u.s.w. Sigertsh. Mülord. v. 1598.

DREISZIGST, der, der Tag der dritten Seelmesse. Dise Messen wurden bes. in der Augsb. Gegend streng eingehalten und vor der lezten, dem sog. Dreiszigsten, darf kein Erbe an Empfangname von der Hinterlaszenschaft denken. Am Begräbnistage wird sogleich die Legmesse — Begräbnismesse; sodann die Bsengnusmesse — Einsezungsmesse gehalten. Den Schlusz bildete in früherer Zeit der Dreiszigst nach 30 Tagen. So heiszt aber auch der lezte Tag der Wallfarten wie z. B. auf dem Kobel. Dise Wallfart dauerte volle 30 Tage, fängt den 15. August an und endigt den 13. Sept. mit dem Dreiszigsten. S. hat f. 380 a. ›den treuszigost nach seinem tode‹. Vgl. auch A. v. Buchners Werke 4, 216. In Augsb. nicht mer gebräuchlich.

TRENDELN, TRINDELN, in der Müle abstoszen. Mhd. Wb. III, 86. ›Ain Vierling ungetrindlet Erbis, ungetrindlet Gersten‹. S. 542 a. ›Am 30. October 1683 sind zu meiner gnedigen Herrschaft Hofhaltung an getründelter Tafel Gesündsgersten geliefert worden‹. Mikhaus. Akt. 1683. Die Drentler komen in der Bräuer-O. oft vor. Schmell. I, 492 ff.

TRENDLEREI, die, b. Gass. ›Und alsbald nach Abschaffung des Grümpelmarkts ward diselbe wöchentliche Trendlerei für das heilige Kreuzertor verwisen‹.

DRESCHERIN sieh Mockel.

DRESKEN (drēsga). 1) schwer und laut atmen 2) in Folge dessen langsam und schwerfällig gen, (Wurml. drēser, drēsa) Subst.: drēnsger. 3) sich lange besinnen, mit Verdrusz etwas unternemen, zögern. 4) vor sich hinbrummen. Schweiz. auch weinerlich etwas verlangen, etwas Verzögertes inständig erbitten. Ich erinnere an mhd. drast, ahd. drâsôd. 1) Hauch, Duft. 2) Niesen. draese swv. niese. Mhd. Wb. I, 386. Drānsgen. Sch.

DRES, das, Bodensaz von der auszgesottenen Butter. Pfaffenhausen.

TRESORIER, Schazmeister. L. Rem. S. 6.

DRESZEL, tornator. cgm. 685. f. 180.

DRÉZEN, jemand gierig machen; zornig machen. Bubentrézerle, Haarlocke im Gesicht.

TRIBENLEHNER. ›Wenn man an St. Georgen Tag die Lämmer zusammenbringt, soll sie der Tribenlehner hüten, damit sie der Bischof, wenn er käme, haben könnte‹. Herbergers Schwabmünchen. S. 21.

TRIEBTRÜNKE: ›dessentwegen sollen die Hebammen die kreistende — die Wehen nicht weiter verarbeiten lassen, noch weniger zum Arbeiten antreiben, noch auch Triebtrünke eingeben‹. Hebamm.O. 49.

TRIEBLEN, ein Kinderspil. Der junge Schwarz kniet mit dem rechten Fusz auf der Erde in dem ernstlichsten Bestreben ein Stücklein Holz mit dem Stock in die Luft zu prellen. Triblen, frequent. v. treiben; engl. drive; niedersächs. driwen; bei triblen stet eggeti. Schwarz 104.

TRIBULIEREN, quälen. ›Wie verhengest du, dasz die auszerweltest aller Welt, ein spigel der clarheit so getribuliert wird‹. cgm. 448 f. 103 b.

TRIEGEL, das, Trog, Sautrog.

TRIELEN, wie Kinder eszen, das Eszen vertragen, in Gesicht, Kleider ›Und hinkt do it da ganza Tâ, wie d' Nandel Roz und Trieler râ‹. Sch. 35.

TRIMEL, Balken (Trümel), ahd. dremil Graff V, 531. Mhd. Wb. I, 391 b. ›Mit einem Trimel zu tod schlagen‹. S. 2) ›Die Künigin ist in disem Trimel(Verwirrung) in ein Winkel geflohen‹. S. 381 b.

TRINKIG, adj. ›Er sol auh niht lîhen ûf chein blutik gewant noh ûf chain nazzez gewant oder anderiu phant: esz sîn hûte oder swaz esz ist, âne daz trinkig gut ist‹. Augsb. Stdtr. f. 42 a Sp 1.

TRIPPEL, gelbe Erde; trippeln polieren, messingne Schlöszer glänzend machen.

TRISCHACKEN, e. Art Kartenspil. ›Oder aber, mein Anderea, haben sie villeicht trischackt, welches ordinari ein rauhes und teures Spil ist. Ja, sagt er, sie haben trischakt, rauch und teuer gespilt‹. Homo Simplex.

TRISCHEL, wie hochd. ›neue T.‹ Invent. Hart. Schmell. I. 416. Eine beheimsche Drischel mit eisenen Zinken (auf der Wagenburg) cgm. 356. Feuerbuch.

DRISCHLAG oder Drischlack, tölpischer, eckiger, grober Mensch.

DRISCHÜFEL, Türschwelle. Schmell. I, 416. ›Stet er nâh im in daz bistal oder in die tur, oder in daz drischüfel oder in daz vbertur‹. Augsb. Stdt.R. f. 47 a Sp. 1. ›Und die Wasser und die Drischübel des Erdrings‹ cgm. 300 f. 117 b. ›Lauffet aber er hin in vber daz drischufel mit gewaefenter hant‹. a. a. O. ahd.

driscûfili, driscûfli. Graff V, 266. Mhd. Wb. I, 396. Die Schmeller'sche Glossensammlung hat driiscuflem, driiscufli, limen. Driscupil limes, trüschubl, limen, drisouvili, driscufel, drisgufli u. s. w.

TROASCHEN. »Oder man gäb im in der obgeschribnen prentten kügeln ains oder ain halbs (Arznei), das da genennet wirt Troaschen in Rosensirop zertriben«, cgm. 601 f. 109 b. Schmid 137.

TROPFEN, swm.: ein groszer Brillant, gefasste Perle.

TRODLEN, swv., ungleich, grob spinnen.

TROG, »zum leeren Trogwirtshaus«, alte Schenke. Bronn.O. 1754. S. 32. Trogscheere, Backtrogscharrer. Stauden.

TROLLET wie BOLLET, ein Ding wie der andere: ganz gleich. Stauden.

TROSSEL. 1) »Wie Achilles das gesehen, dasz die Barbarier hinzwischen kamen, ist er inen entgegen gangen und des feindts Trossel vor dem Schilt entblöszt«. Troj.Krg. 36 a. 2) Trässtel mit unorg. t, allgem. Staud. 3) Schmuzige Weibsperson (a.a.O.). 4) unheilbare Pferdekrankheit, dreifache Gelbsucht, a. a. O.

TROSTKNECHT hieszen im Augsb. Bläterhause im 30järigen Kriege »die in Abwesen der Geistlichen den Sterbenden zuesprechen und alle Tage sowol Morgens als Abends in allen Stuben das Gebet fleiszig verrichten müssen«. Laz.O. 1632. Nach dem Westphäl. Friden waren 2 Trostknechte im Amte, »doch sollen in Sterbensläuffen mehr angenommen werden« Bcr. v. 1649.

TROTTELN, in A. 1) unsichern Ganges einhertraben. 2) überhaupt gen. »I trottla numma 'nausz voar Tür«. Sch.

TROTTLEN, Fransen, Quasten.

TRUBELN in »Krigstroubeln«. Hof- und Kirchenkalender 1751. Allgem.

DRUCKEN, »eindrucken«, in den Calendern oft. »Aries ist ain intrukhendes zaichen, wann er intrukhet«. Astron. f-14 b.

DRUCKSEN, hinken an der Zunge wie lurken.

TRUILE, treulich; gelts Gott truile! echt Burgauisch. »Haū truili schoa am earschte gnua«, sagt Adam. Sch.

TRUMPFEN: »a. 1547 muest ich in die lat. Schuell trumpfen: ich tets gern oder nit«. Schwarz 101.

TRUMPSEL, stm.: Taumel, »Dusel«; Ztwort. trumpseln, in halb berauschtem, sinnverwirrten Zustande herumgen. »Er macht lauter Kreuzsprüng (d. besoff. Spiler) bis er endlich als ein blinder Narr an eine Wand hinan trumbselt und den Kopf verstoszt«. Homo S.

TRUNKENPÖLZ, stm., Trunkenbold. »Und damit die Trunkenpölz, so täglich in

den Wirtshäusern ligen, das gelt vnnütz verschwenden soll kain Wirt gestatten‹ u. s. w. Der Stat Augsb. Beruf 1541 bl. 3 b.
TRUPPEL? ›Aber sprach der Richter: das sind truppel mer‹. cgm. 402 f. 77 b.
TRUZENHEIT cgm. 82 f. 23 a.
DRUTSCHEL und DRUTSCHELE, gutmüt. Spottname für dickbeleibte Weibspersonen.
DUCKS, DUCKES, was Verderben, Untergang bringt. ›Auff Antonii Aeliani Grabstein wird ein. Kirchen gedacht; da man aber nicht wissen kann, was disselbe für eine gewesen, dann der Name sampt irem Geschmuck und Herrlichkeit durch widerwärtige Zeiten und Zustände in Duckes gangen‹. Werlich 33. Grimm Wb. II, 1496.
DUELE, swf., ein starker Eindruck eines Schlags auf hölzerne Geräte oder metallne Gefäsze, Vertiefung. ›Mal und Duelen‹ Erenfest 1699.
TÜLLE. 1) Wand oder Zaun von Brettern, sieh oben Dille. Schmell. I, 442. ›Mit ainem Tüll und guten Graben wurde Augsb. umgeben‹. Küechlin, Herkomm. 1373. 2 b. ›Zaun im Thiergarten: Dill‹. Mickh. Akt. 1610. ›Welcher nur fürbasz nachtes über die Mur oder Getülle yn oder vszklymet‹. Memminger Rechtsb. ›Welcher Nachtz vber der statmur ald vber getüll vsz oder je klimmet‹, a. a. O. ›Mit Tüllen und Mauern‹ die abgebroch. Stadtmauer ausbesz. Vrtrg. v. 1456. Vgl. Mhd. Wb· I, 321 a. st. u. swf. III, 127 b. Schmell. Glossen: dilo pluteus, tabula parietis. Dil planca ima, pars navis, dillum aream, gidillota instraverat pontes (XII. saec.) dhridilli, tristega triscamerata. 2) ›Der alt Hofdill‹, Abzugskanal. Reinhardshauser Pfarrurbar. Zu Deil.
TÜLLE. 1) die Pflanze, Tille, Dille, ein Teil der Familie der Umbelliferen, Juss.; darunter die Gruppe der Angeliceen. Koch. ›Wasser darin Tillensaumen‹, 101 a. Tillenöl 104 a. ahd. tilli, tilla. Mhd. Wb. III, 37 b, 2) Die Dill, Rosdutte »dês ist a scheäs Dill‹. Stauden.
TULMEZ, interpretator. ›Und er liesz mir sagen, durch mein Tulmez‹. Ilsungs Reise b. Paul v. Stetten, Erl. 49.
DULT, bisher blosz in bayerischen Codd. und in d. Sprache des bayerisch. Volkes heimisch, finde ich im alam. schwäb. cgm. 168 oft; ich gebe hier c. $^1/_8$ der Belegstellen des cod. ›Phylippi et Jacobi tult, des heiligen crüzes tult, unsers herren cronen tult, cgm. f. 2 a. f. 5 a. 6 a: St. Thomas tult, nach St. Thomas tult, Stefans tult, St. Johannes tult 8 a, St. Fabiani u. Sebastiani tult. 10 b. 11 b. St. Fab. et Seb. tult began, St. St. Ignatien tult, 24 b.; an vnser frawen tult, 25 a, an St. Blasien tult, 25 b; in der hl. tult

Vedaste et Amad., 25 a; an St. Scholast. tult. St. Petri tult 25 b. St. Ambrosien tult, 26 b; an des heiligen crüczes tult; an St. Dominicus tult 28 a. An der siben bruder tult, 30 b., an St. Marthae, an St. Ypoliti tult 32 a, an aller heiligen tult u. s. w. von vnser frowen tult ze mitten ogsten 70 a; an der hl. quatuor coronator tult, 76 b.; an ains ald me zwelfpoten tult, 37a. »Wurden alle Häuser (von den Schweden) ausgeraubt und ist mit den geraubten Gütern hernach etliche Täg zu Augsburg stattliche Dult oder Markt gehalten worden«. Denkw. S. 34. Ueber Dult, got. dulth s, ahd. tuld Fest, vgl. *Hpt. Ztschrft.* V, 224 ff. Mhd. Wb. I, 403 a. Schmellers Glossen: an dera hera dultaga, duldhidago (festus), tuld (solemnitas), tuldi (festus, natalitia), — tuldin (exequiis) u. s. w.

DUMPELFASZ, zu Grimm II, 1522. »In einem Dumpelfasz, darinnen man Butter pfleget auszzurüren«. Gass.

DUMPELZAUN? Fugg. Invent.

DUMPER, zwischen Tag und Dunkel. »Wenns dumper ist«, in Rottenburg: zwischen den Liechtern. Allgem.

TÜMPFEL, gurges; Gumper sonst, ahd. tumpfilo. »Dieselben man furten sy dann so lang um, bis sye kamen in die tewfen tümpfel des Wassers, darin teten sy die man ertrenken«. cgm. 581 f. 129 b.

TÜNCH; in e. Urkde. vom 11. Sept. 1448 verordnet der fromme Stifter, »das man die Capellen zu St. Bartolome, zu St. Ulrichskirchen nach dem besten Tünichen und in nassen Tünnich wol malen laszen solle«. Herberger, Jacobspfründe.

DÜNGERST, dennoch, gleichwol, doch, eineweg (ōnnaweag).

TUNKE, stf., die unterirdische Weberspelunke, Werkstätte, textrina vel textrinum bei Schmell. I, 385. Mhd. Wb. III, 130. Wackernagel in Hpts. Zeitschr. VII, 128. Weberstunken, Gass. »Durch Jacobervorstadt die Häuser Weberstunken wurden überschwemmt«. »Wegen der Weberdunkfenster: so in deren respective Keller und Werkstätte gen. hat es, weilen darinnen mer Liecht als in andern Kellern erforderlich ist, bei dem alten Herkommen sein ferneres Verbleiben. — Esz sollen aber die Weber schuldig sein, über jedes dergleichen Dunkfenster eine Falle oder Blickel zu machen«. Bauordnung 1740. »Die Dunkfenster zuhalten«; »einmauern« u. s. w. a. a. O. Tunk, Dunk, die, Brühe. Im tyrolerischen Zillertal (von Moll) ist Dunk der zarte schmackhafte Schaum, der im Rürkübel nach einigem Umrüren der Sahne entstet, ein groszer Leckerbiszen wol zu dunken, eindunken stend.

DUPF, ein Punkt; davon Zwickeltüpflen, Spizen z. Stricken

für Strümpfe punktieren. »Was tut Jacob? Er schneidet Ruthen oder Stecken ab, macht sie gesprengt oder gescheckig mit schwarz und weiszen Dupfen; legt solche in den Canal oder Wassertrog, worausz die alte Schaf musten trinken. Wann sich dann also die tragende Schaf in disen dupfeten Ruthen in dem Trinken ersehen, haben sie lauter gesprengte und scheckige Lämmer auf die Welt gebracht«. Homo Simplex. Red A. »Uf's Düpfle und uf's Hairle waur«. Sch.

DURCHEL, adj.: blöde, durchlöchert, ahd. durrihhil, durahhil, durhil. »Aber die Ketten machten ihn so dürchel, dasz man im an maniger stat sein plosz pain sach«. cgm. 402 f. 132 a.

DURCH- und FARWEG. Akt. 16. Jarh. Durchläsze durch Wuren. Vrgl. 1301 wegen der Flöszerei. »Der Pfarrer zu Stocke solle an s. Mülin e. Wur und e. Durchlasz ewiglich bauen und machen« u. s. w.

DURCHSCHLAGEN, durch ein Sieb reiben, drücken v. gekochten Erbsen. In der Pfründner-Ordg. v. 1543: »Am Samstag gen Morgen ein Erbissuppen, die Erbis seien durchgeschlagen oder ganz«.

TÜRKENANLAGE heiszt in einem Vergl. v. 1578 die Reichstürkensteuer. Rotes Türkisch Garn. Wb. Akt. Türkische Teppich. Fugg. Inventar.

DÜRLIZEN, Corneliuskirschen.

TURM, augsb. Duren, Durs, der. Die Türme waren: 1) der Hauptturm, 2) der kleine Turm, 3) der Spitalturm oder Kastenturm. Disz sind die Hauptturme gewesen, der obere und untere, Jacober Brunnenturm sind Nebentürme der festen Stadt. In der Feuer Ordg. v. 1731 werden folgende Türme genannt, von denen ausz die Türmer die Notzeichen geben musten: der Perlachturm, der Heilig-Kreuzturm, Unser Frauenturm und der Paarfüszerturm. S. 28. Esz gab auch ein Turmgässchen. Der Turm-Michele spilte eine Hauptrolle. Im Augsb. Jareinmal heiszt esz:

Gewisz musz man an den Perlach gen
Den Turm-Micheli dazu sehen,
Auch zeigt sich jezt nebstanderer Burst,
Gemeintlich Waldmann's Hans Wurst.

Den 29. September am Michaelitag Morgens von 6 Ur bis Abends 6 Ur trat das Bild des Erzengels Michael ausz einer Öffnung des Perlachturmes hervor; stach nach der Stundenschläge Zal den Drachen durch. Alles Volk stet da am Eisenberg. Von 1806—21 aufgehoben, nach 1821 wieder bräuchig. P. v. Stetten in seinen Erläuterungen S. 97 sagt: Um Volk herbeizulocken, hat man an Michaeli Kirchweih die sinnreiche Maschine des Turmmichel erdacht und ihn seine Exercitien machen laszen, das in den alten Zeiten grosze Bewunderung erregt haben mag, heut zu Tag aber den Kindern gefällt. Villeicht ist er sonst auf dem alten Rathause gestanden, ehe das Urwerk auf den Perlach gesezt ward. Seine Geschichte ist noch nicht genug untersucht, ich will auch nicht der erste sein, der sich daran wagt«. A. 1526 soll der Perlachturm auf die Hälfte abgebrochen und höher gebaut worden sein. Am Michaelistage, so heiszt esz in der Monografie, bei Rösle gedruckt, 8 S., sei statt des alten Gözen St. Michaelisbild angebracht worden, a. 1616 auf Magistratsbefehl von Christof Murmann verfertigt. Der geschickte Urmacher Hans Schlym wuste das Bild mit seinem Urwerke zu verbinden. Ich erinnere an eine Volkssitte in Brüssel, bei der eine Bubenfigur auf hohem Brunnen zu einer gewiszen Stunde piszt; wozu alles Volk zusamenläuft. Duramull, scheue, wenig umgängl. Weibsperson. »Die Türn mit Turnvätern versen«. Akt. 17. Jarhd.

DURNEN, donnern.

DURST, »dasz sye wolten zu Durst ersterben«. S. 250 a.

DUS, eingezogen, stille, obpf. dusig, sonst dausig.

DUSÄCK, m. u. f. slav. Tusak, ein breites säbelartig gekrümtes Schwert, dessen sich emals die Klopffechter bedienten. Grimm, Wb. II, 1189. »Ain schwarz sexisch Huet mit Födern; ain sexischen schwarzwullin Mantel — ain behaimischen Duseggen an der Seiten«. Schwarz 127. Beim Weberjubiläum 1760 zog man am Tänzelmontag ausz: »voran gehen die 2 Knappenknechte in einem rot und gelben Kleid, Schuh mit einem rot und gelben Absaz, mit einer dergleichen zweiferbigen Dusseken, und machen Bahn«. Umzug S. 35. »Wurde mit allen Fechtgewehren, Schwertern, Rappieren, Dolchen, Helleparten, Stangen u. Duszhäcken gefochten«. Heimfürung S. 35. »Ain gemeine Prob des Fechtens zum wenigsten in drei wöhren: nämlich im Schwert, Dussegkhen vnd Stenglin getan«. Von den Meistern des Schwerts und Freifechter 16. Jarh.

DUSCHEN, heimlich löschen.

DUSEL, swf. Orfeige; abduseln, Vrb. »Sie kamen endlich doch soweit, dasz sie einander brav mit trucknen Fäusten abtuselten«. Homo Simpl.

DUSEM, still. »Ischt alles ganz dusem und zitterig gwea«. Sch. Zu dûs.

DUSTER, finster.

DUTTENKNÖPF (landschaftlich), die Knopfreihe an Lendenwesten.

TUTTE, DUTTE, swf. 1) mamma, Brustwarze. »Welcher Magd Anna Möllin beiden Mämmen oder

Tütten on einig Aufhören in solche grösze erwachsen‹. Gass. II, 104. 2) Euter am Vieh. 3) Sauglämmlein d. h. ein gläsernes cylinderförmiges oben mit silb. oder zinnernen Körchen versehenes Trinkgefäsz für Kinder. ›Und man sie her dann nemen wil, so geb man in aus ainem tütlin oder krieglin ze trinken ain Gaiszmilch‹. cgm. 601 f. 102 b. Dazu gehört auch Tuzel, Tuzel, sonst Schnuller. Vgl. Mhd. Wb. III, 154.

TUTTLER in Zututtler und -erin, erscheint in dem halb bayer. halb schwäb. cgm. 102 öfter=Schmeichler, -erin. ›Aber die zuredend tugend, die da ist Biwandlung des Lebens; die da nicht ist eine zututtlerin noch ain vmblaufferin‹. vgl. f. 23 b. a. ›Wan die in Wirdigkeit gesezt sind, die habend vil zututtler. f. 51 a. Aber sollichs sind zututtler und nicht besorgend.‹ f. 71 a. ›Und als Aristoteles spricht, daz sie gebund bussen vnd zututtlern. 201 f. 45 a. cgm. 650 f, 17 b: adulator, Smaicher, Zublaser; adulatio Smaichung, Zututlung.

E

1) E, der Umlaut des kurzen a, wird fast allgemein schwäbisch als reines e, wie franz. é, gesprochen: Bére, Bétt, Wétte, Schrécken, Ésch, Béck; in den adjectivischen Steigerungen élter, kélter u. s. w., in den nhd. ö geschriebenen schwéren, ergézen u. s. w. Wird das a in Subst. wie Blād, Sāz, Rāz u. s. w. besonders gedent, so erscheint natürlich auch das é, sein Umlaut, gedent. So spricht die Augsb. Landschaft nicht Blédder, wie esz allgem. schwäbisch, sondern Blöder u. s. w. Die volktüml. Schriftwerke vom 14. Jarh. ab schreiben disz reine é, zum Unterschide von dem gebrochenen, mit ö: cgm. 402 hat gröbnisz f. 30 b. tund so ir böst mugt. a. a. O. höben f. 46 b. Zu den gröbern f. 55 b. gestörkt f. 87 b. verdörben f. 9 b. verdörbt f. 13 a. döcken f. 14 a. cgm. 436 hat imer erwöllen. Gewöret. Augsb. Poliz. O Abschröcken, Markt O. 1735. cgm. 567: pflöstret f. 211 b. reichsstöt:a. a. O. gerödret f. 212 a. Schlögelkrieg a. a. O. Mazzenföls a. a. O. Mözgerknecht a. a. O. cgm. 450: bedöck mich f. 96 a. gemöstet f. 68 a. Gesöllschaft f. 11 a. Sonst in Akten: Göst, löszig, Kindbött, Nögel, geschödigt u. s. w. Mindelh. Ref. Ueber

dise Schreibweise im Neuhochd. vrgl. Schleicher, Sprache S. 179. Das Augsb. Stadtrecht gibt den Umlaut regelmäszig mit e, seltener mit ae, d. h. ä. Esz gibt aber imerhin Fälle, die zu den Unregelmäszigkeiten der schwäb. Sprache gehören, wo umgelautetes e wie ä gesprochen wird. Lauchert hat in s. Rotweiler Mundart schon darauf hingewiesen S. 5. Ich füre an: Hälm zu Halm; Bälg zu Balg; Bäch zu Bach; esz wird wol der fränkischen Grenze zu mer der Fall sein, denn im mittlern Schwaben. In Groszaitingen auf der sog. Strasze, am Fusze der Stauden, ist esz, wie in der ganzen Nachbarschaft, Regel: »sprich alle Umlaute von a wie ä und alle Brechungen von i wie é: äsel, älle (Elle) u. s. w.« Ist die Nähe der Lechgränze Ursache? Die Stauden haben dise Eigentümlichkeit nicht. 2) E Brechung von I. Jac. Grimm sagt Gramm. I³ S. 228 ff.: Nicht nur die schwäbische und östreichische Volkssprache, sondern auch die westphälische pflegt den Urlaut des kurzen i häufig in 2 Vocale zu spalten«. Der alten Brechung ai entspricht a) landschf. augsb. und gemeinschwäbisch ea: Meal, Stean, Earde, Heard (Herde), Schmear, Bearg, Neabel, Gearsta, Weass, Pfleager, Fleack, Fürfleack, Kneaht, Gschear, G'schearei (Schur), Weaber, Reaga, Schmeaz, Fearsch'm (Ferse), Feagsand, Beatelhannis (Bettel), Leaderöpfel, Pfeascha, Pfersee O. N. bei Augsb. Gsteaft (Stift), Feal (wunde Stelle am Fusze), Eagat, Keasper (Kirsche), Eagama, Heaz, Steag; ferner gleart, geal, grea und greacht, neabli, vergeaszlich, feardig u. s. w. Zeitwörter: seacha (sehen), greachta, reagala, neabla, beatla, vergeasza; eata (jäten), measza (messen), überhaupt alle von den oben aufgezälten Subst. abgeleit. Verba. Endlich: derneaba (darneben), deam, dear, reanə, deanə (herrüben und drüben), neanə, neəməd, heənə und dëənə u. s. w. Die Zal der ea des alten Bistumsgebietes v. Augsburg verhält sich zu der des wirtemb. Gebietes wie 3 : 5. Lezteres sezt vile ä, ē statt des richtigeren ea. Ist die Scheidung des Umlautes und der Brechung in der sog. höfischen Sprache allmählich trüber geworden und in der nachhöfischen Zeit vollends ganz in ein wildes Chaos geraten, so hat die Mundart daran keinen Teil; sie scheidet noch ganz wie die sog. althochdeutsche Sprache scheidet. Darum dürfen wir ea als uralt annemen und die Schreibung mererer Denkmäler des 15. Jarhd. ganz grammatisch sicher als Zeugnis für die Echtheit der Mundart anfüren. Der cgm. 637 hat weaga f. 17 b.

3mal, wealt, schweart, weanig f. 21. wearfen f. 22 a. geaber; kum geaber der gâbe f, 23 b. u. s. w. Damit stimmen die alamann. Schreibweisen geand, geaba, bargealt, weader, freavl, kneacht, weag u. s. w. Urkd 1497. Somit gewinnen wir auch Aufschlusz über das alam. schweiz. a für gebrochenes i. Der Schweizer spricht ebenso ea wie der Schwabe, nur eilt er zu rasch dem 2. Vocale zu, dasz dem Fremden die 2 Laute wie einer auszgesprochen erscheinen: har, harbringen, harüber. Felix Faber in s. Pilgerbüchl. und eine Zal von andern mir bekanten Schriftwerken sezen a. Wie bei dem Umlaute erscheint auch bei dem gebrochenen i bisweilen ā für ea, jedoch musz man hier wieder die gröszere Zal von Fällen in das obere Neckar- und Donaugebiet verweisen. Ich füre wenige an: Nāst, Mässer, bāta (beten), Flāz, Blāch u. s. w. In den Stauden ist ea üblich, aber auf einmal spricht eine Ortschaft wieder ā, so Burgwalden, das freilich ein ganz anderes Volk als das der Stauden zu sein scheint. In Münster hört man auch wieder ā für ea. b) Ferner entspricht dem gebrochenen i, und das ist so eigentlich und echt Reichsstadt Augsburgisch, reines, helles é, als ob esz umgelautetes a wäre. Beispile: Léber, Bésa, Schéfa, Mél, Zéderlesupp, (Trapfsuppe), gél, gésza, Kréza, Nést, Brétlē, Féssa u. s. w. Sieh die oben 2, a angefürten Wörter, die alle so gesprochen werden. Die Spracheigenheit kan ich für die Straszenortschaften ausz eigener Erfarung, für andere kleinere oder gröszere Striche ausz zuverlässigen Mitteilungen hier geben. Diser Sprachunterschied ist selbst den Bewonern der Stauden auffallend: sie machen sich gerne den Spasz: wia weit gaot der Neabel? Antwort: bisz an' Leitaberg: drausza wird's a Nébel. Die von Fischach, Schönefeld, Hart dagegen sagen — bisz an Sandberg, dort fangt der Nébel an. Leitaberg und Sandberg ligen in einer Linie; Sandberg ist nur der jenen Ortschaften bekantere Name. Um Kempten gilt Meal, in Kempten wieder Mél: ganz genaue Abgrenzung dürfte nicht unwichtige Winke für die Geschichte des Volkes geben. Auch dise Eigenheit belegen schriftl. Denkmäler, sie geben je ō oder ee dafür. Stadtweesen, Beesen, Weegs. Hall. Ordg. 1735. Möser, Messer, cgm. 567 f. 311 b. bötteten, cgm. 448 f. 134 b. Schmeer, Feuer O. 1751. Leeder, Poliz.O. 1733. Peerhafte baüm, Fischach. Stat. Lözelten (liba), nöblig, Regiom. Weinlösin. beeten, Taul. Serm. 1508. Weeg, etc. Weesen, Unweesen (sieh oben) auch in der Poliz. O. 1735. Das Kleiderbüchlein schreibt durchausz:

allwögen, gewösen, erlöben (leben), brözen, schöllig, Löder. Im Stdtr. imer ae für ë. 3) Widerstand gegen den Umlaut, der alamannischen Mundart eigen, zeigt sich auch im Schwäbischen: Schankung, schanken, gesazt, verdackt sieh V. vordarbten. cgm. 402 f. 13 b. Schammel f. Schemmel und vor Allem das im Augsb. Stadtr. so häufige galtnusse. Auf der andern Seite wuchern auch wieder falsche Umlaute: Fäne (Fane), Pflätter (Fladen, Kuhfladen). Äscha (Asche), Pselter (Psalter), cgm. 311 und vile andere. 4) E in Folge nachläszíduszsprache ausz i, sogar ausz altem ei, mhd. i, besonders in Diminutiven, entstanden, ist allgemein schwäbisch; ebenso das e vor m und n statt i. Sieh I. Ueber die nicht eingetretene Brechung des i in e: a. a. O. 5) Gedentes reines é erscheint a) als Zusammenziehung von altem agi, egi, ei in gsêt gesagt, anderwärts gsät u. s. w. b) Ferner ausz altem ai entstanden, in Flésch, Fléschkazen; ausz umgelautetem au in Fréd, landschaftlich hie und da Fräd. c) Reines é spricht man häufig für den Umlaut des â: hél ahd. hâli, sonst hael, schlüpfrig; moralisch >a héler mö;< stét, sogleich; Stré'l Kamm; Hérle, Herrlein, wéch ausz ahd. wâhi u. s. w. Doch ist der Landschaft, besonders den Stauden eigen, den Umlaut des

â, (au ao, gesprochen,) als ai anzusezen: Sträiszle, v. Strausz, Strasze; Hairle v. Hâr, Haur; Jairle von Jar, Jaur, Altairle von Altaur, Altâr; Bairle von Bare, Baor; jaimeren von jâmern, jaumern u. s. w. Gemeinschwäbisch und auch in Burgwalden schon (Stauden) erscheint ae: Sträszle, Altäre, Bärle u. s. w. 6) Gotischem Doppellaut ái, ahd. è vor h, r, w — entspricht gemeinschwäbisch wieder ai, d. h. die Fortfürung uralter Lautverhältnisse findet auch hier durch die Mundart statt. Schwäbisch-augsb. aber erscheint dafür ea, gleich als ob eine gotische und altdeutsche Brechung des i zu Grunde läge. Beispile: Sea, Seamacht, Schnea, Klea, Seala, Sealabŕézga, -zöpf, -wegga, z'east, Peater, Pasteat, Apotheak, Lisabeat, Peaterling, Planeat, Komeat, z'weani; Doaraschlea (Schlehen), Eahalta, Seafelbaum, earle (erlich), Reah (Reh), Fazeale und so vile andere. Das Schlagwort ist meॄa, mêr, gemeinschwäb. mai. Disz wird in der Strasze, in den Stauden, ungemein häufig gebraucht, ja sogar hie u. da durch die Nase gesprochen: m ẽ a: i will nõ mẽa bråət, sing mər nõ mẽa oins, i woisz nõ mẽa oins, d. h. ein Lied. 7) E vor r und auch l wird ser gedent gesprochen, weil die beiden Halbvocale dise sonderbare Wirkung haben. Sieh L und R. Denung in Folge Auszfalles von r komt oft vor, aber bei weitem nicht so häufig, wie im wirtemb. Schwaben. Sieh Wb. z. Volkst. 28. 3. 8) Ueber die stummen und tonlosen e in der Abwandlung des Zeitwortes behalte ich mir anderwärts etwas beizubringen vor. Wie allgem. schwäbisch, so ist auch in Augsb. Denkmälern das ganz wertlose e an starken Ztw. bes. im praet. scr häufig: stunde, stande, bliebe, starbe, trafe, stale u. s. w. Dagegen das e des Artikels felt wie gemeinschwäbisch, in den bekanten Fällen.

EBISCHBAUM, vel wischerling, ebenus. cgm. 685 f. 51 b. Luther übersezt: Hebenholz.

ECKLEGEIST, eine Art wilder Jäger am Auerberge. Eck, Egg, als Wald- und Burgname von den Felsen- oder Bergvorsprüngen benannt, ist häufig: Grannegg, Wolfegg; »nemora in Egge,« Urkde. 1169 (Heiligenberg). Holisegge, Mone Zt. I, 330.

ECKÄCKER, Wilmatshof. Flurname.

ÉEBÄLDEST, sobald als nur imer möglich.

ÉELEIBLICH, legitimus im Gegensaze zu spurius.

EFFERLE, dim. Euphrosine; änlich Sefferle, dim. v. Josefine. Die Verkleinerungsformen bei weiblichen Personennamen sind echt schwäbisch; desgleichen in einzelnen Gegenden auch bei den Mansnamen. Der Käsperle; bayerisch Kasperl, der Josefle, der Endrêsle, der Hannisle u. s. w. findet sich in einer Dorfschaft oft mer denn einmal. Nicht zu verkennen ist, dasz das Volk mit seiner Verkleinerungsform manchmal den Charakter einer Person auszdrücken will: so heiszt im Dorfe einer bald Sepp, Sepper, Josef und Seffle, Josefle; der leztere stet dem rauhern, villeicht rohen Sepp, Seff gegenüber durch sein stilles eingezogenes auch braves Benemen.

EGERT, ēəgət, f. ödligende unbebaute, wiewol fruchtbare Flur; absichtlich öd gelaszene Felderabteilung. Allgem. schwäb. alam. »Der Geyringer Acker Juchert, das ain Egart gewesen ist«. Giltbuch v. S. Ulrich cgm. 154 f. 18 a. »Ein Wismad genant Egartach auf dem Lechveld«. a. a. O. f. 35 b. »Ein Jauchert Ackers, so ungebaut zu Egarten ligt«, oft in Mickhauser Rechnungen. 18. Jarhd. Egertach, ein Complex von Egerten. Schmell. II, 71; ahi, etum sieh Ach. »In der Leutkircher Gegend heiszt Ergat ein Ackerfeld, das auf unbestimte Zeit als Waideplaz oder Gras- und Heuplaz ligen gelaszen wird; der Ergat-Ösch. So auch gen das Allgaü hin. Die Form Ergat begegnet mir auszer augsburgisch in »Lange Ergat« Ravensb. Flurname. Vertrag von 1537. Eben, 277. Lange Erget und Ergetsweiler; lange Eaget, Göszling. Markung; Ergetin Hau, Herbert. Lagerbuch

179. Dazu füge ich: Egerdun, Urkd. von Tüb. 1340. »In Egerdin« Flurname bei Erbstetten. MoneZtsch. I, 339. »Ex 3 jugeris vinearum vulgo: Egärten vel Oeckershalden«. Descript. Carmel. Rottenb. 36. »Allenthalben Wäld vnd Eegarten umreuten« IV. wirtemb- Landes Ordg. 1. Juni 1536. Reysch. XII, 111. »Dieweil nur diser gart sogar vergangen gewesen, das er schier einer Egerten gleich gesehen«. Mülh. Urbar 21. Hafneregart, Wald-Rev. Thomashart. Vgl. Wb. zu Volkst, 28. Schmid 12, In den Stauden hörte ich auch Eadgärtə: Ödgärten. [Durch eine zufällige Mitteilung meines Freundes Rudolf Baron von Reischach, welchen ich im Herbste 1863 am Fusze des Hohentwiel nach langer Zeit wiedersah, bin ich im Stande, hier eine aufklärende Note anzureihen. Heut noch heiszt nämlich im Hegau, in der sogenanten Bar das Gemeindeland, die Almende, êgerte d. h. ê-garten; êgert (zusamengesezt wie Wingert), war also ursprünglich gesezlich gemeinsamer Grund und Boden eines Dorfes u. s. w., disen liesz man gewönlich zur Viehweide oder sonst unbebaut ligen; daher dann die abgeleitete Bedeutung, wie sie im obigen sich kund gibt, und die veränderte Schreibung des alten merkwürdigen Worts, welches man wol seit langem nicht mer verstand. Vgl. Grimm-Ehefade. Thomas].Darnach wäre altes âivs,ahd. êwa, ê im Spile, was die gemeinschwäbische Mundart kaum bestätigt: sie fuszt mit irer Auszsprache auf ë, gebroch. alt. i, a i.

EGGE, »in der Egen«, alte Wirtschaft in A., Boteneinker; warscheinlich dasselbe was »zur eisernen Eggen« hiesz. Das Wort Egge lautet landschaftlich da und dort Egde. Vgl. Schmid 155. Schmell. I, 37. 38. Eggten, Mickhaus. Rechng.

EGGER in den Stauden: Eggerhof bei Klimmach. Eggerbauerngut u s. w.

EI, das, spr. âi. (Stauden), âə (Niederschwb.) Eieramt im Kloster Niederschönefeld umfaszte die Besorgung der Lebensmittel, die dazu notwendige Erhebung der Gefälle; die esz versah hiesz »Eierkellerin«. Eierbögeln, in den Stauden eine Kindersitte an Ostern. Esz werden 2 Gerten im Bogen hart nebeneinander an einem abhäldigen Orte in den Boden gesteckt und in der so entstandenen Rinne die Eier von Oben hinabgelaszen: trifft das ganz unten angekommene Ei ein vom Vormanne schon hinabgelaszenes, so ist disz gewonnen; und zwar gewinnt esz alle Eier, die esz berürt. Trifft keines, so get das »Bögeln« wieder von Neuem an. Eierpolster, Eierkuchen. Augsb. Eierinschmalz. »Soll erlegt werden bei dem Ayrnschmalz. Mickhaus. Rechg. 1626 u. S.

EICHENLAUB, ein Augsb. Wald. »Da jetzund St. Johannes Capellen stet im Eichenwäldlein, welches man im Eichenlaub heiszet«. Gass. Eichenberg, Eichäcker Flurn. in den Stauden. Eichekäppele zwischen Mindelheim und Mindelau. Sagenhaft.

EICHHALM, msc. Eichhörnchen. Vgl. Schmid. Grimm, Wb. III, 81 hat Eichermel. »ə oichhalm håt mɔ gseəchə«. Stauden.

EICHTEN, swv. amtlich Maszgeschirre abmeszen und den Stempel eindrücken. Eichtmeister. Akt. 17. Jarhd.: »der Stadel- und Eichtmeister.« In Augsb. gab esz 2 Eichtherren und einen Eichtgegenschreiber. »Obrigkeitl. geeichtete Brenten«. Bräuer Ordg. »Der auf gebranten Eicht nach«, »der Eicht halber übereinstimmen«. a. a. O. Eichen und Eichung wird auch gebraucht: »Die Eichung und Besichtigung der Maasz, Mäsz, Ellen, Gewicht sollen beeden Obrigkeiten fürzunemen bevorsten«. Die Mezger musten alle Jare ire Wag und Gewicht in der Fasten und vor Ostern durch die geschworenen Eichtmeister eichten laszen. Mzg.-O. 1532. Confirm. 1582. In der mittlern Necargegend komt eichen bald schwach bald stark vor; g'ichə, aug'eicht: lezteres galt als Uebername für einen Kapuziner in Rottenburg a. N. wegen seiner groszen Fertigkeit in der Kunst des Bier- und Weintrinkens; ältere Leute erzälen noch heute vom »Aug'eichte«. Ahd. eichôn, eihhôn, mhd. eichen, zueignen, widmen hat keinen Bezug hieher; unser heutiges eichen ist warscheinlich zu lat. icere zu stellen: stoszen schlagen, einschneiden, welches der alten Waidmanssprache. entnomen sein dürfte. Grimm, Wb. III, 80. Weigand Wb. I, 23.

EID, stm. komt in den Akten des modus procedendi in A. vor: Eid des groszen Rates; Waleid u. s. w. Das Eidbüchlein, ein Formular und zugleich Eintragbuch der vorgekomenen Eide. »Eidgesell« Frank's Annal. 114.

EIDSTEUER. »Sovil die herkömliche herrschaftliche järliche Kamersteuer betrifft, ist die Sache dahin verglichen worden, dasz die gesamte Landschaft sotane järliche Kamersteuer wie vor Alters auf den Eid 3 Jar von Zeit des errichtenden Weydenfuszes anzurechnen, prästieren wolle, nach deren Verflieszung aber esz auf die merern Stimen des ganzen Landes ankomen solle, ob esz lieber die altübliche von 3 zu 3 Jaren erneuernde Eidsteuer beibehalten und erwälen, oder solche Steuer entrichten wolle — gestalten esz — zu verbleiben hat, dafern nun von dem Land die Wiedereinfürung der Eidsteuer erwält und beliebt werden würde.« Confirm. Kempt. 8. »Betreffend aber die Unkösten, so auf die Beschreib- und Anlegung der Eidsteuer mit Einschlusz der Hab an Ros und Vieh verwendet werden müste«. a. a. O. »Die Eidsteuer verlaszen, aufheben«. a. a. O. »Eine Steuer auf den Eid umlegen, ausschreiben«. a. a. O.

EINBESZERN, swv. °propfen, oculieren »Junge Bäume, die hab ich auszgewechselt und eingebeszert«. Mickhaus. Rechnungen 1770.

EINBIETEN, amtlich zusamenkomen laszen. Oft in Augsb. Akten. Bei dem »Brech« bot der Bürgermeister alles Volk auf die Reichsstraszc ein. Früher hatten die Stadtknechte, später eigens bestellte Personen solche »Einbot« bekant zu machen. Die »Einbiet« verrichten. Ordgen. 1647.

EINBILDEN, swv. einprägen, vor Augen halten, imprimere. »Dise Worte sind fast bei keiner Predigt auszgelaszen und disselbe alle Zeit mit sonderlichem Eifer den Zuhörern auch mit erhobener Stimme eingebildet worden«. Dr. G. Müller. Vgl. Bild. Grimm, Wb. III, 150. In der mittlern Necargegend hört man allgemein: »i haū mər's einbildt, ich habe mirs gedacht.« »Vō der Einbilding lēba«. Vgl. Schmid 68. 69.

EINBINDEN, stv. einschärfen, injungere, mandare. »Wie esz ein Rat zu halten und demselben trewlich nachzukomen ernstlich eingebunden und befolen hat«. Sail. O. 1 a. Vgl. das wirtemberg. General-Reskrpt. v. 1609. Jänner. Reysch. VIII, 303: »Alles ernsts einbinden und auferlegen«. Vgl. Grimm, Wb. III, 153. 8. In Ehingen a. D. gilt einbinden, ein Patengeschenk dem Täufling geben; ursprünglich ward esz schon in der Kirche zwischen die Windeln eingelegt.

EINBLÄTTELN, swv. sich eindeckeln, gleichsam wie die Schnecken, pedantisch zurückgezogen leben one dabei wie man zu sagen pflegt zu »versauren«.

EINBLAÜEN, swv. rein: jemanden durch Schläge oder sonst nachdrücklich ein Wissen beibringen. »Und das Aergste gewesen ist den Regenten ins Gewissen eingeblewet worden«. Dr. G. Müller. Ma wead di bluia mürb und lind! Sch. Und blui iahn sammt seim Büfelgrind, Da Hintra wia a Maasz so lind. a. a. O. Schwäbische Auszprache ist blaiə und bluiə, ā bluiə: abprügeln, durchprügeln; durēbrüglə, durbrüglə; Bluimüle, wo das Werg gebleut d. h. gewalkt wird. Dem. Worte ligt die Wurzel blahv zu Grunde u. esz gehört zu der Klasse von hriuwan (hrahv), briuwan (brahv), kiuwan (kahv); gotisch müszen wir ansezen bliggvan, hriggvan, briggvan, kiggvan. Vgl. Grimm Diphtonge 1845.

EINBRINGER oder Sprachmeister hiesz der Geselle, welcher

einen ankomenden fremden Gesellen zum Meister füren —einbringen — muste. Vgl. Einsagen zu Grimm Wb. III, 157. 158, Das Einbringen hiesz in den Fischacher Stat. das Eintreiben des Vihes von der Herbstweide. ›Zur Bedingung des Hirtenlones, der Khüe, Kälber und Sewhirten mit ainander 1 fl. und zum Einbringen 30 kr.‹

EINBROCKEN, swv. ursprünglich interere. Bildlich: ›Dasz sie mit erenrürigen, schmachhaftigen Worten antasten und zugleich das Predigtamt mit einbrocken‹. Dr. Müller. Zu Grimm, Wb. III, 158.

EINFALLEN, stv. ›Ist esz doch dem Statvogt befolen worden alle halbe Jar einzufallen‹ d. h. zum Kanten eichten unvorhergesagt erscheinen. Akt.

EINFANGEN, swv. und stv. umhegen, umzäunen. Einfang stm. ›Ferner soll das Domcapitel in der Mülin zu Gerschhofen und zwar nur in deren Hofraithin und Einfäng gleiches Recht haben‹. Confirm. 1582. ›Wegen des Plazes zum Einfang des Zollhauses wird ein Tausch getroffen‹. Vertrag von 1662. Vgl. mhd. invanc. Wb. III, 210. Sieh Baindt.

EINFAREN, arretieren, in's Gefängnis abfüren.

EINGANSZEIT der Malzaufschäger und Biergeschauer. ›Esz sollen auch die Biergeschauer ire Gäng unterschiedlich abwechslen, abteilen, damit kein Bräu der Eingangszeit versichert sei‹. Bräuer Ordg.

EINHEIMUNG, die, ›der Wachtelbaysz soll erst nach Einheimung des Wintrigen abgewartet werden‹. Vergleich von 1609.

EINKOMEN, stv. erscheinen vor dem Gericht: sieh Finger.

EINLASZ, der alte, sieh Ablasz; auch in Ulm ward a. 1480 in der Stadtmauer ein Einlasz angebracht. Ob A. Beschreibung 81. Unter den städtischen Aemtern erscheinen die beiden Einlaszer wiederholt; sie konten nur vom geheimen Rate gesezt werden.

EINLASZGULDEN, der, eine bischöfliche Abgabe. ›Ueber das solle das Domcapitul altem Herkommen gemäsz den Einlaszgulden von den Hausgenossen und Bewonern auf iren eigentümlichen und grundzinsbaren Gütern nemen, so aber jemand aus der Landvogtei zu schaffen, solle esz durch die Landvogteiliche Obrigkeit geschehen, jedoch dem Domcapitul unbenommen sein ire Untertanen ires Gefallens auf- und abzustiften‹. Confirm. 1582.

EINLEGEN, swv. 1) incendere. ›Da ward ein altes Weib gefangen, die hat solches Feuer eingelegt‹, Horm. 1834. S. 124. 2) nominare, beilegen, e. Namen ›disem Stern wurden vil Namen eingelegt oder gegeben‹. Regiom. 1512. Zu Grimm, Wb. a.a.O. 3) in Eisen legen; S. gebraucht einlegen neben »in die Eisen legen«, »in die Eisen füren«. Zu Grimm, Wb. a. a. O. 4) Bier u. s. w. einlegen. »Solle ein Pfalzprobst für sich und die Seinige zu seiner Notdurft Bier einlegen und davon seinen ankommenden Gästen auftragen«. Vergleich von 1642.

EINMUMMELN, sich, sich einmummen vor Kälte, neben einbumpfen. Grimm, Wb. III, 235.

EINNÄHEN, swv. insuere cadavera. Todte in die sog. Leintücher einnähen; eine in Schwaben seit Uraltem herschende, jezt abkomende Unsitte. »Esz ist auch ein Näherin bestelt, so die Abgestorben einnehen müszen; hat von jedem 4 kr. zum Einnähen gehabt«. Laz. Ord. 1632. Vgl. einbuzen s. v. buzen. Zu Grimm. Wb. III, 236 ff.

EINNEMER, EINNEMERAMT. Nach dem Recesz von 1636 musten den E. alle städtischen Einnamen, wes Namens sie auch waren, eingeliefert werden; davon hatten sie den Beamten ir gewönliches Wochengelt und Quatembergelt zu verabreichen. Sie waren verpflichtet über Alles Red und Antwort zu geben, d. h. hatten strenge Rechenschaft von irer Verwaltung abzulegen. Besonders lag inen ob, ire Untergebenen, den Stadtcassier, den Einnamschreiber und Gegenschreiber in Buchfürung zu controlieren. Nach einer Confirmation Karls V. von 1518 sollen die Einnemer nur ausz den Geschlechtern genomen werden.

EINRISSER. »Item die Aynrisser, so nit mêr dann ein Ross haben, sollen dem Schmid, so zwen zusamensezen, einen halben Tag zu Akher gân«. Mickh. Dorfordg. 1532. Dem Einrisser stet fast ebenbürtig der Zwîrössler in den Stauden; esz sind disz nur Halbbauern und Leerhäusler.

EINSAGEN, swv. ansagen, anmelden, bei der Weberzunft ser üblich: »dasz denen fremden auf anherokomenden Webergesellen, one dasz diese vorhero durch den Knappenknecht ordentlich bei den Meistern wären eingesagt worden«. Strafbuch des Web. Hauses von 1785. »Ob er bei dem Altgesellen ordentlich eingesaget«. »Einem jeden eingesagten Webergesellen sollen 6 kr. verabreicht werden« a. a. O. Zu Grimm. Wb. III, 362.

EINSCHICHTIG, adv. einzeln. »In den strittigen Fällen, da das Vieh von selbsten und ungetrieben, einschichtig oder herdenweis auf den Gablingischen Zehentäckern zu schaden gen würde«. »Ein einschichtigs kleines Gütl«. Vertrag von 1618. Klimmacher Pfarrbuch. »5 einschichtige leinwantene Küszziechen mit Seiden abgeneet«. Fugg. Inventar,

EINSCHLAGEN, stv. »Esz solle auch gemelter Krautgarten jedliches Jar uff Jacobi eingeschlagen und verboten werden, dasz hinfüro kainer darein gen soll‹. Fischach. Stat.

EINSCHLAUF stm. 1) Anzug überhaupt ›worein man schlüpft‹. 2) Sterbehemd: ›adi 20. Junio 1519. ›Dr. Conrat Peutingers dochter Felix im einschlaf‹. L. Rem. 53. Vgl. Schliefer, schliefen u. s. w. Schmid 466. Peutinger's Tochter starb als Mädchen.

EINSCHUSTERN, swv. detrimentum facere, an Vermögen einbüszen, verschuldet oder unverschuldet‹. Grimm Wb. III, 287.

EINSIZEN, stv. übel ankomen. ›Also secht ihr junge Leut oftermalen, wie sich im Heiraten diser oder jener so schändlich verbrennt und so grob eingeseszen‹. Homo Simplex.

EINSPÄNNIGER, gregarius, berittene Stadtwacht, bestund nur ausz einigen Mann. ›Ist die Abschaffung des Einspännigers accordiert, doch dasz dem jezigen anoch eine Pension oder nur die Besoldung ad dies vitae gereichet werden‹. Confirm. Kempt. 106. In der Ulmer Hochzeitordnung komt vor: ›dem Einspänniger für das Hochzeitladen 1 fl Hausl. II. 225. 14. Vgl. Grimm, Wb. III, 301. In der Sammlg. v. Ordnungen von 1647 komt neben dem E. der Stadtknecht und der Gassenknecht vor. Beim Auszschicken hatte der E. von gemeiner Stadt halbe Ordonanz 24 kr., der Stadtknecht 10 kr., der Gassenknecht 8 kr. Nach denselben Ordnungen f. 38 b. ist die Zal der E. auf 10 oder 12 angegeben. Etwas änliches wie das E. Amt war das der reitenden Söldner.

EINSTANDSRECHT ist das Recht der Verwandten bei Veräuszerung eines Gutes um den gebotenen Preisz vor andern Käufern einzusten, d. h. das Gut der Familie zu erhalten, weil nach altem Rechte die Schwertmagen bei jeder Veräuszerung von Grund und Boden Einspruch erheben konten. Den Markt anlangend ist Einstandsrecht das Recht der Zunftgenossen, auf den Markt gebrachte fremde Artikel, die ins Handwerk einschlugen, vorweg zu kaufen, one dasz sie dem öffentlichen Kaufe unterstellt wurden, oder wo disz schon geschehen, statt jeden andern Käufers einzusten. ›Uebrigens hat esz bei denen jeden Orts hergebrachten confirmierten Marktfreiheiten der Burger, in denen Flecken ratione des Zoll- Wäg-, Mäsz- u. Standgeltsbefreiung nebst dem gewönlichen Fürkauf- und Einstandsrecht sein Bewenden‹. confirm. Kempt. 19. ›Und darbeinebens (die Augsb. Weber), das Anfall- und Einstandsrecht bei dem Garnverkauf sowol in als auszer denen Märkten gegen die inn- und auszländische Kauderer und Schneller, Fürkäuffler zu genieszen haben‹. a.a.O. ›Fahls aber gnädigste Herrschaft die angezeigte Kälber verlangt, so sollen die Untertanen solche behalten (3—4 Wochen); von denjenigen Kälber aber, so auszer Landes kommen, nicht mer denn 2 kr. Zoll von jedem Stück von dem Käufer gegeben werden, jedoch solle denen Untertanen des Anfalls- oder Einstandsrecht gegen Fremde allemal vorbehalten sein‹. a. a. O. 20. Laut Vertrags von 1389 hatte der Abt von St. Ulrich bei Verkaufung dortiger Zinslehen das Einstandrecht.

EINUNG, ›die Einung zu der Strausz‹ hiesz in der Mitte des 14. Jarhd. ein Bündnis Augsburgs mit den Gemeinden an der Strasze über Schwabmünchen u. s. w. gegen die bayerischen Freiberger, die zu Angelberg iren Landsiz hatten (1568). Herberger's Schwabmünchen S. 13.

EINWÄLEN, swv. hinein-, in den Rat wälen. ›Erstlich wie die Wal auf dem Rathause fürgen und bei gemeiner Stadt Niemand für einen Ratsherrn zu halten sei, denn welcher heutiges Tages ordentlich eingewehlet werde; ebenso also solle die Oberkeit im Herzen einen, jeglichen gewehlet und was nun auf dem Rathaus eingewehlet worden — für ordentliche Oberkeit geachtet werden‹. Dr. Georg Müller. Zu Grimm, Wb. III, 337.

EINWANDERN u. AUFWANDERN, swv. sich stellen vor dem ersamen Handwerk, dasz man rechtmäsziger Gesell ist. Zunftsitte. Stauden.

EINWICKELN, swv. ›dasz sich beide Teil auch mit heiraten stets in einander eingewickelt zu gemeinen Gevaterschaften einander gebrauchet‹. Dr. Georg Müller.

EINZAÜNE, swf. Einzaünung. Landschaftlich. ›I kriag ja bei der uszre Einzaü dusz zum weanigst feunfthalb Metza Nusz‹. Sch.

EINZEN, adv. singulatim. ›die mugent ir mezzer wol verkaufen einzen vnde sament‹. Stadtrecht bl. 13 a. ›diu mag er wol verkaufen einbeinzen unde sament‹. a. a. O. Enbeinzen dürfte en-bi-einzen sein. Ottocar v. Horneck hat beinzigen statt bi- einzigen, mhd. Wb. I, 425 a. Graff I, 330: zeinigen stucken. Vgl. auch einzaehtin, ›der sol daz obez einzaehtin verkaufen‹. Stadtrecht f. 45 b.

EINZIEHEN, stv. ins Gefängnis füren; sieh Gewölblin.

EISEN, die, am Tollenstein, Augsburger Gefängnis am Eisenberg, ans Rathaus angebaute reichsstädt. Fronfeste. Wie esz sich mit Eisen- und Zisenberg verhält, musz einer mythol. Untersuchung vorbehalten bleiben. Vgl. Burg- u. Batfeld LXXIX. ›Sobald nur einiger von den Herrn Ambtsburgermeistern in die Eisen verschaffet wird, so solle alsbald die Anzeig auf die Kanzlei getan werden‹. Recess v. 1636. ›Auff solichs ist

er williglich in die Eyssen gangen«. S. 159 a. Fürten ihn in die Eisen«. 397 a, Eisenstraf, in der Eisen, mit der Eisen verfaren, komt in den Poliz. Ordnungen vor. Die Aufseher heiszen bei S. 399 a. Eisenmeister; alt ist aber ebenfalls Eisenvater, die Frau Aufseherin: Eisenmutter und der Knecht: Eisenknecht. »Sollen die Herren Burgermeister auch die Gefängnussen, als die Eisen mit Eisenväter und die Turn mit Turnväter versehen«. Recess von 1636. In Passau kommen diselben Benennungen vor. 2) Eisengilt, eine feste unabänderliche Abgabe, gegenüber der wandelbaren. »Besezte Eisengilt«. Mickhaus, Rechgen. 1576. »Hinterstellige Eisengilt« a.a.O. »Verseszene Eisengilt« a.a.O. »Erstlichen thuen die besezten Eisengülten zu M. samt derselben zugehörigen Dörfern, ainzigen Stuckhen, Hofen, Güetern 244 fl.« Heute noch ist das Wort in Stiftungsrechnungen und Katastern allgemein üblich in den Stauden. Im deutschen Privatrechte komt die E. auszfürlich erörtert vor. 3) Ein Kinderspil, bei dem sich Hand in Hand ein Kreis von Mädchen dreht, fängt an:
Eisen klar
Wie ein Haar
Hat gesponnen 7 Jar, 7 Jar
Um und um;
Fräulein N. kert sich um,
Fräulein N. hat sich umgekert

Und der Jungfrau Kranz bescheert. Eisen ist hier myth. als Göttin zu nemen. In Schmiderechnungen komt Eisen einfach für Hufeisen vor. »Erstlich 38 neue Eisen für ains 4 kr.« Mer 55 alt Eisen für ains 2 kr.« u. s. w. Im Homo Simpl. heiszt das Weib oft »Zankeisen, Fegeisen«. Eisen. swv. Eis aufhauen. Eisenzeug »Allerlei alter Ros- und Eisenzeug«. Fugg. Inv.

EISPERBERE, swf. Johanisbeere, ribes rubrum; sieh Falle.

EITEL, adj. 1) vacuus, Grimm, Wb. III, 383. »Die Erd was eitel und leer und die Finsternus warent auf dem Abgrund der Wasser«. Regiom. 1518. 2) Der Pfleger zu Aychach gibt von ainer Mulin eiteliger Häller III Pfund«. cgm. 154 f, 13 a.

EITERHAFT, adj. venenatus. »So wird das Wasser wurm- und eiterhaft«, Elucid. 1542. Grimm, Wb. III, 392.

ELLEN, die falschen, komen in Verträgen, in Web. Akt. oft vor. Das Ellenschreiben, ein Geschäft des Kellermeisters in der Weberzunft.

ELLEND HERBERG hiesz in A. das längst verschwundene Pilgerhaus; ein Stein ist noch kentlich in dem sog. gegenüber ligenden Baurentanz, der trägt die Worte: »das hûs ist ain ellend herberg, und sol zu êwigkeit beleyben«. In Ulm heiszt ein b. Hospital ligender Garten Ellendhäuser. Jäger. 460. 86.

Eine Walfart zum ellenden Herrgott soll auf der schwäb. Alb sein. Im Fugger'schen Inventar komt »ain klains Täfele mit dem öllend Christi« vor.
ELMAU »die gefreite Gemeindewaldung in der Elmau.« Zu Schwabmünchen gehörend seit uralten Zeiten. Drei Fräulein, eine Sage nennt 3 Fräulein Fugger, was zu spät, da die Sage vil älter, hätten der Gemeinde d. Wald geschenkt, änlich wie in Waldkirch, wo 3 Fräulein der Gemeinde den Wald schenkten. Der grosze Wald mit den alten Keltenhügeln zwischen Biburg und Aystetten soll den anligenden Ortschaften von 3 Fräulein geschenkt worden sein. 3 Heilrätinen komen als Schenkerinen vor zu Igling, im Westerholz, zu Ettringen u. s. w. Sieh Herberger's Schwabmünchen S. 6 ff.

ELSASZ. »Elsäszer Weine« im alten A. bis zu Anfang dises Jarh. ser beliebt; Elsäszer Branntwein war erlaubt, »dasz derselb von kainem, dann der je ausz dem Elsasz herbringt, verkauft werde«. Poliz. O. 1553. Ich mache hier auf die Redensarten aufmerksam: »ich hab gmeint ich seah's Fuir vom Elsasz«, wenn einem die Funken vor den Augen fliegen, von e. heftigen Kopfschlage oder Stosze. Aarau. »Der Blunder vom Elsasz« von einem erwarteten Erbe. Alb.

EMPFEHLEN, stv. beerdigen, sepelire. »Ihr wiszt wol des Menschen leib dem Erdrich zu empfelchen« cgm. 402 f. 30 b. »In seiner Befelchnus« f. 31 b. Got. gafilhan, begraben, gafilh, stn. Begräbnis.

EMPHORGEBEN, stv. »An Sumptag hat der rât 20 f. empfor geben«. S. 330 a. »die hât ein rât empfor geben«. S. 324 a, »Gab ein Rat 20 f. ennpforen«. 327 b.; ent vor= zum Voraus. mhd.

EMPORGEHEN, stv.
»Wie's in der Welt jezt get empor,
Wer ist so alt und der zuvor« u.s.w.
Weberhaus-Inschrift.

ENBRESTFN, stv. sich der Anklage und Inzicht vor Gericht entschlagen, sich rechtfertigen. »Vnde wil sich entslahen der ansprache: daz mag er wol tun mit sinen zwain fingern vnd ist dâmit dem clager vnde dem vogte enbrosten«. Stadtrecht. bl. 32 b. ferner 34 b. 39 a. 40 a. 43 a. 45 a. 45 b. u. s. w.

ENDRIS, Andreas bei S. üblich z. B. bl. 151 a. »Der lang Enderle« bei Gass. Endris bei L. Rem. 33.

ENGEL. »Engel ausz der Holzkamer«, ein Stück Volkswiz, spöttisch, wenn man das Gegenteil vom Engel angeben will. Schwanzengele, Teufelchen. Allgemein ist »pfauszbacket wie Posaunenengel«.

ENGELWEIHIN in Augsburger Rechnungen von 1390 und 1494. »Zu St. Michaels Kirch-

weyhin als Engelweyhin was‹.
Burg- und Ba'feld LXXXIII.
Merkwürdig ist das auf dem wirtemb. Heuberge übliche Wort Engelsgsind für das wilde Heer. (Wehingen).

ENGLISCHE TÜCHER werden oft erwänt in den A. Schriftwerken.

ENGSTER, vel laszkopf, angustrum. Cgm. 685 f, 8 b.

ENKEL, stm. 1) Kindeskind, ›des Herkules Enkle‹ pl. Troj. Krg. f, 9 a. ›Ausz Blangnus des Aenkles‹ f. 38 b. 2) Fuszknöchel. ›Der sol lauszen an den enkeln obwendig den Fuszen‹. Astron. 33 a. ›die zwô âdern an bayden enkeln sind gut gelauszen‹. 38 a. ›man sezt die Köpfe uff die enkeln der Füszen für die bulen‹. 39 a. ›Und stund in seinem eigen plut bis vber sein enkel‹ cgm. 402 f. 132 b. önkel f. 149 a. Vgl. Weigand I, 291.

ENSCHELT, stn. Unslit. S. unstlit; ›Ein altes abgerunnenes Kerzen-Inslet‹ Homo Simpl. Niederschwb. Aūṣliggh, ntr. Aūṣligghkėz‹. In A. gab esz einen Unschlitschreiber und 4 Unschlitgeschauer.

ENTE. ›Zur blauen Ente‹ alte Augsb. Schildwirtschaft, die jezt noch in der Wintergasse fortbestet.

ENTENGRAISCH, Augsb.Marktname für Entenjung (bayer.), Kopf, Magen, Flügel, Leber u. s.w. der Ente zusamengebunden;

änlich Gansgraisch, bayerisch Gansjung.

ENTNICKEN, stv. ›Ich hänge schläfen vnd was entnicket und bin aufgestanden‹. cgm. 528 f.2a.

ENTSCHLICHTEN, swv. ›Man meinte die Sach wäre schon entschlicht und die Gemüter vereiniget‹. Denkw. 1653.

ENTSIZEN, stv. ›der Bischof die frowen forschet, ob sie jemand entsasz, das man in nit zueliesz‹. cgm. 257 f. 4 a.

ENTSPENEN, swv. entwenen. ›So gilts du mir als dem entspenten von seiner Mutter‹. cgm. 422 f. 9 b.

ENTWÄREN, swv. ›Esz sol Niemand dem andern abhawen, abprechen, nemen, noch entwären weder in- noch auszerhalb der Stadt‹. Mindelh. Reform. 16. ›Oder dem Gefangenen ob er gleich Gericht und Recht anrüffte, abzuträngen und zu entwären‹. f. 22 b.

ENZWERCHS. ›Entzwerchs durch die Erde gehend Löcher‹. Elucidarius. Augsb. Druck. ›Wie komts, das die Sonn entzwerch lauft an dem Himmel?‹ a. a. O.

ERB in ERBSCHLAISZWEG, Servitute, in der, Wilmatshofer Dorfordnung. ›Item so sollen nach altem Brauch und Herkomen nachfolgende: Erbschlaiszweg, Tribluckhen,Erbsteig und Stigel gehalten werden u. s. w. ›Vor den linken gässlein in Gemaindt ein Erbschlaiszweg‹. a. a. O. Erbblucken, eine, »am Clafferloch,« »ein **Erbluckhen** und ein **Stigel**« neben **Tribluckhen**. »Ein **Erbstigel** gegen Fischach hinab.« a. a. O.

ERBIETEN stv. »Indeme benebens über die allzuharten Strafen bei einigen Pflegämbtern Beschwerden vorgekomen, als ist die gnädigste Herrschaft des Erbiethens die billige Remedur vorzukeren« u.s.w. Confirm.Kempt.

ÉRBEL, die, Erdbeere. Behlingen.

ERBOREN haben = durch Geburt angeerbt. »So er verheirat und erboren hat.« Mickhaus. Rechg. 1665.

ERCHTAG komt in den Schriftwerken, die von A. oder Umgegend stamen, ebenso in der Zuchthausordnung von Buchloe, 17. Jarhd. zerstreut vor: Aftermontag ist häufiger. Ueber Erchtag und Zeinstag, — ig, beide echt schwäbisch, wäre eine mytholog. Untersuchung von groszem Werte. Einen Versuch machte Herberger, Burg- und Batfeld LXXVIII. Erichtag, cgm. 740 f. 31ᵇ.

ERDALUMP, du! rohe Schelte.

ERDE, »vnd sol der vogt den hof oder das hûs ûf die erde slahen,« rechtsaltertüml. Stadtr. 38ᵇ. Die »schwarze Erde« bei Lechhausen.

ERDELEN, nach Erde riechen. Erdkäuflere, die, handelte auf dem sog. Saumarkte mit altem Gerümpel, das sie nur auf der Erde, auf keinem Tische feil haben durfte und auch nur Gegenstände, die nicht über 6 fl. wert sein mochten. Ursprünglich scheint das Geschäft blosz Witwen und zwar 12 katholischen und 12 protestantischen gebilligt worden zu sein. Laut Magistratsbeschlusz vom 6 Aug. 1862 ward dise Handelschaft freigegeben.

ERDSCHMIDLE heiszt in den Stauden das sog. klopfende Dangelmändle. Sieh D. Der Name zieht sich bis Oberbayern herein. Schmeller kent in nicht.

ERESBURG, ERENSBURG, abgegangener Ort bei Altenmünster. Burg- und Batfeld LXXVIII.

ERGEBBRIEF: »dieweilen das in dem Memminigischen Vertrage de 1526 Art. 10 bemerkte Sigelgelt von 2 Kreuzern, so vor den Ergebbrief einer aus anderen Herrschaften in das Land sich verheirateten fremden Personen entrichtet werden müszen, vorlängsten sambt denen Ergebbriefen in Abgang gekomen.« Confirm.Kempt. 1732—37. Art. VI.

ERKIKEN swv. 1) trans. Todte auferwecken, beleben, in codd. häufig, 2) erholen, sich erkiken, reflex. »Aber nach wenigen Tagen, wie sich die Fürsten erkiket hatten nach der Mühe des Wachens — ward das Heer in das Feld geführt.« Troj. Krg. 27ᵇ. 3) »Nachmals wie der König den Atem ein wenig erkikt hett, ist er auf die Knie gefallen.« a. a. O. 31ᵇ.

ERLAG stm. Erlegung: »9) wol zu bemerken, dass weilen bisweilen die arme und bedürftige Leut aus Mangel des Geldes einiges Gespunst oder Anderes bei den Hucklern gegen Victualien, Liechter oder sunsten vertauschen, dergleichen Tausch ohne Erlag einigen Zolles erlaubt seye u. s. w.« Confirm. Kempt. »Jedoch, dasz sie auch zur ewigen und immerwehrenden zeiten zu solchen erdeuten järlichen Geltertrag von 9000 fl. verbunden und verpflicht sein sollen.« a. a. O. S. 95. »Binnen Monatsfrist einen ergibigen Erlag tun.« Doc. Buch v. Hart.« 10ᵃ.

ERLINDERN swv. »Und wie sie in etlich stunden sein Begird gemeret hett, und das Herz nicht erlindert ward.« Troj. Krg. 24ᵃ.

ERREITEN stv. durch Reiten einholen. »Der Knecht hat mich aber bald erritten.« Denkw 1653.

ERSATTEN swv. »So werden wir dich nicht sehen in einem spigel der Geleichnus, sunder von Antlucz zu Antlucz, in dem alle unser Begird ersattet wird.« Büchl. v. d. himml. Braut. 1475.

ERSCHIESZEN stv. ahd. irsciozan, ersprieszen. »So esz dann yn Zeit und die Axt eigentlich an den Pawm gelegt ist, der Kirchendiener Stym und Predigt nit dermassen erschieszen will — so erkennt sich ein êrsamer Rat u. s. w.« Der Stadt Beruf, 1541. »Fuor aus dem Wildbad — erschoss das Baden on maas wol an im.« L. Rem 24. Grimm Wb. III, 961.

ERSCHNEIDEN stv. zuschneiden. »Ich hab sunst gemainiglich all Schnitt an Hosen, Wammes, Schuech und Kappen selbs erdicht, auch mermals die schuech selbs ersnitten.« Kleiderb. 14.

ERSIZEN, seine Lerzeit auszhalten; oft. Ersizjare = Lerjare. Vom Lerbuben der entlaszen oder entlaufen: »hat der ausgestandene Weberlerjung aber die ersesezene Zeit verloren und wird angewiesen, daz Handwerk von Neuem anzufangen.« Web. O. 18. Jarhd. »One Abbruch der erseszenen Lerzeit,« a. a. O. »Die 3 Ersizjare.« a. a. O. »Wann ein Meister einem Knappen die eingeschriebenen 3 Ersizjar mit Arbeit oder in ander Weg — nicht befürdern könnte, solle solchem Knappen alsdann ein anderer Meister zu deren völligen Ersizung zugelaszen werden.« a. a. O.

ERSTECKEN swv. suffocare. »Wir leben in der neuen Zeit, Die alls mit Schnee bedecket, Es trägt das Feld ein weiszes Kleid. Das Kraft und Safft erstecket. Handkalender 1745. 7ᵇ. (Jänner.)

ERTATTERN swv. stupere. »Der Bischof aber fieng an zu beten — darüber Afra — aller erschrocken und ertatternd zu erkundigen begundte.« Gass. 68. — Volküblich: verdaddrə, in der Kälte sten und frieren.

ERZAUSZEN swv. »Das Baden erzauszet, ersuochat mich on

Erzen — Ewigen.

mas gnach, al um und um«. L. Rem, 23. Grimm Wb. III, 1079.

ERZEN »Er« sprechen.

ERZIGELN von Fischen im Weiher: hegen. Mickhaus. Akt. 1580.

ERZOBELN, prügeln: »rotteten sich die Bursch und wolten mich gar erzoblen, wie dann zur Zeiten geschahe.« Kleiderb. 112.

ESCHAI, ESCHHAI, swm. Feldhüter, Flurschüze, Wächter: »er sol auch (der hofmaier) kainen eschaien nemen, wann mit ir râte.« Stdtrecht. bl. 10ᵃ. »Und dasz die Stifftischen und andern Aeker durch den Oeschaien — gegen leistender Gebür, wie solche von Alters Herkommen beobachtet und Schaden bewaret werden sollen.« Vrtrg. 1670. Got. atisk stn. Saatfeld; ahd. ezisc; hai, haie, heie, Wächter, mhd. hien, heigen = schüzen, bewachen, hegen.

ESEL, Red. A. »Uff des muesz ma da Esel båere,« von einem recht dummen Menschen. (Behlingen.) In den Stauden fragt einer: Wie fangt man im Oberland die Esel? und nimt den Ratenden bei der Hand.

ESZEN das. DieHochzeit-O. 1532 hat für Gerichte: 2, 3, 4 Eszen an der Tafel. Eszenpfänder durften über 3 Tag nicht aufgehalten werden Ordgen. v. 1647.

ESZLINGER EIMER: »160 Eichmasz ist 1 Eszlinger Eimer.« cgm. 740 f. »213 schenkmasz ist ain Eszlinger Eimer.« a a. O. Neben dem Nördlinger, Ulmer, Haidenheimer Eich häufig in codd. August.

ETSCHWEIN komt neben dem Malvasier, Rheinfall in den Augsb. Chroniken und Akten ser oft vor. Bei der Einfur hatte von jedem Fasz der Burggraf eine Masz. Statt Etschwein erscheint der Auszdruk »Wälschwein« nicht selten.

ETTERGERTEN. »Ein Fueder Ettergerten 1 fl.« Mickhaus. Rechg. 1770. »Dem Pfarrer ein Fueder Rau- und 1 Fueder Ettergerten.« a. a. O. (Zaunruten.)

EWIGEN swv. »Zum Regieren immutabiliter perpetuirt und beewigt sein.« Dr. Müller. Ewige Bettstatt sieh unter B. Ewige Messe, Frühmesse, häufig. Ewiggelt, — Zins, Zins von einem aufliegenden Kapital, das entweder für imer unablöslich ist, oder vom Darleher nicht aufgekündigt werden kan. Vrgl. hiezu Schmell. II, 42 ff. »Ewiggelt auf Ablösung setzen.« cgm. 2517.

F V

1) Gotisches F bietet keine Schwierigkeit. Anlautend verbleibt esz unverändert im Schwäbischen wie allgemein im Oberdeutschen; ebenso in- und anszlautend, wo esz unrein ist. Fusz: fôtus, fünf: fimf, Luft: luftus, Zweifel: tvifls, Notdurft: thaurfts, Hefamme zu hafjan, heben stend u. s. w. Ferner eilf und zwölf: ainlif, tvalif.

2) Echt gotisches P felt im Anlaute. Die damit beginnenden Fremdwörter wandeln esz statt in f in pf: z. B. in paida bayerischschwäbisch Pfoat und Pfoit, welches Wort im wirtemb. Schwaben nicht vorkomt, also von Bayern über den Lech eingewandert sein dürfte. Pflaum, latein. pluma; platja got. augsb. Pfléz und Fléz; pund, Pfund; Pfriester schreibt eine Biberacher Chronik für presbyter. Das Stadtrecht hat: phunt, phuntzoll, phenning, phingsten, phefer, phaffe, phennwert, phant, kupher u. s. w. Im In- und Auszlaute unterligt esz der Verschiebung in f, d. h. die Spirans überwältigt p. Z. B. vairpan: werfen, greipan: greifen, sliupan: schliefen, slêps: Schlaf, thaurp: Dorf, kaupon: kaufen, sieh die weitern Beispiele in R. v. Raumers Gesammelt. Schriften (Aspiration etc.) S. 66 § 58.

3) Dabei frägt sich: wie verhält sich F zu PF? Die Zeitwörter, welche den gotischen auf —jan entsprechen (die schwachen) scheinen pf zu lieben und zwar mundartlich mit gleichzeitigem teilweisen Fernehalten des Umlautes; so besonders skapjan: schepfen neben einem Zeitw. skapan: schaffen; raupjan: rupfen neben einem raupan: raufen; afslaupjan: auszschlupfen und sliupan: schliefen; sogar hropjan: rufen; dazu liesze sich die Form vorrupfen ziehen; ir würde vrohjan: rügen in der Bedeutung von vorrucken zur Seite sten und zu hlaupan: laufen ein hlaupjan: springen machen, lupfen, treten können. Die schwache Form wirkt auch auf die Zungenlaute schärfend, wenn man hatan: haszen, hatjan: hezen, natan: naszen, natjan: nezen, niutan: nieszen, nutjan: nuzen u. s. w. neben einander sezt. Die Mundart selbst bietet eine Menge Beispile: Stäpfele u. Stäffele, ›die Heanststäpfelen‹ in A.; schürpfen und schürfen, eine Art Gluckerspil in Oberschwb. mit Nägeln; schnupfen und schnüffeln, schloipfa u. schloiffa: schlep-

pen, gaffen und gapfen, wozu die Bergvorsprünge Kapf und Gapf, von wo ausz man Umschau halten kan, gehören; Hefe und Hepfe, Knauf u. Knopf, traufen und tropfen, hoppen und hupfen; Dümpfel, Rürstange und dumpeln, Butter auszrüren, Dumpelweib; Heustempel und Heustempfel. Schippel und Schipfel (nur bayerisch) für Kopf. Ziehe ich hieher: p und ph mit der Spiransten hier einander gegenüber. Auch das Stadtr. hat Belege: »gestempfet sîn, diu gestempften geloete zu Stempeln hochd. und Stampf, Stampfbogen, stend; schupfen oberpf. schuzen, Subst. Schuphe, in die Sch. werfen, die bekante Gieszhübelstrafe für Mezger und Bäcker in Augsburg. P ist ganz in der Spirans aufgegangen in zawnschlüfflin für Zaunschlupfer, Zaunkönig im cgm. 312 f. 30ᵃ. Vrgl. hiezu Weinhold, Gramm. S. 123. 204. 205. Nach Rumpelt S. 308, 4 stände nach langen Voc. nur f, was mir nicht genügend dünkt zur Erklärung obiger Erscheinungen.

4) Die oberdeutschen Mundarten lieben überhaupt die Verstärkung ires an- und inlautenden f in pf, z. B. Pflegel: Flegel; Pflegelhenkin uralt in Schriftwerken und allgem. schwäbisch; Pfladern, Pfladergasse, Pfladermüle in A. neben fladern, warscheinlich dem plätschernden Naturlaut im Waszer nachgebildet; pfizzen und fizzen swv. das Streichen mit Gerten, wie die Kinder um Nüsze und Kuchen den Alten am Kindleinstag tun (Burgau, Donauwörth); Pfö und Fö, Fönwind (Allgäu), pfätschen und fätschen (zu fasces) einpfätschen, Pfätschenkind. Fragner u. Pfragner (cgm. 290 f. 87ᵃ), Pfleadermaus u. Fleadermaus; pflanna und flanna, weinen neben pflenna und flenna. Oberschwb. Das Stadtr. hat phinnig flaisch was neben mundartl. und schriftdeutschem finnig einherget.

Besonders haben gerne pf die Zeitwörter, die aller Wahrscheinlichkeit nach von Interjektionen gebildet sind: Pfnisel und Fnisel, pfnurren und fnurren, pfuzga nord. fasna. Vrgl. Weinhold Gr. S. 122. Ich reihe an: Gogelhopf neben Gogelhof, Backwerk in Türkenbundform; Augsb. pfipfi neben schwäbisch. pfiffis, sieh oben 93ᵃ; pflodern und flodern, flodriment, was allerdings auf altem p und nicht f zu beruhen scheint; pfusel- und fuselnacket; in Oberschwb. hörte ich:

Der Hopf
Ist a Tropf.

5) Wenn mundartliche Formen auftreten, wie das schwäbischaugsburg. Werftig (zu werben), Werktag (werken), fuchzig, fuchzehn, fuchsgmaol, fünfzig u. s. w., so darf man diselben

nicht als durch Lautwechsel auszeinander hervorgegangen erachten, sondern musz vilmer zwei nebeneinanderstehende gleichbedeutende Formen darin erkennen, wovon die eine den Lippen-, die andere den Gaumenlaut festhielt; ebenso wenig ist **sacht ausz sanft**, engl. **soft** hervorgegangen; esz stet vilmer die Form **sach** neben jener von **saf**, wie **saugen** (sukkeln) neben **saufen** u. **supfen**. Esz hängt hier gar Manches von der Hinneigung des Volkes zu einem der Laute, wie denn die Holländer den Kehllaut lieben, die Engländer oft gh als f auszsprechen. Ausz got. **auhns** ist unser Ofen geworden; im Ahd. haben wir **soc**, **soch**, sieh heutiges **Saft**. Vergl. Schleicher, Sprache, S. 327 unten.

6) In- und auszlautend stet pf wie gemein mhd. und ahd. nach m, n, r: Hampf, κάνναβις, Hanf; Sëempf, Senf; scharpf, Harpf, Harpfanist; sampft. Besonders erscheint für entf-, entv- gerne und ganz natürlich empf: Hämpfl, Handvoll! emphahen cgm. 310 für entfâhen. Bei Sender erscheint noch das mhd. empfor für entvor: vorher, zum Vorausz, sieh oben bei E. S. 143b. Rumpelt, Gramm S. 304. 4 sagt: »der Grund hievon ist, dasz die Laute m und f Nasal und Fricativa physiologisch zu ungleichartig sind, um sich unmittelbar mit einander zu verbinden.« Vgl. Reimnitz, Leitfaden 11, Anmerkg.

2. Diselbe Erscheinung haben wir bei den Zanlauten; nach den flüszigen schlägt die Zunge scharf den Zanlaut an, so dasz man sogar ein t vor der Spirans zu hören meint, wie in Mentsch, homo; vrgl. Häntschet, Handschuhe, Günt-zburg, Günzburg. Das Stdtr. behält en ph-.

7) In der Wal, ob f oder v zu schreiben, schwanken die Augsburgischen wie überhaupt die ältern deutschen Denkmäler. Das Stadtrecht hat vor den flüszigen und vor Vocalen überwiegend f im Anlaute. Eine Regel ist schwer darausz zu ziehen. Im Inlaute nur f, ff, got. p entsprechend oder got. f im Inlaute, sind nicht eben seltene Fälle. Eine Lautlere, wol von bayerischer Feder im 15. Jarhundert gefloszen, die ich anderwärts mitteile, sagt: Item das v, das sol in miten nit sten, nur im Anvang eines wortz: Vater, Vetter, Vleisz u. s. w. Vrgl. Schleicher, Sprache 140.

8) Gleichem Schwanken unterliegen die schwäbisch-augsburg. Urkunden bezüglich der Schreibung von ph und pf. Das Stadtrecht schreibt beharrlich ph. Esz ist auch das ältere und leitet den Uebergang von p in f ein. Die Mundart wollte von p nicht laszen und bezeichnet dessen Vorschreiten zu f, bei dem esz doch nicht anlangt, erst mit ph, später und ganz natürlich, da auch ph nicht mer genügte, mit pf.

FABULIEREN swv. fabulari,

einfältiges Zeug reden. »Auch in den Heüsern alles Zehrens, Zechens, Spilens und unnützen Fabulierens ganz und gar entäuszern.« Poliz. O. Mhd. Wb. III, 199ᵇ. Grimm Wb. III, 1217. Schm. I. 507.

FACH stn. Waszerschwelle: Fachbretter oder Läden in den Lechen in der Bau O. 1740. II, 53. »Es sollen auch die Eichtpfäle, von denen einige geschlagen werden müszen, ingleichen die Wuhrbäume, Wasserbetten, Wasserräder, Kröpfe, Fachbretter, Rinnen und dergleichen allzeit in den vorigen Höhe, Breite und Länge verbleiben.« Fachbretter legen hieng vom Gutachten des Rates ab. a. a. O. Mhd. Wb. III, 200. Grimm Wb. III, 1221. Schm. I, 507.

FACKELBRENNEN ist das in ganz Schwaben übliche Scheibenschlagen; ursprünglich heiszt aber nur der Zug zum Sch. so. Das Einsameln des Holzes bietet in der Augsb. Gegend nichts besonderes dar; der Reim beim Sch. lautet in Oxsenbrunnen:

Scheib ausz Scheib ein,
Scheib wieder dårein!
Die Scheib, die Scheib soll der
N. sein!

Dabei pflegt man dem oder der eine Schandscheibe, jemand andern eine Erenscheibe zu schlagen.

FACKELN, herumfackeln, swv. verdächtige Wege gen. Zu Grimm Wb. III, 1228.

FADEN. Alt ist und auf dem Lande ser üblich **Fadem**; in der mittleren Nekargegend haftet m nur im dim. **Fädemle** wie in **Lädemle**, **Gädemle**. Im cgm. 312 f. 40ᵇ komt ein **Fädemlin** als Loszvogel vor:

Das saget dir das Fädemlin
darunter, so lausz dein groszes
Trinken sin.

Die schwäb. codd. des XV. Jarhd. haben allgemein noch altes m statt des späten n. Falsche Fäden komen in Weberakten oft vor: esz war grosze Busze auf deren Verfertigung angesezt. Fädung scheint eine gewisze angenomene Fadenlänge gewesen zu sein. In der Sailer-Ordg. stet: »Ein breiter oder Hinterstrang soll haben 1¹/₂ Klaffter ungefärlich 12 Fädung.« »Item ein langer oder Vorderstrang soll haben zwo Klafter, 12 Fädung.« f. 2ᵇ. 3ᵃ. Fadenwichser, scherzweise für Schneider.

FÄHIG erscheint wie im hochd. hoffähig, bischöfl. Augsburgisch in pfalzfähig, — Fähigkeit, was die Befähigung, die Erlaubnis auszudrückte in der unmittelbar an der bischöfl. Residenz ligenden Wirtschaft »zur Pfalz« einzusprechen, welche Wirtschaft noch bestet. Pfalzfähig war die gesamte Geistlichkeit der Diöcese, bevorab die Augsburgische, die bischöfl. und capitlischen Räte, deren Beamte und Diener, ferner alle die mit dem Bischof und den ebengenannten Räten in Geschäftsverbindung oder sonst in besonderen Beziehungen standen. Einfürung von Fremden konte statfinden, aber nur mit besonderer Erlaubnis. Der Pfalzgerechtsame gemäsz durfte man Speise und Trank verlangen oder nach Hause holen laszen. Der Wirt hiesz Pfalzpropst. Ganz änlich verhielt esz sich mit der Gerechtsame der beiden Stuben: bald heiszt esz stubenfähig, bald stubenmäszig. In den waidmännischen Vergleichen des Bischofes und der Stadt komt steckensfähig vor, d. h. befugt, Wachtel- und Lerchengarne auszustecken. Vrgl. 1642. Kellerfähig sieh K.

FAISTUNG, adeps. cgm. 683 f. »Rodis gut u. faist.« cgm.736f.71ª.

FALBELE, dim pl—en, lange farbige Streifen an Frauenkleidern, gefältelter Besaz am Weiberrocke. Romanisch: falbala, Diez, Wb. 2. Auszgabe S. 170. Grimm, Wb. III, 1267. Frauenzeitung von 1787, VII. Juli S. 602. In der Gmünder Gegend heiszt F. die Chorhemdkrause der Gaistlichen. Lautern.

FÄLGEN swv. den Boden aufhäckeln, leicht umgraben, besonders wucherndes Unkraut wegschürfen, im Gegensaze zum Umreuten, tiefern Umgraben des Grundes. In der Nekargegend one Umlaut: falgen, Falghaue im gleichen Sinne. In Heiligkreuztal (Wirtb.) ist fälgen das Ackern zur Somersaat im Frü-

jare. Das Kaufbeuerische auszfälgen, Holz aufbeugen, gehört nicht hieher. Vrgl. mhd. Wb. III, 215ᵇ.

FALLE, dim. Fälle, kleine länglichte Oeffnung mit einem Türlein zum Auszgeben der Speisen von der Küche in's Wonzimmer.

FALLHUT. »Wie die Kinder anfangen zu gehen, musz· man ihnen den Kopf mit Fallhüten verwaren.« Kleine Züge über Denkungs- und Lebensart der Augsburger. Frankf. u. Leipzig 1784. Grimm Wb. s. v.

FALLENSEZEN in der Bau-Ord. oft: »Wann einer gegen seinen Nachbar, der mit einem Gebäu, Garten, Mauer oder Thill seinen Grund gar eingefangen, Eisperbeer oder Wurz- und anderes niederes Gewächs pflanzen: item Fallen sezen will, so soll er das Erdreich, unten auf seinem eigenen Grund und Boden seine Fallen einlegen — dagegen mag einer an sein eigen Thill — auch die Fallen anbauen.« Fallen heiszen endlich die Blickel oder Läden an den Weberdunkenlöchern. Bau-O. 1740: »Es sollen aber die Weber schuldig sein über jedes dergleichen Dunkfenster eine Falle oder Blickel zu machen.

FANE, die. In der Burgauer Weberzunft-O. heiszt esz: »Ess solle keinem fremden Meister vergonnt sein im Kaufen solang u. sovil zurückzusten bis die Fänlein nach Gewonheit des Handwerks allerdings zuvorderst gezogen worden sind, bei Straff von 2 Pfund Wax.« »Item solle nach altem Gebrauch zur Erlaubung und Aufrechthaltung des Garns der Markt bei N. N. Behausungen durch Aufsteckung von 2 Fänlen erlaubt werden und sonst anderstwo nirgends.« Handfan, der, in alten Ritualien für manipulus, ein Weiser, dasz der Manipel nicht am Oberarm, wie jezt häufig zu geschehen pflegt, sondern am Vorderarm getragen werden musz Ueber das Wort habe ich in Dr. Schwarz und Laib's Kirchenschmuck (Metzler Stuttgart) II. Heft 1863 auszfürlich gesprochen. Ritterfane in der Schüzen-O. von A.: »Damit jedoch auch Schüzen, welche aus besondern Ursachen mit der Zal auf das Haupt zurückbleiben, ein ehrenvolles Zeichen zu Teil werde, so ist für diese eine Extrafane, nemlich die Ritterfane bestimt. Esz werden daher, nachdem alle Schüzen auf das Haupt abgeschoszen haben, die 6 wenigst schieszenden aufgeschriben und Abends mit dem 6 Schlag zu Rittern auszgerufen: jeder hat sodann den Stechschusz zu tun mit der gleichen Armbrust.« Schüzen-O. 4. 1819 §43.

FALLITEN, Falliten-Ordng. v. 1668: »Dasz dergleichen fürsezliche oder muetwillige Falliten samt den jhrigen — zu ihren Kleidungen und Trachten insgemein — sich keiner andern und beszern Zeug, Waaren und Materialien gebrauchen sollen und zugelaszen ist. Den andern Falliten aber — solle ein Mehreres nicht vergunnt sein, als den gemeinen Dienstehalten.«

FALSCH in der Webersprache, sieh bei Faden. In der Web.-O. heiszt esz: »Vom Falsch. Item welcher einen Falsch würkhte, es sei an Schmele oder Zal, derselbe hat jme und seinem Weib des Handwerks Gerechtigkeit verwirkt.« 1634. Einen Gangfalsch umschlagen.« Weber-Sprache. Falschtritt a. a. O. »Wegen der Fädenbrüch aber, soll esz folgender Gestalt gehalten werden; dasz nemlich, wenn einer über 15 Ellen Fädenbrüch oder Falschtritt hätte, das Stück verfallen sein. Was aber unter 15 Ellen Fädenbrüch oder Falschtrit sich befinden wurden, solle den jeweiligen Geschaumeistern zur Straff bezalt werden.« Akt.

FALZ, der, Fuge, bei Gass. öfters »mit erhabenen Falzen.« u. s. w.

FANZ für Kerl, Bursche, one gerade eine böse Nebenbedeutung einzuschliezen.
»Dear arbet z'Ulem uf der Schanz
Und ist a rotziger kleiner Fanz.«
Sch. 35.
Ungefanzt, unordentlich:
I will di schoa zwifla du ung'fanzter Schwanz. Sch. 124.
A Geigla nach deam Alles tanzt
Und sei's aüglimlet u. aüg'fanzt.
a. a. O.

FÄRBER, die, spilen in den Akten der Weberzunft eine bedeutende Rolle. Sie musten allen Augsb. Barchent und Leinwat, den sie zum Färben annamen an die Schwarzgeschau bringen und gut heiszen laszen. In iren Manghäusern durften sie nichts annemen noch mangen laszen, das nicht in irer Werkstätte behandelt worden ist, sondern hätten solches an die vom Rate verordneten Manghäuser zu schicken bei Straf 1 fl. in die Ratsbüchse. Endlich hatten sie den Manggesellen den Schwur der Treue abzunemen. Die Bau-O. 1740 handelt auch vom Färberkessel, vom Färbertollen, Färberrechen oder Hänken: weil alles disz von des Rats Gutachten abhieng. In A. gab esz ein Färbergässchen und ein Farbhöflein.

FART, die, in Auf- und Abfart. 1) Der Auf- oder Abzug vom Lehengut, vom Pachtgute; 2) das in Folge dessen zu entrichtende Geld, das in der Regel 10 Procent betrug. »N. zalt als er von mir die Müllin bestanden alltem Brauch nach Auffart 6 R. und von wegen seines Verkaufers Abfart 6 R.« »Auf- und Abfart bezalt worden.« Alte Mickh. Akt. Das Adj. auf- und abfärtig komt oft vor. 3) Dienstfärten 1681. Akten. 4) Verte, Wallfart »Swelich man in Gottes verte faren will. uber mer, ze Rome, ze St. Jâcòbe u. s. w. Stdtr.«

FASANDEL, die, zweideutige, herumziehende Weibsperson.

FÄSIG, mangelhaft, felend. Sch. Drum dank i au meim Schöpfer mei denn sötte Fäll tund fäsig sei.
Dô, ma sotts frei wäger gar it moina,
's Geld sei fäsig, wenn ma d'Pracht betracht. a a.O.

FASNACHT, junge od. Aschermitwoch. Kleiderb. 53. In der Pfründe-O. v. 1462 komt eine Herren- und eine rechte Fasnacht vor. Die leztere heiszt sonst auch Baurenfasnacht.

FASTEN in Fastengesicht. »Da gibts saure, finstre Fastengesichter ab.« Hom. S. Fastenknecht. Abdeckersknecht. Fastenmärlein, noch im lezt. Jarhd. in Oberschwaben bräuchig. Fastentuch, blauer Vorhang? »zur Aufziehung des Fastentuches um ain Saillen u. s. w.« Mickhs Kirch. Rechg. 1676.

VATER hiesz der Aufseher im Kranken-, Pilger-, Waisenhause und Gefängnisse »Ueber das Blaterhaus war Vater u. Mueter verordnet.« Laz.-O. Der Pilgervater im Pilgerhause hatte das ihm von den Herren Aeltern des Almosens anbefolene Geld wöchentlich auszzuteilen. Bekant ist der Eisenvater, sieh E. In der Mcmm. Feuer-O. von 1765 S. 45 heiszt esz: »Bei Feuersbrünsten soll sich der Capell- oder Spitälins-, item Zucht- u. Kinds- und Seelvater bei und in den

Fätschen — Fechtmeister.

ihnen anvertrauten Stiftungshäusern Aufsicht tragen.‹

FÄTSCHEN, swv. ›Die Kind vetschen nnd pinden;‹ ›fetschen und einpinden.‹ cgm. 601 f. 97ᵃ. Die Fätschen, Kleiderb. 19. Fetschenkind,-Tisch in schriftl. Denkm. öfters. Sieh E.

FAZINETLE, das, Sacktuch; dim. von Fazinet, ital. fazzoletto. Im Fugger'schen Inventar komen vor: Tischfazenet mit plåben leisten, geeiglet, mit klökleten Porten, von Damaschg, leinwatne und mit gewisleten Strichen, mit Zwilch gefranslet und einer Steppe, mit Spizlen u. s. w. Andere Formen: Tischfacilet, Mickhaus. Rechnungen 1610 Fazolet, Hom. S. Facelin, O. Ruland. In den Weberakten stet von 1638. 1650: ›Dieweil bisher etlich Weibspersonen, so der Weber Gerechtigkeit nit haben, — da Schlayer und Facelewürkhen in langem Brauch gehabt, und noch, soll den Weibern solch Schlayer und Facelewürkhen mit 2 Stüelen ihr Lebenlang zugelaszen werden.‹ — ›Da entgegen sollen sie nichts als Schlayer und Facele würkhen.‹

FAZPIL, das, poszenhaftes Spil; fazen, cavillari. ›Fazspil und Gaukelei‹ heiszt Gass. II. 25 die an Christi Auffartstag emals üblichen bildlichen Vorstellungen in den Kirchen. Schmell. I, 579.

FAUL adj. zähe vom Straszenkot, wenn die Räder herb von der Stelle gen. Im Troj. Krg. 40ᵇ komt die Adjektivbildung unfeulklich vor. Faulgara, —sieder sieh G. Faule Fische, leere Auszreden.

FAUM, faumen für Schaum, schaümen ist fast nur bayerisch-schwäbisch; in Niederschwaben erscheint dafür Schomm, âschomma, abschaumen, eine Bildung wie romma, âromma von abraumen. Im Harter Inventar stet Fomblöffel; in Mikhaus. Akten Faimblöffel neben Faimbkell ›5 Faimbköllen‹. Grimm Wb. III, 1377. Schmell. I, 530.

FAUST. wie hochd. in bayer. und hie und da in schwäb. Akten und Urkunden erscheint Faunst. ›Mit Faünsten abgeschmieret.‹ Mickhaus. Strafbuch 1681. ›Mit der Funst.‹ Thalhofers Fechtbuch. Vrgl. Schmell. I, 575. Fausthammer, ›den Stoszdegen auf dem Rucken, den F. in der Hand.‹ Chronik bei P. v. Stetten, Erl. 91. Ein Fausttollich komt in dem Fugger'schen Inventar in Mickhausen oft vor.

VECH, Vechwerk, Grauwerk von dem Rücken des Hermelin's. ›Zobel, Marder und alle Vechwerk.‹ cgm. 2517. ›Zu denen Auszschlagen und Krügen weder Zobel noch Edel- sondern allein Kehlmäder und Vech gebrauchen.‹ Poliz.-O. Im Kleiderb. ›mit Vech füttern‹ öfters. ›Nempt man wâr, wie junkfrauen Vech und Seiden tragen‹ cgm. 311 f. 49ᵇ. Mhd. Wb. III, 285.

FECHTMEISTER, Barbier

scherzweise, neben **Beckelebantscher**. Altaugsburgisch.

FEDER. **Federfechter** und **Fedeskilreiter** emals ser übliche Namen für Advokaten. **Federrite**, die, 1) farbige, auf einer Seite harige Leinwand. 2) Zu Betten benüzt: der Unterüberzug, in dem die **Federn** sind, worüber erst der Oberüberzug kömt. In der Weber-O. gab esz eigene Vorschriften bei Verfertigung diser Art Leinwand geltend: ›Obwolen auch ein jeder Burger zu seiner Selbst eigenen Hausnotturft Kelsch und **Federriten** würken zu laszen erlaubt ist, so solle doch ein jeder Meister vor Unterrichtung solcher Arbeit schuldig sein, solches denen verordneten Herren des Weberhauses anzuzeigen, damit man wisze, wem solch Gewirk zustehen; auch solle solche Kelsch und **Federriten** nicht verkauft werden bei Verlust der Waaren, desgleichen keinem als mit einem **Stuel** breiten **Federriten** zu würken — vergunt sein.‹ Akten 17. Jarhd. **Federspulen**, Gänsekile.

FEGEISEN. ›Weilen ich ein solches Hauskreuz, ein so böses **Fegeisen**, ein so zänkisch, greinerisch Weib darneben habe.‹ Hom. S. **Fegopfer**. ›Er wird stets müszen als ein Fluch der Welt und ein **Fegopfer** der Leute — sovil gewertig sein, dasz er an Ehr — angegriffen werde.‹ Dr. G. Müller. **Fea-a-a-agsand**. Fast unverständlicher Ruf des Grobsandmannes in A. Sieh das Lied im Anhange.

FEICHEN, das, betrügerisch gebackenes Brot. Augsb. Stdtr. ›Swelcher daz **veichen** bachet, daz ist, swelcherleie brot daz ist anders danne als dâvor geschriben stât, daz heizzet daz **veichen**.‹ Ueber die Strafe des **Schupfens**, die das **Veichenbrotbacken** nach sich zog sieh S. cf. Schmell. I, 507.

FEICHTE, die, pinus silvestris: ›ein Claffert **Feichtholz** 2 fl. 45 kr.‹ ›Lang **Feichtholz**.‹ Augsb. Akt 17. Jarhd. In den Stauden und an der bayerischen Grenze allgemein; in wirtemb. Schwaben ›**Fiecht**‹.

FEIERN. 1) In den Weber-O. kert oft wieder: den Stul **feiern** laszen, d. h. freiwillig oder unfreiwillig zu arbeiten aufhören; für letzteres oft gebraucht. Akt. v. 16. Jarhd. 2) In der Mezger-O. desgleichen: ›mit dem Handwerk 3 Schlachttag **feiern**‹ eine Strafe. 3) Ueberhaupt: ruhen laszen: ›Und musz man den Hund zu dieser Kunst anweisen; er lernets nit gar bald, man musz damit nit **feiren**.‹ Natürl. Zauberei von Lang. S. 56. ›In den **Pfingstfeiern**‹ hie und da in schriftl. Denkmälern Augsburgs. **Feirding**, Feiertag. Riesz Aenlich **Freiding**, Freitag.

FEILEN, trödeln; **Feilkauf** in den Sdtr. und andern Schriften ser häufig.

FEIN vom Wetter; ›feines

W., feine Tage: feine warme Tage« in den Augsb. Hofkalendern des vorig. Jarhd. oft. Im Riesz gilt fein oft für klein: »a feīs Maülĕ«.

FEINDLICH, foīdlē, in der Landvolksrede, imer wiederkerend in Verbindung mit Adjektiven, denen esz superlativen Charakter verleiht; überhaupt gleich dem gewönlichen: ser. Sch. gebraucht esz häufig: foindlē bschaula: ansehenswert. Feindlinger, ein groszer Betrüger. Riesz.

FELCH, dünnes Hölzchen, oben mit runder Oeffnung, womit das gehackte Wurstfleisch in die Därme gefüllt wird. Schmell. I, 527.

FELD in Feldung, Felding für Feld: »dasz d'Felding lauter Distla trait.« Sch. Feldfarre »hinfüro soll kein Feldfarr unter den gemeinen Fleischbänken feil gehabt — sondern auf dem Fischmarkt verkauft werden.« Mezg.-O. 1549. Feldgelt, »Eschhailon, Hürtlon u. F.« Fischsch. St. Die Adj.-Bildung mit —lich begegnet oft: »Und hat 2 Jaucharten Ackers veldiklich,« cgm. 154; »veldeklichen ⅓ Jauchart.« Mickhaus. Akt. 1683. Ich füre auch ein Zeitw. Felden hier an, das in der Riedlinger Gegend (Wilflingen) üblich ist für »herumstreichen« von Buben mit Mädchen, wie esz an Sonntagen der Fall ist.

VENIE, die, Fuszfall mit Gebet. In dem alam. schwäb. cgm. 168 (Rituale 14 Jarhd.) komt des öftern vor: »wanne man sol venie nemen oder nit; alle Samstage und an dem tage, so man morn 9 lectien hat, so lat man die venie ze none — und daman hin unz ze ôstern, sô lât man die venie erst ze vesper.« f. 1ª. »Sô mache der Convent eine straklange venie« f. 6ª. »vnd son (sollen) sich strecken an ir venie ûf ein tuch« f. 52ª. »dârnâch strecket sich der Convent an ein venien und sprichet kyrie eleyson!« f. 60ª. u. s. w. Mhd. Wb. III, 208. Schmell. I, 629.

VERBEHALTFN, zurückbehalten.

VERBESZEN, VERBSZEN, VERBSSEN? Im Wilmatshofer Dorfrechte heiszt esz: »Item so sollen zugleich Pauren und Söldtner jeder 2 Schwein verbssen, er hab's gleich oder nit.« »Auch (soll) ein jedes Schwein, so 12 Wochen alt, jeder Zeit verbst und verhürtlonet werden.« a. a. O. »Junge Kälber so umb Johanni auszgetriben, nit verbeszt, sondern von jedem 4 Pfennig Hirtenlon geben werden.« a a. O.

VERBIETEN stv. entbieten. »Wann ein Fremder allhier frevelt, sol er verboten werden durch den Stadtvogt.« Ordng. von 1647.

FERCHENMARKT, uralter Name für den heutigen Obstmarktplaz. »Auf dem Ferchenmarkt neben des Egenbergers Haus.‹ S. 323ᵇ. ›Den F. erweitert‹ a. a. O. Zur Erklärung möge das im Stadtrechte öfter vorkomende Farch, Schwein, dienen. ›Von einem varhe,‹ ›von zwain chlainen verchern‹ u. s. w.

VERDECKEN part. verdackt: ›umb ain verdakt Pferd,‹ ›um einen verdackten Ochsen‹ ›verdackt Becher,‹ ungemein häufig bei Festschieszen, Verloszungen. u. s. w. Mundart 25ᵇ.

FERDEL, Ferdinand. Riesz.

VEREREN einen, beschenken. Allgemein. Bei ärztl. Untersuchungen vor Gericht musten die Wundärzte ›von den Bauherern verert werden.‹ Ordg. 1647.

VERFALLEN, ›esz verfällt sich‹, von Gilten und Abgaben, cgm. 154 f. 21ᵃ und oft.

VERFASZT, sovil als gefaszt. ›Also was der Vetter auf diese Urteil nicht verfaszt.‹ S. 207.

VERGATTERN, versameln. ›Als die Pönyier vermist wurden und die Ritter zusamen vergattert und vermengt, brach Alexander‹ u. s. w. cgm. 581 f. 15ᵃ.

VERGICHT in Kindern ist der ›hinfallendSiechtumb.‹ cgm. 601 f. 105ᵇ.

VERGWANDEN swv. etwas heimlich bei Seite schaffen und verkaufen; in Oberschwab. d'Kaz vertragen.

VERHÄNZELN swv. Kinder schlecht erziehen ausz Affenliebe.

VERHEIEN swv. 1) zerstören, 2) herabstimen, jemand, misstimen. ›Und sind verheitert worden.‹ S. 402ᵃ· Sieh H.

VERHÜTEN. swv. Wache halten, hüten hochd. ›Den Kaiser v. Tiere v.‹ S. 417ᵇ.

VERKNOTSCHEN swv. runzlicht machen, sonst vertun, vergrippeln.

VERKRUMMEN swv. ärgern: die Sache hat ihn ›verkrummt‹.

VERLECHZGEN swv. austrocknen in Folge groszer Sonnenhize, von hölzernen Gefäszen gebraucht.

VERLEGEN swv. gemeinschaftlich betreiben, Webersprache ›Ein jeder junger Meister — solle 5 ganzer Jare einen Stul selbsten und mit keinem Knappen verlegen.‹ Akt. 17. Jarhd.

FERLEN swv. Junge werfen, von der Schweinsmutter gebraucht. ‹Am 29. August hat die 3järige Schweinsmutter geferlet und gebracht 5 Stück.‹ ›Hat die fünfjärige Schweinsmutter geferlet.‹ Mickhaus. Rechnungen 1683. Grimm Wb. III, 1531.

Ferlig, eine Hornviehkrankheit bezeichnend, fand ich in Konzenberg — Constanzischen Akten v. 1776.

VERLIEREN stv. ›Bös verloren Buben.‹ S. 236.

VERLÜFFERN swv.? ›Den Fanen verlüffern.‹ Web. Rechn.

FERNDEN swv. ferneln.

VERPFAMMELN swv. eine Sache, die man tragen will, kaum mit den Armen umfangen könen.

VERSCHLAGEN stv. 1) Pfenninge umprägen, falschmünzen, Stdtr. 2) sich verschlagen: »wann sich einer verschlägt oder sonsten Abschweif macht und ausztritt, auf einen solchen soll man unter dem Tor befelch geben.« Ordg. 1647.

VERSCHLICKEN, verschlucken. Schm. III, 439. »Und ir vallent vil in die Gruben und werdent verschlicht von dem zeitigen Dracken.« Himml. Braut.

VERSCHMOCHEN und VERSCHMAUCHEN swv. leicht verdrieszlich werden.

»Drum muest beileibig itt verhaucha
Eu tät in gwaltig gar arg verschmaucha.« Sch.

VERSIZEN stv. die bestimmte Zeit vorbeigén laszen. »Man sol auch wiszen, wann man esz versiz, daz man sin nit git, sô ist der hof verfallen.« Man. f. 4ᵇ und Stdtr.

VERSTOSZEN stv. »Dasz sie in allen Oertern, Mittel und Enden des Waldes auflugen und lusenten: ob sich jemand verstoszen oder verporgen hätt.« cgm. 581 f, 125ᵇ.

FERD, FEARD, voriges Jar; niederschw. fēənd.

VERTUMPELN swv. trübe machen.

VERWEGEN, swv. »Er musz sich selber haszen und vil Fröwden verwegen.« Geistl. Braut. »Wir wellen den Stein hinwerfen, und wollen uns sein verwegen.« t. s. O.

VERWISCHETS, ein Fangspil der Kinder, anderwärts heiszt esz Fangetlis tun.

VESPER, blühende s. Anhang. Vesperle, Zeit des Vesperbrotes.

FESTOCHS, sog. Hoffartsnarr.

VETTEL komt in Augsb. Schriftwerken imer im Sinne von Zauberei oder Hurerei treibenden Weibern vor.

FEUCHTE ARBEIT bei den Webern: strafmäszige Tücher, an feuchte Orte gelegt oder in nasze Keller und Winkel. Spinner und Weber wurden nach Befund schwer gestraft.

FEUER. 1) »Das heilig Feuer ignis persicus genempt oder pruna wird in seiner gemeinen Bedeutung genomen für eine jetliche nagende blåter, die ein rufen macht. «cgm. 144 f. 8. 2) Wildes Feuer heiszt der Bliz: »da haben die Lutherischen geflucht u. gewinst, dasz das wilde Fewer darein schlag.« S. 560ª. 3) Himmelfuir heiszt das Sunwendfeuer (Simetsfeuer) in Oxsenbrunnen und beim »H. verhupfa«: (über den brennenden Holzstosz) riefen die jungen Paare:

· Flix flax,
Dasz mein Flax
Ueber 4 Fla wax!

Das Beten um Flachs ist allen schwäbischen, besonders oberschwäb. Sunwendfeuern eigen: eine Tatsache, dasz die Flachs und Leincultur schon frühe hier betrieben ward. 4) Veits Fuirle ganz wie das Himelfuir und

einen subtilen Verweisz und zartes **Filzel** haben 2 hl. Engel in der Himmelfart Christi den lieben Aposteln gegeben.‹ Homo S. (d. h. einen Vorwurf: warum stet ir da!) ›Nach gegebenem kleinen **Filz**, ihr Kleingläubige, was förchtet ir euch!‹ a. a. O.

FINDELKINDER wurden zu St. Margaretha, St. Nikolaus, zur Horbruck, zum hl. Geist-Hospital in Verpflegung gegeben. Dise ›Samlungen‹ musten sich gegen bischöfliche Entschädigung zu Findelhausdiensten herbeilaszen. Vergleich v. 1551. St. Ulrich hatte durchaus keine Verpflichtung, die häufig in den Maierhof, in die Gärten, in des Kanzlers Wonungen gelegten Kinder aufzunemen. In A. gibt esz ein **Findelgässchen**.

FINGER. Die Strafe des Fingernemens an Meineidigen und Fluchern kam im alten A. vor. ›Dann wer fürsäzlich einen Meineid tut oder Ejdesstatt anglobt und demselben nicht nachkombt, dem sollen die Finger genommen und er der Statt verwisen werden.‹ Poliz. O. 1553. Ein anderes rechtsaltertümliches Verfaren komt in den Akten vor. ›Wan einer umbracht wird, dasz man den Täter nicht gleich finden oder zur Hand bringen kann, solle man einen Finger oder sunst ein Glied von dem Entleibten aufbehalten, zu einer Prob wan der Täter einkombt.‹ Ordg. 1647. Der eilfte Finger, penis: ›Markgraf Joachim hat das Fieber und war dazu am elften Finger krank.‹ S. 296ª.

FINSTER. ›In der finstern Fredt‹, sieh G. In der finstern Stuben, eine alte A. Wirtschaft. In der Astr. f. 28ᵇ. und öfter heiszt esz: ›dârumb (wegen des Sonnenglastes beim Schnee) sô hatten die alten lüte vinster, sô sie lauszen wollten.‹ ›dem die brust wê tut, der sôl lauszen uff dem vinstern arme‹ f. 33ª, d. h. am linken A. Dänisch ist venstre = link.

VINTUSEN und **VINTAUSEN** swv. schröpfen; allgem. in d. Aderlaszbüchern, französ. ventouser.

FIRLE FERLE, Anfang eines Abzälspiles der Kinder. Esz ist sicherlich ein Anklang an den alten Tanz, der beginnt: firlei, firlefei stm. Mhd. Wb. III, 327.

FIRMEREI, die, infirmaria, Krankenstube: ›da wart gebawt die firmerei von newem.‹ Frank 83. Mhd. Wb. III, 327ᵇ. Firmerie.

FISCH. Die Fischerzunft mit iren Vorgeern war in A. von nicht geringer Bedeutung. Järlich an Weihnachten musten die Fischgeschauer die Fische des Fischgrabens, so in Kästen waren, besichtigen, mit Erlaubnis der Bürgermeister. Dem Fischgraben ward der sog. Fischgrabenschliesz er beigegeben. Nach dem 30järigen Kriege gab esz 2 Fischmangmeister. Fischwaid, Fischgerechtsame. Die Fischwaid zu Gersthofen, oder auch Fischbesuch genannt, komt in Vergleichen des 16. Jarhunderts öfters vor. Nordisch veida auch = fischen. Esz gab in Augsburg einen Fischmarkt. In den Denkwürdigk. S. 29 stet: »Fort mit ihnen, dem Fischmarkt zu, — auf den Fischmarkt d. h. an den lichten Galgen!« Beim Fischerwirt, eine alte Wirtschaft. Fischertörlein, Fischergässlein, Fischgrabenmüller, waren lauter bekante Pläze. Im Harter Invent. erscheint ein Fischlöffel. Fischgrätlin in der Webersprache. »Welcher aber guetten grettischen Barchet wirken will, der mag den rechten Burschatgrat und Fischgrettlin wol würkhen: doch dasz die unter 1200 Fäden nit haben, höher mag sie wol würkhen.« Weber Akt. 1650.

VISIERER, Eichter, ein städtisches Amt. Vergl. Mhd. Wb. III, 330[b]. Visierruten regelrecht zu machen, davon handelt cgm. 740 f. 30 ff. Ztw. visieren.

FISOLEN, Bohnen. Mindelheim. Fasolen anderwärts.

FIZEN swv. und anfizen, in Burgau: mit einer Rute bestreichen wie da und dort in Schwaben Kinder am Kindleinstag tun, dabei Nüsse, Kuchen oder Zelten betteln. Pfeffern, sieh Wb. z. Volkst. hessisch »dutteln«, altbayerisch »kindeln«.

FLACHS, der, in Flachstanz; im Kleiderbüchlein S. 53 wird von einem Schlitten gehandelt, an dem ein F. angebracht sei? Ob eine Malerei? »Mögen's nett s'Fläxle reiben?« sagt die Flachsbrecherin und schüttelt dem vorübergenden Herrn des Trinkgeldes wegen den Flachs, dasz die Anglen abfallen, eine allgemein schwäbische Sitte, sonst Vorsäen genannt. Das Flachsrosen in Ponnenbach zu Gersthofen komt als Gerechtsame von Augsburgern in älteren Vergleichen vor.

FLACKEN (flagge) swv. echt Augsb. sich faul hinlegen: »müeder! iez bī-n-i schöe so mied: i bī so frāə, wenn i hāəm komm, iezt flagg ē mō glei ī mef nëst.« Sch. sagt: der backsteinkäs flaggt miər überzwergs im magə.« S. 9. Von Orten: dao flagget Wald und Tuffahausa d. h. ligt, one alle Nebenbedeutung.

FLAMMWAGEN, der, komt in Treibjagd-Beschreibungen häufig vor im Harter Rentenbuch und in Mickhauser Rechnungen v. 1687: »N. fürte den Flammwagen zur Fürung der Flamme.«

FLARGEN f. pl. starker Auszwurf, Unrat. Flärn. obpflz.

FLECK swm. »Baindt und angrige Flecken« Mickh. Rechnung. Allgem. Strudelfleck, eine Art gefüllter, gesottener Fladen. Flecksiedler, der Tier-Eingeweide zubereitet. Grimm, Wb. III, 1745. »Narren seind also jene Soldaten, die stets beim Hasenwirt im Quartier ligen und welche der nächste beste Fleck-

siedler musz mit Herz versehen, wenigstens um 3 Kreuzer.« Conlin. **Fleckledieb** 1) scherzhaft für Schneider 2) eine alte Augsb. Maske an der Fasnacht. Die Kinder schrien ir zu:
Flekladieb
Håst d'Mädla lieb!
Ztw. **hinzuflecken, hinzuflicken.** »Da hat A. eine lange Rede angehept — darnach flecket Antenor auch hinzu etc.« Troj. Krg. 42ᵇ. **Fleckenstaub**, eine Art Meltau. »Der F. komt angeflogen.« Augsb. Kal. 1747.

FLEISCH, spr. flésch, echt altaugsb. Im Stadtrechte erscheint »**Flaischmanger**, Fleischhändler« Glosse zu f. 12ᵃ. Schm. I, 599. **Flaischhäckel**, a. a. O. In der Mezg. O. v. 1549 wird den **Fleischtragern** ein besonderer Paragraph gewidmet, der anhebt: »Nachdem bisher durch die Fleischtrager — in der untern Mezg 3 und 3 Knecht, in der obern 1 und 2 Knecht — so alle Schlachtag das **Fleisch tragen**, etwas unsauber mit den Fleischtragern und iren Kitteln umgangen, darausz diser Stadt vil Nachreden entstanden sind« u. s. w. Im Weitern wird ire Tracht, Aufführung, Belonung näher bestimt. Schürze und Kappe sind besonders genannt. **Fleischumgeltamt**, eine städtische Behörde. Auszer dem höchst wichtigen Amte der **Fleischgeschauer** gab esz die den auszwärtigen Mezgern verhaszten **Fléschkazen**, untergeordnete städtische Beamte, welche aufzupaszen hatten, ob kein fremdes Fleisch eingefürt werde. Bildlich komt **Fleischbengel** in Predigten u. in den ire Zeit gaiszlenden Gedichten und Betrachtungen neben **Venuskinder** vor, so bei Conlin und im Hom. S.

FLIEDEL, der, Laszeisen, Aderlaszinstrument. »Man soll sich bewarn dasz Niemand auf den Armen lasz, er würde darvon sterben, lam oder ungehörent: wann die Schläg mit dem **Fliedel**, die sind wider die Flusz der Frauen.« cgm. 216 f. 14ᵇ. »Diser Kopf soll gesazt sein an **schrapfend Fliedel**.« a. a. O. Schm. I, 585.

FLISPERN, flüstern.

FLITSCH, mit gedentem i, zum Unterschide v. bayer. **Flitschen**, leichtfertiges Mädchen. Das Wort ist bayerisch. Ursprungs.

FLITTERL. »Seid nicht so blind wie Fliegen, Mucken und **Flitterl**, welches närrisches Thierl mit Gewalt dem Liecht zufliget.« Homo S.

FLOHEN, FLÖHNEN, »âgflâət,« abgeflohet, im Spil übervorteilt. Wertachtal. »Und dem Kind soll man **flöhnen**.« cgm. 601. f. 98ᵃ,

FLÖRLE, allgäuische Tracht, schmaler schwarzer Florstreifen, eine Art Halsbinde.

FLOSZ, das, 1) das Flieszen, Flusz am Körper: »das Flosz des hirnes« Astron, f. 37ᵇ. »Das Flosz der Augen« f. 38ᵃ. Der Voc. opt, 36, 33: lippitudo. 2) Floszmann, Stdtr. Floszstaig, eine berümte Stelle im Lechfelde in Urkunden, Vergleichen, Pfarrurbarien der Strasz-Ortschaften häufig erwänt. In Niederschwaben ist die Lautverschiebung noch nicht bei sz angelangt: Flaoz, Flaizer u. s. w.

FLUG stm. fliegen, anfliegen stv. 1) »Gegen den Einflug der Vögel in die Kornböden.« Mickh. Rechgen. 2) Flugfeuer, oft Fluckfeuer geschriben, komt vor für scintillae, mundartlich und in der Feuer O. 1779. 3) Vom Gehölze: »so dass der Holzanfluch befördert würde, so folglich wenigstens insolange und vill, bis dasz die angeflogene Boschen dem Viehe ausz dem Maul gewachsen,« d. h. das Vieh kan durch Abfreszen nicht mer schaden. Klimmacher Pfarrbuch 1784. »Mit feichten auch Tannenholz angeflogen.« a.a.O. Grimm, Wb. I, 331.

FLUTTEN, die, f. eine lockere lukse, dampfnudelartige Melspeise. In Klimmach werden sie vom briegeten (gebrühten) Taige gemacht in 2 Pfannen abgeprägelt, vorherget das Wargeln im Musmel. Da heiszen sie vorherrschend Flottanudla. In Munderkingen, wie in den Stauden, sind sie eine beliebte Speise. Auf dem Vorschlagblatte des Augsb. Stadtr. stet »ain Sack fludan.« ?

FOCHEZEN heiszen im Allgäu die weiszen Kreuzerbrote. Daher Vochezer oder Fochezer als Familienname. Mhd. Wb. III, 357ᵃ. Schmell. I, 507 ff.

VOGEL in Vögelspil, was ein Tausch- oder Kaufspil gewesen ist, wol mit Singvögeln. Im Kleiderb. stet der jungeSchwarz mit einem Vogel in der Hand; dabei die Worte: »Hui Bueben! welcher kauft oder gibt ein? S. 103. Vogelmauer in A. Vögele, uf'm Vögele heiszt volkstümlich Izlishausen ob Sigertshofen. Vögelebächle, Vögelehölzle, Fischacher Flurnamen. 2 Bogenvögel. Harter Inv.

VOGLER, concubinarius, Bueb. cgm. 685 f. 53ᵇ.

VÖLLIG, »sein völlig Alter erreichen.« Web. Akt. Vollet, vollends, wie allet u. s. w.

FORCHEL, die, Forelle. Schmell. I, 560. »An Lätare sind hye die Forchlen der Statt vor dem Tor im Graben all vergifft worden.« S. 550ᵃ.

VORDER, das, Vorrang beim Tanze. »Auf gemeiner Statt Tanzhaus ward ein Tanz gehalten, bei welchem dem Bischoffe, als er das Forder hatte, 2 Herzoge aus Bayern erenthalben vortanzten.« Gass.

VORDERSAMST, praecipue, bevorab, in Akt. oft.

VORGÉER, der, 1) Vorstand, Leiter. »Unser lieber Herr Jesus Christus macht Petrus zu einem

Fürsten und Vorgeer unter den 12 Boten.« cgm. 259 f. 7ᵇ. »Ein Briester wird genennt durch St. Paulum ain Künig, ein Regierer u. Vorgeer des Volkes. »Augsb. Messbch. 4ᵇ. 2) In Augsb. hatte jede Zunft ire Vorgeer, 2 oder 4 u. s. w., welche die Angelegenheiten, Einläufe, Auszfertigungen zu besorgen hatten. Heute noch lebt der Name für die Zunftobern fort. Auch die Schulen hatten ire Vorgeer. Beisp. in Schriftwerken sind vom 16. Jarhd. ab zalreich. Auf einer Mezgerstuben-Tafel stet: Das erst Maisterstück hat gmacht In der neuen Mezg oft gedacht, Des Vorgehers Sohn wol erkannt Ist Abraham Burkart genannt. Ebendaselbst heiszt esz: »darin (in der Mezg. Zunftstube) die Vorgeher gar fein ruhig still ire Handwerkssachen machen.« »Doch mögen die erbarn Vorgeher von Zünften ire Pott, Zusamenkünft und Schenk altem Brauch nach doch bescheidenlich halten « Der Stadt Beruf 1543 f. 3ᵇ. Gass.: Vorgänger.

FORGGUNG, ein Waszer-Ungeheuer? Krokodil. »So finden wir doch nit Forggung, wan sy sind alle von dem Waszer geflohen. Dô sprach der hl. Vater Helenus: gehab dich wol, lieber Vatter, ich gewinne uns gute Forggung. Und do sy zu dem Waszer kömen, dô rûft der Vatter Helenus mit luter Stimme sinen Forggen ze hand: und zehand dô kam das Ungehewer herausz ûsz dem Waszer. Dô esz erst seine Stimme verhort und nayget seinen Rucken.« cgm. 372 f. 162. »Dô sprauch der hl. Vatter zu dem Krokodillen « a:a.O.

FORM in den Ritualien: »sol sich der Convent strecken auf die Forme der Stul.« hs. 15. Jarhd. Vergl. Streckung.

FORST. »Der rauhe Forst« von weitem Umfange mit seinem Hauptkerne zwischen Horgau, Aystetten und Adelsried, wo auch der uralte Forsthof ligt. Die umligenden 22 Gemeinden hatten gegen Forstzinsen den Wald im Pachte. 3 Fräulein Heilritter (Heilrätinen, Herberg.) von Aystetten hatten armen Leuten den Wald geschenkt. Sie hieszen eingeförstete Leute und ire Forstzinsen oder ir Pachtgeld heiszt urkdl. Vorstmüet. Herberger's Schwabmünchen. Der rauhe Forst von Biburg erscheint urkdl. Wichtig ist auch der Streitheimer Forst zwischen Rott u. Zusam. Streitheim, Streitheimer Wald, -Forst komt in Schwaben häufig als Waldname vor. Streit ist wie Hart allgem. = Wald. Nach dem 30järig. Kriege erscheinen in A. 2 Forstherren, d. h. Aufseher über die städt. Waldungen. In einem Vergleiche v. 1609 erscheint sogar Bischof Heinrich als Forstherr (Jagdinhaber). Forsthaber ein vogteil. Gefäll in Ulm.

FORTUNE, die. »Aber auf dem Waszer soll man nit Messe lesen, von deswegen, dasz die Fortunen des Wasszers machen das Schiff bewegen.« Augsb. Messb. 1484 f. 2ᵇ.

VORZEICHEN, das, atrium. Stauden. Schmell I, 635.

FRANZOSEN, die bekante Krankheit von den Augsb. Chroniken imer erwänt. Statt der vilen Stellen einige auf Augsb. sich beziehende. »Hye hånd sie auch gebauwen 2 Häuser für die armen Kranken an Franzosen.« S. 377ᵇ. »A. dom. 1493 ist die Plag der Fr. hye aufgestanden.« 261ᵇ. »A. 1495 kham gen Augsburg ein unbekannte Krankheit hiesz man die Platern oder Franzosen.« Horm. 1834 S. 148. Die Formen: »Malfranzos, Maylfranzos, Bösfranzos oder wilde Warzen im cgm. 731 f. 170. Maister Josef Grünspeckh von Burghausen hat a. 1496 eine Abhandlung über den Malefranzos an den Rat zu Augsburg eingeschickt. a. a. O. f. 220.

FRASZ, VRASZE, VRAUSZE, gulae, hiesz ein altes Adelsgeschlecht von Wolfsberg bei Steinekirch, seit dem 12. Jarhundert so genannt.

· **FRATT** adj. wund, aufgeriben. »Da ward er gar haisz weinen, dasz im die Zeher gedurkelt hatten seine Wang, dasz sie im fratt wurden.« cgm. 361 f. 1ᵇ. »Wenn aber Kind fräd sein oder werden von Harn und Swaisz — so halt man's trucken.« cgm. 601 f. 112ᵃ. **Frettig**, »z'löschtes wead der wiat a fröttigs glid!« Sch. 71.

FRAÜLEIN, FARENDE, Huren. »Er (der Henker) sol auch aller varnden Fraeulin phlægen, unde swaz den burgern an den gebristet daz sol er richten.« Stdtr. f. 22ᵃ. »Er sol auch elliu varnden Freulin ûz der Stat triben, daz si tages oder nahtes keine bôsheit in der stat tun mit unchüsche, niwan daz si ir lipnar dârinne kauffen.« a. a. O.

FREI in folgendem Zusamenhange (landschaftlich): »und wenn i hoikom haü-n-i dûst und frei 'n gsunda abbadith.« Sch. »Noi, noi, desz will i frei it haü.« Sch.

FREIEN swv. für Freibank erklären. »Item die lehnbare Mezgerbank gefreiet und gemeiner Stat für eigen überlaszen worden.« Akt. 1602.

FREIHEIT, allgem. in Augsb. Drucken und hs. für Vagabunden. Freiheitsgesellen liefen in die Wette um ein Barchetstück. Horm. 1834. 143. Freiheitsknaben, Freihirten häufig. In Augsb. ward auch das Lied vom Freihet gedruckt z. Anfang des XVI. Jarhds., dessen Inhalt bekantlich Gegenstand eines Fasnachtstückes ist.

FREIHOCHZEITEN in der Pol. O. 1735 S. 21: »Und weilen auch bishero ein sonderbarer Misbrauch mit denen Freihochzeiten eingeriszen, und hierin imer eines das andere übertreffen wollen, dadurch sich dann junge angende Eeleute alsbald in Schulden stecken und hernachmalen den Wirt in langer Zeit nicht bezalen können, als werden den von der Gemeind erster Class oder dem dritten Stand zwar endlich noch die Wein- und Freihochzeiten verstattet, den andern aber gänzlich abgeschafft.«

FREIUNG. locus asyli in A. auszgedent. »Daz clôster von St. Ulriche hât daz reht, swaz ein man tut, der dar geflohen kumet, sô sol er fride haben vnde hât daz clôster in gewalt ze behaltenne drî tage.« Stdtr. »Swer in ein iegliche Kirchen gevlohen kumet, umbe swelhe schulde daz ist, der hât fride dârinne.« — »Ein ieglich biderber man hie ze Auspurch hât daz reht, ez sîn chorhêrren, dienstmann oder burgaer, swelh man in ir hûs geflohen kumt, daz si dem râten und helfen« u. s. w. Die Freiungen in den Höfen des Bischofes und der Kapitelsherrn komen urkdl. oft vor. »Abt Goszwin von Thierheim hat d. 23. Weinmonats seine Kirche und Stift von der Gewalt und Jurisdiktion aller Amptleüte in der Stadt, sonderlich des Stadtvogts und Burgermeisters und der Gerichtsboten, wie auch der Waibel abgelöset und befreyet, darüber im a. 1267 ein versigelt Brief zugestellt worden, daher auch die Freyung im selbem Kloster iren ersten Ursprg. hat; Dietrich v. Roth, sein Nachfolger ist der 1. gewesen, so die Uebelthäter im Kloster als in einer Befreyung aufgehalten, nit lenger dann 3 Tag.« Gass. »Diu munze hât auch daz reht, swelh man entrinnet in die munze oder vnder daz Dach vor der munze — der sol fride dâ hân.« Stadtrecht.

FRESZ - in Zusamensezungen: Freszglocke, Mittagsstunde, pöbelhaft. Freszgoren. Freszwolf, Vilfrasz. Freszgütlein. »Andere hatten Schlöszer und Lusthäuser auf dem Lande. Leztere, die meistens nur das Recht der Sölden oder Höfe hatten und dergleichen man in Göggingen, Immingen, Bobingen und vilen andern Dörfern findet, die nichts eintrugen, auf welchen esz aber oft lustig genug zugieng, nannte man Freszgütlen; sie haben iren Ursprung meistens in diesen Zeiten.« 16. Jarhd. Paul v. Stetten Erl. S.111. Conlin hat das Wortspil: »Soldaten, die lieber zu Freszburg als Preszburg in Garnison ligen, verdienen nichts.«

FRETTER, FRÖTTER in der Augsb. und Burg. Weber O. die zwar gelernten aber des Handwerks doch unfähigen Weber, auch Jesusmartyrer genannt. Die Burg. Weber O. hat: »esz sollen auch allhier alle Stimpler und Frötter bei dem Handwerk gänzlich abgeschafft sein.«

FREZEN swv. neben Verfrezen: zur Fütterung verwenden. »So ist mit 3 alten Schwanen auch den Jungen — dises Jar verfrezt worden.« Mickh. Rechnungen. 16. Jarh. »Mit den Rossen verfrezen.« a. a. O. »Ueber Mittag gefrezt« a. a. O. Im Memminger Stadtr. heiszt fretten swv. Vieh ausztreiben.

FREUDENFEUER in A. üblich. S. 511ª. »An St. Gilgentag haben die Fürsten auf dem Frohnhof ain Freudenfeuer gemacht und sie selb darinn getanzet.« S. 526. Esz erinnert disz an die Simentsfeuer oder Sunwendfeuer. Grimm Wb. IV. 1417. Freudenschüsze bei Hochzeiten und Taufen sind allgemein schwäbisch üblich. Das Memminger Stadtrecht verbietet die Freudenschüsze bei Hochzeiten.

FREUNDSCHAFT wie allgem. oberdeutsch: Blutsverwandtschaft. S. gebraucht das Wort unzäligemal. Kind und Fraindschaft, Vater und Freundschaft. Das Adject. freundhold = comis, benignus, humanus. cgm. 201 f. 56ª: »und ward nicht gesprochen fründhold, sunder grob und bewrisch.« f. 57ª: Sunder daz sie sin fründhold und warhaft und offenbar.« Grimm Wb. IV, 185.

FRICHT, das, (i) sing. neben dem ser üblichen diminitivum: das Frichtle. »'s Fricht« ntr. »'s Fricht ausz den Zänen,« »ausz den Augen« u. s. w. »Ma möcht ja falla schier ins Fricht.« Sch. Allgem. im Wertachtal bis hin gegen das obere Donautal. Esz bedeutet die Fraisen und komt im Bezirke Schwabmünchen als amtlicher Auszdruck vor. Ich halte esz zu den beiden Wurzeln frih u. fris, die urspr. zucken, zusamenfaren bedeuten.

FRIDBERG, die bayerische Stadt bei Augsburg, spilt in As. Geschichte eine grosze Rolle. Das Fridberger Tuch hatte stückweise 24 Ellen. cgm. 740 f. 13. Die Fridberger Pflegsgejaidten erscheinen in Akt. v. 1672. In volktümlichen Reimen komt das Fridberger Schlosz vor. Sieh Waszervogel

- FRIDBOT, der, mandatum pacis. »Wann zwaien oder merern von Obrigkeit wegen ein Friden geschafft wird, wegen strittiger Sachen, sollte unter ihnen vertragen werden, so hört der Fridbote auf, esz sei denn dasz der Fridboth in den Vertrag einverleibt werde.« Ordg. 1647.

FRIDENSFEST, Kinderfridensfest, ein Hauptfesttag des Jares für die ganze protestantische Schuljugend in A. Am 16. Aug. zur Erinnerung an den westphälischen Friden. P. v. Stetten, Erl. »An dem Tage, da die evangelischen Kinder — das Gedächtnis des westphälischen Fridens feierten.« Dem voranging am 8. August das grosze Fridensfest zur Erinnerung an die Wiedereröffnung der protestantischen Schulen. Die Kinder

erhalten neue Kleider und machen insgesamt mit Lerern und Eltern kleine Auszflüge. Das Jar einmal: Das Fridensfest wäre nicht begangen
Wenn nicht ein Hünlein nach Verlangen
An disem Tage wird verzert. Auch pflegt man jezt mit Schmalzbrezgen
Des Jars einmal sich zu ergözen. Da sucht man ausz das allerbest Zumal am Kinderfriedensfest Dasz man den Kindern macht ein Freud.
FRON begegnete mir in folgenden Zusamensezungen: Fronbote, ein bischöfl. Botenamt: »soverr er aber durch den Fronpoten persönlich nicht betreten, soll eine sollich für pott zu seiner gewondlichen Behausung geschehen.« Bischöfl. Straf O. 1^b. Bekant ist der alte Fronhof auf der Pfalz, Tumelplaz bei Bürgerfesten, Märkten, Fürstenspilen. Die von Augsburg durften, obwol der F. Eigentum der Bischöfe, ir Volk darauf versameln, turnieren, stechen oder andere zimliche Kurzweil treiben. Nach einem Vergleich von 1456. Der F. hiesz auch schlechthin der Herrenhof. Frontage heiszen die Festtage in asket. Schriften ausz den Augsburg. Druckereien: »Das ist als vil gesprochen, wer aufwachet zu meinen Frontagen und eret meine hl. emphahung.« Die 7 Pforten. Fronwald, Herrenwald, Herrschaftswald: »in den Fronwäldern soll man die hirsche suchen.« cgm. 289 f. 103^b. Fronwismäder in der Währinger Flur. Ueber solche Ortsbenennungen sieh Kehrein, Samlung. 13^a.

FROSCH mit gedentem ō; sieh O. Bei Klimmach und Birkach ist der Froschbach s. g. wegen seiner Unzal von Fröschen, welche die Schwabecker fangen. Daher Froschbacher Feld. Froschbacher Aecker u. s. w. Froschlache eine uralte Wirtschaft, emals bei St. Ulrich gelegen und bei Wallfarern und Augsb. Kirchenbesuchern ser beliebt. Jezt ist sie in der Wintergasse. Fröschlin heiszt im Feuerbuche cgm. 356 f. 173^a ein Belagerungsgerüst. Frosch nennt man den Sattelbogen bei der Violine. Red. A. in der Burgauer Gegend: »Der Frosch häts a maol probiert und ist mit samt da Hosa ins Wasser gsprunga« zu einem gesagt, der den Mut nicht hat etwas schnell auszzufüren.

FRÜNÖRTEN, gentaculum. »f. eszen.« cgm. 685 f- 71^a.

FRUT, FRUOT adj. gesund, wacker, schön: »dô sprach hinwider ir tochter frut,« cgm. 402 f. 71^a. Mhd. Wb. III, 889.

FRUTIG, acer, strenuus, emsig. »Ich hett mich das zu dir nit versehen, dasz du als frutig werest, du ein Nacht zwai vermechtest,« sagt die Frau zu irem Manne, nachdem er einen abenteuerlichen Beischlaf gehabt. S. 316. Vrgl. Mhd. Wb. III, 390.

FUCHS, ein Pelzwerk vom Fuchse: »Seiden grobgriener Jangger mit Erbl und mit Fuchs gefüetert.« »Seiden, Tobinener Ueberrock mit Erbel und 3 Sametinstrichen prämbt und mit weissem Fuchsgefietert «Fugg. Inv. In A. gab esz einen Fuchswinkel. Fuchsbrett: »laszt uns diesen Habernarren noch mer transchieren und über das Fuchsbrett ziehen, beschauen was jme koste die Dienstbarkeit der Welt.« H. S. Fuchsschweif. »So lange der Musikant, der Prediger auf der Kanzel in B molli singt, so lang er nur die Oren kizelt, das parebo domino singet, nicht eingreiffet, sondern den Fuchsschweiff brauchet: ach das ist eine liebliche Musik!« H. S. »Blasz gefuxter Ballach.« Hart. Inv. (fuchsfarbig).

FUCHTIG adj. nicht guter Laune, wol von Bayern eingebürgert: »warum bişt denn so fuchtig woara?« Sch.

FUDER im Augsb. Stdtr. »Von jeglichem fueder salzes einen phennich.« f 6^b. »fueder wins«. a. a. O. »frenkisch fuder.« f. 16^b. »von dem welschen fueder.« f. 17^a.

FÜEGEN, sich, swv. »Wann es ihnen gefüegte, wann es inen fuegt.« Urkdl.

FUGGER. Red. A. »esz machen wie 's Fuggers Hund.« Schmell. I, 516.

FUGGERN swv. tauschen mit kleinen Gegenständen wie Kinder tun; ganz Wirtemb. Hausl. I, 829. Im Aargau bedeutet esz stelen; Fugger, Kaufmann, Betrüger. Die Fuggerei, das Fuggergässle in A.

FÜLLUNG in der A. Bau O. häufig: auch nhd. »Satzlöcher, Pfeiler,Bögen, Füllungen,Wandkästlen.«

FÜLLWEIN: »und uff ain jedes Fasz 2 Masz Filwein abzogen.« cgm. 95 f. 1^a.

FÜRBRECHEN stv. erumpere. »Sobald die Papisten obgedachtes kaiserliche Auszschreiben zu Handen gebracht, ist der Eifer bei jnen dermaszen alspald fürgebrochen.« Dr. G. Müller.

FÜRBINDIG, praecipue. »Die Spanier sind auch fürbündig gut Schützen mit langen Rappieren.« Elucid. 1543.

FUREN swv. sättigen, »'s furet«, sättigt, besonders von guten, fetten Speisen gebraucht. »Wann wer sein Knecht zartlich furet, der macht ihn ungehorsam.« cgm. 402 f. 93^b. fuerig adj. sättigend.

FÜRERIN. Esz gab in A. 3 Hebammenklassen, 1) die vier Lernenden, 2) die 9 besoldeten geschworenen Hebammen, 3) die 4 Fürerinnen, wozu ausz vorgemeldeter 2. Klasse die geschicktesten und erfarensten von den Herren Doktoren und Obfrauen dem löblichen Bauamt zur Anname nach Gutbefinden vorgeschlagen wurden: 2 katholische und 2 protestantische. Bei inen praktizirten die Lernenden. Die älteste Fürerin im Amte besorgte die einlaufenden Geschäfte. Augsb. Hebamm. O. 1750. Königfürer sieh K.

FÜRFANG, praeoccupatio. »Von ainer jeden Person, über welche man öffentlich Malefiz tut halten, musz der Kläger zum Fürgang oder Fürfang dem Reichsvogt geben 10 Taler.« Ordnungen v. 1647. Das Stdtr. f. 36ᵃ. »Unde sult auch wizzen waz der Fürvanch ist an ieglichem vihe: von dem rosse drîzzig phenninge« u. e. w. »Wer aber ob daz selb unrecht vertig guot in disem gericht ieman mer verbieten welt, der mag das vol tuon, ob ez dem ainen klägel ûsz gieng, daz es denn dem andern behaft sie ze berechtent, vnd der jeglicher sol den fürgang vergewissen, alz mäniger der ist vnd in der wise, alz vor geschriben stat.« Memminger Stdtr. S. 250, 251. Vrgl. Schmid 210 der noch 2 and. St. des Buchs anfürt. »Es ist auch recht, wer schädlich lüt hie facht oder her jn das gericht antwürt, der sol auch den Fürfang vergewissen mit Mannen zwaintzig pfund haller.« a. a. S. 252. Gen. furvanges. f. 86ᵃ. Stdtr.

FÜRFANE, Flitterstat.

FÜRGEN, den ersten Auszgang nach dem Wochenbette machen; ich erinnere an das niederschwäbische fürerkomma, schwanger werden von ledigen Weibspersonen.

FÜRGÄNG, praecipuus. »Der in dem Goldschmid und Malerwerke fast fürgäng und künstlich ist.« Brief Peutingers 1509. Publ. des h. V. 15. 16. S. 51. Anmrkg. 7.

FÜRGNEST, fürnischig adj. vorwizig, firniesch in den Stauden. »Du bist nu sell so vürgneast gwea.« Sch. «Denn lueg, sie sind gar vürgneascht dunt.« Sch. »Aber sein unnütze fürnische stolze Hoffnung hat in verfiert.« Publ. d. hist. V. 13. 14. S. 49. bair: fürgneiszt

FÜRPASZEN swv. auflauern: »weilen er, Hans Widmann, fürgebaszt und geschlagen.« Mickh. Strafbch. 18 Jh.

FÜRSAMB, Harter Fluchname.

FÜRSPANGEN, Frauenschmuck. Häufig in A. Urkdn. »Seneka, spricht er, hab erkant einen weisen gelerten Mann, der mit fleisziger Lieb also gefangen was, dasz er an seiner Brust hieng einer Frauen Fürspangen.« cgm. 601 f. 6ᵃ.

FURSTUMPF adj. vorne stumpf, gebogen. »Schlugen im ein furstumpfen nagel durch die hand, der was vast dick.« cgm. 138 f. 124ᵃ. Die bayer. Codd. haben dafür imer pulwächsin.

FURT hat sich in Schwaben noch da und dort erhalten. In der Wilmatshofer Dorf O. komt eine Granizfurt vor. Im Giltbuche v. St. Ulrich f 48ᵃ: eine Wagenfurt und Fischwaszer

Auszeraugsb. ist Dietfurt bei Sigmar. Ottenfurt in der Baar; Nekarfurt bei Boihingen; im Furt neben Furtgraben bei Waldsee; Langenfurter, Wolfegger Wald.

FÜRTRÄCHTIG adj. ? bedacht. »Und darin soll die Besecherin fürtächtg sein, den Kindern zu reichen, was jme Not ist und zu benennen, was sie betrübt.« cgm. 601 f. 98ᵃ.

FÜRTÜCHER, leinwatene, oft in d. Fugg. Inv.

FUSZ in Weidenfusz, ein Masz sieh W. »Mit dem Fuesz stoszen,« eine rechtsaltertümliche Sitte in A. Ein vornemer Augsburger hat bei Einname der Burgersteuer Geld unterschlagen und Gass. erwänt, dasz er am Eck des Perlacher Plazes sei bei Fackelschein hingerichtet worden neben dem durchlöcherten Block, wo die armen Sünder einstens verwaret wurden und wo heutiges Tages sie allein mit dem Fusz hinstoszen müszen.

FÜTTERN swv. »Den Rörkasten am Brunnen ausfüttern.« Mickhaus. Rechgen. 1567.

G

1) Gotisches G ist schwäbisch wieder G. Im Anlaute: gaggs: Gang, giban: geben, giutan: gieszen, gultheins: guldig, goldig. Im Inlaute: magan: mögen, amare, ligan: ligen, augona: Auga. Im Auszlaute: vig: Weag, vêg: Wåg, Waog, gurges, dags: Dag. Aber hier musz man bemerken, dasz dise auszlautenden G, wenn sie gleich härter auszgesprochen werden, als im Bayerischen und Oberpfälzischen, stets von einem Hauche begleitet sind und damit gleich gh werden; einem feinen Ore wird nicht entgen, dasz Dag, Fraog (fråg), Drog u. s. w. hinter dem g noch einen leisen Hauch vernemen laszen. Esz scheint, in dem Volke ligt noch eine Anung, dasz einst das Wort mit dem g noch nicht zu Ende war. So wie aber ein Zusaz hinzukomt, und esz inlautend macht, wird esz wieder zu einem g, wie fraoga, daga (elucescere), Drögleu. s. w.

Ueber die in Schwaben verschiedene Auszprache des Wortes Gunkel: Kunkel; Gamillen: Kamillen; Golschen: Kölsch u. s. w. und änliche fremde Wörter, in deren Schreibung schon frühe g erscheint, sieh K. Weinhold Gramm. § 211.

2) Augsburgische Denkmäler

sezen g für j im Anlaute: Genner: Jänner. Cgm. 480 f. 1. cgm. 736 f. 5ᵃ und andere. Das Volk kent esz nicht mer. In der Oberpfalz ist anlautendes j imer g. Es wäre sonderbar, wenn got. j mer zu g sich geneigt hätte, wärend heute der Gaumenlaut g in manchen Mundarten zu j wird. Hieher gehört, dasz in vilen Wörtern, wo inlautend got. tj stände, zg erscheint, sei esz dasz -atj oder -itj oder -utj zu Grunde ligt: verlechzgen († lahatjan), verhizgen († hitjan), blizgen († blitjan) Sbst. Blizger, juzgen († juhatjan), wie ächzgen zu ahatjan; subst. Aechzger. Daran reihen sich Wörter mit g denen kein j zu Grunde ligt, ferner Verba, die sich villeicht auf ableitendes -igon zurückführen laszen; endlich solche in denen ch vor z als g hinter z auftritt und zulezt gar ganz unberechtigte g hinter z, s, st, sch. Beispile: saifzga, swv. seufzen; Saifzger. Gorzga, gorgsen, vomere vom Naturlaut. Bluzger sieh B. Pfûzga, pfuchzen; pfûzger, Schrai; Brezge sieh B. Lezg und Leczg von lectio. Mezger neb. Megser; schmazgen, Schmazger laut küszen; böffzgen, Beffzgerle, bellen, Beller, von kl. Hunden, kraunzga, v. gefrorenen Schnee; Lefzge (lebse urkdl.) Lippe. Wefzge, Wespen; Stefzg, Stift, Bleistift, in der Confirm. Kempt. komt ein Flurn. »im Stuiffzgen« vor.

Ganzger, Gänserich (Weissenhorn) und Gägzer (Burgau) in Rottenb. Gänzger, wenn nicht g organisch und zu gêr stet wie in Breygêr u. s. w. Hieran reihet sich g nach sch, st, s: gloschgen, glosten, Wetschger sieh W. pflatschgen, pfatschen, pflatschen; hinterfürschge, oder hinterschgefür: hinter für sich. Binsgen', Binsen. Strasze. Riesz. Allgem. Vrgl. Weinhold, Gramm. § 260.

Uebergang des j in g im In- und Auszlaute ist schwäbisch-augsburgischen Denkmälern vilfach eigen; allgemein wird das Gesez gegen die Alamannische Gränze hin. Vigilg (vigilia, V. singen). S. 182ᵇ. Gilg, St. franz. Gilles, Egydius; Lilg, Lilie; roter Gilg, gelber Gilg, weiszer Gilg, heraldisch, cgm. 92. St. Otilgenaltar, cgm. 480. St. Ottilg ist mundartlich überall üblich. Aquilegien bei Gass. kniegeln, knien. Oft erscheint beides, i und g: Leigen, Laige, Laie, Maige, Maigenanken sieh A. Wichtiger ist die Erscheinung des g für i in den Verb. saian, serere, † naian, † draian u. s. w. Garten segen cgm. 736 f. 7ᵇ. negen f. 9ᵇ. »übernegt mit rutten.« cgm. 436 f. 55ᵃ. sige sei, dregen, drehen in den Weberakten. Auch nicht einmal nach langen Vocalen wie im Mhd. hält sich j, sondern get zu g über. Mhd. bruejen, aqua fervida profundere heiszt brüegen, brüeg-

ter Daig. Ich erinnere an das niederschw. Briegs, abgebrühtes kleines Viehfutter, statt: Brühets. Brüge, tegung, Brühe, Daüung. Astr. ›Belial schrygt dem Salomo zu.‹ cgm. 345 f. 630. ›schirga fuir auf.‹ Füszen. Vgl. Rumpelt. Gramm. § 138. S. 268. 3) Umgekert wird g zu i und disz ser häufig: Maid, Maidle, niederschwäb. Mädle, ausz Magedle? Daneben komt freilich landschaftlich Kindsmaddh vor. Maidburg, allgem. und in dem Augsb. cgm. 736 f. 71ᵃ. Gejaid, 's wild Gejaid‹ allgem. in den Stauden. Urkdl. bei S. Gejaid 462. Gejaider 1670. Pflegsgejaider sieh s. v. Fridberg. ›Traid u. Korn‹. S. 117ᵃ. Wenn man umgekert nicht lieber annemen will, dasz, wie oft, auch hier g einfach auszgestoszen ward oder dasz ai gar schon ursprünglich in der Volkssprache vorhanden gewesen sein mag neben dem schriftlichen -agi, -egi. Vergl. mein Wbl. 32. 2. Gramm. I, 3. 107. Rumpelt 252. 2. Schleicher, Sprache 158. Hahn, mhd. Gramm. 37. Schmell. Gramm. § 470.
4) Ebenfalls einen Auszfall des in- und auszlautenden g haben wir im Schwäbisch-Augsb., dem schon Beispile im Mhd. vorauszgen. Bei Tag tritt dise Erscheinung am häufigsten auf; schon mhd. tâlang. Gallatā (St. Gallustag) sorgadā (g), trā (gen), tröt (trägt) Sch.; schlöt (schlägt), glea (ga), ›im Dreck dinn glea.‹

Sch. gnuā (g) u. s. w. In Niederschwaben unbekant. Bayern wird wol nicht one Einflusz auf die Westlechleute hierin geblieben sein. Die alten Formen Zwî, Zwei (Zweig) haben sich in Augsburg. Schriften erhalten: ›grünes zwei‹ cgm. 601 f. 91ᵃ. ›ain zwye von dem bom‹. cgm. 257 f. 57ᵃ ›steck daz zwye zu sinen höpten.‹ a. a. O. ›er stackt daz zwye in daz grab.‹ a. a. O. ölzwye f. 92ᵇ. Uralter Auszfall des g in Auspurg ›disiu stat Auspurg‹, ›phund Auspurger‹ im Stdtr. und Manuale 1313 öfter. Aeresing, Eresing heiszt urkundl. Argesingen, Ergisingen. Schmarenzell urkdl. Schmegincelle, Schmergincelle. Heirenbuch: Heigirnbuch. Honsal: Honsolgen 1310. Predien, morne, mornens mit auszgestoszenem g. Vrgl. Weinhold § 212. Schmell. Gramm. § 478. 479.

5) Berechtigtes (altes) g hat sich im Augsb. Schwäbischen erhalten in Schweglpfeifer, niederschwb. Schweabelpfeifer; in Schwigbogen in A. sonst Schwibbogen, ja sogar Schmidbogen S. 283ᵃ. Schmell. III, 523. Roigel, Raygel cgm. 312, hat sein g noch; esz musz einem alten Raigari entsprechen; wäre urspr. h, wie die nhd. Schreibweise vermuten liesze, da gewesen, so lautete das Wort jezt schwäbisch Augsburgisch Régel (Strasze), Rëagel (Stauden), Rai-

gel niederschwäb., wo esz aber Riegel heiszt. Ayger, Astr. beruht auf altem Nom. sing. aigis noch jezt bayer. »a 'n Oar« ein Ei. Dingten in Web. Akt. für urspr. g: tingere, tinctura. Ursprünglich und nicht eingeschoben ist g in den heute noch üblichen Superlativen: z'untergist, z'obergist, z'hintergist u. s. w. neben mündlichem und urkundlichem z'untergost, z'obergost, z'hintergost, z'niedergost, z'mittlergost, z'vordergost u. s. w. zu den Positiven unterig, oberig, niederig, hinterig, vorderig u. s. w. stend, wohin auch das ming, ding, sing für meinig, deinig, seinig im Allgäu gehört, wo die Tiroler sagen der deinig Vater für dein Vater u. s. w.

Uralt sind die allgem. niederschwäb. und zerstreut augsburg. schwäbisch. Superlative: graigst, maigst neben haigst; jene 2 entsprechen einem † grahista, mahista, was schon im Gotischen nicht mer da ist.

6) Ueber den uralten Wechsel von h und g sieh H. Die Schreibung gg für k und g für k sieh K.

7) G erscheint in Speigel, für allgem. schwäb. Speidel, Keil z. Holzklieben, Sigel für Sidel. Allgäu, »Sigelruhe«. Appadigh, Appetit. O Jegeslel euphemist. für ô Jesuslel Ueber die Rieszer Mundart, n einzuschieben vor g am Ende, sieh N. Ueber den Wechsel von T und G in der Kindersprache: tlanz, Glanz; tlauben, glauben u. s. w. an einem and. Orte.

8) Die Auszlaszung des gewonten Vorschlag g in brunga, braocht, geaba, gesza, daü (getan) troffa, Zifer, Traid, Krös ist allgem. schwäbisch. S. schreibt stets: mit ausztrukten Worten. f. 458ᵇ ff. zusamenkert cgm. 92. Christipurd (Geburt) f. 25ᵃ. an unser fråen purd f. 28ᵇ. born f. 292. Das Str. hat hoeren und gehoeren (zugehören). Vgl. Schmell. Gramm. § 485 ff. Mein Wbl. 32. 3.

GÅB adj. landläufig von Münzen. Vrgl. nhd. »gang und gäb«. »5 Pfund gäber Augsburger Pfennige.« Urkd. 1328. Ahd. ist kâpi: acceptus. »Wer aber daz silber so gaebe waere, daz.« Stdtrecht.

GABELN swv. »Weilen sie hinzugesprungen, mit den Händen im Gesicht herumbgabelt, so habe er sie mit den Händen zurückgestoszen.« Mickh. Strafb. 1772. Gabelmänner, Gebelen-Mann, Geblen Mann heiszen bei den Prozessionen die den Fanenträger durch Beihilfe mit Gabeln unterstüzen musten. Schusterbruderschaft-Buch 1718. Gabelreiterin b. Conlin, spöttisch, für Sympathie treibende Weiber, Hexen. Ebenso Gabelfarerin.

GÄBER, Gabriel; ein Mezger Stichelname. A.

GÄBISCH, link, dumm, verkert. »Gäbisch ist schwäbisch

und gibisch ist gabisch.‹ Lechleute.

GACKELEIISCH adj. buntfarbig, wie ›gscheckct‹.

GÄCKER, GÄGKER für Geäcker, das, die Eichel- und Buchenkern-Mast in den Wäldern. Mickh. Rechnungen von 16.—18. Jarhd. haben: ›Um Geäckher oder Winterwaid uff den hölzern.‹ 1569. ›Einnemen umb Gägker oder Winterwaid auf den Hölzern‹ ›Item einer Gemaindt zu Annriedt ist das Gägker oder Winterwaid auf der Herrschaft Hölzern, so weit sie Trieb und Tratt haben, verkauft worden.‹ 1567. Die Form Geäckerich v. 1636. Schmell. I, 25. Auf dem Hertfelde heute noch üblich.

GADEN, das und der, 1) Kaufladen; im Stdtr. häufig, besonders Weberkaufladen: ›bringet ein burger gewant her, der weder ze gademe noch kelr stât.‹ f. 12ᵃ. ›daz niemen kain gewant sniden sol wan der ze gademe oder ze offem kelr stât.‹ f. 12ᵇ. Kramerkaufladen: ›alle mezgere unde alle Krâmer die ze gadem stânt.‹ f. 13ᵃ. Der plur. gädmer erscheint im Stdtr. neben ›kelren, chrâmen, tischen f.47ᵇ. Gloss. ›Kelr oder Gâdmer‹ Verkaufsgewölbe. f 63ᵇ. Glosse. Dazu gehört Gadenmann, ›kein mezger, kein G., kein ûfleger.‹ f. 14ᵇ. 2) Zimmer, Gemach überhaupt: ›dârnâch gieng er ze sinem gaden.‹ St. Ulrich's Leben v. Albertus. Schon früher als in Boden, Faden scheint in Augsb. Schriftwerken m mit n getauscht zu haben. In manchen Teilen Sckwabens hat sich das Wort ganz verloren: in der mitlern Nekargegend kan ich mich nur an ›Weabgāta‹ erinnern, eine volktümliche Anlenung an Garten, weil Gaden unverständlich ward. In der Augsb. Landschaft blüt Gaden und Gadem noch überall. Zusamensezungen wie spisgaden sogar spisgarden sind nicht selten. Blaub. Lagb. Th. Paracelsus heisst die Baderstube: Schergaden. III. f. 48. 3) Im Klimmacher Predigtbuch stet: ›Besteige den untersten Gaden des hl. Kreuzes.‹ S. 21. In diesem Sinne von Stockwerk ist Gadem noch allerwärts im Augsburgischen üblich. Die Bau O. hat ›Gademgrund‹ u. Boden u. s. w.

GÄGERN swv. vil schwazen; Gägerer: Vilschwäzer, nur vom Manne; das Weib schnäddret und ist eine Schnäddere.

GAGGELSACK ? Im Kleiderbüchlein S. 14 stet:
Vertrau wisz wem:
Das ratt ich Dir!
Denn der Welt Gagglsack ligt
   vor dir.
Das Gackel, cimex griseus, graue Wanze, stinkend, bei Schm. II, 13 wird wol nicht herbeigezogen werden dürfen.

GAGGEN swv. stottern von dem Gaggen oder Gagsen der

Hennen hergenomen. In Günzburg: **gaggələ**; Sbst. **Gaggəler**.

GÄGGEN swv. eszen wie Kinder, welche die Speisen verschleudern, sieh oben **drielen**. »Du gäggiṣt du wilde Sau!« Stauden. Besonders wird esz beim Obszteszen gesagt.

GAISZ, die, in Zusamensezungen als Flurname nicht selten: **Gaiszberg**, 1) Fischacher Markung; 2) bei Hart; spr. **Goischberg**; 3) **Goiszeler**, Waldberg. Eine kleine fruchtbare Hochebene, eine Art Bergrücken bei Günzburg heiszt »uff 'm Goiszle«. **Gaiszbockgässle**; am mittleren Lech Lit. A. 499 ist ein **Gaiszbock** angebracht am Hause, eine Art Warzeichen; dabei stet:

Ich Ziegenbock ein Mann der Gaisz
Trag Hörner grosz, die ich wol weisz,
Du siehst mich an und spottest mein:
Sieh nur dich an, so grosz sein dein. 1815.

Auf dem Hertfelde heiszt esz von einem der keine Gegenliebe findet: »ungeliebt sterben wie Gaiszbock.« Ein Spottlied auf die Schneider in Günzburg heiszt:

Schneider, Schneider brenn de nett
Die Supp ist hoisz,
Schneider nimm deine Nådel in d' Hand
Und spring auf d' Goisz.

In Behlingen lautet ein Haus-Stichelreim:

Reitergoisz
Mach d' Suppa hoisz
Schütt's über da Dtsch
Mach Leaberwüṣt.

Habergaisz heiszt in Mindelh. der Wachtelkönig, in Günzburg Schneiderstichelname. **Gaiszkugeln** sieh »die Buzenbercht« im Anhange. Das adj. **gaissin** komt in den Augsb. Kalendern des 15. Jarhd. oft vor: »brott ûs gaissiner und schäfiner milch nüchtern eszen.« »Gefügel und gaissin und schäffin ist gesund zu eszend.« Astr. f. 10[b]. 11[b]. Vgl. **schäfin, schäfis** Fleisch noch im Zusamtal.

GAISZELMEIER nach S. 315[a] ein alter Bäckerspizname in A.

GAISZELSTAB stm. Gaiszelstecken, Im Mickhaus. Strafbuch von 1605 wird einer um 5 fl. gestraft, weil er »auf einen andern mit dem G. geschlagen«.

GALGEN für **Galagan**, das. »Sô snide Galgen in den mund und schluck die spaichelen.« Astr. 29[b]. Bei K. von Megenb. stm. u. st. f. Sieh Pfeiffer's Germ. 1863. S. 301.

GALGEN, der. »Es ist hie ein gewonhait, wenn ain Bischof von Augsburg fürstlich ist eingeritten, dasz man darnach den Galgen abraumet und die todten Cörpel begräbt; das ist ytz auch beschechen am 18. Februari und sind gefunden worden 230 Häupter.« S. 192[b]. Das Lebendigbegraben unter dem Galgen kam in Augsburg öfters vor.

»A. 1427 wurde Peter von Hall, ein Kramer, Notzüchtigung halber, auf des Stadtvogts Urteil unter dem **Galgen lebendig begraben.**« »A. 1505 wurden eine Köchin und ein Mägdlein wegen Mords beim **Galgen lebendig begraben.**« »A. 1436 wurde eine Frau, so ein altes Weib under der Christnacht-Frühmesse erstochen, **lebendig beim G. begraben**« u. s. w. Gass. Feld- und Flurnamen mit **Galgen** zusamengesezt sind überall zu finden. Das **Galgenfeld** bei A. wurde gerne zu Truppenmusterungen und Exercitien benüzt. Gass. Eine **Galgenwis** erscheint im Giltbuche cgm. 154 f. 44ª. **Galgenholz** bei Günzburg. **Galgenfrist**, allgem. **Galgenreue**: »das ist ein G. sprach zu jme der Tod.« Lied v. Tod und jungen Mann. Augsb. b. Modhardt. Im H. S.: »die Welt, diesen verriebenen **Galgenvogel** verjagen.« **Galgennâze**, allgem. In Bocksberg trägt folgender Ruf: »**Hell auf! an Galgen nauf!**« Prügel ein. So riefen 7 Verbrecher von Bocksbg., als man sie hinauszfürte. Ortsstichelei. Red. A. der ist fälscher als **Galgenholz**. A. Mein Wbl. 32. **Galgenstrick** im Kinderreime (Stauden): »Vögele, Vögele wick, wick, wick, Um 'n Kreuzer **Galgastrick** Und um 'n Kreuzer Bändel drā Dasz i meī Vögele hänka kā.« Du **Galgenstrick!** Schelte.

GALLATAG, eigentlich Galla- vom arabisch-romanischen **gala, gale** (Chali) Schmuck, Pracht. Weig. I, 384. In den alten Augsb. Hofkalendern sind esz Festtage des Jares zu Eren der Verwandten, Schwestern u s. w. Sr. fürstl. Durchlaucht, des hochw. Bischofs »Andachten und **Gallatāg** im Hornung«. »Den 6. Februar ist **Gallatag** wegen dem hohen Geburtstag Ihrer hochfürstlichen Durchlaucht, Frauen Schwester,« »Diesen Monat ist kein **Gallatag.**« Kirch. u. Hofkal. 1751.

GALLUS, St. Die nahen Beziehungen Augsburgs zu St. G. St. Otmar bezeugt das uralte jezt abgebrochene **Galluskirchlein**, mit seinen halbmytischen Bildern; das **Gallusbergle** und **Galluspläzle**; sowie das St. **Otmarsgässle**. Der St. **Gallentag** war von besonderer Bedeutung im Augsburger reichsstädtischen Leben: »da pfleget man allwegen Huren nnd Buben aus der Stadt zu gebietten.« A. 1470 ward »dem bösen Gesindtlein, als Huren — welche die Michaelis- oder Herbstkirchweihe überall allhye sein durften — die Statt raumen durch den Waibel gebotten und solches ward von Alter Zeit hero alle Jar gebräuchlich gewesen: aber damals innerhalb 10 Jaren nicht beschechen.« Gass. Nach S. f. 287ᵇ hat »ain rat hye beschloszen, dasz von Eren wegen hinfüro St. **Gallentag** nit mê die Statt sol öffentlich werden verbotten und ausgerieff t.« St. Gallustag war auch für die Weber von Bedeutung: »die Ziechen soll man allweg aufhören zu St. Gallentag zu würckhen und nit vnderrichten bis uff den obersten Abent daran nichts würkhen, allein verschlahen.« Web. tO. v. 1549. An St. Gallentag trugen die Stadtdiener lange Gerten durch alle Gassen mit dem richtsamern Register und forderten jeden bei Eidespflicht auf, seine Steuern »paar zu erlegen«. a. 1399. Chroniken. Red. A.: »Diesen Mägdlein ist es aber in ihrer Ehe übel ergangen, denn sie muste erfaren, dasz sie einen Mann bekomen, der beschaffen war wie St. Gallustag im Bauernkalender: dort ist ein brumender Bär gemalet.« Conlin.

GALONEN, die, Tressen. Weigand Wb. I, 387. »Auf Kleyder und Mäntel guldene, silberne oder seydene Spiz, Borten, Schnüren, Schlingen und Galonen.« Kleid. O. 1668. »Satteldecken mit einer silbernen Galonen.« a. a. O.«

GAMEL, die, 1) eine junge arbeitsscheue, 2) eine grosze sich kindisch gebarende Weibsperson, Augsb. Riesz, 3) eine dazu übel beleumundete Weibsperson. Günzb.

GÄMELICH adj. froh, hüpfend, freudig aufspringend. »Under den waren schwarz Affen, die gaben den Leuten gar gämelich Vorspil.« Himml. Braut. In Niederschwaben kenne ich das Adj. als vom jungen mutigen Rosse ge- braucht. In der Bedeutung von geil im TN. 5245 ff.
Secht da hebt sich denn ein kib
Under siner Kutten witt
Gar ein gemelichen strit,
vom Prediger beim Anblicke einer schamlosz angekleideten Weibsperson. Ahd. gaman, Freude; Adj. gamenlich und gemmenlich. Gûdrûn 466, 4. Der Stamm wird gam- sein, der auch dem gampen u. s. w. zu Grunde ligt.

GÄMPISCH adj. agilis; besonders wild springend von Pferden. »a g. Hengst.« Günzburg.

GANG, der Vor- und Nachgang in der Kirche, bei Prozeszionen: »sovil aber die Fravenpersonen betrifft, ist des Vor- und Nachganges halber bethedingt und verglichen worden, dasz bei den Kirchgängen am ersten und zum fodersten die Junkfrauen folgen.« cgm. 1581. Die bedeckten und unbedeckten Gänglein in Augsburg spilen in den Chroniken eine nicht unbeachtenswerte Rolle. Gangweg hiesz edem Fuszweg. Gangsteig: »dein Wort o Herr ist ein Lucern für meine Tritt und ein Liecht für meine Gangsteig.« Ehrenfest 1699. S. 47. Gangsteig, Harter Flurn. Inv.

GÄNGELWAGEN, der, eine Art Warzeichen in A. Am obern Graben Lit. G. 314 ist ein alter Mann im Gängelwagen abgemalt; dabei stet:
Mein Kind ich lerne noch
Doch lehr ich dich zugleich,

12*

Wie man so recht wandern soll
Geschickt zum Himmelreich.
GANS, in den Stauden: Gaũs
u. Gaũserer, Gänserich, Gongs,
Allgäu, was auf â schlieszen läszt;
änlich ist saũft in Ulm (sanft),
wenn nicht falsche Volksmytologie
dahinder steckt. Die Landschaft,
die Gaũs spricht, sagt im plur.
Geĩs; die andern Schwab. Gês.
cgm. 650 f. 35ᵇ hat anser gangs,
ansela gengslin; klingt fast
alamanisch. Conlin: ›Anjezo
tauget das gebratene Kitzel des
groszen Isaacs nur auf ein Bauern-
hochzeit, der Zeiten nennt man
es nur ein sauberes tractament,
wann es wild hergehet — und
schnadert man nicht lieber als
bei gebratenen Hagelgänsen,
Trappgänsen, Leffelgänsen,
Schneegänsen, Meergänsen,
Kropfgänsen u. s. w. Gans-
graischle dim. was bayerisch
Gansjung, sonst Ganspfeffer
heiszt, vgl. Entengraischle.
Esz soll edem in A. auch Gans-
gschrai gelautet haben. Gänse
komen in einer Urkd. 1456 als
Brückenzoll vor. ›Wegen des
Bruckzolls dafür man Gänse geben hat.‹ Beim Wasserturm in
A. ist der alte Gansbühl, bei
dem Göggingertor das Gänseck.
St. Martinstag heiszt Gass. ein
Gänsefest. Bekant sind die
Rieszer Gänse (Deinigen).
Redensart: ›Des könnet sell no
d' Rieszer Gäns.‹ Sch. In den
Stauden hat sich ein Lied ›Mueszt
uff da Gansberg steiga‹ anhe-
bend, schon lange eingebürgert;
das Volk erseszte das etwas un-
verständliche Gamsberg dadurch. Bei Werner v. Zimmern
komt vor: ›den wilden Gänsen
etwas klagen.‹ ›Denn wo nit
Leuth sein, sezt man die Gäns
auf den Bank h.‹ Schelte: Gans-
galle! dumer Mensch!
GANTER neber Gleger, Un-
terlage von 2 Balken, worauf
Weinfäszer gelegt werden, can-
terius. Schmell. II, 58.
GANTNEN, GANTEN, ver-
gantnen wie nhd. ›Gut, Hausrat vergantnen‹ allgem. in
Augsb. Schriftwerken. Die Gant:
›dasz in den öffentlichen Ganten,
so durch den Gerichtswaibel in
der Kornschrandt auszgerufen
werden, allezeit demjenigen, welcher das lezte Gebot vor dem
Ave Maria Geläut getan hatte,
die vergandte Sach solle bleiben.‹
Gass. Gantner, der die Gant
auszruft und vornimt. ›Gandner
über farende Hab.‹ Akten. ›Da
etwas Verbotenes verkaufft soll
werden, soll es durch die geschwornen Käufler und Unterkäu-
fel oder Gantner mit Recht beschehen.‹ Ordnungen v. 1647.
GAPSEN swv. nach Luft
schnappen.
GARN. 1) in der Webersprache
manigfaltig verwendet. Faulgāra, Faulgārasieder. Die
Garnsieder hatten ire eigenen
Vorschriften und waren den Geschaumeistern der Weber unterworfen. Leipziger Gāra

sieh über die Auszsprache oben 4'. **Gärle**, angesponnene Spindel. Burgau. 2) In der Waidmansprache: »das Wachtelfangen mit dem **Ruf-** und **Steckgarn** solle abgestellet sein.« Vergleich v. 1642. »Der **Lerchengarn** und Hochzeugs befugt.« a. a. O. — **Deckgarn**. »Den Hunden in die Aecker mit dem **Deckgarn** folgen.« a. a. O. Das Schnepfen mit **Schnepfengarn** komt in den Mickhaus. Strafbüchern öfter vor.

GARNIER, Tasche, ital. carniera. »Hett Raymund Fugger vor im in ein **Karnierl** in etliche **Biechlach** und Brief zu einander klaubet.« S. 463ª. »Busen, **Karrnier** (zum Acheln darein klauben).« Wirtb. allgem. Ausschrb. 26. Jän. 1566. Reysch. 16, 85.

GARSTIGS FIEBER, volketymologisch f. **gastrisches** F.

GARTEN swv. **Gartenbrüder** stm. in den Augsb. Schriftwerken allgemein. Bei Gass. erfaren wir, dasz esz beurlaubte **Landsknechte**, Cameraden der Straszenräuber und Mörder waren. Eigentümlich ist doch nach disen Schriftstücken besonders Gass. dasz sie dise Leute mit den **Wiedertäufern** zusamenbringen. »Ayn Rat hie hat den merer Teil der **Gartten-Brüedern** und Wiedertäufern die Stadt wiederumb erlaubt.« S.410ᵇ. »Auch allhye in den Winkeln und Gärten hatten die **Wiedertäufer** Versamlungen, daher sie den Namen **Gartenbrüder** bekamen. Gass. Volketymologisch: **Gartköch** bei Gass. das zu **Gar—** gehört. In der bischöfl. StrafO. komt vor: »die **Gartsturm**(gloke) anschlagen.« f. 31ª. In derselben Ordnung wird den **gartenden** Knechten das Hausieren abgestrikt.

GÄRTNER stm. 1) ein doppelt gekrümmtes Auszreutmeszer. Publ. ds. hist. Ver. 15 u. 16. S. 107. 116. 2) Der Goldkäfer oder Goldschmid. Haldenwang.

GASSEN, die, in Augsb. hieszen: Alte-, Lange-, Kezer- od. Zwerch-, St. Anna-, Kirch-, St. Georgs-, St. Afra- oder Becken-, Winter-, Dominicaner-, Hall-, Weisze-, Weite-, Heilig Kreuzer-, Marienstern-, Karmeliter-, Klinkertor-, Kapuziner-, Stein- oder Juden-, Schmid-, Klebsattel-, Johannes-, Kohlen-, Wind-, Arbeitshaus-, Blätterhaus-Gasse u. s. w. **Gässlen** sind: das Kuh-, Schönfelder-, Loch-, langes und kurzes, Mezgergässle; das Gässle zum süszen Löchle, das Gässle Hundsfutt ker um! Hespele-, Pilger-, Meister-Veits-, Krezen-, Luginsland-, das kurze und lange Sächsen-, Stoigäszle, das »ser enge« Burger-, die 3 Pfaffen-, dazu das äuszere und innere Pfaffen-, Schuh-**Gässlein**, Sau- oder Saugasse, Fischer-, Mädloch-, Jergemer-, Sechser-**Gässle**, in lezterem sind die Fabrikweiber, das Dompropst-, Philippfugger- oder Armenhaus-, das Blei-Gässle, Karrengassel, schon cgm. 223. Brandgasse im Felde von Osterbuch. Augsburg. Archiv. Ferner Waisen-, Zeug-, Heiliggrab-, Apotheker-, Spingler- oder Josefs-, Margarethen-, Kauzen-, Custors-, Paradis-, St. Otmars-Gässle u. s. w. Die Gassennamen in Burgau: im Hexazipfel, Tellergässle, Kochgasse, Käpelisgasse, Kapuzinergasse, Blaichgasse, Mülgasse, beim Hollaosa, beim Schweda u. s. w. In Günzburg: Hexagässle (Spott), Kappazipfel, Kapuziner-Gasse, Küehtor, am Bāch. Gassenhauptleute neben Lieutenants, Aufseher eines Stadtteils, ein städtisches Amt. Feuer O. 1761. Noch heute in Bamberg 'üblich. Gassenknecht hieszen die Bettelvögte im alten A., welche die Straszen sicher halten musten. »Dasz ihre Statt- und Gassenknecht in der Stadt ungern — die Wirtshäuser (wegen der Excesse) besuchen zu laszen.« Pol. O. 1553. Stich- und Gassenkauf bei der Schusterzunft verpönt. Gassengericht, öffentliches Gericht in Elze, das die Markgrafschaft Burgau übte. Im cgm. 201 f. 101ª heiszt esz: »in einer guten Gassen oder in einer guten Statt,« Bildl. »Und dasz Burger in der ehlichen Gemeinschaft, denn in der Gemeinschaft der Gassen (sei).« »Das Hus ist die erst Ordnung der Elichkeit und ist vor der Gassen.«

GAST stm der Fremde; in den Stadtrechten der schwäb. Städte Ulm, Memmingen, bevorab Augsburg wird bei Verkäufen, Käufen, Zöllen imer der Bürger, der Gast und der Jud sorgfältig auszeinander gehalten. Gastmeisterin hiesz im Kloster Niederschönefeld die Oberaufseherin über die Pflege der Gäste und Fremden überhaupt. (1315).

GÄSTEL, stm. Spenzer. Strasze. In Günzburg: Jangger. Müzə. Ich möchte das Wort zu vasti, got. (gvastja) halten, freilich ein merkwürdiger Ueberrest. Demnach ist ga-weste anzusezen?

GATTER groszes, weites, Gätter kleineres Gitter. Fenster durch die reines und unreines Waszer geschüttet wurde, musten »mit eisernen Gättern auszen, der Mauer gleich oder eben vergättert werden.« Bau O. »Solche Fenster mit engen gestrickten Gättern beschliszen.« a. a. O. Eiserne Korbgitter komen in der Bau Ordn. öfter vor. Auf den Toren war je ein Schuszgatter. Von dem Gatter auf dem Weberhause hatte den Namen der

GATTERER, jeweiliger Weberhauswirt. Der Gatterer soll jeden Beschautag an dem Gatter auf der Stiege zu dem Beschautennen sten, und die ire Waaren zur Schau bringen gegen Entrichtung bestimter Gebüren ein- und auszlaszen. Er muste ferner die Weber vor den Siz oder vor die deputierten Herren und Beisizer laden. Bei dem Sizen muste er aufwarten, bei der Türe der Amtsstube sten und die Parteien herein und hinauszlaszen. Esz gab auch einen Gatterknecht, der besonders die Kornwal ansagen muste.

GAUGGEN swv. auf dem Rücken tragen. Gaugge Rücken, Rückenkorb »auf d'Gaugga nema.« In Münster hörte ich den Reim:
Stork Stork Schnibel Schnabel
Mit der langen Heugabel;
Heunt oder måərə
Bring mər 'n Mézzə kåərə!
Kanst a nitt vertraga
Nå wirf'n über da Graba
Und kåst 'n nitt vergaugga
Nå wirf 'n über d'Stauda.

GAUMANN stm.? Landmann? »Kein Burger sol mit keinem Gast keine Gesellschaft haben an dem Salz; kein Gaumann, noch kein Aufleger sollen keinem Gast sein Salz verkaufen « Urkd. 1303.

GAUTSCHEN, niederschwäbisch umlautend gaütschen swv. schaukeln. Gautsche, Gaütsche, Schaukel, besonders die herkömmliche für Jung und Alt errichtete G. an der Jakober Kirchweihe, die jezt Schogga heiszt. »Gautschenbettstättlein« Publ. des hist. V. 16. 17. S. 110. Im Aargau heiszt gautschen Waszer hin- und herbantschen und davon Waszer zum Wein mischen, von bösen Wirten gesagt. Vrgl. mein Wb. 33. 50. Das Wort Gutsche, Kutsche ist dasselbe was Gautsche. Renngutsche bei Gass.

GÄWIND, GAIWIND (Weiszenhorn), tiefe Schneestellen, Schneewehen, Schneewand »Ein grosz Gechwind.« S. 409. »Dieweil gleich dazumalen das Wetter mit ungewönlichen Gehenwinden und kalten Windsbräuten über die Massen ungestümm ward.« Gass. Niederschwaben: Windswēhet.

GAZE swf. Schöpflöffel. Oberes Schmuttertal. Ich erinere an altbayerisches Gaze, Becher, Krug. Im Fugg. Inv. sind »Güeszgäzl oder Vaszl« aufgefürt; ferner ein »plechens Öllgāzel«.

GE, GA sowol Vereinigung als Verstärkung anzeigend, häufig in dem bischöfl. Augsb. Gebiete. Im wirtemb. Schwaben beobachtete ich esz: ist bei weitem nicht so häufig. cgm. 601 hat noch f. 10[b]. und oft »gelauben« »gelat« für glatt »gelat anligen« von Schuhen. f. 14[a]. wolgespeisenne Kost. f. 100[a]. »Kaspül« Spülicht, »Sam hett ein Koch mère brüh und kaspül zusamengossen«. f 11[a]. gerauben cgm. 480 f. 24[b]. gelaue Winterszeit. Gass. »geschwül.« Augsb. Hofkal. 18. Jarh. Die Strasze und die Stauden lieben das ge- besonders: ma giszt = man iszt; Pferde sampt Gschiff und Gschirr. Durchausz in den oberdeutschen Mundarten gilt gsehen, gsēə nur vom Gesichtssinne: i gsi nett, meine Augen sind erblindet. Gesuchte (Sucht), Astr. 38[b]. Gespur, vestigium;

Gefür, Auffüren, ghauffet.
Gspat, Spaten. »Um ein gspat zu Schlosz Notturft zue geprauchen.« Mickh. Rechgn. Gmāterer, Martyrer. Strasze. Gsaftig allgem. für saftig. Gefiber im cgm. 144 öfter. Sieh oben Gäcker. Gmiesz, ein Zwang, »'n Gmiesz drausz macha« mündlich. Die glinke, die grechte Hand, landläufig in Gundelf. Gspont für Sponten u. s. w. Ueber die weiteren Beispile sieh im Folgenden. Die Betonung des e findet sich noch hie und da, in der Regel aber wird esz nicht gesprochen und in volktümlichen Schriften auch nicht geschriben. Vrgl. Schleicher, Sprch. 220. Weinhold. alam. Gramm. § 298. Die folgenden mit ge- zusamengesetzten Wörter werden mit verschlucktem e gröstenteils gesprochen. Weigand, Wb. I, 394.

GEBLECK, das, zu blecken oben.

Bald komst derhea wie d' Sau
im Dreck
Nao komt der Bua mit sein Gebleck. Sch.

GEDUNKEN imp. »uns gedunkt fast«, esz felt noch ein biszchen, fast wäre esz recht. »Um's Gedunken« = um ein kleines, d. h. zu vil oder zu wenig.

GEFÄRT, Beigeschmack, übler, am Weine.

GEFECKT, »Spezerei und Gefekt.« S. 321ᵃ.

GEFRISEN, congelare. cgm. 625 f. 31ᵇ.

GEFRUR. »Durch die Gefrur-Zettlen vor Hüb und Schüsz und Lebensgefar zu Zeiten bewaren.« S. W. »Wann macht man die Teuflischen also genannten Passauerzettel für die Gefrur als meistens in der Christnacht, da man unterwehrender Christmess auf die Creuzweg hinauszget, allda den Teufel pannet und in einem darzu gemachten Craisz mit ihme die Zettlen petschiert und erschrekliche Teufelsseegen darüber spricht, die hernach geeszen, oder bei sich getragen, gefroren macht, dasz weder Stich noch Hüb noch Schusz ihme eingehet.« a. a. O.

GEFÜR, Aufführung; sieh Fegopfer.

GEFÜRGELET, auf's kleinste, »auf's Düpfle«, sonst: »auf's Firgele, Fürgele hinausz.«

GEHÄCK, das, kleingebacktes, gebratenes Fleisch als Fülle zum Backwerk. Urspr. das feingeschnittene Weizen- und Haberstroh als Futter.

GEHÄNG, das, Lunge, Leber samt Herz und Nieren des geschlachteten Tieres, zum Verkauf auszgehängt. Urg'häng und Urbhäng.

GEHAU, Ghäule, der auszgehauene und bereits angeflogene Waidplaz. Frau ag'hau (Stauden).

GEHÄUS, das. In den Fischacher Statuten heiszt esz: »Soll kein fremdes Gehäus ohne Vorwiszen der Herrschaft hie — eingelaszen werden.« »Auch sollen die Jngeheüseten keine Macht noch Gerechtigkeit haben — Vich auszzuschlagen.‹ ›Die Ingeheuseten, so den Fleckhen bewonen‹. Die Wilmatshofer Stat. haben: ›Soll auch Niemand, wer er sei, one Vorwiszen der Herrschaft und Gemaind ainiches farendes Gehäust in sein Haus einzulaszen, unterstehen. Da esz aber bescheche und ein Schaden vorhinein solchem Gehäust widerfure, solle der in Allweg, so das Gehäus aufgenomen, solchen Schaden zu ergözen, auch darob zu halten schuldig sein, das ermeldete Geheusz ein Gemaindt mit Gaiszen oder andern Dingen nicht beschweren.‹ Das Gehäus ist eine Anzal Taglöner, die in kleinen Nebenhäusern wonen, dem Hofbauern aber so zu sagen leibeigen sind. ›Zu Ghäus nemen,‹ in die Miete nemen. Um Zusmarshausen. Vrgl. Schm. II, 248. In Frischlin's wirtemb. Hochzt. ist Gehäus gebraucht für fürstl. Palast. 31.

GEHEIEN mit dem stark. sonst sw. part. ghîa, ghija, ›i hett 'n ghia uff da mist‹. Sch. Subst. das Ghei; ›was haogt denn iaza mit deim Ghei?‹ Ich verweise auf mein Wb. s. v. Disz Wort ist allen oberdeutschen Mundarten eigen. In Lindau (alam.) ist das abbekeia ser üblich. ›Beim Schrinar Schindar ist hüt a mürar vom dach abbekeit, es hett 'n aber nint dô.‹

GEHEIF, gehäb, enganschlieszend. Stauden. ›Und nim i iahn reacht keif ins Aug.‹ Sch.

GEHEIMEN, die, städt. Amt. ›die Geheimden‹ oft für Geheimer Rat. Im Augsb. Kal. v. 1769 stet: Geheimer und Einnemer; Geheimer u. Pfleger; Geheimer und Hospitalpfleger u. s. w. Geheimes Strafamt sieh Blauhimelamt. Geheimes Pläzlein: 1) Abtritt, 2) Stellen am Lechufer, wohin das Läuble, d. h. der Abtritt getragen werden muste.

GEIGE, die, 1) ein weiszes ungesalzenes an beiden Enden spiz zulaufendes ovales Brot, das gerne zerrieben wird. Geigenmus, ein unvermeidliches Mus ausz disem Brote an Hochzeiten. Jezt abgend. Zusmarshaus. Gegend. 2) Das bekante Strafwerkzeug. In A. kamen liederliche Personen unter Oberaufsicht der Amtsknechte in die Geige, wurden durch die Gassen geführt; die Justiz übende Jugend rief dabei: Geig auf! Geig auf! 3) in Zusamensetzung: Geigenturm in Schwabmünchen, Geigenfeld Oberschönefeld. 4) In Kinderreimen:

Im Unterland ist a Haus
Dâ schauget 3 Jungfera rausz;
Die erste spinnt die Seida
Die zweite reibt die Geiga
Die dritte macht das Türlein auf
Und laszt die liebe Sonne rausz.
Liebe Sonne kom bald wieder:
Schatta, Schatta leg di nieder.

Groszaitingen.

A Bissgeiga u. a Bassgeiga
Und a Rumpelfasz
Und a Rührschaufel,
Und a Millsuppa
Mit der Heugabel
Haŭ-n-i nô niə gesza
Bei der Nacht. Reinhardshausen.
GEIL, spr. gȧəl und goil,
fröhlich, ausgelaszen. Geiler
Montag: »Item vom gaylen
Montag Nachmittag zur 4 Uhrn
bis auf den Aschermitwoch —
soll nit Schul gehalten werden«
Schul O. 1575. »Welche Narrenfest am 12. Tag des Hornungs,
den der gemeine Mann den
geylen Montag heiszet — geübet.« »Am gaylen Montag
wurde ein Scharpfrennen getan.«
a. a. O. »Am gailen Mäntag
ze Inbis die gewönlichen pfründ.«
Pfründ O. 1462. »Am gaillen
Mäntag.« Frank's Annalen 80.
Im cgm. 201 f. 123 ff. wird die
Lere für die Erzieher gegeben,
die Jungen »von gailen und
schnöden Reden abzuziehen.«
»Darumb sind die Jungen ze suchen und ze straffen von gailen
Reden.« f. 128b. Daselbst: »Sundern von Jugend auf soll man
lernen die Kinder, dasz sie die
Gailung unterwegen laszen.«
f. 123b. »So wurdent sie begriffen
in der Gail« f. 224. »Dasz sie
werden abgezogen von der Gail.«
a. a. O. »Die Jugent ist bereit
zu der Gail« f. 130b. »Zu der
Gail und waichung des Flaisches
vallen.« f. 132ᵃ. u. s. w. In Günzburg sagt man von übersüszen,
fast aneckelnd süszen Speisen
»des håt'n goila G'schmågh.«
GEILEN swv. hüpfen, springen:
»gleicherweisz als sich dô geilen
und frewen sind die rechböcklein
und die steinböcklein.« Augsb.
Messbch. 1484.
GEIST, »Heiliggeisthauben,« eine Art Augsb. Flügelhauben. »Heiliggeist Spitalhölzlin.» Mickh. Mrkg. Augsb.
Beschrbg.
GEIWIZ, der, Kibiz. cgm. 312
(1461) geybyz. Kinderreim in
Warmsried:
  Geiwiz, wå sizst?
  Im Moos.
  Was frişt?
  'N Frösch.
Geiwizen heiszen die Benninger. In der Rottenb. Gegend
ist Geifiz ein lebhaftes, waghalsiges kleines Mädchen; Geifizwegle, ein kleiner, schmaler,
gefärlicher Fuszpfad. Mein Wörterbl. 34.
GEIZIG in der Red. A: »die
Geiziga fallet um wie an alt's
Testament.« Um Burgau.
GELÄGER. »Von Holzgelägern in der Stadt bei der Zimmerleut, Drechsler und Bildhauer
Häuser« Bau O.
GELB adj. »Des ersten an dem
hl. Kristag ze weyhenächten ze
Inbis ain Suppflaisch, Kraut und
Flaisch, einen gelben Hirsch.
ein Sulz.« »Ze Inbis die gewonlichen Speis, darzu gebratens,
ain gelbs Mus, jedem ain Saidlin Weins.« Pfründ O. v. 1462.

Gelbspiziger Neid. Conlin. »Das Theresele war vor diesem wie Milch und Blut, aber von der Zeit an, da sie ein Kind getragen, sihet sie wild aus wie ein gelber Jud.« Conlin. »Da sie doch gar keine aus den Schönen gewest, denn sie sahe aus wie ein gelber Jud.« a. a. O.

GELEGELER »glägelerMä« der sich nicht weh tut. Stauden.

GELIMP, »er hett gnug Glimps und Ursach dazu.« Frank 112.

GELLIG adj. in magengellig. »Ich bin zornig und magengellig, hitzig, kriegerisch und missehellisch.« cgm. 595 f. 37ᵃ.

GELTVIEH, GALTVIEH, unfruchtbare Kühe. Zusmarshausen.

GELÜNG, das, die Lunge in der alten Mezgsprache. Mezg. O. 1549. Ein Kalbsgelüng mit aller Zugehörung; item ein Hammelgelüng samt Leber und Herz « a. a. O.

GEMACH, das heimliche, eine Stelle am Lech, wohin die Abtritte getragen werden musten. S. 86ᵇ. u. Bau O. In Mickh. Akt. 1567 ist haimlichs Gemach erwänt für Abtritt.

GEMAIT adj. wie mhd. »Diese war die gemaitest (Tochter) von Leib und die schönst von Angesicht.« cgm. 252 f. 165ᵃ, »Und hett darab (Pferd) grosz wunder, wann es was fast schön und gemait.« cgm. 581 f 10ᵇ. In einem alten Augsburg. Reime »wie man weiben soll« heiszt esz:

Nit plazend an ein also blind
Nimpt nit ein schönen und ein
    gmaiten
Der nichtz künd noch mög arbeiten.

Sub. das Gemaite. »Des Gemaiten singen.« Memming. Stdtr. sieh mein Wbl. S. 96. »Frei und gemait.« cgm. 312 f. 32ᵃ.

GEMÄRK, das, ein Abzeichen. »Wurde verordnet, dasz denjenigen Burgern, so des gemeinen Almusens zv geniessen begerten, ein Bettelzeichen oder Gemärk an die Klayder gehefft wurde.« Gass.

GEMEGEZEN swv. »Wie er aber (Tobias) ein Geiszböckel im Haus hat gemegezen gehört, welches sein Anna nach Haus gebracht hat « u. s. w. Conlin.

GEMERK, das, Gedächtnis: »ja loset. i hau halt gar koin Gmerk.« Sch. Allgem. schwäbisch.

GEMEST? in Web. Rechnung. »Dem Blettersötzer vom hundert blaw und gemest 5 hllr. Vom Gemest eins Fadens 4 hllr.«

GEMOLGELET part. fleischig, corpulent. Sch.

GEMÜLLE, das, Auszkericht: »won sy oft (Maria als Tempelmädchen) den tempel fürwet und den estrich und das gemülle hinausztrag.« cgm. 257. f. 89.

GEMÜS, das, 1) Mooswerk an Bäumen, sumpfigen Böden. 2) Das Gemiesz, das Müszen. Stauden.

GENADEN swv. 1) den 13. August genadete mich Gott mit

dem 12. Kind, einen Sohn Namens Abraham.« Elias Holl von Wagenseil 1818. In d' Gnaodgaū, in die Kirche gen an Ablasztagen. Stauden. »Die gnadenreiche Sarch,« d. i. ein heiliger Leib, oder Reliquien. Ehrenfest S. 58. Gnadenfeld, Flur bei Günzburg. 2) Abschid nemen. F. Fabers Pilgerb.

GENEITEN swv. nicken. »Dear gneitet nett beas.« Stauden.

GENESCH, Spinat. Lindau. Binätsch, Franken, Wirtemb.

GENIESZ, der, Genusz, Anteil. »In Allem gleichen G. haben.« Akten. »Und ain solichs weder von Lieb, Laid, Gab, Schankung, Geniesz, Verlusts u. s. w. Bischöfl. Straf O. f. 10ª.

GENIST, die, das Aufkomen ausz Krankheiten, Genesen. »Sol sein, dasz die Säugamm aus den 6 Wochen komen sei, bis zu den zwelffen; also je nachener nach 6 Wochen oder nach 12 die Saugamm in jrer Gneist, je löblicher esz an jr ist. Darum sind sie nit ze loben, die 2 oder 3 Kind absaugend. Die Zeit jrer Gneist soll nit ser früh gewesen sein, weder dem Kind, noch zu Anderem.« cgm. 601 f. 99ª. »Zeichen aber, die da bedeuten Gneist oder sterben — da sol man merken die Farb.« f. 114ª. Adj. genistlich: »Die (Kinder) weisz oder rot sind bei den Durslächten, die seind genistlich.« a. a. O. und oft. Bei Schm. II, 706 ff, stet nur die adj. Form genissig.

GENNEN swv. Kinderspile treiben.

GENREITEN, spr. gēreite, entgegen reiten, bes. beim Brautabholen. Stauden.

GENZEN in engenzen swv. von Ganz, das Ganze zerteilen, zerlegen: »Wird aber das Holz engenzet, swan ez engenzet oder zerbrochen wird, sô sol ers dennoch vor dersellen nacht ousziehen.« Glosse z. Augsb. Stdtr. f. 15ᵇ. »Wer einen Kochherd oder Feuerstätte an eine gemeinschaftliche Maur machen will, der solle soweit die Feuermaur gehet, einen halben Maurstein, aber oben auf dem Kümmich auf das Wenigst ein Viertel eines Maursteins an solcher Mauer gegen seinen Nachbar unzergänzt und unausgebrochen ligen laszen.» Bau O.

GENUL, GNUEL, Verwirrung im Handgemenge und Reden. Se hand a Mette und a Gnual Als wärents in 'ra Judaschuel. Sch.

St. GEORG, der Ritter, erscheint ser häufig in dem alten Bistum Augsburg als Kirchenheiliger. In Augsb. selber war der St. Georgenhof. Die Georgengasse und das Georgengässle. Volküblich Jergemergässle. Der Elucid. von 1543, Augsb. Auszgabe sagt: »Etwan so die Teutchen kriegen wolten, ruften sie Herculem an, wie jez under St. Georgen den hl. Ritter.« St. Georg ist Patron der Ritter. In Fischach komt ein Flurname: Gergenholz vor.

Ein Fugger-Kirchb. Wald »Georgenhölzchen« komt in Mickh. Gränzbeschreibungen vor. (50 Jauchert.)

GERADUFFER, d. h. gerad heraufkomend, heiszt beim Lindauer Schiffer der Unterluft vom Untersee, Nordwind. Osterluft NO. Wind. SO. Wind ist der Kluser. Pfê, SW. Wind.

GERÄFFEL, das, strepitus. »Under welchen von stund an ein Geräffel von Pergamo und grosz Geschray erhört ist worden.« Trojanisch. Krieg. 45ᵇ. Schmell. III, 59.

GERÄSP, das. »Der Han förchtet die Wespen und so man ime ein Geräsp von Weinreben in Form eines Rings um den Hals legt, soll er nicht mer krähen.« Gockel. S. 14.

GEREN swm. 1) Zwickel im Kleide, besonders im weiblichen Unterrocke. »Da erschain im Maria gar in ainem schonen kchlaid, das hett 3 geren, die wören all uberschriben mit gulden Ave Maria.« cgm. 164 f 20ᵇ. 2) eine schräg ansteigende Anhöhe, eine spiz auszlaufende Berghöhe. Vgl. mein Wbl. 33 ff. Meyer O. N. v. Zürcherkanton 84. Schmell. II, 62. Der Hauser Geren bei Dillingen. Public. des hist. V. 1836. 67. Im roten Geren bei Horgau; Mittelgeara, Holzgeara b. Schönefeld. Rotengerenwisen, Forst Biburg. Gearahölzle, Wilmatingen. Geara Wald bei Hart.

Gerenschlauwisen, Depshofen. Gerenfeldschlau und Geren, Waldberg. Mein Wbl. 33.

GERHENLE ? eine Pflanze: »Venchelwurzen u. Gerhenlenwurzen, auch tüllensaumen, venchelsaumen und eneiszsaumen.« cgm. 601 f. 100ᵇ.

GERISEL, das. »Das lezte Viertel — verspricht — Regengeriesel« — »sezet sofort mit Regengeriesel und rauher Luft.« Hofkal. 1751.

GERNER. »Dem Gerner für den Gumber 22 kr.« Web. Rechnungen.

GERSTEN swm. Gersten- od. Haberschleim in der Pfründ O. 1462: »Zu dem Nachtmal ain Gersten und aber ain Milch.« »Ain Gersten in ainer Milch und ain Milch darzu.« a. a. O. Adelung: Der Gersten, ein Gericht von Mel, Eiern und Milch in der Pfanne gebacken. Vrgl. Schmell. II, 66.

GERT in Weberrechnungen? »Item von einer brait Gördt 3 hll. Von ainer Spinnetgördt 1 hell. Von einer schmala Gördt u. s. w. (bei den Blättersczern).

GERÜMPEL, das, Lärmen zu rümeln gehörig. »Von lieben rümlet dir der bauch.« Altes Loszbch. hs.

»Im Karrengässlein, allwo man
 beim Nüeber anzutreffen hat
Ein frisch und guetes braunes
 Bier, das mehr Kraft gibt denn
 mancher Plümpel

Der in dem Bauch wenn man ihn trinket Erreget Lermen u. Gerümpel.« Kal. 1747. 2) Ein Durcheinander von alten Gerätschaften. »Darnach ist er sie (die Domherrn im Chore) mit zornigen üppigen bösen Worten ankomen, und ihre Biecher hin- und hergeworfen und ain krimpel darmit gemacht.« S. 561ª. Grimpelmarkt. »Grimpeln ist auf dem Fronhof den Bürgern erlaubt.« Vrgleich 1602.

GESÄLZ, das, eingesottener, syrupartiger Früchtesaft. »Solchs Pulvers prauch die Saugamm mit jren Kösten, das sie ein Wein daran giesz, und dunk ein Brot darein als in ein Gesälz« cgm. 601 f. 100ᵇ. Maulpeerselz. f. 108ᵇ. Bayerisch Salzen f. Das Wachholdergsälz. Zusmarsh. und sonst.

GESÄSZ, das, 1) »der Stul oder Seszel oder Gesesz ist in der Spize des Himels septentrionalis.« Regiom. 1521. 2) »Die Ermel und Gses mit Panzer.« Kleiderb. 3) »Stallung, Garten und Gesäsz, die Plankenmülin genant.« cgm. 2517.

GESCHANKTUM, das, Geschenk.

GESCHAU, die, spilt bei den Agsb. Zünften die hervorragendste Rolle neben den Vorgeern, Buszmeistern u. s. w. Nach dem 30järig. Kriege gab esz 9 Flaischgeschauer, 4 Unschlittgeschauer, 2 Brantweingeschauer, Geldgeschauer, 6 Brotgeschauer, 4 Wollin- Gwandgschauer, nach der O. v. 1549 gab esz 7 Geschaumeister bei den Webern, die bei jeder Conzessionserteilung vom Meister 1 fl. erhielten: 11 fl. fielen in die Büchse. 4 Biergeschauer, 2 Weingschauer u. s. w. Jedes Gewerbe muste sich disz woltätige städtische Amt gefallen laszen. Sogar dem Stadtziegler wurde der gebrante Zeug nebst Kalk bei jedem Brande geschaut. Bau O. In der Memminger Feuer O. v. 1765. S. 6 komt ein Bauschauamt, Bauschauobmann vor. Bei der Geschau stand oben an der Geschaumeister. Die Geschauwalen, Geschaumäler komen oft vor in den Akten. Natürlich spilte die Webergeschau die Hauptrolle. Die grosze Webergeschauwal fand jedesmal den 28. Dez. statt. 1) »Erstlichen ist ein Aufschreibzech: da werden die feyrenten Geschaumeister aufgeschriben, die feyret sein und die feyret werden: beederseits lutherisch und katholisch. 2) Musz der Gatter (er) ansagen zu der Wal bevorsb denen die abdanken. Die Parthey die ein Bixenmeister erwellt, die hat den Vorzug. Die Unkosten auf die Winterrechnung. Den nesten Ratstag nach der Wal werdt der Geschaumeisters Bericht eingegeben. Nach dem ersten Ratsdag nach dem newen Jar müszen sie schwören.« Nachher Malzeit mit 14 Personen: die Bixenmeister sizen den Beisizern zur rechten; auf der linken Hand die Kellermeister: dabei der Handwerksdiener. Geschaumalzeiten in Schust. Akt. Die Geschau der Staudenwaaren, eine nicht unwichtige Einrichtung. Herkömmliche Redensarten sind: Fürlegung an die Geschau Arbeit so an die Geschau gehört. Uffhörung der Geschau (uff Jacobi).« Alles was der Geschau gemäsz ist. An die Geschau würken (1649). Die Barchetgeschau (fängt nach Bartholome an), Geschautage, Geschaupfennige, die schwarz Geschau. Abschauen. 2) Besichtigung des Hauses und des Hofes, die in Oberschwaben dem Hochzeitstage voranget: uff gschaob. In Lauchheim uff gschåb. In der Zusmarshauser Gegend komt die Braut oder der Bräutigam dahin wo Haus und Hof ist; die Braut sieht in der Regel den Hof ein: gibt ire Mitgift blosz an beim 2. Besuche, was man glaubt und den Aufsaz beginnt, d. h. das Heiratsgut wird schriftlich gemacht und die Hochzeit festgesezt.

GESCHEEL. »Das viereggende Holz uff 4 Seulen wird das Gescheel genennet, welches mit einem Müllerstaub-Leim wol verkleibet ist, damit das Griesz nicht herauszrinne.« Faulhaber

GESCHEIBS, genitivisch. Adv. ringsum. S. hat: »Und haben dasselbs gescheybs herum 6 Meilen Wegs alles verprannt.« f 34ᵃ. »Und ist mit dem hochwirdigen Sacrament und mit dem Hailtum gescheibs um die Statt gangen.« f. 47ᵃ. »2 Meil weit gescheibs um die Stadt.« f. 116ᵃ. »Gescheybs um hat er alles Vich genomen.« f. 156ᵃ. »Dernach sind sie gescheybs um das Tanzhaus gerennet.« f. 296ᵃ. »Die Menge stand vor des Rats gescheybs in einem Haufen.« f. 216ᵇ. »Mit einem breiten Saum gescheybs um.« f. 530ᵇ. u. s. w.

GESCHENDIG, unverschämt im Begeren.

GESCHLACHTE, die, Schlachtete.

GESCHLAGEN part. in Verbindungen wie 1) »du wärigt ja a geschlagner Mā,« herb vom Unglück heimgesucht. 2) Anhaltend fort: I wart schon schiar a gschlagne Stund.« Sch. »S'Manöver hat dauret 'n gschlagna dag.« a. a. O.

GESCHLAG u. -chtung d. Leche, muste von jedem Hausbesizer gemacht und unterhalten werden. »Geschlag und Geschlachtung. Bau Ordg.: »damit ein Jeder wisze wie weit er die Bachmutter in dem Grund laszen, und also sein Geschlacht darnach machen solle«. »Welcher Burger oder Inwoner an den Lechen zu geschlachten hat, dem solle von dem geschworenen Amt ernstlich und bei Straf zweier Gulden anbefohlen werde. Das Geschlacht nicht dem ebenen Boden gleich zu machen, sondern wenigstens einen Baum über den Boden herauszgen u. auflochen; die Schwingen aber über diesen Baum noch wenigstens 2 Schuh hoch überstehen zu laszen und solche entweder mit Brettern und Latten zu verschlagen, damit Niemand so leicht in den Lech fallen kann.« »Diejenigen hingegen so vor ihren Häusern auf Reichsstrasz ob ihren Geschlachten über den Lech einen s. v. Privetsiz haben sollen die Säulen desselben hart an die Geschlacht sezen.«

GESCHLERF, ntr. profanum vulgus.

GESCHLIERIG adj. was genäschig. Sch.

GESCHLIFFIG adj. scharf geschliffen. »Und hauet mit g's chliffiga Seagasa alles entzwei.« Sch.

GCHLOSZ, der Nierenbraten.

GESCHLUNGEL, das, Eingeweide der Tiere. Riesz.

GESCHLÜTTER, das, Schnee mit Regen, was böse Wege macht, in anderen Gegenden mulzig.

GESCHMACH adj. »Und i hätt's gschmöcher one di.« Sch.

GESCMALG, das, 1) Durcheinander von Speisen: »Mach koi so Gschmalg nett!« »Ein verschmalgtes Eszen.« Schmalger, der die Speisen durcheinander schüttelt, rürt oder zusamenwirft. 2) Durcheinander vom Reden.

GESCHMAUKLAT, lieb, fein. »Denn lueg 's ist gar a feindli gschmauklats Schnekla, Und hat so feine rosasrlate Bäckla. Sch.

GESCHMEIDIG. »Ausz gemeiner Handwerkskasse einen geschmeidigen Trunk anstellen.« Web Akten.

GESCHNÄFTIG, vorwizig. »Drauf reiszt jm Gott a Rippa raus Und macht a gschnäftigs Eavle drausz. Sch.

GESCHNAPPEL, das, Betnobblerei.

GESCHNATTELWERK, profanum vulgus, was sonst G'schnoadlwerk heiszt. Ich verweise auf Gschnoid durcheinander geworfenes Grosz- und Kleinholz etc. Mein Wb. 37. Auf Gschnoid b. Frauenzell.

GESCHNÄTTER, das, Geschnader. Die Maria, die Sabel und die Kätter, So währt einen halben Tag ihr Geschnätter. D. h. sermonem faciunt, im H. Simplex.

GESHNAZET, spiziges Gesicht habend, mager, dünn = schmalbaket vom Krankenlager her.

GESCHOSZEN, 1) rappelköpfig. 2) Geschoszen, geschupft Brot, von dem die Rinde wegget, nicht anligt.

GESCHWANK, »er heiszet Satan an Geschwank.« cgm. 402. f. 73ᵇ.

GESCHWAPPLET fast übervoll, z. B. ein Hafen, die hole Hand u. s. w.; das seltene Verb. **schwappeln**, fast überlaufen, ligt zu Grunde.

GESCHWÜLIG adj. schwül: »das lezte Viertel neiget sich auf geschwüllige warme Witterung.« Hofkal. 1772.

GESEGNET, GSENGNET, das, 1) Auszschlag, Kinderkrankheit: »das Gesegenet kumpt in Kindern, so die Natur ausztreibt das überhitzig Blut von inwendig des Leibes auswendig und kumbt zu Zeiten unter dem Angesicht.« cgm. 601 f. 112b. »Hüt dich, dasz du das Gesegnet nit hin und wider hineintreibest.« a. a. O. 2) Gesegnets heiszen die an gewiszen Festen kirchlich gesegneten Brote, Wein, Fleisch u. s. w. Dafür ist Günzburgisch und niederschwäb.: »Gweichts« gebräuchlich. In der Zusmarshauser Gegend ist **Gseng Gott!** imer eine/Dankformel. Beim Empfange sage ich: Gelts Gott! der Geber: gseng Gott! Beim Trinken sagt der Trinkende: Gseng Gott! Conlin: »Nicht Gott, sondern der Gseng Gott hat sie also erleuchtet.« Von einer Trinkerin.

GESELLENBROT. »1 Stück peuteltuch zu G'sellenbrot hat 24 Ellen; zu Herrenbrot zwifach, zu Speyszbrot 51 Ellen.« cgm. 740 f. 13ª. ?

GESIND. Im Klimmacher Pfarrbuche ist das uralte Sprichwort vom Gesinde also gegeben:

Oeconomica: Was desfahls der Pflug gewinnt,
Friszt nach dem allgem. Sprichwort das Gesind:
Hierwegen dann pro utilis hinanfällig nihil. S. 53b.
Gesind heiszen auch in den Schusterakten As. die Gesellen. In den Schriften ist das dimin. **Gesindle** üblich. Im Fugg. Inv. werden **Gesündeschisseln**, grosze, aufgezält, ferner **Suppenschisseln** für's Gesünde.

GESOD, GESOTT, das, klein geschnittenes Viehfutter. S. f. 22b. »Haben müszen ihre Häuser, mit Stro gedeckt, abdecken und entplessen, und es zu Gsod geschnitten, damit sie das Vich erneren.« Gass. sagt a. 1481 sei das »Gsodschneiden erstmals allhie aufkomen.« **Gsothaber:** »Was aber ihr Gemüs von Gsotthaber, Visis und andere Rauchmel belangt.« Poliz. O. 31. **Gsodstuel.** Sch. u. (1642) Mickh. Akt. »N. hat 6 Tag auf Schlosz Notturft Gsot geschnitten.« Mickh. Rechn. 1567. »2 angerichte **Gsodstüel.**« Hart. Inv. **Gsodmesser** 1610. Gsod heiszt auch im Zusamtal die Fülle für Würste.

GESPAT, das, Spaten: »Um ein Gspat zue Schlosz Notturft zue gebrauchen.« Mickh. Rechn. 1567. »Zur Verbeszerung eines alten Gespates« 1623. Gespat, in den Stauden allgem. üblich, für den glatten scharfen Spaten zum Wasen- und Grabenstechen, zum Unterschiede v. der Krumm-

schaufel, was sonst in Schwaben schlechthin Schaufel heiszt.
GESPREIST was gestarzt, gesperzt — affektiert.
GESPUR, vestigium. Volkübl. u. im H. S. »Ueber ein böses Gespur gen« Klimmacher Prdgtbch.
GESSERTSHAUSEN O. N. ausz urkdl. Gozhereshûsen. 1270. Gozzerhûsen, Gözzershûsen.
GESTÄTTELE dimin. »Ein Weinschreiber verkaufte die alten Umgeltbücher den Kramern für Maculatur zue Gestättelen.« Gass. Gstattel, Düte, niederwb. Guggc. Nördl.
GESTECHLETS Waszer. »Mandelmilch, die zieh man ausz mit gestechlotem Wasser.« cgm. 106 f. 110ª. ?
GESTEN, stv. zu sten komen, kosten. »Ain müll die gestaind in auch bei 3 Gulden. — die tâvel gestund bei 200 gulden. — der grosz fanen gestund zemalen 14 fl. — das prustbild gestund den kuster 8 fl.« Franks Annalen. Bei O. Ruland häufig.
GESTERR adj. stärrig, bockbeinig. »Sõst biṣt so grätig wie der Saul Und gṣtärrer als a Judagaul.« Sch. Dau sind so koinzig gsterra Schwänz.« a. a. O.
GESTOSZEN part. ein untersezter Mann. »Aeneas rothaarig, gestoszen, wol beredt, gruszbar.« Troj. K. 67ᵇ. »Aiax Oileus, gestoszen, kräftiger Glidmassen.« a, a. O. »Diomedes stark gestoszen, herrlichs Leibs.« f. 68ª. »Und händ auch (die im Aries Gebornen) einen gestouszen krummen lib.« Astr. f. 14ᵇ. und cgm. 736. (obtusus.) Gestoszenes n. Speise. Conlin: »der Eehmann traktierte sie fast alle Tag mit Gestoszens.« »Ein guter Soldat musz seine Feind zu keiner andern Speis laden, als auf ein Gestoszens.« a. a. O.

GESTRÄUSZ, das. 1) »Wer ain rewmer, ein Gestreysz oder ein Mürmelen in dem hub oder machet.« cgm. 402 f. 129. 2) Wald. Gass.

GESTRAZ, röm. Ursprunges, ein Fort daselbst. Publ. ds. hist. V. 13. 14. S. 91. Gestraz gilt von der Nachbarschaft als dumm und beschränkt. Spöttisch fragen die Röthenbacher: »ma moint, du seiischt von Gstrazz? Der Gestrazzer antwortet: »die Gstrazzer sind scho ao Leut wie d'Röthabacher!«

GESTRECKTERLINGS adv. auszgestreckt.

GESTÜL, das: »er macht das Gestiel« zu der Glocke. Frank 104.

GESTÜP, das, Staub. »Wann unser Sele ist gediemütiget in dem Gestüp, unser Leib ist zu der Erden gelymet.« cgm. 206 f. 173ª. »Mein Gott, leg sie als ein Gestüp vor des Veindes Antlut.« f. 187ª u. öfter.

GESUNDBRUNNEN waren beim Klenker und Wertachbruckertor.

GESUNDSTEIN »guldene Agnus

Dei, Kreuz oder in Gold gefaszte **Gsundstein**.« Kleid. O. 1668.

GESUNDLICH, adj. für gesund: »zu gesundlichen Zeiten.« Vergleich v. 1494.

GETRANG, gedrängt, »ser getrange Predigt.« Dr. Müller.

GETRÜMMEL, das. »So Aeneas wider die potschaft geredt, hat sich ein grosz Getrümmel erhebt.« Troj. Krg. 15ᵇ.

GEWÄLTIGEN, mit Gewalt verhindern. L. Rem.

GEWANDSTEINE in der A. Bauordg. »Wollte Jemand andere Steine als z. B. Gewand- und Speichelstein machen laszen« u. s. w.

GEWASZ, scharf, heftig, vom Gewitter: »dò kam ein grosz gewasz witter von groszen winden.« cgm. 247 f. 11ᵇ. Mit Auszfall des hh. Schmell. IV, 15.

GEWELING adv. warsch. für gwelings, d. h. mit Wellen kämpfend. »Nach mitnacht ward der wind so heftig, daz die anker nit huelten und musten gweling farn mit dem sturmwind.« Luc. Rem. 10.

GEWICHT, das, Geweih. »Ein flüchtiger Hirsch mit seinen Gewichtern.« H. S.

GEWIFFELT part. Im Fugg. Invent. erscheinen: »leinwatene leilacher mit gewifelten und andern porten,« »leinwatene Fürheng mit gestrückten und gewifelten Porten.« Ist wol nichts als gewürfelt darunter zu versten? Die Weber O. v. 1549 hat gewürflete Ziech. »Item es mag ein jeder wol ain gewürfleten oder vergleisten Ziechstul haben.«

GEWÖLB, das. 1) wie nhd. Verkaufsladen besonders bei der Weberzunft. »In den Gewölbstein bezalen.« Web. Akt. Esz ist eine Art Miete. Gewölbzins wird dasselbe sein. Die Rechnung darüber fürte der Gewölbschreiber. Das St. Annagewölb mit einem Gewölbschreiber. 2) Das geheime Gewölble, Stadtgewölble, Strafgewölble: alles ein und dasselbe bezeichnend. Mit dem G. wurden leichtere Polizeivergehen gestraft. Gewölbl-Straf, oft in den Weber Akten. »Ein bürgerliches Gewölblin« Mezg. Akt. 18. Jarhd. »Mit Verschaffung auf den Turm, in ein Gewölb oder in die Eisen abstrafen.« Pol. O. Das Strafgewölble galt härter, denn das Bürgerstüblein. In einer Ordg. v. 1647 heiszt esz: »Winterzeit aber, da es gar kalt ist, (soll man) der Wacht befehlen, diejenigen, so man einzicht, nicht in's Gewölblin zu legen, sondern in's Stüblin.«

GEZEUG, das, in dem Augb. Messbuch öfter für Alles was zum Messelesen gehört. »Mit dem rechten Gezeuge, den die Kirche gezezt hat.« f. 2ᵇ. u. s. w.

GIESZEN swv. Gieszbretter urkdl. z. Langeneifnach am groszen Weiher. **Giesfasz** stn. das Gefäsz zum Begieszen der Hände des Priesters vor der hl Messe, in der Sakristei; die Handlung heiszt **Aufgioszen**. »Darnach so get der briester zu dem **Gieszfasz** seine hennde zu waschen.« Augsb. Messb. 3ᵇ.

GIFT: im Sinne von Mitgift stet mir ausz schwäb. Akten kein Beispil zu Gebot, wol aber in folgendem Zusamenhange: »Es sol auch mit Namen kain unser Burger noch Burgerin dechain ir Gut, wie das genannt ist, weder vermachen, verschriben noch kainerlei Ordnung, Gift oder Gemächt damit tuen.« Memming. Stdtr. »Und sol dennocht desselb gemecht, verschriben Gift und Ordnung gegen den Geltern weder Kraft noch Macht haben.« a. a. O. Handgift. »Umb handgifften.« »Wir habent auch me gesezt, dasz kain unser Burger, er sei rich oder arm, zu den Wihenächten nement mer handgifften, so usserhalb seinem aigen hus, da er inne seszhaft ist.« a.a.O.

GIGELN swv. hüpfen vor Freude, »'s Herz gigelt mir im Leibe,« oder »doam håt's gigelet.« Günzburg. »Dear håt 'n Giggl.« a.a.O.

GILER zu Franz Pfeiffers Anmerkungen, im Konrad von Megenberg S. 804: »Wan die in Wirdigkeit gesazt sind, die habend vil zu tuttler und Giler, und die dô redund sind was in gefellet.« cgm. 208 f. 51ᵃ. »Und ob sie sollichen Giler globund sind, so kumpt das, dasz sie nicht tun sind nach dem Rechten und Vernunft « a. a. O. »Wie vil mer sye Giler haben, die sie mit dem Lob wellent verkeren.« a. a. O.

GINGERL, GANGERL machen, scherzhaft für: baumeln am Galgen. Einem Verbrecher begegnet auf dem Wege zum Galgen ein spiznasiges Weib, die in nach der Sitte auszbitten will. Der aber kert sich ab und sagt zu sich selbst: far fort, mach gingerl gangerl, sie hât ein spizig Nasen. II. S.

GISCHEN, und GIREN, gären v. Weine.

GISIDISI n. alte Burg bei Hettlingen. Ueber d. Erkl. sieh unten Zisa.

GISPEL, der = Gipfel an Bäumen. Stauden.

GITTER, der Bodensaz der auszgesottenen Butter. Günzburg.

GLASZE, GLOSZE in der Waidmannssprache? »Des Hirszen Glosze ist grosz und kecke und hat zupfien und hanget an einander und zu den Faisten schleymig, dicker, dann eine Spanne weit. So ist ein Hindenglose sinbel und klein recht als einer Gaisz und gaglot. Wa du das gros Glosze und das Dick findest, so wisz sicherlich, dasz es ein hirsz ist und macht jn wol ansprechen für ein Hiersz.« »Und (die hinde) lug an das glosze auf dem schnee oder in dem reifenden Sande und Ertrich, als ich vorschriben hon von dem Glosze wie das geschaffen ist.« cgm. 289 f. 106. 107.

GLATTHINWEG, mundartl. glatt aweggh. Luz, Tagbch. 58. Vergl. Glatterdings, ganz und gar.

GLAZEND. »Weiber mit Bärten bis auf die Brust, auf dem Haupte glatzend.« Elucid. »Paulus war klein von Person, bucklet auf dem Rucken, glazet auf dem Kopf, langnaset im Gesicht.« Conlin.

GLOCKEN und gazgen von den Hennen. cgm. 581 f. 30ª.

GLOCKE. »Die dunsamlautende Glocken, mit welcher man zu gewissen Tägen den Thumbherrn zum Presenzgeld (läutet), daher sie gemeinglich die silbern Glocken genant wird.« Gass. Im Fugg. Inv. erscheint khleklet oft: »4 leinwatene Küszziechen, der groszern mit weiszkhlökkelten porten.«

GLUB, der, Rize, Glumse in der Wand. Sieh klieben.

GLÜCKSELIG. 1) günstig vom Wind. »Und der Wind lüffte glücksälig zum Schiffen.« Troj. K. f. 7ᵇ. 2) Auf der Strasze und in den Stauden lautet der Grusz: Glückseligen Morgen f. guten Morgen!

GNÄSCHING adj. naschhaft. Riesz. Nördl.

GNÄSTIG, vorwizig, vorlaut. Mindelheim.

GNOSSEN, comessari, völlen, Vocab. cgm. 685 f. 31ᵇ.

GOCKEL. Holzgockel heiszt in der Mindelheimer Gegend der Schwarzspecht. In den Stauden gleichfalls üblich; der Reim:
Jaggele
Häst mier nix im Saggele?
Ja a Wolkele:
Kom, i gibs 'm Holzgockele.
Gockele, Han, in den Stauden. Die Bremburg auf dem Schalkenberg bei Wilmatshofen versank. Das Volk erzält, »man hätte den Gockele noch drei Tag hōra schreia.« Göckelestal bei Dillingen. Eine Ortsneckerei ist: z'Hennahofa ist der Gockele verreckt; kannst Henatreter weare, ist die Antwort. In Reinhardshausen hörte ich:
Z'Rēātshausa ist a Mädle
Dia ist gar a so feī;
Dia schuibt a Goggele beim
  Hennaloch nei
Beim Daubaloch rousz.
Dārusza hockt a schwarz Käzle
Des paszt uff a Maus.
Ein Gockelspil, sieh im Anhange. Gockelerhof in Augsb. »Göckel aufreiszen«, die Augen aufreiszen:
»Der Nazele reiszt Göckel auf,
Asz gieng ear uf'm Pläzle drauf.«
    Sch. Günzburg.

Vrgl. unten Gul. Im Gockelius S. 19 ff. heiszt esz: »Man hat auch etliche Sprichwörter von dem Hahnen, indem man von den vertunischen und im Frasz und Schwölgerei lebenden Menschen zu sagen pflegt, dasz sie sich über des Gockelhanen hungrigen Magen und gefräszgen Bauch beklagen. Er springt auf wie ein zorniger Gockelhahn. Der Gockelhahn spilt den Meister auf seinem Mist. S. 20.

GÖCKELMANN spöttischer Beiname König Ruprechts, als er a. 1402 unverrichteter Sache ausz Italien heimzog. In Augsb. ward das Lied auf in gemacht: Der Göggelmann ist komen har, Was hât er thon? Er hat eine leere Taschen bracht, Das ist wahr. Augsb. Chr. Zapf, Biblioth. I, 41.

GÖGGINGEN bei A. Davon benannt: Gögginger Mauer, Göggingertor, Göggingertor-Turm, jezt abgebrochen.

GOLASCHEN, jezt schwäb.urspr. böhmisch Backwerk bes. in Lindau: »oder seind ihm die böhmische Golaschen eingefallen?« (dem verlornen Sohn.) Conlin.

GOLSCH pl. die Golschen, Barchentart, Bodentuch. Golschengschau, sieh Memming. Stadtrecht u. Leonhard's Chronik. Nach der Burgauischen Web. O. muste jeder auf die Golschen und Leinwath sein Zeichen mit der Oelfarb aufstechen, nicht mit Rötel und Kolen. In der A. Web. O. von 1549 wird der Lon von ainem Golschen festgesezt. Golschenstul, Golschenrad. Esz war G. eine ganz geringe Art von Leinwand.

GOLD, das. 1) Goldfasten, die, fand ich in bayer. codd. häufiger denn in schwäb. »In der goltvasten« im Advent; »in der G. des Advents.« »Zu aller Zeit Goltvasten« cgm. 62 f. 2ᵃ. 5ᵇ. 6ᵇ. u. ʀ. w. 2) Goldschmid heiszt in der Kindersprache der Goldkäfer (carabus auratus), den die Buben auf die Hand sezen, etwas drücken und dabei sprechen:
Goldschmid, Goldschmid
Schlag mir au Oel!
Oder i verwürg di
An Leib und Seel!
In Klimmach und Birkach heiszt esz:
Goldschmid, Goldschmid
Gib m'r a Gold
Oder i stil dir dein goldena Huet!
3) Gold in Zusamensezung mit Flurnamen ist nicht selten: Goldwisen, Reinhartshofen; Goldsweida, Langeneringen. Das Adj. goldin und guldin komt in folgender Bedeutung vor: 1) die güldinen Reiter hieszen die mit übergüldten Borten und Schnüren umhäugten Stadtgardisten auf dem Walle, Goldreiter auch genannt. 2) Goldener Tag, der Tag nach der Hochzeit, warscheinlich von Altbayern eingebürgert. Vrgl. Schmell. II. 34. 3) Bekant ist der goldene Saal im Rathhause. 4) Goldenes Stüblein hiesz emals auch die Mezgerstuben. Mezg. Akt. 5) »Folgen die Pfriendtner und Spitaler, denen man allen den guldin Guldi geben.« Web. Akt. 1601. »Im Sumer 1520 ganz diser gstalt:

ein altfrenkisch guldi hemet am Hals und Ermeln.« Kleiderb. 43. »Die Hosen mit gren Zendel, das Hemet mit guldi Getter.« a. a. O. Goldenes Bett im Kinderreime ausz den Stauden:
Jez läut ma Mittag
Und da Herra ins Grab
Und da Bueba in d'Doaraheck,
Und da Mädlen in's golde Bett.
Strümpfe mit goldenen und silbernen Zwicklen, Poliz. O. 1785. Güldene Bareth. a. a. O. Verguldte Gutschen. a. a. O. Conlin heiszt die Geizigen wiederholt »Goldegel.« Goldberg, altes Römerlager b. Türkheim. Zacher 176.

GOMEN, gommen, goumen, hüten, das Haus wärend des Sonntagsgottesdienstes. Sieh gotisch gaumjan c. Dat. In der St. Ulrichslegende von Albertus V. 626 heiszt esz:
dô der Gotes goume
lac ruowen in deme troume.
Gaumer im Stdtr.: »ich wil iwer gaumer noh iwer behalter niht sîn.« Gotisch gaumjan = Acht haben, bewachen, nord. geyma besagt zu guma = Mann gehalten wörtlich »den Mann machen«. Daher ist koumal: Hüter, custos. Ich frage, soll man zu guma mit Wechsel des m in n nicht gotisch quêns, queins quino stellen dürfen, wie nord. kvana, kven, kona neben konr und sollte nicht dem griechischen γυνη, γανα auch γανηρ für ανηρ zur Seite sten? Wir haben auch Gans neben anas Ente. Dem symbolischen Auszdrucke von Schwert und Spindel für Mann und Weib läge dann dieselbe Änlichkeit zu Grunde und Mann und Weib sind in der Tat beide Wächter der Familie, des Hauses.

GOMMERN, Gurken; niederschwäb. Guggommǝre. Kümmerling. Arcana Natur. Nürnberg. 1627. 5.

GOSCHE, die, pöpelhafte Schelte.
»Wann doch die Leute oft so tun
    all boshaft sein,
So sol man haben gleich einen
    Kannen Wasser vol
Und schütten in die Gosch dieselben ihm hinein.
Lang, Natürl. Zauberei 49.
»O du verfluchte Goschen!«
»O du Klappergoschen!« H. S. Die Goschen ausleeren. Conlin. Von den Hurenweibern sagt Conlin:
Solche Fratzen kosten Bazen,
Solche Zaschen leeren die Taschen,
Solche Goschen wollen Groschen,
Solche Waar will Denar,
Solche Bilder kosten Silber.

GOTT komt in folgenden Zusamensezungen vor: Gotbrot, Almosen »Vier gulden um Gotbrot« Man. f. 1ᵃ. »und die pfenning gît er um einen Gotberaut in die Siechstuben.« f. 4ᵃ. 7ᵃ. Dabei stet imer stupa, ad stupam. »Alle Spend und gestift Gotzbrot.« S. 374ᵃ. Dasselbe wird sein: »Die Geistlichen

könden keine Gotspfennige nit annemen.« Vrtrg. von 1647. »Gottlob gea« in den Stauden, eine Art Taufschmaus 8 Tage nach der Taufe; dabei sind Heffamme, Vater, Mutter, Paten: alles ist lustiger und guter Dinge. Ich mache hier auf das Tuttlingische oder überhaupt altwirtembergische »Gotlobeten feiern« aufmerksam. Nach disem Tuttl. Wiedergenesungsfest hinterlaszen die scheidenden Freundinen etc. ein Geldgeschenk. Gottsnamenkrämer heiszt in Augsb. einer der schlechten Zuspruch hat. Gottesackerblumen, weisze Haare; Gottesackerpfeifer, d. Husten. Gottesgwalt im Kleiderb. S. 85: »Adi 19. Dez. 1547 am Morgens umb 5 Vr traf mich Gottes Gwalt (Schlagflusz) auf dem Rechnen.« »Griff mich Gott mit seim gwalt an, des man nennet den schlag.« L. Rem. 27. In den Stauden hörte ich den Reim:
Gruesz di Gott
Pfüet di Gott!
Das sind 2 harte Wort.
Aber beim pfüet die Gott,
Nao müesz mer fort.
Gottvater- oder Dreifaltigkeitshüte. Rottal.

GÖZE, swm. Heiligenbild, wie noch allerwärts Oelgöz, langer Mensch, von den Jüngern bei den übrall angebrachten Oelbergen an Kirchen, hergenomen. Gass. redet vom »groszen steineren Götzen Cisä Bildnis,« »ein Port mit vilen Heiligen und Götzen,« »einen neuen Gözen schnizen laszen.« »Silberne Gözen und Heilige.« »Unsere Bauren aber, welche sich noch zur römischen Kirche bekandten und irer Götzen forchtend — haben disselben geflechnet.« u. s. w. In Franks Annalen stet Got dafür: »der prach den Got von dem creucz.«

GRABEN, der. In A. gab esz einen obern, mittlern, untern Graben, einen Jacober-, Blaich-Neuer-, Bischel- bei Schwabeck, Moos-, Hunolds-, Gränz-Graben. Auf unserer lieben Frauen-, Fischer-Graben, wo des Fischergraben-Knechts Amt war. »Einen Graben auftun« auszschlagen und graben. Stauden.

GRAS, das, in Grasgülten, Stift und G. im Gegensaze zu den Getraidgülten. Klimmach. Pfarrb. Grasgüllt u. Grasgelt. Mickh. Akt. 1569 u. 1610. Grashupfer, Heuschrecke. Grasstecken heiszen in den Stauden die Holzbengel an denen der Bursche das Gras auf dem Rücken heimträgt. Ztw. grasen. »Die Venediger, als die gerne um sich grasen.« Gass. »Und die nach irem Gefallen wermen und grasszen kunten.« ? Horm. 1834 S. 151. Tänze, Lieder von Graserinen v. Grasen u. s. w. sind schwäbisch-volktümlich, z. B.
Mädele gang nett in's Gras
Sonst wird dein Schürzele nasz;

Wart nō bis d'Sonna scheint
Nao gang mer dreī.
Ich erinnere nur an: Bald gras
i am Nekar. Ein anderes Lied
vom Reiter und von der Graserin in meinen schwäb. Volksliedern Nr. 2.

GRATRUCKEN wie nhd. »So halb man es hinden vom Nack durch den Gratrugken für ab.« cgm. 601 f. 106ᵇ. »Das Gratrügklin.« f. 112ᵃ.

GRATSCHEN swv. gratteln, mit krummen Beinen gen; gratschen kigt, krummbeinigt. Vrgl. Schmell. II, 124.

GRATTEL, 1) die Füsze, 2) der Tuchfleck, Kreuz der Beinkleider zwischen den Füszen.
Der Boppabartel
Mit der langa Grattel.
Behlinger Hausreim.

GRATTELN swv. allgemein für gen überhaupt. »Haoşt dǝ Gmuidsvogt no itt graddlǝ sēǝ?« Sch.

GRAULERCHE in dem Schnellsprechspil d. Kinder ausz den Stauden: Drui gleiche Graulercha, one zu atmen so und sovilmal zu sprechen.

GRAUNERISCH: »Es hat aber der armen Närrin weit felgeschlagen, dann sie ist bald darauf von ihren Eltern gezwungen worden, einen zwar reichen, aber alten häszlichen, tölpischen und graunerischen Limmel zu heiraten.« Conlin. »Wann es ja sein soll, so gebt mir dann den alten gronerischen Greiner nur her.« a. a. O. Sieh greinen.

GRAUNZEN swv. 1) knarren von Wagen auf gefrorenem Schnee. 3) weinen von Kindern. Nördl. u. allgem. 3) v. neuen Schuhen u.s.w.

GRÄUSELN, gruseln in der Kindersprache. Man gräuselt das Kind bis zum Nacken oder Kinn und sagt in den Stauden: »Gräusele Mäusele in's Gürgele nēi.«

GRÄUSLICH, furchtbar, »grausig« sonst. »Wild und gräusla« v. e. Brunst. Sch.

GRECHT, GERECHT d. h. zu recht gemacht, verrichtet, fertig gemacht. S. 312ᵇ: »Wenn man im Chor da mit dem Gesang krecht ist.« In der Strasze heiszt »grēǝchtǝ« sein Hauswesen gut verrichten.
Im T. N. 13545:
Und in sie gieszen swebel u. Bech
Damit so werdends nimer grech.
Daneben gerech. 10749. 548.
In Niederschwab. grēa, fertig:
mǎ mǝr send grēǝ gseī.

GREIFEN stv. »Darnach hat Achilles, der eben in seinen lezten Zügen grif.« Trojan. Krg. Schmeller II, 105. f 26ᵃ. In einem Kinderreime heiszt die Wortversezung:
Basannele, Basannele
Schlag uff und stand a Liecht!
Es gāt a Haus im Geist herum
I greif er fürcht me ǎ.
Grif, der, R. A.
»I haun's im Griff
Wie der Mezger im Stich.« Staud.

GREINEN swv. 1) Vom gefrornen Schnee, so die Räder darüber

faren, heiszt esz: »heunt graint's a maol«, was sonst graunzen ist. Stauden. 2) Von den Schweinen: grunzen. »Und jeglicher Ritter zu im nam ain Saw und macht sie greinen so er öftest macht, wann ich erkant wol, dasz die helfant das greinen fast forchten.« cgm. 581 f. 118ᵃ. »Die Reitenden grympten die Säw; die erhorten das Greinen der Säw und begunden zu fliehen.« a. a. O. f. 118ᵇ. »Vor seiner kchamer geleich (höret er) als die sawe grynnen.« ogm. 164 f. 15ᵃ. »der schrai und grinn recht als ein schwein.« cgm. 402 f. 72ᵇ. 3) »widergrinen alse ein grinender hund.« cgm. 419 f. 36ᵃ. 4) weinen, von Kindern und auch von Erwachsenen. ausz Schmerz weinen. 5) zanken. »Sie greint und er schreit: das ist ein Ellend.« H. S. »Mit irem Humsen und Greinen und Zanken.« a. a. O. »Da ist das Schreien, Raufen, Zanken und Greinen alle Tag.« a. a. O. »Ein zänkisch, greinerisch Weib.« a. a. O.

GRED, die, Staffelhaus; in den Stadtrechten Schwabens allgemein. Ueberlingen hatte eine Gredt. Chr. v. 1577 hs. in Frauenfeld. Dafür erscheint urkundlich Gradhaus. In Meersburg war die Gredbrücke bis an das Kugelwehr, Schiffstelle. Mone, Zeitschrift 15, 60. Im Memminger Stadtrechte: »vmb das gredlon«. Wir habendt gesezt, daz von Salz, von anderm gut der stat noch ainest als vil gredlon geben sol alz vor.« Gredtzoll, Lagergeld für die Kaufmanns-Waaren im Memminger Kaufhause, was Gredlon. In Blaubeuren war ebenfalls die Gredt, »das Wägen in der G.« Reysch. St. R. 342. Die finster Gred (Gräbd?) Begräbnisstätte in A. erscheint in der Geschichte der Stadt unzäligemal. Da war eine Freiung »swaz ein man tut, der dar geflohen kumt. als er uf die grede kumet, sô sol er frid haben.« Stdtr. f. 11ᵃ. »Die Grabstein — auf der finstern Grät wurden schnurgleich — eben gemacht.« Gass. »Und leit Alb. Gossenbrot ûf der vinster Gred zu unser Frauen.« cgm. 92 f. 25ᵃ. »Und leit âch uff der Gred bei irem Mann.« f. 27ᵃ. »Und ligen zu St. Ulrich begraben uff der gret.« f. 30ᵇ. Nach dem Festkalender »gehet die DomClerisei durch die finstere Grädt in die St. Johann'spfarr.« Die Finstergret und den Freithof reinigen« erscheint in Urkdn. so v. 1552. In einem Vergleich von 1602 heiszt esz: »Die Finstergredt soll dem Domcapitul nächtlicherweil zu sperren freigelaszen und doch dem Rat darzu ein Schlüssel gegeben, wie auch von dem Rat das Pflastersand darauf ligenden eisznen Gitter auf der liechten Gredt von wegen der Zech in dem alten Stand erhalten werden, sonsten aber kein

Teil dem andern auf der liechten Gredt etwas bauen.«
In dem schwäb. alam. Rituale cgm. 168 ausz dem XIV. Jarhd. komt Gred oft vor für die gesamten Altar- und Chorstufen. »Und son (sollen) zwô swestern mit zweien kerzen ûf kerzstaln gân fur die grete.« f. 44ᵃ. »So sol sie die novizien meisterin füren unz an die grete vor dem altâr.« f. 44ᵇ. 2. »Und stande ûf die grete gen dem kore.« f. 52ᵇ. »An disem Tag sol man einen fürhang spannen für die grete.« f. 53ᵃ. »Sô sol der das ampt tut vor dien greten stân, der vordern.« f. 44ᵇ. »Die kustrin sol den balmen ûf die grete legen.« f. 54ᵇ. u. s. w. Eine hs. XV. Jh. »Salomis tron was gesezt auf 6 gred, also über 6 gred ist Maria erhöhet, sie vberget die gred der patriarchen und profeten.« Mein Wbl. 36.

GRET allgem. neben Great. 1) für Margareta. Spöttisch Baurengrettl. Conlin. »Ich füre mein Gredel (Geliebte) zum Tanz.« a. a. O. 2) unterer Ueberzug des Kopfkissens. 3) »Und miar — hand d'Greath und d'Noath.« Sch.?

GRETISCH, GRÄTISCH, adj. gretischer Barchet, gretischer Zwilch u. s. w von Grat, in der Webersprache. »Item es sollen nun fürohin kein anderer Grath gemacht werden — dann der rechten Vierschifftigen Gerath wie von Alter her — dann man an denen tuechen keinen andern gratt haben will dann den rechten vierschifftigen Gratt; welcher aber gueten grettischen Barchet würkhen will, der mag den rechten Burschatgratt u. Fischgredlin wol würkhen: doch dasz die unter zwölfhundert Fäden nit haben.« Web. Akt.

GRIBES GRABES, verwirrend, durcheinander, unverständlich machen. Vrgl. Kriwes.

GRIEBE swf. kleine quadratisch geschnittene und auszgesottene Speckbröckelchen. Gruiba, Nördl. »Mein Gebain dorret als ein Grieb.« cgm. 206 f. 193ᵃ. »Mein pein sind erdorret als ein düre griebe.« cgm. 127 f. 25ᵃ.

GRIECHEN, die, kleine blaue Zwetschgen, was die Cyperzwetschgen anderwärts sind.

GRIESZ, das, Steingerölle, Sandmasse »Am Griesz« in Augsb. der Plaz vor dem Steffinger Tore, wo der St. Jacobsspital war. Lechgriesz. Gass. Griesze heiszen die zalreichen Grieszbänke des Lechs. angeschwemtes Gerölle; ist disz leztere bewachsen, oft mit den angrenzenden Wäldern verwachsen, nennt man esz Auen. 's Griesz ist in Günzburg, eine Insel am Kappenzipfel in der Nähe von der Mordschlacht. Staarengriesz ebenfalls bei Günzburg. Oberhalb und unterhalb Türkheim ist ein urkundl. Griesz. »Der Weg ward in der Stadt mit Kiselsteinen, auszerhalb aber mit

Griesz, nach Art der Statt Rom gepflastert und beschüttet.« a a.O.

Das Griesz, eine Harnblasenkrankheit: »das grüse, das in der blauter wirt.« Astron 17ᵃ.

GRIESZSTEINE, gute, in alt. Müllerordnungen.

GRIFER. »10 Stück Gryfer und wullin duch, man heisst es Loden.« Gass. ?

GRIND spr. Grēd, pöbelhaft für Kopf; in manchen Gegenden gut gemeint:
»Gang schneuz d'r und lueg nàch'm Kind
Und hink itt allaweil da Grind.« Sch.
»Wie halt die Weiber alle sind
Wau moinet dasz nach iahrem Grind
A jedes (Ding) fabriziert sein musz.« a. a. O.
Wiegenlied:
Heia popeia
So wieg i meī Kind!
Und wärist du gröszer
Nà schlüeg di an Grind.
Und weil du kleinmonzig bist
Und no nett waiszt was gschlagen ist,
So wieg i di. Stauden.
Zwischet zwoi Tanna
Dau gàt der kalt Wind,
Dau füert der jung Deufel
Da n alta beim Grind. Staud.
Mädle komm gschwind
I nimm di beim Grēd,
I lasz di nett farə
Bisz d'äərə weg sind. Günzb.
Du Büffelgrind! rohe Schelte.
Grind, Erbgrind, scabies. Vergrinden swv. »In Sünden vergrindete Leprosen.« Klimmach. Prdgtbuch. 118. Unverschämter Grindschippel. Schelte. Conlin. Gefürnester G. Aufgebuzter Grind. a a. O.

GRITSCHE, die, swf. heiszt in den Stauden eine Art Wülmäuse, Haselmäuse

GRONEN, d. h. grōənə einem ältern grainan entsprechend; gedeihen, blühen, wachsen. »Ma kā nimma groana, ma muesz der Obrigkeit z'vil zala.« Klimmach. »gronend erhalten werden.« S. 595ᵃ. »Und Glaub ist bei. inen gronet und pflanzt worden.« a. a. O. 376ᵇ. In der Regel nur von Kindern gebraucht, wofür hie und da drien vorkomt. Ein halbbayer. cgm. 201 hat ser oft grünen, was einem gròn jan neben grainan im Alten entspricht. »Darumb zimpt allen burgern durch des Gutes willen der Kinder, daz die Kinder grünend sind mit der grösz des leichnams.« f. 107ᵇ. »Wann der man ist mer grünend der vernunft.« f. 108ᵃ. »Grünen mit allen tugenten« v. Frauen. a. a. O. »Grünen mit beschaidenheit und frumkeit.« 120ᵃ. Mein Wbl. 37.

GROSZMORDLICH adj. ser grosz.

GROSZ mit einem Kind gen. S. 393ᵃ.

GRUBELN, 1) vor Schauer frösteln. A. 2) grübeln; warscheinlich bayer. Umlaut, der fast dem u in der Auszsprache nahe, wie der vom Fremden für reines a gehaltene nhd. Umlaut von â; i wâr, ich wäre; i dât, ich täte u. s. w. In Günzburg ist grubeln = gräuseln; sieh oben.

GRUBEN komen in Mickhaus. Gränzbeschreibungen neben Pfälen (sieh oben), Öldern, Buechen u. s w. oft vor: zwischen N. bis NS. Grueben,—1 Grueb zeigt den Farweg nach etc. — von der Grueb schaidt wieder der Farweg bis zu einer Grueb — schaidt die lezt Grueb N. u. N. — von dieser Grueb ist die Mark an Holz hinumb — zu der ersten Grueb noch 8 Grueben und 8 Kreuz. — »Den Berg hinauf ist ain Kreuz, ain Buech, wieder ain Kreuz, zwo Grueben, ain Kreuz, wieder 5 Gruoben — dabei 3 Gruoben, so die Herrschaft schaidt« u. s. w. Red. A. »Du füllst mir meï Grub itt ausz.« d. h. du stest nicht für mich ein, besonders beim Sterben. Zusmarshauser Gegend.

GRÜESZ, GRÜESZZEIT in der Waidmannssprache. »Der Haas darf auch im Frühling in der Grüesz zum Lust und Kurzweil gesezt, doch weder Wehr noch Hochzeug gebraucht, noch in solcher Grüeszzeit der Haas geschossen werden.« Vergleich von 1609.

GRÜLZEN swv. eructare, neben rüpzen cgm. 685 f. 55^b.

GRUMMET, GROMMET, Grōmet neben Omet und Aūmet, allgem. für Ömd.

GRUMPFIG adj. in der Buzenbercht, sieh Anhang.
Wollt ir auch böse sein, faullenzen und nichts tun,
Grumpfig und muffig sein, als wie ein pfiffigs Huhn?

GRÜNDEL, »ein neu Wasserrad oder Gründel.« Bau O.

GRUSEL, Gans in der Kindersprache.

GRUSTEN, swv. neben 'rumgrûstə, geschäftigen Müszigang treiben. Grūstkāmer, wo alles regellosz durcheinander herumligt: »dā ist a Saustall in dēara grūstkāmer.«

GUCKE, GUGG stf. Düte. Günzburg. Gstattel, sieh oben, scheint mer dem Riesz eigen zu sein. Mein Wbl. 38.

GUGEL, 1) Trauermantel bei vornemer Leute Leichenbegängnis in A. wie in Constanz u.s.w. Gugler, eine Art Leinwand zu Gugeln. Gemäsz des Färber-Eides hatte jeder als Umgeld oder Sigelgeld in die verordnete Büchsen zu legen »von einem hiegen Gugler, Schetter, ganzen oder halben Mittlern ein Pfennig.« Web. Zftakten. 2) Gugel (lat. cucullus) ist in Ottels 121 neuen Liedern 1534 Nr. 2 als Refrain benüzt:
Und hast du Gugel funden;
Wir hân die Gugel zwegenbracht.
In den Nonnenkloster-Ritualien »sol ein swester begraben werden in einem rogk und Gugelen und weilen oder cucullen.« cgm. 78 f. 21^b.

GUGELHOPF, das bekante Backwerk; niederschwäb. Khogelhopf. Der Name deutet auf eine hohe aufsteigende Form hin. Herr von Gugelhopf hiesz eine bekante Stadtpersönlichkeit in Augsb. Er trug einen Zopf, in den Händen ein Häfelein, eine Gestalt wie der Münchner Finessensepperl. Sein Genosse war der Knöpflefreszer und der dappet Nâze. Dazu komt noch die dickköpfige Zwerggestalt, »Frau Schmaiserle« geheiszen. Endlich gab esz den Jakkele, einen halbtollen Menschen, zu dem sagte man: Jackel, der Boden bricht!
Die Höchstädter werden Gogelhopf geheiszen, weil sie in einer Flasche einen solchen gebacken und in nachher nicht mer herauszbringen konten, bis endlich der hochweise Rat auf den Einfall kam die Flasche zu zerschlagen.
Vom Gugelhopf get die Red. A. »Aha, bei dem hat der Gugelhopf auch nicht weiter gereicht,« d. h. dem ist's ergangen wie dem Peter in der Fremde. Conlin sagt: villeicht hat ihm (den verlornen Sohn) gelust nach einem Bayerischen Gogelhopf oder hat er ihnen Mucken gemacht wegen eines bayerischen Wespennestes.

GUGGEN, GUCKEN swv. schauen, sehen, lugen. Schwaben hat Gegenden, wo nur luegen und wo nur guggen vorkomt, daher die Türme Luginsland und Gugginsland, Guggenberg, der Hof auf dem Leitaberg ob Schwabmünchen. In Günzburg und Umgegend heiszt der imp. imer gugg sih oder sih gugg! Guggerle, kleine fensterartige Oeffnung, Lucke, so dasz man gerade mit dem Kopfe hinauszsehen kan. Urkundlich v. 1647 ist das G.uggerle bei der Wertachbrücke. »Das kleine Guggerli zu Wertachsbruck mag man etwas frühers öffnen, auch spater zueschlieszen, wegen der Arbeiten wie auch des Bads, doch dasz man die Leut wol kenne.« Guggerle war eines Mezgers Spizname. Guggelen sagte man gerne für das Durchschauen durch ein Guggerle. Guggerhirele, das oberste Dachfenster, von dem ausz man die weiteste Auszsicht hat. In den Stauden hörte ich ein Rätsel:
Was ist das: Der Guggausz, der Gangausz, der Wolleaber und der Hizgeaber?
(Kleines Fenster, Gucker. Türe. Ofen.)

GUGGEISLE, ein gebrannter Stein 10" lang; 5" breit; 5" dick bei Feuerungen, Einmauerungen v Öfen, Nischen, Gewölben. Bau Ordg. »Dasz zu jeder Esz ein eigener und besonderer Kümmich von einer genugsamen Weite von Guggengeiselen solle gemacht werden.« Feuer Ordg. 1731. In Mickkaus. Rechgen. v. 1709 ebenfalls. »Desgleichen sollen die Kutten und kümmiche alle mitsamt deren Schluff oder Schlund bis zu dem ersten Ruhabsaz von Maur oder Riegelstein oder Guggeiszlen gemacht werden.« Bau Ordg. Schmelz-Trieb-Eszkümmiche musten zum wenigsten mit einem Guggeiszle ausgemauert werden. Bau. O.

GUGGER, GUCKER, Kukuk. Stauden. Tänze:
Der Gugger im Wald
Schreit allweil Diendel halt!
Dês Ding håt mi gfrait
Weil der Gugger so schreit.

Der Gugger duet jugga
Ear juggt uff 3 Füesz:
Jaz kan er nimme jugga
Håt da Schnabel einbüeszt.

Vrgl. das Lied vom Gugger im Anhange.

Rätsel: Der Gugger schreit nicht vor Jakobe.
Nein: er schreit kukuk.
Stauden.

Die Hawanger heiszen Gugger; sie wollten einst einen G. im Saatfeld fangen, damit er nichts schade, trugen daher 4 einen Mann hinein und nagelten, dasz nichts verdorben werde, Bretlein auf ire Solen.

GUL, swm. Han. »Dieser Vogel wird von den Teutschen ein Hahn, Haushahn, Gul, Güggel und Gockelhan genennt.« Gockelius 1.

GUMPE, der, ein weites rundes Porzellan-Gefäsz. Spül- oder Schwenkgumpe, deren man sich edem an Kafe- und Thoetischen zum Abspülen der Tassen bediente. Journal v. u. für Deutschland 1784. Oktb. S. 252. Mein Wbl. 38. Gumper und Gumpen, der, gurges. Kinderreim:
N. N. Hemetlenz
Schmeisz in d' Günz
Zui da Lumpa
Fall in Gumpa. Rottal.
A. B. C
D' Kaz leuft im Schnee,
Håt's Fidla voler Lumpa
Jaz springt se in Gumpa.

Gumpiger Donnerstag vor der Fasnacht, sieh Wb. z. Volkst. Stauden. Verb. gumpen, salire, hüpfen.
Es schneit, es schneit
Dasz Baura kheit
Es lumpet, es lumpet (d. h. flocket)
Dasz d'Hirta gumpet. Allgäu.

In einem Augsb. Drucke, Anfg. 16. Jarh. komt gumpen vor = Excesse in der Ehe machen von der Frau:
Diesselb die kan vil böser List
Sie dein nicht achtet noch schonet,
Des gumpen hat sie gewonet
u. s. w.
Ferner:
Dasz Menge komt in die Ee frum
Und felt etwa gar pald von Kreuz
Gumpet auf alle Ort beseits,
Wer ist aber schuldig daran
Zum mererteil böser Ehemann.

GUMPTER in den Weberrechnungen: »dem Gerner für den Gumbter 22 kr.« »Zu dem Gumpter zu machen 3 fl.«

GUNKEL. 1) Kunkel in Zusamensezung: Gunkelhaus. Niederschwaben hat kh; die Stauden g. In Sigertshofen war wie überall auch eine Gunkelstuben-Ordnung. Die v. 1700, 19. Dez. im Pfarrbuche enthält folgende Punkte: die Gungelhäuser seind bei Tág und Nacht abgeteilt. Esz gab grosze G. und mindere G. für Töchter und Mägde, die getrennt sein musten. Die kleinen 'Mägdlein mögen bei Haus bleiben. Die Buben sollen in ire eigenen G. gen und nicht zu den Mägden, sondern ihnen auszweichen. Uebertretung kostet 30, Ehrabschneidung daselbst 45 kr.

Die Brautgunkel holen war und ist jezt noch beliebte Hochzeitsitte. In Ochsenbrunnen holt man nach dem Male gegen 3 oder 4 Ur aus dem Hause der Braut die zierlich angelegte Gunkel, daran hübsche Bänder guldbeschlagene Wirtel und Spindel. Man stellt sie auf freiem Plaze des Ortes nieder und der Tanz darum beginnt. Eine grosze Kanne bei Reichen mit Wein, bei Armen mit Bier gefüllt macht die Runde. Die Kanne hiesz im obigen Flecken »Fuchs.« »Den Fuchs wieder fülla« war der Ruf. Der Tanz mit Trunk dauerte etwa eine halbe Stunde. Sieh Wickele. 3) Herbstzeitlose, colchicum auctumnale: Nachtgunkel.

GÜNLICHE, die, in schwäb. codd. »Du sizzest zu der zesm Gottes deines Vaters in der günliche.« 201 f. 213 »Got wird erhaben über die himel und über alle Erden dein günliche.« f. 177ª. »Zwar sein heil ist mit den, die in fürchten und sein günliche wonet in unser erden.« f. 187ᵇ. u. s. w.

GÜNZ, die, hat in Günzburg ein Seitenwaszer, genannt »Büzagünz«.

GURGELN swv. »den Mund und die Kelen beschirmet man mit Magranöpfelsafft, in den Mund halten und damit gegurgelt — auch unzeitige Maulpeer damit gegurgelt.« cgm. 607. f. 114ª.

GURRENHÜTTE, die, emaliger Fohlenhof b. Ulm. Publ. des hist. V. 6. 7. S. 53. 2.

GURT, die, 1) Gängelband für kleine Kinder, die das Laufen lernen. 2) wie nhd. »ain zwirnet Übergurt.« Sail. O.

GURWATEL, die, berüchtigte Weibsperson. Riesz.

GUTENTAG, Mitwoch, in e. schwäb. augsb. Kalender v. 1446 cgm. 397 f. 12ª. In Frommann's Ztschrft. V. 260 ff. habe ich ein altes Passionswochen-Gebet mitgeteilt, wo der Montag nach dem Palmtag »Quontag« heiszt. Quontag, Gutentag ist der Wuotanstag, Guodenstag. Haltaus, Jarztbuch. 42, 45. Frisch I, 385ᶜ. Schmell. II, 533.

GUTFERTIGER, 2, nach dem 30järigen Kriege, niederes städt. Amt.

GUTTERER, bes. für Sauerbronnenschlauch. Ztw. »'s haut

guttret inn wia im a Schlauch.‹ Sch. **Gütterlescheiszer** spöttisch für Apotheker, änlich wie **Beckelebantscher** für Barbier. Solche Wortbildungen liebt die Augsb. Mundart.

GUZELEN neben GUTELEN allgem. für Confekt, besonders in der Kindersprache.

GVATTER: ›'z Gvattergwinnen‹ zu Gevatter bitten.

GWÄG ›im G. gen‹ sich hin und her bewegen.

H

1) Das gotische r ein anlautende H verbleibt H auch im Schwäbischen. Wo esz im Gotischen unrein anlautet, also vor l, n, r, w, fällt esz ab.

Doch zeigt die Mundart öfters unechtes h im Anlaute, so besonders an der Vorsilbe er- (altes ur, us, ir, ar): **herbermd, herkoren, herstorben**, im Liedersaale. Schmid 250. cgm. 144: **herbreittern** = erbraiten = brait machen: ›dann von wegen der ayrdotter **herbraittert** und öffnet die poros.‹ **Heardäpfel** und **Eardäpfel; Eardschmidle** und **Heardschmidle**; vgl. E. Mer gegen Oberbayern hin. ›Lettige Herd‹ cgm. 289. Wer einen Romanen deutsch reden hört, dem fällt sicher auf, dasz er beim Zusamentreffen zweier Vocale oder an Wörtern, die mit einem Vocale beginnen ein h ein- oder vorsezt. Die Venediger Alpen haben dise Erscheinung gleichfalls. Vrgl. Schmell. Cimbr. Wb. § 79. — Wichtig ist das **Haddel** = Mistjauche, in den Straszen-Ortschaften bis hinein in die Stauden üblich, das von Altbayern sich eingebürgert, wo esz **ådl** lautet (Schmell. I, 26). **Haddelgrube** ist nichts anderes mit seinem h als eine volktümliche Anlenung an **haddeln**, sieh unten. ›Hiler‹ für Iller bei Gass. **Hoblater Törlein** a. a. O. Ferner besten neben einander allgemein **Helfant** und **Elefantbein** in den codd. und mundartl. **Hëlfaboi**. **Haischen** und **aischen**, (Almosen.) Urkd. 1559 und cgm. 402. **Heremiten**. L. Rem. **Hainhofen** u. **Ainhofen, Hämerling** u. **Emerling**. Strasze. **Haber** und **aber**, sieh unten. **Hoidex** u. **ådex, ëdex**, lacerta agilis. Vrgl. **haikel** und **eckel**. Eine versteinerte, uralte zerstreut schwäbische und oberpfälz. Erscheinung ist **huzzagaŭ** = in Haimgarten gen, altes uzzana gân. Schon das Psalt. Windsb. hat herbes = hereditas. Vrgl. Frommann's Zeitschrift I, 290. 10. II, 75. 9. IV, 281, 27. V, 287, 13 und 368.

Anlautendes h wechselt auch mit k wie in Kobel und Hobel? »Kobelwagen neben Hobelwagen« sieh unten. Ferner in den Ortsnamen auf -hofen und -kofen, auf -ham und -kam. Sollte etwa k ausz°gh (ge-h) wie in keien (geheien) entstanden sein? -kam würde seine Bestätigung in Kemnat finden. Die Endsilbe -heit got. haidus, Wesen, wandelt h in k auf dem Wege der Angleichung, wenn ein Gaumenlaut vorherget. Die Mundart hat esz allgemein. Die codd. vom 15. Jh. ab lieben k in disem Falle: tragkeit, gerechtigkeit, endlikeit, gewondlikeit u. s. w. cgm. 201. Der mer bayerische cgm. 456 hat stets -heit. Frommann's Zeitsch. III, 110 ff. In fremden Wörtern fällt anlautendes h manchmal weg; so schreibt der cgm. 168 omelîe (Homilie). Ippolitus u. s. w. Der Name Ysop, swm. hat wie im Got. allgem. volküblich h. Mundartlich verliert auch her, hin, haim, hein sein h; huszlaŭ von Speisen: übrig laszen für den später komenden neben husza, hinna u. s. w. gehören nicht hieher, esz ligt hie - usza, hie-inna zu Grunde. Schmell. Gramm. § 500. Mein Wbl. 38. 1.

2) An- und auszlautendes h bleibt entweder a) als solches, oder b) esz verschiebt sich in reines g oder c) fällt auch ganz ausz.

a) In Niederschwaben und im grösten Teile des schwäb. augsb. Gebietes ist die weiche Spirans h im In- und Auszlaute, wenn kein t folgt, kaum mer in der Auszsprache hörbar. Die Augsburg - Ulmer Strasze hat noch Spuren, aber durchausz keinen Nasenlaut bei folgendem n, wie Niederschwaben. Disz spricht hẽa, sẽa, gschẽa, jene sẽa, gschẽa u. s. w. Beide haben Schwear, Hear (hëher), Wei (wiho ahd.) u. s. w. aber in Fällen, wo t folgt, ist altes h, auch allgemein im Auszlaute, als h zu vernemen: Truhh, Vihh; hh ist die wiszenschaftliche von Schmeller eingefürte Schreibung des h, das dem alten h entspricht. Anders ist esz in den Stauden und den sog. Straszen-Ortschaften. Da finden wir auch im Inlaute vor erhaltendem, selbst aber abgetretenem w, die scharfe Spirans hh: gséhha (sehen, vom Gesichtssinne), gotisch saihvan; gschéahha, ahd scëhan, gréahhta z. geraihtjan, fertig gerecht machen, im Hauswesen den»Ferker«machen; Greahhtmacher, bayerisch Gschafftlhuber. Zeahha, Zehe und zehn. leihha, lîhan, leihen; weihha, wihan; Weihhwaszer; Flâahh mhd. vlôch; gâhh, ahd. gâhi, rauhh, rauh; schiehh, schiech, ›schiecher Kerle!‹ Schelte; Héachē, Höhe. Anhéachənə, Anhöhen; Bihhl, Bühl; Reahh, Reh. Buzzenberhht in A. sieh Anhang; nähhner neben nähher; Handzwēhhl, Handtuch; schuəhh, got. skôhs. Dahh, monedula, Dohle; sieh D. zeihha, zeihen; nohhat, darnach. Immenstadt. Schluahhbach u. Schluabach bei Birkach. Flurn. Gegen Füszen hin ist fauhha, (fâhan) üblich, wo allgem. schwb. fanga stv. erscheint; gegen Bayern hin swv. Eigen ist hh in heahha, jihht, hihht, sonare alam. eacha, sieh m. Bemerkg. in Kuhn's Zeitschrift XII, 451. Allgäuisch sind: Dîhhl, Dîhhele, Deichel, Deil, Deilung sonst schwäb. augsburg. Ztw. dîhhla ›a waszer heardîhhla‹ durch Rören herleiten. Immenstadt, Sonthofen. Heulihhel, Hacken z. Heu herauszziehn, auch niederschwäb. -liahha, Heuliahher. Vrgl. Schmell. Gramm. § 495. Schriftwerke bezeugen dise Auszsprache: ›himelspechendes leben.‹ cgm. 402. Hecher bei S. und cgm. 312 f. 31ᵇ. ahd. hēhera, sieh meine Erkl. in Kuhn's Zeitschrift XII, 451 ff. Allgem. ist Walchen (Itali), ebenso Gmachel. Dinkelspichel cgm. 310 f. 102ᵃ. stechlin nagel, cgm. 206 f. 117ᵃ. Stachelschieszen, Gass. verfaucha (fâhan) cgm. 372 f. 170ᵃ. Siben vollen öchern (Aehren) cgm. 206 f. 56ᵇ. siben

mager öcher. a. a. O. Nächner. a. a. O. emphâchen, emphâchung cgm. 140, wo auch siche, imper. stetneben leichen. ›An geweichten und ungeweichten Örtern.‹ Troj. Krieg 50ᵃ. die Weich, Weichwaszer. Urkd. 1385. Kräuterweichin S. f. 69ᵃ. Weichbischof f. 180ᵃ. Weichkessel S. f. 583. gelichen f. 178. Fichweyt 177ᵃ. ›das Tor erhöchen‹ f. 174ᵇ. Speche machen, Poliz. O. 1553. Beichel, Horm. 1834 S. 147. Handzwechel, a. a. O. Gechwindt S. 409. gechlingen f. 219ᵃ. Rechbock f. 113ᵇ. ›Zäch, dick koren‹ cgm. 402 f. 162ᵃ. Auf falscher volktümlicher Anlenung beruht das vilfach angelente Synflucht im cgm. 523 f. 1ᵇ. Vrgl. Weinhold § 222.

Dise Auszsprache des h, die der ursprünglichen nahe komen dürfte, wird teils den bayerischen Ostlechleuten, deren Nachbarn die Straszen-Ortschaften und die Staudenleute sind, teils der örtlichen Beschaffenheit jener Gegenden zuzuschreiben sein. Die starken Nebel des Wertachtales, die rauhe halbe Bergluft mit den vilen Nebeltälchen in den Stauden, nimt die Atmungsorgane der Bewoner mer in Anspruch, änlich wie in Holland. Schweizerisch-alamanischer Einflusz nach dem 30järigen Kriege dürfte hier weniger als im Illertal und sonstigen Oberschwaben anzuschlagen sein. Ich bemerkte auch im

Donautale bei Sigmaringen bis Riedlingen einen Anflug von der harten d. h. urspr. Spirans beim Landvolke.

b) Dem uralten Gesezc gemäsz erscheint g für h oder hh, was die Altbayern gerne durchfüren: **gschegn, gsegn.** Schmell. Gr. § 492. In Inlaute tritt meistens vor s, im Auszlaute überhaupt gerne g auf: »seinen **Negsten.**« Holzmann. **z'n ä g s** (z'nax) Nachts; **n ä g s** (näx), gestern Abend. Stauden. Vrgl. **Gwäx, nix, Fux,** Ox in der nhd. Auszsprache. **Zwug:** »den **zwug** er ir fuesz.« St. Ulrich cgm. 402 f. 16ᵇ. Dazu halte ich das niederschwäb. **zwagnen,** den Kopf untertauchen im Waszer; **wegst,** wächst S. 305ᵃ. Endlich **betroglich,** bedrohlich. cgm. 144 f. 8ᵃ. Vrgl. Hahn, mhd. Gramm. 37. Fromm. Ztschrft. V, 368. Schmell. Cimbr. Wb § 80. Vor wurzelhaftem s, t zeigt sich g nie; da tritt imer ch, d h. hh ein. Rumpelt, Gramm. 262 § 136. Ein g ausz nicht wurzelhaftem h, vilmer erst ausz w entstandenem h, erscheint in **kniegen,** genu flectere, als ob altes **kniuhan** für **kniuwan** zu Grunde läge: »dô **knieget** er nyder.« cgm. 372 f. 161ᵃ. **gneigt** (ganigan) inclinare, darf nicht hiehergezogen werden. Vor t erscheint wie wir oben erwänt haben, wieder hh (oder ch): genug: »**genüchtigkeit.**« cgm. 205 f. 22ᵇ. »Mit groszer **genücht.**« cgm. 206 f. 61ᵃ. Ich füre hier auch ein volktümliches h h für w in **bauhhen** an: bauen b. Illertissen; wo andere Gegenden **bauba** aufweisen.

c) Merkwürdigerweise begegnet harte Spirans auf gleichem Grund und Boden neben weicher, d. h. unhörbares und somit abgeworfenes h. Lezteres, nämlich vor s, st, t, z die Spirans auszuwerfen, ist im Nordischen und Sächsischen altes Gesez. Esz lonte sich eigens dem Geseze nachzuspüren, da Schwaben unendlich reich an mundartlichen Schattierungen in disem Falle ist. Einige Beispile: **Deil, Deiling** zu Deichel, allgäuisch **Dihhel,** sieh oben; **Hoazig,** Hochzeit; **näst,** nächst; **Sea** (Säch) anderwärts Sä, am Pfluge. **Låahh** neben **Låa,** Loh, lucus. **Nä trüle,** Nähtrüchlein (Augsb.); **Fásnat, Nammadā(g),** Nachmittag; **Naobûr,** Nachbar; **Deisel** niederschwäb. **Deīsel,** ahd. dihsila, temo; **dernô** darnach; **nåanander,** nacheinander; **Nåunder,** das, Nachmittagsbrod undaureimats got. **Våarunder,** Vormittagsbrot. **Nåmacha,** nachmachen. Wie **bua, buant** (sieh B), so erscheint ein **dō** (hh): du sing **dō!** u. s. w., im plur. **dōent** »gelt's dōent!« wo man freilich Eintrit des h erwarten sollte. Von dem uralten Geseze vor t, st u. s. w. hh abzuwerfen in **nāt, kneāt,** (Knecht) **bīta** (beichten) u. s. w., wie esz in d. Baar ob Rotweil bis an den Heuberg üblich, fand ich im bayerischen Schwaben nur Spuren. Schriftliche Denkmäler bezeugen die Regel: »die am nansten sind.« cgm. 581. »den nesten tag.« cgm. 345 f. 61ª. Die Fischacher Stat. haben näst, nästkimpftig, näst Landgericht. Pferrkarra, -füra. Mezg. Akt.' den hosten stapfel. cgm. 215. f. 19ᵇ. Ertag für Erchtag cgm. 467 f. 32ª. Vrgl. mein Wbl. 38. 39. 3. Gramm. I⁴. 456. 481. Frommann z. Herbort 179. Mhd. Wb. I, 594ᵇ. Ich ziehe hieher den volkstüml. Perlachberg, -tura; bald hört man Berlaberg, bald (landschaftl.) Bearlaberg bald scharf Berlachberg. Das h, hh am Ende könnte zu a hi, sieh -lah gehören, wo auszufürlich über solche Zusamensezungen abgehandelt ist. Zu Lohh, Lō, Lǣ = lucus, Wald zu stellen, ist zu kühn, da Analoga fehlen; altes lahhi, incisio, noch in lâchbaum, schwäbisch erhalten, als Gränzbaum, dürfte mit Vorsicht herbeigezogen werden. Zu der urkdl. Stelle (s. v. P.) vergl. »in Perlegio« 1067. 29. Juni. MB. 23, 1. »in Berlaico« 24, 107. »den turn ûf Berlaich.« St. R. Darf bayerisches Lautgesez in Betracht komen, so ist loh, lucus unfelbar anzunemen, ja Bulach im Schwarzwalde lautet urkundl. Buolo: und Perlach mit Bulach in Münchens Umgebung dürften Beweise abgeben.

3) Ueber die weiche Spirans h nach K, P, T im Schwäb. sieh bei jed?m einzelnen Buchstaben. Vrgl. R. v. Raumer, Asp. Gesammelt. Schriften S. 44. § 49.

4) Das Stadtrecht schreibt die Spirans imer mit h.

H scheint in Schnellsprechreimen der Kinder beliebt zu sein: *H*e, *h*i, *h*o, *h*a, *h*um *H*ans *h*aot *h*inder's *H*eara *H*aufa *H*olz *H*undert *H*asa *h*eəra *h*uesta. Stauden u. allgem. sonst.

HAB, HABE, die, Viehstand, Vermögen in Vieh, ganz oberschwäb. »Hab an Ross und Vich.« Confirm. 9 u. oft. Niederschwab. kent das Wort so nicht.

HABEN in der Red. A. »des ding will was hō.« braucht Mühe bis esz zu Stande komt. A.

HABER in der Kindersprache; wenn sich die Kinder verstecken und man sie auffindet, heiszt esz: haber, haber iazt! Ob etwas anderes als aber mit vorgeschlagenem h, wie hie und da üblich? Weiszenhorn.

HABERN ahd. habaro, der. 1) In der Pfründe O. von 1543 komt als Speise vor: »gen Nacht ein hebrin Muesz und ein Haberkern.« Haberbrot. »Ja umb ein Biszen Haberbrot Mancher verlaugnet seinen Gott.« Holzmann.

2) Zusamengesezt Gsotthaber (sieh auch G). In der Pol. O. v. 1683 heiszt esz von fremden Müllern: »was aber ihr Gemūs von Gsotthaber, Visis und andere Rauchmel belangt, mögen

sie es sowol als ihr Longetraid, sowie von dem Becken und Burgern bekomen, für sich verbrauchen u. s. w.‹ Vom Mezen Gsotthaber hatten die fremden Müller 4 kr. dem Torschreiber zu entrichten. Torschreib. O. 3) Haberlêgüter komen in den Pfarrakten der Strasze vor; sie waren domcapitlisch. 4) Als Abgaben erscheinen: Hucthaber in Groszaitinger Pfarrakt. Hundshaber: ›ain schaff roggen für den hundshaber.‹ cgm. 154 f. 6ᵃ. ›6 hundmezenhaber‹ f. 6ᵇ. ›hundmesz.‹ f. 7ᵃ. Maulhaber. ›Vogtkorn und Maulhaber zu Währingen.‹ Urkundl. 1282. Vogthaber, ›die andern 11 vogtbare Güter, jedes 2 Schaff Habermasz, den sie nicht weiter, als nach Augsburg zu führen schuldig sein, wann wegen Kriegs der Haber etliche Jahr nicht gefordert würde, müszen sie den Vogthabern auf den Holzmarkt nach Augsburg fahren und da 3 Stund rufen, ob jemand den Vogthaber haimen wollte, und komt Niemand, so mögen sie den Vogthaber niederschütten.‹ Gersthof. Weistum. Im Adelstractat v. 1646 S. 40: ›Die Stände verordnen Jagt u. Forsthaber.‹ ›Den Forsthabern einziehen.‹ S. 71. Haidhaber hiesz der sogen. Haberzins, den die Leutkircher Bürger (1512 urkdl.) und die Bewoner von Heggbach zalen muszten, dasz sie die Haide als Domäne zur Cultur und Nuzung bekamen. Leutk. Ob. A. Beschreibung. 107. Das Alpirsbacher Vogtbuch: ›das Habergeld git man zu St. Martinstag.‹ ›Ewig unablösig Hellerzins und Habern genant Weischhabern.‹ Reysch. Stat. R. 37. 65. Irgend wo in Schwaben ist die Red. A. üblich, wenn Kinder überflüszig in der Gesellschaft sind: ›wart ich mach Euch eine Habergaüs (Gans)! Man zieht dem Mädchen den Rock über den Kopf und bindet in oben zusamen. Das Wort Haberstroh in Red. A. wie ›so nex sein als H.‹ ›Du bist dumm wie Haberstroh‹ u. s. w. was fast allgem. schwäbisch ist. In einem Tanze erscheint auch:

Ming Vadder hot a Hûs
As ist mit Haberstroh deckt;
Und wenn i a mol hire
Muesz 's Haberstroh weg.
Allgäu.

HABERNARREN. ›Ey wol schöne Titul, praedicata u. Erennamen haben nicht die saubere Weiber, und doch gibt es solche Haber- und Stocknarren, welche, wann sie nur von einem Weibe hören, so spizen sie die Ohren wie der Schimmel, da er sicht den Habersack schütteln, es schlägt inen die Puls, als wollten sie auf der Post reiten. O ihr Weibernarren!‹ ›Wer disz tut, d. h. sich mehr um das Zeitliche denn Ewige bekümmert ist ein rechter Habernarr.‹ H. S. ›Wer also dienet one Lon, der ist wol ein rechter Habernarr.‹

H. S. »Wer vergebens umbsonsten um den Schatten eine schwere Dienstbarkeit auf sich nimt, der ist wol ein torrichter Habernarr.« H. S. Mein Wbl. 39.

HABERGAISZ sieh Gaisz. 1) langfüszige Spinne. 2) Schelte für eine mutwillige Person. Allgäu.

HÄBIG, der Häbige, der Besizende: »Von den Häbigern aber, d. h. von den Reichern im Gegensaze zu den Gemeinen, je von 250 fl. 1 fl. den Steuerherrn järlich gereicht.« Gass. In Zusammensezung: haushäbig »seszhaft oder haushäbig.« Hochzt. O. 1540. Haushäbige Studenten. Akt. 17. Jh. Zu Haushab, das ebenso oft vorkomt. »Dergleichen Wahren zu ihrem Tun oder in ir Haushaben gar nicht zu gebrauchen und verwenden können.« Poliz. O. »In welchem die Brife dem Achilles die Tochter und ganz Haushaben befohlen war.« Troj. Krieg 7ᵇ. u. oft. Haushabet, die (Kohlerwinkel). Bei Holzmann: »haussäszig Leut.«

HABNICHT, der, eine Abgabe. »Die verheuratete Bürger, sowol als die Witwer und Witwen sollen zum Vorausz die Leibsteuer und den sogen. Habnicht mit 30 kr. 2 Heller; die ledigen Personen beiderlei Geschlechts aber mit 24 kr. und 4 Heller bezalen.« Augsb, Steuer O. 1779. Art. 3.

HACKBÄRTLE, dim. v. barte: Handbeil. Im Volksmunde hat sich barte fast ganz verloren.

In Ellwangen begegnete mir noch Bärtling für Scharfrichter, das sich mit der Aufhebung des Stiftes nach und nach verlor. Ein Hackblöckel komt im Harter Inventar vor. Heckel in Bernheckel »wie auch soll gestattet werden der domcapitlische Maier zu Dietorf zu jezt habenden Hazen noch e. Vaselvich, nemlich ein Bernheckel hatte.« 1602. Hackerle pl. -en: Zäne der Kinder.

HAFEN, der. Bekant ist der gedente Ruf des Hafenbinders: Ha-a-a-a-afenbind! wie der des Pfannenflickers: Pfannenpflick! »Auf dem Hafnerberg« eine Oertlichkeit in A. Hafengeld, eine Steuer: »5) so sollen auch alle und jede Brandeweiner one Unterschid und damit auch die erarmete Bierpreuer, so prandeweinen anfangen, sie mögen gleich ausz Getrayd oder nur ausz Heffenwaszer Brandewein brennen, schuldig sein, nicht nur alljärlich das sogen. Hafengeld à 6 fl. bei dem Umgeltamt zu entrichten.« Brantw. O. 1746 § 5.

HÄFELESUPPE, verkochte Schwarzbrot-Fleischsuppe, Wienerisch: Bommadlsuppe., franz. panade. Häfelegucker, der sich um häusliche Kleinigkeiten kümmert. Hafen in der Red. A. »Mier ist's um's Lieba wie 'm Hund um's Hafa lecka, wenn nix drinn ist.«

HÄFFEL in der Weber Ordg. »Von einem Faden 4 kr. und wann ein Gang falsch umschla-

gen 20 kr. Straff gegeben; da aber ein Underhäffel oder ein Gang zu wenig oder zu vil wäre — solle der verfallen sein.« »Mit diesem Wepfen oder neumachenden Stuck des Unterhäffels.« HÄFTLEIN, die, nach Schmid 253, eine Stecknadel. »Man het auch ein Hietlin, darauf ein gulden Hefftlen für zehen Gulden;« »Und der Schnitzer, so dasz best gewann, hett auch das Krenzlin und Hietlin mit den Hefftlin gewunnen.« Horm. 1834. 139. 141. »Mit rotlecht und grünen Hefftlin, das umschläglin gelb, der Hut am Stülp weisz, das Knöpflin unter dem Federlin gelb.« Ins. 133
HAFTUNG, die, Haftgeld. Niederschwb. Hafting, anderwärts Häftel- u. Haftelgeld. »Welcher Eehalt, er sei Knecht oder Magd, sich verdingt und darumb die Haftung einnimt und mit in den Dienst get« u. s. w. Mindelh. O. S. 19^b. Haftpfenning. Häufig. ist verhaft; vom Weberlerjungen heiszt esz: »er müsze erlich geboren und mit keiner Leibeigenschaft verhafft sein.« »Behafft, krumm und aussetzig.« Geistl. Braut. Verhaften. »Die Juden seind oft abgefaumbt und listig, dasz sie unterstanden den einfeltigen und unverständigen Mann mit Verschreibungen, Verzeichnung verpfenden, verhefften und in ander Wege dermaszen zu verknüpfen.« Ratsdekr. 1541. In der Flöszer Sprache heiszt esz: »sein holz heften an daz stat.« St. R.

HAG, der, Ortsfarre. Haigel, Bissingen; er hat noch verschidene Namen in einzelnen schwäb. Landschaften. Dazu gehören wol die überall wiederkerenden Flurnamen Hagenäcker, Hagenmad (Schwabmünchen), Hagawaid bei Günzburg.

HAIM 1) in Haimet »ferr von von dem haimet« Troj. K. 31^b. 2) Dazu gehören die adverbial gebrauchten anheimend f. 13^b. anheymantf 52^b. dahaimand, daheimat u. s. w. a. a. O. Unorganisches d u. t findet sich da gerne. 3) Das Wort Haimgarten stm. ist in Schwaben nicht recht durchgedrungen. Niederschwaben kent esz für Besuch, Visite gar nicht. Im Riesze heiszt das Landvolk das abendliche uralte Zusamensizen auf dem Hausbänklein so. In dem Reinhardshauser - Waldberger Pfarrbuche stet: »Ist (esz) aber Sonntag und gehöret zur Ehre Gottes, und nit zum Müszigang, spilen und haimgarten gehen.« »So kombt, wir wollen an Haimgart gen,« sagt der Tod in einem Tanze. 1627. In den Straszen-Ortschaften bis hinein in die Stauden heiszt jede Unterhaltung auf dem Wege die 2 oder merere Personen pflegen. Haimgarten. In Groszaitingen sagt man: »haltens 'n hoīgarta« wo esz anderwärts heiszt: habt ir einen guten Rat, ist die Unterhaltung gut u. s. w. Das Zeitwort **haimgarten** komt ebendas. auch vor für reden. Ein Kind in Groszaitingen erzälte, wie der Pfarrer am Sonntage (von der Kanzel) **g'hoīgartet** hat.

HAINZEL, der, spr. hoīzl. 1) ein einzelnes Lamm. Kohlerwinkel. 2) der **Stiefelhoīzel**, -**hund**, 3) die Holzstangen mit Querstöcken, auf den Kleefeldern zum Trocknen des Klee's. 4) Nachbier (Bissingen). Schmell. II, 220.

HALB zu altem **halba**, Seite gehörend, hat sich erhalten in Schwab- und Bayer**halb**, Gersthofer**halb** und noch oft in Urkd. des 16. Jhs. **Halbscheid** die Hälfte. In der Wehinger Markung (Wirtemberg) sind **Breithalb** und **Lüzelhalb**, zwei Flurnamen. Das Volk hat kein Verständnis mer von der alten Bedeutung. cgm. 258 f. 176ᵇ: »**enhalb** und **hinderhalb** der Donau.« **Halbanten** im Hart. Inventar.

HALER, die 2 Arme am Hinterdeichsel. Strasze. Spr. **hålər**.

HALL in **Halltor**. A. **Hallgasse**. **Hallmeister**. **Hallmäszige** Waar. In dem **Hallamt** (Kaufhaus, Waareniederlage) musten die sogen. **Hallpoliten** vorgezeigt werden. Esz gab eine **Hall der Burgerschaft**.

HALSEN und HÄLSEN = schwängern, komt im XV. Jarh. noch stark vor in mereren schw. codd. ganz wie im Mhd. **hielsen**, praet. III plur. »Der Colericus begert vil zu **helsen**; der Flegmaticus begert nit vil zu helsen.« Regiom.

HALTEN stv. 1) Vieh hüten one Zusaz, got. **haldan**, observare. 2) »Ain schuol dâ man biecher **halten** lernt.« Luc. Rem. 5. 3) **enthalten**, »sich in flecken — **enthalten**« = aufhalten. Dekret 1541.

HALTUNG, Reliquien: »Der (C. Welser) mir all Kirchen**haltung** — sechen machet.« »Adi 21 dito kam ich gen St. Maximin da man St. Maria Magdalena hapthaar, eine wunderperliche pix, ander vil und grosz **haltung** und gar vil kostlichkeit zaigt.« L. Rem. 11.

HAMEL in Dreck**hamel**, Mist**hamel**, Schelten, fast allgemein schwäbisch für schmuzige, schlampige, erwachsene und nicht erwachsene Personen. Erz**hamel** erscheint auch hie und da. »Esz ist verlogen; sie zu dem Manne: Du Hennenvogt, du Mist**hamel**, du Sautrog, du Haspelfreszer, du Küehdarm, du Zwibelselcher, du Kletzenprobst, du Besenlümel« u. s. w. Conlin. Zum **Hamel**, O. N. »Die Augsburger Kirche von **Hamelberg**, jezt heiszet esz schlechthin zum **Hamel**.« Gass. Der **Hameltanz** war bis vor noch nicht langer Zeit in den Straszen-Ortschaften üblich, mit den überall wiederkerenden Sitten. Das adj. **hemling** in h. Fleisch komt in Kal. und besonders in der Astron. oft vor.

Ein Zeitwort b'hameln, gefangen halten, scheint alamannisch zu sein. Felix Faber im Pilgerb. gebraucht esz auch.

HÄMERLING, der, Emerling. Strasze. Aemerinch, Carm. Bur.

HAMISCH adj. hinkend, krank v. Vieh. »Darum die Menschen bezwungen sind worden, hamisch Fleisch zu schlachten, damit es nit zu Hunger sterb.« S. 22ᵇ. Das Adj. gehört zu hamme swm. Hinterschenkel der Schweine, perna, was bei Schmell. II, 191 zalreiche Belegstellen hat. Ich kenne esz ausz dem Alpirsbacher Vogtbuche bei Reysch. Stat. R. S. 38: »schlecht er aber ain klain Swîn, so soll er die Haminen damit geben.« Im Volksmunde lebt in der Tutl. Gegend (Wirtb.) das interessante bearhämmig, womit eine Krankheit der Schweine gemeint ist, die in vollkommener Lämung des Hinterleibes bestet und die unheilbar ist. In den Augsb. Bruchstücken von Wernher's Maria begegnet hamlichen, hinken. Greiff S. 18. V. 214 ff.:

diu huf ime dorrôte
dâ in der engel druhte
hin nâher ir sie ruchte
zeinem urchunde
hamlichen dô begunde
der hailige patriarche.

HÄMLE, Abrahämchen.

HÄMPELN swv. 1) dahin siechen, kränkeln; urspr. gebeugt einhergen, hinken. 2) taglönen.

Subst. Hämpler, Taglöner. Adj. hämpelig, kränkelnd.

HAN, der, ahd. hano. »Item man hat um ein Han gelogen, und der die grösten Lugen hat tân, der hat den hanen gewunnen.« S. 327ᵃ. Hanenwinkel, Wehringer Flurn.

HAND. »Handfan oder Manipel, den der Priester an der gelinken Arm trägt.« Augsburg. Messbch. f. 6ᵃ. Sieh F. Handbsäz, das, Einfaszung des Hemdärmels vorne bei der Hand.

HANDGAUL zum Unterschide vom Sattelgaul (der sog. vonderhändige), jener der zuederhändige.

HANDREICH, der, Stadtr. 16ᵃ: »Swer chlainen hantreich tut in der mül, an swelcher hande dinge daz sî, dem sol man des lônen.« Das Wort handhilf, und handbietig im Heiligenbr. Mirakelbüchlein besagt dasselbe.

HANTGETAT, die, frische Tat. »Lît ein Jude bî einer Cristenin, vindet man si bî einander an der hantgetât, sô sol man si beidiu brennen.« Stdtr. 18ᵇ. »Tut ein jude ein diupstal eime juden oder eime cristen: wirt er an der hantgetât funden, sô sol man mit dem schube uber in rihten.« f. 19ᵃ. »An der hantgetât fangen.« f. 31ᵃ.

HANTFRIDE, der. a. a. O. f 28ᵃ. »Swer einen hantfride gît vnde den brichet.« f. 48ᵇ. u. s. w. Die rechtsaltertüml. Handabhauung fand in Schwaben statt. Darüber u. über das **Fingerstuzen** an der rechten Hand durch den Henker, wie esz in A. vorkam, anderwärts Auszfürlicheres.

HÄNDSCHEN, 1) Handschuhe: ›esz sollen auch die Weibspersonen diser Class keine mit Gold oder Silber vermengte **Händschen,** Strümpf tragen.‹ Poliz. O. 1684. 2) Schelte für eine ungeschickte Weibsperson. Adj. **handbärtig** spr. hā̆dbārtig, hābārtig ungebärtig, allgemein in Oberschwaben besonders im Allgäu:
›A'n ander wieder fürchtig grätig
Und gleich 'm na alta weib hābārtig.

Hinkęt 's maul nâ wie 'n alter Schwed
Und haust a reacht's hābārtigs gröd.‹ Sch.

HANDLE! als Ruf = schnell, eilig. Oberschwb.

HÄNKE swf. 1) ›Es solle keine neue Färber- auch Cotton-**Druckerhänke** oder **Rechen** in der Stadt zu bauen gestattet werden.‹ Bau O. 55. ›Alle Färber- und Cotton-Drucker-**Hänken** oder **Rechen** sollen gegen Reichsstrasz herausz nicht weiter in den Tag erlaubt werden, als von 2 Barchettuchbreiten oder 3′ oder 4′.‹ a. a. O. 2) **Sichelhenke** und **Pflegelhenke** in einer Pfarrrechnung von Ettelried 1582 bekomen da die Zehenknechte und Drescher zu vertrinken 2 fl. 40 kr. Im sogen. **Kohlerwinkel** villeicht auch sonst, wird ein kleines Pläzchen mit Halmen, das lezte Stück Ackers, am Schlusze der Ernte so abgeschnitten, dasz jeder Schnitter **halmweise** zu schneiden hat und wen der **lezte Halm** trifft, kriegt die **Sau** und wird auszgelacht. Darauf die **Sichelhenke.** Vor der **Pflegelhenke** wird auf Commando das Dreschen eingestellt und wer den lezten Schlag tut, kriegt gleichfalls die **Sau** und wird auszgelacht. Ueber **Sau** sieh MOGGEL.

HANS bei Gass. ›ein stolzer aufgeblasener **Prachthans.**‹ ›Ein aufgeblasener **Hans.**‹ ›Dasz derselbe **Prachthans** vor Zorn und Scham sich hett zereiszen mögen.‹ ›Ein leichtfertiger **Schnarchhans.**‹ ›Unruhige Edelleut u. verwegene **Schnarchhansen.**‹ ›Des Caplans Helfer, den man wegen seiner Herzhaftigkeit den **Frischhans** nannte.‹ **Schillhans,** Beiname eines alten Augsb. Befehlshabers. Bei den **7 Hansen,** eine alte Augsb. Wirtschaft. Im Kleiderbüchlein stet vom jungen Schwarz: ›Ich was **Henszlin** frischer Knecht, sprang über all Misthauffen.‹ S. 137. **Hansatäfele** eine Art Warzeichen zwischen Fischach und Ried; nicht geheuer. Esz soll einer bei dem Brückle erschoszen worden sein (**Hans?**); die ganze Geschichte ist auf eine kleine Tafel aufgemalt. ›**Hänschen im Keller** soll leben,‹

sagt man bei dem Gesundheittrinken auf eine schwangere Frau. **Hansel** männliche Puppe, auch Backwerk um St. Nikolauszeit, an Weihnachten den Kindern, an Kirchweihmärkten u. s. w. von Erwachsenen einander gegeben. **Hanselmann** im Kinderreime:
Hanselemā
haot stifela ā
haot 's ʂteagle uff der seita
haot's ros verkaufft
haot's geld verʂpilt
iaz kā-n-r nimma reita. Stauden. Mein Wbl. 40. **Hänseln** heiszt in Burgau geradezu: Kinderspile machen. Uralte und neue Tānze vom **Hans** und mitunter von der **Grêtl** gibt esz im Volke vile. In den Stauden hörte ich:
I und meīn Hans
Mier gehet zum Tanz
Wenn Neama mê tanzt:
Tanz i und mein Hans.

Der Hansel uff'm Holderbom,
Die Gretl ist z'Buechela;
D'r Hansel haot da Huat verloara
D'Gretl muesz 'n suacha.

Der Hansel uff'm Birabom
D'Gretl uff'm Head
D'r Hansel haot 'n Pfiffis doā,
D'Gretl haot 'n gheart.

Die Günzburger heiszt man spottweise »die Hannes.«

HAPE, die, Maipfoife ausz Elsberruten. In anderer Bedeutung sieh mein Wbl. 40. In der Gegend von Aalen: Häppi plur.

Häppana. Im Kohlerwinkel »Happer« Pfeife ausz grünen Getraidehalmen oder Weidenholz.

HAR spr. haor, haur, dim. hairle. Stauden. Ganz homerisch singt der Augsb. Schulmeister im Handkal. 1747 vom **Har** der Bäume:
Der Herbst, das Alter in dem Jar
Beraubt den Bäumen hohe Haar.
Für das bekante verhaorə, gebraucht das Mickh. Strafbuch stets: in's Haar fallen.
Ein Tanz in der Fischacher Gegend heiszt:
Z'Aretsried wie ma 'neī gaot
dao ist dĕ greaʂt nåət
dao haoret zwoi mand
um a kloins ʂtügglē brååt.
Im Kohlerwinkel houra = raufen. Auffallend, da â dort ao gesprochen wird. Ist houra villeicht zu einem andern Stamme zu stellen? haorig, gemein, filzig.
Ein **Harhof**, im Giltbuche cgm. 154 f. 32ᵇ.

HARBET, ein schmales Kränzlein um den Vorderkopf. »Desgleichen sollen sie Berlin Krenzlin oder Harbet bei Straf tragen.« »Berlin, Krenzlin oder Harbet uff 6 fl. wert.« Ulm. Sitt. O. 157C. »Mer, sō hât mein schwiger sēlig, meim weib all ir clayder girtel, seckel, pater noster, horbett und dergleich gezierd — verschafft.« L. Rem. 49.

HÄRINGE spilen im St. R. u. in den Chron. eine Rolle. Auffallend ist das massenweise Verbrennen derselben, ausz Furcht vor der Seuche. Den Häringen schrieb man oft epidemische Krankheiten zu.

HARSCH im cgm. 206 f. 89[b]: »ziehen mit dem harsch,« »und fuor ein harsch vor der andern nach.« ? Schmell. II, 240.

HART, Wald, hat sich gern erhalten im schwäb. Waldnamen: Hinterm Hart, im Härtle. Langeneringen. Im Tannenhärtle, Wallfart bei Illertissen. Auf der Ebene S. O. v. Mindelheim ist ein Eichertwäldchen. Mein Wbl. 40. Hart, Waldfläche bei Wöhrishofen. Hartweg. Türkh. Urkde. 1540.

HÄRTE, die, wol auf den Boden deutend, als Flurname bei Münster. Dazu dürften die Hertwege zu rechnen sein, die in ganz Schwaben wiederkeren.

HARTLEIBIG, verstopft im Leibe. Hart: »sò die kinder den atem hart haben.« cgm. 601 f. 97[a].

HARZSCHÄFFEL in der Sailer O. f. 3[b].

HÄSCHER, héscher, singultus: »işt m'r ebbisz in ōreachta hals komma, d'rum hō-n-i da héscher.« Sieh hecken. In der Strasze Hösch; im cgm. 601 f. 109[a]: »von Undewen und hoschen.« Obpf. hätscha.

HASE. Die Treiber, Buben, rufen bei Hasenjagden:
   Has, Has
   Huarakerle!

Die Kinder schreien beim Anblicke eines Hasen:
   Has, Has Laugoar
   Leg mier voar!   Stauden.

In Oberschwaben:
   Has Has Langor
   Du gäbest 'n gueta Dampor!

Das oben s. v. P angefürte Pfui has! ist ebenfalls der Waidmannssprache entnomen und wird zum Hünerhund gesagt. Hasenörlein, eine Melspeise, Fladen, gefüllt oder nicht. »An dem schmalzigen Samstag (soll man) ir jedem ainen pfantzelten, sechs Küchlach und 12 Hasenerlach mit sampt der gewonlichen Speisz« (geben) Pfründ. O. 1462. In Augsb. ist die uralte Hasengasse, in der Jacober Vorstadt. Hasenbrötlein, juncus pilosus. L. Hasenscharte allgem., anderwärts Hasenmaul und Wolfsrachen. In Braunschweig erschien a. 1805 eine eigene Schrift hierüber von I. H. G. Ottmer.

Das Legenlaszen des Hasen ist auch in den Stauden allgemein üblich gewesen, ist esz teilweise jezt noch. In Münster heiszt die Sitte Hasagärtla. Man legt die Eier in ein Hag in dem Garten, pfeift, und die Kinder springen heran und suchen. Der die Eier hinlegte, zeigt den Ankomenden das Holz, und sagt: sichst, grad ist der Has in's Holz neī!

Das Häslespil, ein Kinderspil, üblich in Klimmach. Die Kin-

der wälen König und Kaiser, beide müszen eine Stange an den Enden halten und eins um's andere schlüpft durch, wobei jedesmal König und Kaiser sprechen:
Häsle, Häsle duck de
Unta gaot a Lucke,
Unta gaot a Töarle n'ausz:
Häsle, Häsle dao nausz!
Das Lezte wird angehalten und gefragt: waohī, zum König oder Kaiser? König oder Kaiser müszen jezt machen, dasz sie Leute bekomen: wer am meisten bekomt zieht die Stange an sich und ist Siger.
Ein Kinderreim auf den Hasen ebenfalls in den Stauden:
Marile, Mareile,
Gang mit m'r in's Gras;
Wie singet die Vögele
Wie schnappet der Has. —
Red. A. »Dasz inen Gott den Hasen tief in den Busen gesteckt hat.« G. Müller. »Dergleichen mit Hasenbalg (furchtsame) gefütterte Narren, sollen nicht heissen Soldat, sondern Salat, der mer Oel als Eszig.« Conlin.

HÄS, ntr. Kleidung; καδυς, κανδυς.? Regiom. 1812: »Gar bösz ist new hesz anlegen oder schneiden.« »Es ist aber gut in der Wäg tuch kaufen, sich kleiden, new hesz anlegen.« »St. Ulrich sprach zu seinen Kammerorn: legt mir mein häsz und mein Schuch an!« cgm. 403 f. 31ᵇ. »Er hiesz jn schuch und häsz vmb sich gurten.« Bebenhaus. Passional f. 76. Weiberhäsz.

J. Frischlin. »Wifling und linen Häsz.« Kiszl. Rodel. 34. Hästrüle, Kleidertruhe. Strasze. Im Landgericht Füszen: Hesser, pl. Im Riesz (Nördl.) heiszt Heesgeba, auszsteuern, e. Tochter, Son. Das Hesse in schwäb. codd. hie und da. Mein Wbl. 40. »Ir alte Häsz wieder anlegten.« B. Waldis I, 244. 77. (H. Kurz.)

HASPELN swv. »Wie mancher Jungfrauen, wann sie die Geiger hört, springet das Herz im Leib auf; die Füsz bekomen gleichsamb Federn; sie dreht sich so hurtig im Haus herumb, als wie ein Topf, sie lauft und haspelt die Stieg auf und ab als wie ein Karfreitagsrätschen.« H. S. — Haspele, eine sich übereilende Person. A. Niederschwb. Haspel

HATTELN swv. 1) in die Aehren schieszen und als Subst. Hatteln, die Aehren selbst.
Der Haber duat haddla
Er ist schon in der Blüeh
Und wird no oft haddla
Bis i heirata dua. Stauden.
2) Beim Gen die Beine übereinander schlagen wie der Tollfüszige; hakken ndschw. 3) stralen v. Rossen u. Rindvieh. Hattelgrube, Mistjauchebehälter. Strasze. Lezteres ausz dem Altb. ädel, vrgl. Schmell. I, 26 (Adlwaszer).

HAUEN stv. und swv. lezteres mer der bayerischen Gränze zu. Red. A. »Wer über sich hauet, dem fallen die Spän in die Augen.« Dr. Müller. »Wer den über sich howet, dem fallen gewonlich die spenn in die ougen.« cgm. 436 f. 54ᵇ. Gemeinschwäbisch ist **haua**; Stauden: **houa** wie gegen das Allgäu hin = mit der Rute züchtigen.

HAUFEN cumulare. »Da **hauften** sich beide Parteyen zusamen.« Troj. Krieg 25ᵇ. »Kleine Berglein und Hügelein, da man wol sichet, dasz sie mit Händen **gehauffet** worden', so artlich in die Ründe zusammengepacket, als wenn sie gedrehet wären.« Gass. »**z'hauffende** rennen.« Troj. Krieg 38ᵃ. Subst. »**zu Haufen fallen.**« oft a. a. O. **Häufeln, häuffla** »Kraut, Grumbira h.« allgem. schwäbisch = die Wurzeln mit Boden umziehen, kleine Erhöhungen am Stocke ziehen. **Haufeng'hau**, Fischacher Waldn. Der **Haufa** swm. Nabe am Rade. Strasze.

HAUNIG adj. lieb, angenem, gemütlich. »I hätt's dahuim so **haunig guat**. Jazt weinsch mer a-n-andera **haunige** Nacht.« Sch.

HAUPELTSHOFEN O.N. (Krumbach), merkwürdig durch die Schenkwirtsstube, in der 3 Tische 3 **Freiungen** bildeten; sie gehörten 3 Aemtern verschidener Herren zu.

HAUPTEN swv. enthaupten. »Wirt ein man gevangen, den man **hauptet** oder henket; hauptet er den swer in danne bereit hât, der sol im geben ein swert, daz 5 schillinge wert sî.« Stdtr. 22ᵃ. »Swer den tôtslac getat, den sol man **haupten**.« f. 41ᵃ. **Hopstatt**, Richtstelle. Riesz.

HAUREN swv. rufen. Mindelh. Gegend. In Holzmann's Gedicht von der Theurung in Augsburg heiszt esz:
Die in den Krieg ziehenden
»Lieszen auch Weib und Kind in
Trauren
In Hunger ob einander **hauren**.
(klagen?)

Dann müszen sten in groszen
Trauren
Alle die ob Erden **hauren**.

HAUS. Das **Bettelhäuslin** hinter dem Spital. **Hausknappen** heiszen bei der Weberzunft die verheirateten **Knappen** oder **Gesellen**, die auf den Knappenstul geheiratet und auch nur auf einem Stul arbeiten durften. **Hauswurm**, ein Hausvater, der imer, wie man sagt, bei der Heck ist, da ist. **Nothaus** in A. sieh N. — **Brechhaus** od. Lazaret. In Mickhausen war ein berümtes **Tanzhaus**, und darin das **Pfeifferhaus** (Musikantenplaz) Strafbuch.

HAUT. »Diser Lobspruch verlezté die Oren Saul's dergestalten, dasz er auf Manier und Weis getrachtet hat den lieben David aus dem Weg zu raumen und **auf die Haut zu legen.**« Conlin. In einem Tanze v. 1627 sagt der Tod: »Ich brauch nicht Küh- und Kälberhäut, ich bin jezt worden ein Sackpfeiffer und rueff zusamen die Landleüffer.« Red.

A. »Von ander Leut Haut ist gut Riema schneida.«

HAUZINGER in der Knappen O. »Solle hinfüro kein Maistersohn oder Knapp neben einem Hauzinger oder Lehrenknecht zugleich in einer Werkstatt nit arbeiten bei Straff 30 kr. von jedem Verbrechen, dann es wird kainem Maister gestattet einen Hauzinger und einen Lehrknecht bei einander zu haben. Es solle auch keiner, der jede Wochen nit 3 dicke Barchettuch wirkhen tut, für einen Knappen, sondern für einen Hauzinger gerechnet und belonet werden.« Esz scheint eine Mittelstufe von Arbeitern zwischen Lernknecht und Geselle gewesen zu sein. Bei Schmid stet: Söldner, Fremdling Auszländer (Böhme) u. s. w.

HAWE ein Vogel. cgm. 312 f. 31ª. ?

HAXEN, die, eingebogene Füsze. Häxensessel, der solche Füsze hat. Dem Bayer sind alle Füsze, ob grad oder eingebogen Haxen; er hat überhaupt keinen Kopf sondern einen Grind, keine Oren sondern Wäscheln, keine Hände sondern Bråzn. Krummhaxet, Adj. Kohlerwinkel.

HEBEN swv. »swer des andern kind gehebt het ûz der tauffe.« Stdtr. f. 57ª.

HEBGESCHIRR im Harter Inv. z. Aufheben d. Ketten od. Riemen. »Fünf Kometer mit Hebgeschirren.« Hebtremel »die Schergen und Büttel namen den Hebtremel und Stangen.« cgm. 138. f. 128ª.

HECHEL ein gefürchtetes vermeintliches Strafwerkzeug, bestend in einem oben tellerförmig mit Eisen - und Drahtstiften versehenen Kirchenkerzenstock. »Wart, man sezt dich 'auf die die Hechel oder du komst auf die Hechel« heiszt esz, wenn ein Bube unartig ist oder zur Beichte get. Günzburg. Uralt mytisch ist in der Buzenbercht-Reimerei:

Wann ihr als wie ein Klotz
Zu lang im Bette flackt und schnarcht, so will ich haspeln,
Die Därme aus dem Bauch und ihn hernach mit Raspeln
Und Hecheln füllen ein.

Offenbar Anlenung an Hecheln für Hacheln, Acheln, Häkkerlein.

HECKEL, ein roher Mensch. Augsb.

HECKEN swv. stechen, züngeln von Schlangen. »Das Lager ist voller vergiffter Schlangen, die das Volk hecken, beiszen und tödten.« Klim. Predgtbuch. S. 23. »Da waren so vil Mews, das sy dem Herrn grossen ungemach tetten — und sy mit jren giftigen piszen und höcken tötten.« cgm. 581 f. 185ᵇ.

Hieher gehört der Hecker; die Kinder laszt man in A. schnell und oft sagen:

Hecker, du Blecker
Gang über drei Aecker

Gang über da Rhein
Ker beim Furmã ein!
Sieh Pfeiffer's Germ. 1863. S. 301.
302: »Citwar — ist guot vur die
hechung der aiterwurmen.«
Fundgr. I, 335. Mhd. Wb. I, 607.

HECKENMÜNZEN, 1)schlechtes Geld. 2) Wo solches geschlagen wird. »Silber aufkaufen, verfüren auf die unzuläszigeu Hekkenmünzen — ist ernstlich verboten und abgeschafft.« Poliz. Ordg 1683.

HECKENSTALL, ein untergegangener Einödhof, urkdl. von 1240: Hetenstal.

HEERGESCHRAI, das wilde Gjäg. Burgau.

HEFAMME im ganzen bischöfl. Augsb. Gebiete. Niederschwaben hat nur Hebamm. Hefamme ist uralte Form zu altem hafjan stend. S. 547 und fast alle Augsb. Schriftwerke haben, wie die heutige Mundart, f für b. »Als den Hund die Heffamme vom Mutterleib empfangen, wie ain Kind, ist er aus den Händen entwischt. Solichs hat die Heffamm offentlich gesagt.« S. 547. Amtlich ward Hebamme gebraucht. Die Augsb. Hebammen Ordnung ist umfaszend. Angehende Hebamme. Lernende Hebamme, eine besondere Klasse: esz gab 4 lernende und 9 besoldete geschworene Hebammen. Dazu komen die für die auszwärts wonenden und die für's Blaterhaus angestellte Hebamme und 4 Fürerinnen, sieh F. Stadthebamme, Heb. O. Hebammenschild, den sie am Wonhause auszhiengen. a. a. O. Die Lernenden durften das Stadtwappen nicht darauf anbringen laszen. Nebenhebammen a. a. O. Der Hebammeneid war beim löblichen Bauamt zu leisten. Mithebamme a. a. O. Hebammenbücher. a. a. O. Hebammensize oder Quatembersize, Gerichtstage, an denen blosz eingelaufene Klagen u. s. w. vorgenomen wurden. Siz ist bei den Zünften das Gericht überhaupt. Die Heb. Ordg. verbietet nachdrücklich alles »Segensprechen, unnüze Gewonheiten und Sprüchlein, sündliche Gebräuche.« Artikel 4.

HEFHALZ, claudus, hinkend. Cgm. 685 f. 28^b.

HEIHEN, HEIEN sieh G.

HEILIG. »Das heilige Werk« kirchliche Akte, Taufe, Empfang des hl. Abendmales. Protest. In ganz anderem Sinne hat die Eichsfeldische Mundart den Auszdruck: der Rotlauf heiszt dort so. Die Heiligenfabrik, fabrica ecclesiae, Klimmacher Pfarrbuch. Der Heilige für Kirchenvermögen ist allgemein. Daher die Namen: Heiligenholz, Klimmach. FlurName, Heiligmad u. s. w. Heiligenkühe erscheinen öfters nach gefälliger Mitteilung A. Steichele's, in Pfarrakten als kirchliche Abgabe. Im Riesz sagt das Volk »helga Tag« für Feiertag.

15

In Beteuerungen: »dês glaub i heilig nett!«

HEIMBERG, Filiale von Fischach, einer jener Orte, an die sich eine Reihe von Liedern und Tänzen knüpft.

I bin von Hoimberg,
As jederma woisz:
I haū Kraut und Nudla g'fresza,
Drum bin i so foiszt.

Z'Hoimberg ist a Spasz passiert,
Der Goiszbock haot's verzält,
Dao hand se gar a dumme Kuah
Zuem Burgermoister gwält.

Z'Hoimberg gang i neī
Da knaklet die Zäun:
Was wearet wol dia trauriga
Hoimberger sei.

HEINEN stv. und swv. weinen, besonders ausz Eigensinn weinen. In Niederschwab. nicht üblich. »Heĭt war a laicht und dao hō-n-i fürchterlē g'hina.« Augsb. Hau stunda weisz gseufzet und beatet und gheinat. Sch. »verheinete Auga.« a. a. O. »Nachmals ein grosz Heinen sich erhebt.« Troj. Krg. 33ᵃ. Häufig hört man hēənə. Heiner, Schelte, neben Heinere. Kohlerwinkel. In A. heiszt ein Kinderreim:
Heiner (oder Heinere)
Branndaweiner
Im Lumpaspitaol
Wenn er (oder sie) gnueg heina will
Heint 'r all Dag zehamaol.

HEINLICH: cgm. 168 f. 13ᵃ. »heinlich beten.« f. 46ᵃ.

HEISZ, Mathias. Vrgl. Hiesel.

HELFER, Hilfspriester, auch bei Katholiken üblich. Urkd. 1635. »Pfarrer oder Helfer« b. Hochzt. 1540. (Protest.)

HELLAUF! Spizname der von Boxberg bei Wertingen: bei einer Execution sollen sie geschrien haben: hellauf, den Galgen all hinauf! Sieh Galgen.

HELLER, beim lezten, emals beliebter Name für Schildwirtschaften an der Strasze auszerhalb Etters. So in Günzburg, so in Rottenburg und München.

HEMET, ntr. pl. -er. Bei S. Badhemmeter, seydin hemmeter, Wammeshemmeter; hemetlach u. s. w. Hemdevererung an den Hochzeiten. Poliz. O. 1683.

HEMETSCHÜZ, in der Kindersprache Neckruf:
Hemetschüz, Hemetschüz
Gest in d'Schuel und lernest nix!
In Bissingen hört man:
Hemetscheiszer
Leckabeiszer
Widabinder
Roszdreckschinder!

HENGSTE, plur. 1) eine Art hellroter Pflaumen (reine claude). Strasze. Stauden. In andern oberschwäb. Bezirken sind esz sogen. Augstzwetschget oder am mittleren Necar lange Zwetschger. A Fasz vol Hengst und blaue Schlea. Sch. 2) Staudenhengst, Stichelname der von d. Stauden.

HENNE. Hennadreiszigst, m. ärmliche, niedere Hochzeit.

Groszait. **Hennadone**, der, spilt in A. eine grosze Rolle. Zum **Hennadone** heiszt auf [den Gottesacker: »dean trägt man zum H.« »Zum 'H. komen«: sterben, wie in München zum St. Steffej komen, d. h. zum St. Stefan, oder zu St. Christof, zu dessen Bilde, das an Gottesäckern, Siechenhäusern angebracht war als Mittel gegen den gähen Tod. Der **Hennadone** mag eine Persönlichkeit gewesen sein, die sich dort aufhielt. In A. gab esz eine Stadtpersönlichkeit dises Namens. Scheiffele: »Wau alle Welt 's Laxiera haut, und bald zum **Hennadone** gaut.« »'m **Hennadone** 's Fueter liefrat.« Red. A. »Bist nicht a mal im Stand einer todten **Henn** 's Brot zu nema,« von dummen lackelhaften Menschen. »Laufst 'rum wie **Henn** im Reagawetter;« so dächtlaos, wie der Niederschwabe sagt. »Dês sind deine **Henna** ett!« nicht dein Eigentum. Dim. hēəlē̆ u. pullē̆.

HER in hēərə meîl eine Kinderliebkosung in Weiszenhorn etwa wie anderwärts: mein Liebele! mein Schäzle! **Hera**, nach der ältern Sprache, drückt die Bewegung, her die Ruhe ausz.

HERAUSZHALFTERN swv. sich ausz einer Verlegenheit geschickt herauszziehen.

HERBST, der. Vom Mai ab heiszen im cgm. 73 die Monatsnamen also: der **erst Mai**, der **ander Mai** (Juni); der **erst Augst** (Juli), der **ander Augst**; der **erst Herbst**, der **ander Herbst** (Okt.), der **erst Winter**, der **ander Winter**.

HERD, der. 1) Vogelherd: »wollte aber Jemand **Herde machen** und Kramtsvögel fahen, der ein Markvogler wäre, und die Kramtsvögel zum failen Kauf verkaufen wird oder wollte, die sollen ihr Kramtsvögel **Herde** von einem jeden Bischoffen zu A. oder dessen Anwalt bestehen und mit ihrer Erlaubnis voglen.« Urkde. 1456. L. Rcm liesz a. 1524. ain **Vogelherd** in der Rosenau herrichten, darinn: »drei Netz mit dero Zuogehör. 12 Holzin, 6 Dratin Vogelhäuser, die Einrichtung on Vogel und Voglerslon kostet in Gold 29 fl.« S 62. **Vogelherdäcker**, Flurn. in Reinhardshausen. **Vogelheard**, Waldberg. Waldname. **Herdtgasse**. A.

2) **Treibherd** in der Feuer Ordg. 1731. Bau O. II, 45. »Welcher Burger oder Inwohner allhier in seinem Haus einen **Schmölz** und **Triebherd** oder **Schmidesz** zu bauen verlangt« u. s. w. »Desgleichen sollen alle **Triebheerde**, Schmelzöfen und Essen gegen den Nachbar ihre eigene Maur von einem Riegel oder wenigstens halben Maurstein dick haben.« a. a. O.

HERDSTIER: nach altem Brauche hat jede Herde iren **Herdstier**; in den Vergleichen list man in einer Gemeinde von dem H. in der obern und in der untern Herde.

HEREINSCHLEICHEN swv. »Und sowol durch die Dorfleut als hiesige Burgere und Schuzverwandte, sonderlich auch durch der Stadtquarde Soldaten Weiber, alleweil fremd ungeschaut Mezgfleisch, Brät und Würst auf allerlei heimliche und höchst sträfliche Maniern hereingeschleicht wird.« Poliz. O. 1683.

HERESEI, Kleidungstück in den Kleid. Ordgn. öfter: halbseidene Zeuge, »polonete Heresei.« 1683.

HERKOMEN LASZEN, vorgeben, behaupten. »Er läszt das herkomen.«

HERR in der alten reichstädt. Verfaszung ungemein häufig für alle möglichen Aemter. Die Hochzeitherren hatten die Ehesachen über sich zu nemen; Bau- und Handwerks-, Einnem-, Steuer-, Umgeld-, Proviant-Kriegs-, Taxier-Herren. A. Kal. 1769. Nach dem 30jär. Kriege gab esz zwei Stimmier- (Wollenvisitation), 2 Forst-, Eicht-, Zeugherren n. s. w. Den Magistrats-Deputierten bei d. Zunftfesten z. B. bei dem Weberdänzelfest nannte man da nur den gnädigen Herren. Daidingsherr, Schiedsrichter. Luc. Rem 58. Schulherren hieszen die deutschen Schulmeister und ire Weiber Schulfrauen. Das Herrenkrönen in Augsburg. Esz war eine alte Sitte der protest. weibl. Schuljugend. Im Juli, etwa drei Wochen vor dem Rüetenfeste sagten die Mädchen: i därf heint zum hërəgrēənə. Die Schulherren begaben sich etwa um 7 Ur zur Barfüszerkirche in den Gottesdienst. Bei der Rückker standen die Mädchen — esz waren aber nur die beszern Familien angehörigen eigens vertreten — spalierartig im Schulzimmer, hielten breite Atlaszbänder und umwanden den hereintretenden Schulherrn zur groszen Freude desselben. Was habt ir, was habt ihr? rief ein alter Schulherr jedesmal. »Ja heint ist 's hëərəgrēnə, heint dond mər Eu einfangəl« sagten die Kinder. Geschenke an denselben fanden statt; dafür bewirtete die Schulfrau die Mädchen mit dem üblichen Kafe, Wein, Kranzbackwerken. Nachmittags gemeinsamer Spaziergang mit der Frau Schulhalterin. Das Jar einmal, Mai: Nun tun sich auch die Kinder sehnen

Dasz sie bald die Schulherrn krönen.

Greif, Schulen S. 141. **Herrenhäuser** eine Ortlichkeit in der alten untern Stadt. **Herrenbach** in A. **Herramädle** b. Münster in d. Stauden. **Herrenbrot** ein feineres Brot, Milchbrötlein. **Herrenmasz** in Giltbüchern oft, so cgm. 154 f. 8ᵇ: »1 schaff roggen Herrenmasz. «**Herrenvorteil** in der Schüzensprache: »an jedem Schiesztage wird ein Kranz oder sog. Herrenvorteil von 2 fl. gegeben, wozu jeder Schüze

24 kr. zulegt. Diser Kranz kan aber an einem gewönlichen Schieszttage nicht an weniger als an 5 Schüzen ausz der Kasse verabfolgt werden.« Schüzen O. 1819 § 23. Herrengütle, vulgariter. MB. 23. 128 (1277) Herrenwinker, weisze breitrandige Strohüte der Feldarbeiter. Das Herrenbad im Gegensaz zum groszen B. in Wildbad nennt L. Rem 23. Herrengeld, Steuern zur Unterhaltung des Ortsgeistlichen. (Kohlerwinkel) Herrgöttle(-⌣⌣) Kruzifixbild, Feldkreuze u. s. w. Mein Wbl. 42. 'S Frearherrgettle, Holzherrgett bei Günzburg. Staudaherrgetle, vom Lande, bäuerischer Emporkömling in der Stadt. Speltaherrgetle, auffallend zartgliederige dürre Person. A. Herrgottskühle, Muttergotteskäferlein:

Herrgottskühle
Fliech über drui Stüehle
Fliech über da Rhein:
Lasz heint und moara
Guet Wetter sein.   Stauden.

HERRLICHKEIT, Herrschaft: »die H. ausz den Händen gēa.« seiner Macht entsagen. (Kohlerwinkel.)

HERTISCH adj.? »Und als er heimkam, stiesz ihn an der hertisch Zittern und bydmen, als das ihm alle seine Glieder erschlagen.« cgm. 402 f. 36ᵇ.

HERTUS. »Haben die Vindelizier für ire Götter geeret Sonn, Mond und Herthumb d. h. die Erden.« Gass.

HERVORSEGNUNG, die, kirchliche Auszsegnung der Wöchnerin. Im Klimmacher Saalbuche von 1784 stet: »werden bei Hervorsegnung von jeder Kindbetterin 6 kr. und 1 Schneller geopfert.«

HERZ in Herzblättle, Günstling: herzschlechtig eine in Mikh. Akt. oft vorkomende Pferdekrankheit.

HEULEN swv. allgem. für lautes Weinen der Kinder oder auch empfindlicher Erwachsener.

HEUSCHRICKEL, Heuschrecke. stm. S. 111ᵇ. Heuschlickel, Strasze. Heuhupfer, Mindelh. Heuspeicher in den Stauden, was sonst Heubarn heiszt, neben der Tenne. Heumarkt, alte Oertlichkeit in A. Bildl. Heugaul, langfüszige grobgliederige Person. Heuwag, die, in Augsb. Heuzeichen, in der Heuwag notwendig. Mrkt. Ordg.

HEXE. Gass. zält folgende Namen ausz der Hexenzeit auf: Hennenflügel, Rappenfuesz, Hundsköpf, Heydexen, Seelendieb, Hellhund, Palikrazen, Rossdreck, Zerrendreck u. s. w. Hexengässle in Burgau und Günzburg. Hexenbelz, ein sagenhafter Pelz am Barfüszerturm, dessen sich die bekante Hexe bei iren Farten bediente. Nach der uralten Sage soll eine Hexe dem heranstürmenden Attila bei der St. Afrakapelle, die er schon zerstört hatte, bevor er über den Flusz wollte, als uralte häszliche Gestalt entgegengeritten sein, auf eben so häszlichem Rosse, unter dreimaligem fürchterlichem Rufe: Zurück Attila! das soll Attila so in Schrecken gejagt haben, dasz er floh und Augsburg blieb geschont. So die Sage. Einer genauern Untersuchung möge esz vorbehalten sein, zu erforschen, wer die Sage zuerst bringt und ob die Wêmutter zu der Hexe in keiner Beziehung stet. Augsb. schwäbisch ist auch die Red. A. bei einer Windsbraut: siechst d'Hex nett fliega! Du siehst ausz wie d'Hex am Barfüszertor! wird zu einer zerzausten Weibsperson gesagt.

HEZENJUNKER. Der junge Schwarz stet mit einem Falken auf der Hand als Jagdjunker da, dabei heiszt esz: ›Adi 2. Okt. 1516 war dises meine erste Kleidung wider auf teutsch zw Augspurg, da ich wollt werden ein Hezenjunker.‹ S. 33. Hezwagen, Jagdwagen: ›adi 6. Julio luos ich mich also krank und schwach uff ainem Hetzwagen gen Cöln füren.‹ L. Rem. 22.

HIEIG adj. für nhd. hiesig allgem. in Augsb. Schriftwerken: ›hyeig und fremd burger.‹ S. 139ᵃ. ›die allhieigen Sailer.‹ Sailer O. u. s. w.

HIESELN, hänseln. ›Moīst i lasz mi hieseln‹ Staud.

HIGELHAGELFEZA, gibt eine Art superl. Bedeutung: ser stark, z. B. vom Donnerwetter.

HILLEN, sich, swv. hallen, ein Echo geben: ›dês hât sê verhill t.‹ Langenerringen.

HIMEL 1) Traghimel, in der Kirche: ›unter einem seydin Schirm, der gemeine Mann nennet esz einen Traghimel,‹ Gass. So heiszt er noch im Volke. In Denkmälern schlechthin Himel: ›sie haben den Himel getragen, darunter der Kaiser ist eingezochen.‹ S. 195ᵇ. ›Und ist der Legat bei der Prozess unter dem H. gangen.‹ 202ᵃ. ›Unter den Thomherrn Himel.‹ f. 277ᵃ. ›Da ritt der Kaiser ausz unter der von Augsburg H. nach alter Gewonheit und der Thomherrenhimel.‹ 504ᵃ. ›Und ist der Legat unter einem schlechten Himel schier halb spottweis gefürt worden.‹ 338ᵃ. ›Im künftigen Gerichte Christi werden weder Gewelber — noch Kanzeln mit gedeckten Himeln sein.‹ Gass. Blauhimelamt sieh B.

HIMELFEUER, Sunwendfeuer, St. Johannesfeuer. Den schon bekanten Tanz Philipps mit der schönen Neidhartin ausz Ulm um das Sunwendfeuer in Augsb. erzält S. also: ›Nach Pfingsten hat der römisch König und sein Sun Philippus 10 Fuder Holz auf den Fronhof lauszen füeren und nach Ave Maria's Zeit ein Himelfewr gehebt und Herzog Philipp und sein Adel zu dreimal um das Feuer danzet. Das gelegt Holz hat 93 Zeyl an der Höhe. Herzog Philipp tanzet mit Ursula

Neidhartin etwa Hansen Burgermeisters von Ulm Tochter.‹ f. 262ᵇ ›Da sind 2 Spanier auf das brinnet **Hymelfewer** hinaufklumen.‹ f. 511ᵇ. **Himelhur**, spöttisch roh, Nonne. RedensArt: der **Himel blostet**, esz wird bald regnen; der **Himel komt**, wenn man die Sterbsakramente zu dem Kranken bringt.

HIMELIZEN swv. splendere; cgm. 685 f. 38ᵃ. Heute noch in bayer. Gegenden und kaum schwäbisch für **blizen**.

HIMELZIGE, Begina. cgm. 685 f. 17ᵃ.

HINAUSZSTAMPERN swv. einem höflich die Türe weisen.

HINBAUSCHEN swv. ›Wenn nit gleich alles auf einander hingebauscht wird und davongeschlutert, so kann vil Plaz menagiert werden.‹ Reinhardsh. Pfarrbch.

HINBETEN, hinauszbeten, Todtengebete beten, auch hie und da dem Sterbenden vorbeten.

HINDERE, HINTERE, der, podex. ›Hett ain grosse Taschen auf dem **Hindern** hangen, die fiel auf und wischet dann ein groszer Schwanz herausz.‹ Horm. 1834. S. 146. ›Und er schlug sein veind in die **hindern**.‹ cgm. 82 f. 146ᵇ.

Alte Weiber und Enta
Schnaddret über da Sea
Und wenn sie wend vertrinka,
Nao recket se da **Hindera** in
d'Heah. Stauden.

2) Adj. ›ô herr, ich beger daz dein heiliger fronleichnam sei mein **hinderste pfründt**, die ich nyezen und der ich êwiglich geleben sol.‹ cgm. 78 f. 92ᵃ.

3) Adv. Bildung: ›**hinterwertlingen** zu einem lauffen.‹ S. 416ᵃ. ›Und wurfen ihn mit dem Har **hinterwërtlingen** one alle Barmherzigkeit. cgm. 402 f. 138ᵇ.

HINFÜRER bei Regiom. oft (1518): ›ein lieger und trieger, ein **Hinfürer**, Mörder.‹ Der im Skorpion Geborene ist ein ›**Hinfürer** und ein ubelgethaner Mensch.‹ ›Wer im Dracken geboren wird, wird untreu und ein **Hinfürer**,‹ u. s. w.

HINSCHWÖRIN, Gelöbnis: ›dasz bei den offenen Gengen zu den **Hinschwörin** und Hochzeiten den Vor- oder Nachgang haben.‹ Vergleich v. 1531. In Ulmer Akten heiszt der festliche Verlobungstag ›Tag des **Hinschwörens**.‹

HINTERHALTEN stv. Unterschleif gewären. Urkde. 1634.

HINWERF, der, Auszwurf. ›Ich pin ein Laster der Lewt und ein **Hinwerf** des Volks.‹ hs. 15. Jarhundert.

HIRN spr. hira, ştira in Hiraknatsche, Mohn. Riesz. Hirawurst von Hirn u. Schweinsblut. Hirakappa bei Frauen und Ochsen; bei leztern ist das Riemenwerk am Kumet oder der gepolsterte Tuchfleck unter dem Joche gemeint. Kohlerwinkel.

Hirnschläpplen, eine Zier der Frauen am Kopfe. »Ingleichen mögen sie die Hirnschläpplen wol von gutem glatten Samet machen, doch dasz sie sampt aller Zugehör nicht über 2 fl. komen.« Poliz. Ordg 1683. »Die Hirnschläpplein oder Visier, sollen von keinem glatten Samet, wol aber ausz Tripsamet und andern seydenen Zeugen gemacht werden, dasz keines über 1 fl. 30 kr. mit aller Zugehör koste.« a. a. O Conlin: »unverständige Strohirn zu Würden sezen.« Hom. S. »Ist alles gleich wieder vergeszen: haben Kazenhirn: riecht alles gleich wiederum ausz.« »Morgen ist alles vergeszen: Kazenhirn!« »Du hauşt koï hira! Schelte. Allgemein.

HIRSCHFAISTIN, die, Hirschjagd. »Unkosten der Zehrung als Erzherzog Ferdinand uff der Hirschfaistin zu Mickhausen gewest.« Rechnung von 1569. Disz blosz bayerisch-österreich. und seinen nächsten Gränzen angehörende Wort hat seine richtige Erklärung bis jezt noch nicht gefunden. Grimm. Wb. III, 1465 hält esz mit Schweisz zusamen. »In der Faiszen.« cgm. 289 f. 103b.

HIRSCHLING neben **Rehling**, **Tannling** im Illertale, bekante Pilze. In e. alten Augsb. Mrkt. O komen Rehlinge u. Pilzlinge als Verkaufsartikel vor. Gramm. III, 376. 782.

HIRTEN heiszen in den Stauden die Viehhüter der einzelnen Bauern, meist junge 12—15järige Buben. In dem Gersthofer Weistum erscheint ein **Grosz**- und **Kleinhirt**, natürlich ist die Sprache von dem Dorfhirten: »Die Dorfgemeine solle einen Hirten bestellen; dem Groszhirten solle ein Mayer 15 Laib und diesem und dem Kleinhirten jedem alle Bäch einen gewonlichen Zelten geben.« Der rechtsaltertüml. Auszdruck Hirtenstab erscheint in Mickhaus. Akt v 1567. Akermiete, Hirtenstab, 1569. Hirtenschüszel, Gesamtlon des Dorfhirten. Im Sigertshofer Pfarrbuche 1598 stet: »In der Kreuzschlau haben die zur Sigertshofen Macht zu hauen, was das Haberfeld daligt, gibt, darausz in die Hirtenschüszel 2 fl.« »Gall Albrecht soll alle Jar in die Hürdtenschüszel zalen, dasz man in anmaden laszt.«

Zeitwort: **verhirtlonen, hirtlonen** swv. »Ungehürtlonet durchausz frei ledig gen.« Fischacher Stat. »Vereszet und verhürtlonet.« a. a. O. »Item so sollen zugleich Pauren und Söldner jeder 2 Schwein verbssen und verhürtlonen.« Wilmatshofer O.

Das Stadtr hat d. gemein mhd. Form **hërtaer** f. Hirte.

HISTORIE gebraucht cgm. 168 öfters für Epistel und Evangelien des Sountages, die »sunnentägliche historie sprechen.« f. 5ª.

HIZEN swv. erhizen »Der englische Schweisz hat also geprendt und **gehizet**.« S. 468ᵇ.

HIZLER, carnifex vel tortor. cgm. 685 f. 22ᵇ.

HO, HO! Ruf für das Groszvieh. Birkach. Der Hunderuf: da! da!

HOBEL, collis. cgm. 685 f. 31ᵃ. Süddeutsch. In dem Pfreimter cgm. 530: »alle Berge und Hobele werden gedehmütigt.« f. 6ᵇ. »Hobel u. Büchel« f. 121ᵇ.

HOBELWAGEN, Leichenwagen, eigentlich Deckelwagen. Im Servatius, Hpt. Ztschrft. V, 178. V. 3421 stet: »und warf den bârhobel dan«, d. h. den Deckel oder Erhöhung, was mit Hobel, collis, zusamenfällt. Schmid fürt Hoppelwagen an für Kutsche S. 281. Frisch I, 457ᵃ hat Hobelwagen für Kobelwagen auch. Hobel und Kobel dürften also nicht von einander getrennt werden. Im Strafbuche des Weberhauses — mündlich kan ich esz nicht nachweisen — stet »den 13. Juni 1660 sind 10 Gesellen um je 10 kr. gestraft worden, dasz sie am Montage nach dem Quatember in dem Hobelwagen herumgefaren.« Sender f. 179: »Und bei St. Elizabeth Kapell hat man den Hobel mit ainem schwarzen wullin tuch ab dem Wagen gehebt. Da haben 4 Edelleut seines Hofgesinds in schwarzen Klagkleidern und kappen den Hobel genomen und ihn tragen zu U. L. Frauen Kirchen, da hand sye in Mitten der Kirchen auf das Pflez niedergesezt.« — »Auf dem Hobel und schwarzen tuch ist gelegen ein weisz kreutz und sein Cardinalhut.« f. 180ᵃ

HOCH, spr. hoah; Höche spr. Heache. »Der hoache Weg« beim Dom. Urkde. 1629. »Hochholz auf'm Moos oder Herbrechten« genannt, am Lech. Jezt abgegangen. He abergäcker, Stauden. Im hohen Meer, eine alte Augsb Wirtschaft. Hohenreut, Wald N. Zacher. Urkd. 1246.

HOCHGESCHOREN part. stolz, aufgepuzt, eitel.

HOCHZEIT in Zusamensezungen sieh das 2. Wort. Hochzeitsagerin neben Leichensagerin in A. Wein- und Bierhochzeiten, Freihochzeiten cgm. 2046. Nachhochzeit, auf dem Lande zugleich Zaltag der jungen Eheleute. Hochzeit-Sprüche, als unsittlich 1556 verboten.

HOF, Fest, besonders Familienfest. »Auf diesen Tag, da der Hof seiner Freundschaft war.« Horm. 1834 S. 131. Kindbötthöfe bei Conlin. Hofatlein? »Und aines tages was er gewesen an einem hoffatlein.« cgm. 259 f. 11ᵃ. Hofäcker bei Wäringen. Fünferhof, Kaufb. Spitalgut in Beckstetten Zacher 46.

HOFIEREN. 1) mit Saitenspil ein Ständchen bringen Der Stadt Augsburg Beruf 1541. 2) cacare. In einem Prozeze des Weberhauses von 1787 heiszt esz von einem Webergesellen, er hätte in die Hand hofiert und das Kot auf seines (Anklägers) Arbeitsstul geworfen. Ich halte das Wort für süddeutsch nicht vollkomen volküblich, denn o ist mundartlich unrichtig, esz sollte das Wort huofieren heiszen, d. h. tun, was sich gehört, zu Behuf stend; dann in 2. Linie tun, was Not ist, d. h. seine Notdurft verrichten. So könen wir das Göttingisch-Grubenhagensche »sin behauf daun,« cacare. damit vereinen.

HOFMAISTER. 1) der Frater und Klostermaister von Niederschönefeld, daneben auch Hochmaister. Hofmaister hiesz 2) der Ulmer Hospitalpfleger; so lange die Anstalt noch halbgaistliche Einrichtung hatte, war er blosz Maister. Ob A. Beschrbg. S. 104.

HOLDER allgem. schwäb. gegenüber bayer. Holler. cgm. 402 f. 126ᵃ »und schlugen jn mit starken holdern« d. h. Holderstöcken, Gerten.

HÖLLE erscheint in Süddeutschland ser häufig als Ortsbezeichnung für Burgställe, Wälder u. s. w. Die Hölle in A worauf das Pfärrle stet; in der Höll, bei Günzburg, Soldatengrab u. Bergwerkspuren; Höll, ein Stadtteil von Burgau; Höllenäcker, Reinhardshausen. Höllschlau (Stauden), die Hölle bei Stettenhofen. Ich ziehe noch auszwärtige Beispile herbei, um leichter die richtige Erklärung zu bekomen: zur obern Hölle, ein altes Haus in Radolfszell; Höllenstein, 1) bei Stetten a. k. Markt. 2) Flur N. Mülh. Urbar. 3) bei Heidenheim. 4) bei Tübingen. Höllensteig, Wald bei Erbstetten, neben Höllahau. Höllenweiher b. Tiefenbach. Hölldorf, Höllgässle, Andelfing. Flur N. Höllgraben in Ueberlingen; Höllental beim Riedental gegen Gleiszenburg; Höllacker, Wendelsheimer Markung; Höllwangen, Ueberlingen; Höll, Königseggwld. Höllwald zwischen Göppel u. Buch u. s. w. In den meisten angefürten Fällen ligt altes häli gäh, steil, zu Grunde, das sich nur noch volküblich in der Bedeutung schlüpferig erhalten hat. Die wenigen urkundl. Belege obiger Flur- u. Bergwaldbezeichnungen weisen imer hêl- auf: Helunstein und das einfachste wäre, die Zwikauersche ö-Schreibung zu streichen und e zu sezen. Anlenungen an Hölle mögen nicht selten mit unterlaufen, da häli nicht mer verstanden wird.

HOLLENDORF, abgegangener Ort zwischen Ried und Aretsried; nur noch als Flurname lebend.

HÖLLHAFEN sieh mein Wbl. 44. In Mickh. Rechnungen 1642 u. Harter Inv.: »Um einen Höllhafen und Höllhafenkachel und um Einsezung dessen im Maisterhaus.« Sonst heiszt der Teil des Hinterofens, worauf Kinder gerne sizen Höll.

HOLLHIPPER, der, Schmäher.

hollhippen, Zeitwort, in⸗wirtemb. Kirchen O. oft. »Sind bei den Holippern in die Schul gegangen.« S. 889ᵇ. Adj. hollhippisch: »h. und skurrilische libellen.« Ord. d. Univ. Tübingen 1601. Bei Th. Paracelsus nicht selten

HOLLIPPENOREN. »Ihr Mund ist ein süszer Honigfladen, ihre Zungen ein süszer Latwergenschniz, ihre Händ und Finger sind von Marzepan, sie hat hollippen Oren und ihr Nasen ist ein Zuckerflusz, ihre Augen seind ein süsze Sulzen.« Conlin.

HOLZ. Borzenholz, Klaubholz, Wegholz sind in den Schriftwerken einander entgegengesezt. Quatemberholz, eine Reichnis der Stadt an Corporationen oder einzelne Personen. »Unholz, esz seyen Stöck, Stauden und Widen.« Mezg. Akten. Holzböden heiszen in den Stauden herabgekomene Kleinholzwaldungen, die nach und nach ausgestockt werden. »Aus den abgetriebenen Holzböden.« Klimmacher Pfarrbch. Im Stdtr. komt das Hûstetter (Haustetter) Holz häufig vor. Brenneholz, a. a. O. Holz apprechen, Flöszer Fachauszdruck = den Weg versperren durch falsches Anbinden des Lechholzes. Stdtr. Nach dem 30järigen Kriege komen 30 städtische Holzmeszer vor in A. Für Wald ist Holz fast allgemein gebraucht in der Zusamensezung, z. B. Egetholz, Hasleholz, Heilingholz, Klimmach, Hintersholz (Döpshofen), im heiszen Reiterhölzlein, Flur N. Mickhaus. Akten 1610. Bistumsholz, 14. Jarhd. b. Mickh. »In den Holzstöcken u. Holzstellen« heiszen 2 Oertlichkeiten im Illertal (in villis sylvaticis). In der Torschreib. O. 1722: Gült-Holz, Kohlenbauern. Buzholz, Waldname. Zacher 240. In Klimmach sagt man für allgemein schwäb. spalten: Holz verschlagen; anderwärts H. klieben. »Mit Pfannenholz abstrafen« rechtsaltertümliche Sitte in Mickhaus. Strafakten v. 16. Jarhd. ab nicht selten. Esz war eine mildere Strafe für solche, die Geldstrafen nicht prästieren konten. Wegen Läugnung der Schwängerung wurde N. zu 8 fl. gestraft, und der »Tochter noch dazu ein Tag das Pfannenholz angeschlagen.« 1607. Ein Rätsel in den Stauden: (Borer.)
Esz get im Holz
Esz stet im Holz
Und scheiszt weisze Böllele.
Holzhaus neben der Fuggerei für 32 arme fremde Blaterkranke. Holzbock und Holzkaz, eigensinnige Personen, Kinder. Holzbock hiesz Seb. Schertlins Fändrich. S. 553. Ebenso ein Kaufmann Jakob H. L. Rem. 13

HONIGSCHEISZER, ein überschwenglich süszlicher Mensch. Bald spricht man Hong, bald Hõg; das Honik, Stadtr.

HOPFENSAIGER, cola vel

seigtuch cgm. 685 f. 30.*. Die Hopfenwirte zu Erlingen komen urkdl. schon 1672 vor. »Einen Bauch haben wie ein böhmischer Hopfensack.« Conlin. Das Hopfenzopfen mit unlauteren Absichten in d. Memminger Stdtr. verboten.

HOPPASSLE, dim. zu hoppen salire gehörend: ein zweiräderiger Wagen mit einem Pferde.

HOPPEN, die, scheinen Erhöhungen zu sein: »dieselbe Hoppen und Räudigkeit nennen wir jezunder Franzosen.« Gass. Bei Martin Müller S. 30 heiszen in der Dorfstechersprache Erhöhungen: Hoppen oder Burren.

HORAX DAX! Ermunterungsauszruf. In Niederschwb. ist hurex dex üblich. Mein Wb. 46.

HORES MORES! allgem. volküblich um Günzburg, ausz »honores mutant mores.«

HORGLEN swv. sich auf dem Boden wälzen.

HORN spr. höra, höara, dim. hörele; als Bergvorsprung ser häufig in Schwaben. »Auf dem Horn« in A. »Zu oberst des Berglins, so man sonsten das Horn nennet.« Gass. Hörele, ein hufeisenförmiges, in Schmalz gebackenes Eierbrot. A. Hörnle als Familienname. A. 1406 erscheint ein Bürgermeister dises Namens. Hoarama heiszt im Reime vom Jäckele der den Mezger abtut, der Teufel.

»Dr. Hoaramã soll da Mezger buffa, Der Hoaramã mag da Mezger buffa« u. s. w. Im Kohlerwinkel allgem. für Teufel. Alte Formen hurn, Einhurn, Einhürn begegnen häufig. Hornaff artocoper: hornaf vel krapffer. cgm. 685 f. 12ᵇ. Hornblasenszeit »zwischen H. sich im Hause finden laszen.« Ordg. 1647. Das Hornabschneiden, eine alte jezt abgegangene Sitte im Kolerwinkel und sonst. Im Frühjare bevor das Vieh auf die Weide gelaszen ward, kam der Hirte mit einem Gemeinderat; dafür bekam er ein Ei und 1 Kreuzer.

HÖSELWANG (hasil-) bei Ramming. Hesselberg, mit d. Feste.

HOSEN in Hosensack, Nabelbruch; Hosabändel, bändelförmige Nudeltaigstriemen eigens gebacken in Schmalz; nachher werden sie zum Ablaufen über ein anderes Geschirr gehalten. Hosalottle, vernachläszigter Mensch; hie und da auch gemütlicher Bursche. Grünhösler, grünhoset vom Frosche: »ist der Vater ein Flucher und Gotteslästerer bei dem es auch mitten im Winter donnert und hagelt, der wie ein grünhosender Frosch und Lackenmusikant mit seiner Pfundgoschen den Himel anquakst.« Conlin. »Grünhösler.« H. S. Red. A. Vil Hosen zu waschen haben, in der Einbildung viles zu tun haben. »Heint frait mi dia Laicht schöa, weil i koine schwarze Hosa haü«, ich bin ganz unvorbereitet bei unvorhergesehenen Fällen.

HOTTELN swv. schlecht reiten; Hottele, Pferd in d. Kindersprache. Hottagäule im Reime in den Stauden:

Marile, Mareile
Du zuckersüsz Mäule
Leich mer deï Zäumle
Zum Hottagäule.

Hottô, hottô Gäule
Meï Vater schlecht a Säule,
Der Müller schlecht a roate Kuah:
Vater dürf i itt derzua?
Noï du dergt itt derzua
'S ist so gar a beaseKuah. Std.

HÜBSLERIN, öffentliche Hure. Stdtr. Orig. Schmid Wb. 289 list Hübscherin, was in Abschriften vorkomt.

HUDELN swv. »Jezt ist er sein Lebtag geschlagen, sein Lebtag ein armer Mann, die (s. Weib) wird ihn hudlen und ihme die Kappen waschen.« H. S.

HUDELUM sieh Sautreiben im Anhange.

HUDERLE neben Huberle sonst, dim. 1) Lamm. 2) guter dummer — 3) mürrischer Mensch. Riesz. Huderleblut, roter, süszer Tirolerwein.

HUFEISEN in der Red. Art. »ein Hufeisen verloren haben,« vor der kirchlichen Einsegung niederkomen oder schwanger gen.

HÜFTLE, das, in der Mezgersprache das Schweifstück des Ochsen.

HUI! Auszruf: »huy auf, Esel, fort Eselin!« H. S. Conlin hat auch hu, ha! Mein Wbl. 45.
»Hui Buben, welcher kauft?« Kleiderb. 104.

HUIERLING, Heuerling heiszen die Buben vom 14—18 Jar, die noch nicht mit den Erwachsenen tun dürfen. Behlingen. In Wurmling. Heuliecher genannt.

HUITSCHERLE neben Huiserle, Füllen. Riesz.

HÜLE, die, ahd. huliwa, Regenwaszergrube, Dorflache. Hüle bei Laugna; bei Geratshofen ist die Ochsenhüle. »Das erst ist, dasz das Waszer nit ein ursprung hab usz ainer Lachen oder von ainer hulben, wann die Lachen oder Hulben habend gemainlich stehendes Waszer.« cgm. 201 f. 42ª. Mein Wbl. 45. »Darinn was ein hülin, die stank und smakt gar ser.« cgm. 138 f. 50ᵇ. Ob hier Höle? Im Kohlerwinkel ist Hüle = Holweg.

HUMEL, Langeneifnacher Wald. Humelweiherle, Humelholz. a. a. O. Mein Wbl. 45.

HÜMPELEI, die. »So gut sie bei Pfaffen, München, Thomherrn gefunden, — der Abgötterei ein Aufnemen zu machen, deren Hümpelei sich vorige Regenten in ihre Lungen geschemet haben.« Dr. G. Müller. Schmell. II, 197.

HUMSEN swv. u. Subst. »Diese Frösche (Egypten) machten den Leuten mit ihren Molesten und überdrüszigen Humsen und Stechen über d'Massen vil Ungelegenheit.‹ H. S. ›O giftige, teuflische, murrische, humsende, unverschamte Schnacken!‹ a. a. O. ›Dasz Gott erbarm, wer will einer solchen humbsenden, brumsenden, murreten, kurreten Orgel (Weib), einer solchen humbseten Bremen oder Schnacken wiedersprechen?‹ a. a. O. Mein Wbl. 45. - HUN pl. hiener in den Schriftwerken. Hünerdärm kaufen in den Augsb. Auszrufen, sieh Anhang. Hünerberg, Dietkircher Flurname. ›Wollt ihr auch — grumpfig und muffig sein, als wie ein pfipfigs Hun.‹ Buzenbercht, Anhang. Im cgm. 601 f. 10ᵃ: ›mürb als ein hünlin,‹ d. h. weich gekocht. Hünerer, der Geflügel, Schmalz etc. kauft. Stdtr. Hun bei Vergleichungen: ›prot sovil als eines hunes glid lanch.‹ cgm. 317 f. 21ᵃ. Derselbe cod. braucht neben änlichen Vergleichungen ›eines groszen phennings weit.‹ f. 24ᵇ d. h. so vil Gift, als in einer solchen Pf. gen mag. (Mer bayerisch.)

HUND. In Mickhaus. Rechgen. v. 1560 komt der Herrschaft gehörig ›ein Fronhund nebst einem Swanen‹ vor. Hundsgraben ›mit dem Sparren- und Lauterlech zur Wescherei und Heimlichkeiten dienstlich.‹ Gass. Buzenbercht: Ich tu den Frommen nichts, die Bösen will ich plagen Und sie in Lech, Mägdloch, Hundsgraben Mistgrub tragen. Hundsschwanz, rohe Scheltebes. für ledige Bauernbursche. Die hundischen Tag in d. Astr. oft. Red. A. ›Der Hund get im vorm Liechte um,‹ etwas Geheimnisvolles versten, merken. ›Er griff die Sach doch hinterfür an, weil er sich darauf verstet, wie der Hund auf den Mittag.‹ H. S. In der Gegend von Füszen sagt man scherzhaft ›du ghearst neĭ, wao d'r Hund neĭ gheart.‹ d. h. zu den Oren. ›Den Hunden läuten‹ heiszt esz, wenn Leute unter dem Tische mit den Füszen gampen oder schlenkern. In den Stauden haben die Kinder den Schnellsprechvers: ›Neun junge Hund unter der Bruck.‹ Hundsfud, die, vertragen, sieh Mockel vertragen. Hundsfud ker um! ein Gässchen in A. In Happels akadem. Roman schreien die Studenten Hundsvogt, Hundsvogt! In Bolsterlang ›läszt man's 'm Hund gelta.‹ Die B. beteten in der Kirche einst einen Rosenkranz: auf einmal blieben sie stecken und keiner wuste, wie weit sie im Rosenkranz waren; da rief einer ›dês laot ma 'm Hund gelta‹ und sie fiengen wieder von vorne an. Sie mögens nicht hören.

HUNGERBERG bei Wilmetshofen und Oberschönefeld; Flur N. In Schwaben häufig. Hungerbrunnen gibt esz überall (Baiszweil). Hungerbrunnenäder. Flur, Wehringen. Hungerschlau, Fischacher Tobel. Hungerbach bei Amberg. Hungertuch. »Das H. zu St. Morizen ist gemalt worden.« S. 241ᵇ. »A. 1513 ist das H. zu St. Ulrich gemalt worden.« f. 834ᵃ. Schm. II, 214.

HUPPEN od. HUTTEN, 1) alte Kleider. Burgau. 2) Hutten, liederliche Weibspersonen in A.

HÜPPENTRAGER. »Desgleichen sollen alle Spilleut, H., Freihirten, und lächerliche üppige Sprüch und Tanzleut der Wirts und Zunfthäuser müszig sten.« Der Stadt Beruf 1541.

HURE 1) in der Waidmannssprache: »Nun will ich dich leren, wie du ein Huren erkennen solt auf einem neugefallenen Schnee. Wa ein Hur gåt, so get sie albeg hinüber über den Weg und gêt rechten — als der Hirsz.« cgm. 289 f. 107ᵇ. 2) Im Augsb. Elucid. 1543: Schwaben ist so ein unkeusch Volk, dasz es selten zu rechtem mannbaren Alter kompt: gibt vil Hurn. In Oberschwaben, im Allgäu musz das Hur- die Superlativbedeutung abgeben: aber imer im üblen Sinne: Hurameszer, das nicht schneidet, Huraborer, schlechter Borer, Huraholz, das sich nicht gern spalten läszt, Hurabub, unfolgsamer Bube, bes. der als Hirte schlecht Obacht gibt. Huramusick u. s. w. Hurenschnecke, kleine Schnecke. Hurenschwanz im Mickh. Strafbuche. Injurie. Hurenwinkel, in der Web. O. verpönt. Hurei, Ulmer Sitt. Ordg. 1574. Hurenschnabel, Schelte. Conlin.

HURLEN, rollen. A.

HURNAUSZEN, ein Kinderspil. Kleiderb. Vrgl. brieten. Rochholz, Alam. Kinderlied. S. 452.

HURTEN pl. 1) lange Backbretter, worauf der Taig sizt, bevor er in den Ofen kömt. 2) Lange Obstdörrbretter. 3) die hurt stf. Flechtwerk von Reisern, Hürde, namentlich um darauf Jemand zu verbrennen. Wack. Wb. 4. 143ᵃ. »Unde swem ûf die hurt er teilt wirt umbe kezerîe, dâ ist man im nihtes schuldic von als iner gevangen wirt under der gürtel.« Stdtr. f. 22ᵃ. »Wirt der bewaert, den sol man dem vogte antwurten mit libe und mit gute unde sol er uber in rihten mit der hurt.« f. 39ᵇ. »Sol er der christenheit rihten alsô dasz man in ûf der hurde brennen sol.« a. a. O.

HUSCH, HUSCH! Ruf bei frostiger Kälte. »Ist David gangen, so hat ihn begleitet der Husch, Husch; ist er geritten, so ist hinter ihm geritten der Husch, Husch; ist er gelegen, so war neben seiner gelegen der Husch, Husch.« Conlin. Zeitw. huschen, sich. »Der Zeit huscht sich gar nichts mehr.« a. a. O.

HUSEN, Hausen, Fische. Stdtr. f. 12ᵃ: »ein ieglich burger der hûsen herbringet, der mack den wol finden ûf dem market unde sol in des niemen irren. bringet aber ein Gast hûsen her, der sol des ûf dem markte nit finden, âne des burggrâven urlaup.« »Underkeufel — ze bachen, ze haeringe, ze hûsen« u. s. w. f. 21ᵇ. Mein Wbl. 41.

HUSSECKEN wie Rieszisch Kasaken, pallae, weibliche Oberkleider. »A. 1497 kam erstlich der Gebrauch auf, dasz die Bräute, welche mit einem langen Hussecken angetan — auf dem Haupt ein Schleier pflegten aufzuhaben.« u. s. w. Gass. »Sonderlich (den Weibspersonen) aber die gut atlaszene Röck und die Hussegen von Terzenell und andern dergleichen seydinen Zeugen zu machen verboten.« Poliz. O. 1683.

HÜST u. HOTT! Furmannsruf. Gramm. III, 310. 780. Sollte nicht hvist, wist, west vermutet werden dürfen? Der Germane richtete das Gesicht gen Norden »wist« = West, d. h. links.

HUT. Kopfbedekung. »Mein Gott! wie vielerlei Form und Modi der Hüthen haben sie nicht in wenig Jaren zugetragen? Bald einen Hut wie ein Buterhafen, bald einen spizigen Hut wie ein Zuckerhut, bald wie einen Cardinalshut, bald wie einen Schlapphut, bald einen zottigen, bald einen glatten Hut, da einen Hut von Gaiszhaar, dort einen Hut von Kameelhaar, da einen Hut von Biberhaar, dort einen Hut von Affenhaar, da einen Hut wie einen Schwarzwälder Käsz, dort einen Hut wie einen Schweitzerkäsz, da einen Hut wie einen Holländischen Käsz u. s. w. Wie vielerlei Form und Modi der Hutschnüren haben sie nicht? Bald eine härene, bald eine fädene, bald eine genähete, bald eine gestrickte, bald eine taffete, bald eine geflochtene, bald eine geschlagene, bald eine runde, bald eine viereckige, bald eine silberne, bald eine guldene u. s. w.« Conlin. Hüetlisbälen, ein Bubenspil; esz gilt seinen Bâl in eine der aufgelegten Kappen zu werfen: wessen Kappe getroffen wird, darf die andern werfen. Eisenhut, uralte Augsb. Wirtschaft.

HUT, die, Wache, Aufsicht. In A. gab esz eine Klenkertorhut, eine Wertachbruckertorhut u. s. w. Die Mezger besaszen die Steffinger Stadthut und die Pferdehut(Waidepläze), sie hatten auf der Hut »Pferrich und Hüethaüsel.« Als städtische Dienste komen vor nach dem 30järigen Kriege: 18 Torhüter, Obstmarkthüter, Brothüter, Hüter auf der Lechhütten, woselbst noch 3 Karrer Dienste taten; 2 Hüttenknecht, Hüttenschreiber, 2 Hüttengegenschreiber. Die Stechhütte der Mezger in Augsb. 1549. In dem Gemeinderecht von Schwabmünchen komt der Hüter als wichtige Person vor. Der Vogt ist schuldig, dasz er dem Dorfe einen Knecht leihe, der für die öffentliche Sicherheit sorgt und ein Hüter heiszt. Diesen schlägt die Gemeinde vor und der Vogt bestätigt ihn. Den Hüter der im Dorfe wont, ruft der arme Mann an, wenn ihm durch Diebstal oder andere Entfremdung Not geschieht. Der Hüter iszt mit den Bauern, jeden Tag bei einem andern. Ist die Ernte reif, so reitet der Hüter auf das Feld und holt sein Hutkorn, indem er einen Fusz auf die Markung des Ackers sezt, den andern in den Acker und auf- und abwärts schneidet, was er mit der Sichel erlangen mag. Herberger's Schwabmünchen. Schindhütte b Münster. Zeit der Viehseuche. In Ulm hiesz das Amt für Kirchen- und Schulwesen Hütte, »auf die Hütten berichten.« Akt. 1671. Die uralte Steinmezhütte in Ulm, nachher ein Schulhaus, heiszt Hütte.

HUZELN pl., gedörrte Birnen. Huzelzelten, Huzelkuchen, besonders zur Weihnachtszeit übliches Backwerk. Huzelbira. Huzelgsind bei Holzmann:
Und gewönlich nur das Huzelgsind
Wird hingeriszen gar geschwind.

I J.

Altes kurzes I.

1) Gotischem und althochd. kurzem I entspricht im Schwäbischen vor einfachem, wie vor doppeltem Mitlauter wieder kurzes I; jedoch trit Denung ein in Folge von Hebung oder Betonung, wie bei a, e, u, o. Auffallende Denung des wurzelhaften I begegnet an der Augsburg-Lindauer Strasze, am Lechrain; desgleichen an der Augsburg-Ulmer Strasze fortlaufend entlang der Strasze über die Alb und, so vil ich gefunden, bis nach Gmünd hin. Sieh oben S. 3ᵃ. Dem gedenten Blād pl. Blēder (folium), Rāz (Ratte), Schāf (Schaff, hölzernes), Flāgs (Flachs), Kālb, Sāz, Plāz, Schāz u. s. w. entspricht gedentes i in Fīsch, Dīsch, frīsch, adj., Brīd (tabula), Schméggəbrīd (Blumenbret), Gschīr (Geschirre), Mīst, Wīsch (Lappen v. Tuch u. s. w.), Schlīda (Schlitten), schlīfern swv. schleifen auf dem Eise, Kindersite. Dazu komen die durch die Nase gesprochenen gedenten i mit folgendem m oder n: lēd (lind), mollis; Lēdəbluə (Lin-

denblüte), Kĕd (Kind), Hĕmel, Schĕmel, Trĕmel u. s. w. Die Bayern sprechen alle hochd. und gemeinschwäbisch gedenten a, i, u, e, o kurz und die kurzen gedent ausz.

2) Im Allgemeinen stet wurzelhaftes i mit reiner Auszsprache schwäbisch fest vor Gaumen- und Zanlauten; vor den flüszigen l, m, n, r leidet die Auszsprache bedeutende Einbusze zu Gunsten des ĕ. Wie Kĕd, Hĕmel, Schĕmel, mĕs, Wĕd, Båərwĕd, Hinterwĕd, lĕ neben leīs, ungesalzen (Klimmach), sogar sĕmme (siben) in Folge Auszfalls des b, per assimil. u. s. w. bezeugen, ist ausz i nasales e geworden; auch vorauszgendes n bewirkt Nasenlaut: nĕder u.s.w. Teils wird i vor r und l zu ie, unten. Endlich erscheint i vor n als eī: feinster (finster), Meīster (Münster, ü schwb. i) feīf, fünf, heī, hin, »maoheī?«(Gspeīster, Gespenster.) Alamanisch in der Baar wird sogar en zu eī, »Meīsch,« Mensch, Mädchen. Esz werden aber auch die Endungs-i der Pron. dĕ (dich), mĕ (mich), sĕ (sie) nasale ĕ. Schmid 294. 3. Schmell. Gramm. § 264. Der cgm. 607 f. 155—188 hat stets se, de für sie, die. Mein Wbl. 46b. Vrgl. altsächs. mē: me; thē: te; sē: ille, u. s. w. neben mi, thi. Gramm. I³. 232. 2. Im Allgäu erhält sich reines, ja fast zu ü übergendes i troz m und n: das Alamanische duldet den schwäb. Nasenlaut nicht. Ganz rein tönt i auch im Altbayerischen: das kimma, Inf., kimm'! Imper. vermag der Schwabe nie so rein zu sprechen. Die niedersächs. Mundarten haben auch reines i sogar für e: Minsch.

3) Eine starke Denung des wurzelhaften i entstand vor r, wie esz bei a, e, o, u wieder erscheint. Niederschwaben hat das Gesez nicht. Hīra (Hirn), Hīraschläpple, eine Kopfbedeckung der Augsb. Frauen; Hīradippel, Schelte, dummer Kerl; Stīra (Stirne); allgemein schwäb. ist Bīr pl. Bīra, Birnen u. s. w. Dagegen kennt Niederschwab. und spurenweise die Augsb. Landschaft eine in Folge des auszgeworfnen r entstandene Denung des i: Hīn, Stīn u. s. w. Die alamanische Baar am Donauursprung hat altes Hīrra, Bīrra, Stīrra u.s.w. Ich füge bei, dasz in Augsburg. Schriftwerken des 15. Jhs. vor l und r gerne ü für i erscheint: verdürbet, verdülggen u.s.w. hs. 144. 7. ürml und Irbl nicht selten (armilo).

4) Dise Denung erscheint in einzelnen Landstrichen auch so, dasz man stat gedentem Hīra, Stīra: Hiərə, Stiərə vernimt. Die allgemein schwäbischen und süddeutschen Belege sind: miər, diər, iər; ferner Hiərsch, Kiərschə, Wiərt u. Wiət, wiətə, Ztw. Gschiər, Bodabiərə, Kartoffeln, Kiərba (Kirchweih), Kiərcha (Allgäu), iərə (irren).

Schmid 295. Schriftliche Denkmäler: **wiert (fit)** cgm. 601 f. 92ª. cgm. 736 f. 8ª. **Wiert (caupo).** Ulm. Sitt. Ordg. und in der Stat Beruf 1541. **Kierche, Kierchen** cgm. 480 f. 19ª. cgm. 373 f. 145ª. **stierbt f. a. a. O. abwierft** f. 147ª. **wierser** f. 153ª. **fiesch im Meer** cgm. 603 f. 19ª. **stierbt** f. 20ª. **beschiermen**, cgm. 480 f. 54ª. **mier.** MB. 23, 531 ad 1329. **siend (sunt), dien (eum)** cgm. 480 f. 32ª. 48ª. **geschrieben im St. R.** gehört streng nicht hieher. **giener**, jener cgm. 603 f. 40ª. **verniemen** cgm. 345 f. 44ᵇ. **wien daz angang — sie baitet, daz sie sin warniem.** Augsb. hs. 1447. **niemant (accipiunt) fienster** cgm. 257 f. 5ª. **engiegen**, cgm. 436 f. 10ᵇ. **hiet, hiette** auch mhd. Formen u. s. w.; dise dürften nicht echt schwäbisch sein. **hierten, wien (quem)** u. s. w. häufig in codd. Vergl. Franz Pfeiffer, Höf. Sprache S. 8, der dise Erscheinung der bayerisch-österreich. Sprache zuschreibt. Vgl. Weinhold, Gramm. §. 102.

5) Alter Ueberrest im Volksmunde und in volktüml. Schriften ist das der Brechung auszgewichene i und das stat des Umlautes auftretende i, im Mittelniederländischen vor n.

a) i für gebrochenes ë. »Winden und wittern.« Staud. **Heuschrickel, Heuschrecke.** (?) **schmirzen** swv. Niederschw. **şmíza** vom Brennen geschürfter Haut. **Glirnig. Liderle, Lederle,** Anfang eines Kinderreimes. Stauden. **nibeln, nebeln; Wichsel,** Wechsel. Asch. Römerkessel. Schriftliche Denkmäler: **schmirzen** bei Holzmann. »alsô smyrzet es die.« Troj. Krg. 31ᵇ. **verschmirzen,** Mund A. 7. **pfligt** im Stdtr. **pflig stête treu!** cgm. 312 f. 35ª. **pflicklich,** Troj. Krg. **pfligikkeit, pflignus** im codd. **nüblig.** Regiom. 1518. **wichseln** Stdtr. **abgewixlet.** Insign. 125. Niederschwäb. **à wisle. Gelirnigheit (des Hundes).** Lang, Zauberei. **Liderin hosen** im Kleiderb. **gelidert hût.** Stdtr. **Lidrin Sack,** Feuerbuch cgm. 156 f. 101. **Girsten, Gefill (fallen)** in codd. **Witter,** cgm. 581 f. 135ª. **Ze der Liechtmisse** MB. 23, 533 ad 1330. cgm. 736 f. 6ª. cgm. 168 f. 67ª. 25ª. **Geliger und gelëger** in Chroniken oft. Im Troj. Kr. stet: **beherbrigt, Beherbrigung (Herberge)** f. 9ª. Vrgl. Kehrein, Gramm. § 58. Rumpelt § 111 S. 220.

b) i für das ausz a umgelautete e. Disz nicht echt süddeutsche Gewächs stört die den oberdeutschen Mundarten eigene Klarheit in der Unterscheidung des Umlautes und der Brechung in e bedeutend. Die allgemein schwäbischen **Britt, Schiff** und **Toadagribel, Irbl** gehören wol nicht hieher, sondern zu einer I Form. Schriftliche Denkmäler: zu altem

† skrikan u. skrakjan stet: »von dem erschricken ganz ellenklich.« Troj. K. Mit groszem Schricken f. 21ᵇ. 36ᵃ. »forchtsam und erschrickig cgm. 601 f. 99ᵃ. schrickig· cgm. 581 f. 135ᵃ. höwschricken cgm. 206 195ᵃ. Heuschrikl S. 111ᵇ. Zu † satjan, sitan: »fürchten u. entsizen.« Ulm. Sitt. Ordg. und Augsb. Dekr. Kein Entsitzen ob Gotteslästerung. Mindelh. Ref. u. s. w. Schwirmen, umherschwirmen Kleiderb. Schnirkel f. Schnörkel. In der Wirme (Wärme) cgm. 736 f. 138ᵃ. Wirme. Regiom. 1512. und oft im cgm. 601. wirlich zu wësan. Gass. Gegenwirtig, Gegenwirtigkeit, cgm. 601 f. 9ᵃ. 59ᵃ. 285ᵃ. Kirzen (Kerzen), nuz und gewir, Irb, Schirg, Hirman|n. MB. 24. 43. Jh. wichst, wächst; stirk, hochfirtig, myr, myrgriesz, hirt (durus), nirten sich, Girten u. s. w. in halb bayer. halb schwäb. codd. Disz Gesez greift in Niederbayern und in der Oberpfalz weit um sich. Schiff wechselt mit Schëff in schwäb. codd. Im Schwäb. gehört Schëff zu den selteneren Fällen. Gramm. Iᵇ 149. 1. Vrgl. Weinhold § 41. S. 24. Schmell. Gr. § 206. Kehrein § 58. In Ebenweiler (Wirtemb.): irger, wirmer, Hirbst, gwirma, hirter, schwirzer u. s. w. (Alamanisch.) Im Altsächs. gewärt der Heliand eine Anzal Beispile, dasz i für umgelautetes a stet. Gramm. Iˢ 235. 2.

6) Unmittelbar anschlieszend erscheint uneigentliches i als Abschwächung von a, wenn die Zusammensezung des zweiten Wortes Ton auf das erste herübernimt, d. h. wenn wurzelhaftes a tonlos wird, was besonders bei den Namen der Wochentage der Fall ist: Sonntig, Mëtig, Dëștig, Aftermëtig, Sampstig, Leabtig u. s. w. Schleicher, Sprache 162. Weinhold Gr. § 23 S. 25 ff. Vergl. im Troj. K. menig got. managei, multitudo. f. 23ᵇ. 36ᵃ. I erscheint ferner für a in Podigram cgm. 436 f 8ᵇ. Endris sieh E. gemeinschwäb. Endrês, Enderle; für e: cappillan cgm. 436 f. 10ᵇ (capellânus); für u: Willmetshofen O. N. urkdL 1343: Wuldmatshofen. Zacher 14. Eingeschoben: Patanye f. patena. cgm. 736 f. 14ᵃ. Im Troj. K.: Amazonier, Barbarier f. 33ᵇ. und oft. Ueber i in eintweder, was das Stdtr. hat und änliche Fälle sieh Gramm. Iˢ. 185. 7. i als Nachhall des l und r, der beiden Halbvokale, in Storich, Kelich (calix), Lerich u. s. w. sieh L und R. »Böse Fische in Pfizigen und faulen Waszern.« Regiom. 1512.

7) Von den fremden Endungen -ius, ium, besonders in Monats-Namen ist nur abgeschwächtes i, d. h. nasales ẽ geblieben; allgem. schwäb. in Februarẽ, Januarẽ, Junẽ, Julẽ, Vicarẽ, Evangelẽ u. s. w. Schriftl. Denkmäler schreiben -i: Evangeli, Inventari

u. s. w. ›ain Herzog ausz Schlesi.‹ S. 157ᵇ. Kanarēvogel. Lĕnē (linea). Kommédē (comoedia). Caocillē.

8) a und e sten für i in Pimpanell b. Holzmann oft. Pestelenz, pestilentia S. 194ᵇ. In der Gegend von Füszen Naumestag, Voarmestag, Nachmittag, Vormittag. Kęşper sieh K. Kersche.Kerschwaşser. Brantw.O. Erdbödem f. -pidem. nemez, niemand. Luz, Tgbch. Und ganz auszfallend: m'r, d'r(suffigiert)'m (im); Ganêrle sieh G. Matêre, Eiter; närrsch; in Hōng, fast allgem. schwäb. Stdtr. honik. halsstark u. verstockt. S. 49ᵇ. Sovǝl, wie vǝl; in den Zalwörtern: zwanzg, dreiszg, vierzg u. s. w. Hostǝ (Hostien). Famillē. Clânêt (Clarinette). Minętrant, Altardiener. Bęętē (bestia), Schelte.

9) Der Abgang des ü im Schwäbischen ist in den Denkmälern angezeigt: Zirch, Tirk, Wolfsmill (Müle), Birgen (Burg) u. s. w. Folgt m oder n, so wird ü dem i gleich wie ēə gesprochen: grēə (grün), Grēəlē, ein übelsichtiger Mensch. Schriftl. Aktenstücke schreiben dem entsprechend pfrĕnd S. 220ᵇ u. s. w.

10) Die altertüml. Superlative mit -ost wechseln in den Denkmälern und im Volksmunde ser oft mit der 2. Superl. Form -ist; allgem. oberdeutsch ist jedoch der Auszfall des i, selbst im Stdtr. durchausz.

11) Die Ortsnamen Jedesheim, Jettingen, Irrsee lauten urkdl. Utesheim, Yttisheim; Uettingen, Ytingen, Uttingen, Uotingen, Otingen; Ursingen, Ursinum, Yrsin u. s. w. Jengen, b. Kaufbeueren ist urkundl. Geningen sieh obeu 173ᵃ. Ittelsburg bei Grönenbach urkundlich Hittelsburg zu S. 209ᵇ.

Ahd. langes I got. EI.

1) Gotischem ei entspricht schwäbisch wieder ei d. h. uralte Lautfortfürung hat allgem. schwäbisch stattgefunden. Alamanisch-Allgäuisch bestet ganz dem ahd. und mhd. geschriebenen î entsprechendes î; ái ist den fränkischen und bayerischen Mundarten eigen. In Augsb. begegnen wir dem von Ostlochleuten wärend viljärigem Verker eingeschleppten ái in der Jacober Vorstadt, die noch allein maszgebend für die alte städtische Sprache sein dürfte: baisza, beiszen, nur v. Hunde. got. beitan; staiga, got. steigan; hairǝdǝ, heiraten; baitscha, peitschen; schnaibə, schneien; raita, Plagiat begen mit fremden Predigten u. s. w. Eigentümlich ist ›'s kailt mí,‹ esz verdriesz mich. Subst. Glaişpə, Splitter; Blai, Blaiştift, Laista (die Leiste) Laistlē, dim. Strait, Aifer, Zwaiglē, der Aibailaib, Mezg. Spizname. Glaiwə, Kleien; Braisle, Preisznestel;

Baischlē, Lungenzuwage vom Schaf; **Schnaible**, Vorderkopf des Kalbes im Gegensaz z. **Ärle**. Ob vielleicht hier ai Umlaut von au: **Schnäuble. Aisen, Eisen; Ais, Eis,** glacies. **Staiffhans,** Mezgerspizname. **Waib, Witwaib, Rüermillewaib, Altwaibersommer; Waichwadel,** aspergillum. **Laicht, Leiche,** conductus; **Waidling,** hölzernes Waschzüberlein; **Waitschaft,** Weite u. s. w. **draia,** drei; **derglaichen, wail** u. s. w. **Laipding** ist Schlagwort: **Laiptingrecht, -gelt, -brief.** Im Riesz reiszt ai ausz Franken; in A. ausz Altbayern ein. In meiner Heimat, Wurmlingen bei Tübingen, hiesz ein Schmid einmal spöttisch ›der **Gailaisiner**‹, d. h. **Gāul-Eisen,** Hufeisen, weil das ai, das er vom fränkischen Hohenlohe mitbrachte, auffiel und lächerlich daüchte.

Schriftliche Denkmäler bezeugen dise künstliche Pflanze der bayerisch-schwäbischen und fränkischen Grenzlande. Die Sermones Tauleri 1508 b. H. Ottmar haben **baiten,** warten, **gebaiten** f. 212ª. ›5 tag **baiten.**‹ f. 220ᵇ. **Aisen, Aisenberg** cgm. 2517. **raicher man,** Horm. 1834. S. 125. **Brunnentaychel** S. 571ª. dô **staigt** er auf's lectorium. f. 215ᵇ. **anderwayt** a. a. O. ain **Saidlin** weins, Pfründ. O. 1462. **gait,** gibt, a. a. O. **Gaiffer,** Ehrenfest 1699. je **verhayter,** S. 373ª. **hayraten** in Web. O. oft; die MB. 23,200 ad 1291: **voctay** (advocatia) u. s. w. ›du **faiger gaist.**‹ cgm. 402 f. 45ᵇ. 49ª. ›**blecherne Sayer.**‹ Hart. Inv. Der cgm. 603 hat: **zaytlich gut, underwaylen, underwaysen, layden, gelaych,** vor **Zaitten, Gotlaydent** Menschen. **Glaichsner, spayen,** mit **Flayszliche, Gaittikeit, Nayd, gespaysct, Waysheit, maidet.** Conlin: **Saite** (Seite), **Bail, Orfaigen,** man tanzt nach der alten **Lairen,** hobeln und **failen, Schaitterhaufen** u. s. w. In Reinhardshausen schrieb ein Pfarrer des vorigen Jhds. in sein Pfarrbuch **wail, erlaiden, traiben, blaiben, Kirchwaihe, Waichbischof** u. s. w. In der Harpfen Davids, Augsb. 1659. IV. pslm. 8: ›er füllt **Spaich**- und Malter 'ein.‹ **Spîhhari,** Speicher. Regiom. hat oft **waitschwaiffig.**

2) Das alamanische Allgäu hat noch mhd. und ahd. î für got. ei. Ob Schwaben i in der Auszsprache gehabt und esz zu ei umwandelte, oder ob ei ursprünglich, was ich annemen möchte, in der Mundart sich forterbte, will ich nicht sicher entscheiden. In wiefern die folgende Stelle bei Gass. zu verwerten ist, mögen andere urteilen: ich sehe nicht ein, was für ein Ereignis so plözlichen Umschwung sollte hervorgerufen haben. Von 1500: ›umb dise Zeit begundten die

Augsburger ire Sprach zu ändern und etwas verständlicher zu reden, also dasz sie zu unserer Zeit bei Regierung Kaiser Ferdinandi ganz anderst redeten dann die Alten. Dann da diselben vor diesem in Auszsprechung des i und u das Maul weit aufsperrten, brauchen sie jezunder dafür ei und au im Schreiben und Reden, und sagen mit halbem Mund allein für allan, auch für ach.‹ Ueber disz Thema sieh Weinhold, Gr. §. 99. Schleicher, Sprache 183. Rumpelt, Gramm. S. 234ᵇ. Rapp in Fromm. Ztschrft. II, 106.

3) Altes î in Subst. so von Adjektiven abgeleitet sind, erscheint noch häufig in schwäb. codd. des 14. 15. Jhs. der cgm. 601 f. 97 ff.: Kelti, Engi, Stilli, zartihalb, Groszi u. s. w. Sinweli, Regiom. 1518. Saumsali. cgm. 372f. 158ᵇ. Oedi, Wiesti; Strengi f. 160ᵇ. 182ᵃ. Pfeiffer, Höf. Sprache 21.

4) Für ahd i = got. ei in Adj.Endungen treffen wir im 14. und 15. Jhd. in schwäb., noch mer aber in bayer. codd. ei: hulzein, stehelein, selbst kunigein, Ingolst. Reime 1562. Ebenso in gutturalen Endungen d. h. in urspr. subst. Zusamensezungen, wie -eich, -leich aber mer in bayer. codd.

5) Eine grosze Auszdenung hat im Augsb. Schwäbischen das ausz altem -lîn abgeschwächte dim. lē, lé, lá. Brütle und Salätle.

Esele. Dotle. Breasele (Brösamlein). Vesperle (nachmittägl. Zwischenbrot). Verschreckerle machen, das Zimmer überschlagen; Stärle, Bierle, Brötle, Achterle (Brot sieh A), Schazele, Schäfle, Wägele, Krezele (Teufel, Kindersprache), Täuble, Träuble, Schmalzwägle, Greasele (Krösele), Süpple, Öfele, Kerwischle. Buzele, Bimperle, kleines Kind. Bäzzele, Bodensaz der auszgesottenen Butter; Memmele, Scheckele, Kazenname; Spile. Gstäddele, ›ə G. Guozelen.‹ Schriftl. Denkm. Bäst und Rindlen (Rinde). Gschirle (Todtenaschen-Behälter). Troj. Krg. 28ᵃ. Pfeyle und Spieszle f. 37ᵃ. Änlin f. 57ᵇ. Schiszle S. f. 183ᵇ. Erkerlin, Wägele. Troj. Krg. Gesindle (oft), Neüs Bädle, Burgerbädle Gass. Gemächlein Gass. Züchtige Tänzlein an St. Mich. Kirchweih. Gewölbte Gänglein, Neidbädlein. Närrlein. Gass. Züberle mit Fischen. Gass. Ein Müsle (Mus), ein Drenkle, cgm. 601 f. 105 u. oft. Mäglin, rugklin, Tropflin, Hederlin, verklaibts Häflin, Gemächlin, Zümpflin, Spizlin der Nase a. a. O. Pfaffengesindtlein. Müller. Eichhörnlin, Ästlin, Aichelin, Berglin. Insig.. ›Mit rotlecht und grünem Häfftlin, das Umschläglin gelb, der Hut am Stulp weisz, das Knöpflin mit dem Federlin gelb.‹ S. Gütlein vertrinken, oft bei Lang. In den Stauden machte man sich bis heute lustig über die Diminitiva, welche die Augsb. Arbeiter mitbrachten.

6) Für î hat cgm. 168: ie; Wienacht, oft. Wiewaszer sprengen f. 24ᵃ. Wiechtag, adj. wiechtaglicher Gesang u. s. w., wobei ich ein wienig als gegen d. Donau, Ulm zu üblich, anfüre und urkdl. ebenso oft durch wiĕnig belegt ist, z. B. cgm 402 f. 18ᵇ. Vrgl. Jochams Bemerkung. in der Bavaria II, 2, S. 815. § 7. Andererseits begegnet das schon ahd. feng für fieng oft, so bei Luc. Rem. u. s. w. S. hat Gemeyl für Gemäl f. 425ᵇ.

Got. ái ahd. mhd. ei, ai.

1) Ueber ái vor h, r, w sieh E S. 133ᵇ. Ich füge ferner an: altes ái (saivala), das niedschw. noch fortlebt, hat sich unorg. in schwb. augsb. codd. erhalten; cgm. 603 f. 4ᵃ: sailig. unsailig f. 10ᵃ. ewige sailigkeit f. 24ᵃ. Sô sind ir sailig. cgm. 437 f. 108. Dem got. saivs entspricht im cgm. 257 f 14ᵃ: Sew: sô vergaut der seuw u. s. w. Vrgl. Gramm. Iᵃ. 185. 7. Ich hörte auch Wibele zu adh. wêwo; ái mit folgend. w—i; sonst kenne ich kein Beispil.

2) Dem ái im Got. vor den übrigen Consonanten entspricht åə und ái oder oi; die alte österreich. Grafschaft Niederhohenberg hat åə; Altwirtemb. und Oberschwaben oi. Das schwäb. Augsb. Gebiet teilt sich in beide: doch herscht oi vor gegen Füeszen åə, was dem Bayerischen und Englischen änlich ist. Loib, Loible, Doppelloible (8 kr. Laib) got. hlaifs engl. loaf. Oid, aiths got. juramentum, engl. oath. Doig, Doigkar, Taig; Oi, ovum. Moiʒter, Maister; Oiszle, pustula; Kloid, engl. cloath; Goisz, gaiteins, Roiff, der Raif. Eingwoid, viscera; Soiff, engl. soap; Loidwesa u. s. w. Loitsoil, Leitseil; broit, breit ›Broitfeld.‹ Goil sieh G. ›a goils Esza;‹ hoil, hail, unversert. Ztw. woicha (waichen), soicha, zoichna, hoisza (háitan). In Klimmach hörte ich boisza, die Aehren an der Garbe abschlagen. ›Wo 6 Drescher sind, wird nicht boiszt‹ a. a. O. was auf baiszen weist; niederschwb. haben wir baosza, ābaosza. In den Stauden meint man den Ton oft auf o also ói zu hören: klóider. Der Würzburger Franke hat in disem Falle ā: läd, fläsch u. s. w. Bei Füszen u. i. Riesz: Loab, Doag, Goasz, Moasz, Roasz, Load, Moaster, Loatsoal, zoaga, hoasz, broat (brait) u. s. w. Weinhold S. 79. Disem Geseze folgt je nach der Gegend, zwai, zwoi, zwoa. In Zusamensezungen bleibt aber, mündlich und in Denkmälern, î statt ái, oi, oa: zwîmädig, Zwîrössler; Zweirössler ist

der Halbbauer zum Unterschide vom Söldner; zwîgädig, Zwîjärling, zwifeltig Stdtr., änlich wie Trispalt der Strafe, Mezg. Akt. Drîfusz, Reinhardshausen und Harter Jnv. Zwien (cgm. 402) bayer. zbien erscheint auch in codd. Oder müszen wir für die Zusamensezungen die adj. Form zwiu ansezen? Folgt auf altes ai m oder n, so trit Näselung ein: hoī, hoīm (haims), Hoīgarta, sonst: in d' Einker ganga; oim, dat. ainnamma; got. loīm, 1) ahd. līm, gluten. 2) leim, limus; Hoīz, Koīz sieh s. v. kloī, Stoī, moīşt, koīz, loītscha, loīna, boīlinga sieh B. Groīna, Boint, oīs; ei jå, ei noī! Dem entsprechend: klōə, »ə klōəs ghett« ein Kind geboren haben. Lōəm, lōənə, Bōənt; in Diedorf ganz an der Staudengränze: alloē, ½ Stunde davon alloī. Sich Mundart S. 10. Mein Wbl. 47. Das Allgäu, in Ermanglung des Nasenlautes, spricht für ái mit folgendem m und n: ui. Huigarta, hui, heim, klui, Stui (Stain), Luim, Gmuid, Bui (Bain) Schmell. § 154.

3) In einzelnen Ortschaften des Kohlerwinkels sprechen die Leute weder oi, noch oa, sondern ein ei mit Hineilen auf i. Maszgebend ist Geíst oder Gəíst; dise Verschidenheit ist so auffallend, dasz die umwonenden Ortschaften damit das Gespötte treiben. Ich möchte fast an änliche Erscheinungen in der Volkssprache anknüpfen, die ‑ von Prädikanten ausz der Fremde eingeschleppt wurden.

4) Altes ái in den Zeitw. vajan, sajan, † drajan (drâhan), lautet bald wie ai, z. B. in den Stauden, bei Oberschönefeld: saiə, maiə, naiə, draiə; in Deubach (Duibə) schon sāə, mäə, näə, drāə; in Günzburg: saia u. s. w., worüber die Bühler mit sāə, mäə etc. sich lustig machen. Schriftliche Denkmäler haben: weyen: »ab dem Turm weyen.« S. f. 82[b]. »Der wind hat heuser umgeweyt.« f. 94[b]. Regiom. 1512. 1518: sewen, segen; weyend (flant venti). Das Hart. Doc. Bch.: »das Sommerige zu mayen.« Der cgm. 480 f. 10[b]: Sēmân, Sämonat; seen, cgm. 419 f. 216. Disz helle reine é für ai begegnet heute im Augsb. Flésch, Fléschkazen; urkdl. Suppenflésch, Sweineflésch, Pfründ. O. 1543. Hans Fléschmann. cgm. 154 f. 9[b]. In der Baar ist fléschig = schwammig. Ferner 's wecht, flat ventus, néə, méə, séə u. s. w.

5) Für ái begegnet in schwäb. Denkm. ô und ê. In der alamanischen Mundart ist esz häufiger. Felix Faber hat neben oi: ô und ê für ái. — In Hålg für Heiligenbild hat sich neben âlf in ganz Schwaben ái zu å, ô verändert. »An dem hölligen creiz.« cgm. 419 f. 216ᵃ. Mathei am olften. f. 216[b]. Im cgm. 736 von

f. 70 an treffen wir in dem Pilgerbüchlein eines Augsburgers v. 1444:- **Schwôsz, Schwaisz; Môster; allerlô; Gôsz; brôd** (brait); **Klôd; Tôl** (Tail); **Wôz; gegôslet; Hôden** (Haiden); **Flôsch** u. s w. Ja sogar **schrob** für **schraib**, praet. **rot, belob,** sogar **roten, beloben** u. s. w. Im clm. 12275 z. Terenz, Andr. II, 2 sten die Glossen: **Gschrô,** tumultus, **ainlôn,** solitudo u.s.w. Der cgm. 601 f. 111ᵃ: »**haidelpeer** oder **hôlpeer**«.

6) In zusamengesezten Wörtern nimt das erste Wort den Ton auf sich, das zweite mit ai wird tonlos und sinkt zu e, ə herunter, besonders in Tail: **Voartəl, wolfəl** cgm. 419 f. 216: **wolfel, wolfal** cgm. 436 f. 79ᵇ. **wolfəl** ebenfalls bei S. 305ᵇ. In -hait: **faulkət, krākət** u. s. w. Mit **anander,** allgem. in Urkdn. MB. 23, 45 ad 1314. Schmell. Gramm. § 155. Ebenso wird -haim an Ortsnamen zu ə: **Alta,** schon **Althen.** MB. 23. 6ᵃ. 541 (1330). Mein Wbl. 47.

7) Das Stadtr. hat **tregt** und **trait.** cgm. 601 f. 87ᵃ. **Gailenbach** O. N. urkdl **Gaglenbach.** 1296. **aynsinnig** f. eigensinnig. Meid cgm. 601 f. 2ᵇ. u. s. sieh G. Das Wort Reinhart und Leonhard lautet **Rēət** — in **Rēətshausə** u. **Lēərt, Léart** als ob, wie bei Rein- Rain- Reginhart, ein Legin- Lagin- Lainhart zu Grunde läge.

8) Ueber ai für u, uo sieh U; ebendort über mundartl. ai für eu iu und au. Das Stdtr. schreibt fast imer **ái,** wo esz gotischem ai entspricht: **ain, haimsuche, mulstain, ainigen;** ebenso die alten Ordnungen z. B. Mezg. O. von 1549, welche alle alten **ai** beibehielt. Weinhold § 94. Die Augsburger Bruchstücke Wernher's haben regelrecht altes **ai: vollaiste; gaiste; genedichaite; hailichaite** u. s. w. Pictorius hat ey = ei, î: ei = ái.

Ueber j sieh oben G.

IACHSEL, die, Achsel. Die Vorsezung des i scheint alamanisch allgäuisch zu sein, wo auch **iepper** (ebber, etwer) **iaszə** (itan), **ierger** (ärger) üblich ist. Darf vielleicht an das Helgoländische **iâs** erinnert werden? Bei Frommann Ztsch. III, 264. 99: **iātn** eszen.

JÄCK, Nuszjäck, Bomjäck, spr. **bōjäggh** der Nuszheher.

JÄCKEL niederschwäb. dim. **Jäggele, Jäggl,** Jakob, im bekanten Kinderreime wie allgem. in Nord- und Süddeutschland. In einem Tanze der Stauden:
Der Jäggele auf der Scheiterbeug
Mit der blaua Pfeiffa,
Z'Aobets tuet 'r d'Henna rousz
Morgets tuet 'rs greifa.

Jaggele gang nausz in's Holz
Hack da Baum um!
Wenn da hoikomst kriegst a Rürmillesupp
Und 'n Rumpump.   *Stauden.*

Ein Kinderreim beim Fangen heiszt:
Jäggel nimm da Stiggel und treib da Heggel mit 'm Stiggel ausz 'm Klea nousz! a. a. O.

Als Gaunername erscheint c. 1700—1710 ein Duttel-Jackel. In dieselbe Zeit fallen nachfolgende Namen laut der Augsb. Malefizakten: Gugger (ausz Bürkenhardt), Stixen- oder Kramerbartel. Strohveitel Keszlerhans. Schindermichel. Grill oder Korperle. Spillipple. Kragen (Weib). Schmaraggel (Weib).

Conlin: »Der im Zwilling geborene wird eine so harte Stirn bekommen, wie der grosze Hammer in der Schmidten, der haiszt Jackel.«

JÄGER. Nach dem 30järigen Kriege waren 2 städtische Jäger im Amte; der erste in der Au, katolisch; der zweite zu Stettenhofen, katol. »post mortem Aug. Confess. in perpetuum.« Die Jägerhäuslein bei A. waren als Kneipen verboten: »Dasz das Zechen und Zehren ob denen innerhalb 2 Meilen umb dise Stadt herumb gelegenen schwäbischen Dörfern in denen Jägerhäuslin, ob dem obern Ablasz und bei dem Ulrikanischen Zoll — unrecht verbotten sei.« Erneuerte Poliz. O. 1683. Jägergässlein A. Der Jägerhansel, zwischen Rosshaupten u. Hopfen, eine Art wilder Jäger. Erinnerungen an Wuotan. Ein altes Liedlein in A.:

Mädle håst deī Bettle gmacht?
Noī, i hō 's vergeszə.
Gelt du bist de ganze Nacht
Bei deam Jäger g'seszə?
Wenn du willst 'n Jäga hawa
Tragst 'n Huet u. silberne Schnalla,
Silberne Schnalla und 'n Hut
Gfallet no deam Jäger guet.

JAICHEN swv. jagen, treiben. Wearst sēa, ma jaicht mit Sack und Maus Eis allebaid zuem Gāta nousz! Sch.

Bei Breszlau hammər glei dia
  Preusza
Im Gschwindschritt in a Lacha
  gjaicht. a. a. O.

JAKOB. 1) »Swelich man in Gots verte varen will, uber mer, ze Rome, ze Sant Jâcôbe — der kauffet silber wol — unde hât chain galtnusse darumbe.« Stdtr. »Die Jâkôbsbrüder (in Augsb. Chroniken) sollen die Torwärtel one Erlaubnis eines Burgermeisters im Amte nit hereinlaszen, sondern ihre Brief und Testimonien, so sie von St. Jâcôb erhalten, von inen begeren, dem Burgermeister bringen, allda Beschaids erhalten, es mag inen ein Tag oder Nacht bewilligt, und wie gebräuchig auf das alt Pilgramhaus beherbergt werden.« Ordnungen v. 1647. 2) An St. Jakobstag wurde, als der festgesetzten Zeit, laut Mickhaus. Rechnungen dem Baumaister

und seinem Weibe der hergebrachte Trunk gegeben.« 1684.
3) Die Jakober Vorstadt in A. neben Jakobergasse, Jakoberstrasze, obere und untere Jakobermauer, Jakobertorturm, Jakober Wall, Jakoberbrunnen, u. s. w. Die uneigentliche Zusamensezung wie in hl. Kreuzertor-, -Lehen, -gasse ist zu bemerken. Weinhold, Gramm. S. 286 Anmerkg. Am 23. Dez. 1730 ward ein Ratsdekret über einen alten heidnischen Gözenkopf erlaszen, mit welchem an dem Jacobertor nach älterem Gebrauche und Herkomen jeden Samstag Abends von der Wachtmannschaft und dem Torschreiber allerlei mutwillige Possenspile und ärgerliche Vorstellungen gemacht wurden, womit dieser Unfug verboten und für die Zukunft gänzlich abgestellt wurde. Gullmann V, 16.
4) Jakober, Jakobiten, ein c. 1352 bestender Clubb, in der dem Spitale zugehörenden St. Jakobskapelle als Bruder- oder Gesellschaft tagend, um aller Ordnung Umsturz zu unternemen. Herberger's St. Jakobspfründe S. 4. »Haben sich eine grosze Anzal Bürger — zum öfternmal in der Kirche zu St. Jakob in der Vorstadt gen Aufgang gelegen, zusamengerottet, als dasz man sie schon öffentlich die Jakobiten genennet.« Gass. Red. Art. »Wenn dés nett glaubst, fraog 's Basillis Jakob von Jerusalem, 's Stigelreiters Klaos von Doarabira.« Burgau.

JÄMERN swv. in der Red. A. »'s haot alles gjämeret naoch der Predigt«, d. h. alles war sichtlich ergriffen. »'S ist zum jämərə,« esz ist ergreifend. Dem Allgäu zu häufiger.

JANKER, Männeroberkleid, Kittel; Mūza in Günzb., mit Umlaut Jenker. Jenken nicht selten. Schmid 297. »Zuich d' Stiefel und da Janker ā.« Sch. In dem Fugg. Inv. »Ein glat sametin Frauenjangger ohne Erbl mit Mader gefietert.« »Ein von schwarz Damaschg mit Seidenporten prämbten Frauenjangger ohne Erbl mit Kehlmäder.« »Ein Seiden grobgriener Jangger mit Erbl mit Fuchs gefietert,« u. s. w.

JAR, das. In Ottobeuren get der Reim:
Hott am pfaol
Dasz itt gaot wiə voar 'm Jaor.
Ich kan den Sinn nicht geben. Jaresersizer heiszt in der Augsb. Schuster O. der Lerbube, der die bestimte Zeit ersizt, d. h. lernt. Jaordag heiszt in Schwabmünchen der Lezetag am Schlusz der Strick- u. Spinnstube.

JÄREN, GÄREN swv. u. stv. gjäərə: »nämlich die Möste damit sie nicht verjären sollten — mit einem rohen Speck bis auf den Früling trüb zu erhalten.« Gass. Zu ahd. jësan stv. mhd. hësen, gäschen, gesten, gisten. Auszfürlicher sieh Fromm. Ztschrft. II, 319. 10. III, 319, 10. 531, 132. Prof. Kern in Stuttg. schrieb in einem frühern Programme auch über disz Wort neben Gigt sich mischt; (Schiller): ebenso über Jåst.

JAST, Zorn, Eile. Sonthofen. Immenstadt.

JAU, JAU in der Judensprache; Reim in den Stauden:
Kize, Kaze, Kè
Schalmachê!
Haben nix zu schachera
Jau, Jau, Jau
Bei da Juda ist der Brau (ch).

JAUN, ntr. eine Reihe Feldgarben. Schmid. Memm. In Oberschwab. heiszt eine Strecke Hanfland, das man liechen will, so; esz werden die Felder in 3—4 J. abgeteilt. Strang, eine der Länge nach, jochartige Menge Hanf oder Stroh u. s. w. In der ersten wirtemb. Zehent O. v. 1678 heiszt esz: »sollen die Garben alsdann gleich an einem andern Jon oder Samleten wieder daraufzalen.« In der Gegend um Tübingen (Wurmlingen) heiszt eine Weinbergabteilung Jō, Jōn dim. Jēlē; Jaū; Joner, Famil. Name.

JAUNZEN swv. ächzen; sonst aūnzgen niederschwäb. »Also giengen die Leut fur und horten in jaunzen und giengen hinzu und fanden den Pfaffen.« Horm. 1834. S. 155.

IBEN, der, Bogen ausz Ebenholz. »Mit Armbrosten und Iben.« G. v. Ehingen. 22, 16.

IDERLE in dem uralten Kinderreime (Stauden):
Iderle, Ederle lasz dir sagen:
Nach der Gutsche fart der Wagen.
Weller Wiert siedt dês Bier?
Weller Beck bacht dês Brot?
Dear sei auf der Stell maustod.
IEMAL und diəmal, hie und da. Stauden.

JENUESER BIRET im Kleiderbüchl. neben spanisch. Kappen und Lombardisch Sayon. S. 32. Bernisch Biret (Verona) S. 51.

ILGERN swv. stumpfwerden, besonders von Zänen. »Und diezen der Kinder sein worden ilgern.« cgm. 483 f. 75^b. In Rosenpluts Spruch von Nürnberg komt ilgen vor. »Von dem sein zen gen in gar ser ilgen.« Fromm. Ztsch. I, 258, wo auf ahd. ilki, ilgi = fames et stridor dentium bei Graff I, 245 verwisen ist. Ferner Ztsch. II, 250. 5. Esz wird wol anigeln oben S. 25^b dazu gehören. Schmid 298.

ILLE und Nille, eine Kopfverletzung ob eines Falles. Sieh unten Nille.

IMME, die, Biene; ich hörte irgend in Schwab. Beine dafür. Immen-Nest, wie bayer. Wespennest, ein Backwerk mit Zibeben und Rosinen.

INGARNAT adj. fleischfarbig. »Adi 28. Mayo 1555 luesz ich mir nachstend Klaid die Farb ingarnad genant, machen.« Kleiderb. 113.

INGEN, häufige Endung von Ortsnamen. Ich habe die Ortsnamen nach iren Auszgängen, so weit sie das bayerische Schwaben betreffen, zusammengestellt und gefunden, dasz jene auf -ingen nebst jenen auf -hofen sich beiweitem in der Merzal befinden. So habe ich auf -ingen, wozu ich auch die wenigen auf -lingen zälte, c. 130 gefunden, auf -hofen 137. Inen zunächst komen die auf -heim mit 103 und die auf -ried mit 94; nahczu die Hälfte bilden die Auszgänge auf -ach und -wang, nämlich je 50. Verhältnismäszig in der Minderzal sten die -hausen, -stetten, -dorf, Burg, Berg, Tal, Boindt, Schwendt, Kirch, Egg, See, s. w. besonders Zelle. Darausz get hervor, dasz ein groszer Teil der heutigen Ortschaften, nämlich die auf -Ried auf emaligem Waldboden sten, dasz aber die maisten Ortschaften von den ersten Besizern iren Namen entlenen, denn die auf -ingen, -hofen und -heim sind gröstenteils mit Eigennamen zusamengeseczt. Interessant wäre esz, auf einer Karte dise Namen bemerklich zu machen, esz würde sich ein Schlusz ergeben, wo urspr. Waldboden, dann wo die -haim oder die -ingen oder -hofen zusamengedrängt sich vorfinden. Weiter könte man dann untersuchen, ob nicht die Bevölkerung selber je nach den Ortsbenennungen sich mer oder minder verschiden erweist. Nur bemerken will ich noch, dasz -haim, -ingen und -hofen teilweise auch -ried in Bayern sich vorfinden; die auf -wang in Mittelfranken und Oberpfalz, wo die -ingen höchst selten sich vorfinden. In der Oberpfalz gibt esz überausz vile Ortsnamen auf Stein, hier im bayer. Schwaben kan ich nur eine kleine Zal aufweisen.

INSE, Sonde, chirurg. Werkzeug. »Dasz man dieselb gelieder mit kainen Insen berüre.« cgm. 736 f. 6^b. »Noch also dechain ding, das man mit Insen musz tun.« a. a. O. »Die Audern mit Insen brennen f. 8^a.

INSIGEL in der waidmännisch. Sprache: »Wenn der Herd nasz ist, und der Hirsz wirft den Schuh ganz von ihm — das ist ain gut Zeichen und das haiszet des Hirsz Insigel; das ist davon, dasz er den Grim und das Fädemlein und Naszlein und das blende — und alles das was ein Hirsz getuon mag, darinne stat gemelte, davon ist es genannt des Hirszen Insigel, wann man alle Dingk dorinne sicht.« cgm. 289 f. 106^b.

JOHANNES, St. St. J. Freithof in A. Johannisgasse. St. Johannesfeuer sieh Simetsfeuer. A. 1566 im Juni wurden ob des Türkenkrieges alle Tänze, Reihen, St. Johannisfeuer eingestellt. St. Johannes Minne ward in ganz Schwaben getrunken. Münsterlin sagt cgm. 213 f. 275: »aus dem Fläschlin St. Johannes zu trinken geben.« Im Reinhardshaus. Pfarrbuche stet: »Der an der Hochzeit übliche und überblibene St. Johanniswein gehöret dem Pfarrer und musz selben der Mesmer in Pfarrhof bringen.« Das Minnetrinken ist im Schwäbischen allgemein üblich gewesen und teilweise jezt noch an den beiden Johannistagen, den 24. Juni und 27. Dezember, dann am Neujar, am Sontag Lätare, endlich bei jeder Hochzeit. Darüber gibt mein Volktüml. II Belege.

Die beiden ersten Zeiten fallen gerade auf Sommer und Winter-Sunwend, in den höchsten und niederaten Stand der Sonne und der desfallsige Minnetrunk ist ein leztes von der Kirche erhaltenes Ueberbleibsel jener groszen heidnischen Feier der 2 Hauptabschnitte des Jares, des gemeinsamen Opfermahles; dasz hier wie dort ein Johannes auftritt ist Zufall; mit Absicht benüzte in aber die Kirche.

Als selbstverständlich musz gelten, dasz dabei des Sonnen- oder Zeitgottes Gedächtnis geert wurde, nebenher aber auch der andern Götter. Zingerle's Deutung des Minnetrinkens überhaupt auf Freyr und Freyja unterligt merfachem Bedenken und bestet auch in engerer Beschränkung nur dann zu Recht, wenn Freyr auszschlieszlich in dem Täufer oder dem Evangelisten gleichen Namens gesichert ist und zwar für alle Germanen, was nicht der Fall. Sie leidet um so mer Einsprache, als bei andern Stämmen, wie in der Oberpfalz nach Herrn von Schönwerths freundlicher Mitteilung das Minnetrinken auf 8—9 Zeiten im Jare verteilt ist, bei verschidenen Anläszen stat hat, und teils nur weltlich, teils nur kirchlich, bald in engerm bald in weiterm Kreise geübt wird. Mit Einem Worte, die Feier der »Sunwende« ergab sich in den frühesten Zeiten der Völker, wo der Sonnengott einziger Gott war, ist aber allmählig mit dem Auszweichen in Abgötterei zu einem Feste aller Götter und Menschen geworden, wobei jeder Stamm jenen Gott voranstellte, der im als Stammes- und somit als Hauptgott galt, in dem Sinne nämlich, in welchem jezt noch die verschidenen Völker ire besondern Schuzheiligen vereren. Somit ist St. Johannes nicht Stellvertreter eines bestimmten allgemeinen Gottes, sondern der Götter überhaupt, d. h. des Stammgottes jedes Stammes; er ist Träger und Auszdruck der Zeit.

Der Minnetrunk an Neujar auszer sonstigen Tagen je nach der Gegend wie an Laetare ist lediglich weltlicher Brauch, der neben dem kirchlichen am 27. Dez. fortbestand, ein Brauch der Liebenden und Gatten, und kan erst in den lezten Jarhunderten auf disen Tag verlegt worden sein, da er anderwärts

an den ältern Festen Stefani —
26. Dezbr. — und Dreikönig —
6. Jan. — haftet. Er gilt dem
Gotte der Liebe und Ehe, wie
jener bei Hochzeiten und will
man in auf Freyr beziehen, so kan
man esz tun. Vgl. Ulrichsminne.
JOPPE, die, Juppe, Oberkleid
des Mannes; sieh Janker, Gästel. Red. A. »Dem hab ich eines
in die Joppen geben,« d. h. angehängt. H. S. Bei Conlin: »das
Jüpple oder Baurenbrüstle.«
JÖRG; noch eine Erinnerung an
den Bauren-Jörg ist: »wart ich
will dir den Jörgen singen.«
Illertal. Oberschwb. In einem Kinderliedlein ausz den Stauden:
Hans Jörgele,
Hans Jörgele, Guets Mörgele!
Und 's Tägle bricht an!
Nui Strümpfle
Nui Schüele
Stand auf und gang nä!
'S Jörgele get's Bergle nauf,
Laszt a Fürzle fara
Der Schneider komt hinta dreī
Mit Naudl und Fada.
JOSEF in dem Liede »Josef
lieber Josef mein« vom Mönch
von Salzburg, allgemein in ganz
Schwaben bis zu Anfang dises
Jarhunderts bei der Weihnachtskrippe in der Kirche üblich; jezt
noch im Fränkischen nicht verschwunden. In A. war ein St.
Josefsgässchen. Beim Josefle, eine alte Augsb. Wirtschaft,
Boteneinker. In einem Liede ausz
den Stauden:

Juhe! Juhe! Der Wald ist grean
Jezt haū-n-i koin Josef mēa!
Ear weard schon mea komma
In 'ra beszra Zeit
Wenn's Buttermill reanglet
Und Weinberle schneit.
Ein Kinderliedlein ausz den
Stauden:
Heiligs Josefle,
Nimm 's Gäule beim Zaum
Füer 's Heilig Marile
Zum Feigelebaum!
Memmingen: Jodl.
Josefle hiesz emals, warscheinlich protestantischerseits der Hysop in Augsb.
IR, YHR: »Auch soll der Sommerbier allein auf die kalte Yhr
gebraut und gesotten werden.«
Bräues O. 1773.
IRDEN und erdin von Thongefäszen; in Niederschwb. ithē
(—⌣) mit r-Auszfall; der bayer.
Gränze zu: ēaddənē häfa. Im
Fugg. Inv. »3 erdtene häfen.«
IRR in einem alten Augsburg.
Drucke: »Wie ein junger Gsell
weiben soll« c. 1500—1510 stet:
»Guter Anfang irrer Anfang
Also man vor Zeit ein Lied sang.«
IRZEN swv. »Diesen Hermannum hat Stefanus VIII. disz Namens, der erste deutsche Papst
geirzet, d. h. für Du, Euch
geschriben.« Gass. Von J. Cäsar
heiszt esz in dem bayer. cgm.
225 f. 4ᵇ. ff. »diser kayser pott
auch den Teutschen die eer, daz
allermeniglich sy hinfuran irritzen und nicht tuizen: wann

vor der Zeit nyemandt nie gejrrizt ward.« Augsb. Chr. 1634.
ISEL, insula. »An dem obersten Eck der Stadtmauern, man heiszt esz gemeinklich über der Isel.« Gass. In einem Schreiben der Bundesstädte wird der Ort, worauf Lindau stet, öfter Isel genant. 1452. »Holz an der Isel.« Ulm. Urkde. 1494. Schmid 301. Inselwirt in Augsburg, emals.

ITELMANN? in einem Abzäl-Kinderspile:
Knöllele, Böllele,
Itelmā, Waszermā,
Ofawīsch, Pfannawīsch
Du bīsch.   Stauden.

JU, der Ruf:
Dā dunta im Tāle,
Dā schreit der Fux ju!
Junger sei still,
I kā 's beszer asz du!

JUBILIEREN swv. einen mit geringem Gehalte vom Amte entlaszen; Jubilation, Entlaszung. Altaugsb.

JUCHZEN swv. jauchzen. »Soll auch meniglich alles Juchzen, plerren, schreiens — in der Gasse und in den Häusern gänzlich enthalten.« Der Stadt Beruf 1541.

JUCKEN. »Nerysz ist zweierlei: ainer ist ân Jucken und peiszen, und hât Schiepen, der ander ist mit Jucken und Beiszen.« »Sô aber der Nerysz mit grôszem Jucken ist und Schüpen.« »Sô aber die Raud Jucken ist, sô pad man das Kind all tag.« cgm. 601 f. 103ᵇ.

111ᵇ. »Rosenöl in die Wunde vertreibt den Juckhen darausz.« cgm. 562 f. 26ᵃ. »Sie (die Salvai) ist auch vil gut wieder das Juckhen.« »Das ainen Menschen die Wunden juckhen.« f. 27ᵃ. In mereren Gegenden hieszen die Haselmäuse Juckmäuse oder Juckerna von irem Springen, Hüpfen.

JUDEN. In A. der Judenberg und Judenbrunnen. Judenga'ssen in allen ältern Städten. Der alte Judenkirchhof; die Judenbastei. Ilsung auf dem Judenstein. MB. 24. I, 116. Judaweg von Fischbach nach Depshofen. Nach einem Erlasz von 1614 musten in A. die Juden zu irer Auszzeichnung gelbe Ringe auf den Kleidern tragen; die Hofjuden vom Churfürsten und Kaiser waren auszgenomen. Der ewige Jude lebt noch allerwärts in der Volksüberlieferung; man kan eine Reihe von Ortschaften und Häusern herauszbringen, wo er eingekert, wärend des Ave-Läutens um Mittag seine staubigen Schuhe und Kleider abschüttelte und auszruhte; im Illertal zeigt man Tische, um die er imer herumgelaufen, beim Einkeren, weil er blosz wärend des Zwölfeläutens Ruhe hat. Red. A. »Den Juden get der Bock an.« Conlin (vom Gewinne). »Zudem sind die Weiber betrogen, als ein siebenzig järiger Jud.« H. S. Gelber Jud, sieh G. »Ich habe ein Weib, wär

17

mir um ein **Judenpfenning** fail.« H. S. »N. verharrete in der Unbuszfertigkeit, wie ein Stock und mer dann ain **hartes Judenherz**« Conlin. »Der im Skorpion Geborne wird sein, wie ein **Judenkerschen**, wenn man dise nur ain wenig anrürt, so wird's bitter.« a. a. O.

In den Stauden singen Junge und Alte:
Und wenn meī Muoter a **Jüdin** wär,
Und meī Vater a **Jud**;
So wär meī Schwester a **Judakind**
Und i a junger **Jud**. Fischach.

Jud treib ausz!
Treib deine 7 Saü ausz!
Nimm oina beim Fuesz
Dasz se heint Nacht verrecka muesz.
Juda reafla sieh R.

JUNGE, der, in der Sail. O. 1687: »mit welchem Wörtlin (**Junge**) diejenigen, so erst ausz den Lerjaren komen und noch keine Werkstatt zu füren getrauen, genennet werden.« **Jungmeister**, Schust. Ordg. **Jünglingschaft** im Kal. v. 1747 hs.
So hegt die **Jünglingschaft** der Zeit
Vil Unlust und Beschwerlichkeit.

JUNGGER »beim J.« eine Art Burgstal bei Birkach; sagenhaft.

JUNGFRAU, 1) die **eiserne**, spuckt bis heute noch im Volke, beim Gansbühl soll sie aufgestellt gewesen sein. A. 2) Auf dem Lande spricht der Bursche beim Tanze das Mädchen, das er kennen lernen will, so an: »Wie **Jungfer**, möcht 's nett geara Du weara? 3) **Jungfrauhöfe**, Abendkränzchen der schönen Augsburgerinen: »Wir hetten (bei der Maskerade) 2 Stattpfeiffer, kamen zu etlichen **Jungfrauhöfen**, da hett man uns nitt ungern, wir tanzten und sprangen wie die Kölber « Kleiderbuch 145.

In einem Augsburg. cod stet hinten:
Man sagt und ist khain Abenteuer
Dasz das **junkfräulich** Flaisch heuer
Sei so bösz zu überkhomen
Als umb Weihnachten eine warme Sonnen.

Junkfrau Lieb, Rosenplue und Lautenklang
Ist gar guet und wehrt it lang.

JUSSELE dim. Spässlein, so Kinder machen. Vgl. Schmid 302.

K C.

Reines gotisches k hat sich im Schwäbischen nicht erhalten; esz get den Weg der Lautverschiebung in nachweisbaren Abstufungen teils vor- teils rückwärts.

1) Im Anlaute.

a) Unmittelbar vor einem Vocale ist k aspiriert, von einem Hauche begleitet und lautet wie kh: Khachel, Khālb, Khagen, khoinz, khālt, Khāmer, Khammen, khampeln, Khanten, khapfen, Khappe, Khapper, Khar (got. kas, vas lat.), Kharrer, Kharfreitig, Khās, Khaṣperle, Khasten, Khandeln, Khaüfler, Khauzen, Khaze, khael, Kheibs, kheilen, Khelle, Kheller, Khern, Khorze, Khesper (cerasi), Kheszel, Khetten, Khezzer, Khiser, Khind, Khimich, Khirche, Khobel, Khugel, Khüste, Khozzen (swm. vestis) khūzaböllelen u. s. w. Vrgl. v. Raumer, S. 59 oben. Schmell. Gramm. § 515. 516.

b) Ausz dem Romanischen eingebürgerte Wörter unterligen demselben Geseze. Zu den bereits genannten wenigen füge ich: Khabis, Khabas (gabusia), Khalfakter, Khalmaüsen, Khanterei, Khapadaṣter, Khappaunen, Khappazěner, Khalopp, Khartausse, Kharter, Kharten, Khaṣtraun, Khamillen, Khölsch, Khutsche, Kholler, Khunkel u. s. w. Doch schwächt esz sich mer in G, bevorab im Augsburg. Gebiete: Gamillen neben Khamillen, Gampfer, Gunggel, Gutsche, Goller, Gölsch, Garnier. Esz findet sich fast allgemein schwäb. rein G in mereren romanischen Wörtern neben kh: Khalopp u. Galopp; Golter und Kholter, Gugel u. Khugel, Goller u. Kholler, Gunggel und Khunggel, Khölsch und Golschen; ja sogar Kharrabalde und Gārabalde, in Oberschwaben. Vrgl. Weinhold § 211 S. 179 und 180. Derselbe fürt altes Kimma für Gemma u. s. w. § 205 an. Die Staudenleute und die Straszenortschaften sprechen reines hie und da, unrein anlautendes g imer aspiriert wie gh, ja fast wie kh ausz: Ghruiba, Ghrattel, Khrattel, Ghraben, Khraben, Ghras, Khras, khreacht, khreiffa u. s. w. Folgendes r mag nicht one Einflusz sein.

c) Noch eine Stufe weiter als zu kh get der Alpenbewoner in der Schweiz, Tyrol, Bayern: er spricht kch. v. Raumer stellt ausz Stalder § 50 die wichtigsten Beispile zusamen. Um uns den Procesz, welchen k durchmacht recht zu veranschaulichen, müszen wir die bayerischen codd. mit den schwäbischen nemen. Jene schreiben bald kch bald ch, lezteres unzweifelhaft für kh. Der Tegernseer clm. 19454 (X Saec.) hat cholpo, pondere clavae, obrosten cküenig. MB. 23. 1. 182 ad 1289. Wernher's Augsb. Bruchstücke: chosen, chinde, chetene, chorder, diche, chundech, chundende, starche, chunne neben kint, kindelin; vor Liquid. clain, craft, criset u. s. w. Das Stdtr. hat bald ch, bald k, bald c: kain und chain, künch, clager, clagen, chomen, kaufen, chost, kamer, korherren u. s. w. fürchumen, anchumen in Greiff's Anhang z. L. Rem. 1671. cgm. 128 f. 136 ff. chospar, gechrönet, bechlait, bechlagen, charchar, pechümer, (sogar Fechfeuer) neben kchüel, erkchukent, juckchund, hüpfend; erbaichken, crwaichon, gedenkch, kchreuzigung, ennkchel, kchirch. cgm. 95: Chain, Kain, Abels Bruder. cgm. 206: chindelbett, chizlin, chewer, chomen. cgm. 33 f. 51ᵃ: chesten, Kastanien. cgm. 300: lankchen (latera), bedekhund, chefschind, chraniwiten, wolkchen, chraut, chiszling, chrump, chrie-chisch u. s. w. cgm. 235: kchämel, Kamel; verdakchten Kämel; starkch, sterkchisten, chalperg, chlain, chrump, truckchnet, lubstechen, Pflanze (lubisticum); erkukchet, wurkchumb, Stärkche, Schrikch (plur. die Schreken). cgm. 201: starchen werch, verwicheln. cgm. 254: clokhet. cgm. 283 f. 6ᵃ. cgm. 114: gechundet, trunchen, gewiohelt. cgm. 317: dikch, mockchen. zugedakcht, anevankch. cgm. 254: rinkchleich. cgm. 164: kchürz f. 2ᵃ. wollgeschikcht, f. 2ᵇ. junkchfrauen f. 5ᵃ. kchunig. Frankchreich. kchetten f. 12ᵇ. volkch, kchräuter f. 15ᵃ. kcheren. gsankch f. 34ᵇ. khot f. 33ᵇ. cgm. 114: glükch f. 2ᵇ. erchuchkt f. 27ᵇ. Andere Stellen: Stuch, Weberhaus-Akt. Sarch, cgm. 402. schöne Sarchen. S. danch, ancher. Das Kleiderb. hat augenblich, wurchen, gewircht, Blochheuser, Drakh, drakch u. s. w.

Ueber die Schreibung ch ausz c + h sieh Rumpelt S. 264ᵇ.

In all disen Fällen ist ch nichts anderes denn kh, kch aber fortgeschrittenes kh, das fast bei der Aspirata ch anlangen möchte, aber um eine Stufe zurückblieb. kch kam mir in echt volktümlichen bayerisch. codd. weit häufiger vor, denn in schwäbischen: aber auch nur in volktümlichen. So kenne ich einige ser abgenuzte vilgelesene codd. Konrad's von Megenberg ausz dem 15. Jh. die ein wares Chaos von chk, kch u. s. w. bieten: man sieht, der Sckreiber wollte der Mundart gerecht werden; desgleichen bieten für die bayer. Mundart die Nonnenklöstern entstammenden Gebetbücher und Ritualien, sowie eine Anzal Benediktiner-Regeln auf der k. Hof- u. Staats-Bibliothek für kh, kch gute Auszbeute. Darausz ergibt sich der sichere Schlusz: die Auszsprache des alten rein- und besonders unrein an-, in- und auszlautenden k hatte eine der Gebirgsspracheänliche Aspiration, doch nicht in dem Grade, dasz man kch des Schweizers dafür sicher schreiben dürfte: ich würde die Schreibung khh wälen. Darum sagt der Verfaszer der Lautlere 15. Jhd. (S. 150ᵇ): »item die Silbe kch wird geschriben im Anfang der Wart und im Mittel u. im Ende: kc'hranckh, akcher, ekch, sakch, item ch wird am meisten zu lest« etc. sieh unten.

d) Ist bei den alamanischen u. bayerischen (tirolischen, österreich.) Gebirgsbewonern k nicht völlig zu ch vorgedrungen, so finden wir disz an der Augsb. Lindauer Strasze, am Lechrain, in den Stauden: kh lautet wie ch + h, so dasz nicht h, sondern k zu ch wird. Während der Tiroler, der Schweizer das k mit starkem Stosz in der hintersten Kehle hervorbringt, sprechen eben genannte Landstriche k ebenfalls in der hintersten Kehle, stoszen aber nicht: ch ist also die dritte Stufe. 1) khh, kh, 2) kch, 3) ch. Vrgl. 1) ph, 2) pf, 3) f. Ferner 1) t, 2) z, 3) sz. Beispile des ch: Chhlemmə, Klimmach, Ortsname; chhlopfa, klopfen, pulsare;· Chhlaofter, Klafter, Chhlolpferdag, chhropfet, kropfig, Chhind, Kind; Chhappe, Kappe, Chhalb, Chhachel, chhoiniz, keinnüzig; Chhalfakter, Chhalt, Chhamer, Chhäppele, Chhar, Chharrer, Chhastə, Chhastraū, Chhaze, Chhell, Chhear, Chhettə, Chheszel, Chhlagə, Chhlamhâkchə, chhlauba, Chhlauen, Chhlaos, Chhlea, Klee; chhlieben, zerchhloba, Chhlōz, Chhneacht, Chhnieling u. s. w. Die flüszigen l, r, m und n bewirken eine etwas mer aspirierte Auszsprache.

Disen Uebergang des kh zu ch sucht v. Raumer S. 49 mittelst physiologischer Zerlegung des gekrazten Aelpergutturals zu ermöglichen. »Mittelding zwischen Verschlusz und Halbverschlusz d. Organe.« S. 50. Vergl. ferner S. 48ª und 54 (ch, kh). Rumpelt S. 266ᵈ. Meine Beobachtungen legen auch die Bemerkung Rumpelts, als ob die Talleute keinen gutt. Hauch mit k verbinden S. 256 als unstichhaltig dar.

Esz fragt sich, wie haben die

Schreiber der sogen. ahd. Denkmäler den Prozesz des got. sächsischen k in iren Schriften angedeutet? Zwischen Vocalen hat der Uebersezer Isidor's hh; nach r und l: c + h d. kh. Kero hat im Inl. zwischen Vocalen kh; nach l, n, r: ch d. h. kh. Eben das unsichere Herumgreifen der Denkmäler bald ch, bald hh, bald hch (Tatian) läszt einen Schlusz auf die alte, d h. auf die Ausssprache tun, wie sie noch heute dem süddeutschen, alam., fränk. und bayerischen Volke gemäsz seiner Bodenbeschaffenheit eigen ist.

2) Inlautendes gotisches k ist teils kh — wofür urkundlich ch gilt — teils gg, und disz leztere vorwiegend. Gloggen, gnaggeln, zitternden Schrittes gen; regglen, herumstreiten, Regglereien Subst. Spiggel, eine Oertlichbeit bei A., urspr. = cunous. Singgel, Flüszchen bei A. Röggle, Brotart. Augsb. Boggeln, Boggelmann, Goggel, Göggel (Augen), hoggen, Hoggerle, soggen, kränkeln; Soggerin; Schogge die Jacobi-Dult Kautsche. bleggen, weinen; flaggen, Schlegger, Schmalzbuggel, Mogglen, Moggler, heimlicher Bösewicht. Gaggele, Ei; Moggel, Kuh; verhonaggeln; Birggach, Migghausen, Stiggel und Stichel.

Schriftliche Denkmäler: vieregget cgm. 201 f. 216ª. eggstain cgm. 603 f. 25ᵇ. bruggehaien MB. 23. 1158 ad 1282. Zu den bruggen Stdtr. Schlagbrugghen, Chron. 1634. Wertacherbrugge, Strauansbruggen Str. Rügg (en) cgm. 92 f. 17ᵇ. ûf dem rugge Stdtr. bugglen 1581 und cgm. 257. Glogge, allgem. in Augsb Schriften: Sturenglogge, Söldnerglogge bei S. und im Stdtr. lingger kor cgm. 168. zwiggen, von kleinen Hunden, die den Hirsch verfolgen. cgm. 419. 41ª. Guggel, Gass. und sonst. Tirggen oft in Chron. Gloggengieszer, in den Poliz. Ord. ruggen, Astr. und cgm. 480 f. 22. Der Name Swigger v. Aich, urkdl. häufig. ʒwiggen, claudicare; kergger, Horm. 1834 S. 132. bauggen S. 506ᵇ. böggen cgm. 97. Salzfergger in Akten. »über egg(e)« cgm. 92 oft. zwei wegg (en) a. a. O. Kasaggen 1668. mukggen cgm. 206 f. 185. »ein hoher Schneggen ausz gebachenen Stains.« Chron 1634. Roggenburg O. N. urkdl. Im Anhange zu L. Rem. S. 129 komt nachete leut vor (nakt). Vrgl. Weinhold, Gramm. S. 176. 178.

Für urkundliches kh im Inlaute laszen sich ebenfalls eine ganze Anzal Beispile aufbringen. In einer volktümlich geschribenen Chronik von Augsburg bei Horm. 1834 S. 116 stet: gesterkht, hankht, schankhten, dankhten, Klenkhertörlein, Markht, verschrankht, Besinkhuns u. s. w. Andere Stellen: Beckhen, Hackenbüxen. Vrgl. Schmell. Gramm. 517. Die alamanische Schreibung gg bei Weinhold § 217 zeigt harscharf noch die alte kurze Aussprache des Vocals an wie Waggǝ, baddǝ, grassǝ, Khabbǝs (Hegau). Die sogen. Strasze, der Lechrain und die Stauden haben ggh, ziemlich stark aspiriert bis gen Krummbach, Burg hin: man meint fast kh d. h. ch zu hören. Ueber altes gh sieh Weinhold, Gramm. § 212. Mittelniederländisch begegnet gh häufig. Gramm I, 500. Kehrein, Gramm. § 225. Auffallend weich wie g wird k im Inlaute ob Saulgau, Ebenweiler, in der sog. Göge gesprochen: Birga, Birke; dēngǝ, denken; die Dirga, Türken; Thege, Decke u. s. w. Was bezüglich des P und T (sieh S) beim schwachen Verbum auf -jan gilt, dasz j die volle Lautverschiebung nicht zuläszt, ist auch für k erweislich: wecken, wach; decken, Dach; vrakjan, recken; freilich stet rächen neben vrakjan; suchen wird got. sōkan erfordern, wie rufen, hrôpan, wegen des mangelnden Umlautes. In der Tuttl. Gegend sagt das Volk Milkh, Milggh und das Zeitwort heiszt mēlchen, nicht wie allgem. schwäb. mēlkhen, melggen. bachen, Becker. stecken, stechen.

3) Im Auszlaute ist got. k ebenso gg, ggh, kh, lezteres wieder mit starker Aspiration in den Stauden: Auszdruggh, -kh; Eindruggh; Volkh, volggh, āweaggh (Weinhold § 209), Stuckh, Muggh, lankch, langgh, besonders in der Grenzgegend bei Asch, Römerkessel tirolisch aspiriert; krankh, krankhet u. s. w. Schriftliche Denkmäler: hinwegktreiben. Chron. 1634. wegk Luc. Rem. 65. bankh. Chron. 0633. hinwegk. a. a. O. Waidwerkh. Volkh cgm. 206. Künigg, Osw. 2160. Das Stdtr. hat gemein-, schrift- und mhd. mark, marc, Venedik und Venedic; tôtslac und tôtslak; mac, mak; schuldic, honik u. s. w. Die End-ch in Sarch, starch, march u. s. w. sind in jeder ahd. und mhd. Lautlere behandelt. Rumpelt S. 259 findet -cch im Auszlaute, khχ oder kχ, interessant; in den oberdeutschen Mundarten ist esz Gesez. Ich mache noch auf mittelniederdeutsches lustigh, bergh, Gramm. I, 500 aufmerksam; ebenso auf das Notkerische strigh, rogh u. s. w. Weinhold S. 182.

Den Auszlaut ch anlangend, überlasze ich andern zu beurteilen, in weit die bayer. Lautlere 15 saec. Wert hier hat: »item ch wird am maisten zulest der wart genuzt — soch, swach, gsmach, ist einsilbig, hert, deutlig, wann allain sie kain vollkommene sprach hat, sondern mit Zusezung der andern Silben oder puchstamn — sach gsmach; die puchstamn g, s, m, n — nicht ainsilbig, sondern mit dem ch wirtz ainsilbig und ain wart.«

4) Auszfall des org'anischen k sowol in einheimischen als eingebürgerten fremden Wörtern. Unter den jezt üblichen Auszlaszungen bemerkt man die mit altem Subst. -leik zusamengesezten Wörter: stattlẽ's Oat (stattlich), wärlẽ (warlich), täglẽ (täglich), ettlẽmaol (etlichemal), glei (gleich, subito), huimla (heimlich, Allgaü), wẽler (welcher), zimlẽ, gmächlẽ, reatlẽ (rötlich), faindlẽ, vergeaszlẽ; das allgaüische ūwealtlẽ ungeheuer, bei Superlativ - Bezeichnungen ; ūmenschlẽ u. s. w. Das übrige Schwaben kent nicht so vile Auszlaszungen wie das bischöfl. Augsb. Gebiet. Ferner: Buafink, Buastab (got. bôks) mill (miluks got), Millewaib u. s. w. Kierweih, Kirchweih; allgem. Die Beispile mi, di brauche ich nicht zu nennen. Mein Wbl. 28. 2. Vrgl. musẽ, musica. Disz sind einige Beispile.

Schriftl. Denkmäler: Latugken cgm. 601 f. 100ᵇ. Der Orts-Name Friesenried heiszt urkdl. Fridrichesried 1312. fändri, öfters in Chroniken. bustab cgm. 736 f. 1ᵇ. Swel die cgm. 168 f. 12ᵃ. an welem tage f. 5ᵃ. Refental, Refenter, Rebental für refectorium.

5) Unorganisches k und Wechsel des organischen mit andern Mitlautern. Pictagoras cgm. 311 f. 58ᵃ. Hekenstal u. Hetenstal sieh H. Einigemal fand ich das in bayerisch. codd. so volktümliche Schalkjar für Schaltjar. cgm. 127 f. 13ᵃ. Mikwochen cgm. 424 f. 200ᵇ. Dazu vergleiche Miggdǝ, schwäb. Augsb. für Mitwoch. Doch dürfte Mitwoch und Miggdǝ nicht zusamengehören, da füglicher das norwegisch. Mekedag erklärend hiehergezogen werden mag: esz ist der grosze Tag, der Wodanstag, worauf schon Schönwerth aufmerksam machte. Das stark aspirierte kh, (kch) wird für g, hh gesprochen in mangker, mankcher, mankher. Stauden, Lechrain; Schwabmenkhǝ, urkundl. Mantichinga u. s. w. Der Hofkal. v. 1751 schreibt stets Trucksäsz.

6) Für k erscheint in schriftl. Denkmälern g: gesmag, cgm. 436 f. 22ᵃ. Glogen cgm. 92 f. 20ᵇ. Für g ein k: junk cgm 601; auch in der heutigen Straszensprache: junkh, junkch. Das ausz dem volktüml. lat. astricus, Steinboden, Pflaster, genommene ahd. astrih, estrih, mhd. esterich, estrich geschriebene heutige Estrich lautet nicht selten, so in einer Sigertshofer Urkunde 15.saec. Esterig ›ob der Stuben.« Sender f. 194ₐ. uberschwenglich, u. Storgen. Vrgl. Weinhold § 214.

7) Schreibung des k, noch ursprünglich in ka, fand ich in **krecht, klink, »zu der krechten und klinggen Seiten.«** S. f. 199ᵃ. **ka** sieh oben G. Vrgl. Weinhold § 206.

KABIS, Kopfkol, vom mittellat. gabusia. Mein Wbl. 48. **Kabaskraut**, cgm. 601 f. 115ᵇ. **Kabas** (das) und **Rüebeskraut**. Tegerns. Kochbüchlein. adj. **gabassin**. a. a. O. **Käbbes**, Hegäu.

KACHEL, die, 1) Scheibe von gebranter Erde; **Kachelofen**, ein ausz solchen Scheiben aufgesezter Ofen. In der Mindelh. Ref. Bl. 16ᵇ ist das Hanfderren in solchen **Kachel-** und **Kochöfen** verboten. 2) Irdene Schüszel. Allgem. 3) Bierkrüglein **»a Kächele Bier«** 1 Seidel, echt Augsb. änlich dem **Digele** in Nürnberg. Bildlich gilt: alte **Kachell** von alten Weibern, rohe Sprache; hängt wol mit dem obscönen **Kachel**, vulva, zusamen.

KAGEN und KÄGEN, Rippen, Mark an den Dorschen der Krautköpfe. Stauden. Anderwärts **Krospeln** und **Knarfeln**. (Rottenburg.)

KAINZ, KOINNÜZ adj. 1) nichtsnuzig: **»koīzē Kēȿper«** ungenieszbare, schlechte Kirschen. Stauden. 2) verschlagen, bösartig, versutus. **»N. hat den Schulmeister in Mickhausen in offner Verhör an seinen Eren angetascht und gesagt, er sei kainnüzer als Judas.«** Mickh. Strfbch. 1612. 3) unwol: **»miər iṣt's koinz.«** Stauden. Sonst sagt man dafür **»miserabel.« »fast koinz«** ser krank.

KALB stn. Anstellkälble, das zurückgebunden, angestellt wird. Groszaitingen. A kühis Kälble, zum Unterschid vom verschnittenen »Oechsle«. In der alten Mezger Ordnung von 1549 komt vor: **»1 Pfund Kalbfleisch ohne allen Anhang 5 Pfenning. Kalbskopf, Kalbkrösz, Kalbwämst, Kalbsgelüng mit aller Zugehörung.« »Heurige und ferndige Kälber.«** Harter. Invent. Echt Augsburgisch sind die **kälbernen Vögele**, kleine ausz dem besten Teile des Kalbschlegels geschnittene Stückchen Fleisch eigens zubereitet. Red. A. **»Aussehen wie ein geschundenes Kalb.«** S. 391ᵇ. Kalbskopf: **»aussehen als wie gepuzte Kalbsköpf in vita S. Oedi.«** Conlin. Kalbmoises, Schelte, neben Kalmuck: dummer Kerl. **»Kalbmoises, wellen Nama haugt?«** Sch. **Kalmesnüzi**, dummer Kerl. A. **Kalbele, Kalbin**=Kalbe. Als Flurname: Kälblfelden, Klimmach. Pfarrbuch. Kälberberg bei Fischach. Kälberhöfle, Ort in Augsb. Zeitw. **kälbern** swv. jungtun, kindisch spilen; oberschwäb. dem **kälberet** der Holzschlegel uff der Bühne, d. h. hat Glück one sein Zutun.

Kälberhaut bei Holzmann: Vor Zeiten tanzt man nach der Trummen, Und Ledersoln, das ist abkommen;

In Oren klappert es zu laut
Wann man klopft auf d'Kälberhaut.

KALCHMESZER, 2, nach dem westphäl. Friden; ein niederes städt. Amt.

KALFAKTER, ein wenn auch nicht böszwilliger Hin- und Herträger von anderer Reden, und in Folge dessen Unruh- und Haderstifter in Ehen, Familien u. s. w. Nicht selten denkt man sich auch einen verschloszenen, geheimnisvoll munkelnden Menschen darunter. In den Prozeszakten des Weberhauses wird ein Geselle bestraft, weil er Bedenken trug, auf Luginsland zu gen, indem, wie er sagte, »merenteils Kalfakter da seien.« Andere wurden gestraft und mit 24 Stunden in's Gewölblin bei Waszer und Brot angesehen, weil sie die Fridberger »Kalfakter, Horiabrüder und Wallachen« hieszen. Akt. v. 16. Sept. 1785.

KALLEN swv. pralen, schreien. »dô lief David dâr und zoch dem rissen sein swert ausz and sprach: ich hân dir dein kallen gelait und dein geschrai.« ogm. 206 f. 148ᵉ. Schm. II, 288. Nord. kalla. Graff IV, 383.

KALMÄUSEN swv. Kalmäuser stm. sieh Stümpfieren.

KALT. 1) sieh verkalten: sich verstecken; in's verkalta gaū: Versteckensspilen bei Kindern; wol zu g'halten. 2) Conlin:
O mein liebe Alte,
Das ist gut für's Kalte
Hilft's dir nicht, so schadets nicht!
O meine liebe Alte
Das ist gut für's Kalte.

Alte, liebe Alte
Schüttelt dich das Kalte,
So komm' Hans Nickel und
brenne dich,
So schüttelt dich das Kalte nicht.

KAMER, die. 1) Eine Stro- u. Futterkamer komt in der Feuer Ordg. v. 1731 vor. 2) Comtoir des Kaufmannes »Fuggers Kamer« Kleiderb. 3) Schaz-: »wan die munze in sine (des Bischofs) Kamer hoeret;« daher »viztum unde kamaerere« bischofl. Amt. Stdtr. »Getraide nach dem Kamerfusz und dem Weydenfusz« häufig. Witw. u. Wais. O. 1778. 3) Ein Mickhausisch-Fuggerisches Gefängnis heiszt »wälsche Kamer.« »Also hat man ihn etlich Stunden lang in der welschen Camer aufgehalten.« Strafbch. 1611. »Straffet ihn (wegen Eren-Antastung) zue Armut halber in der welschen Camer zu ligen.« 1606. »Mit der welschen Camer abstrafen.« 1607. Ein Liedlein in den Stauden heiszt:

Schmidhamer
Mach in die ober Kamer
Lasz de unter
Rumpla, bumpla.

KAMMEN, der, 1) Kammhaare, Pferdemähne. »M alta Hengst da Kamma gstuzt.« Sch. »Da K. stellt ear wie a Sau.« Sch. 2) in der Webersprache: »Erstlich von einem breita Ziechkammajrs

Fadens 30 kr. Von einem schmala Ziechkama. Von einem braiten Barchet und mittler Kamma. Schmale Barchetkamma. Von einem blauen Kamma ailfer. Von einem gewirfleten Ziechlekamma.« Blättersezerlon. 17 Jh.
KAMPELN swv. prügeln.
Und unsre Roathe wead ma kampla
Sie möget schreia oder strampfla. Sch.
KAMPFRÄDER wol zu Kamm gehörend. Zinkenräder innerhalb der Müle. Kammrad. Sigertshofer Mül. O.
KANTEN im Fugg. Inv. Zinnerne Güeszkandlen, grosze Zapfkandlen, glatte Kandlen (nach Innsbrucker Maszen), zinnerne Oelkandlen von 3 Drinckhel. Franggen Kandel (?), prantwein kandel u. s. w.
KANTEREI, die. »Des Kaysers Kanterey«, bei S. oft. »Nach dem Seelampt hat der Bischof von Triest das Ampt von U. L. Frauen gesungen, mit des Künigs Kanterey, Busamen, Zingen, Orglen.« S. 279. »Des Kayser Kantarei, Trumether und Orglen.« »Und in der Kantarei lauter alt, gestandene, ernsthaft person« u. s. w.
KAPATASTER, volketymologisch für Kataster, änlich Arrestant für Adstant (Schulgehilfe), Regillion f. Religion; in d'Allmacht falla für in Onmacht falla. (capitastrum.)
KAPAUNEN, die, erscheinen in alten Speiszetteln und Chroniken als Waydkapaunen, wolfeile und gemästete K., änlich wie Waidgänse und gemästete Gänse.
KAPELLEN in Augsb. St. Antonius-, St. Antonin-, St. Barbara-, St. Elisabeth-, St. Gilgen- oder Egydi-, St Lamprecht- od. Hofkapelle, St. Michael-, Maria Schneecapelle, Schmerzen-Kapeltor u. s. w.
KAPFEN swv. schauen. Kapf stm. Schauort. »Es wart nie kain Mensch so grosz kapfen auf einem wol turmenden Haus — als himelslichs herkapft auf einem wollydenden Menschen« cgm. 480 f. 25ª,b. Kapfhaus amphitheatrum, spilhaus. cgm. 685 f. 7b. Das Wort Kapf, wozu unser heutiges gaffen gehört, hat sich in mereren schwäbisch. auszeraugsb. Bergvorsprüngen erhalten und ist nichts anderes, als Uebersezung des augsb. Luginsland. Der obere und untere Kapf bei Neufra (Rotweil). Das untere und obere Käpfle bei Möhringen a. D. Kapfhau, Wurml. Wald. Tuttl Kapfle, ein Bergkopf bei Derneck. Rauher Kapf, im Schönbuch. Schmid, Pfalzgraf. 65. Kapfanges bei Tuttlingen. Kapfenburg. Riesz.
KAPPE, cappa, byrrus, Graff IV, 355. 1) Liturgisch: pluviale. »Sô sol der das ampt tut am balmtag in einer sidinen kappen in den kor komen.« cgm. 168 f. 54b. »An der uffart sô die

tertie ende hât, sô kom der priester in den kor mit einer sîdînen kappen.« f. 63ᵃ. »Sô der Opferstock gesegnet ist, sô sol der priester die sîdînen kappen von im legen und sol die kasl aulegen.« f. 61ᵃ. »In der liechtmess, sô die tertie gesungen wirt, sô sol der priester in einer sîdînen kappen in das kor komen.« f. 67. »An dem tage vnser frowentult ze miten ogsten, sô diu tertie ende hât, sô sol der priester in einer sîdînen kappen in den kor komen.« f. 70ᵃ. u. s. w. Von St. Martins cappa heiszt esz cgm. 6 f. 187: »sîne kappe furtent die künige von Frankrich do nôch alle zit an sô sü zu strîte solten faren: dovon wurdent die cappellâni genant, die der kappen hütent.« Mein S. Martin 8. 9. 2) Kappen und Klagkappen auf dem Rucken. S. 254ᵇ. 3) Eine Art Reginahaube der Weiber in Memmenhausen heiszt Stellkappe. Die Spizkappen grosze mit äuszerst feinen Spizen versehene regendachförmige Hauben im Mindeltale (Winzer), die man nur an den höchsten Festtagen, am Gründonnerstag, noch trägt. Sie sind jezt äuszerst selten. Die Gimpenkappen, Storkennester auch genant, sind schwarz. 4) Nach der Mezger Ordg. v. 1549 erhielten die Fleischtrager: »Kleider, Kittel mit Ermeln und angenäten Kappen über den Kopf, die vorne ganz über die Knie gen, sie auch über solche Kappen kein Huet aufsetzen und sinig anderes Kleid über den Kittel anlegen.« 5) In der Bau Ordg. »Wo aber eine Gasse eng, so solle der Nust abgeschnitten und vornen entweder mit einer Kappe und mit einer Zungen verwahrt werden.« 50. Die Kappe oder Schlund des Waschkessels gegen sich, d. h. gegen seine Mauer richten. a. a. O. und öfters. Kappenzipfel, »die Fuggerei im K., peninsula in suburbio S. Jacobi pro habitatione laborantium pauperie civium aedes centum et sex complectens« Pinacotheca Fugg.

Der obere u. untere Kappenzipfel heiszt der obere, untere Teil von Groszaitingen. Kappenzipfel hiesz ursprünglich ein schwarzer handbreiter Tuchstreifen über Brust und Schulter vom Hute ausz, Klagbinde. Esz ist ein Ueberbleibsel der bereits im 14. Jarh. üblichen Schweifkappe. Schapprin, eine Müze mit aufwärts geschlagenem Rande über welchen ein langer Streifen Zeug niederhieng. Bavaria IIᵃ S. 832. Red. A. »Das aber hab ich wol an ihn vermerkt, dasz durch etlich Herren des Rats die Sach soll laut worden sein welches einer dem andern beschuldigt, grobe Kappen darüber einander angehenkt haben, und mit Worten hart an einander gewachsen sind.« Chron. 1634.

Kappeneck in A. Die blaue Kappe, die dem Klenkhertor zunächst ligende Bastei.

KAPPELAERE im Stdtr. »Sweme man diu phenninge versleht, sô sol man dem kappelaere geben V schillinge phenninge.«

KAPPER, Kaspar. Mein Wbl. s v

KAPUZINER heiszt das vom Regenwetter halbrötliche Heu oder der Klee an den »Hoinzen« auf dem Felde. Allgäu.

KAR, die, got. kas, lat. vas, eine Schüszel besonders z. Braten: »Braotisz kar« und zum Dâtsche sieh D. »Glaszierte Milchkärlen« im Hart. Inv. **Millkärle**, Strasze. Milchkärle stürzen sieh Klaosatag. Im Voc. opt. 19 VII, 82: Löffelkar, cochlearium parapsis. S. 20. VII, 99. Im oberen Donautale (Hundersingen) ist das Kar gleich Heubarn in Niederschw. neben der Tenne. Bodenkar, dasselbe, nur etwas tiefer. Adj. karig, kairig, kärig: 4 kärig, d. h. der untere Scheuerraum hat 4 Abteilungen.

CARDUMEL »Priamus, welcher eben in dem Cardumel der Uneinigkeiten doch ihrer Barmherzigkeit eine Fruchte davon gebracht hat.« »Wie Hektor den Cardumel erhoret — luffe er.« Troj. Krg. 44ᵃ. u. Chron. 1634.

KARFREITAGSPROCESZIONEN, allgem. vom 17. Jarhd. an durch die Jesuiten eingefürt, so in Rottenb. a. N. In A. war die erste a. 1603.

KÄRLING im Stdtr. oft: unser Karolin. Schm. II, 329. »Man sol auh wizzen mêr, swelich burgaer silber kaufen wil des er bedarf hinze kaerlingen, ze franken« u. s. w. »der sol kaufen hinzc kerlingen vierzig mark.« Karolinenplaz, -strasz, ob. u. untere A.

KARMELITER Gasse, -Gässchen, -Mauer; Pläze in A.

KARRER, ein städtischer niederer Dienst in Augsb., eine Art Dienstmanns-Institut. A. 1691 eingeteilt in 4 Rotten: Lindauer, Venediger, Nürnberger und Weberhauser. A 1700 d. 20. Febr. wurden die Venediger und die Lindauer in eine Rott, die Nürnberger und Weberhauser ebenfalls in eine Rott zusamengeworfen. Jedem Teile lagen ob zu versehen seine gewiszen Orte, Stätten und Straszen. Eingriffe, Uebervorteilung unter den Rotten nötigten den Magistrat, eine Rotte zu machen: esz waren im Ganzen 24 Männer. Ire Ordnung: 8 Ur Morgens und 2 Ur Nachmittags hatten die Karrenzieher bei Strafe bei der Wåg einzutreffen. Versäumnisse 3 kr. per Viertelstunde. Unnötige Geschäfte, wie bei Hochzeiten, Leichen etc. waren verboten; in iren Arbeiten nichts auf andere schieben. Fluchen und Zottenreiszen zalt Straf 10 kr., imer das doppelte. Untreue im Auszliefern des Trinkgeldes zog etliche Tage Entlaszung nach sich. Sie hatten ebenfalls 2 Büchsenmeister die »anzuschaffen und auf die Fuhrleut acht zu geben hatten.« Alle Feierabende gewiszenhafte Abrechnung. Bei Todesfällen hat der neue der Wittwe 8 fl. zu verabreichen. Bei der Wag gab esz nach dem westphäl. Friden 12 Karrenzieher und 8 vor dem Weberhaus, 6 an der Fronwag.

Die Karrenzieher des Weberhauses musten neben andern Waren die Baumwolle abfüren, damit umgen, packen, trocknen, abschneiden u. s w. Erlasz von 1691. Nach dem westph. Friden waren im niedern städt. Dienste 1 Hofkarrer, paritätisch. Baugewölbkarrer. 3 Karrer ob der Lechhütten. 2 Bachkarrer. Ein Karrengässchen in Augsburg.

KARRETEN von ital. carreta, Kutsche. »Ferner werden ihnen hiemit die kostbare, gezierte Gutschen und Karreten verboten.« Kleid. O. 1668. Schmell II, 322.

KARTAUSE in der Red. A. »Derowegen will ich dich zahlen und bei der Cartausen nemen.« H. S. Vrgl. Schm. II, 333.

KARTEN in der Red. A. »A. 1466 hatte ein Mezger von Kehlhaimb vil böser Karten gegen Rat und Gemein ausgeworfen.« Gass.

KARTER in der Weberzunft: »Sie müszen eine Bürgschaft v. 10 Pfd. für etwaige Handwerksschäden leisten; dürfen keinen Barchent karten, der auszerhalb der Stadt gewirkt ist; auch keinen, wo Kernwol, Kartwol oder böse Woll eingetragen ist oder der des Meisters Zeichen nicht hat. Sie sollen ire Zeichen mit Oel darauf sezen. Vom Lernknecht nur 1 Pfd. nemen, auch erst nach einem ½ Jar einen Lernknecht das Tuch ausberaiten laszen. Jedes Tuch musz er vorher schaben. O. v. 1549.

KARTESCHEN swv. in der alten Webersprache: »Nemlich wie eine gespult, die andere gesponnen, die dritte das Garn abgewunden, die vierte gekarteschet, die fünfte gewürket, die sechst die Wepfen eingezettelt« Web. Umzug Beschrbg. 11.

CARWETTEN: »Reitschul oder Carwetten erlernen.« »Erst lerne ich den Stock, hernach Carwetten springen.« Wann der Hund das Trablaufen kann, so läszt man ihn frei, und weilen er über den Stock schon springen kann, so hält man ihm den Stock vor, aber nit so hoch wie sonsten und wann er darüber gesprungen, so fährt man gleich mit dem Stock über ihn herüber und hält ihm denselben wieder vor und das immer geschwinder und sagt immer dazu: carwet, carwet, carwet! und wann er das recht kann, so lernt er den Kalopp.« Lang, natürl. Zauberei 1740.

KÄS, der, in den Akten komt der Edamer und Parmesaner Käs öfter vor; den Edamer K. machte man in Mem-

mingen vortrefflich. Im Stadtr.
Falzbl. komt Schwaykäs vor.
Im Hart. Inv. sind auch 12 Käs-
tücher genant. käsweisz, so
weisz wie die Wand. Red. Art.
»Auf Käswaszer kann nichts
Beszeres kommen,« d. h. komt
selten etwas Beszeres nach. Im
Tegernseer Kochbüchlein —
ein Schlusz auf schwäbische Klöster darf gemacht werden — erscheinen an Georgi Speiskäsz
als Abgabe (Dienst), um St. Leo-
nardi die Legerkäse. Käs-
suppe. a. a. O. Käsprüe. Käs-
krapfen. Mandelkäs. Käs-
gilten an Weihnachten etc.
komen öfter vor. Eine Wemdin-
gisch-Oettingische Urkunde von
1480 hat: »Zwelif Käse uf Weihnachten, Zwelif Käse uf Ostren,
30 Gültkäse und ein Fasnacht-
hun —; 3 Käse uf Weihnachten
und 3 uff Ostern.« Laber's Geschichte v. Wemdingen 1836. 2.
Heft 156. 157. A. 1546 henkte
man in A. einen Verbrecher, der
ob seiner Manier Käs zu stelen,
allgemein unter dem Namen
Schabenkäs bekant war. Chr.
1634 S. 423.

KASPERLE emals in A. ¼
von einem Kronentaler, 40½ kr.

KASTEN gewönlich für Schrank.
Den Kasten hüten wie noch
heute: nicht benüzt daligen, von
Kleidern. »Da wolt sie mein Klaid
— das ich auf Weibnehmen machen liesz nun sehen laszen und
wolt nit länger den Kasten
hüeten.« Kleiderb.

»Die Schwalben rufen:
Wann mer fortgen
Wann mer fortgen
Sind alle Kisten u. Kästen vol;
Wann wir wiederkomen
Wann wir wiederkomen
Sind alle Kisten u. Kästen leer:
Die Weiber hont alles verfizelet
verfazzelet; drum hend se so
braite Arsch.« Kinderr. Klimmch.
Das Kastenmesz, amtliches
öffentliches Fruchtkastenmesz im
cgm. 154 »2 Schaff Roggen Kastenmesz.« f. 2ᵇ. »4 Schaff Haber Kastenmesz.« f. 11ᵇ. »Alles
Kastenmesz.« f. 21. 22ᵇ. Gilt-
kornkasten in A. Fuszenka-
sten b. Bett. Furttenbach. Ka-
stenholz bei Türkh. römisch.

CASTRON, Castraū, in A.
allgemein üblich für Hamel-
fleisch. »Darunter ain Castrone
oder schweine flêsch.« Pfründ.
O. oft. 1543. »Rieb oder Kraut,
und eine schweine oder Kastron-
flêsch darunder.« a. a. O. In
der Mezg. Ord. 1549: »Item der
Kastron soll von Joannes Son-
nenwenden an bis auf St. An-
dreastag gestochen nach dem Gewicht, nicht nach dem Stück on
allen Anhang das Pfund 3 Pf.
hergeben werde.« »Item Hamel,
Castron oder Schafköpf sollen
zu 5 Pfenning gegeben werden.«
»Kastronbäuch.« a. a. O.

CASUKEL, casula: »Sô die
none end hât, sô sol der priester
in der casukel komen fur den
altâr.« cgm. 168 f. 59ᵃ. Sonst »die

»Casel anlegen.« f. 60ᵃ. »in der
casel ze dem altâr gen.« f. 63ᵇ.
KÄTHER allgemein Katharina.
»Potz Wetter alle Kätterl« Sch.
Kätherlin von Ulm hiesz in
Augsburg eine grosze Karrenbüchse. Gass. Katharinengasse
und Katharinengässchen, A.
Die schnell Käthrei, allgem.
Durchfall.
KATRISWANK urkdl. 1263 für
heutiges Ketterschwang bei
Kaufbeuern. O. N.
KAUDERN swv. Kauderer,
Kauderei. 1) mit Getraide wuchern, was kippern ist. 2) Mit
Flachs handeln. a) »Kauderer
und Fürkeufel.« Poliz O. »Eigenwillige Steigerungen, Aufschläg,
Monopolia, Fürkauf, Kaudereyen, Ueberbott und heimliche Verschleichung in die Häuser oder
Winkel.« Poliz. O. »Und deswegen alle, Kauderer und heimliche Uffkeufler bei Verlierung der Wâr, abgeschafft werden
sollen.« Verbot des Kauderns
28. Dez. 1602. Reysch. XII, 589.
b) Auf- und Fürkaufen oder Kaudern in's Flachs. Wirtb. Ordgn.
Schmell. II, 281. 282. Schmid 307.
KAÜFLER hiesz 1) der Taxierer und Auszrufer bei Auktionen,
bürgerliches Gewerbe; 2) der mit
alten Kleidern handelt.
KAUN stm. Schümel an verdorbenen Eszwaaren, besonders
aber Getränken.
KAUNIZIG, verdorben, mer
Anlenung als Ableitung 'v. Kaun;
stet zu kainnüz, sieh oben.

KAUZEN swm. verwirrter Faden. Kauzengäszle vor dem
Frauentor, wo einst (1573) Konrad Roth's Zuckerfabrik stand.
Daneben ein altes K.
KAZE wie Hund, Henne,
Gockelhan spilt in der Volkssprache eine grosze Rolle. Die
Eigenschaften diser Haustiere geben leicht Gelegenheit zu Vergleichungen. Im cgm. 311 f. 46ᵃ.
heiszt esz von den Frauen: »recht
als ain geschunden Kaz, die dô
hett ayn waych glat hôr und ayn
rauch flaisch darunder.« »Wann
slôffender Kazen lauffen die
meüsze selten in den mundt.«
cgm. 289 f. 107ᵃ.
»Das gehört der Kaz,« d. h.
das darfst du wegwerfen. A.
Auf die Frage was? heiszt esz
in den Stauden:
D'Kaz ist deï Bas
Der Hund ist dein Vetter
Sie genget mit anander in d'Blätter, oder friszt 17 Schlötter.
Blätter: die äuszeren Krautkopfblätter zum Viehfutter abgebrochen. Ebendort gilt in der
Kindersprache der Schnellsprechreim:
Unser Kuderkaz, Kaz
Haot Junge ghett
Auf der Roll auf der Rill
2 grad wie iare Junge.
Um Burgau sagt man spaszhaft:
»I meim Leaba ho-n-i koin solches Spektakel gseacha, wia in
deam verfluchta Meïster: dao
ist der Bachofa uff der Kaz droba ghockt.« In Weiszenstein ist

üblich: iaz soicht d'Kaz links, d.h.
esz get hinta hottl = schlimm.
Am Kazentischle eszen müszen, Kinderstrafe. Allgem.
Schnellsprechvers (Stauden):
D'Kāz läuft über d'Spān
Bscheiszt d'Spān,
Haot d'Spān beschisza.
Lieder:
Monika
Beiszt der Kaz da Wedel ā
Reaşt 'n in der Pfanna
Lasz mē ao a Bröckele langa!
Stauden.
A b c,
D' Kaz lauft im Schnee
'S frierts an a Boĭ
Gaot geara mē hoĭ. Staud.
Kaze heiszt auch der uralte mytische Brauch »die Mockel vertragen.«
Einige Rätsel:
Wao sizt d'Kaz im Heu?
Wao sie da Schwanz rauszstreckt.
Wia sizt d'Kaz im Heu?
Haorig.
Kleine Anhöhen mit steilen Weglein heiszen in ganz Schwaben: Kazensteigle. Bei Mickhaus. und Beckstetten ist ein Kazensteig. Kazenloh, Gut, urkdl. 1340. Im Kazenstadel in A. wurden die »Kazen«, die Belagerungs - Maschinen, aufbewart. Kazenberg nannte das Volk das Schlosz Kaltenberg. Gass. Kazenloh, ein bischöflicher Bauernhof, früher zum Amtslehen der bischöflichen Kämerer gehörig. In Augsburg war ein Kazenhof und ein Kazengässchen. Kazensattelweiher. Wemding.

KEHL, KAEL adj. adv. abgeschmackt, eckelhaft: Kälappel! rohe Schelte. »D'Schassör die hand am kälşta taū.« Sch. Mer allgaüisch.

KEIBISCH adj. zu Kebse, nicht aber zu keiffisch = zänkisch, stend. »Nu was Jepte ain cheibs chind und was einer von cheibischer art.« cgm. 206 f. 125ª.

KEIBS, Kebse. »Der hett sibenzig Keibschinder.« cgm. 205 f. 122. Mhd. die kebes; ahd. chepis, neben kebese, ahd. chépisa.

KEICHE, zu keichen, herb atmen gehörend; Klostergefängnis: »wie er deswegen bei seinem Prior angeklagt und in die Keuchen geworfen.« H. S. Allgem. »Saget der Predikant: was hast du in unser Disputation zu reden: Nur mit im der Keichen zu!« Kleindienst. Als Schulgefängnis öfter in A. Schriften.

KEILEN swv. »Beherziget — die Strafe — die ihr den Sonntag nicht heiliget, sondern an demselben füret und traget, waschet und zwaget, hoblet und failet, bauet und keilet, nähet und stechet, hauet und brechet, laimet und flicket, klecklet und stricket, fischet und hezet, schleifet und wezet, heftet und bindet, dreschet und windet, hämmert und klopfet, puzet und ropfet u. s. w.« Conlin.

KELLE, f. kleine Gaze; sieh

G. im Gegensaz z. Schäpfle. Im Fugg. Inv. komen vor: 6 Schepfkellen, 1 Faimbkell, 2 grosze Kellen zum Fischen. Niederschwäb. Schöpflöffel, Schomlöffel u. s. w.

KELLER spr. Kĕər, Kĕərlĕ, Kĕərhals, — loch. Der Weberhauskeller oder Gewölbe, d. h. die Niederlage der zur Geschau komenden, zu stempelnden Tücher war in 2 geteilt. Darüber ward der Kellermeister gesezt. Seine Verpflichtungen sind im Eide enthalten; desgleichen die seiner Bürgen. Die Kellermeister musten schwören gelerte Eid zu Gott dem Allmächtigen, dasz sie den verordneten Herren des Weberhauses bei alljärlichem Gebrauche mit Auflegen der anvertrauten Kellerschlüszel und Ellenstäb in iren Kellern, und das bestimte Umgeld ausz den Barcheten, so inen schnittweise od. stückweise verkauft werden, getreulich einziehen wollen; sie sollen getreu und gehorsam sein den Weberhausherren; die Waren bewachen, gut schlieszen, Bürgern und Gästen gute Ellen geben.

Die Kellermeister waren vom Magistrate beeidigt; musten alle Loden, Rupfen des Marktes untersuchen, ob richtiges Masz da sei und dann auf jedes Stück ein Rädlein drücken. Vom Geschaugeld, das sie einzuliefern hatten, bekamen sie den 3. Teil, musten auch das Geschaumädle, das die Zeichen aufdrückte, bezalen.

Kellermeisterbürgen musten schwören, alles Schadhafte durch Schuld des Kellermeisters »auszzurichten,« d. h. zu vergüten. Kellerzins, Kellerbazen, Abgaben wegen Nuznieszung des Kellers, komt auch in Mezg. A. vor. Esz gab 2 Kellerschreiber, die halbjärlich 5 fl. hatten.

KELLERIN, Wartfrau b. Wöchnerinen, daher in Chroniken u. teilweise heüte noch da und dort üblich: Kindbettkellerin. Auf eine uralte Site deutet die Stelle: »Es ist wol Gewonheit an der Fasnacht, das sich die Kellerin kleidt mit der Frowen claydern; das wert aber nit lang; aber das ist über jòr Gewonheit.« cgm. 311 f. 47ᵇ. »Mit mir ward mein Kelerin, gleich darnach mein Kinds- und Undermagt — krank.« L. Rem.

KER, der, Reihe, Ordnung dessen, was regelmäszig wiederkomt. Kerausz, was den Schlusz macht. Keren, allgäuisch fürben; ein nied. Amt waren die »Schrandkerer,« paritätisch. »St. Pauli Kehrstag.« Urkdl. 1517. Zacher 279.

KERN, spr. Kĕərə, enthülstes Getraide z. Kochen: »Ain Keren in einer Milch und ain Milch darzu.« Pfründ. O. 1492. »Zum Nachtmal ain Suppflaisch, ein Keren in einer Milch.« a. a. O. oft. In der Pfründ. Ordg. von 1543: »ain gesotten Emerkern in Milch oder ein Gersten in Milch.« »Gen Nacht ein hebrin

Mus und ein Gersten oder Emerkern in Milch.‹ ›Gen Nacht ein hebrin Mus und ein Haberkern in Milch.‹ Kernwolle scheint eine schlechte Wollart gewesen zu sein: ›Item welcher würkhte Barchant von Staub, Kartwoll oder Kernwoll oder sonst pöse Woll.‹ Ordg. 1549. Red. A. ›Aha, des ist a-n-anderer Keara, haot der Müller gsait, wie er in 'n Mausbolla bisza haot.‹ Burgau. Staud. KERREIN, die, carena, carana, quadragena. Im cgm 736 f. 40^b. ›Und sind da 1000 jar Aplasz und als vill Kerein.‹ ›Zu dem IIII Cottember im jar 1000 jar aplas und als vill kerrein.‹ ›Item auf dem hohen Altar findt man 48 jar Applas und als vill kerrein alle Tag und das dritt Teil vergebung.‹ f. 43^a u. s. w. Vrgl Schmell. II, 321. In einem Wemdinger Statut v. 1446 heiszt esz v. Mörder: sol er zur Beszerung thon vollbringen 50 Pfd. Wachs, ein fart gen Aach, ein fart gen Eynsideln zu U. L. Frau u. ein Karren.‹ Chron. 2.52.

KERZE, die. Sebastian- oder Apostelkerzen oft in Mickh. Kirchenrechnungen. 16. 17. Jh. Mettenkerzen a. a. O. Kerzenmaister hieszen in Burgau die Zunftvorsteher. ›Bei den geschworenen Kerzenmaistern anzeigen.‹ ›Mit der gesezten Kerzenmaister Wiszen sind imer wiederkerende Formeln in den Zunftbüchern. Kerzstal:

›es sigent messer oder swert, oder ander waufen, stecken oder Stein, Maussen, Kuplan, kerzstal od. ander Ding.‹ Memm. Stdtr. Im Tegernseer Kochbüchlein komen, wie in schwäb Klöstern, folgende Kerzen vor, die man a. 1536 brauchte: Mettenkerzen, 1909. Herrenkerzen, 3250. Stal- u. Pfisterkerzen, 3400. Laternkerzen, 3250. Rückseite des Einbanddeckels.

KESPER, die, Kirsche. Stauden. Die ›Walder‹ heiszen die Kesperschneller; bei Prozessionen drückten sie den Vorbeiziehenden des Nachbarortes die Kirschensteine in's Gesicht. Stichelname.

KESZEL in der Red. A. ›Keszele brenn dich nicht! wenn Kinder etwas Heiszes greifen wollen. Im Homo S. erzält der Prediger am Sonntag Quinquagesimae auf der Kanzel bei Heil. Kreuz folgendes : ›Mein Fasnachtspil, so ich heutiges Tags mit dem blinden Narren Vorhabens bin anzustellen, ist das ›blinde Maüselfangen.‹ In diesem Gespil, (wie sie selbsten wol wiszen) verbindet man einem die Augen. stellet ihn mitten in ein Zimmer, drehet ihn etlich Mal umb und umb, endlich laufen alle davon. Einer schliefft ihm unter den Armen, der ander unter den Füszen durch, da stupft, da zupft einer, alle treiben das Gespött ausz ihme. Dieser blinde Narr dappet ungefähr in dem

18*

Zimmer herumb, einen zu fangen und zu erraten, wer er sei. Wann er bald an der Wand, Stuhl, Bank, Tisch oder Ofen anstoszt, schreien die Andern: Kessel umb! Kessel umb! Mit welchem sie ihme vor dem Schaden warnen: Gehe zurück, kehr umb! rusz dich bei dem Keszel nicht!« Nachdem der Prediger allen erdenklichen gfärlichen Fasnachtsmutwillen hergezält, ruft er ausz: »Kessel umb! Kessel umb! kehre umb, kehre umb, gehe behutsamb, merk auf, rueszige dich nicht! Kessel umb! da ist eine verdächtige, böse Gesellschaft! Kessel umb! gehe nicht hinzu, rueszige dich nicht! Du schwärzest dein Gewiszen! Junge Leut, Mannsund Weibsbilder, Kessel umb! gehet von weitem nicht hinzu!« So get es fort durch die ganze Predigt. Keszelmarkt in A. Oertlichkeit.

KETTEN im Hart. Inv. 1 Baumketten, Aufbrüchketten (Anspannkette), alte Küehkettena u. s. w. Kettengässchen. A. Die eingeketteten bauchartigen Behälter auf beiden Seiten des Holz- oder Heuwagens heiszen Bäuche und die Ketten »Bauchketten,« seltener Holzketten neben den Bauchsailern. Grosaitingen. In Reinhardshaus. »Bauchschlingen,« die Wagentücher. »St. Peters Ketten« für Kettenfeier in den alten unbeweglichen Kalendern. cgm. 97 f. 12ᵃ. Kettenwambasin Agnes, Familie N.

MB. 23. 105. Das Kettenbeissen, eine bekantlich allgemeine Site, ward im Dez. 1730 in A. verboten, nachdem esz seit Uraltem üblich war. Wenn junge Bauersleute das erstemal im Leben in die Stadt kamen, zog der Torwart die äuszere Schlagbaumkette vor, worein der Neuling beiszen oder sich mit einem Trinkgeld bei der Wache und dem Schreiber loszkaufen muste.

KEZER komen im Augsburger Stadtrechte vor in Verbindung mit »zohensun, merhensun, muzzensun, viertaeter.« f. 50ᵃ. u. s. w. Darunter sind im Mittelalter die Sodomiten verstanden. Eine Notiz in Schulthais' Collect. Constanz. hs. »a. 1464 wurden 2 Ketzer gefangen, die mit einander Ketzereien getriben hatten.« »A. 1629 hat man N verbrennt, dieweil er Kezerai trieb mit Küe und Rossen.« Feigele, Füsz. Chr. Auf Grund dieser Sünde, die mit dem Feuertod gestraft werden muste, geschahen so vile Kezerverurteilungen, die mit Glaubenssachen nicht im entferntesten etwas zu tun hatten. Esz wird auch zur Erklärung des Wortes das italienische cacciare = verfolgen, französ. chasser ausz dem lat. captare (captus) besonders mit donna verbunden gerne vorkommend, nicht allzuweit absten. Diez, Wb. 79.

KICKERIKI heiszt der Volkswiz die gespenstige Burg bei Aspach. Burg- und Batfeld 85.

KIEN: »war gar ein ungehobelter Kienstock.« Chron. 1634.
KIENZEN, KIANZEN, swm 1) fettes Unterkinn. Allgem. schwäb. »Und haot 'n Kianza kugelrund.« Sch. Hohenlohisch Kōēza; bayer. Kianzl. 2) Rückenkorb. A.
KIESER in A. allgemein emals üblich; die Brotkieser, Brantweinkieser u. s. w. »Die Brantweinkieser sollen wochentlich wenigstens einmal bei allen und jeden Branntweinern ohne Unterschied eingehen.« Alte Instruktion am Schlusze der Branntw. O. Besonders lag inen ob zu schauen, ob keine Methschenken, Hucker, Sailer — mit Branntweinschank Geschäfte machen.
KIMICH, KEMICH stn. Kamin; niederschwb. kēmmet. »Die Gübel auf den Häusern und hohe Kümmich.« Gass. »Ward der Kimmich erkloben.« S f. 238ᵃ. »Anricht- oder Veränderung eines Kümichs.« Bau O. »An Kümmichen.« Feuer O. »Gemauerte Vorkümmich.« a. a. O. »Kümmichkerer.« a. a. O. Nach dem westph. Friden waren 2 Kimmichkerer amtlich aufgestellt.

Die Kinder rufen in A. wenn sie den K. sehen:
Kimikerar, kreidaweisz
Hoat a Säckle vola Laüs
Kan 'rs nitt vertraga
Lad 'rs auf 'n Waga.

KIND in folgendem Zusamenhang: Kinderfreszer eine Schreckgestalt der Kinder in A. auf Bildern mit Kindern in der Tasche und Korb, neben der Buzenberoht ser gefürchtet. Sieh Anhang. »Kindsweysz gen Augsb. komen.« S. 253ᵃ. Kindsvertunerin im H. S.: Kindsabtreiberin. »Die erste sagte: N. und N. haben einander lieb, die ander: sie buhlen, die dritte: sie sei schwanger, die vierte: sie sei eine Kindsverthunerin.« Vrgl. »die Maria (Geliebte) sei schwanger gewesen und habe das Kind verthan.« a. a. O. Kindischmann in Mickh. Akten 1680. Esz wird einer Alters halben seiner Pflegschaftsverwaltung entsezt, weil er »ein alter Kindischmann worden.« »Das Kindle ins G'rüble legen«, ein Kinderbalspil, sieh Anhang. »Eine unrechte Kindbett« hiesz in A. eine Frühgeburt haben, neben Gälgele. Bei Vergleichungen und in einem ärztl. Berichte v. 1534: »Gelauffenes Blut, so grosz als ein Kindskopf;« wie heute noch üblich. Das Augsb. Warzeichen »die 7 Kind« bleibt einer besonderen Abhandlung vorbehalten. Siben Kinder im Reime:
Dort dinna sizt a Frau
Mit siba kleine Kinder:
Was hätt se geara?
Was hätt se geara?
A Gläsle vola roata Wein
Und a Stückle Wegga drein.
Stauden.
Die Kinderzeche, ein altes Dinkelsbühler Schuljugend-

wol urspr. Sommerfest. Vrgl. das Augsburg. Kinderfridensfest. Montag und Dienstag vor Margaretha hiesz esz: »heute ist die Kinderzeche.« Vom protest. Schulhause ausz gieng der Zug unter Musik; die Kinder festlich geschmückt mit Fanen und Kränzen, in der Mitte der junge schwedisch gekleidete Oberst zu Ros. Vor im und nach im seine Schweden, 4 Tromler, Hauptmann und Landsknechte. Der Zug gieng zum Wörniztore (von der schwedischen Belagerung bekant) hinausz und zurück zur Kirche und zulezt zum Rathause, wo der kleine Oberst seinen Spruch tat. Beim Schulhause löste sich der Zug auf, um des andern Tages das gleiche zu tun. Bewirtung der Lerer und Schulkinder verstand sich von selbst. Wie vile Kinderfeste iren Ursprung in der Reformation oder im schwedisch. Kriege haben wollen, so auch disz; in der Tat sind esz angelente, weil nicht mer verstandene alte Sommer-, Winter- und Frülingsfeste. Vrgl. das Rietenfest in Augsb., das Rutenfest in Ravensburg u. s. w. Die Kinderzeche beschreibt Nr. 2 S. 21 ff. mit Zeichnung, die Gartenlaube v. 1864, wo auch der Spruch des Obersten mitgeteilt sich findet.

KINN, das, in dem rechtsaltertümlichen Verfaren. »Das Schindermeszer unter's Kinn sezen.« A. 1462 wurde der Kramerzunftmeister unredlich gemacht wegen Unterschlagung. Am 19. Tage darnach ward im ausz Gnaden unter dem Erker des Rathauses auf einem Stule sizend das Schindermeszer vom Henker unters Kinn gesezt und ist so unredlich gemacht worden. Gass.

KIRCHE. In A. gab esz folgende Kirchen: Dom-, Englisch Fräulein-, Gottesacker-, Hl. Kreuz-, Maria Stern-, St. Gallus-, St. Georgen-, St. Margaretha-, St. Marx- (in der Fuggerei), St. Maximilian-, St. Peter-, St. Sebastian-, St. Stefan-, St. Ulrich und Afra-, St. Ursula-, Barfüszer-, Hl. Geist-, Hl. Kreuz-, St. Anna-, St. Jacob-Kirche. Eine Kirchgasse. »Kirchenbruchstrafen«, seit 1582 in den Händen der geistlichen Obrigkeit. Kirchenfeld. »In der Fasten besunderlich giengen die Priester und Brüder mit dem Kreuz um die Kirchen und Kirchenfeld.« cgm. 402 f. 16^b.

Kirchbrāat, ein altes Almosen in Groszait. an die Armen, die blosz einen Krautgarten oder Gemaindtail hatten; Faullenzer wurden dadurch erzogen.

Kirchgang, ordentlicher: Heiratstag. Nach Mickh. Akten von 1607 wird einer gestraft, weil er sein Weib »vor dem ordentlichen Kirchgange geschwängert.«

Kirchenmaus, der kein Geld hat. Altaugsb.

Kirchweihen. 1) Jörgen-Kirweih. 2) St. Ulrichs Kirweih. 3) Michêlikirweih. 4) die Jakoberkirweih. Die erste mit der Dult verbunden, fiol gegen den weiszen Sonntag in der Zeit. Daher »unter der Dult gen«, unter den bedeckten Buden einhergen. Die St. Ulrichskirchweih ist jezt eingegangen. Die bedeutendste ist entschiden die St. Jakober Kirchweih, ein echtes Augsb. Volksfest, wo besonders seit Alters die Gärtner ire besten Produkte, besonders Riesenrettiche liefern. Die Gautsche oder Schogge darf nicht vergeszen werden, an der die Jungen und die Alten ire Freude haben. Die Michaeliskirchweih ist uralt, so dasz man versucht hat sie in die Zeiten der röm. Colonie hinauf zu datieren. Aller Warscheinlichkeit nach wird die Entstehung in die Zeit der Einweihung des Domes zu sezen sein. Paul v. Stetten. Erl. 79. Im Auszrufe (sieh Anhang) heiszt esz: Auch sieht man an Kirchweihen der Zanbrecher gar vil.

Liedlein:
Kirchweih bleib dô, bleib dô,
Kirchweih bleib dô!
Will dir a Küssle geben
Dasz di kanst niederlegen:
Kirchweih bleib dô!

Und d'Kirchweih ist heur u. feard
D'Kirchweih ist alles weart
Kirchweih bleib dao, bleib dao!
D'Fasnacht komt ao.

D'Kirchweih ist chome
D'Kirchweih ist dao,
Kirchweih gang nimma
Bleib alleweil dao!   Stauden.

Der sogen. Kogelhopf, Guggelhopf heiszt in Birkach Kirchweihknupf. »Kirchweikegler, Kirchspiler, Kirchweihschützen.« Conlin.

KIZENBOLLEN swv. impers. graupeln. Allgäu; neben kizaböllelen; kiseln (Behlingen), risla (Stauden). Mein Wbl. (kuzabonelen.) S. 54.

KLAGEN swv in Trauer gen, d. h. Trauerkleider anlegen; niederschwäb. draura. »Was Herrenfasnacht, da klagten in sein Fraind mit Binden umgeschlagen um ain Hut. Das was vor zu Augsburg nit gesechen worden« S. 317ᵃ. Die Klage, öffentliche Trauer und Trauerbegleitung: in der Klag gen. »Die Klage auf den Boden werfen.« Kleiderb. Im Fugg. Inv. komen vor »lange u kürzere Klagschlair.« Klaggelder in d.Conf. Kempt. »Vor sog. Klaggelter bei denen Pflegämtern werden in gemeinen Strittsachen von dem verlierenden Teile bezalt.« S. 50.

KLAMMHACKEN, Klammhaoka, Günzb. eine Schelte für einen rohen Mann, für einen Grobian.

KLÄRE, die, Kraftmel, weisze Stärke; Kläremacher, bürgerl.

emaliges Gewerbe. **Klare Brief und Sigel** hieszen die von einer rechtmäszigen geschwornen Handwerksgeschau auszgestellten Dokumente. Web. Akt. 17. Jhd.

KLAUBAUF, ein Kinderschrecken, in ganz Oberdeutschland volküblich bis nach Tirol. »Sögt legt der Klaubauf Ruatha eī.« Sch. Drohungen mit dem Kl. allgemein. Ztw. chlauben. Staud. In Depshofen riefen die Taubenkobler:
Tauba 'rousz!
Die besta chlaub i 'rousz!
Dia koinza lasz i liegen.
Ad. **klauberisch**, »ein rauberischer und kl. Gesell.« Conl.

KLAUBHOLZ in Mickh. Akten imer wiederkerend.

KLAUENSCHMALZ, Fett von auszgekochten Klauen, zum Lampenpuzen u. s. w. gebraucht. »Klauenschmalz zu den Laternen weiszna.« Web. Rechgn. Frisch I, 520[b].

KLAUS, der. klausen swv. Mein Wbl. 51. In ganz Schwaben haimisch. In der Strasze, Groszaitingen, komt der Klaos schwarzgekleidet mit Ketten um den Hals und rasselt in die Stuben, wo die Kinder aufsagen müszen: ausz dem Katechismus u. s. w. Die Eltern werden über deren Gehorsam gefragt. Unter Rasseln und Schellen schüttet der Klaos Nüsze, Obst etc. auf den Boden, was man herkömlich »'sMilchkärlestürzen« heiszt. Daher das Klaosagên oft blosz heiszt »man musz stürza.« Die Lebzelten bächt der Kl. schon 14 Tage oder 3 Wochen vorher auf dem Kirchturme oben oder im Glockenhause; davon die Red. A. in der Kinderspr.: 's riecht schon, d. h. der St. Nikolaustag ist vor der Türe In den Stauden, in Klimmach hat der Kl. eine Kuhaut über sich gebreitet und ebenfalls Ketten um Hals und Leib. Die Brote heiszen **Klauszazelta** in vilen Gegenden. »Nusz und Klauszazelta.« Sch. In der Gegend von Ottenbeuren werden am St. Nikolaustage für Kinder Brote gebacken in Gestalt eines Mannes. Dise **Klausenbrote** werden, sagt man den Kindern, in dem **Schelmenhäule** gebacken, wohin auch das Muotes zieht. Burg- u. Batfeld CIII. Eine ganz merkwürdige **Klausensite** ist in Oxenbrunnen. Da kent man nur den **Klaosenzug** von 10—20 Burschen halb und ganz vermumt. Sie üben eine Art **Haberfeldtreiben**; halten vor den anrüchigen Häusern und rufen brummend und heulend: û, û, û! wie wild ist dês! wemma Heiretlis tuet und itt heiret! Kurz alle Vergehen gegen Zucht und Ordnung etc. werden gerügt.

Im Allgäu ist das Beschenken der Kinder am **St. Klästag** echt katolische Sitte; bei den Protestanten dagegen »komt das Christkindle«.

In Behlingen heiszt ein Kinderreim:
Heiliger Niklaus leg mir ein
Aepfel, Bira, Nusz,
Des macht miar koin Verdrusz
Und was noch mer:
Verhau du miar mei Ärschle
Nett so ser!

KLAUSENWEIBER, privilegierte Personen bei St. Stefansstift. Klausner heiszt der Einzelbauer zwischen Reinhartshofen u. Klimmach; da war der Siz eines Klausners, dabei ist eine Kapelle, der hl. Justina geweiht.

KLECK, der, Risz im Holz, Stein. »Und sachen durch die Fensterklegk hinaus haimlich was der Boffel thet.« S. 365ᵃ. Schmell. 352.

KLEE in kleegelb; eine beliebte Farbe emals; ich erinnere an die Kleesâmaröck in der Rottenb. Gegend, die man blosz an hohen Festen trug. »Eine schöne junge Dirne in einem grünen und kleegelben Kleide.« Handkal. 1747 f. 4.

KLEIBEN swv. kleben; ahd. kliban, Graff IV, 542. »Mit einem Knieling mit Erdrich auszgefüllt, klaibet den Zaun.« »Und klaibt über den Graben hinüber für die klaibte Zaün starkh.« Buxheimer Chronik von 1530 in Frauenfeld f. 27ᵇ. 28ᵃ. In Niederschwaben nur »Dreck klâaba« wie Kinder im Kote der Strasze oder Lemarbeiten. Dreckklâaber, Maurer, scherzweise. Klaiber, Ravensb. O. 14. Jh.

KLEIBSEN, KLEISBEN swm. Splitter, Spelt. »Auch ist ze wiszen, so Kind anvahen umzekreiszen auf der Erde; so sol man ein Geläsz machen von lindem Leder, damit sie kein Kleibsen einreiszen noch sonst kein Schaden emphahent.« cgm. 601 f. 98ᵃ. »Mi druckts und zwickts im Magarum, als wäre lauter Kleischpa drinn.« Sch.

KLEINAITINGER, die, werden beschuldigt, sie hätten an der Kirchweihe die Ur der Kirche gestellt, damit esz nicht Nacht werde; einen Ochsen den Turm hinaufgezogen, damit er das Gras abfresze, das droben wuchs. Sie haben einstens den Wisbaum mitzunemen vergeszen, bringen in nicht zur Scheuer hinein, weil sie in überzwerchs legten und sägten in ab; steckten einstens Nadeln, damit eiserne Stangen wachsen u. s. w.

KLEMM adj. rar, selten, gesucht, wie fäsig. Landschaft. »Und obwol selbmals das Getrayd sehr klimm war — also dasz ein Schaff Waitzen auf dem Markte 21 Groschen golten.« Gass.

KLENKEL, der, »die eyserne Schling oder hack, da an der Klenkel hieng.« Frank.

KLIEBEN stv. zerspalten. »Mit den alten zerklobenen Thürmen.« Gass. neben »geklobene Grunveste.« a. a. O. Kliebaxt, Holzaxt. Staud. Nordisch klyf. Griech. γλύφειν, lat. glubere. Red. A. »Dear läszt sich kleiba um

1 Kreuzer« oder »dear schändt d'Laus um 'n Balg« von Geizigen.

KLIMMACH, spr Klĕmmə. In der Umgegend ist die Red. A. wenn das Bierglas wieder zur Neige get: »'s ist schŏ mĕa leer, sait d'Wiertĕ vŏ Klĕmmə und ist ā dər Loiter də Keller 'nab-'gstiga.«

KLINKERTOR, -turm, -gasse, -Mauer in A.

KLOBEN, 1) greifender Hacken. »Mer umb 3 Mauerschlieszgloben am Zehendstadel 9 kr« Ettelrieder Pfarr-Rechg. Klobenmacher und Nagelschmid. Fizion 75. 2) ein Bündel Werg bestend ausz 24 gebundenen Hämpfeln oder Docken, wie man solche auf der Breche bindet um sie auf die Bluimüle (Walkmüle) zu bringen. Allgaü.

KLÖCKELMANN häufig im Man. Z. B. »Item man sol ewichlich geben Hainrichen dem Kl. acht Gottbrot in die Siechstuben« f. 2ᵃ.

KLOPFERTAG allgem. in den Stauden bald 3mal, bald nur ein mal üblich wie in Schwabmünchen. Der Anfang des Reimes ist wie überall:
Hollo, hollo, Klopfertā!
In Fischach:
Holla holla Klopfertag,
Schüttle Bira und Aepfel rā!
Die Form Knöpflestag komt eben so oft vor. Kinder giengen in A. und Gegend an den Häusern herum und schlugen mit den Hämerlein an die Türen, sprachen dabei:
I klopf, i klopf in des Haus
Gibt ma mier a Küechle rausz!
D'Küechlen tuet ma bacha
D'Pfanna hör i kracha,
Küechle rausz! Küechle rausz!
Oder i schlag a Loch in's Haus!
Bekamen die Anklopfer nichts, so schrien sie:
Esz steht a Häfele unterm Herd
Ist Herr und Frŏ kein Kreuzer wert!
Ueber die Klöpflisnacht im alten A. sieh den Auszrufzettel im Volkst. II, 453. Ferner oben sieh Pfannzelten 91ᵇ: »an den drei Donnerstagen nächten vor weihennächten genannt die knöpflinsnächt.« In Burgau haben sie gar 4 Knöpflesnächt, und der Reim begint:
Hoila, hoila Knöpflesnächt!
In einem Totentanze von 1627 sagt der Tod:
Hort zue ihr König laszt euch sagen,
Das Glöggel hat den Garaus g'schlagen;
Heunt ist eure lezte Klöpflnacht,
Der Tod klopft: euch den Garaus macht.

KLOPFEN in der waidmännischen Sprache: »in dem Waldberger Forst haben 2 Waidgesellen geklopfet.« Mickh. Akt. 1681. »Den 21. Febr. khlopfet der Jäger ferners mit 5 Schützen.« a. a. O. »Gkhlopfet, aber nicht

geschoszen.« a. a. O. »Am Klopfen geschoszen.« a a. O.
KLOZ, der, im Gluckerspil der Burg Kinder:
Du bist der east,
Du bist der ander,
Du bist der Klōz!
KLUCK. »Ein Handwerksmann wird auch gewisz bei ihr (der versoffenen Frau) nitt reich; des Weibes Kluck, Kluck, Kluck hat ihm Alles weggenommen.« Lang, natürl. Zauberei 55.
KLUCKERN, GLUCKERN. das bekante Kinderspil mit Marmorkügelchen. Im Früjare sagen die Alten beim Anblick irer spilenden Kinder: ã, ã, hã iaz komt's Friejar, d' Buəbə kluggərət schöə! A.
KLUFT, Feuerzange. Kluftig, leck; »als die Sonn die Saulen aufzogen und klufftig gemacht.« Mickh. Rechgn. 1776.
KLUNSE, KLUNZE, Glumse, Spalt. »Und ist die Maur des Thuren allenthalb ganz geblieben one alle Klunzen und alle Schäden.« S. 265b.
KLÜPFEL in der heraldischen Sprache: »der vorder Oberteil des Schilts halbiert in schwarz und gelben nebeneinander, in schwarzen der Hammerstil gelb; der klüpfel weisz; im gelben der Hammerstil schwarz, der klüpfl weisz.« Insign. 123. Welser'sches Wappen.
KLUPPE, die, Zwangholz. Bildlich: »Man möchte sie mit solchen Verheiszungen allein aufziehen, bis man sie in die Kluppen brächte, wie die Herren zu tun pflagen.« Gass.

KNABERN swv. an einem Knochen nagen, grosze, harte, trockene Gegenstände mit den Zänen zerreiszen.

KNAPPE, Webergeselle; die ledigen Knappen hatten die Kost beim Meister; die Hausknappen nicht; lezt. hatten von jedem Tuche ungleich mer Lon. Ern. Wb. O. 17 Jh.; der Knappenstul »Beisiz auf den Knappenstul.« Akt. Hausknappen, die kein eigenes Geschäft betreiben, für die Meister in irem Hause arbeiten. Fremd gelernete Knappen. Esz gab eine Knappen O. Alle halb Jar musten in der untern Stadt 3 neue Büchsenmeister (Knappenobere) und in der obern 2 gesezt werden ausz der Zal der ledigen Knappen. Sie musten das Quatembergelt fleiszig liefern. Fremde K. und die ire Lerenzeit erseszonen K. sollten ire Zeügnisse bei der Büchse abgeben und die Statuten treu halten. Unredliche, hergelaufene, dem Weibe entronnene K. musten aufgetriben, d. h. angezeigt und eingebracht werden. Sakramentirer, Polderer u. s. w. musten vom Magistrate und von der Büchse gestraft werden. »Damit Erbarkeit, Zucht und Bescheidenheit desto mehr unter den Knappen geführt und gesehen werde, so hat ein ersamer Rat erkannt, welcher Maisterson auszerhalb seines Vaters oder Mueter Geschäft auch ein jeder Knapp über die Gassen, für das negste Eck bei seines Meisters Haus vor den Thoren, vor St. Ulrich auf dem Wein- und Brotmarkt, unter den Kirchweihinen und offenen Jar- und Wochenmärkten, oder in ein Bier- oder Weinwirtshaus o n e R o c k, M a n t e l, K i t t e l, H u e t und K r a g e n g e h e t, und gesechen würdet — der soll aufs Weberhaus geschafft und gestraft werden.« Die Unredlichen wurden alle Quatember vor der Büchse auszgerufen. Vrgl. Hauzinger. Jeden Montag Nachmittag um 2 Ur durften die K. b l a u e n M o n t a g machen. Winters um 8, Sommers 9 Ur Abends musten die K. zu Hause sein. Eine eigene Uebereinkunft bezüglich der Feste zwischen Maister und Knappen existiert v. 1566. Der Maister u. die Maisterin musten den Knappen »nit mer dann die 4 nachbenannten Fest gestatten mitzumachen: den D i n z e l t a g, den L i e c h t b r a t e n, St. M a r t i n s tag und F a s n a c h t.« Dise Feste konten der Maister und die Maisterin selbst halten oder dem Knappen und dessen Weib ein gewiszes Verbrauchgelt verabreichen. Die Handwerks- oder Knappenlade, der Knappenschreiber. A u f g e s t a n d e n e r K., der ausztrit. Web. O. Ein Knappe, der nicht a u s z w ü r k t, d. h. Zeit nicht hält, ausztrit; »einen K n a p p e n sezen.« a. a. O. K n ä p p l i n s t ö r l i n beim Luginsland brante a. 1510 ab.

KNARSCHLEN swv. knirschen mit den Zänen. Riess.

KNAUPEL, die, Bocksbart, niederschwb. H a f a m a r g e t. Knaupelthölzchen, alter Langeneifnacher Waldname.

KNECHTE hieszen 1) bei der Weberzunft die Knappen; L e renknecht, die Lerjungen; »der L e r e n k n e c h t K u n d s c h a f t« Zeugnis vom Maister. »Item so ein Maister einen Knecht sezt, der ihm mehr dann ein Werkh würkht, alsdann soll derselb sein versprochener und b e s t e l l ter Knecht heiszen bis uff St. Jacobstag one alle Fürwort.« 1549. »A u s z g e s t a n d e n e K n e c h t e« durften in der Stadt ein ganzes Jar nicht würken. 2) Bei der Schusterzunft komen vor die S c h u e k n e c h t e und A b r i c h t knechte. »Soll jeder Schueknecht bei seinen Religions- oder Glaubensgenossen auflegen.« Schust. O. Die Schueknecht, änlich wie die K n a p p e n k n e c h te konten wandern von iren Pläzen um Weihnachten, Stefanstag, Sommerjohanni. Lonknechte sieh L. 3) Kuttelknechte bei den Mezgern. 4) Spettknechte in der Memming. Feuer O. 1765: neben den F u r l e u t e n beim Auf- und Abladen haben sich des Rauchens zu enthalten. S. 13. »Der Wågmaister mit denen S p e t t k n e c h t e n in der Wåg.«

S. 43. 5) **Schulknechte**, Provisoren, Lergehilfen. Strasze. 6) »Den Alenmuesenknechten soll befohlen werden guete Achtung zu geben, wenn sie etwa vor jung gehenden, stark müeszig gehenden Bettlern Gesind selbige herein in den Turm beim Spitale füren, dasselbst etlich Tage ligen und wieder hinauszziehen zu laszen.« Ordgen. 1647. 7) **Hüttenknechte**, 3 nach d. westph. Friden, städt. niederes Amt; ebenso die 2 **Bachknechte**, die 2 **Baugewölbknechte**, 1 **Fischgrabenknecht**, vier **Marktknechte**, 6 **Schrandknechte**, vier **Kasten-** oder **Gerichtsknecht**, 4 **Seckelknecht**, **Gassenknecht**, 1 **Mülknecht**. Die **Pfarrknechte** hatten mit den Verkündzetteln zu tun, welche sie von den Schulmeistern, Hebammen u. s. w. erhielten, die sie entweder auf die Kanzel geben oder an Kirchtüren anzuschlagen hatten; desgleichen verhielt esz sich mit den Verlust- oder Fundzetteln. Die **Krankenzettel** hatten sie wegen der Menge sorgfältig zu prüfen und wo esz dringend notwendig schien, zu berücksichtigen, jedenfalls dem Prediger vorzuzeigen. Oefters als einmal von einer Person durfte kein Zettel angenomen werden. (Protest). Chron. 1634 S. 834 ff.

KNIELING, der. 1) eine Wand bis ans Dach von schlechtem auf sog. Holzböden gemähetem Heu, auszen am Hause, im Winter meist zur Viehstreu verwendet. Stauden. Birkach. 2) eine Art Damm sieh oben kleiben.

KNIESTIFEL, eine alte Rechtssite. Einem Bürger Begenhar ward für eine Hofstätte samt dem Königsturn, als Lehen, befohlen, den Grafen Gotfrid von Hohenegg Herberg für sich und die Seinigen, so oft sie nach Augsburg komen, zu gewären und järlich ein Paar Cordawanin Stifel zu reichen.« Gass.

KNIPFEL, Grobian. A.

KNIPPEDEKNAPP im Kinderliede:

I und meī Knippedeknapp
Gang mər spaziera;
Kom mər bis 3 nett hoī
Kom mər bis viera.

Variante:

Wemmər nemma lauffa könnet
Kemmər a-n-andər füera. A.

Warscheinlich die Ehehälfte mit hinkendem Beine.

KNISPEL bei Conlin: »es gibt vil grobe Knispel, vil grobe Gispel.«

KNOLLFINK bei Conlin: (von den 9 Auszsäzigen.) »Das scind 9 grobe Gesellen gewest, 9 unmanirliche Schlieffel, 9 ungehobelte Gispel, 9 schlechte Limmel, 9 unsittliche Knöpf, 9 vergeszene Maulaffen, 9 ungebärdige Schlampen, 9 unerzogene Knollfinken 9 ungeschaffene Schenkel.«

KNOPERT, partic. angebiszen, angefreszen. »Ihr seht eine schlechte raue Muschel, eine knoperte Misgeburt des Waszers.« Conlin.

KNOPF, Schelte: »Du werest ein grober Knopf!« Chron. 1634. S. 431.

KNULLA, Knollen. »K. und Schnulla.« Stauden.

KOBEL, dasselbe was Hobel, Behälter sieh H. »Auf dem Kobel,« Oertlichkeit bei A. »Auf den 3 Köbeln« Dietkircher Waldname. Siechkobel, Siechenhaus bei d. Wöllenburg Zur Henne sagen die Kinder in Behlingen: Tribfuesz, Trabfuesz, Köbele, kobb, kobb, kobb!

KOG, »du kogeter Kog!« rohe Schelte. Isny.

KOLBEN, der. »A. 1503 fiengen die Burger erstmals an, das Har kurz abzuscheeren und Kolben zu machen.« Gass. Kolbet, glatt geschoren. »Die andern sagten mir, dasz er sein Kutten ausgezogen und sich weltlich beklaidt, auch sich gar kolbet bescheren laszen.« Chron. 1634. S. 215. Zeitwort: »mit rennen, schieszen, kolben.« Trojanisch. Krieg f. 29[b] »Mit trucknen Streichen über die Faust kolben.« Dr. Müller.

KOLDERN swv. lärmen, zanken. »Hat angefangen zu koldern,« Mickh. Strfb. 163. »Ist abermalen für's Haus chomen und hat gekoldert und gepoldert.« a. a. O. Subst. Kolderer. »Einen einen Kolderer heiszen.« Web. Haus Strafb. 1787. »Sonnen- und Mondkolderer«, bekante Pferdekrankheiten.

KOLERWINKEL heiszt die Gegend von Streitheim, Adelsried, Bonstetten, Kruichen, Heretsried, Marktbiberach u. s. w., einstens Kölerwonsize; einzelne Ortschaften haben auch eigene Siten und Sprache, so dasz die Nachbarn sie verhönen. Kolberg häufig; bei Wilmetshofen, in Scheer. Kolbächel, Klimmach. Pfarrbch.

KOMEN in abkomen, jemands ⸗ losz werden. »Wie und auf was weg man dieses groben Mönches mit Lieb abkomen möchte.« Chron. 1634. S. 212.

KOMET, KUMET, KUMLET. Fichkommet, Ackerkommet. Hart. Inventar. Furkommeter bei Hochzeiten, Leichen, Taufen sind die Kutschen, die stahlgrünen, blosz gestattet bei Landfarten — wenn dabei »die Fuhrkommeter« angetan werden. Poliz. O. 1688.

KÖNIG in Königsturm in A. »Da ist noch heutiges Tages ein Turm der Königsturm genannt, auf dem hohen Wege, wie man's heiszet.« Königsschanze in A. im 30jär. Kriege bekant. Gass. Königsbühel im Schwabecker Saalbuch 1431: »von dannen bis an den kunigsbichel.« Zacher S. 239. »Der obrost Vogel, das Küniglein.« Zaunkönig. cgm. 312 f. 30ᵃ. Königskraut, Pflanze; von der Teuerung in A. Brachen Neslen und

Königskraut, Merren, das da war ungebaut. Holzmann.
Königfürer bei Conlin: »und hat man mit harter Mühe die Königfürer — seind diejenige, welche allen s. v. Unrat bei nächtlicher Zeit ausfüren — zu seinen Todtengräbern gebrauchen mögen.« In Ulm heiszen sie Zumpfeler (vgl. mhd. zump, penis), in Nürnberg Pappenheimer. Schmeller II, 307: Nachtkönig. König und Königinenfest in Kempten und Memmingen, ein uraltes Kinderfest sieh Anhang. Das Stdtr. von Memmingen IV, 19 (Walch II, 283) beschränkt esz: »in den deutschen Schulen, den Knaben- und Mägdleinschulen — so als Miszbrauch abgeschafft — sollen die Eltern nicht in der Stadt, nicht auf dem Lande Malzeit halten.« Am hl. Dreikönigtage kamen wie allgemein üblich auch Bettelbuben als Könige und sangen das bekante Lied: Wir komen daher ausz aller Gefar. Die Straszberger waren die eifrigsten, sie kamen nach Groszaitingen u. Umgegend. Ein Spottreim:
Die hl. Dreikönig mit ierem
            Steara,
Sie freszet und sauffet und zalet
            it geara.

Das Dreiköniganschreiben ward in A. wie in Constanz und sonst gegen Almosen von den Klostermönchen, in der Regel von den Bettelmönchen vorgenomen. Sie schrieben das übliche Kaspar etc. an die Türe unter Besegnungen.

Ein Rätsel in d. Stauden heiszt: 'S ist kloiner asz a Mäusle Und hat mer Fensterle als a Königshäusle? (Fingerhut.)

CONSTANZ, die Bodenseestadt, fast imer one »n«. Die »Costenzer phenninge« sind ungemein häufig erwänt blosz als »Costenzer,« ganz wie Auspurger, Rotwiler. »Zehen pfund Costenzer an die Stadt geben.« Memming. Stdtr. »Von ainem malter gerstun zwën schilling Costenzer.« a. a O. In den Stauden, wie fast allgemein schwäbisch, komt im Kinderreime vor:

Konstanz ligt am Bodasea
Wear's itt glaubt kū selber hingen.

Eine Schnellsprechübung:
Z'Constanz unter der Rheinbrück ligt a junge Rehleber. a. a. O. Vrgl. Mein Wbl. 52. »Kostenzer Kylwe« in der 2. Woche des Herbstmonats. cgm. 97.

KOPF, der. 1) das bekante Aderlaszinstrument. »Das Laszen das man tut mit köpfen auszwendig an dem Leib ist gut.« »Mit köpfen laszen wider das Kratzen.« Regiom. und in der Astronom. oft. 2) die Ulmer Krautköpfe scheinen im 15. u. 16. Jh. eine beliebte Augsburger Speise gewesen zu sein. S. 99ᵃ. 3) Als Waldname der Augsburg. Umgegend besonders eigen; da finden wir: Ablaszkopf, Hausenkopf, Forrenkopf, Kapuzinerkopf, Brunnenbachkopf, Holzwartkopf, oberer und unterer Gränzkopf. Forraköpfle bei Groszaitingen und Währingen. Hartkopf b. Hart. 4) Pokal, Becher (cupa, cupola, umgestürzte Kuppe) oft, selbst noch landesüblich da und dort. Graff IV. 371. S. hat: vergüldten silberin Kopf, crystallin Kopf, Becher und Köpf u. s. w. In der Rottenb. Gegend heute noch: Kopfhaus f. Küchenkasten Schüszelrame; Schenkköpf, grosze kupferne oder zinnerne Krüge, Zeichen von Wolhabenheit bei Hochzeiten. Rottenburg. Red. A. »Und wäre der Wegelagerer hinder dem Kopf weggangen, wo nicht gleich eben in der Stunde, da er gericht werden sollte, seine andere Fraindschaft für ihn gebeten.« Gass. »Da der Bischof den Kopf aus der Schlingen zogen.« a. a. O. Schelte: Mezakōpf, Mezagrēnd! Dickkopf. A. Bamakopf, in blosem Haar? A. Adj. köpflingen. Frank. Rätsel in den Stauden: Wenn ist der Maler one Kopf? Wenn er zum Fenster hinauszschaut.

KÖPFERLE dim. in der Bau Ordg. »Wer zu seiner Notdurft ein Brücklen oder Steg über den Lech machen will und er der Orten kain aigen Geschlacht hatte oder ihn sein Nachbar auf sein Geschlacht nicht wollte auflegen laszen, so mag er solchen Steg wol auf Köpferlen, aber auf keinen Pfal oder Saul sezen « 41.

KOPPEN swv. zum Kapaunen machen. Volkübl. »dasz 16 haanen gekhoppet und andere Gilthiener in Bereitschaft gehalten werden.« Mickh. Akt. 1682. Adj. koppig, eine Pferdekrankheit. »Es ist auch dasselbig pad für die reidigen und koppigen ros.« cgm. 732 f. 32.

KORB, der. Der K. der Buzenbercht, gefürchtet bei Kindern, sieh Anhang Eisenkörbe, Gitter an Fenstern, in der Bau O. öfters. Red. A. »därfst da Korb traga, wenn ma da blinda Gaul zum Schinder fürt.« Burg. Von einem gesagt, der zu nichts da ist, änlich wie das bekante »wenn man da Hund hänkt, därsch 's Loaterle traga.« Der berüchtigte Korb am Schnellgalgen: »Und dieweil auch die Becker (a. 1442) in solchem gemeinen Elend täglich groszen Betrug mit dem Gewicht wider die gesezte Ordnung übten, liesze der Rat einen Schnellgalgen mit einem Korb zurichten über die Lachen auf dem Plaze zu St. Ulrich — auf welche die gesezt sollten werden, so solche Betrügereien im Brotbacken brauchten und wann sie also lang genug dem Volk zum Schauspil darauf gesesszen, alsdann in das unflätige kotige Waszer herabgestoszen worden.« Gass.

KORBES heiszt das abgesogene Schaf one Kopf und Hinterteil.

KORPUS in Burgau = **Leibgeding**.

KORN, spr. Kåərə, niederschwb. Kåənn, anderwärts Konn, in Schwaben oft für alle Getraidesorten, urkdl. und mündlich. Afterkorn, Mus ausz A., oder Aftervesen. Das Kornhaus in A. a. 1505 erbaut; an s. Stélle kam später das Zeughaus. Korngült wie Habergült u. s. w. häufig. Stauden. Kornwurm. »Damit aber die Wucherer und Kornwürmer das Getraid nicht allzu hoch steigerten.« Gass. Teilkorn. cgm. 154. Bischöfl. Vogtkorn zu Währingen. 1282. Korngeschau als Zeitbestimmung. »Zu der Korngeschau.« cgm. 154 f. 12ᵃ. 15ᵃ. 20ᵃ »In der Korngeschau.« f. 38ᵇ. »Und sol aime apt oder seim anwald mit 13 pferd von aime mittag zu dem andern uber nacht mit eszen und trinken, futer und mall nach notdurft halten und verzeren, wo es fueglich ist; nemlich im herbst, im bauding, im mayding und in der kornschau.« f. 20ᵃ. »für das bauding in der Korpschau und Fasnacht.« f. 38ᵇ. Ein niederes städt. Amt war das der Kornschreiber und Kornrürer; nach dem westph. Frieden gab esz von jenen 4, paritätisch; von disen 10. Esz gab seit diser Zeit 16 Kornmeszer, 2 Korn-Umgeldschreiber. Red. A. Iaz Kerle mach mi nu itt wild, sonst sag i diar was 's Koara gilt. Sch.

Adj. »kornblau tuch.« Ott. Ruland.

KOT, der, spr. Kåət. Schaüfelkot: »um einen guten Weg zu erhalten, des Scheufelkots auszzuschlagen.«´Fisch. Stat. Im Tegernseer Kochbüchlein heiszt der Nov. auch Kotmonat neben Allerheiligen- oder Wintermonat. Zeitw. bekodigen bei Conlin. Ankotigen. Seelen W. »Fauler Kotsack« Leib. cgm. 215 f. 97ᵃ

KOTTUM, Cotton. »Feiner und roher K.« Weber Akten. Augsb. K. Ostindische Kottumtücher. a. a. O.

KOZEN, der, swm. Kittel, Janker: »ein alter K.« »Für seine Ruhestatt diente dem hl. Victorius und für sein Unterbett der harte Boden, oder, so er gar sanft ruhen wollte, der Strohsack, für das Oberbett ein alter Kozen.« Ehrenfest 1699. »daz (die Gaiszeln) teten sy unter ainen Koczen mantel, der was nit von edelm gewant.« cgm. 3. »Englische Kozen.« O. Ruland. »Dô leget Sant Sebolt sein kozen auf das waszer und swamm darauf hinüber: wann er trug allweg ein härin hemd und ein kozen.« Alter Legend. Druck. 1472 in Aulendorf. f. 186. Oft für Furmann's - Wolldecke. Közlen, Finnen im Gesichte. Oberschwaben. Die wilde Stachelbeere heiszt die Koz. Oberschwaben.

KRACHWEDEL, alter gebrechlicher Greis, der sich durch kindisches Gebaren lächerlich macht.

KRÄGELN swv. schreien; von Kragen, pöbelhaft für Hals. »A greaglete Stimm, a greaglets Lueder« Schelte in A. ea für ä, stat e, ist Unregelmäszigkeit.

KRÄGGAHOFERFELD bei Memmenhausen.

KRÄL, stm. Reisachhape, um Borzen zu hauen, Dächsel bei Rotweil. Meitingen. Kräl dürfte wol zu Kraiwl, Kraibel (niederschwäb.) gehören, das als Flurname für zackenartige Felder vorkomt. Ahd. chrewel u. crouwel.

KRAMETBERWASZER, das Wachholderberwaszer. Poliz. O. Vrgl. Frisch I, 543ᵃᵇ.

KRÄNKEN swv. »dises Muesz kränket mir meinen Magen.« Elisab. Bona, Augsb. Druck. 1624 (Keyel).

KRANZ, spr. Kräz; niederschwäb. Kranz. In der Poliz. O. von 1735 sind verboten: die roten Kränze auf den Hüten der Hochzeiter. Ferner rote mit güldenen Schnüren oder Perlen umbwundene Kränze an dem Hochzeitfest selber. »Den von dem dritten, vierten und fünften Stand aber sollen allein grüne und keineswegs rote Kränze bei 15 fl. Straf zu tragen erlaubt sein.« In der Hochzt. Ordg. v. 1592: »Die 4 Jungfrauen, so die Krenzle auf der Hochzeit ausgeben, die mag man zu beiden Hochzeitmalen wol laden.« »Es sollen auch weder der Braut noch jemandt — kain Kranz geben, der mit Perlen, guldin oder silberin mit Seydenschnüren umbbunden seien, denn allein dem Preytegamb, Gesten« u. s. w. »Denen vom Herrenstand — denen ein Kranz umb einer Unze Gold umbwunden gegeben werden mag — sollen allein Kränze von grüner Kräutelwar ausgeteilt werden.« u. s. w. Kränzeljungfrauen. P. v. Stetten, Erl. 196.

In dem Fugg. Inv. komt vor: »ein gestrickhter Fürhang umb ein peth sampt dem dazu gehörigen Chranz.« »Leinwatene Fürhang mit den dazu gehörigen Chrenzen.« Allgem. schwäbisch ist das Backwerk, Kranz, Kränzle, auch Zopf geheiszen, von seiner Gestalt eines geflochtenen Zopfes, kreisförmig.

KRAPPELN und zappeln = sich abmühen; echt Augsb. Redeweise.

KRATSCHEN swv. schleppfüszig einhergen. »Du alter Kratscher!« Riesz.

KRAUT in Krautnudeln, eine Art Eierhaber mit Kraut, beliebte Speise in den Stauden. Krautstrang, Abteilung eines Krautbeetes. »Bürzeln krût.« cgm. 144. Schreikraut. Conlin. Krauthirten, -geld, Währing. Pfarrbuch Krautwürn (-Würme) heiszt der Volkswiz die Angelberger; sie bauen und eszen ser vil Kraut. Krautschnäer, langes Krautmeszer. Dillingen. Zwischen Biberach und Heretsried ist eine Ortschaft, der man nachsagt, man siede das Kraut nur auf einer Seite: die Häuser sten alle auf einer Seite der Strasze. In einer Vergleichung: Gleich wie ein Krautkopf ob dem Cragen Den Kopf sie kaum konnten ertragen. Von Hungersiechen. Holzmann.

KRAZEN swv. »In diesem 1479 Jare hatten die Rodiser Herren ausz Indulgenzen — 28,000 fl. zusamengekrazt.« Krazer, Kräzeisen b. Glatteise, in Wurml. nur Eiselen geheiszen. Krazohr, Name eines Hintersaszen. S. 206ᵃ. Kräze, kleine abgefallene Metallstücklein.

KRÄZEN, spr. Kréza swm. u. swf. 1) geflochtener Handkorb. 2) Alles korbartig Geflochtene, bes. Kutschen. a) »Einen runden Krätzen.« Fugg. Invent. »Item es sollen fürohin kain Mezger, Mezgerin noch ire Diener und Dienerin, weder Multern, Krezen, Schüssel noch ainichs anders Flaisch darein zu tun, einnemen, bei Straff von 15 kr.« Mezg. O. 1549. »Wann die Frauen und Dienstmägd mit dem Krezen auf den Markt oder in die Mezg sind gangen.« S. 361. »Als derohalben etliche Soldaten einsmals auf ein Weib gestoszen, welches nach irem Gebrauch einen Krezen an dem Arm truge, legten sie alsbald Gewalt an und bemüheten sich ihr den Krezen vor dem Arm hinwegzureiszen; diese wöhret sich mannlich, muste doch endlich, weil sie zu schwach ware, iren Krezen dahinden laszen. Die Soldaten von der Beut allerfreüdig, eilen dem Wirtshaus und offnen den Krezen und finden darin einen Schunken von eines Weibs Körper, darab sie dann erschrocken, den Krezen sampt ihrer Beut an andere Orte geworfen haben.« Denkw. 86. Red. A. »Dear tuet se um, wie 3 Oier im Kréza,« sagt man v. Bauer, wenn er noble Gäste zu bewirten sucht. Günzb. Burgau. b) »Banden mich in die Krezen.« Kleiderb »Ein Stattkrézen voll« (Semeln). Greiff 72. »Darnach hat man den Enthaupteten auf ein Krézen (Korbwagen) gelegt.« S. 419ᵇ. Krezenwagen, Kinderwagen. Hupfinskrezle ein lebhaftes Kind; echt Augsb. Krézagässle vorderes, hinteres, in A., Krézenwinkel. Redens-Art. »Auf die Krézen schlagen,« Geld bei Seite tun, auf dem Markte, wie Dienstboten oft tun; milder für stelen. »Krézenmachen und saure Milch« sieh den Fegsandruf im Anhange.

Krézaweible, ein weiblicher Waldgeist in der Nähe von Grimoldsried im sog. Krézahölzle; esz hockt am Brückle im Tal und ängstigt die Leute. Hat imer ein »Krézla« bei sich. Die Sage von korbtragenden weibl. Waldgeistern wiederholt sich oft; ich erinere nur an das Krataweible bei Tuttlingen. Volkst. I, 60. Für Räckenkorb, der geschloszen ist, komt auch das bayerische Kraxen vor. 3) »Demnach ist auch zu Rom selbst noch vil köstlichere Gebaüwe in das Krêz gangen und verstorben.« Gass. ?

KREIDEN, Feldgeschrei, Feldzeichen, Schlachtruf. S. 149 hat Krayden »mit der Gloggen.« Im Troj. K. »nach gegebner Graiden.« »Kriegskreiden.« f. 25ᵃ. Bei G. v. Ehingen: Krydem. Mhd. kride, ahd. kradam, fragor, tumultus. Graff. IV, 596. In einer Constz. Chronik sogar Crey. Quellens. v. Mone II, 53ᵃ. Bei Frank: »wan er west der kreyden nit ze nennen, alsô num er schaden.« Kreidenschusz in d. Ordgn. v. 1647: »darnach bei dem Tor, so der Brunst am nechsten gelegen ist, Befelch geben, dasz man die Kreydenschusz thüe und hernach auf den 7 Plazel abdanken.«

KRELLEN, einhauen mit d Krallen v. Kazen; ahd. chrewelôn?

KRENKE im cgm. 201 f. 40ᵃ: »daz sein Hals lenger werd denn eins krenks.« »und ob er hett einen lengern hals gehapt denn ein krenke.« Kranich?

KREUZ, das heil. von Klimmach, ein ausz dem hl. Lande gebrachter Kreuzpartikel; seine Schicksale, die im zu Eren angestellten Feste sind ganz volktümlich geworden. Die Bürger von A. stiften bis heute noch das ewige Liecht und haben Prozessionen nach Kl. gehalten.

In A. ein oberes, mittleres und unteres Kreuz, Oertlichkeiten mit Kreuzergasse. Hl. Kreuzerlehen bei Währingen. Bei Günzb. ist ein Plaz »beim spanischen Kreuz«, Flurname; Herzog Alba sol hier Rasttag gemacht haben. Steinerne Kreuze als Markzeichen (Urkd. 1564) und Warzeichen verübter Freveltaten, wie allgem. schwäb. »Er sol auch in die Mark ein steynin kreuz sezen, dreier schuh hoch ob der erden da dann der totslach beschehen ist.« Wemdinger Urkde. 1446. Im Saalbuch des Gerichts Fridberg von 1460 (Raiser, Beiträge S. 18. Pfeiffers Germ. I, 85 ff.) stet: »Mein gnädiger Herr hat von Fridberg aus zu gelaiten bis über die Lechbrücke zum steinernen Kreuz, gen Augsburg gelegen« u. s. w. Kreuzknechte 1629: »Ein Schreiber, ein Kreuzknecht oder Pfarrmesner ist auch aus der Zech zu besolden und seine freie Behausung mus von der Zech (fabrica eccl.) besteuert werden.« »Der Kreuzknecht, wenn er verburgert ist, ist seines Dienstes ausgenomen für einen Burger zu halten, d. h. nicht zu übergehen bei der Austeilung aus der Zech.« a. a. O. Kreuzkäse hieszen emals in d. Donauwörther Benediktinerkloster, d. h. in dessen Höfen zubereitete schmackhafte, urspr. schweizerische Käse; one

Feuer bereitet mit dem Wappen des Klosters, ungefär 5 Pfund wigend. In mit Wein benezte Tücher eingeschlagen lieszen die Käse sich gegen 2 Jare aufbehalten. Die Kreuzkäse bildeten auch eine Abgabe in Tegernsee. Kochbüchl. Die Ungerhauser haben dem Kreuz hereingeläutet: esz waren Misthaufen. Red. Art. Eva: Nein, eszen tu ich von diesem Baum nichts, Kreuz über's Maull es ist verboten. Sch.

Kreuzbrezen bei Conlin: »Merket diese Begebenheit wol, ihr Müller und Becken, und laszt die Sonn- und Feiertag in so groszem Respekt als euren Dinzeltag, sonst werdet mit dem Teufel um das Kreuzbrezen ziehen, welches beede in Ewigkeit tormentiren wird.«

KRIECHEL steinhart; esz hat gefroren wie Kriechel, urspr. blau vor Frost, so blau wie blaue Pflaumen sieh G.

KRIEGEL, »i hau 'n an da Kriegel ghenkt.« Sch.?

KRIEGSHERREN, 3, nach dem westph. Friden; eine städt. Behörde in A.

KRIEN »und kryet denhot nichts darinnen.« S. 194.?

KRISTENTUM in der pöbelhaften Red. A. »Wenn du nett still bist, nao schlā i diar dein Kristatum in's G'sicht.« Günzb. Gegend.

KRIWES, KRAWES in folgender Zauberformel, welche die Kinder sprechen beim Spilen, um dem andern Unglück zu bereiten: Kriwes, Krawes Hexawerk, Der Deufel stet am Berlaberg. A.

KRONTUCH eine mit Krönlein gezeichnete, bes. Tuchart. »Gebleichtes Krontuch.« Akt. Jeder, der Maister werden wollte, muste ein grobes, ein dickes und ein Krontuch weben. 17. Jarhundert.

KROPFET, »eine andere hatte eine kropfete Nasen, also dasz man sie wollt für aussätzig halten.« hs. Die kropfigen Mädchen oder Buben, in Tänzen öfter.

KROPHIN adj. zu Krepon. Akten.

KRÖS, spr. Greas, Halskrause, Wolkenkrägen. Kreashansel, prot. Geistl. Augsb. »Kreasauftuerin werden, d. h. etwas Mühsames unternemen.

KROSPEL, die. »Sein Kamm, eine Substanz, welche nicht verhärtete Haut, noch Krospel, noch Fleisch ist.« Gockel S. Schmell. II, 395: Kruspel.

KROT, Kröte. »A viater sauft asz wie a Krot.« Sch. Krotaschinder, kleines Brotmeszer der Knaben. Sie (die Spötter b. Anblick eines kurzgebliebenen Menschen) nennen sie spottweis punkete Krotten, Berchtles Garnerwaar, kleine Pumpernickel, kleine Spizkappen, Grillenreüter, Kartenmännel u s. w. Conlin.

KRUMM adj. »an der krumben Mitwochen.« cgm. 168 f. 43ᵃ. »Eine krumpe Buchen« als

Gränzmarke. Klimmach. Pfarrb. »Wo ein krummer Handel fürgangen was unter den Teutschen — so war ich doch gewisz dabei.« (Verona.) Kleiderb. 117.
Krüm, Wise bei Klimmach. Krümer Hof, Fischacher Fl. N. Krümp, Name für eine Strecke des Froschbaches.

KÜBELREITER hieszen die, welche bei öffentlichen Spilen auf eine lächerliche Weise die alten Turniere nachamten. P. v. Stetten, Erl. 163.
Allgemein schwäbisch und in den Stauden besonders volktümlich ist der Tanz:
Beim Kübelwirt, beim Kübelwirt
Dä kerot d'Lumpa eī,
Und wenn se 's Geld versoffa hand,
Nä schiebet se 's Gläsle ein.
Dafür Augsb. »Beim Dirgele Wirt.

Wenn meī Mueter 's Kübele rürt,
Nao geit sie mier 'n Butter,
Sie streicht 'n auf'n Bcasastil
Und schlagt mir'n auf'n Buckel.
(Niederrieden.)
In den Stauden heiszt ein Kinderabzälspil:
Campus haot in Kübel gschisza
Wie vil Nägel ear verbisza
1, 2, 3, du bist frei.

KÜCHLE, das bekante schwäb. Backwerk, pastillus. Graff IV, 360. Mein Wbl. 53. In der Jacobspfründe: Quatemberküchlein und Fasnachtsküechlein; beide in Geld später ersezt zu 8 kr. und 20 kr. Unter Fasnachtküechle verstand man oft eine Malzeit, eine Abgabe, Gilt, die ein Gleichberechtigter, z. B. Capitelsherr oder Höherer bei Lehensleuten zu erheben und zu beanspruchen hatte. Meistens war esz Etikettsache. Im Tegernseer Kochbüchlein komen vor: einzogene Küechl, prannte K. Milch K. Haubete K. Bei Conlin: schwäb. Baurenküechel. Die Küechelbacher komen in der Müller O. v. 1785 neben den Becken, Bräuen, Melbern, Huckern, Brantweinern, Drentlern und Zuckerbachern vor. Im Fugg. Inv. stet: ein Rohr zum Küechlemachen nebst Küechelspiesz. Am Liechtmesstage brante Jedermann in Groszaitingen ein Liecht. Die Buben sezten eine Ere darein ir Liecht brennend nach Hause zu bringen. Wem esz gelang, bei dem hiesz esz: deam muesz ma Küechlen bacha! Einem ebbis küechla, auszkochen, bildl. böse (oder spöttisch).

KÜCHLEIN wie hochd. im Kinderreim (Stauden):
Eia popeia schlag s'Küechelchen todt
Leck mir kein Eier
Und frisz mir kein Brot!
Rupfen wir dann die Federchen ausz,
Machen dem Bübchen ein Bettchen drausz.
Eia popeia, das ist eine Not

Wer schenkt mir 'n Pfennig
Und Zucker und Brot.
Verkauf mir mein Bettchen
Und leg mich auf's Stroh
Sticht mich kein Feder
Und beiszt mich kein Floh.
KUCHL, Kuche. Kuchel.
»Lateinische Kuche.« Apotheke. Alt. 1) **Kuchindienst
und Wisgelt**, eine Abgabe an St. Ulrich. cgm. 154 f. 19^b. 26. 27 u. s. w. In Mickhausens Rechngn 16. Jhd. oft: Kuchldienst zu Geld angeschlagen neben Hof- und Handdienst. 2) **Kuchengeld**, Erleggelt, in den Web. O. »Item es sol ein jeglicher Knecht 6 Pfenning in die Kuchen geben von einer jeden Wochen.« 1549. 3) Echt Augsb. ist der **Kuchenmichel**, eine Art Eierhaber, ein Auflauf von Eiern, Mel, Milch, Zucker, was in Weiszenhorn a Durranand (Durcheinander), im Riesz Gmogglets heiszt. In Seuse's Briefen: Tun wie eine Kuchendirn. **Kuchennuz** (A.), niederschwb. **Kucheschmuz**, einer der sich gerne in der Küche bei Mägden aufhält.
KUDER, 1) Bodensaz der auszgesottenen Butter. 2) Ein **Küderle** Zehentheu. Mickhausens Rechgen.
KUGEL: »also kam ihm der Markgraf zwischen Kugel und Zil.« Frank.
KUH. **Kühloch** ein altes Wirtshaus. Urkundl **Kühlochmauer**, Augsb. **Kuhgässchen**. a. a. O. **Kühbarn**, »umb ein Thannen zu einem Khüparn.« Forstrechgen. 1664. **Heiligenkühe** sieh H. »Wax und Kuhzinsen.« Klimmach. Pfarrbch. **Herrgottsküehle**, Marienkäferlein: **Herrgettsküehle**
Fliech über drei Stüehle
Fliech über da Rhein
Lasz heint und moara
Guet Weaterle sei! Stauden.
»A. 1431 verbrannte man einen auf einer Kuh, die hatte er lieb gehabt.« Chron. 1634. S. 108. A. 1532 ff. hiesz in A. ein protest. geword. Geistlicher **Kuhhienl**, weil er für sich und seine Familie eine Kuh herumfürte. Ein Herzog Wilhelm von Baiern turnierte mit dem tapfern Georg Rem, der einen schwarzen Stier auf Schild, Wappen und Helm fürte und fragte »wer ist denn diese schwarze Kuh, die so tapfer um sich stoszt? »Der Dank, sagte er, gehört der schwarzen Kuh.« Gullmann I, 73. Das Schlaifen der Verbrecher nach dem Richtplaze auf **Küh-Häuten** kam in A. ebenfalls vor. Einen Fal vom 7. März 1585 an einem Doppelmörder, den man in Stuttgart fieng, fürt Gullmann II, 141 an, einen 2. v. 1588; der Verbrecher hatte 30 Morde auf sich. S. 148. Das Zerreiszen mit glühenden Zangen war damit verbunden.
Kuhmelker heiszt eine Art Mauerschwalbe, die sich gern auf

die ruhenden Kühe auf der Waide sezen, esz auf das Euter absehen, wie das Volk sagt, in der Tat aber das Ungeziefer fangen. In Oberschwaben heiszt esz: ›'s Kuahalter hõ,‹ d. h. das 23½ Jar zurückgelegt haben, weil man da die Kühe abschlachten musz.
KUIEN, kauen. ›Brot, Flésch k‹ nur von Menschen gebraucht. CHUMBUST-PUTIGIN. Urkd. 1282. MB. 23. S. 158.

KUMLICH = bequem. ›Pyer und ain kummelich Trank.‹ cgm. 601 f. 101ª. Kumelich, sonst. Kömblich ›geändert, verbeszert und in eine kömblichere beszere Ordnung gestellt.‹ Marienlied. 1593. Vorrede. Dillingen, Maier.

KÜN. ›Der küne Bach oder Gang.‹ A. 1623 von Herzog Wilhelm in Abwesenheit seines Sones Maximilians in der Mehringer Au zu stechen befohlen, um der Stadt das Siebenbrunnenwaszer zu vermeren. Gullmann 2, 144.

KUND. ›Item sie haben sich gehalten für die Khunden und uns rechte Christen für die Unchunden oder für die Fremden.‹ 1385. Horm. 1834. 120. ›Ains von den Khunden soll ains von den Fremden zur Ehe nemen.‹ a. a. O.

KUNDSCHAFT, 1) Auszweisz, Zeugnis, auch eine Art Wanderbuch, das der Ankömling bei der Weberzunft dem Altgesellen und dieser dem Vorgéer weisen musz. ›Und so der Fremde solches Kundschaft pringt, alsdann soll er zugelaszen werden.‹ Weber O. 1549. ›Der Altgeselle, der umb die Kundschaft fraget.‹ 18. Jh. ›Eine Kundschaft auzfertigen‹ Auf der Kundschaft war in Kupfer der Ort der Auszstellung. 2) K. auf e. legen = auszspähen. 1647. K. einnemen. a. a O. Ztw. verkundschaften.

KUPFERIG, blaurot im Gesicht vom Trinken. ›Er handelt mit Kupfer, er hat ein Kupferbergwerk‹ d. h. eine versoffene Nase, ist neu.

KURREN swv. u. Subst. ›Das Murren und Kurren der Israeliten.‹ H. S.

CURTISAN. ›Und ist Mathäus Ehem in einer Schafhaut ein Curtisan geworden; und ist N. zu dem truzlichen Kurdisan gangen‹ S. 458ª.

KUSTBROT, das, im Stdtr. öfters. In einem Augsb. Pergamentblat 16. Jhd. noch ›Kustbrot bachen.‹ Schazbrot, Probebrot. Zu kiusan, Kieser.

KUTSCHE, eine gemeine K., eine stahlgrüne K. ›Ingleichen soll ihnen bei Leichen, Hochzeiten — nur mit einer gemeinen K. in einer stahlgrünen K. zu faren erlaubt sein.‹ Poliz. O. 1683. Verdächtige K. musten bei den Toren angehalten werden.

KUTTEN. 1) Bretter, so um den äuszersten Teil des Herdkamins festgemacht sind, worauf Geschirre sten. Kutten und Kamine. Memm. Feuer Ordg. 1765.

Kutteln — Kwittanz.

Schädliche Feuerstätten, Kutten etc. a. a. O. »An Kümichen Kutten, so jedesmal durch einen unparteiischen und nicht Ordinarikümichkerer besicht werden sollen.« »Rauchfänge, Vorkümiche und Kutten.« Feuer O. 1731. 2) Im Fugg. Inv. erscheinen als »Raiszkleider«: Schwarze glatt sametne Kutten mit Gold prämbt und feyelbraun gulden stuck ausgeschlagen. — Mit Silber prämbt und weiszen Atlas. — Mit atlaszenen Porten prämbt; schwarz gemusierte Kutten, vorn mit einem Wambes. — Mit Seidenporten prämbt. — Mit Atlaszporten prämbt. — Mit guldenem Geschling u. Seidenporten u. s. w.

KUTTELN, die. In einem Zauberspruche (bei Conlin) den man auf einem Zettel am Halse tragen musz, stet:
Fieber hin, Fieber her
Lasz dich blicken nimmermehr,
Fahr derweil in ein wilde Au.
Das schafft dir eine alte Frau:
Sonst muszt du fara in Kuttelfleck,
Schau dann wie dir die Herberg schmeckt.

Kuttelfusz, eine Speise, gesulzte Knochen.

KUTTLER, fartor. cgm. 685 f. 61ᵇ. sieh Knecht. J. Kunzelmann, bürgerl. Kuttelknecht in A. Mickhs. Strfb. 1773 — 75.

KUZLEN. »Beszer wäre esz, alle Tag zweimal das hölzerne Kutzlen leiden bei den Türken.« Conl.

KUZEN swv. maculare: »têt sich mit kainer torheit bekuzen.« cgm. 581 f. 75ᵇ. Schm. II, 347.

KWACKEN, coaxare, sprich gåəxen. Die Seretshofer haben den Stichelnamen Gåəker, Kåegger d. h. Quacker. Sie giengen einst mit dem Kreuz in Prozession in's Lechfeld, da hörten sie in einer Råətlache im Vorübergen eine Unzal Frösche quacken, waren vor Angst ganz bestürzt, warfen Kreuz und Fanen in die Lache und liefen der Heimat zu. Ein Bauer von Pfaffenhausen gieng an einem Weiher vorüber, die Frösche quackten: ächt, ächt, ächt! Der Bauer hatte 12 fl. und war aufgebracht, dasz er nur 8 haben soll und warf voll Aerger den Beutel mit dem Geld in's Waszer mit den Worten: dao zälets s'ell! Die Pfaffenhauser hören das nicht gerne.

KWARTAL in den Web. Rechnungen: Weihnächtquartal; Fastenquartal, Pfingst-, Michaelisquartal. Quatemberliche halbe Kreüzer, in Web. Akten. »Quatemberliche Unkosten.« a. a. A.

KWEZER, Münzpräger. »Unde dazu quezaer unde der gesinde.« Stdtr.

KWITTANZ, Quittung. »Schikt er sie — u. damit ein Quittanz.« G. v. Ehingen. »Gegen gebürlicher Quittanz etwas entrichten und bezalen.« Urkde. 1564. Publ. d. hist. V. 15. 16. S. 80. Quittumb, Ott. Ruland.

297

L.

L hat einen doppelten Laut: weich und dumpf oder hell und scharf. Anlautend ist esz imer weich, desgleichen nach einem langen oder betonten Vocale, Schmālz, Sālz. Nach einem kurzen tönt esz wie ll. Je mer der vorhergende Vocal zur tiefern Auszsprache neigt, desto weicher wird das l, bis esz sich zulezt zum wirklichen Vocale erwaicht; je tiefer nämlich der betonte Vocal gegen den Gaumen zurück auszgesprochen wird, desto mer ist esz auch der Fal mit der Auszsprache des folgenden l, welches dadurch einen dumpfen, holen Laut annimt. Im Bayerischen erwaicht sich solches l zu i (j) und zwar am reinsten nach u: huiz (Hulz, Holz) u. s. w. Nach tiefem a schwankt esz zwischen i und e: man glaubt kaït, kaët = kalt zu hören. Der Niederländer wandelt esz in den Silben old, olt zu u, was sich ausz dem tiefern Laute des o erklärt, teilweise findet auch in der Schweiz änliches stat; von Zug und Aargau kene ich esz selbst. Vrgl. Weinhold, Gramm. S. 162. Esz ist eigentümlich, dasz die südlichen romanischen Sprachen dise Wandelung nicht kenen, wärend doch im französ. l bald i, bald ü wird. Sollte esz sich unabhängig von der Nachbarschaft im Norden und Osten entwickelt haben oder fand Wechselwirkung stat? Wechsel des l mit r, n, schon den Ursprachen eigen (Bopp V. Gramm. I² S. 35. § 20) spilt im schwäbischen Lande, bevorab im augsb. Gebiete eine nicht unbedeutende Rolle.

1) Im Anlaute wechseln schl, schn, schr, kr, kl, pfl, pfr, pl, pr; schn, schl, schr: schlêbauchen und schnêbauchen zu altem slegibauchen (schlag) stend; an sniumo, das neben sliumo erscheint, darf nicht gedacht werden. Graff II, 1. Schlätterling und Schnätterling (Behlingen) sieh S. Schräns u. Schlänz sieh S. Heuschlickel und Heuschrickel. kr, kl: krystieren und klystieren b. Luc. Rem. »die doctores crystierten mich flux.« Krostel und Klostel cgm. 730 f. 28ᵃ. pfr, pfl: pflaumet Freitag und pfraumiger Fr (Groszaitingen), dazu der Ortsname Pfraunstetten urkdl. Pflunstetten, Lünigs Reichs-Arch. spicil. eccl. III, 430. Franell und Flanell. Dise Beispile — esz lieszen sich deren weit mer sameln — sind

selten neben einander irgendwo einheimisch: eine Form ist augsb. schwäbisch, die andere niederschwäbisch. Die Kindersprache die überal l für r zu sezen pflegt, vollzieht disz auch im Anlaute. Ich teile einen Augsb. Reim mit: Ei Jölgle lasz dein Dleispiz wagglə Flidel duel dein Läpple sattla; Nim am Alm deī Ammelei Alles muesz heint lustig sein. Conlin braucht das Wortspil »mer Schamlot (Zeug) als Schamroth.« 2) Im Inlaute wechseln in erster Linie l u. r; l und n ebenso oft. a) l und r: balbieren, Balbierer ist allgem. süddeutsch; Salvêt, Serviette; schmalozen, schmarozen, besonders ausz des andern Krug trinken (Stauden); Dölpel, allgemein stat des alten dörpel, dörper: »einen über den Dölpel werfen« in der Arcan. Nat. 1627 = zum Narren halten; lommerig und lommelig, wackelnd von abgeknickten Blumenstengeln, Kerzen, federlosen Meszern etc. Das fremde Wort Kirche erscheint schon althochd. doch selten, als Chilicha. Kirchheim ob Augsb. heiszt urkundl. 1067: Chirichain; v. 1108: Kilichain. Leutkirch erscheint schon frühe als Chilichun; cgm. 436 f. 3ª (Lyrer): Lutkilch. f. 66ᵇ. Felkilch. cgm. 168 hat nur Kilche, in der Kilchen f. 24ᵇ, an der Kilchwitage, Kilchwijårzeit f. 49ᵇ 53ª. Das T. N. hat Kilche, Kilwīhe, Kilchmaiger. In der alaman. Grenzgegend sowol bayerhalb als schwäbischhalb erscheint nur Kilche, Kilbĕ, Kilbig von Rotweil an bis in die Schweiz und im ganzen Allgaü. Der O. N. Ruderatshofen heiszt urkdl 839: Hruoldishova. Das Land Sargans im cgm. 436 f. 57ª: Salganserland. Margershausen O. N. urkdl. 1150: villa Madelgereshūsen; 15. Jhd. Malgershūsen. Herzog von Melan (Meran). Feigele, Füsz. Chr. Waldberg urkdl. Wertberk Viac. 27ᵇ. neben Wartberg. Langeneringen O. N. urkdl. Eringun, Aringa, hat ein l erhalten: Langenerlingə u. s. w. Ich vergleiche das mittelalterliche Carpi am schwarzen Meer, das alte Καλπη. Thomas, Periplus des Pont. Eux. Denkschriften der k. bayer. Akad. X. Band. Das eingewanderte νάρδος (Narde) heiszt urspr. nalada. Lassen, Indisch. Altert. III, 41. Ueber den Wechsel von r und l im Griech. sieh Christ, Lautlehre S. 124. 125. Ueber asiatische Dialekteigenheiten, Lottner in Kuhn's Ztschrft. VII, 19 ff. Im Deutschen auszer Grimm sieh Hahn, ahd. Gramm. 11. Mhd. Gramm. 24. Lauchert 24. Weinhold S. 162. Kehrein I, § 140. b) l und n: Fazənêtle und Fāzəlêtlē sieh F. zornling und zorning. Riesz; häuflen neben haüfnen, cumulare, wozu warscheinlich der Weiszensteinische Flur N. Haifnet und Haiflet gehört. Obstler und Obszner. Förstner u. Förstler. Die Bischöfl. Straf O. hat f. 24ᵇ: Künstner für Künstler. Ortsnamen: Wesselbronn cgm. 570 für das versteinerte heilige Wort Wessobronn (Altomünster). Rutenstat bei Nördlingen heiszt urkundl. Rudelstetten. Hermanstetten ist MB. 6, 569 und 22, 130; 23, 64—65: Hermolastettin. Vergleiche dazu das oberschwäbische Tettnang neben dem volküblichen Tettlang, urkundl. Tetinanc 882. Palermo heiszt in Augsb. Chroniken Panormo u. s. w. Unebele (Unebene) eine grosze gemeinschaftliche Oedung und ein emaliger Waidedistrikt zwischen den Gemeinden Pfersee, Stadtbergen, Kriegshaber, Oberhausen und Augsb., jezt Fest- und Exerzierplaz.

3) Im Auszlaute sind die Fälle des Wechsels von l und r ungemein zalreich; im Augsb. Gebiete besonders. Schlagwort für lezteres ist Dåədəgribl, Totengräber; Todtengrebel bei S. f. 570ᵇ. Brigelmeister (Breigêr-) Brautfürer, im Kleiderb. Fléschhäckel Stdtr. u. Mezg. O. 1549. Baumbiggel, Heher. Stauden. Laüffel, Landlaüffel allgem. Vrgl. Schmell. Gramm. §. 122. Fuszgengel, Frank. Ständer und Ständel, Kleiderhänge. Zundel und Zunder. Hagelschwanz, Ochsenfisel,

wenn man Hagen, das wirtemb. schwäb. ist, nicht nemen will, so verweise ich auf bayer. schwäb. Hägel, Heigel, Ortsfarre. Klägel, Memm. Stdtr. oft. Saurampfer u. Saurampfel. mhd. Sûrampfer. Wb. I, 31, wofür haüfiger das Ulmische Guggauch erscheint. Zalreich sind die cörpel bei S. Regiom. 1512. Troj. Krieg. Todtencörpel ebenso. Der blutige Cörpel u. s. w. Kifel (Kifer) »wa die Zän heraus zgetan.« Augsb. Mezg. O. 1549. Holdelbluost, Astron. 7ᵇ. Merbel, Märmel, Glucker, Schuszersteinchen; allgemein süddeutsch. Rudel, Ruder. cgm. 257 f. 11ᵇ. 113ᵃ. »ain schiff ân Rudel.« Kärkel f. 66ᵇ. Prangel, auch bei Th. Paracelsus. Priol, Priolin häufig in Urkunden. Panteltier, pantel, panthera. C. Bur. Nib. ankel senkhen, hefte den ankhel cgm. 254 f. 7ᵃ. (bayer.) Torwärtel, allgemein Augsb. Käuffel, Underkäuffel in Schriftwerken. Kuchel früher in Augsb. üblich; in Mickh. Rechnungen: Kucheldienst. Mirtel, Mirtelöl, Myrten. cgm. 144. Ungel, Ungarn, die: »item a. Dom. 1579 ist der Ungel in Oesterreich auferstanden.« Lezt. blosz im cgm. 225. (Ulrich Füterer.) Honigwefel cgm. 97 f. 22. Echt volktümlich ist spruil, Spreuer, ahd. spriuwir; bei Füszen: spruibl, anderwärts gspruil. »gspruil haot me 'm gsät « sieb streuen. Unzifer und Unzibel.

Raigel u. Raiger. Mörsel u. Mörser. Mörselstain T. N. Getäfel und Getäfer contignatio. Frank. Täffert neben täffelt, part. pass. in Mickh. Rechnungen 1567, wozu ich den oberschwäb. O. N. Tafertsweiler vergleiche, das Tafltsweiler gesprochen, urkdl aber Tagebrechtswilare geschrieben stet. Tigerfeld auf der schwäb. Alb heiszt im Volke Tigelfeld. Zeitwörter: lotteln u. lottern, allgem. bumpern und bumpeln, Naturlaut: klopfen. Conlin: Der Vater machte bumple bump Gieng mit dem Schlegel um's Fasz herum. Niederschwäb. bompern. Grässze's Jägerbrevier hat S. 9, 39: Zemmel f. Ziemer. Im Kinderreim Paul: Aor; sieh Peter.

4) Auszfal. Allgemein ist as, asz als, sieh mein Wbl. 13. Ilga, Jilga S. W. Modwerfer, Maulwurf. Stauden. Augsb. Allgemein ist Kear, Keller. Das l in sollen und wollen fällt in der Abwandlung besonders gegen die alaman. Grenze hin gerne ausz: dem mond (müszet) entspricht sond und wond. Die Abwandlung in meinem Wbl. S. 10. cgm. 168 hat son, sollen: des T. N. ir sond, wend, wollent. Das auszlautende l in allweil fällt gegen die bayerische Grenze hin weg oder wird j:

Allweij jung möcht i bleiba
Allweij duggata soll's schneibe

Grad daohei uff də plaz
Wao i siz mit meim schaz.
Ettelried.
Der O. N. Grimoldsried heiszt einmal urkdl. Grimantsried. Viaca, Anhg. 20. Der Ortsname Hirschzell (Irsee) heiszt urkdl. Herileszella. Hiltefingen, O. N. urkdl. Hiltelvinga 1239. Egatsweiler heiszt urkdl. Eigileswilare. 9. Jhd. Ichenhausen urkundl. Ichelenhausen 1032. Der »zergangene« Weiler Enzweiler urkdl. Enzelwiler. 1316. Hinzugesezt in: Schlegelberg O. N. urkdl. Slegeberg. Der Flusz Leiblach gen Bregenz urkdl. Liubilunaha. 802. 846. 850.

5) Verdoppelung. Ausz lj: Brisillenspähne, Famille u. s. w. lb: sell, selber, ser volküblich und für bayer. Schwaben Schlagwort. gell, wachsgell. Conlin. Für ld: Willmetshofen O. N. urkdl. Wuldmatshofen, sieh oben S. 144b. Die schwach. mit -jan gebildeten Zeitwörter haben niederschwäb. l: zälen, wälen, schälen; im bayerisch. Schwaben ll: zellen, wellen, schellen. Eigentümlich ist Augs. Schriften des 15. und 16. Jarhd. ll auch nach gedenten langen Vocalen: Schall, Schalle, Spill, Wiederspill, Sack und Mell, Futter und Mell, Tall u. s. w. Echt bayerisch ist disz ll auch in Selle u. s. w. cgm. 437 f. 100. cgm. 736 f. 2ª. Sell. Kehrein, Gramm. I, 144. Das

Schlagwort ist Mill, Milleweib, Millesupp, das Niederschwaben nicht kent.

6) Der vocalische Nachhall des l, schon im Ahd. üblich wie Ulǝm, Halǝm, Alǝmuosǝ, Milich, Kelich—leztere 3 haben freilich a, i und u schon urspr. nach l — ist echt schwäb. Augsb. sieh Näheres bei R.

7) Die Umsezung von r und l in Uorle (Ulrich) Uorlisbronne bei Klimmach. de uorlē ruofǝ, vomere, allgem. v. Naturlaute. Bei S. Uorlich's Kirchen. geurblot = geurlaubt u.s.w. Inschelt u Inschlet. Chroniken.

8) Das diminutive -el, wofür schwäbisch le, la stet, hat sich von den Ostlechnachbarn bis tief ins Augsburgische herein verpflanzt. Schmeller Gramm. S. 122 hält esz fälschlich für einen Wechsel des n und l.

L in Schnellsprechübungen der Kinder: Mari! leg da langa Lada ü! Stauden. In Donauwörth: Lang mer da langa Lattanagel rausz!

LACH diminutive plurale Endung mit dem Begrif der Menge besonders des haufenweise Beisamenseins: l ist der diminutive Ueberrest für -lîn, -lein und ach ist altes ahi = lat. etum. Sieh mein Wbl. 95. Schmell. §. 802. Die alamannischen und schwäbischen Denkmäler haben das Wort vom 13. Jarhd. ab nicht selten Schon Griesbab. Predigten weisen grieszelach, semelach auf. Zu den in der Mundart S. 31ᵃ. 31ᵇ. angegebenen Beispilen füge ich: »Kleine Fischlach«, pisciculos minutos b. Terenz, Andr. II, 2, 52. clm. 12274 f 10ᵇ. (16. Jhd.) Die Pfründ. O. v. 1462: Küechlach, Hasenerlach. Frank's Annalen: zwei Zwilach, Stätlach. cgm. 270: merlach, schiechlach, zopflach. cgm. 402: Hemdlach, Dischlach, Sticklach, Kindlach. Luc. Rem: Trenklach. Die 2 Spizlach in dem Compasz. Regiom. 1512. Der cgm. 601: Ärmlach, Zepflach (Zäpflein), Äuglach f. 97ᵇ. 104ᵇ. 105ᵃ cgm. 206 f 101ᵃ: Mädlach. cgm. 683: hündlach, catelli. cgm. 303 f. 27ᵇ. körnlach in dem plut. künlach. Zimerörlach u. s. w. meiniu kindlach. cgm. 229 f. 59ᵃ. schäflach cgm. 345 f. 85ᵃ. lemlach f. 108ᵃ. zwei gütlach. Wemding. Urkde. 1430. Sender hat vile Beispile, sieh Mundart a. a. O. und f. 347ᵇ. »Diser Luther hat da prediget und deutsche biechlach geschrieben.«

LACHE, Pfüze, als Flurname häufig: Küngslachen, Künslache urkundl. Lachafeld bei Memmenhausen. Vgl. das wirtemb. Schurlachen (Buchau), Hungerlachen (Braunenweiler), Ganslachenäcker (Ennentach) in der Lache (Wald bei Bissingen und Altensteig, b. Adelberg, Herbertingen, Seibranz u.

s. w. **Braitlächle, Lacherweagäcker** (Wurmlingen).

LADE, die. 1) Totenlade, Sark in A. emals, heute noch da und dort übliches Wort. 2) Die Weberlade. »Soll ein Knappe, so er längstens um 10 Uhr zu Nachts nicht zu Hause wäre, für jedes solches Uebertreten 15 kr. bei Straff der **Laden**, da er von dem Meister alldort angezeigt wurde, gestrafft werden; zu dem Ende der Maister solch seines Knappen Uebertreten bei der **Laden** anzuzeigen gehalten sein soll.« Wb. O. Daher »Vorgeher, Kornpröbste, Geschworne u. **Ladenmaister**.« Beschaid v. 1751. Zusamensezung: **Ladendächlen, Ladenfenster, Ladentüren** »so gegen die Reichsstrasz aufgen« »Der Hausbesizer am Leoh mag seine Mauer mit 1½ zolligen Brettern oder **Strichläden** wol befriden.« Bau O.

Ladenpudel in A., ein Kaufmannstisch mit Schubladen, Fächern. Zu den Kindern sagt man in Behlingen, wenn sie fragen was man mitbringt: »A silbernis Nixle, a Beitaweile und a Warta lä(g) und a **Lädle**, wao mes n'eï duet.«

LADER, LADERIN. Esz gab im alten Augsb. **Hochzeit-** und **Leichenladerinen**. Die **Tanzlader** bei Luc. Rem 47. In einer alten Hochzeit Ordg. »auch mag man den 4 **Tanzladern** und ihren Knechten von der Hochzeit Morgens wol ein Suppen und ziemlicherweis Wein geben, wie dann der Brauch ist bishero gewesen; desgleichen dieselben 4 **Tanzlader** zum Hochzeit-Nachtmal — sezen und halten soll.«

LAFFE, die, Schnabel an Wein- und Waszerbitschen. Isny. Oberschwaben. Vrgl. **lappen**. Ein Ztw. **laffen** komt ebenfalls vor.

LÄGEL, lagena, in A. Schriftwerken 1) Oelbehälter, »von der **lägelun** zwai phunt oels« »bringet ein gast oel her, das sol er sampt kaufes verkauffen unde nicht minner bi der **Lägelun**.« Stdtr. 2) Milchbehälter, »also dasz in solchem Geträng den alten Baurenweiblin und Maidlen, die Milch, so sie fail hätten, aus den **Lägeln** verschütt.« Gass. 3) **Fischlägel**, allgem. 4) **Weinlägel**. »Wein in Fäszlen, **Lägeln** oder Flaschen durfte der Pfalzprobst nur den Pfalzfähigen hinauszgeben.«

LAIBEN spr. **loiba**, überlassen von Speisen für den später kommenden. Allgem. oberschwb. »Hättist miar wol was **loiba** könna.« Staud. Niederschwab. **überlaü, Ueberglaüs** (residuae mensae). Die alt. Formen b. Schmell. II. 408 ff. Niedersächs. **leven**. »Der Handwerksbursche bittet um die **Loibede** und zeigt stat des Passes seinen Löffel.« Red. A.

LAICHEN swv. jagen, treiben: »Und hond da Voarstand schier zum Teufel glaicht. Sch. Stet zu einem alten **laikjan**, springen machen; sieh meine Erkl. in Kuhn's Ztsch. XII, 451.

LALLEN swv. ungezogen, mutwillig poltern, lärmen; daher Lalle. Strasze. In Behlingen sagt man von einem boszhaften Buben: »Dear ist glallet und verboszt.«

LAMM, das, als Osterabgabe im Giltbuche cgm. 154 f. 31ᵇ. Lämmern, das Hemd vorn und hinten zu den Hosen heraushängen. Illertal. Auf dem Hertsfelde »kälbern«. Vgl. d. Marchtalischen Lämmerheller, eine Gilt.

LAND. Lander (im Allgäu) starke Dachschindeln stat der Ziegel; landrig, dürr, mager. Landflaisch unterschid man: »Gering Landflesch.« Akt. 1675. Landsbuben:
Vor Gassentreter euch hüten
Zulezt pin ich euch verpieten
Landzbuben, die im Land umfaren
Diesselben söllen ihr sparen. Alt. Spruch Anfangs 16. Jarhd. in Augsb gedruckt. Landrousz bei Lindau: vom Thau benezt.

LANDSHUT, die Stadt. »Was hilft es einen schönen guldenen Becher haben, und darinnen nichts als einen sauren Landshuter Wein?« Conlin.
Ein Spruch in den Stauden heiszt:
Wao bist hear? Von Landshut.
Ist's Broat ao guet?
Hab itt rågschnitta.
Ist der Weag ao weit?
I hab 'n itt gmesza.
Ist's Waszer ao tief?
I bin nett neī gwadda.
Waorum bist so trotzig?
I hab gheirat.
Was haost verheiret?
A 'n alts Pelzle.
Was kã's?
Ringle giesza.
Wie vil gieszts im Tag?
Elfa.
Wie vil geißt um 'n Kreuzer?
Zwölfa.
I wünsch dir Glück?
I brauch koin Glück,
Bin seall so gschickt.

LANG stm. Frühling. Lechbrücke. Langs, bei Füszen. Glenz, Glangs, hie und da in schwäb. Augsb. Arzneibüchern.

LANG, longus. In Flurnamen häufig: Langewisen. Klimmach. Langaus, eine lange Kegelban. Langstacklig, mit langen Beinen. Allgaü. Auch altbayerisch. Lange Täg. »Die Jungfernhöf und Compagnien, die man sonst lange Däg genennt.« Jareinmal. Langwat, welfischer abgegangener Ort bei Türkheim, unfern der Ettringer Ziegelhütte. Saalbuch v. Schwabeck 1431: »Büchel mit Holz, genannt Langquatberg stoszet hereinwärts gen dem Dorf — und auszerhalb gen Langwat zu der Hub.« »Lancwate« XII. Jh. Steichele I, 334. Zacher 239. Langwate heiszt die Quelle der Biber im Warmtale. (Wirtemb.)

LAPP, der. »Der arme Weiberlapp.« Conlin. Läppisch, närrisch. In den Chroniken heiszt die mythische Zisabergsage »ein läppisch gedicht.« Gass. »Dasz die Kirch auf dem Milchmarkt von der Silvanenmilch gemacht wär worden, ist aber läppischer won.« Gass. »Liesze er 2 Glockentürn von des leppischen Volks Almusen aufbauen.« a. a. O. »Leppischer Aberglaube.« a. a. O. Ein verwegener Dieb, a. 1603 gefangen und gehängt, schrieb bei wiederholtem Einbruch ins Rathaus auf des Bauschreibers Tisch:

Meine Herrn sind rechte Lappen:
Sie können den Higgihaygehayo
   nicht ertappen.
Gullmann 2, 183. Mein Wbl. 56.

LAPPEN swv. 1) oft trinken; läppericht, mit kraftloser Brühe überfülltes Gemüse u. Suppe. Von Hunden, Ochsen: Waszerlappa= saufen Stauden. 2) »Dasz die Narren etliche Stunden um das Haus herum gegangen, und keiner die Tür hat können finden: sie tappen hin, tappen her, tappen oben, tappen unten, lappen hin, lappen her, lappen oben, lappen unten; haben nie die Tür funden.« Conlin.

LARIFARI oft im H. S.

LÄSZIN, das Aderlaszen; in der Astr. 30ᵇ: »4 Lessinen sind in dem jaure, in den es besunder gut lauszen ist: der erst an St Blasistag; der ander uff Sant Philipp u. St. Jacobstag in maigen; der dritt an St. Bartholomaeustag, der viert an St. Martinstag.«

LÄSTIG adj. abgeschmackt, sieh öd. »ā du biṣt lǟṣtig!« »dē lästiga eada Leut.« Stauden.

LATERNE in dem halb allgaüischen Tanze:
Und a Ma, des nemma kã,
Dea muesz a Furmã weara;
Und wenn 'r nemma schnölla khã,
Nå spörrt man in d'Lateara.

Die Lepzinger hängten einer blinden Kuh gemäsz Ratsbeschlusz a Latcara an, und trieben sie zu Markte, damit die Juden nicht merkten, dasz sie blind wäre.

LÄTSCH swf. 1) besond. weinerlicher, verzogener Mund, pöbelhaft. Aarg. lätschen, weinen. »Dês woisz i schö, drum halt deī Lätsch, verzottelte Karfreitagsrätsch!« Sch. 24. 2) Schlaufe am Heusaile, womit der Wisbaum am Hinter- und Vorderwagen befestigt wird. Ztw. anlätschen. Dietenheim, Illertal. Auf dem Hertsfelde Lāz. Niederschwäb. Schlaufft. Esz gibt auch Flur N. Letscher, Lescher?

Lätschen = pflatschen im Allgäu.

LATSCHARESONNTAG, der Sonntag Laetare; im Allgäu get alles ins Wirtshaus und iszt Schnecken und Stockfische. Esz wird da Stärke und Schönheit getrunken und abgetrunken.

LATSCHE heiszen die von Mör-
20

gen: sie gelten als dumme Leute.
Lätsch, adj. schläfrig, gienend, bei groszer Hize matt.
LATTE in dem Strafbuche des Weberhauses. »Der ist über die Latten gangen«, von Exceszen. Vrgl. niederschwäb. »durch die L. gen« entfliehen; »über die L. hauen« Excesze begen.
LÄTTELN, Lättele werfen, kleine Steinplättchen auf dem Waszerspiegel dahin werfen. Pfaffenhausen und sonst. Anderwärts flaigern, flözen, Schifflemachen. Sieh das Morgenbl. v. 1816. Nr. 16—19.
LATWERE, Astr. 2ᵇ. one g u j.
LAUB in den Waldnamen Lauber und Laüber. Laüberaholz. Münster. Laubera, vom Bocke = Laub an den Hecken naschen. Löberertail, Hölzlein in Mickh. Urkd. Hans Wegelin, Inhaber des Loberfeldes. cgm. 2237. Laubergasze von Amerbach nach Wemdingen. Laubtaler, die sog. französ. Ilgentaler »abgekippte Laubtaler«. Akt. 1726—61. Ein Dekret von 1767 ward vom Rate erlaszen wegen »abgekippter falscher Laubthaler«. Kal. v. 1769. S. 30.
LAUBE, LAÜBLE, allgm. Leibele. Abtrit, in A. seit dem vorigen Jh. nur mer als Schülersprache üblich. Ueber die Ableitung sieh mein Wbl. s. v. Im Augsb. Stdtr. ist ausz dem XV. Jh. f. 22ᵇ. eine Randglosse, welche den Gebrauch des Wortes feststelt. »Wan si mit gottes hilfe diu stat gemêret hât und der liute mêr worden sint, genüget niht, daz man diu Laubline niwer an zwaien steten in den Lech gên sol als von alter an dem buche gestanden ist. Und habent diu Râtgeben gesezet, daz man alliu laubline niwer in dem Winter raumen und furben sol und sol iederman in den Lech heiszen tragen bî der naht und an chainem tage. Sie habent auch gesezet, swan der rihter diu laüblîn fürben sol, daz er daz niwer bî der naht tun sol und in dem winter und sol bewaren, daz man ez in die strâze niht schütte oder an die wende itt chlaibe. — Sô hât jeder burger wol gewalt, daz er zu einem laübline gewinne die im alre beste tügent.« Sp. 2. »Unde sol auch des leyblîns niwan dri schuhe stân ob dem Leche.« »Ez ensol ouch niemen kein leüblîn haben, wan daz bedeckt si.« Gloss. f. 59ᵃ. In den Web. Rechnungen erscheint Sekret und und Prevet dafür: »item wenn man das Sekret oder haimlich Gmach rommen will.« »Hat man das Prevet gromt.«
LAUFEN, LAÜFER, Laufgelt. Schwäb. ist laufen = gen überhaupt. Die »Laufe«, Diarrhöe bei Kälbern, Stauden; niederschwäb. »die Laufete« auch von Menschen. Läufel, eine Magd, die nicht gerne arbeitet, dafür aber herumschlendern mag. Unterläufer, »wider das gepot tuund auch die Underläüffer

und **Underlaufferin**, die da potschaft füren zwischen Frauen und Mannen und die sie ein- und auszlaszen.« cgm. 269 f. 4. In der Müle: »Ein jedlicher Boden soll in einer Malmülin eines halben Zolles weiter sein, dann der **Lauffer**.« »So an einer jeden Mülin solle der Boden anderhalb Zoll höher sein — die Zarch an einer jeden neugebauten Malmüle solle ob dem **Lauffer** ¹/₂ Zoll Höhe haben.« Sigertshof. Mül-O. »Der obere **Mülstain**, sonsten der **Laüffer** genannt.« Faulhaber 1617. Augsb. Frank. **Laufgeld** erhielten in A. solche, die »sich in den Krieg schreiben lieszen.« Ordnungen von 1647. **Laufende Knechte**, die Angeworbenen.

LAUGEN swv. Zinn u. Kupfer reinigen; sieh **ablichen**.

LAUNZELE, Kazename, Liebkosung.

LAURA, die, am Wagen das Verbindungsholz der Leiter mit der äuszersten Axe. Allgäu. Groszaitingen.

LAUS in der Schelte: du bi̯st a **Lausbua!** der andere sagt: duə deinē Laüs sell rāl **Lausblume**, colchicum auctumnale. Pfaffenh. **Lauskaserne**, scherzweise altaugsburgisch für Haarbeutel. **Lauskerl!** Schelte.

Reime zusamen:
Schullehrer arbeit mit Fleisz,
D'Kaza fanget Maüs,
D'Bettelleüt hand Laüs. Burg.

Ein Lied in den Stauden heiszt:
A Schinder und a Laus
Die voadret a-n-ander 'rouṣz;
Die Laus die ist so keck
Und wirft da Schinder in Dreck.

Ein Kinderreim:
Der Schneider und a Laus
Die foadret se a-n-ander rousz;
Der Schneider nimt da Elastab
Und schlecht der Laus a Rippa-n-ā.
Dia̯ Laus die keart se um
Und schlecht da Schneider krum.
Die schlecht da Schneider auf da glinka Fuesz
Dasz der Schneider zum Schinder muesz.

Mäggele, mägg mā
A Schüszele vol Hä
A Schüszele voll Laüs
Ist 'm Schneider seī Speis.

LAUSMETTEN, Laudes, hor. can. Im cgm. 168 »man sol ouch niemêr gelüten ze lausmetti und nach dem tischsegen.« f 1ª. »Swelch collect man aber an vâhet in der wochen, die sol man ze lausmetti anvâhen.« f. 2ª. »die antiphonas ze lausmetti.« f. 4ᵇ. »ze lausmetti an allen sunnentagen.« f. 5ª. 5ᵇ. 7ª. u. s. w.

LAUSNIKEL, Schelte: »Dieser Hauswolf, sein Weib, hat ihme die schmächlichste Namen gegeben, unter andern hat sie ihn öfters einen **Lausnickel** genannt.« Conlin.

LAUSTERN swv. lauern, sonst scrutari, perscrutari. »Als er da

— gegen der Mesz — auf unsere Kaufleute gelaustert.« Gass. »Auch das Wiltprett zu schieszen und umzebringen laustern und warten.« Herzog Ulrichs Erlasz 1543 Reysch IV, 78. Luysterer, explorator. Jun. Nomencl. »Inhians: hlustrenti.« Diut. I, 258.
LAÜTGARBEN, Mesnerabgabe. Allgem. Klimmach.
LAXIERKITTEL hiesz emals scherzweise in A. der Schlafrock.
LAZ, stm. 1) Band wie mhd. Weigand, Wb. II, 15. »da warf im N. ain handzwechell mit einem Laz an Hals und zuckhten ihn herab.« S. f. 311ᵇ. 2) Schieber, Vorschieber. Allgaü.
LEBZUCHT, die, Narung, Fortkomen. »Dasz alle Brief, darinnen einem ein Lebzücht verschriben gewesen — sollen cassiert und aufgehoben werden.« Gass. »Welche jr und dem Stättlin Fridberg, als jrer Morgengab — und darauf sie die Lebzucht hatte.« a. a. O. Schmell. fürt Lebsucht auf.
LE in dem merkwürdigen Worte »Gunzenlê«. Niederschwaben spricht ai in Burgalai Birhtinlê sieh mein Wbl. s. v. Das Volk um das Gunzenlê herum müste, wenn esz das Wort noch hätte, Gonzalea sagen. Sieh oben F. S. 133ᵇ. Ich füre ausz Pfeiffer's Abhandlg. Germ. I, 81 ff. die Formen an: Conciolegis, Gunzelen, Conciolegum, Cuncile, Guncile, Contzelech, Gunzenlê, Gunzelê, Gunzzille. Erklärung von S. 88 ff. an. Bei Gass. Cunzilech »an dem Ort, so dazumal Conciolegum genannt wurde und ser herrlich erbaut ward.« Ueber die unrichtige Meinung, als sei eine Burg dagestanden sieh S. 88. a. a. O. Dise Angabe vor Crusius. Bei Gass. stet noch Contzilech u. Gunzilech. Ueber scharfes h, hh der Lechleute sieh Lautlere von H.

LECH, Licus. Im Stadtr. stet: »wie wit die Laeche sin suln.« — »Der naehste Laech under dem berge, der dâ heizzet Luipoldes Laech, der sol haben zwelf schühe an der witin. der an der Laech, der da heizzet Klessinges Laech, der sol vierzaehen schahe wît sin. der dritte, der dâ heizzet des Geumvlners Laech, der sol auch vierzaehen Schuhe wît sin. der vierde der dâ haizzet des Rotigers Laech, der sol saehzaehen schuhe wît sin.« Jezt zerfällt der Lech in den hintern, mittlern und vordern Lech. Der hintere und mittlere Lech hieszen die 2 Arme des Stadtbaches, die sich beim Ursulakloster von einander teilen. Der vordere L., Brunnenlech, entspringt in der Mehringer Au, 4 Std. von der Stadt. Der Ochsenlech: gegen das Krankenhaus hin wird der Sparrenlech so genannt. Der Lauterlech entspringt an der Landstrasze nach Fridberg. 200 Schritte östlich vom Schwibogentore gibt der Stadtlech einen nordwärts genden Arm ab, der **Sparrenlech** genannt. **Lechmeisterbach** ist eine Fortsezung des Herrenbaches. Bei Gass. wird der **Klessinger** oder **Radlech** erwänt. »kömpt auszerhalb des Schmidbogens ausz dem Lech in die Statt« In der Bronn. O. von 1754 wird ein **Schwallech** neben dem vordern L. genannt. Das **Lechfeld** begint südlich von Haunstetten, zieht sich am linken Ufer des Lechs hin gen Landsberg, wärend esz am rechten Ufer bis an die Höhen von Mehringen und Kissingen sich auszbreitet. **Lechgauer** sind die alten Licates. Gass. Die **Lechhütte** vor dem Schwibogentor. Gass. **Lechhütten** wurden a. 1548 den Mezgern über den **Lechkanälen** erbaut, des üblen Gestankes halben. »Das **Lechfelder Heu**« in Chron. öfters 1634. 111 »Waszer in den Lech tragen.« wie allgem. In der Bau O.: **Lechabläsze** »hat das geschworene Amt alle Jar zur gewonlichen Zeit die Visitation sowol an der Sinkel, als an den **Lechabläszen** bei burgerlichen Gütern zu verrichten, bei welchen selbiges zum wenigsten alle 3 Jar einmal die **Lechweitin** der Bachmüttern in den 3 Lechen d. Stadt ebenfalls zu visitieren verbunden.« I, 12. **Lechraumung** (Müllerpflicht). **Lechverwarung** zu Verhütung des Hineinfallens. 51. 52.

LECKERLE beliebter Augsb. Auszdruck für **Lebkuchen**, **Pfefferkuchen**. — **Leckzelten** und **Leszelten** sieh unten. **Leckisch** adj »So gar au 's löckischt unter äll, und 's dümmischt Thiar dös wau's nua geit.« Sch.

Legkerlin? Im Giltb. ogm. 154 f. 7ᵃ. 7ᵇ. 8ᵃ. u, s. w. »Mer 1 sack Roggen, 2 **Legkerlin** am 3. jår 3 **Legkerlin**. Mer 1 Aychacher Mezen 1 **Legkerlin**« u. s. w. od. ist **Leg-kärlin** (kar) anzusezen? In den Stauden oft **Lēezelta**.

Haū a häusle aufbaut
Und mit **Leazelta** deckt;
Iazt kommet die Narra
Und freszet mərs weggh.
Leckmel T. N.

LEDIG in der Red. A. »Ledig sterba ist an ett verreckt.« Allgäu. Ztw **ledigen**, befreien, vacuare. Haltaus 1214 »Das ich nit sobald darvon **ledigen** möcht.« G. v. Ehingen 24, 10. **ledigen**, **abledigen** v. Kreuze. Bebenh. Pass. f. 1ᵇ »Von Gebresten ledigt.« J. Frischlin. **LEGMESSE** sieh oben **Dreiszigist**; die meist in der Gottesacker-Kapelle unmittelbar nach der Beerdigung gehaltene stille Messe; in den Stauden, in Reinhardshausen einst üblich, jezt seltener. Reinhardsh Pfarrbuch.

LEHEN hat sich noch jezt erhalten »für längst gefallene Verhältnisse« in Flurnamen u. s. w. **Lehha**, **Währing**. Flur N. neben **Erblecha**. **Lehner**: Halbbauer, der ein »Lehen« hat und mit 2

Pferden ackert. Wertachtal. Alte verschwundene Benennungen: Holzlehen, Prugglehen, Pfefferlehen (1242). Zacher's Schwabeck 81. 111. Im Giltbch. cgm. 154 f. 1ᵇ. »von ainem kongellehen 1 Schaff Roggen gestrichen.« Forstlehen 16ᵇ. 37ᵇ. Vischlehen, 23ª. Gastelslehen 7ᵇ. Burgelbeckenlehen 8ª. Greinerlehen 9ª. Kūgellehen 9ᵇ. sieh Kongellehen. »verlehenter Man« häufig im Stdtr. Lehenbüchel b. Wiedergeltingen. Lehengutscher öfters in Pol. Ordnungen (1785). Im Schwabmünchner Dorfrechte (Herberger Schwabmünchen S. 20 ff.) stet: »Auch hat der Amtmann gute »Gastlehen« deren eines 8 Schaff Kern gibt, »wofür er einen guten Marstall« haben soll, um dem Bischofe, wenn er auf- und niederritte, »die Rosse zu stellen, so vile zu seinem Sattel gehören.« Bedürfte er ihrer zu vil, so soll er die Nachbarn bitten, dasz sie ihm die übrigen Rosse stellen nach seinem Willen. Im Dorfe sind auch 2 bischöfliche Hoffischer. Komt der Bischof, so sollen sie ihr Hofnez nehmen und bis nach Erringen gehen und ihr Nez einsezen bis herab in das Dorf, worauf dann jedermann fischen kann. Den Fischern sollen dafür die »Klobellehen« im Dorfe Flax geben zur Auszbeszerung der Neze. Das »Gartenlehen« soll dem Bischof. wenn er in das Dorf komt, Kraut genug geben. Wenn man an St. Georgentag die Lämmer zusamenbringt, soll sie der »Tribenlehner« hüten, damit sie der Bischof, wenn er köme, haben könnte. Wollte er reisen, so sollte sie ihm der Triebenlehner nachtreiben bis nach Denklingen. Das »Schüssellehen« soll dem Bischof, wenn er komt, in dem Amthof Schüsseln geben. Esz sind auch da 8 Sellehen, von denen jedes 8 Schilling gibt und 2 Gänse, ferner 60 Erblehen, von denen eines 22 Metzen Kern gibt und 24 Metzen Haber und 2 Hüner. Im Dorfe sind 2 Mülen, die man am Montag öffnet. Sie sollen sovil laisten als »2 Erblehen.« In dem bischöfl. Urbar. v. 1316 (Viaca 9): »item est ibi (Geggingen) Betterlehen solvens annuatim ducenta picaria.« Dise picaria sind die auf allen bischöflicheu Betterlehen (wo die Betten für das bischöfl Nachtlager aufbehalten wurden) gehaftete Verbindlichkeit zur järlichen Lieferung von Fadensträngen, hier von 200. Ebendort heiszt esz »bei Bernbeuern mit Zugehörde wieder ein Betherlehen mit der järlichen Abgabe von 12 picariis fili.«

LEIBEN, LEIB, LEIBDING. Im cgm. 154 stet: »Und ist inverleibt auf die obengenannten Leib.« f. 36ᵇ. Und ein lehen ist verleibt. 50ᵇ. »Ir beider Suns Leib und als oft ein Leib ab-

get, so soll allweg der ältest enphahen.‹ 50ᵇ. ›1 Lehen verleybt zu 6 Leyben, stet noch auf 2 leyb.‹ 51ᵃ. ›Ist im allein auf seinen leib verliben. 54ᵇ. Einverleibung. ›Alles von der Geistlichen Böden erkaufte Getraid solle bei einer geistlichen Kanzlei, Rentamt oder Schreibstuben mit Einverleibung des Jares, Monatstages richtig bescheinet werden.‹ Vergleich von 1662. Leipding. ›das L. ist auf iren Leib allein.‹ cgm. 154 f. 13ᵇ. Im Mindeltal Leibnist sieh mein Wbl. Allgaü: Liddm, ›wer in der Miete hubet.‹
Leibig, adj. ›Leibig und fleischig soll die Saügamme sein.‹ cgm. 601 f. 99ᵃ. ›Der Sanguineus ist leibig und faist.‹ Regiom. 1518. Jn der Leibe, Flur N. b. Günzburg.

LEICHE, LEICHT beide ganz verschiden, volketymologisch zusamengestellt. Mein Wb. s. v. ›Menelaus füret Prothesilaum mit herrlicher Leicht hinausz; esz richtet auch Achilles dem Patroklo totenspil auf.‹ Troj. Krg. 71ᵃ. In Bobingen ladet jezt noch der Todtengräber nach Zuscharrung des Grabes die Umstenden ein: ›Nach dem Kirch ist alles eingeladen in die Leichtsupp.‹ Die Leichensagerin in A. schwarz gekleidet, läutet an der Türglocke des Hauses; schaute man hinausz, rief sie: ›N. N. ist gestorben. N. N. läszt bitten um 9 Ur in Gottesdienst; um 10 Ur in die Leicht.‹ Früher nämlich war, wie in Lechhausen, der Leichengottesdienst vor dem Begräbnis. adj. lichig, mortuus im Memm. Stdtr. in der Rechtssprache: ›die dâ vor gericht lichig stand, von lebend getan habent.‹

LEIKAUF 1) sieh mein Wbl. s. v. ›Und dieweil das Leykauftrinken für hochnachteilig und schädlich erfunden wird, sol hinfüran kain Leykauf um sinicherlei Waar oder Kauf getrunken werden; aber einen ziemlichen Leikauf mit Geld zu geben und zu nemen sol hiemit unverboten sein.‹ Der Stadt Beruf 1541 bl. 4ᵃ. Weberhaus-Inschrift: Vier weisze Tuch schenkt man der Frauen zum Leykauf, thet uns nicht gereuen.

2) Mietpfenning, Geld, arrha, das auf die Hand gegeben wird. Verleikaufen swv. Angeld auf etwas Gedingtes, Gemietetes geben z. B. beim Aufdingen der Dienstboten. ›Item, ob sich ainicher Eehalt zu ainer Herrschaft verdinget und den Leykauff empfangen hatte, der soll zu versprochner Zeit in den Dienst treten‹ Poliz. Ordg. 1553. Lithûs, caupona im Stdtr. ›daz rëht, als davor geschriben stât sol man halten umbe all pfaffen, die man in lithûsern findet‹ u. s. w. In (Grässe's) Jägerbrevier S. 16, 72: Wol hin, wol hin zum Leithaus: Da schlägt kein Reis die Augen ausz.

LEIM spr. lŏim: »etliche alte Baum sonderlich alte Aychen und den Leim darinnen, auch das Feuer und Waszer angebeten.« Gass. Flur N. sind häufig, weil die »Leimgrube« der ser wichtige Gemeindeplaz ist. Leimgrube, Acker bei Währingen. »Auf dem Laym.« cgm. 154 f. 47b.

LEINWAT, neben Leiwat, die welsche, erscheint in einem Vergleiche v. 1638. Das Adj. leinwaten oft im Fugg. Inv. »Villeicht trägt derselbe Boden lauter wilde Trampel (Weiber), welche da Gesichter haben wie ein Allgayer Leinwand, so nur auf einer Seiten geblaicht.« Conlin.

LEIREN, in den, groszes Gräberfeld zwischen Nassenbeuren und Hausen. Steichele I, 302, der fälschlich auf hléo hinweist. Leirer, Gaunername. 1650. Andere solche Namen: Keszeli 1659. Schramenhansel 1677. Hennenhengst a. a. O. Varfasti. Bazenbub (1702). Pfeifer-Hiesel (1703). Pommerin (1705), Hurenwirtin.

LEISTEN, Streifen in den Barchetstoffen; in den Web Akten häufig. Groszlaistet, Kleinlaistet vom Bettbarchet. Ein groszlaisteter B. unter 12 Leisten war gänzlich verboten.

LEITE, bayr. häufiger, erhöhtes Fluszufer. Leitaberg heiszt das linke Wertachufer vom Sandberg an, v. Bannacker bis Türkheim: »Holz, so er (der Bischof) aus dem Allgöwischen Gebürgen oder Leitten auf der Wertach hieher bringen liesze.« Gass. Leutau, ebendaselbst mit der St. Altokapelle. Leitengasse in Bebenhausen.

LEIZSCHBIRNBAUM »dâ man zält 1468, dâ sazt er ein leizschbirnbaum zu dem brunnen.« cgm. 92 f. 31. ?

LENDEN, länden, im Troj. Krg. oft. hinzulenden; der Lend hinzurucken, zu d. Lende hineinfaren u. s. w.

LEONHARD, St. der schwäbisch und bayerisch gleich beliebte Volksheilige. Die Auszsprache ist verschiden: Lēət, Lēətrit; Lēart, Lēartrit, Lienert. -rit; in Volmaringen (bei Horb, Wirtemb.) stand einstens eine Lōəkapelle, der Plaz heiszt heute Lōədorf. In Burgau trägt man am Feste St. L. »'s Leartle« eine Holzschnizerei mit der Prozeszion herum. Inchenhofen heiszt von seiner Wallfart geradezu St. Lienhard. In der Kirche waren ausz geopferten Ketten Eisenmassen bis zu 2½ Zentnern als sogen. »Leartsnegel« zur Uebung der Andacht der Wallfarenden herumgetragen u. s. w. Raiser, Wappen etc. 101b. Lerd oder Leonhardsnagel zu Buttenwisen hiesz ein ⅜ Zentner schweres Bild (Göze); an der St. Leonhardskirchweih wurde er von starken Burschen betend, oft kniend und rutschend in aufrechter Stellung mühsam um die Kirche getragen. Raiser's Viaca 1829 S. 5ᵇ. Im augsb. und ganzen wirtemb. Gebiete bis an die Alb waren die St. Leonhardsritte; in Niederschwaben seltener, an manchen Orten weisz man gar nichts davon. Die gewönliche Site, wie sie in Blaichen im Günztale vor 50 Jaren statfand wiederholt sich überall. Die Pferdebesizer erschienen mit Getraidsäcken als Kirchenopfer. Nach der Benediktion gieng der Rit auf groszem Umwege mit den leeren Säcken nach Hause, wobei allerlei Unfug mit dem »Wettreiten« geschah. In Billenhausen bei Krumambach verunglückte ein Krummbacher Bürgersson, worauf von d. Polizei der »Leartrit« verboten ward In Habertsweiler fand auch die Benediktion stat, in der Kapelle; in Hiltafingen ebenfalls; änlich rit man am St Veitstag nach Münster. (Klimmach.) A. 1403 ward auf freiem Felde vor dem Göggingertor die St Leonhardskapelle in A. mit groszem Turm erbaut. A. 1542 niedergerissen. Esz ist eine eigentümliche Erscheinung, dasz im bayerischen Schwaben und nicht blosz erst seit der Säkularsation St. L. auszschlieszend als der geerteste Heilige der Landbevölkerung gilt, gerade wie in Tirol, in Altbayern; dasz er aber in wirtemb. Schwaben mit St Wendelin auftrit, wärend für Niederschwaben wie für die Oberpfalz der leztere vorzugsweise als Viehpatron in Ansehen stet Eine andere Eigentümlichkeit ist hinwieder, dasz in Oberschwaben wie in Altbayern und Tirol die S. Leonhardskirchen fast imer das Warzeichen tragen, und dasz somit der Dienst des Heiligen, wie in Bayern so auch in Schwaben sich ganz gleichförmig auszgebildet haben musz: esz frägt sich nur, welcher der beiden Stämme sich zuerst disem Dienste zuwendete, um in sodann auf den Nachbar überzutragen, denn darausz würde sich mancher Schlusz ziehen laszen auf das Verhältnis beider Stämme zu einander. Manche Mythologen wollen in diesem Heiligen den Gott Frô oder Freyr erkennen, weil beide in das Amt eines Reisepatrons sich teilen, sowie in das eines Gefangenenpatrons, doch habe ich nirgends vernomen dasz zu Eren des Heiligen auch das Minnetrinken statfinde. L. Rem ruft auf seiner Reise und in seinen Angelegenheiten S. L. imer an.

LERCHEN. »Sich auf das Lerchen begeben.« Poliz. O. »Wann auch etliche Jar her einige faullenzende Burgern sich allein darum in das Lerchenlosz schreiben laszen, dasz sie die erlaubte Zeit über ob den Dörfern ungescheut zeren möchten, sonsten aber weder den Zeug dazu gehabt, noch einen Vogel zu fangen begert.« Poliz. O. Die Lerchenpläze sind häufig in Vergleichen erwänt. Mit Hochgarn lerchen. 1624. Lerchen-Neze, oder Nezlein sollten nicht mer denn 18 Klafter lang sein; die Zal bei keiner Partei 80 übersteigen (1618). Die hohen Lerchen-Neze waren nur bestimten Leuten gestattet. Die Pfäle oder Lerchenpläz musten wenigstens 200 Schritte von einander geschlagen werden. In einem Vrgl. v 1670 erscheinen als bischöfliche Lerchenpläze die 3 zu den beiden Aitingen, Graben, Mittelstätten und Ottmarshausen u. s. w.

LERHAÜSLER der blosz ein Haus, aber keine Güter hat: Taglöner one Gemeindenuzen. Lechrain. Groszaitingen.

LERNEN Lernknecht, Lerbube bei allen Zünften. Ein fremder Lernknecht hatte beim Eintrit in die Lerjare (Ersizjare) 10 fl , ein hiesiger Bürgerszon 12 fl., ein hiesiger Maistersson 6 fl. zu bezalen: gleich nach dem Einschreiben ½, am Ende eines Jares ½. Ein zu entrichtendes Lerngelt, das nicht par abgestattet werden kan. Das Lerngeld bei den Sailern bei dreijäriger Lerzeit betrug 10 fl. Nach Abtrit des erseszenen Lernknechtes muste der Maister 2 Jare mit einem neuen Lernknecht auszsezen.

LETTENWIRT, beim, alte Augsb. Schenke. Esz gab noch »beim Lerhauswirt.« »Beim bayer Wirt.« »Beim Paritätwirt.« »Bei dem Turner.« »B. weiszen Rössel.« Fähret, im Botenlädlein u. s. w.

LEUCHTE, die, Herd. Krummbach.

LEUMUT stm. hliumunt. Sieh mein Wbl. 59. Die Augsb. Steuer Ordg. hat Leumuth; ebenso G. Müller. »Den bösen leümdenverswaigen.« cgm. 568 f. 184ª. Ztw. die »allerverleumudten Marterer.« cgm. 635 f. 1ᵇ. »dô ward sein heilikeit verleumunt in weiten landen.« cgm 539 f. 10ª.

LEZE, die 1) Belonung, Trinkgeld. »Und hand nit ain heller zu Lezen gelauszen.« S. 522ᵇ. »Und (Maxim. I) schenkt uns darauf im Chore zu Lezin ein ungerischen Ochsen « S. 349ᵇ. Ztw. lezen, zechen. »Er ist ain fraindlichs guts Mendlin gewesen — und mit ihm gen Nacht geeszen und mit jm gelezt.« S. 358ª. 2) Landwer, Schuzwerk. Daher der abgeg. Ort Lezen an der Strasze von Immenstadt nach Kempten. Die Seiter von Lezen, teils von Lindau teils vom Stift Kempten abhängige Lehensleute. Lezgraben, fossa extremitatem s. fines claudens et defendens. Haltaus 1262. »Allwo die Grenzen zwischen der Landvogtei Schwaben u. der Herrschaft Tettnang angefangen, bis an den Hag am Lerchenberg, demselben Hag nach dem Letschgraben zu und solchem Letschgraben nach durch das Wuerch am Holz.« 1594. Wegelin II, 150.

LEZG, lectio. Ich füre an die in A. üblichen von Capuzinern für die Frauen gehaltenen Vorträge im 2. und 3. Jarzehnt des 16. Jhds. »Und sind an die Lezgen gangen vil Frauen und Man.« S. 386ᵃ. »Reich und Arme haben darnach der Lezgen mit einander zechent und sind die Frauen hinder die Schul gangen. (Weiberschule, noch heute.) a. a. O. »Ain Mezger hat haimlich erfaren, dasz sein Fraw auch an die Lezgen ist gangen und hat sein Spech auf sie gehept.« a. a. O. »Komm her und sag mir die Lezgen auf, was du gelernet hast.« 386ᵇ. Einem die »Leczen sagen oder lesen.« Tauleri Serm.

LEZT in den asket. Büchern, Liedern: »an unserm lezten End.« Die 7 Pforten. Ein Lied von 1593 (Dillingen):
Am lezten End
Ich bitt, nicht wend
Von mir in meinem Sterben!

LICHNEN swv. »Der Melancholische wird gelichnet dem alter.« Astr. 31ᵃ.

LID, das, Lucke, Deckel. »Lider- oder Pfahllöcher auf der Reichsstrasz.« Bau O. »sollen bedeckt sein.« a. a. O. »Die Pfal-Löcher auf Reichsstrasz zum Weineinlegen sollen anderst nicht vergönnt werden zu machen, sie werden dann mit starken eisenen Deckeln verwahrt, damit Niemand verunglücken möge.« II, 43. Ueberlid, Augendeckel. Astron.

LIDDIECH adj. »Welcher den andern bluetrisz, doch nit bainschrott, lam, lieddich oder maisselwund, schlecht oder verwundet,« u. s. w »Item welcher den andern bainschrott, lieddiech häfftend oder maisselwund oder jne bainbrüchig, letzig oder lam schlecht oder sticht — ist die peen 5 Pfund häller.« Bischöfl. Straf O. 18ᵇ.

LIDERN swv. prügeln. Z'Bibera Tuet ma oin' lidera. Oberschw.

LIDLON: in der alten Rechtspraxis in A. gieng verfallener Hauszins bei Gericht dem Lidlon vor. »Dieweilen aber zweierlei Lidlon, nemlich einer, den man den Dienstboten schuldig ist, der ander umb gemachte Arbeit, so get das Dienstgelt vor gemachter Arbeit.« Ordgen. 1647.

LIEB in asket. Schriften, besonders in den 7 Porten stet oft: »Ein Vaterunser in die Lieb nemen.« »Lieblich und gütlich vertragen.« Urkdensprache (1410). Lieplich versönen. Wemding. Urkd. 1450.

LIECHT. Geschrenkte Liechter. S 259ᵇ. Bei Liechtzeit. Feuer O. und Brauer O. 1731. Liechtnus Liechtmesse. »An unser L. Frauentag zu Liechtnus gait man jn die gewonliche Speis.« Pfründ O. 1462. Liechmesz, Liechtmisz, oft in Schriftwerken. Das Stdtr. ze liehmesse. Memm. Stdtr. »Es sol auch niemand hie zu Memmingen uff dehain ander Zil Mägd dingen, den uff unser Frauentag zu Lichtmess.« Ein Liechtmeszaltar zu U. L. Frauen Kirche. Chron. 1634. 108. Das ewige Liecht in Klimmach, weit und breit bekant, weil As. Bürger esz seit lange unterhalten; esz datiert sich dise Gabe von einer Prozeszion z. Klimmach. Heiltum her; sieh Klimmach. Liechtbraten war eine Malzeit, welche die Maister iren Knappen gaben, um Michaeli, weil dort schon das Arbeiten bei Liecht anfieng.

»Die Maister und Maisterinnen des Weberhandwerks sollen denen Webersknappen im ganzen Jar nicht mer, dann die 4 hernach benamste Fest als den Dinzeltag, den Lichtbraten, St. Martinstag und Fasnacht nur zum Nachtmal halten.« O. 17. Jarhd. Für L. stet bisweilen Liechtgans. Im Fugg. Inv. Messingene Liechtpuzer.

LIEDERLICH 1) von Kranken, elend, schlecht daran. 2) »Darumb sol sich ein jeder briester nit lyederlich hindern laszen klein Sachen noch grosz.« Messbch. 1ᵃ.

LIESEL. »die hölzerne Liesel« in Buchloe, sieh mein Volkstüml. II, 219 ff. Die Pelzliesel im Schlosze Deufstetten bei Dinkelsbühl, eine der vilen 3 Jungfernsagen, die Panzer sorgfältig samelte. Freiherr von Seckendorf, K. Kammerherr und Archivsekretär in Stuttgart, dessen Eigentum Deufstetten ist, schrieb mir die Sage auf. Die 3 Schwestern teilten das Geld; mit Schäffeln ward der Haufe gemeszen; die jüngste, Elisabet, betrog durch Bestreichen der Säcke mit Leim die 2 Schwestern und ward reich, ser reich. Im Winter gieng sie in kostbaren Pelzen, woher sie Pelzliesel hiesz. Sie vergrub ir viles Geld, starb und musz umgen, bis sie erlöst wird. Sie get in Pelzwerk um und Mancher hat sie schon nächtlicherweile des Winters unter dem Schlosztore gesehen mit schwarzem Halstuche und Schlüszelbund.

LIGEN, 1) im Wochenbette ligen, »sie ligt.« Strasze. 2) von Zinsen, Schulden: »An alten verlegenen Schulden.« Mickhausens Rechnungen 1569. Ligerling, Baumstamm 3—5" dick, 14—15' lang, womit die Flösze zusamenbefestigt werden. Adj. »mit beständigen ligerhaften Krankheiten behafftete.« Alte Pfleg. O.

LINDISCH, Lündisch, Tuch von London, erscheint bei S. bl. 382ᵇ als Altartuch in der Kirche: »und alle Altar mit schwarzen Lindischen Tiechern bedekt.«

LINDACH bei Zusmarshausen im Reime:
Linda, Scheppa und Au
Laufet älle a-n-ander nao.

LINDAU im volktüml. Reime (Stauden):
Lindau ligt am Bodasea
Wear's nett glaubt kann's selber seh.

LING in Fischnamen: Selm-

ling, Pfrilling b. Send. f. 544ª, wo als Speise: Alet, Brechsen, Eschlach, Rotten, Bersich, Sänglen, Plateislach genannt sind
LINHUT, Lynhutt: »rauchloch lynhutt vel fewerloch, foramen.« cgm. 685 f. 55ª.
LINK, im Volke glinkh, greacht. Die Linke od. Linksgeiger heiszen die Gundelfinger; ein verhönender Maskenzug der Lauinger nach G., wo alles links verrichtet ward, trug schlimme Früchte, denn die Blonzen, welche die G. den Lauingern bereiteten, rochen garstig.
LINTGRABEN, Weiler. Urkdl. »ein hous gebuwen hat, daz dem Lintgraben« u. s. w.
LIUMT, Liumd, fama in utramque partem. Str.: »ein unliümt bringen.« »unliümt machen.« »belium unden.« »in liumunt bringen.« Memminger Stdtr. belimden. Sieh Leumut.
LIPPEL, Philipp.
Wie der Acker so die Rueben,
Wie der Maister so die Bueben,
Wie der Jäger also die Jagd,
Wie die Frau also die Magd,
Wie der Philipp also der Lippel,
Wie der Präceptor also der Discipel. Conlin.
LO, LOH, sp. Lǎə als Waldname. Grimm. R. A. 774 = Waldaue, Wise. Loholz b. Nassenfels. Lǎəäcker bei Klimmach. Weyherloch b. Zusmarshausen. Sparloch b. Schellenbach. Seeglohe O. N. Sieglohe O. N.

Spanloh, Wld. b. Mindelheim 1579. Schlechalôhtail, Willmetshof. Flurn Badlohtail. a. a. O. Kazenloh bei Dietkirch. Hesselloh b. Ried (Neuburg). Lobach bei Seng. Schrailoch, O. N. Brantlǎə, Holzkopf bei Malgereshausen. Der weisze Lǎəghau, Steinlohäker, Reinhardshausen. Lǎəhaus b. Klimmach. Lǎəhof bei Mindelheim. Lohe hieszen 3 kleine Wäldchen, eine Art vorgeschobener Posten der Waldregion nördlich vom Kobel am Abfal des Breitfeldes gegen das Schmuttertal. Ich kenne im Wirtemb. c. 50 Flur- u. Waldnamen mit -loh. Die Ortsnamen mit -loh ziehen sich durch ganz Deutschland bis in die Niederlande hinein. Wol zu unterscheiden ist: Laoch-, in Lochdorf urkdl. 12. Jh. Lohdorf — Osterlauchdorf, Westerlauchdorf — an der Gränze v. Kaufb. und dem Mindeltal. Urspr. â, volkstüml. au, ao, weist auf -lâch, -lâchpaum = Gränze, Schlagbaum hin u. stet zu altem lêkein, incidere.
LOCH allgem. für Gefängnis. Bei G. Müller: »hernach gen Loch gefürt und als Aufwigler und Fridensstörer beschuldigt.« Lochen, ein Loch machen. Oberschwaben nalocha, begraben. Neue Löcher machen, neue Schulden aufhäufen.
LODEN allgem. ein ganzes Stück leinens oder wollens Tuch. Lodweber, Wollenweber. Nach

einer Urkunde v. 1629 wurden den Hausarmen, katol. Bürgersleuten järlich zween **graue** und zween **schwarze Loden** von den Zechpflegern auszgeteilt LÖFFEL, »mit dem groszen L. eszen« zu Gast geladen eszen, einem groszen Gastmale beiwonen. — Im Hart. Invent. komen **Fomblöffel**, **Fischlöffel**, **Schöpflöffel**, **Rundkellen** oder **Löffel** vor. A. 1457 an St. Jacobstag gibt N. »all ihr Gut, Ligendes und Fahrendes, Löffel oder Löffelwerts« 15. und 16. Publ des hist. V. v. Schwb. u. N. 104, 97.
In den Staud. hörte ich:
So wie mein Löffel ist,
So ist mein Stil, mein Stil,
So wie meī Schwester ist.
So geits ett vil.

LOMBER, ein beim Bubenspil übliches in Knoten gebundenes gedrehtes Taschentuch; niederschwäbisch **Plumpfsack**. Riesz.

LOMMER wird von Taig-, Dampfnudeln gebraucht, die recht luftig, leicht, porös sind. Klmch. **lummelig** in Niederschwaben hängend, one Feder besonders v. Meszern u. s. w.

LON in folgenden Verbindungen: **Handlon**, **Holzschniterlon**. Mickh. Rechngn. 1560. **Furlon** von Wildprät. **Potenlon**; **Hochzeiter-Furlon**. Mickhaus. **Magdlon** im Weberhaus. **Longarben**, Schönefeld. Urkd. 1476.

LONER, Achsennagel.

LORENZ in d. Red. A. »einen krummen L. machen« ungeschickt s. Complimente machen. **Lorenziberg** bei Leder.

LORCHEN, Spottruf der Weber, besonders von Seite der Studenten früherer Zeit in A. Warscheinlich auf ire hölenartigen **Dunken** sich beziehend.

LORKEN, **Lurken** swv. stottern. Illertal. **Lerken**, (Diemer's Auszgabe d. Vorauer hs.) balbutire; bei Frauenlob: **lirket**, balbutit; anderwärts **lerpen** und und **lerpsen**. Böhmenkirch, Gundelsheim.

LORREIER f. Heustränge auf der Wise. Ztw. **lorreien**. Illertal, Allgaü. In den Straszenort. **Schlau**. Ztw. **aufschlauen**.

LOSER, **Luser**, sieh oben »auflusen.« Loser auf! Die Oren auf! Sch. »Tund uira Loser beszer auf!« Sch. »Heimliche **Lüsner**.« Constanz. Urkde. 1431. (Aufhorcher, Speher.)

LÖSZELN swv. Zauberei, abergläubisches Zeug treiben, die Zukunft zu erforschen. Conlin:
Wann manche nicht erwarten kann
Was sie bekomm vor einen Mann
Paszt sie was in der Lösselsnacht
Der Teufel ihr vor Blendwerk macht.
Sieh mein Volkstüml. I, 342 Anmerkg. 2. Schmell. II, 504.

LÖSZEN swv. 1) auszlöszen. »Also under demselben ist am allerersten die Helena dem Menelao on alles löszen zugestellt worden.« T. Krg.

2) »Um die Andromache hat man angehept zu löszen.« 52ᵃ.

LOSZ, hlauts; 1) Banklosz, Mezgerbanklosz in der Mezg. Sprache. Mezgerbanklosung; die Bänke wurden verloszt. Sieh Bank. 2) Loszstul, ein durch's Losz zugefallener Kirchenstul. In der Währinger Pfarr-Registratur fand ich eine Stulordnung von 1713. »Hat die hinterlaszene Tochter — zum Exempel welche der verstorbenen Mutter Loszstul erheben sollte, schon vorhinein einen Loszstul oder Hausstul, solle kein Recht haben zu diesem Stul.« »Es darf ewig kein Hausstul mit einem Loszstul auch vicissim kein Losztsul mit einem Hausstul vertauscht werden. Wol aber ausz erheblichen Ursachen ein Hausstul mit einem andern Hausstul oder ein Loszstul mit einem andern Loszstul.« a. a. O. Neben den Losz- und Hausstülen werden dort Weibsstüle, Mannsstüle erwänt »Einen Stul zum Haus machen« Red. A. a. a. O.

LOSZ, die, spr. loasz, Mutterschwein; als Schelte: du Laəsz! dés ist a Låəsz! für unsitliche Weibspersonen. Allgem.

LOTSCHEN swm. Lumpen; lotschig, zerlumpt, lumpig, schlampig, schludrig. Allgaü.

LOTTER, ein Bret vom Hinterofen an die nächste Wand, ein Bänklein, Ofabänkle sonst. »Auf 'mLotterliga.« Mindeltal u.sonst.

Lotter, Jörgen, ein Giltmannsname v. St. Ulrich cgm. 154 f. 39ᵇ. Lotterbube. »Was ist ein Lotterbub? Der die Leut schmechet u. betreuget, ein thier das den todtschlag mit sich trägt.« Hauszucht.

LÜBSTÜCKEL, ligusticum, levisticum; Lübstuk b. Regiom. 1512. Liebstöckel; b. Kalw u. sonst. Leibstückle. Weigd. Wb II. 48 ff.

LUCKEN, als Servitute sieh Erbe. In der alten Ulmer Dorfstechersprache: »Die Lucken u. Laisz zwischen denen Burren.« Martin Müller S. 44. Schnepfalugga, Wld. bei Hart. Adj. luk, locker »Weilen die Erd lücklich und weich.« Mart. Müller S. 7. »Die Möser lugg.« Felix Faber.

LUDER als rohe Schelte in d. Stauden: »Du bist so a schwarz Luader wie Morau.« Luadrisch als Superl. gebraucht: 1. krank, 1. grosz, 1. wenig u. s. w

LÜEN swv. »Und geleich als ein hund hub er an schreyen, und lüen als lang, bis er in kurz darnâch ain schämlich end seines lebens nam.« cgm. 402 f. 38ᵇ.

LUFT. »Zu den Lüften« heiszt eine alte Taferne auf dem Walle in A., ein Tanzunterhaltungsort der Soldaten. Durchluft, Durchzug, »dasz die Stuben iren völligen Durchlufft habe.« Furttenbach. Red. A. »Die Jugend musz Luft haben.« Conl. Adj. »ich fur allwegen luftig« Kldb. erluftigen, Ztw.Buxh.Chr. erlüfftern v. Pestkleider. O.1647.

LÜGE. Red. A. »Wenn dear an der ersten Luge verstickt wär, nao dăt 'r schon 4 Jaor nimma leaba.« Burgau.

LUGEN sieh oben guggen. »Dô liesz Noe ainen rappen aus der archen und sandt den heraus, dasz er lugen solte.« cgm. 205 f. 25ᵇ.

LUGINSLAND, der, in A. a. 1430 gebaut. So hieszen die emaligen Wartturme, besonders zu Anfang des 15. Jh. zugleich mit ansehentlichen Bauten, Kirchen, Rathäusern, Glockentürmen, errichtet als Zierden und bleibende Denkmäler ausz der Zeit der reichsunmittelbaren Verhältnisse in den Reichsstädten. Zu Ulm an der hl. Kreuzkirche war ein L. a. 1610 abgebrochen. Auch die Wilhelmshöhe hiesz so. Im Vocab. S. Galli ist Logstat, cubile, specus; das Graff II, 192 als Lotstat und davon Grimm gleichfalls falsch in die Gramm. III, 46 hinnam. Jn e. Urkde. v. 1265 bei Mone Ztschrft. III, 77 erscheint Lugun. »Der Lueg«: »sach ein Fix aus seinem Lueg.« cgm. 254 f. 4ᵇ. (= Loch, Höle.)

LUIKEN, Wisen bei Schwabmünchen.

LUIXA, die, Groszaitingen. Die Axenstange, welche die Leiter mit der Lunne verbindet. Leissam, Laissam, Luixel, Laiszing sonst.

LÜMMEL. »Die Pfarremer L.« heiszen die als Raufbolde verschrienen Bursche des Bezirks Horgau — Pfarrei genannt. Adj. glümmlet: »was saigt du glümmlets bauravich « Sch. 29.

LUMP; im Mickhaus. Strafb. wird einer gestraft, »weilen sein Weib sie Lumpen gescholten.« 1773—75. Ferner »mit ihro Vorfahren sei es nur gelumpet.«

LUNGAWURST Name einer alten A. Taferne; jezt Jakobsapotheke. Leberwurst in München.

LUNNE was Loner oben. Lözapfa, Hertfeld. »Mer 3 Lonen.« Hufschmidrechnung 17 Jarh. In einer Glosse IX jh. (Diut II, 172): luni, humeruli, qui in extremitate axis fiunt, ne de eo rota labatur. Aarg. Lôm, Lung, Lôn.

LUPPELN, LUPPEREI, Zauberei treiben. In einem Beichtspigel des XV. saec. cgm. 543 f. 50ᵇ stet: »daz ich den gelauben gevelscht hân mit segen aussprechen, luppeln, zaubern, taubengeschrai und darzu an trawm gelaubt hab vnd des alles nicht bestat ist noch bewart von der heiligen christenheit.« — »Nit an Lüpperei glauben.« cgm. 402 f. 171ᵇ. Vrgl. got. lubi.

LURTSCII im Kleiderb. 146: »4 Ding last sich nicht verbergen, nemlichen die Lieb, der Huest, das Fewr oder Waszer und der Schmerz, aber es was von Haus aus lurtsch.«

LUSZ, LÜSZ uralter allgem. schwäb. Flurn. Graslusz, Urkd. 1440. »In der Liszen.« Türkh. Urkd. »Mêr gibt er von 3 Lüszen zu Möringen.« cgm. 154 f. 44ᵇ. »In der langen Lůsz.« Mindeltal. Lusz, Währinger Wisen. Der Lusz, ein Waldteil, parzellenweise auszgeloszt (in Mindelheim). In den Liszen gelegen. Mickhs. Akt. 1610. Die Lisz in Rematsried. Auf der Luszhalden beim St. Mangstrit (Füszen). Feigele. Horm. »abgegrabene urbar gemachte Moorgründe.«

LUTEL, LUZEL, Saugläpplein. »d'Bearnstaïluttel.« A.

LUZEL, Kafeluzel, eine Kafetrinkerin. »Die alte Luzel beim untern Tor hat 3 Kinder, welchen sie kümmerlich das Brot schaffen.« Coplin.

M.

1) Altes m, an dessen Stelle später n auftrit, hat sich im Volksmunde und in Denkmälern des 15. Jhs. augsburgisch-schwäbisch erhalten.

Die alten Formen Bodem, Fadem, Gadem, Besem, Busem leben mündlich noch zerstreut fort. In Niederschwaben ist m im Diminitivum erhalten: Bödemle nur noch von Haubenböden der baürischen Tracht üblich; Fädemle u. nach falscher Analogie: Kettemle, Lädemle, Fearscham, Fearschämle ahd. fërsana. Hie und da: Gädemle. Mein Wbl. S. 62. 1. Schriftliche Denkmäler: ûf dem erdbodem. cgm. 736 f. 17ᵃ podem cgm. 581 f. 112ᵇ. fruchtbarer Bodem. Gass. ungeschlachten Bodems gewesen. a. a. O. Scheuren und Bödem. a. a. O. pësem, himml. Braut. Mit Schaufel und Bäsem. a. a. O. Ahd. pësamo, pesmo = scopa Gramm. I². 625. Gadem b. S. unzäligemal: »der Dachstul hat 3 Gadem hoch.« f. 570. ahd. kadum, camera. Bei disem Worte erscheint schon ser frühe n. -vadm cgm. 317 f. 53ᵃ. Busem bei Dr. Müller haüfig; »die Lügen selber wieder in Busem geschoben.« a. a. O. Das noch unerklärte Wort Harn — bei Luther Harm — erscheint auffallender Weise im cgm. 601 f. 96ᵇ und öfter mit m: harm. Mhd. und ahd. komt nur harn vor. Sovil ich bis jezt urteilen kan, scheint harm fast spezifisch bayer. codd. eigen; kindsharm cgm 144 f. 7ᵇ. (schwäb.) Der bayer cgm. 317 hat: harmstein, harmesvarb, weiszer, roter harm, kindsharm, harmwinde u. s. w. Turm mit spätem m kent die schwäb. Mundart nicht. Vergl. Schleicher, Sprache S. 210. 211.

2) Die gleichfalls ser alte Wandelung des ursprünglichen n zu m vor Lippenlauten, der beszern Auszsprache wegen, erscheint in volkstümlich Schriftwerken, wie mundartlich, ungemein haüfig. Vernumft, Zumft, lezteres auch urkdl. Hamf, samft, Hamfl (Handvoll), mumpfeln, den Mund voll haben u. s. w Disz ist allgemein süddeutsch. Schriftliche Denkm.: das mundartlich allgem. übliche Imbisz erscheint urkdl. und ist auch ahd. und mhd. — hamffwerk. cgm. 317 f. 55ᵇ. weimber, Augsb. Hall O. 1735. amblik cgm. 140 f. 27ᵃ. Allgem. ist Nürmberg, Nürmberger Elen, auch in Ulmischen Ordgn. Mumpfel schon in Grieshbrs. Predigt. II, XX. vernempt, vernannt, sich versprochen haben. nemmet, 1301. Beliebt und in schweiz. Schriften üblich ist das in Mickh. Urkd. oft vorkomende Leutenampt, Lütenampt. 1683. Vrgl. Weinhold, Gramm. § 167. Weigand Wb. II, 78.

4) Altes -mb, -mp wofür später mm einstand — sieh unten Lautlere des N — hat sich in schwäbisch - augsburgischen Denkmälern und im Volksmunde erhalten. Wampe got. vamba, venter; Wämpstler, Saüberer und Verkaüfer der Eingeweide des geschlachteten Viehs; eine niedere Klasse der Mezger. »Da Wampa vol haun« schwanger sein. Imben, Imble, Imbastock. Kampel, pecten. Lamp, Lämple. krump. Dabei will ich bemerken, dasz die bayerische Mundart altes mb, mp durchausz gewart hat, wärend die augsb. schwäb. Fälle mit weniger Auszname (Imben, Kampel) von den benachbarten Ostlechleuten eingeschleppt sind. Doch hört man noch im Mindeltale: krump.

In den Schriftwerken erscheint Wampst neben Wanst und Wammen. »Ein Lambskrös sampt Wämpstlen.« »Gelüng, Rüssel, Zeen, Troschel, Wammen.« Mezg. O. 1549. Für Lemplin u. s. w. wird esz keiner Belegstellen bedürfen. An disen Vorgang lenen sich die vilen Auszwüchse vom mb, mp, wo sie geradezu unorganisch und oft häszlich zu nennen sind. Zu den oben B augefürten Fällen (S. 40ᵇ) füge ich noch: Kettamb (Mindeltal), Schiszelramb, Harter Invent. Nachkömbling, Währ. Pfarrb. Gehorsamb, Ordg. 1647. In der Chronik v. 1634. S. 1201 stet eine Art Pasquill, in dem die Flick -b bis zum Eckel wiederkeren: Das Evangelium —

ist irr und thum*b*, wa ich hinkom*b*

ist alles krum*b*, von den Pabstthum*b*

Zum Lutherthum*b*, im Irrthum*b*
Und Ketzgerthum*b*: summa summarum,
esz muesz wiederum*b* vom Luthertum*b*
Zu dem Pabstthum*b*: oder des Teufels
per Deum sanctum.

4) m m durch Angleichung ausz bm, nm, dm; sẽmmər: sind wir; gẽmmər: geben wir; hãmmər: haben wir; hĕmmər, hätten wir, conj.; wẽmmər: wenn wir; kẽmmər: könen wir; Simmacher, Simmachere: Sibmacher, Sibmacherin; sẽmne: sibne. Vrgl. Sẽmməringə für Sigmaringen. Der Ortsname Lammedingen heiszt urkdl. Ladmedinga 1278. Ladmadingen, Lademundingen 1076. Bommǝsə heiszen die Weber-Bombasinlen sieh B. Merkwürdig ist Simmetsfuir für Sunwendfeuer, sieh S.

5) Wechsel des m besonders mit Lippenlauten sieh oben B:39[b]. Merbel, Merbelfarb, allgem. südd. Wolwerfer, talpa, sonst Mold-, Modwerfer. Mertig, Mertigkleid, Werktagkleid. Burgau. Machholder für Wachholder. Walmen für Walfen Schwalme, Schwalmeneck f. Schwalbe. A. Ueberstilm ausz Ueberstilpn, was bayerisch klingt; mao f. wâ, u. mier f. wir sind bekant; lezteres ist uralt. Wenn esz nicht falsch gelesen, stet Mur f. Wur, Wör = Waszerstauung. Zacher 57.

m schon urkdl. 1440 für n in mösmer. Türkh. Urkd. Bärmele für Bärbele hört man im Riesz gegen Ellwangen hin; in lezterer Gegend get ein Name›Mille‹ für eine alte Jesuiten-Villa. Ich füge bei die O. N. Ramhof, Ramhart (Berg, b. Donauwört) urkundl. Ran - wie Rammert für Rabenhart b. Rottenb. in Wirtemb. Ronsberg, die berümte Markgrafschaft lautet nach L. Brunner's Monographie Rumesberg, Ruomesberg; urkundl. Inchenhofen O. N. heiszt a 1313 Imechinhofen. Auf eigentüml. Weise bewart Bayern die gramm. Betonung in lebendig; die bayer. codd. schreiben stets lembdig. In der Günzburger Gegend sagt der gemeine Mann: dês ist mər dutt-nêm! für tout-même.

6) Das ausz mittellat. cámphera, cámphora genomene Gampfer, Kampfer, im 13. Jarh. campher, -ir, komt in Augsb. Denkm. oft als capher vor: so cgm. 601 f. 107[b] u. s. w. Auszlautendes m für späteres falsches n erscheint in alaum, Hall O. u. L. Rem, was auf seinen lat. Ursprung alûmen hinweist. Der Auszfal des m in Arakreza u. s. w. überhaupt nach r, sieh R.

7) Die Näselung (sieh bei N), welche m bewirkt, ist echt schw. augsb. Das ahd. mâsa, macula, lautet augsb. mõns, mõs, plur. mõsə, wozu ich das maũs: Maus

im bayer. Walde ziehe. Ferner ist echt augsb. mẽǝ, mer, iterum; wenn nicht ein Comparativ minniza angenomen werden musz. I mā: ich mag, ist allgem. schwäb. Im Allgäu wirkt folgendes m keine Näselung — leztere kent das Volk dort nicht — wird aber im Auszlaute abgeworfen: dahui (daheim), wo der Augsburg. Schwabe dahoĭ, der wirtemb. Niederschwabe dahōǝ spricht. 8) Die heute mit haim geschribenen Ortsnamen lauten urkdl. -hain: Blinthain, Nereshain, MB. 23 VI*. 540. Holzhain 507. 1527 u. s. w.

MACHEN. 1) ›unvermacht Tuch‹ unverarbeitet. Hart. Inv. 2) ›vermachen und verschranken mit Floszholzen,‹ z. B. Gaszen, Wege. Horm. 1834. 137. 3) mächeln und bästeln, Mächeler und Bästeler. Immenstadt. In der Mache haben, in Arbeit haben; niederschwb Machete. Michele, Mächele, brunz in's Kächele u. s. w. allg. schwb. MAD im Augsburgischen haüfig, in Niederschwaben selten oder nie als Flur N. In Währingen die Mad, Wegmad, Mülemad. In den Stauden: Speltamad, Flaxmad, Oelmülmad. Bachmäder b. Reinhartshausen, neben Sulzmad. Im Stroh- u. Buchmad. Schönefeld. Urkd. 1375. (b. Ambach). Epfelmad (Sibenbrunnen), Weyermad, Stockmad. Das adj. madig: zwîmädig. Hart. Inv. Mickh. Rech-

nungen. Im cgm. 811 f. 52^b: Madschrecken: ›ich sach ausz einem Loch springen M. oder hewschrecken.‹

MAD, Mädle, in Kindsmādh, Kindsmagd. Mädlafuseleler, einer der sich lieber mit Mädchen, denn mit Buben unterhält, von Kleinen und Erwachsenen gebraucht. Bei S. Mädlisfraind. Mädlisschnithieszi. A. das von Innenschneiden des Brotes, Bubenschnit aber der Anschnit. Mädloch, vor Zeiten gewölbte unterirdische Canäle zur Ableitung des Auszguszwaszers, des Unrates, der von Mägden hineingeschüttet wurde. Vrgl. Andaüche. P. v. Stetten, K. und H. Gesch. I, 86. Das sog. Medloch, ›allda wird mit Dung und Mist zugemachet, damit sich das Waszer anschwellen kann.‹ Brunnen Ordnung 1754.

MADE, got. matha, Wurm; in asket. Schriften ist ser häufig Madensack für Leib, Leichnam gebraucht. In einem alten Todtentanze:

O Flaisch, du schnöder Madensack,
Wie vil hast du betrogen!

MADER, Marder, Pelzwerk vom M. ›Das die Manspersonen der Herrenstuben khain beszer Fueter als Stuckmäder gebrauchen.‹ Vergleich der Bürger und Kaufl. 1581. Ebend. werden Stuckmäder und Keelmäder einander gegenübergestellt; leztere waren v. untergeordnetem Werte. »Fueter von Steinmarder.« Pol. O. »Sich Steinmardern Fueters bedienen.« a. a. O. »Schauppen mit Mäder unterfuttert.« a. a. O. Edle Mäder. a. a O. Kohlmäder, bald Keelmäder, ser üblich. Das Adj. mederin, mäderin, »stuckmäderin röckh mäderin Arm u. Halsbänder« u. s. w. Vergleich v. 1581.

MAGEN in Magafleack eine wollene Schürze unter dem Hemd vom Hals bis über den Bauch, Unterschäpper auch genannt, jezt weniger üblich. Zusmarsh. Gegend. »'n blaita Maga« mit Blähungen behaftet. Burgau. In Obergünzburg übt man die Zunge: dês (die Speise) maget den Raumen und sacket den Butz = räumt den Magen und puzt den Sack.

MAGELACH plur. vasa, cyathi. magele b. Schm. II, 556. »Es sind gefunden worden 300 silberne Magelach oder kleine Becher.« S. 222ᵃ.

MAGINKE, die, primula veris = Schlüszelblume. Grimm Wb. I, 1157. »I haü M. wundernett.« Sch. Niederschwäbisch Batingget pl. -ete.

MAI. »Im herbst, im pawding im mayding, in der Kornschau.« cgm. 154 f. 1ᵃ. »N. gibt von einer wismad genant die Ölmül an pawding 12 d. und am mayding auch so vill.« a. a. O. In disem Giltbuche unzäligemal.

Maitänze, haüfig. In Groszaitingen loszte man (3 Buben musten das tun) um den Plazmeister. Der Pl. fürte unumschränkten Oberbefehl. Der Tanz war auf dem Kirchplaz, wo auch der Maibaum gesezt ward. Beim Tanze machte die »Weinbitsche« natürlich haüfig die Runde und der Plazmeister dictierte bald dem, bald jenem ein Glas, so dasz oft einem Burschen der Maitanz teuer zu sten kam. Die Kleidung waren rote »Leiblen und weisze Schürze «

A. 1723 d. 30. April steckten die Spilleute der Stadtgarde iren Oberoffizieren nach einem alten Gebrauch Maybaüme vor ire Quartiere. Einer derselben liesz den seinigen als übliche Galanterie dortmaliger Zeit einer Geschlechtersfrau vor das Haus stecken. Gullm. IV. 421.

A. 1429 fieng auch Caspar Sommerer ein Mayenbadt an, dasz man in Zubern badete für dem Wertachbruggertor. Chron 1634.

In Web. Rechnungen: Dem Maiting das Quatembergeld 30 kr. Dem Maiting Bietgelt. Des Maytings Ayd. 1 fl. (?)

Maikäfer in den Kinderreimen:

Mojakeafer predige
Moara komt der Schwedige
Moara komt der Zymprian
Und möcht da Moikeafer au
    mit lân.

Mojakeafer predige
Moara komt der Schwedige
Moara komt der Dilldilldum
Bringt alle alte Weiber um.
(Türkheim.)
Mojaküele, siz auf's Stüele
Dasz heint oder moara guet Weadder wird. (Staud.)
Maiwisle, Birkach. Flurn.
MAINGRINDEL O. N. schon urkdl. 1150 so; Meyer, Zürch O. N. S. 85.
MAILÄNDISCHES Kelchtuech, Mickh. Urkd. 1624.
MAISENHÜTTLIN, geflochtene, b. Furttenbach.
MAISZEL in As. Urk. oft, sieh oben Bainschrot. Eine Wunde maiszeln, häufig in Akten. Maiselwunde vulnus profundum dictum vel ab instrumento chirurgico, quo vulneris altitudo pertentatur vel a turande quo stipantur vulnera ne praematurius coalescant. Haltaus 1337. plagula Chirurgis hodie dicta Meisel so man in den Wunden drehet. S. 1338.
MAISTER wie überall in Reichsstädten allgemeine Anrede für »Herr.« Guten Morgen Maister N.! Noch vor 10—20 Jaren bei Altaugsburgern üblich. In folgender Verbindung begegnete mir das Wort: »der Maister zu dem heiligen Geist.« Man. f. 25ᵃ. Siechenmeister. f. 26ᵃ. Weihermaister. Sigertshofer Urkd. Siechmaisterin (Niederschönefeld) Nonne in d Infirmerie. Pfenningmaister hieszen die Kassiere. Zechmaister sieh Z. S. 464ᵃ. Wasenmaister. Lechmaister — mit Lechmaisterbach — der in der Jakober-Vorstadt bei dem obern Baugarten wonte. Gemeiner Stadt Lechmaister. Poliz. O. 1735. Er hatte Tagwerker unter sich und muste die Raümung der Leche beaufsichtigen. In der Herbstabläszin durfte er dem Maurmüller 6 Tagwerker auf 3—4 Tage beigeben. Stubenmaister (der Kaufleute), der Stadtgardestockmaister, Profos. Der fürstbischöfl. Hof hatte: einen Fecht- und Tanzmaister, e. Haushofmaister, Küchenmaister, Kellermaister, Wagenmaister u. s. w. Städtische Beamte: Stadtmaurermaister, Pflastermaister, Zeugmaister, Rentenmaister. Fischmaister, Brunnenmaister, Schaufelmaister, b. Feuerwesen und beim Lechraümen beschäftigt von der Belzmüle bis zum Ende der Schmidgaszen und im Sparrenlech: was er herausz warf hatte der Lechmaister wegfüren zu laszen. Die Stätmaister »haben allein dasjenige zu straffen, was in meiner Herrn oder der Handwerker Ordg. nit begriffen ist.« Ordg. 1647. Hallmaister. Stadelmaister, der, hatte alle fremden und süszen Weine bei der Ankunft derselben anzuzeigen; Angestellter des Sigelamtes. Im Dienste des Capi-

tels stunden der Schul- und Holzmaister Bei den Zünften hiesz der geprüfte Gewerbsmann Stuckmaister. ›Neu angehende Stuckmaister.‹ Sail. O. Schmell III, 614. Die Viertelsmaister bei den Färbern musten ›dem wochentlichen Siz auf dem Weberhause mit Abrechnung der geschauten Tuch und Bestimmung der gebührlichen Rest fleiszig abwarten, darinnen keinen für den andern unziemlich bedenken oder vervorteilen und insgemein alles tun und leisten, was getreuen V. gebürt und obligt.‹ Dekret v. 1600. Die Maistersänger blüten in Augsb. nicht minder denn in Ulm, Colmar, Straszburg u. s. w. Im 16. Jarhd. gaben sie vilfach Lust- und Trauerspile. So wärend des Reichstages 1530, wo sie vor dem Kaiser eine stumme Komödie auffürten. Z. B. erschien ein Mann mit krummem und geradem Holze auf dem Rücken, das er unwillig hin- uud herwarf; auf dem Rücken stand: Reuchlin! Erasmus von Rotterdam will die Scheiter gerade legen; kopfschüttelnd zieht er ab. Luther komt, zündet das Holz an und get weg. Ein Fürst will löschen und schlägt darein Ein alter geistl Herr will löschen und gieszt die Oelflasche stat der Waszerflasche hinein und alles brent zusamen. (Carl V. und Leo X.) Maistersänger-Comödienstadel, wo a. 1723 d.

26. Nov. polnische Schauspiler gastirten.

Die Maistermäler waren Zunftfeste; in der Mezgerstube stet auf einer Wandtafel:

Damit hat er erlanget auch
Das Maisterrecht und bald
darauf ehrlich
Das Maistermal geben gar
herrlich.

Maisterbraitin beim geschnürten Barchant, in den Web. Hausbüchern öfters Mitmaister, Zunftgenosse, in den Mezg. Akt. oft vorkomend. Maisterlehen in Mickh. Rechngen ›Ausz dem umschwebenden Maisterlehen.‹ 1683. Ztw. maistern, aufmaistern, vermaistern swv. 1) bezwingen, Herr werden, besonders bezeichnen die 2 lezten Wörter das Aufeszen von Speisen, bezwingen; ersteres im cgm. 257 f. 16ᵃ: ›und namen stain und warfen an jn, das maisteret also ain Jüngling, der hiesz Saulus.‹ 2) einen Verweis geben und zeigen, wie man etwas hätte beszer machen könen.

MALEFIZ in Verbindungen wie ›M. Mez! M. Aff! M. Loasz (Schwein)!‹ rohe Schelte. Groszaitingen.

MALEN: ›item so hab ich auf Giltbauren einmalen und abbachen laszen.‹ Mickh. 1567

MALIG adj. zu Mâl, Spur, Zeichen, besonders Blutspuren der Märtyrer: rôte mâl im cgm. 736 f. 42ᵃ: ›wann es was eine andêchtige Römerin, die was mâlig under iren augen, alsô sô sie der süchen laüt wêr.« f. 41ᵃ. Das Wort Mal für Essen bei Hochzeiten erscheint hie und da: »zum Morgen- oder Nachtmal laden.« Hochzeit O. 1532. MAN ser üblich um Günzburg: wao ist mã̊ denn nächt gwea? Ma ist nächt gar itt furtganga? dês woisz i nett, mã̊ haot nächt de-n-Affa ghett. Zurückweisende Antwort. MANDELN, pl stende Getraidehaufen. A. MANDLACH, ein geschloszenes Gut b. Rain; das M. Feld, ein Flur N. ebendaselbst. Steichele, Archiv I, 267. MANDOTEN, Oblaten. A. MANG, 1) Glättwalke von Pferden getriben. A. Die Stadtmang in A., emals in d. Schuh-, später in d. Steingasze. Auch zu Fischach war eine Dorfmengin. Die Augsb. Weberhausmang war bedeutend; ,die Vorstände hieszen Mangmaister. Sie musten einen Eid schwören, dasz jeder seinen Handel in der Mang und im Mangwerk treulich auszwarten wolle, alles Wechselns, Verwechselns, Auszleihens, Kaufens und Verkaufens mit den Stucken und zum Mangen übergebenen Tüchern — gegen Bürger u. Gäste — müszig sten. Bei solchen Geschäften sollen sie die Kauflustigen an die Eigentümer weisen. Schadhaftes, ungeschautes in die Mang gegebenes Tuch müszen sie vor's Weberamt bringen. Darauf sollen auch die Manggesellen vor den Maistern schwören. Jeder Maister hat one Bestechung alles Zugebrachte zu mangen und erhält dafür s. bares Geld. »Item die Mangmaister sollen auch keine gebleichte schmale Barchet, was Sorten die auch sind, nicht annemen, sie seien dann zuvor verstrichen und an der ordentlichen Tuchscherer Geschau gestüpfet worden.« Akt Ueber die Färbermang sieh F. 2) Kaufhaus. Fleischmanger, Flaxmanger. Str. Henermanger. Sieh Schmell II, 599.

MANGEL, Mangold. Beta. L. Im Allgaü: Manglet, eine rohe, landesübliche Speise, spinatartig zubereitet.

MANN. Red. A. »z'Augsburg is ao no a Mã̊, dear woiszt's nett,« zu dem, der auszförscheln will. Burgau. Bei Furttenbach: rechts und links auf der Ofenbank sizen, nach des Feldmann's Gebrauch. Der steinerne Mã̊, s. A. Warzeichen.

MANNSZEITIG, nubilis. A.

MANTEL. »Heng den Mantel nach wynnt.« clm. 342 f. 130ᵃ. Glossen. Mantelflicker, Stichelname der Köschinger bei Ingolstadt. Sie flickten mit alten Flecken einen neuen Mantel, der noch nicht getragen war. Mantelen und Mändelen, Klimm. Wisen. Pfrrb.

MANTSCHEN swv. 1) unordentlich eszen, schmalgen. 2) unordentlich kochen. Mantschereien, Schmalgereien.

MAR, weich, mürb, besonders vom Gogelhopf. A.
Au hia und dau 'n Kirchweihknopf
Und in' Kafé 'n māra Zopf.
Sch. 49. Dao kauf i glei 'n māra Kranz. a. a. O.

MARCELLER, die 3 Kirchenpatrone Marcellus, Marcellinus, Marcellinarius im Weiler Marzellstetten (Wertingen). Bei Kinderkrankheiten liesz man irgend eine Frau dahin wallfarten gegen Bezalung »um den 3 Marcellern die Kerzlein anzuzünden.« Je nachdem ein oder das andere Kerzlein früher abbrennt, musz das zu Hause abmagernde Kind sterben oder komt davon; ein auch noch auf der Leutkircher Haide zwar selten mer vorkomender Unfug. Die Entfernung der Marceller vor c. 50 Jaren änderte nichts im Volksglauben, jezt sind die 3 Bilder restaurirt an irem alten Plaze. Wird der kleine Patient mitgenomen, so musz im irgend ein Bauer unterwegs ein Musz geben, der heiszt der Muszbauer.

MARGRANTAPFEL, Granatapfel. A. Schmell II, 616.

MÄRSAGE. »Sie hieszen in ainen Märsagen, ainen verlayter.« cgm. 402 f. 127ª. »Lautmär werden.« P.

MARIENGSICHT, weinerliches Gesicht, protest. A.

MARKT für Marke, Zeichen. »Es solle ein jeder Maister sein eigen Geschauzeichen oder Markt haben, dasz er aufstosze und nicht aufmale bei Straff von 60 Pfenningen.« »Das Zeichen od Stupfmarkt auszwaschen, abzeichnen, nachdrucken — oder seine Waaren selbst gestupfen — verboten.« Erneuerte Web. Ordg. 17. Jarh.

Markbaum, bemärkter Stein, in alten Gränzbeschreibungen.

MARKT hiesz man nach Gass. die nächsten Dörfer um die Stadt herum, neben Plaz. Jarmärkte waren auf St. Georgen-, Hl. Kreuz-, St. Veits-, St. Ulrichs-, St. Margarethen-, St. Jakobs-, St. Michaelis-, St. Gallen - Tag auf dem Stadel. Dekret 1583 (Antimüller). Wochenmärkte: am Montag ob dem Plaz bei St. Ulrich und einerseits an dem Weinstadel herab. Am Mitwoch vor der Mezg und gegen den Perlachberg herauf. Am Freitag ob dem Fischmarkt vom groszen Rörkasten ob dem Perlach die ganze Weiszmalergaszen hinab, den ganzen Obstmarkt hinauf bis an das Hafnerbergle. Am Sonnabend wieder vor der Mezg wie am Mittwoch. Markt. O. 1735 S. 4. Bei der groszen Tätigkeit der Gewerbe werden die vilen Plazbenennungen nicht auffallen: Brotmarkt, Kizenmarkt, Rossmarkt, Salzmarkt, Sau-Obst- u. Kesselmarkt, Vogelmarkt, Fischmarkt, (wo der Galgen stand) sieh G.

Marktknechte hieszen gewisze Taxieramtsdiener; bei

jedem Amtssiz waren sie zur Auszhilfe der höheren Beamten beschäftigt, hatten bei Zalungen aufzuwarten. Bei der Mezg. Zunft kamen sie häufig vor. Auf einer Wandtafel der Stube stet: »Da wird man dir zugeben Erstlichen 2 Marktknecht, die dir fein den Plaz machen.« Nach der Mezg. O. v. 1549 hatten die M. beim Fleischkauf, unter den Bänken, an den bestimmten Tagen »fleiszig Aufsehen,« ob kein ungeschaut, kein ungerechtfertigtes und ungeseztes Fl. verkauft werde; ob Niemand abgewisen oder übernommen oder im Gewichte hintergangen werde. Beid. Anzeig vor den »Strafherren« durften sie niemands »weder um Lieb, Freundschaft, Mieth, Gab oder ichts anders willen verschonen: desgleichen von Mezgern oder Mezgerin, ihren Kindern oder Ehalten, ainich Geld, wenig noch vil, nit entlehnen, noch ichzit bei in auszborgen. Auch hinfüro den Burgern oder andern Leuten, one derselben Personen, Scheinbotten, ainich sied- oder bratflaisch, auch ainichen Kalbskopf noch ingewaid, weder durch sich selbs, oder ire zugewanten, kauffen noch bestellen sollen, in kain weisz, Alles getrewlich und ungefärlich.« Die Marktmaister »sollen auch hinfüro, bei den Mezger ainichen Leykauf nit trinken, noch sonst bei jnen nicht zechen«. Zu Mark, Markt stet märggeln oder märkeln, tauschen mit kleinen Sachen, wie Kinder, besonders eben empfangene Gegenstände wieder ausztauschen.

MÄRMELN pl. Marmorkügelchen. Sieh Glucker. Vgl. deutsche Zeitung für die Jugend und ihre Freunde. 1786. 45. Stück. S. 361. Bergm. Journal I, 3. Nro. 4: Schuszermühlen. Merbelspil.

MÄRR f Stute. »Füllismärr« landüblich. Sigertshofen Beblingen.

MARTINSNACHT, festliche Zeit im alten A. Man beschenkte sich gegenseitig. Die Web. Zunft schenkte dem Tit. Deputierten in diser Zeit wie am unschuldigen Kindleinstag Wertvolles, ebenso die andern Zünfte iren Vorgesezten. A. 1557 den 13. des Wintermonats ist ein Haus abgebrannt: »solches hatten die Knappen, da sie schwermeten u. Martinsnacht hielten verwahrlost.« »Aussehen wie eine gerupfte Martinsgans.« Conlin.

MARXBRUDER. »Ich will näher hinzutreten und zusehen, was doch diser Narr bei dem Altar mache, wie er herumgaukle und als wie ein toller Marx-Bruder hin u. her fuchtele.« Conlin.

MÄRZENBAD, beim, in A.

MASZ, die. »Gebür der Bodenmäsz, wie solche dem Fasz und Punzen nach auszgeschlagen.« Akt 1774. In den Stauden heiszt esz: a Maosz verdrucka, trinken, altbayer. dermanza.

MASZGÄNGLEIN, das, Mastdarm. »Das peuchlin sol man inen abwarz streichen und das Maszgänglin berüren, so verhebend sich dester mynder stulgänge noch Harnen.« cgm. 601 f. 99ᵇ. »Von dem Maszgang, so er Kinden auszgât. Maszgang gat Kinden herfür ausz dem Leib entweder von herti der Stül wegen oder von Zwang.« f. 110ᵇ. »So der Maszgang herauszen ist, sol man Kind paden.« a. a. O. »Wann es behält den Maszgang inwendig, so er aber von des Zwangs wegen herausz gât, so hält man das Kind warm — umb sein Maszgenglin.« a. a. O.

MASSLAIDEN: »chain mensch sol lauszen alle die wil er die maszlaiden hât, daz in nit lustet ze eszen « Astron. 26ᵇ.

MASSILSUCHT, »darvon der mensch sîn varb verliert.« Astron. 38ª.

MATERI, -e, 1) Eiter, allgem. schwäb. »Das darumb matêri bis in rueg komen.« »Matere lauft herausz.« Aerztl. Bericht v. 1641. 2) »Die silberin taffel mit 9 matêri.« S. 226. Frisch I, 648ᵇ.

MAUER in der Bau O. I, S. 18, § 43: »Eine verbundene Mauer ist keine solche, wo nur etwa hie und wieder, und auf eine gewisze Distanz 1 oder 2 Mauersteine in des Nachbars Mauer beszern Halts willen oder ausz Vergunst eingestrecket sind, sondern, wo die Mauersteine durchaus gegen einander herum und hinum, hinter sich und für sich, item nach der Länge und nach der Quere wie eine Kette zusamenschlieszen und wieder einander ligen und eingemauert sind.« Mauerbad in A. Ungemörtelte Mauern. Messbuch. Bei Verglch. »ringer eine Mauraufmachen.« S 390ª. Maurscheiszer: die emaligen Stadtsoldaten hieszen spöttisch so, weil sie auf der Mauer wonten. Mauerbänke in der Müle. Str. f. 16ª. »ire mürbenche und iriu bette.« Die Heidenmauer in Lindau. A. 1518 wurde ein Augsburger um 10,000 Mauerstein gestraft, weil er einem Herrn v. N. Herberg abschlug. Chron. 1634. Ein anderer erhielt die gleiche Strafe, weil er bei e. Todesurteil nicht im Rat erschien.

MAUGGET (Burgau), Mauchlet, niederschwb.= kleiner Vorrat von Obst, das Kinder im Heu, Strohsäcken verbergen, um gelegentlich naschen zu können oder das sie reifen laszen wollen.

MAUL in Maulstreiche, Mickh. Strfb. 1608. »ein Maultaschen geben.« a. a. O. Red. A. »Wirt ihnen von dem Stattpfleger mit groben Worten über das Maul gefaren:« Müller. Maultätschlen, kleines rundes Backwerk von Zucker, Eier und Mel. Fragt einer: waorum? sagt der andere: »daorum, ums Maul 'rum, daz d'r koï Bart wechst.« Günzb. Maulicht, adj. verdrieszlich. Augsb. »Du unbesonnenes

Fletschmaull« Schelte. Conl. Vermaulaffen, swv. Conlin. »Wol hat er daz Maul gebrümt,« os sibi distorsit f. 42ª. clm. 342 f. 42ª. (Glossen z. Terenz.)

MAULWERF, talpa: »zumalen wir aber annoch blinde Maulwerff auf der Erden herumkrazen.« Ehrenfest 1699 S. 53. Mündlich lebt Modwerf.

MAUNSCHELN swv. verborgen handeln: Maunscheler, Jude; was mauschen, Mausche.

MAUNZGEN swv. schreien wie Kazen. »dao hauts ui gschellat, gmaunzget wild, alsz ob ma halt da Truttatanz hielt.« Sch. Niederschwb. = sich oft und unnötig beklagen ob jedem leichten Unwolsein.

MAUS. 1) mus. Maüseturm in der Nähe des alten Mauerbades. A. Mausgäszle, A. Mauskater: »awer die maus entrinnet der klo des listigen und snellen mauskater mit fleiszigem wachen.« cgm. 254 f. 5ª. Mausfalle bildlich in einem Todtentanze v. 1627: »Adio! ich für's (die Braut) zur Mausfallen!« sagt der Tod. »Mauslochmachen« heiszt im Illertale b. Garbenaufgeben auf dem Felde das Loch, welches beim Stüzen von der Gabel im Boden entstet. Red. A. Des ist a schlechte Maus, die koi Loch findt. Augsburg. Ulmerstrasze. Adj. mausig. Etliche die machten sich fast mausig

Schalten die andern grindig, lausig. Holzm. 2) Jeder Muskelteil am lebenden Körper bei Menschen und Vieh. In der Augsb. Mezgersprache Herrenmaus b. Ochsen am hintern Schlegel. Kniemaus am Schulterschenkel. Spindelmaus am vorderen Schenkel, Nagelsbratenmaus am hinteren Schenkel. In ärztl. Berichten des 30järigen Krieges cgm. 2047: »am rechten Arm die ganze Mausz hinweggeschoszen.« »Am linkhen Fuszoberteil die ganze Mausz hinweggeschoszen.« a. a. O. 3) »Von nachwürffen, wer der ist, ez sî mit Messern oder mit kuglen oder mit Maussen.« »wer der were, der dem andern hie zu Memmingen nachwurfi mit Messern, kuglen, mit Maussen oder mit andern solichen wauffen.« Memming. Stdtr. 4) In einem Feuerwerkbuch cgm. 356 f. 158ª: »ein Belagerungswerkzeug von gutem eichenen Holz z. Wasserarbeiten, wie ein Fischbehälter, das ist eine böse Maus, wann sie hat zwen zegel und in jeglichem Zagel einen guten Steigzeug.« Mausörlesteig b. Mindelheim. Raiser 1832 S. 23.

MAZELET (—⏑⏑) adj. süszlich, ungesäuert v. Mazen.

MAZVOZ, du! e. rohe Schelte für einen verzagten furchtsamen Menschen. Mazental, Birkach. Flurname.

MEANK, spr. mēəkch, eine fort

u. fort seufzende, trübselige, alte Jamerbase. A.

MECHLISCH Tuch in Augsb. und Ulmer Urkd. bei O. Ruland u. s. w. häufig.

MEDEIE, die, numismata aurea vel argentea cum imaginibus principum, quae ornatus causa appenduntur et gestantur a mulieribus. Haltaus Wb. 1334 (Medayen). ›Guldene Baretlin sampt der Medeien.‹ ›Perlen an Bugglen, Steften, Arm-, Kähl- und Halsbanden, Ketten, Medeien, Hutschnüren.‹ Poliz. O. Vrgl. ›Samete Paret mit Medeyen oder Strauszfedern.‹ Haltaus a. a. O.

MEICHELE, Kelleresel. Strasze.

MEIDEN, Mayden, der, Hengst. Der Besizer des Sindhofes war verpflichtet für den Dienst der Herrschaft und der Pfarrei einen Meiden zu unterhalten. Disz Pferd muste gesattelt und zum Teil mit aufgeschlagenem Steigbügel auf die Weide getrieben werden. Ward der Mayden untauglich, so ward er in den bischöfl. Marstal abgegeben. Waltenhof. Weist. Herzog Stefan in Bayern verspricht a. 1389 12. Aug. die ›Branthöhen‹ dem Greuter von wegen eines für Hermann von Freiberg-Angelberg gekauften Maydens schuldigen 130 fl. bis komenden obristen Tag ze Weihnachten zu zalen. Zacher 15.

MEIN. ›Der meinige,‹ sagten die alten Augsb. Eheleute.

MEIT, Mait, mein Wbl. 96. ›Da wurden sie etwas hizigers

und frechers, schryen überlaut mit groszer Ungestüm: nicht ein Meith, den Mönch wollen wir haben!‹ Chron. 1634 S. 221.

MEINZELE? Kazenname. Stauden: Sinzele ist's und kaditsch (?) Suech das Haus um- und um Meinzele wao bist? Memele, dasselbe.

MELBELN nach Mel riechen, von halbgekochten Melspeisen. Melvögele, Schmetterling. Riesz.

MELKEN, MELKER: bei Gass. ist einer ›hölzerner M.‹ gedacht. Kuhmelker, Schwalbe, sieh K. Bockmelker, Schelte. Bei Conlin schilt ein Weib iren Mann: Du Sauhalter, du Schmierkübel, du Wanzenpuffer, du Bockmelker, du Kozenhackel, du Püffelsgesicht, du Beerentrampel! Du Hennenvogt, du Misthammel, du Sautrog, du Haspelfreszer, du Küehdarm, du Zwibelselcher, du Kletzenprobst, du Besenlimmel!

MELTER, ein kleines hölzernes Waszerfäszlein. ›Bua, hol mer a Melter vol Eardöpfel!‹ Füszen.

MEMPFELE, dim. das Schwaifstück vom Ochsenfleisch.

MEMMINGEN spricht d. Volk Mengəmə. Der Mengəmer Maū ist bekant. Volkst. I, 448 u. 514. In den Stauden hörte ich die Schnellsprechübung: Memminger Mezger, komşt mir am Migda zum Mezga; mezgişt mer am Migda. Das —əmə erscheint

auch für -ah und au: Birkəmə, Birkach. Mannəmə: Mannheim.
MENE, ein 2 oder 4 Gespan. Riesz. Allgem. Menet, menen, 1) viehtreiben. 2) eggen. Burgau.
Mein Vater haot gäckeret
Und i haū 'm gment:
Nao haot 'r mî geschüttlet
Und i haū mî gschämt.
Hätt 'r nett gäckret
Nao hätt 'm itt gment
Nao hätt 'r mî itt gschüttlet
Und i hätt mî itt gschämt.
Nao haot 'r halt gäckret
Uud i haū 'm gment
Nao haot 'r mî gschüttlet
Und i haū mî gschämt.
Reinhartshausen.
BemähnteBauern. Mickh.Akt. 1700. TauglicheMehnen. Confirm. K. Akt. Menebub, Hart. Inv. = servus junior et inferior, qui agit equos arantes. Frisch I, 228ª. Grimm Wb. III, 483 (Enk). Minare hiesz das Vieh treiben, wie man sagt v. minae (cfr Apul.: asinos et equos sarcinis onerant et minantes baculis exigunt, woselbst auch se prominare, sich ausztreiben, se promener stet). Von minare haben wir ital. menare; span. menear, französisch mener für treiben, i. e. das Viehtreiben; esz bediente sich also der römisch sprechende Franke des Ausdrucks minare Max Müller in Kuhn's Ztschrft. V, 20 ff. Mein Wbl. S. 63.

MENT, euphem. für Sakrament, als Fluch. »I haū nie daū 'n ment, und haū nia gloga.« Sch.

»Die meine hant älz 3, 4 ment Alz Ungar und Grawata.« Wtzm. Adj. »i haū mi denn fürchtig und mentisch stark buckt.« a. a. O.

MERBELSPIL, Spil mit Marmorkügelchen. Der junge Schwarz wirft e. Anzal marmorner Schnellkügelchen oder Knippkaülchen in eine kleine Grube mit den Worten: »es gelt 2 Merbel, ich grad einschieszen.« Kleidb. 104.

MES spr. mẽs, unfruchtbar v. Kühen; als rohe Schelte gilt: »du mẽsẽ huərl« Du unfruchtbares Weib! Strasz. mẽsgangə, was sonst géltganga heiszt.
I kā nemmə hausa
Meï Küehle gaot mẽs
Meï Weib ist schō gstorba
Mit der Schnupfdabaggnäs. Std.
Sieh mänz b. Schm. II, 604.

MESSE f. 1) Markt, »auf die schlechte M. verordnen die Herrn Bürgermeister im Amt das Glaidt « Ordg. 1642. 2) Liechtmesse. »An U. Frawen Mess.« Türkh. Urkde. 1400. Messachel, d. h. MesseMantel (hakul). Im cgm. 168: »An dem eschigen mitwochen, sô man messe singen sol, sô sol der das amp̄t tut âne missachel und sîn geselle mit dem messbuche vür die vordern grête komen« »der priester âne missachel.« »Sô die collecten end haben, so sol der priester die messachel abziehen und von dem altâr gân.« f. 59ª u. s. w. Messhof. Wembd. Chronik. Jägermesse »sich mit harter Mühe um 10 Ur zu einer Jägermess ausz dem Bett erschwingen mögen.« H. S.

MESZPFENNING in der Webersprache: »und der fremd (beim Wepffen) sol den Meszpfenning geben und der Kauffer nichts.« 17. jh. die Meszerhacken aufziehen oder blosz die Hackhen in Web. Rechg. oft.?

MESZER. 1) in Strafbüchern As. »Wegen der Schüler — sollen die schlechtere und ringere Verbrechen als Raufen, Schlagen, Reiszen und andere leichtere, jedoch Meszerrucken, Steinwerfen an denjenigen Schülern so 25 Jar und darunter und darüber alt — begangen werden — bestraft werden mögen.« 1582. 2) »Von allem gehörnten und schmahlen Vieh gibt man auf gedachter Strasze vom Stück 1 d., wann aber solches denen v. Augsburg gehört und sie wollen das an dem Schlegel oder an das Meszer für sie selbst und ihre Haüser zu brauchen — gibt es keinen Zoll.« Urkd. 1433.

Meszerweible, eine Art Holzweiblein am Türlesberg, im Burgstal.

MEZ. In d. Chron. von 1634 heiszen die 3 Freundinnen Afrae vor der Bekerung »die 3 Mezen.« »Gemeine Mezen,« Weiberschelte. Fischach. »Amazonen in deutscher Sprache aber ist es so vil gesagt als ohn Mann Metzen.« Gass. **Mezengeschäftig**, gschaftelhubern, bayerisch.

Im Allgaü gibt esz 3 Bergnamen beisamen: Mädelisgabel, Mezenarsch und Hochschiesz (Immenstadt). Mezenauwisen bei Wemding, wo einst noch bis in disz Jarhd. herein das Mezenaugericht gehalten ward, unter freiem Himel; Vgl. Landschranne, die alte Malstätte von Graisbach, bei dem uralten Plaze der Torsaülen.

MEZGER: in Augsb. Schmalmezger, Kuttler, Wämstler Rindmezger, Bratmezger, Jungmezger, — Wurstler, Schweinmezger. Mezgerknaben, die Mezgerjungen. Die Mezgerzunft hatte manche alte gute Site gewart. Echtes altes Volkstum, soweit Augsburg ob seiner Schicksale dessen fähig war, hielten die Mezger fest. Merkwürdig hatte auch von inen jeder einen Stichelnamen: Landawande, Jamertal, Gocköck, Schlampele, Bopparädle, Schwimmer (v. Gange), Muoteler, Budel, Guschtenmuffel, Gollasch (von einem Schauspiler, dem er disz Flaisch lieferte herrürend), Maule, uralt. Der Siedig. Guggerle. Der Mangejaggl. Gspannd. Schlecker, Staberl, Biggluz, Buzle, Schnipfer, Zanle, Gäber, Aepfele (v. s. apfelroten Wangen), Gläsle (Schnapstrinker), Brezgastengel, Dreckhans, Bettscheiszer, Josua, Vogele, Schmalzbuckel, Dattelfürst, Schafnäs u. s. w.

Der Mezgen waren esz 2 mit verschidenen bediensteten Leuten wie Mezgenhüter u. s. w. Eigentümlich ist, dasz den Mezgern in der Fasnacht die mascara zu tragen verboten war. Ordnungen 1647. Mezger heiszen spottweise die Lindenberger. Wie von einem Sigmaring. Orte erzält man, die L. hätten ein Kalb mit lauter Brot zur Kuh herangezogen; die herumgieng und Brot von Personen bettelte; daher der Name Bettler für sie aufkam. Als die L. die Kuh schlachteten, warf man inen vor, sie hätten einen Bettler gemezget und der Name Mezger machte inen bis heute vil Verdrusz, trägt nebenbei tüchtig Prügel ein. Eine Sprechübung in den Staud. heiszt: Wéler Mezger wezt die besta Mezgameszer z'Augsburg auf 'm Bearlisberg? St. MICHAEL: Michael's Abend war für das alte Augsb. von groszer Wichtigkeit. Vergl. den Turmmichel oben s. v. Turn. Eine Reihe von Chroniken gedenken uralter Festlichkeiten am St. Michaels - Abend. Gass. »Dise Göttin (Cisaris) haben sie vereret und jr zu Gefallen ein Jartag und herrlichen Umbgang gehalten an St. Michaelsabend, an welchem sie, nach altem Gebrauch noch heutigs Tags auch die Kirchweih und Jarmess begen.« Eine ganz änliche Stelle fürt Herberger Burg- u B. Feld LXXX an, ausz einer Chronik v. 1576, wo auch Erklärungsversuche über mutmaszliches Zusamengehören des Zisakultes und des St. Michaelsabends zu finden sind. Wichtiger sind die Notizen: An St. Michaelsabend, in der Nacht vom 28. auf den 29. Sept. musten d. Burgermaister mit hellen Liechtern, die inen vorgetragen wurden die Stadt durchreiten unter Tanz und Pfeiffenspil und Zechgelage. Alte Rechnungen des XIV. u. XV. Jarhds., soweit sie erhalten sind, füren genau die Auszgaben auf für die Bürgermaister, für die Pfeiffer, für den Tanz, f. den Wein und die Wachskerzen, welche gebraucht wurden. »13 Knechte« begleiteten beim Umreiten »uf St. Michaelisnacht« die Burgermaister. Herberger, a. a. O. sagt: zu bedauern ist, dasz wir nicht wiszen, welcher Art die Stäbe waren, die beim feierlichen Umzuge getragen wurden. »Umb Wachs zu den Kerzen den Burgermeistern zu machen und um Stäbe.« 1413. »Drei Pfeiffern vom Tanz ûf Michaelis.« »Um Schmeer (?) zum Zug und 3 Knaben Tanzkerzen zu heben.« 1469. Am Ende des Mittelalters wird auch dem mitreitenden Vogte eine Spende verrechnet.

In Rechnungen des Mittelalters komt vor: »Die Kirchwihin Michahelis.« »Zu St. Michels Kirchwey hin als Engelweyhin was.« 1390. 1494. Herb. Ze Sant Michels messe. Stadtr. Michelsberg bei Ottobeuren; bei Ulm.

MIGGER, Mücker, die, das Brustunslit, Herzschmalz. Rückenunslit. »Andertens bezalen die Juden von der Migger dermalen das Pfund vor 13 kr. Was das Unschlicht gilt, sollen sie das Pfund Migger — uns bezalen.« Mezg. O. 1774. »Das sog. Mückermachen« der Rindmezger. Das Vieh hat Mücker, Mangfalt, Wampen, Tragsack, Kronfleisch, Leber, Unrat. Mezg. Sprache. A.

MILCHAR, der, Ochs, im Gegensaze zum Stier Füszen. Milchberg in A. Milchmarkt. A. Milchkübel in dem Waltenhofer Weistum: »Wenn zu dem Maier ein eszendes Pfand gebracht ward, so sollte er demselben in einem bodenlosen Milchkübel (Melchder) zu eszen und in einem Strohsiebe zu trinken geben.«

MILLISCHMALZBROT, eine Art Semel, aufgewaicht in Milch und Eiern, im Schmalze gebacken.

MISCHLING ein Wagen Kleinholz, bes. für Arme. A.

MIST in »Misttrampel nach der Mode gekleidet« ein Bauernmensch. Conlin. »Stinkende Mistkrippen« gezierter Frauenkörper. a. a. O.

MITTEL in der Webersprache: 's Mittelstuck; bei d. Mezg. 's Mittel im Diech. Mittelschaft, Mittelstrasze. In Weiszenhorn ist die 2. Magd »die Mittelmagd.« Speckmagd die Helferin der Küchenmagd, eine Von- und Zugeerin. Mittelknecht. 1682. Mickh.

MOCKEL: 1) menschenscheue, nicht umgängliche Person. 2) Der den lezten Streich beim Auszdreschen tut, musz die Saumoggel vertragen, d. h. eine Strohpuppe oder Schmideschlacken etc. dem Nachbar, der noch nicht fertig ist, in die Scheune werfen. Wird er erwischt, so wird er, auf einem Karren rückwärts oder auf einem alten Gaule festgebunden, durch den Flecken gefürt. Früher war ein Schmaus damit verbunden. Türheim. Mockel. Herb. Burg- u. Batfeld 70. Das Spil der Kinder 75.

MODELSCHNEIDER: nach e. Ordnung v. 1774 muste der Lerjung als Bürgersson 14, als fremder 16 Jare haben. Anmeldung beim Vorgeer; Bedingnis des Lergeldes (50 fl.). Heuraten erst erlaubt nach Verflusz von 5 Jaren, ab dem lezten Tage der Lerzeit gerechnet. Auf eigene Hand, in Winkeln (unerlicher Erwerb) zu arbeiten, war streng verboten. 3 Jare in die Fremde; 2 Jare in Augsburg zubringen: Bedingung der Maisterconcesziou u. s. w.

MODISTEN, Kunstschreiber; edem von den Lerern in A. nebenbei besorgt.

MOLDWERF, Molwerf, talpa. Riesz. Moldwerfer, Burgau.

MOLKENSTELERIN, Hexe. »Wider das Sacrament sünden die Ketzer und dye an dem glauben zweifelen und dye unglauben an in haben als pilbizen und molkenstelerin.« cgm. 620 f. 122ᵃ.

MOLLE. 1) Möggisz: das angebundene Stierkalb, etwas gröszer: Boschen und noch gröszer: Molle. 2) Castrierter Farre. »Nu gschnell füra, da Molla buzt.« Sch. Im Gegensaze zum Heigel, Zuchtfarre, Stadtfarre. Bretle molle! Schelte. Buchloe. Adj. molladum: drum fraug i, sei 's au molladum!

MOLTEHANS mit der Rauchurschel: 2 uralte Gespenster bei Edelstetten am Wege nach Rohr.

MONDBRÜCHE hieszen in den Augsb. Hof- und Kirchenkalendern alle Mondsverwandlungen. Oben stet: 1) Wochentage. 2) Heilige. 3) Mondbrüche. Esz heiszt da, wenn einem nichts fehle, brauche man durchausz keinen Tag des »Laszens« zu beobachten »noch auch sogar auf die Mondsbrüch selben weder Sonnenwende oder Taggleichen.« Grimm. Wb. II, 409.

Mytholog. wichtig ist das Lied v. Mann im Monde in den Staud.:
Mädle Mädle spinn,
Dasz di der Mā nett nimt!
Ear sperrt di unter da Hennabruk
Und gibt dir lauter Waszersupp,
Mädle Mädle spinn
Dasz di der Mā nett nimt!

Mädle Mädle spinn,
Dasz die der Mā itt nimt!
Ear füert di uffa Bettelbrugg
Und geit dier lauter Läppersupp.

MONTAG, der gute. Sieh Anzeiger f. Kunde d. deutsch. Vorzeit 1864. S. 14 ff. »Denen Maistersönen und Knappen solle zu ainer Ergözlichkeit alle Montag (dafern sonsten in der Wochen kein Feyrtag ist) Nachmittag, wann esz 2 geschlagen, zugelaszen und erlaubt sein, von der Arbeit zu gehen und mit Beschaidenheit einen guten Montag zu halten. Wann aber auszer des Sonntags sonsten ein gebotner Feiertag in der Wochen wäre, solle derselbe gehalten, dafür aber der gute Montag eingestellt und unterlaszen.« Web. O. 18 Jh.

MOOR. »Allen drap d'or und drap d'argent wie auch Gold und silberne Moor oder dergleichen gestickte oder gewürkte Zeug.« Poliz. O. 1735.

MORDSCHLACHT, die ganze Gegend hinter der Stadtpfarrkirche von Günzburg. »Der Gemeindeteil i. d Mordschlacht.« Ein Mordfeld ist zwischen Mündling und Hoppingen, wo auch die Dietwise ligt.

MORNDIG, Mornent, sieh mein Wbl. s. v. »unz an den morndigen Sunnentag.« cgm. 168 f. 8ᵃ. mornent nāch der ūffart. f. 28ᵇ. 41ᵇ. aber mornent nāch St. Thomas tult. f. 51ᵃ.

MORSCH vom Obst, das anfängt in Fäulnis überzugen.

MÖSZLEN in den Stauden als Flurn. Dim. zu Moos. »Möszlerbronn, anwanden a. Mösslen.« Hart. Inv. Mos z kuh, Rordommel.

MOSZIERT, musiert: »eine blau mosierte Corporaltaschen.« cgm. 2913. gemusiertes Pflaster, gemusierte Arbeit. cgm. 235 f. 25ᵃ.

MÜCKEN; im cgm. 206 f. 195ᵃ komen als Landplage in Egypten Hundsmucken vor.

MÜGLICH, oval. A.

MÜLE, in Chroniken Mill, »gen Millen faren.« In A. waren und sind folgende M.: Schwall-, Kretzels-, Mauer-, Gräz-, Tabaks-, Neu-, Loh-, Gerstenrändel-, Säg-Müle. Alle am Stadtbach und mittleren Lech. — Rain-, (hinterer Lech) Radirmüle am Sparren- und Ochsenlech; Bergmüle sonst Hirismüle am Schäfflerbach; Rändelmüle am Herrenbach; Gewürz-, Oel-, Spital-, Kreuz-, Pflader-, Belz-, »Gehemül u. Bischofsmül.« Gass. Pentelmul oder Hermanswank. cgm. 154 f. 49ᵃ. Mulweg f. 39ᵇ. In der Bau Odg. sind folgende Müller zur »Raumung des Lechs« verpflichtet: der Spital-, Kreuz-, Pflader-, Belz-, Maur-, Pulver-Müller oder Pulvermacher, der Schwahl-, der Kressels-, der Rhein-Müller Die Altweibermül brachten die Oberhauser und Lechhauser am Fasnacht-Dienstag nach A. Müleisen heraldisch: »der Schilt rot, darin überzwerch ein weysz müleyszen.« cgm. 92 f. 16ᵃ.

Eine Schnellsprechübung in den Stauden heiszt:
*Moi*ster *M*üller *m*al *m*ier *m*eī *Muos*mél.
*M*eī *M*uoter *m*uosz *m*ier *m*aol*m*eī *M*illmuosz *m*acha.
*M*illbua, *m*ach d'*M*illdür zua! *M*uesz denn i der *M*illbua *m*ach d'*M*illdür zua Bua sein? a. a. O.
»Die Zumüller und Karer« in Braüer O. öfter.

Kinderreim in den Stauden:
Müller, Maler
Glockastaler
Riemabeiszer
Hosascheiszer.

MULL, unverläszige, eigensinnige, unfreundliche Frauensperson. A. Sieh Duramull, Affamull.

MÜLLEN swv. die zän der Sünder haust du zermüllt: dentes peccatorum contrivisti. cgm. 528 f. 2ᵃ.

MUMMELN, murmurare. »Etliche mummelten, dasz der v. Argon von den Augsb. Dienern verzuokt und erwürgt worden wäre.« Gass. »Sondern indem bei solchem Gezänk täglich mancherlei Gemümmel fürgienge.« a. a. O. »Dasz ein haimlich Gemümmel und besonders an der Schmidgassen und unden an dem Maurgraben und Berg gegen dem Berlach herauf umgienge, wie man den Münch geurlaubt.« Chron. 1634. 216. lm Troj. Krg. »hinund wider mürmeln.« Gemürbel, Gemurmel. Mummeler, der,

22*

in der Kindersprache Name des Rindes. Vom Naturlaute.

MUMPFELN swv. mit verschloszenem Munde etwas kauen, gesagt von alten zanlosen Leuten. M u m p f e l, zusamengespizter Mund. Im Riesz ist M u m p f e l, Liebkosewort = du liebs Maülchen, du liebs Kind!

MUMPLAZ, Abtrit im Lager. Frondsberger Kriegs- und Malefizrecht.

MÜNCHNER Pfenninge komen in codd. besonders in den Web. Ordgn. häufig vor.

MÜNCH für M ö n c h in Flur- und Waldnamen öfters, allgem. schwäbisch. M ü n c h h a u, 1) bei Berg (Donauwört), 2) Langeneifnacher Mrkg. urkdl. M ö n c h s - g r a b e n. Wemding. »Die sponsa Christi sol sein eine halbe M ü n - c h i n.« cgm. 763 f. 135ª. Esz ist aber ein gemein sprichwort: was der Teufel nicht zuwegen bringen kann, das richtet er durch einen Mönch aus! Chron. 1634.

MÜNSTERHAUSEN O. N. In der Antwort auf die müszige Frage: wohin gao϶t? sagt man in den Stauden:
Wao gao϶t hin?
Nach Burtabach in d'Spän,
Nach Münsterhausen in d'
Stécka,
Wenn's nett glaub϶t, käst mi im A. lecka.

MUNTER superlativisch: m u n - ter dumm = ser dumm. munter erber u. s. w. Allgäu.

MÜNZE, die sogen. Stadt- münze, ein Geldstück a. 1622 geprägt; später berüchtigt und verboten.

MURREN von Spazen. Eine spöttische Rede in der Memminger Gegend: ein Mäder wollte nicht vom Bette aufsten; der andere rief: auf. d'Späza m u r r et schaō! Lasz nō murra, se hend no kleine Köpfle.?

MUSE neben M ô s e (mâsa), Mal, Flecken. b e m ü s z e t, Geiler v. K.

MUS, das; im cgm. 601 f. 99ª: »Haber Muser von Ayren.« Schönmelbsmus oder Würkes Mus v. Kernen, Lieblingsspeise in Klimmach.

Ein Kinderreim in den Stauden heiszt:
Vaterunser der da bés϶
Wao bi϶ gwés϶?
Im Hĕmmel dob϶.
Was du϶t m϶ dob϶?
Äck϶r϶.
Wĕar äck϶r϶t?
Wĕar hebt d϶ Pflu϶g?
Gang 'nauf und lueg.
Wear kocht 's Mu϶s?
Der Engel mit 'm gstump϶t϶ Fu϶sz.
Wĕar broggit's eɪ?
D'Kätreɪ.
Wear friszt 's ausz?
D'Kaz und d'Maus.
Lauf϶t ällē zwoi϶ bei der Stub϶- dūr 'nausz.

MUSEL, das Waiche im Brot, Krume.

MUSSENSUN im Stadtrechte, eine Schelte. f. 50ª. Mhd. Wb. II, 181. Ich stelle das heutige m u s c h,

meretrix, das auch als Schelte fortlebt, dazu: in Bayern u. Oberschwaben üblich. Schm. II, 642. Muzenhart, Mozart gehören auch hieher.
MUSZ für Dominicus: Ich und mein Rasimus Ganget in. d'Haselnusz I und mein Musz, Musz Gehet in d'Nusz.   Stauden.
MUT b. Gass. »Welches den Alamanen ein gewünschter Handel ward, bei solcher Gelegenheit ihr Mütlein zu külen.«
MUTSCHEL, Kuh in der Kindersprache, bes. Lockruf.
MUTT, das, modius, ein Getraidemasz. »N. gibt von 1 Hub 4 muthen habers, 2 Ortmezen, roggens in bawding.« cgm. 154. 4 muthen, 3 muthin habers u s. w. Im Urbar Bischof Friedrichs 1316: »item in Geggingen — solvit XVI mutlas tritici; 20 mutlas avenae.« Viaca S. 17b.

MUXER zu muxen, sich regen, einen Laut von sich geben. »Du tuast koin Muxer falla laū.« Sch. 40. In der Baar (Trossingen) heiszt muxen die Köpfe zusamenstoszen, um zu reden. Ahd. muchan, mhd. mucken, muchen, verstolene Laute von sich geben. (Aarg.) Schm. II, 549.

MUZEN, Oberkittel des Mannes, sieh Kozen, Jangger. »Flohe Conradin in einem Reutmutzen wie ein reisziger Knecht.« Gass. »Und 150 Sperreiter in Muzen von diser Statt.« a. a. O.

N.

1) Unter den oberdeutschen Mundarten hat die schwäbische das Nasalsystem am weitesten auszgebildet. M und N wirken nicht blosz auf den vorhergenden, sondern auch auf den nachfolgenden Laut ein, sei er einfacher Vocal oder Diphtong, sei esz in Stamm- oder Bildungs-, oder Ableitungssilben, in betonten oder unbetonten Silben. Vorab ist eine besondere Erscheinung, wie sie in Bayern sich nicht zeigt, dasz alle Diphtonge one Unterschid vor n, seltener vor m nur zu ē und ō, ǝē und ǝō werden könen, je nach dem e und i oder a, o, u vorherscht. Die Nasalierung greift selbst da ein, wo alle historische Berechtigung felt, wie in ã, ā! hā? hē! ā hā! (ganz kurz), sieh unten 2. Doch ist

augsb. schwäbisch lezterer Fall weniger zalreich vertreten, denn in Niederschwaben vom Fusze der Alb an. Beispile sieh unten 2. Einen scharfen Gegensaz hiezu bildet das Allgäu, wo strenges Aufheben aller Näselung vorwaltet und zu disem Zwecke lieber das n anszgestoszen und vorstender kurzer Vocal verlängert wird, wie im Nordischen. Sieh unten. Eine eigentümliche Näselung nur dem bayerischen Schwaben eigen, doch auch von Ulm bis ins wirtemb. Oberschwaben reichend, ist das aũ für ăn — als ob ân ursprünglich stände — in gaũs: Gans; saũft: sanft; raũft: Ranft (Brot) u. s. w. Im Bregenzer Walde allgemein.

Für Niederschwaben ist hervorzuheben, dasz l und ŭ in Folge der Näselung zu eī und aũ werden, sieh oben S. 242. 2. Für aũ ausz ŭn füre ich an: aũser: unser; aũsəlig: schwindelnd, insanus, (unsels?) aũmenschlē: unmenschlich; aũriebig: unruhig; aũdankbar: undankbar; zaũft: Zunft; vernaũft u.s.w. Augsb. schwäb. neben õdankbar; zõft; vernõft; õsər; õriebig; kõst (Kunst); (niederschwäb. kaũşt), brõşt neben braũst; schõ neben schaũ u. s. w. Ich erinere an die französische Auszsprache in Wörtern wie fin, linge u. s. w. wie denn das Französische und Portugiesische (Rapp) die Näselung ebensoser lieben, als die andern romanischen Sprachen sie vermeiden. Vergl. auch französ. Erweichung des l in u. S. 298 oben. Wenn langweilig neben lāgweilig, Langwid neb. Lāgchwidh; Dank neben Dăkch; Hand neben Hādh, Sand neb. Sādh; krank neben krākch und Krākchət u. s. w. auftrit, so ist disz allgm. schwäb., nur da oder dort mer od. weniger auszgeprägt.

Das Endungs-en in seinen verschiedenen Verwendungen (Schm. Gramm. S. 124) gestaltet sich dagegen schwäb.-augsb. neben ə wie allgem. süddeutsch oft, besonders von Augsburg gen Lindau und Ulm hin, zu hellem á, wie im Nordischen, auch Bayerischen, besonders Oberpfälzischen. Die schriftlichen Denkmäler schreiben a, wenn sie etwas volktümlich gehalten sind; stat der vilen Beispile einige: ein cod. August. v. 1447 hat tochtra (ganz ahd.). Christa (Christen, plur. u. acc. sing.). Christalich, Christamensch u. s. w.

2) Um Näselung zu erwirken, wird überausz häufig n eingeschaltet a) in Stamsilben, b) in Bildungssilben.

a) in Stamsilben: fõst und faũşt, Faust. Ob das Behlingische rẽlə, rẽələ neben réchlə, wihern, hinnire hieher gehört, will ich nicht entscheiden. leīs und lēs neben lē, leise, ungesalzen. Das géə (geben), gsəacha (gesehen), gscheacha (geschehen), hat niederschwäb. gẽə, gsẽə,

gschēə zur Seite. Beispile lasᵘ
zen sich noch vile ansameln. Zalreich belegen läszt sich disz Gesez ausz volktümlichen schwäb.
Schriften. Zu Weinhold's Beispilen
S. 170ᵃ mögen noch folgende
komen: gesenchen cgm. 539 f.
10 und oft. cgm. 257 f 7ᵃ und
oft. f. 9ᵃ. 18ᵃ. versenchen f. 10ᵃ.
cgm. 358 f. 2ᵃ. Geschenchen,
geschenhen. cgm. 257 f. 3ᵇ.
cgm. 736 f. 8ᵃ und oft. cgm. 358
f. 1ᵃ. 3ᵃ und oft. beschenchen
und geschenchen cgm. 356.
seunfzen, seunfzer cgm. 402
f. 58ᵃ. cgm. 436 f. 18ᵇ. »traher
und seufzger.« cgm. 450 f. 101.
sünfzen cgm. 138. cgm. 372 f.
200ᵃ. erseynfzen f. 167ᵃ. funst
cgm. 138 f. 103 u. oft. grunft
cgm. 402 f. 43ᵃ: »ain hol und
grunft.« f. 44ᵃ: »aus der tiefen
grunft.« f. 44ᵇ u. s. w. In einer
Augsb. hs. 1447: ānsz: »in ainem
fûlen grûsamen ānsz, ein spîs
der wirme«; für âsz, åsz, aosz,
ausz. fronlogken, fronsin-
gen cgm. 216 f. 153ᵇ. künsch,
cgm. 138 f. 103. künsche,
künschheit haüfig in codd.
Puntifar, Putifar. ogm. 206 f.
55ᵃ. cgm. 311: meynster f. 3ᵇ.
meinsterschaft f. 7ᵇ. hoff-
meinster f. 28ᵃ. Pictagoras ein
meinster f. 58ᵃ. meinst, meist:
»und spilten der meinsten augen.« f. 44ᵃ und öfter. heynrot-
guts f. 63ᵃ. gnung cgm. 358 f.
2ᵃ, was an das Handwerksbur-
schen gnong: »wir haben's Dorst
gnong,« erinert. Angnes cgm.

736 f. 67ᵃ. spanzieren cgm.
257 f. 15ᵃ. wyndhopf cgm. 312.
und bei Sender. Schlechers Pe-
stilenzbüchl. v. 1611 (Konstanz)
hat Weinrauch, thus u. Eins,
glacies u. s. w. Eine eigene Erscheinung ist die Nasalierung eines
vorauszgenden m oder n, gleich
als ob ein n in der Stamsilbe
auf den genäselten Vokal oder
Diphtong folgte: mã, mãg: ich
mag. Nēs, Nase; Schofnäs,
Mezg. Spizn. mõsə, maculae;
vergl. oberbayr. maũs, Maus;
nõ, noch, nur; hã? ã hã! hē?
ne: dao bin i nē nägə, d. h. selten.
Stauden. Mē, dē, sē sieh I. nē-
der, Schneider u. s. w.

b) In Bildungssilben. Schlagwort für bayerisch Schwaben ist
nänch, näncher, am nänch-
stə oder auch nänŋtə, sprich
nēcher: der himmel aller-
nenchst ist. Astron. f. 26ᵃ. je
nachener cgm. 601 f. 99ᵃ. nech-
ner f. 7ᵇ. »ehe er der Kirche
nechnet.« Troj. Krg. 12. dasz
man jm zunanet f. 30ᵇ. Dasz
sich der Tod um ihn nächnet.
f. 32ᵇ. jm nachnende f. 40ᵇ.
Der Grezierschiff genechnet.
f. 46ᵃ. Dõ sie nachnoten f. 402
f. 63ᵇ. nachnet cgm. 448 f. 135ᵇ.
darnanch cgm. 426 f. 1ᵃ. Dise
Ztw. nebst dornen, abdornen
b. Send. f. 305 befestnen, We-
berbrief 1654; geweidnet (mit
dem hl Glaub) b. Pasquinus; klag-
nə, äznə, vergleichnə; ver-
gantnə (Mindelh. O.), kranknə
sind wol Verba neutra, in denen

n organisch, wie im got. full-
nan u. s. w. Ebensowenig blosz
der Näselung halben erscheint n
in leichnam, das die ältern
schwäb. alam. Schriften noch als
lichomen aufweisen; Obstner
Bständner, Kornehrne (Mon.
Antiqua), hewmonend cgm. 736
f. 5ᵃ.; des nachtens, noctu;
Appenteker, häufig; z'allervedernst (vorderst). Chron. b.
Horm. 1834; Nuibant, Türkh.
Flurn. urkdl. Nuiba, Nûba.
Ueber eingeschobenes n, im
Imperativ plur. bei Verb. und II.
plur. praes. handelt jede Gramm.
Sieh Lauchert 15 u. mein Wbl.
s. v. N. Esz ist eine allgemeine
süddeutsche Gewonheit seit dem
11. Jarhd.

3) Wie ser der Schwabe auch
dem Nasenlaut zugetan ist, so
wirft er gleichwol öfter, um in
zu vermeiden, selbst organisches
n ausz. In unbetonten Silben ist
dise Erscheinung allgemein, z. B.
Tuged, Juged, Wäges am
Pfluge, Säges, Sense; vollets,
neabet, Aobet, Barchet, Alet,
Fisch, mhd. alant; in den Zalwörtern: dausat, duzzet, der
achzehet u. s w. Die schriftl.
Denkm. haben: der achzehet
cgm. 402 f. 13ᵃ. eilets bei Send.
f. 286ᵇ. mit sturmeter Hand.
Feigele. Der Dreizehet S. f.
324ᵇ. Die nachgeet Nacht f. 94ᵇ.
ungerattes Kind f. 426ᵃ. ständligen S. f. 312ᵇ. Ravesburg f.
Ravensburg. Der O.N. Warmisried heiszt urkdl. 1123: Warmundesriet, in pago Augustensi.
Der O. N. Egatsweiler urkdl.
Eganteswilare 878. Hettisried urkdl. Hettinesried 858.
Aletshofen urkdl. Allandeshofen. Alentshûsen a. 1316.
Hilbersberg urkdl. 1316: Hiltprantsberg. In Adj. die alt
auf eins, ein auszgen wird n
bald auszgeworfen, worauf i zu ē
herabsinkt: goiszēs floisch,
schweinēs fl. oder i bleibt one
Herabsinkung und Nasalierung:
goiszis floisch, schweinis floisch
u. s. w. Auch die Denkm. haben
gaissis flaisch, leinis tuech.
cgm. 140 f. 9ᵃ. Schmell. Gramm.
§ 593. Weinhold 169. Dem bayer.
Schwab. eigener Brauch ist bei
folgendem r n faren zu laszen:
ēreᵊt, ēəreᵊt, Ernst; ebbis
ëərigts, etwas Ernstes. Sieh R.
In betonten Silben fällt n ausz:
vernufft, bei Tauler, Serm. 1508
Augsb. stets u. cgm. 601. fuffzeha, fuffzg allgem. Leumuət
mit Anlenung an Mut, animus.
In Costanz fiel n schon frühe
allgem. südd. ausz: Kostenz b.
S. f. 318ᵃ. 271ᵇ. Die Kostenzer
Pfennige, urkdl. oft. Ein Famil.
Name J. Costenzer, in einem
Necrolog v. St. Ulrich u. Afra.
Lucas Rem in seinem Tagebuche
schrieb Kostnice, slavisch
(= Beinhaus, Anlenung); in Conventsbier z Unterschide vom
schlechtern Biere, fällt n gerne
ausz.

Das Allgäu vermeidet die Näselung und vermitelt sie durch

allerlei Auszhilfe. Wo der Augsb. Schwabe stoī, boī, alloī, roī (Rain), holzen, loīm, noīz, gmoīd, noī (nain), koī, froindlē u. s. w. und der Niederschwabe öə hat, da spricht der Allgaüer ui: stui, bui, allui, rui, huizen, nuiz, gmuid, nui, klui, fruidle; ûser (unser), eis (uns, üns, elsäsz.). ei mit folgendem n wird mai oder mî; ānspe, ēspē, Wirtel, wird eispé; Schein: Schî; Son: Sû; schön: schî; braun: braū, bráu; für daūrə, donnern, sagt der Allgaüer dorrə, 'sdorret; Dorrer; oder 'sdurnet, auch 's doaret u. s. w. schû: schon; uwealtlé: ungeheuer, superl. Bedeutung.

4) Gutturales -ng erscheint wunderlicherweise a) in Meding, Montag; Feirding, Feiertag; Donsting, Donnerstag; Freiding, Freitag; Sonnding, Sontag; ferner in Feindling, -er, Betrüger; Preding, hoaferding, hochfärtig; spizfinding, zornling, geizing, fürsichting, freundling, kurzling (neulich), leding, einfalting, rausching, grailingsGfriesz; ich vergleiche das Berling, Berlingen, Götz v. B. stat Berlichingen, in Soltau's hist. Volksl. I. Sammlg. S. 228; u. noch mündl. ebenso. Schriftl. Denkm. »heusling sizen und bonen den lieben Heiling.« MB. 24. 624 ad 1446. den zins und jarnuz paidu vierding und heuring. S. 28. ad 1852. listing, Astron. f. 22ᵇ.

morginge wolken cgm. 300 f.59ᵇ. wo!gevelling cgm. 239 f. 11ᵃ. preding, wirding, unschulding cgm. 572 f. 122ᵃ u. s. w. ubering plut, cgm. 317. ubringen feucht a. a. O. heiling cgm. 114 f 67ᵃ. »mäszing in allen dingen,« cgm. 736 f. 3ᵇ. zuchting cgm. 164 f. 61ᵇ. entschuldingen f. 108. Disz ist vorherschend Rieszisch. b) Im Allgaü: Ping, Pin, Pein; Wing, Wein u. s. w. c) Ingfart, Einfart; ming Vater; »i bin halt ming Vater« u. s. w. »Wo oine sott sing, sind hundert und ning; do muiná die narra, 's miəsz ə so sing.« Frommann I, 41 ff. gong, stong, long für schwäb. gaū, staū, laū. aderlong.

Ping, wing u. s. w. sind augenfällig ausz pin, win entstanden, um den Diphtongen ei und dessen Nasalierung zu vereiteln; esz ist langes ī wie noch im Nordischen. Dasselbe Verfaren findet stat in long, stong, gong, damit nicht nasales aū entstehe.

Die Bildung -ng kan man formell und materiell deuten; jenes: wird in die Silbe -ig n eingeschaltet, um den reinen i-Laut zu bewaren, welcher sonst durch Wegfal des g geschädiget würde; disz, indem man die Bildung -ng als alte Participialform gelten läszt, wie sie sich denn auch ungezwungen bei feindling, fürsichting, rausching u. s. w. als annembar erklärt. Eine drite Erklärung bestände darin, dasz man die ursprüngliche Bildung mit în, got. eins annimt und g beitreten läszt ausz demselben Grunde, wie bei ping. Um so werkwürdiger ist daher ming, ding, sing; gong, stong, long u. s. w., denn esz dient zur Bestärkung obiger Ansicht. Freiting, Sonnting etc. möchte ich als plurale Form erklären, welche nun als Singular genomen wird.

5) N ausz wurzelhaftem M. Weinhold S. 172. 173 bringt eine grosze Zal von Beispilen. Ich füge bei: preutigan cgm. 570 f. 98ᵃ. cgm. 257 schreibt stets bilgrin; hain f. haim, ser häufig. frend f. fremd, südd. u. s. w. M für N: brämseln für brinseln, pränzeln = ustionem olere; Mesmer allg. für Mesner; b. S. Furttenbach hat Mesner. sant zwei, santbander f. samt? Illereichen lautet urkundl. bald Eicheim, bald Aichein. Salenwang und Salmwang u. s. w. Hieher gehörige Belege sind noch zerstreut unter M u. s. w. aufgefürt.

6) a) N wird im Anlaute manchmal abgeworfen: Arcisse für Narzisse; Apolcon f. Napoleon; cgm. 1279 hat für Nantes: Antis; Angelstadt für Nangoltstadt u. s. w. Weinhold § 199. Das Oberpfälzische weist vile solcher Beispile auf, — öfters aber noch vorgeschlagen, wenn esz nicht vilmer als wurzelhaft zu erachten ist: Nast: Ast; Nipf: Ipf; Ånle: Nånle; Neber, Neaber: Eber; Nösch: Ösch, Esch; Nigel: Igel; Ebel: Nebel; nådle: artlich; Essel: Nessel; Ägemen: Nägemen. In einer z. Bamberg auszgestellt. Augsb. Urkde. MB. 24, 259: Nenstorf für Enstorf.

b) Ebenso dient esz, wie im Bayerischen, zur Vermeidung des hiatus zwischen 2 Wörtern: wiᵊn-i; mã-n-i; des ist a-n-arbet; duᵊ-n-i u. s. w., wofür der Oberpfälzer w sezt.

7) Altes organisches n hat sich erhalten in Sundar für Süden, nhd. ›des tails der welte das da haiszt Sundar.‹ cgm. 736 f. 7ᵇ. 10ᵇ. Ferner in Pfenning für Pfennig; dann in Inbisz; Erneuerte Pfründe O. cgm. 257 f. 17ᵃ. neben Imbisz sieh M. Im cgm. 311 f. 35ᵇ: anbysz ›2 anbysz und Morgenbrot.‹ êner, ênder, eher; wage ich nicht festzustellen; mit got. air, airis hat esz wol nichts zu tun; vilmer stet esz zu aivs, Dauer, aivjan, Zeit, Dauer haben, d. h. dauern. Hinwider unterligt esz auch nicht der Assimilation in anbahte: ›der apostlen anbachte.‹ cgm. 419 f. 37ᵃ. Im cgm. 290 f. 75ᵃ: pfindigs Fleisch f. pfinnigs.

8) Wurzelhaftes nd, got. nth nord. ndh wandelt sich auf dem Wege der Assimilation in nn; so in Winnmüle (Straszenorte); sieh D. die echten nn (alt anja, enne, anne) erscheinen in wis-

senn, wegenn, erstandenn; MB. 25 ad 1470; falsche Analogie: zwischenn, unns, unnser u. s. w.

9) Eigentümlich erscheint in halb schwäb. halb bayer. Urkdn für -um an Subst. (alt duom) ung: reichtung cgm. 259 f. 4ª. darungf 7ª. Bei L. Rem: reichtong u. warscheinlich haltung f. hailtum. Sieh H. Wogegen für -ung ein umb auftrit, wonumb cgm. 235 f. 1ª. Sattumb des Bauchs f. 14ª. wirkhumb f. 14ᵇ. fudrumb. wüetumb des mers f. 17ª. betrachtumb a. a. O. mitleidumb f. 54ᵇ. anrufumb f. 59ª. entpfindumb f. 66ª. ornumb f. 60ᵇ u. s. w., was Schmell. zu got. -ufni zieht. Ebenfalls mer bayer. ist das lemptig cgm. 300 (1431), lemptigs opfer; an dem l. golt f. 25ª. quell l. Waszers; l. Kind; in Christo all gelemptigt f. 84ᵇ u. s. w.

10) Andere Erscheinungen, wie das Wegfallen der Infinitiv-Endung: fuor wir, sach wir, kam wir, rit wir, bei L. Rem sind nicht echt Augsb. sondern fränkisch. Die vilen Abschwächungen starker Subst. in schwache mit en, n wie esz in Bayern zur waren Sucht ward, kenen nur die Grenzleute am Lech.

NACHFART e. alte röm. Stelle b. Krummbach. Viac. 39.

NACHHOF. »Des andern Tags nach der Hochzeit, wer einen Nachhoftanz haben will, der mag solches wol tun, doch sollen der oder die Gastung und Malzeit-Haltung, auch des Pfeffers (oben S. 92) Confekt und Weingeben in allweg müszig sten.« Alte Hochz. O. Zum nachhoff verclaydt um 8½ elen fein grau Lindisch tuech u. s. w. L. Rem 44 ff. »Um 12 elen braun Samet zuom nachhoffrock.« f. 14. S. 45. Am nachhofftag morgens u. aubends. 48. Auf Nachhoftänzen erhielt jeder Stattpfeiffer ½ Gulden. Hochzt. Ordg. 1540.

NACHSCHLAG bei Mezgereinkaüfen: »Item welcher Mezger den Nachschlag anneme und denselben wie man sich dessen verglichen hette nicht täte, der sol um 30 kr. gestraft werden.« Mezg. O. 1549.

Im Bezirke Füeszen lautet nach in Zusamensezung Naumesdag, Nachmittag. »waͦ gouͧt (wå gåͧt) də naumesdǟ na?«

NACHT. Z'nax, Nachts. Staud. nāt, Baar. »Unde waert von dannen uber vierzaehen nat.« Stdtr. f. 12ᵇ. »Sô sol er umbe den eid drî vierzehen naht frist haben.« f. 17ᵇ. Tacitus Germ. cp. 11. Schmid 398 In Zusamensezung: Nachtbuǝ, nächtlicher Abenteurer. Nachtmensch, öffentliche Hure. A. Das »Nachtdecken« beim Wachteln verboten. Vergleich v. 1642. Nachtkönig s. K. Nachtschach sieh Schach. Stdtr. Nachtarbeiter, welche die Abtritte reinigen musten unter Befehl des Nachrichters. Ordgen. 1647. In Oberschwab. hörte ich, wenn Jemand, als seltener Gast, in der Kunkelstube erscheint: Hast d'Nachtfrau itt gfürcht? Hast da Nachtrapp itt gfürcht? »Nachtraben, welche dieselbe Nacht ganz mutwilliger und frevenlicher Weis jedermann geschlagen,« d. h. Nachtschwärmer. Gass. In den Fischacher Stat. Rossnachtwaide; Tagvichwaide. Nächtliche Nachtdiebe. Augsburg. Dekret 1768. Nächt, gestern. Mindelh. Gegend. Nächtig. Sch.

NACHWACHS (Schlagschaz, Münzungszuwachs) im bischöfl. Urb. 1316 (Raiser, Wappen etc. 66ª) item de eo quod dicitur nochwachs solvuntur 30 Schill. u. s. w.

NACHWÜRZELE, leztgebornes Kind. A.

NAFZUNG f. und NAFZEN swv. gesproch. naffzge sieh G. 173ª = entnicken, einschlafen. »Als der selig Mann Gottes St. Ulrich nach seiner Arbeit verleichen wollt seinen müden Gliedern ein wenig Naffzung.« cgm. 402 f. 53ª. »Doch entnaffzet sie ein wenig.« f. 56ᵇ. Dafür öfters nibba. Augsb. napfen, vergnaupen. Schmid 398. Schmell. II, 683.

NAGEL in rechtsaltertümlicher Rede. »Wann man einem Söldner erlaube, soll man in fragen, wie lang er werde auszbleiben, item mit wem und wohin er reiten wolle, dasz er den Nagel ziehe, und wann er wieder komt, soll er sich wieder anmelden.« Ordg. 1647. »Zins- und Giltleute, die sich mit Tür und Nagel beschlieszen.« a. a. O. 1602. »Was Niet und Nagel hebt.« Mickh. Urkd. 1607. Nagelmagen im Strdtr. Verwandte im 7. oder lezten Grade. Grimm. R. A. 469. Wackernagel H. 208ᵉ. »Mak den der hêrre bestellen mit sînen nagelmagen, die von der mueter unde niht von dem vater sine mage sin selbe sibenden.« Stdtr. f. 20ª. f. 28ª. 28ᵇ. Die Verwandtschaft nach den Hand-, Arm- u. Fuszgelenken gezält dürfte hier zum Verständnis erwänt werden. Nagelgeld, eine Abgabe. Reinhartsh. Pfarrbch.

NÄGELE, Nelke, in e. Hochzt. Ordg. v. A. sieh Schmid 400.

NAHE got. nêhva, spricht der Augsb. nänch, comp. näncher; superl. nänchste. Verb. nächne. »Nächent dem Turme« u. s. w. Gass. »raist auch in die nachin um.« L. Rem 11.

NAJEN swv. genayet, part. »dô lag genayet in der schosze Jesu der jünger.« cgm. 437 f. 108ᵇ.

NAKTER Tail, Dietkircher Fl. N. »Zum nakten Arsch«, ein Plaz, sieh Arsch. Im Jare 1798 machte in A. der nakte Mann im grauen Mantel Aufsehen hinter der Domkirche. Patrouillen beendeten den Unfug. Das so oft vorkomende schwäb. nackig ist grundfalsch. Eigentümlich ist bei nakt der Auszfall des v got. noch naqaths = nudus; ahd. nachat, -ot. -et: nachaton, Graff

II, 115. In der andern ahd. Form nachut klingt altes v nach, ebenso im Angelsächsischen.

NAM, Raub, neben Naum. Raub in Luc. Rem's Tgb. oft: »mit rab und nâm.« Seite 1. naum 169.

NANNELE beliebter Name in der Kindersprache. Auch in Liedern:
Nannele, Nannele
Haost dein Bobbele nô itt gmacht?
Noï, i haū 's vergeeza:
I bin da ganza Tag
Beim Schäfer dusza gseeza.
Wenn du willst dem Schäfer gfalla,
Mueszt 'm grüene Schüele traga:
Grüene Schüele, a weiszes Kleid
Ist deam Schäfer all sein Freud.
Reinhartshausen.

NAPPERSCHMIDE, Werkstätte, worin Rören, Mörser gebort werden. Vrgl. mein Volkst. I, 160 Anmerkg. naben, genaben. mhd. = boren. Wb. II, 282. näbre, niederschwb. besond. von Enten, die den Schlam auszboren. Grff. Diut. III, 129: nagewer = Borer; dim. nagberlin. Schmell. II, 686.

NÄRLICH adj. Auf einer Tafel der Mezgerstube stet:
Sechzehn Mezgerbänk närlich
Des erfreuten die Mezger sich.

NARR. Nach Paul v. Stetten's Erl. 87 waren bekante Hofnarren bei Tänzen, auf Gemälden: Der Toni, der Huri, der Lenznarr, der Cunz-Narr. Narrenfarbe, blau und grün zusamen. In Liedern:

A lustiger Bue
Braucht oft a paar Schueh,
A trauriger Narr
Hot lang am a Paar. Staud.
Red. Arten: »Dear ist a Narr in sein Sack.« »Da stach mich der Narr mit einer niederlendischen Junkfrau.« Schwarz 42. »Sich in Narrenkappen üben.« Theophr. Parač. In den schwäb. Gloss. z. Terenz clm. 342: du bist kein narre nicht: haud stulte sapis. Wie überall war in Augsb. das Narrenhaüsle. »A. 1473 hat der Schwarz, Burgermaister hie das Narrenhaüslein auf den Fischmarkt lauszen machen, das man darein thete legen, wer grosze Unfur und Geschray auf der Gassen triebe.« S. 205[b]. Nach f. 405 bei S. nannte einer den Tabernackel Narrenhäuslein. Gemäsz der alten Polizei Ordgn. kamen solche in's Narrenhaus, welche gegen die vorgeschribene Ordnung Getränk im Wirtshause holen und auf betrüglichem Wege Fleisch von »auszwendigen Mezgern kaufen.« Ferner sollen die Stadt- u. Gassenknecht einen »Föllerei« begenden »fenklich annemen und in das Narrenhaüslin füren.« Poliz. O. 1553. Ferner »die sich mit brennten Wein ungebürlicherweisz überladen.« a. a. O. Osenbrüggen, Alam. Strafrecht S. 112, 6 sagt: »Das Narrenhaüslein in Augsburg, Eszlingen u. Schaffhausen war wol dasselbe mit Trülle.« Disz ist unrichtig. In

all den genannten Städten bestanden Trülle und N. neben einander, so auch in Constanz, Rottenburg etc. Das Rottenb. Narrenhaus, an der jezigen obern Necarbrücke emals, war für Leute, welche dumme närrische Streiche machten. Die lezten Eingesperrten waren 7 Bursche, die wärend Donner und Bliz tanzten. Das bischöfliche Narrenhäuslein in Constanz war 18' hoch von hartem Holz, rot angestrichen, auf 3 Seiten mit eisernem Gitter und Kupferdach, daran das bischöfl. Wappen. Wer über hohe und niedere Geistlichkeit, über Religion sich auszliesz, kam da hinein. Das Ravensburger Narrenhäuslein bei Eben. II, 27. Reysher, Sammlg. 8, 265 (ad 1559). Jura Contrvo. hs. in Tuttl. S. 720 Frisch, Wb. II, 8b. Mein Wbl. 70.

NÄSZELN swv. gerne trinken. A. O. N. Naszenbeuren.

NATHAN St., bildlich, bei Holzmann:
Haben Pfandt gen St. Nathan versezt
Da sie verstanden sein zulezt.

NATUREN swv. »Und nach dem Planeten sind genaturet die Sanguinei.« »Der Steinbock ist genaturet als das Fuir.« Astr. f. 22b. 25a. Forer hat genateüret.

NAU, NAVE, Farzeug: »in einem bisgayer nave«. Luc. Rem 13. »portugalisch nave.« f. 160. plur. nave f. 168: fuoren sie wieder auf iere nave.

NAULEI? Schelte: Du bist minder als der Naulei! Fäszen.

NEBEL in Zus. Nebelkappe: »A. 1521 zu dieser Zeit der Pestillenz hat der Rat die Nebelkappen, damit man in der Klag das Angesicht bedeckte, und die unter dem Volke mer Schrecken und Entsetzen, dann Ergetzung machten, verbotten.« Gass Die von Grünenbaindt bei Zusmarshausen hieszen Nebelstupfer, sie haben den Nebel mit Stangen herabstupfen wollen. Gegen Leutkirch hin heiszt ein Waszer, Eschach, streckenweise Nibel; ebenso heiszen dort Bronnen und Teiche. Der Nibelgau erstreckte sich westlich vom Illergau, von Leutkirch und Wangen bis gen Memmingen hin. Urkdl. Nibelgavia, —gauia.

NEFF ausz Nepomuck. R.A. »Du bist a Kerle wie St. Neff, deam hend d'Späza in's Fidla gnistet,« v. e. faulen Menschen. (Brückenheiliger.)

NEIDBAU in der Augsb. Bau O. I, 11: »für einen Neidbau aber wird gehalten, wann einer seinen vorhabenden Bau offenbarlich zu seines Nachbarn Schaden, ohne dringende Not vornimmet, oder ausz solchem Bau gar schlechten oder gar keinen Nuzen, der Nachbar dagegen an Luft und Liecht einen groszen Schaden und Abgang hat, also dessen Haus — ganz unbrauchbar würde oder des andern Boszheit — sich von selbsten an den Tag leget.«
— Wo das sich nicht äuszert,

»so wird solches für keinen Neidbau gehalten.«

NEIGELE, das, Rest von Speisen und Getränken. Augsburg. Schmid 404.

NELLENBRUCK, Einöde. Kempten. Sieh mein Wbl. s. v.

NEMEN in Zusamensezung: ausznemen, 1) bei Hausverkäufen etwas zurückbehalten; 2) beim Getraide in der Scheuer: aufheben. Mickhausen. Zu S. 36ᵇ oben.

NEMEZNIZ, Niemand nichts. Lug. Tagebch. 1525. Nēəməz, Wurml. neəmis, etwas, Weilheim b. Tuttl.

NENKEN swv. spr. nēəkə, an einer Sache imer etwas auszusezen haben. Allgaū.

⸰NERIS, eine Kinderkrankheit. »Nerysz ist ain Geschlächte der Rauden und widerfärt den Kinden umb das Haupt und Angesicht den merern Tail. Nerysz ist zwaierlei: ainer ist on jucken und peiszen und hat Schiepen. Ursach des Nerisz ist Ueberflüszigkeit des Plutes und anderer Feichtigkeit, die auszgetrieben werden von inwendig des Hauptes auszwendig.« cgm. 601 f. 103ᵇ. »dā kam in der neris an und wollt nicht recht rausz.« Luc. Rem 69.

NERTEN, nirten, nirgens. S. 891ᵇ.

NEST, das. 1) wie hochd. im Liede:
Jezt laūt man in d'Vesper
Da Vögel in d'Nester
Da Bueba in's Wirtshaus
Da Mädla ins Sch—haus. Std.

2) verächtlicher Name für einen bestimmten Ort, eine Stadt u. s. w. »In der Vorstat (v. Antiochia) war ein rechter Ruhplaz und Schlangennest des Teufels.« Ehrenfest 1699 S. 10. »Obwol dieses Rom ein Asylum war vor allerhand Personen, welche das Leben verwirket hatten, um dadurch solchen Ort mit Einwonern anzuhäufen, wodurch derselbe in der Tat ein rechtes Raub- und Wolfsnest konnte genennet werden.« Web. Umzug. S. 15.

Miar hand zwar an-anand Haubiza
In dês vertuiflet Nest 'neigheit. Sch.

Wenn truzischt, kriegst a-n-andres Nest
I lasz di sperra in Arrest. Sch.

»Meī Neast ist glei vor Ulem.« Mein Wbl. 70. Diebsnester, in den Burgermaister-Ämtern (auf dem Lande?) Erlasz 1767. Nester des Diebs- und Jaunergesindels. a a. O.

NEU: »'s Nui«, Neumond. Mindeltal. Stauden.

NEUJAR, ward in den Stauden und Umgegend mit Reimereien gefeiert:
Wünsch a glückseligs nuis Jaor
'S Christkindle im krausa Haor:
Glück in's Haus!
'S Unglück oba 'nausz! Burgau.

Wünsch a glückseligs nuis Jaor
'S Christkindle im krausa Haor:

Dasz der Flax und 's Koara wol
   graot
'S Glück in's Haus
'S Unglück oba beim First nausz
oder:
Bleib ausz! Stauden.
Einige Lieder ausz den Stauden und Mindelheim:
Guots Jaor, Guots Jaor!
Dasz 's Koara graot
Aepfel und Bira
Was ma haot.
Guots Jaor, guots Jaor
Nimm da Budel beim Haor
Nimm d'Kaz beim Stil
Und gi mer recht vil!
Feigele erwänt eine Füszener Site: ›1633 an Neujar Abend ist das Herumfaren der jungen Gesellen von unserm Herrn Pfleger Achaz von Leiningen ganz abgeschafft worden.‹
Flur- und Ortsnamen mit neuzusamengesezt häufig. Orts N.: Neuburg; Neuburg an der Kamel; Neuenried, Neuhausen (2), Neumünster, Neusäsz, Neuschwezingen, Neu-Ulm, Neuweiler. Die neuen Gänge oder Gänglein über den innern Graben spilen in der städt. Geschichte einigemal eine Rolle.

NEUELEN swv. Von neuen Gefäszen riechen. Vrgl. das lat. quo vas semel imbutum, semper odorem servabit.

NEUSEN? ›Dear neust's, dasz 's itt im Gleisz dinn gaot.‹ Sch.

NEZ: ›item wenn ein jung neugebornes Kindlein im Waszer —

vel alibi oder Nezlin Tod gefunden wird, solle man solches durch die geschworene Hebamme besichtigen laszen ‹ Ordnungen 1647. Nezstadel für Jagdzeug. Urkd. 1713. Zacher 420.

NIEDER in Ortsnamen: Niederaltheim, Niederdorf, Niederhausen, Niederhofen, Niederrieden, Niederstaufen, Niederstimm.

NIEDERLEGUNG bei Regiom. 1512: ›das Alleluja Niederlegung ist allerwegen 3 Wochen vor dem Sonntag Invocavit.‹

NIEDERSIZEN stv. in Untätigkeit zubringen. Niederschwäb. verligen. ›Und in Herbergen also dahinden niedersizen.‹ G. v. Ehingen Leben.

NIETENSEZEN ein Kinderspil. Der junge Schwarz stet vor einem auf der Erde gezogenen Kreis oder Zirkel, in dessen Mitte 3 einer kleinen Birn oder einem kleinen Holkreisel änliche Spildinger ligen, nach welchen er mit einem andern dergleichen oben zugespizten Spilwerkzeuge zu werfen scheint. Dabei stet: ›setz mir ein, ich will dir ein Nieten sezen.‹ Kleiderb. 165. Esz ist wol nichts anderes als das heutige Stöckelspil. Jeder wirft nach einem aufgestellten Merkzeichen meistens einem Spunten oder einem Zapfen ausz dem Bierfasze oder auch einem Stein. Wer das Merkzeichen, bisweilen Taube genannt, trifft oder mit seiner Wurfplatte am nächsten stet, hat den Vorrang. Die Pfenninge werden vom Sieger gesamelt; geworfen ob Münz oder Unmünz fällt u. s. w. Niete, mühsames Bestreben Schmid 406. Schmell. II, 716.

NIEZ, nichts. Allgäuer Schelte: Du bist niez! Dein Gschwäz ist niez! Und dein ganz Haus ist niez! Und dei Vich- håt nō Laūs!

NIFTEL, patruelis consobrina, neptis amitina, niederd. Nichte. »Swa aber ain man eins biderben mannes wîbe eine huren heizzet oder eines biderben mannes nifteln.« Stdtr. f 50ᵃ. Glosse. Niftel ist das Dim. von Nifte, gehört zu Neffe; lezteres müste got. nifa heiszen für gnifa, wie nepos f. gnepos; nomen f. gnomen, lezteres noch in cognomen; νεφέλη f. γνεφέλη, nebel für gnebel u. s w. Graff II, 1052.

NILLE f. Geschwür, Eiterblasen am Kopfe u. s. w. Vrgl. nel stm. in Diemer's Genesis u. Exod. Wb. 79, 39: = vertex. Fedor Bech in Pfeiffers Germ. VIII, 471 fürt nol, nulle u. s. w. an.

NISZE, Lauseier. Weigand Wb. II, 273. Nisziger Bua, der nichts auf sich hält. Niszig, sparsam. Niszige Leicht, ein Leichenbegängnis one Gefolge. Augsb.

NITLE, die, die schnelle Kathrine. »Eiser buə bout d'r heīt und nächt ə-n-arbət g'machət, 'r hout d'Nitle so stark« u. s. w.

NOLLEN swv. saugen, zullen. Dear haot im Traum am Dauma gnollet Und haot 'n arga Schnarchler ghollet. Sch.

NONNE im Kinderreime von der Schnecke: Schneck, Schneck streck d'äərə 'rousz Oder i wirf di in' Bronna Mit deina siba Nonna! Staud.

Nonnenberg unweit v. Klimmach, sagenhaft. Nunnenmacher, Säwschneider. Gass. Nonnenhorn. O. N.

NORDERS: »Septembrion oder Norders.« Astr. 15ᵇ. Mhd. Wb. nordert II, 407ᵃ, neb. westert, ostert. Ortsnåmen: Nordendorf; Nordheim (Donauwerd); Nordholz (Roggenburg); Nornheim? (Günzburg).

NÖRGELN swv. 1) bei herber Arbeit schwizen. Riesz. 2) »n. und reckeln« etwas Unangenemes wiederholt sprechen. 3) hinabwürgen, z. B. trockene Speisen. Allgaü. Nörgler, —erne, homines, qui in minutiis versantur, morosi. Riesz.

NÖRTEN, nirgends. »Damit die aufrierigen Inwoner nörtten sich möchten rottieren.« S. 372ᵃ. f. 408ᵇ. Von n-orten wie d-orten gebildet.

NORWEG im cgm. 206 oft: gen Norweg ziehn, d. h. gen Norden (v. Asien ausz).

NOT, spr. nåət; niederschwb. naot. Nothaus 1) für prest-

23

hafte und mit bösen Geschwüren behaftete Personen, an der Vogeltorstadtmauer. A. 1561. 2) wo man armen Fremden ein Nachtlager gibt. Nôtnunft im Stdtr. oft = Notzucht. »Swer die nôtnumpht beget an maegeden, — daz man in lebendigen begrabe.« f. 29ᵇ. rihten umbe die nôtnumpht f. a. a. O der nôtnumphte zihen f. 30ᵃ. u. s. w. Nôtstal: »allermeist habe ich auch anderer gottseliger Leut, die noch tief im Notstal sind gestecket, hierinnen verschonen wollen.« Dr. Müller. »Notzug und Inzicht.« Vergleich 1582. Adj. notfest v. der Gesundheit, für die gewisze kranke Anfälle gefärlich sind, nicht kapitelfest. Hochnötig, Furttenbach.

NUBEN, Neubau, Nuibant, Oertlichkeit b. Türkh. »Die Forstgrenze genannt der Neubau (Nuiba) fängt beim Gern an und bis zum Pieburger.« Zach. 15. 239.

NUDEL, 1) in dem Kinderliede:
Meī Muoter kocht Nudla,
Sind um und um blau,
Sie sperrt m'rs in Kasta
Und will m'r 's itt laū,
Se geit m'r 'n Brogga
Zuo da Heaner 'reī logga:
Heālē bibbi!
Dean Brogga frisz ī.
Ueber die Zusamensezungen Heffanudla, Schlottanudla u. s. w. sieh unter dem 1. Wort. 2) Fettes Kind. Ztw nudeln, ein Kind liebkosend herumbalgen.

NUEPEL, groszer Mund. Riesz.
NUN im Handkal. 1747 hs.
Wir teilen mit dem Tod die Zeit
in der wir schweben
In einem solchen Nun beharret
unser Leben.
Vrgl. das noin bei Felix Faber.

NÜRNBERG in einem Tanze
ausz den Stauden:
Bin überall gewesen
Als z' Nürnberg itt,
Haū alles verfara
Nur 's Heirata itt.
»Um ein Nierenberger elen gulden tuch 9 fl. 10 kr.« Luc Rem 45.

NUSCH, NUST, Dachrinne. Stdtr. nusch. In Weberhausrechnungen stet: die Nüsch. Nüesch, die Niest keren. »Weiter gebeut ain erbarer Rat, dasz alle Nüsch, so auszerhalb der Haūser, Mauren, Wendel gemacht sind« etc. Augsb. Nusterlasz, hs. (Archiv) 1538 Einen Nust in Stüzen legen. Bau O. In Mickh. Akt. »im Thiergarten und auf dem Hofanger Niest gelegt.« 1580. Die Formel in den emaligen Hausbriefen As. lautet: »Dasz das in N. gelegene Haus, Hofsach u Gesäsz frei sei an Mauern, Wänden, Lichten, Nüsten, Trafen. benannten und unbenannten« u. s. w. Trof, dasselbe. A. Schmid 411. Schmell. II, 712.

NUSZ obscön: vulva; Zeitw. nuszen. Ortsn. Nuszbühl (Wemding). Nuszmärte, im Riesz allgemein am Nikolausabende.

NUZEL, der, Schnuller, Schlozer. Staud. Daneben Dizel. In Groszaitingen heiszt eine Näherin nur: d'Nuzelnairē, weil sie frühe Bekantschaft anfieng, da sie noch den Nuzel im Sacke hatte.

O.

1) **Auszsprache in betonten Stamsilben.** Vor den Zan- und Lippenlauten spricht der Schwabe im Allgemeinen o rein; vor den flüszigen m und n erscheint nasales ō, sieh N. Vor r hört man stat des reinen o ein å, ein ganz gleicher Laut, wie für altes â; sieh A ob. 5. Sårg: Sorge; Mårge: Morgen; årglə: vomere; Dårf: Dorf; Kårb: Korb; in den Straszenortschaften hörte ich reineres ó: Sórge, Mórgen, Kórb, Tórf, Stórk u. s. w. In unbetonten Ableitungs- und Flexionssilben verschwindet reines o ganz; das augsburg. Schwaben wart esz aber in den sogen. altertümlichen Superlativen, wie in den sw. Verb. II. Conj.; das Nähere ist unten zu ersehen.

2) **Quantität.** Wie schon bei a, e, i angefürt wurde, dent das augsb. Schwaben die ursprünglich kurzen Stamsilben mit o derart, dasz man oo oder ooo zu hören vermeint, aber hier einzig vor Doppelconsonanz, wenn leztere gleich oft nur scheinbar einfach auftrit. Gschmōz: Geschmunzel; Lōch: Loch; lōchə: ein Loch machen; gnōtschə, 'rumgnōtschə: in Speisen herumtalken; hōtschə: herumhumpeln, hatschen; Gschlōsz in d. Mezgersprache; Frōsch, Frōschlache; Dōdle, Pate; hōddlə; Bōckh, Bock; Blōckh, Block; Stōckh, Stock; Rōckh, Rock; hōcke, imperat. = siz nieder. Dōckhen, Docke, Kinderpuppe; Gōckheler: Gockeler, Han; Dōtsch, was Dātsche; Lōtsche; Hōlz, Holz; gōzig: einzig u. s. w. Dise Denung kene ich als bis Gmünd und Ellwangen hin üblich, wo nicht blosz a, e, i ebenfalls dem Geseze unterligen, sondern überhaupt vil Aenlichkeit in den Lautgesezen mit dem alten bischöflichen Augsb. jezt bayerischen Gebiete zu finden ist. Der Ellwanger und Gmünder Städter spricht genau wie der an der Augsb. Ulmer und an der Lindauer Strasze Rōckh, Blōckh,

Rōz (Roz), Kōpf u. s. w. Wenn ich nicht irre, dent auch der Altbayer haüfig vor einer Doppelconsonanz o; wärend ursprünglich ŏ nicht gedent vor einfacher Consonanz gehört wird: grobb, Lobb: grob, Lob; Brodd: Brot u. s. w. Lezteres kan man in der alam. Baar zwischen Tuttlingen und Donaueschingen allgemein warnemen: Bódde: Boden; hóbblə: hobeln; nobbel: nobel u s. w. Auf alte ganz kurze Auszsprache läszt die so haüfige Doppelconsonanzschreibung in schwäb. Augsb., noch mer in bayer. codd. schlieszen, wie Poffél, Pōbel; Hoff: Hof. cgm. 402 f. 30ᵇ und oft; Tolle: Dole, Canal, noch in der Augsb. Feuer O. v. 1731. Der cgm. 601 schreibt stets Öll, Oel; Lott cgm. 206. Offen: Ofen b. Send. Eine andere Art von Denung ist nach Auszfal des h (ch) wie nō(h), dō(h), wie allgemein schwäbisch, sieh H. Ich ziehe hieher auch die Denung vor r: kōrə, hōrə, mōrə, mōərə u. s. w., was bei R näher erörtert wird; auch dise Erscheinung ist Ellwangisch, Gmündisch u. wirtemb. oberschwäbisch. Auszfal des r, wie in Niederschwaben ist augsb. schwäb. seltener.

3) Bayern und Schwaben gen ser auszeinander in der Auszsprache des i, u, wenn m oder n folgt: hat der Bayer reines i und u, so schwächt der Schwabe in disem Falle i zu ĕ und u zu ŏ sowol in Stam- als in Bildungs-Silben: Meinong neb. Meining; Feldong neb. Felding; Schidong neben Schiding; Markong, Stallong, Festong u. s. w. besonders ist das augsb. landschaftliche hŏd:Hund; pfŏd, ştŏd, grŏd u. s. w. interessant. Auch schriftliche Denkm. bezeugen dise Eigenheit. Luc. Rem schreibt forkong, reichtong, rechnong, claidong, belonong, Saffran-Anlegong, nutzong, librong. cgm. 480 f. 32ᵇ. u. cgm. 257. wonder cgm. 437 f. 108 und öfter wondreten wonnder cgm. 140 f. 32ᵇ. ond a. a O. gewondet f. 72ᵃ. Son (Süne) f. 86ᵃ. uberwonden f. 119ᵃ. Bei L. Rem: erfonden. Vor r überhaupt scheint o für u schon frühe eingerieszen zu haben; esz ist uralte Brechung: forcht, notdorft. Vergl. Weinhold Gramm. § 83.

4) Dem augsb. Schwaben ist vor dem wirtembergischen die Warung des alten Superl. o und des o in der II. sw. Conj. eigen. Noch heute hört man vom Landvolke z'obergost, z'untergost, z'hindergost, z'vedergost, z'mittlergost, z'theurost etc. Vom Anfange dises Jhs. fand ich obige Formen als volkübliсh von einem Patrizier aufgeschrieben. Der Chronist Sender hat: zu oberost, zu unterost, zu foderost, der altost, allerfestost, der dreyszigost. f. 172ᵇ. 220ᵇ. 536ᵃ. 241ᵇ. 280ᵃ. 380ᵃ. u. s.

w. Vrgl. Gramm. I³ 957 ff. III, 572 ff. Mhd. Wb. II, 487. In volktümlichen Schriften komen dise »Archaismen«, wie man sie zu nennen pflegt, haüfig vor. Ich füre für die Superlativ-O und für die des sw. Verb. II. Conj. noch eine Anzal Stellen an und tue esz nun mer, weil sich die bayer. und schwäb. codd. darnach bestimmen laszen; die ersteren lieben die -ist Form; Ausznamen gibt esz imerhin. Ich stüze mich aber nur auf Denkm. v. 14. bis 16. Jarhd. Das gesegnot Land, cgm. 245 f. 3ᵇ. Kõssot mit den luten 5ª. ward gecruzigot 5ª. gemartrot 9ª. dem behendosten leuffer 12ᵇ. werot 14ª. ein verlaimgoter Man 16ª. es wurd geendot 17ᵇ. gepredigot 18ª. allerwysoster 18ª. 21ᵇ. gemeldot ist, oft. erledigot 22ᵇ. dem behendosten löffel 24ᵇ. eldost 29ᵇ. mênem gesalboten 36ª. die sterkosten 41ª. vermalgotten 49ª. gesündot 50ª. (gerechnot cgm. 154ᵇ. ebenso cgm. 402. 419. 736. 257. 448. 450. 257. 445 etc) gesegnot 54ª. gehailigot 55ᵇ. gerichsnot 36ᵇ. den schnödosten Tod 57ª. krucgot 57ª. redost 58ᵇ. bestätigot 62ᵇ. hailigoster herr 68ª. barmherzigket vnd warhait hând ainander gegnot 76ª. in dem vier und dreiszgosten 78ᵇ. gerechtott haben 79ª. durchlüchtigosten, allerwirdigosten herrn 80ª. gerainigot 89ª. sterkosten 91ª. gemartrot 94ᵇ. angebettot 106ᵇ. versiglot Brief S. 332ª. tausot 331ᵇ. gemerterot (St.

Urs.) S. 352. unverwegerot. vermechlot 359ª. foderot 360ª. versamlot 370ª. die zerriszosten Kleider S. 392ª. gewarttot S. 504ª. Von allen obrigosten Künig erwölt sein. a. a. O. 6ª. vnd öbergosten über desselbigen Beschützungen erwölt 90ª. fraindlichost S. 458ª. des Apollinis öbergoste Priesterin. Troj. Krg. 24ª. Zum öbergosten verknüpft 30ª. die ellerundrigoste ding = die Feszeln des Troj. Rosses. T. Krg. 49ᵇ. Machten Agamemnonem zum obrigosten Hauptmann 57ª. Sezet Priamus den Hektorem für einen fürgehenden u. öbergosten Hauptmann 70ª. e. obrigosten Künig erwöhlen 78ª. gewegot oder ruttiert (Wappen) cgm. 92 f. 4ª. in der zwo und zwenzigosten wochen. cgm. 168. 2ᵇ. Bei denen so zu vordrigosten am Streiten wasen. Troj. Krg. 8ᵇ. dem eltosten. Man. bl. 1ª. Die obrosten vier gewölb 26ᵇ. a. a. O. kostot und zimrotent. wandlot. Astron. 15ᵇ. regnott 16ᵇ. rechnot 20ª. anbettotend. Saturnus ist der obrost planet. in dem obrosten trone 20ᵇ. der obrost gott. der tragost. der tragoste in s. louf. Saturn. gewerotte 21ᵇ. bettottent. machot 22ᵇ. die mone ist die nidrost planette 23ᵇ. und ist allersnellost an irem loufe; sie louft allernidrost. 25ª. von dem achtoten himmel in dem obrosten himmel 25ᵇ. geordtnotten leben 28ᵇ. dorot (dorren) 30ª. von der unverdowoten Spise 36ᵇ. kochot 5ᵇ. an dem achtoden tage cgm. 168 f. 49ᵇ. gebettot f. 60ᵃ. gemanigfaltigot. cgm. 206 f. 171. gesegenot 172ᵃ. du beschamotest mich 178ᵇ. darum gesegnot dich Got imer 178ᵃ. den vnvermasigoten 79ᵃ. du gesegnotest. so wirt ich gereinigot 175ᵃ. Sie gesegnotent mit irem mund 178ᵃ. erdiemutigot 82ᵃ. s. gesegnoter nam. regnot 184ᵇ. Sie sundotant dannoch. Herr da gesegnost dîn erd 187ᵇ. der obrost hat sie gestift 188ᵃ. erfräwotest 189ᵇ. cgm. 402. besamnot f. 9ᵃ. samnoten 9ᵇ. seynot 17ᵃ. gesegnothett 17ᵇ. d. weisosten pfarrer. 20ᵇ. predigot 22ᵃ. begegnot 27ᵃ u. s. w. Vgl. Schleicher, Sprache S. 160. Weinhold § 284. u. § 357.

Altes ô an Imperativen und Vocativen hat sich haüfig, besonders im Mindeltale, erhalten und zieht sich bis nach Ellwangen und Gmünd hin, wo esz freilich als å und nicht als reines ô erscheint, z. B. Bäbalå! Hanså! Sepperlå! Ebenso wird in Reimereien und Liedern ein ô angehängt, um den Wörtern Nachdruck und Reim zu verschaffen, z. Beispil:

'N Weag 'n weitô
Und koī Ross zuəm reitô u. s. w.

Wen's alle Leut saget
Nao sag i's halt ô
D'Frau Wirtē ist schwanger
Und d'Kellerē ô!

Da stet ô freilich mer für ›auch‹. Dafür habe ich haüfig å angehängt gefunden; wärend das wirtemb. Schwaben allein ô zu lieben scheint. Vrgl. Wörterbl. z. Volkst. S. 72.

Die Baar hat oft stat der Infinitive -en ein ô: sagô, fragô u. s. w.

6) Wechselt das der got. Brechung aú entsprechende hochd. o in der schwäb. Auszsprache zwischen ó und åə, so entspricht dem ahd. ô got. áu, ao und åə; jenes ist niederschwäbisch, disz augsb. schwäbisch; Gmünd und Ellwangen haben lezt. ebenfalls: håəch: hôch; åəg; flåəch: Floh, pulex; låə, silva, arbustum, ahd. lôh; åər: auso got.; råər, Ror; tåəd: tôd; nåət: Nôt, necessitas; råət: ruber; bråət: bròt; låəsz, got. hlauts; blåəsz, plôz, nudus; gråəsz, grandis; ståəsz, ictus, stôz ahd. låəsz, liber, solutus; låəsz, Schwein; kåət, Kot; tråəst, solatium; åəstərə: ôstara; blåəsə, blasen; Schmell. Gramm. § 334. Ich hörte in einer Gegend flåəsz, für Flosz. Dise Beispile lauten niederschwäb. hao (ch), flaoh, naot, raot, braot, graosz, laosz, flaosz; rao (roh, von Speisen); abaoszə, âbaoszə (bôzen); aostrə, staoszə u. s. w. und entsprechen ganz und gar, was Unkundigere weit weg werfen, dem altdeutsch. ao des Rhabanus und einiger anderer Denkmäler, wo haoch, naot, raor, laos u. s. w. stet.

Folgt auf altes got. áu g, h,

k, p, b, f, m, so neigt die lebende wie die Sprache der Denkmäler augsb. schwäb. 1) zu o stat āə und ao hin; 2) zu ā, das mir aber ein Mittelton zwischen a u. o zu sein scheint. a) z. B. stōb, Staub, z. stuppa; ōg, plur. ōgə, der Wertach zu āgə, got. augona; oberōga, Augenwimpern; oinögeter, einäugig; rōben, rōber, Räuber; im Riesz rō ch, Rauch; neben thō, Thau; kōfə, kōft, kaufen; Ogsburg, ōgsburger, Augsburg; die Form Agustus ist schon uralt; Dietrich, über die Auszsprache des Gothischen S. 20 ff. Frō, Frau; am Lechrain allgem. glōba, lōfa. lōfft! (Füszen); weirōch; himml. Braut. b) rāb, Raub, b. L. Rem haüfig; rāb und naum, adj. rōbisch, rēbisch; häptgut, Stamcapital (Rem); verkāfft a. a. O. St. Lasarus hāpt. a. a. O. Der cgm. 92: junkfrā, f. 13ᵇ. Schongāer, a. a. O. Pers. Name. hāpt f 16ª. āch (auch) f. 17ª. lāb f. 22ª ze uns. Frāen f. 28ª. gehāen f. 26ª. Radāer (Radauer) f. 29ᵇ. grāer, blāer u. s. w. Weirāch, Messbuch oft; in āgosto in Urkd. u. in dem Kleiderb. öfter. lieszens lāffen, Frank 120. kāff! Imp. cgm. 437 f. 108ᵇ. gelāben, gelābst f. 110ª. In der himml. Braut: junkfrā, lāft, umblāft. schāb f. Schaub, Mickhs. Rechg. cgm. 448 hat gelāffen, zugelāffen f. 141ᵇ. wirāch cgm. 736 f. 20ᵇ. Sender hat rāch, Rauch; Kappānen f. Kappaunen f. 100ª. 306ª.

Der von einem Augsb. geschribene cgm. 736 entscheidet für die Auszsprache ao, au, ou = ahd. ô got. áu: grouszer lib, grousze bein f. 10ª. Die grouszen Därme. f. 11ª. Glieder, die von einander gestouszen werden. f. 123. grousz ding f. 13ᵇ. bouszheit f. 15ᵇ. u. s w. grausze pitt cgm. 437 f. 124ª. Astron. f. 14ᵇ u. s. w. gestouszen, stousz, toud, routt, groasz u. s. w.

Folgt ein m oder n, so wird der schwäb. Laut diphthongirt-genäselt auszgesprochen: lōə, laun; oder man hört einfaches ō; was haüfiger ist: drōm, Traum, bōm, Baum; zōm, Zaum; schōm Schaum; pflōmm, Pflaume. Schriftl. Denkmäler. cgm. 257 f. 3: bom. bomwoll b. L. Rem oft. pōmlin cgm. 92 f. 22ᵇ. bām pelzen. Regiom. 1512. auf dem dōmen (Daumen) a. a. O.

7) Bestätigt wird dise Auszsprache durch den Umlaut von áu: dem hāpt, lāff, lāfen, kāfen u. s. w. und dem hōpt, lōffen, kōfen, tōfen entspricht genau der Umlaut ê, d. h. oe; aber die schwäb. Mundart hat kein oe und ö ebensowenig als ü: ōga: äglē, églē, Äuglein; hōpt, hāpt: hēptle, häptlē; tōf = téfə, kéfə, léff, kriegslöff. frēd noch haüfig volküblich: meī frēd, bes. gegen Kempten hin. Frēdenmacher, Hofnarr. Conz v. Rosen: Kleiderb.

Frēd, Seb. Ilsung bei P. v. Stetten, Erl. 49. cgm. 487. I frä mil töft ma? Füszen. aufglëff, frēd bei L Rem. Folgt aber ein h, s, n. t, d, th auf got. áu, so heiszt der Umlaut ea, wie das dem gebrochenen i entsprechende ea: råət: rēatər; håəch: heacher; gråəsz: grēəszer; bråət, Brot, dim. breatlē; flåə: flēa; råər: rēarlē u. s. w. Niederschwaben spricht in beiden genannten Fällen ai: raiter, graiszer, laiffig, fraidig, kaiffig, haiptle, haiher, braitle, braisamle u. s. w. Wo der Neckarschwabe ärle, hāre (Lech, Kaufbeuren) hört, verstet er esz nicht; er hat nur airle und hairə (hören). Folgt m oder n, so wird ea nasalirt: schēə: schōn u. s. w. Blead: blöde; ead: öde, 1) ungesalzen, 2) abgeschmackt von Menschen u. s w
Die Wörter Heu, Gäu (gavi, havi †) lauten niederschwb. hai, gai; augsb. bald hā, hāə (Ztw.), bald hoi, hoiə (Kempten zu), bald hê, hêə; hä hörte ich an der Schmutter; in Landsberg ist esz ebenfalls üblich; ganz so Gaü. Der Umlaut des ö hat nichts Besonderes; er wird wie é allgemeinschwäbisch gesprochen. Dem Allgaü zu komt ö auf. Die Schreibung ō für e sieh oben E.

7) Eine eigentümliche Erscheinung ist ai für o und u, z. B. im cgm. 755: mairgen, besairgen, wairt, vair, airden, tair u. s. w., wo von späterer Hand überall o hineincorrigirt ward: sorgen, morgen. cgm. 631: der auf unsers herren schaisz entslief. In einer Zweibrücker Urkunde steht ai und oi: wainhaft (wonhaft), gewainlich, erelois, sicherloisz, tiuwelois u. s. w. Der cgm. 736 enthält die Reisebeschreibung eines Augsburgers in's heil Land von 1444, wo ai öfters für o und u erscheint: getain: geton u. s. w. Abt Murer v. Weissenau schreibt: maindrigs, Morgens; Airdt, Ort; Ummendairf, Ummendorf; Kairn, Kern! mairedrigsten (Weg); Altdairf, Altorf-Weingarten; Sairg, Sorge; Marchdairf, Markdorf, ON.; Hairn, Horn; fair, vor; wairden, worden: Thair, Thor u. s. w. Eben, Gesch. v. Ravensb. II, 247 (30järig. Krieg). In einer Urkunde Heinrichs von Schwangau von 1346 (Horm. Hohenschw. Gold. Chr.) stet: sie haint: haben; derzuo hain ich und min erben. hain ze kofent geben u. s. w. Dise Formen haben niederrheinisches Gepräge. cgm. 358 u. 166.

8) Die a stat o in sargen, farcht, margenstern, erstgebarner u.s.w. sind echt bayer.; wo in schwäb. Urkunden Fälle vorkomen, sind sie von bayer. Schreibern.

OB praep. »bei Maistern ob dem Land.« »Die ältesten an Jaren ob dem Handwerk.« Erneuerte Web. Ordg. 17. Jh. Veraltet.

Obnan, nach oben: »die dir

die spise machet obnan uszvarn,« »die spis obnen uszzebringen.« Astron. f 27ᵇ. (Avd.)

OBFRAUEN in der Hebammen Ordg. S. 85. »Es werden nach bisherigem altem Gebrauch von dem Bauamt zu allen Zeiten 4 Frauen, 2 katolische und 2 protestantische zu Obfrauen und zween Medic. doctores aus dem hiesigen Collegio Medico, ein katolischer — zur Hebammen Ordnung und zur Obsicht und Direktion über die Hebammen aller 3 Classen verordnet. Diese Obfrauen und Herren Doctores sollen auf alle Hebammen fleiszige Aufsicht haben, dasz auf allen und jeden Artikuln der Ordnung richtig gehalten, das HebammenWesen je mehr und mehr gebeszert und die Lernerinen, geschworne Hebammen und Fürerinnen dieser obrigkeitlichen Ordnung gemäsz dem Bauamt vorgeschlagen und bestellet werden. Für sich selber zwar sind sie nicht ermächtiget, eine zur Lernerin oder von einer Clasz in die andere aufzunemen, sondern sie sollen nur deren, die um's Amt anhalten, ihres Lebenswandels, Sitten und Eigenschaften sich erkundigen sovil sie können, den Herren Baumeistern Nachricht davon geben und welche sie für tauglich halten, in Vorschlag bringen« u. s. w.

OBERSTE: der hl. Dreikönigstag. »ûf den obrosten aht vor oder aht tag nâh.« Man. f. 1ᵃ. »geborn am oberst ze naht.« cgm 92 f. 28. »zu dem oberosten tage.« Urkde. 1304. »am Freitag vor dem obristen.« O. Ruland u. s. w. Pfingstoberst. Urkde. 1519.

OCHE, 1) span. Taler, real de ocho. Schmell. II, 123. »ain ochen und ain grosz«, »umb ain ochen.« Ruland. 2) Oheim, »zu deinen Öchen solt du faren.« cgm. 206 f. 46ᵇ.

OCHELE, das, 1) schmerzliche Wunde, 2) leichtere Fal- oder Stoszwunde. M. Wbl. 72.

OCHSE. In Groszaitingen war esz Site, am Aschermitwoche den Ochsen zu schlachten. Zwei Burche liefen auf Händen und Füszen nnd stelten zusamen einen Ochsen vor. Den Rücken bildete eine Stange, am vordern Ende war ein Hafen als Kopf angebracht. Ueber disen war ein weiszes Kopftuch geschlagen, in der Regel ein Bett-Leintuch. Der Ochse ward herumgefürt; bald erschienen verabredete Mezger und das Handeln um das Vieh begann. Sie brachten schon Stricke mit. An mereren Pläzen ward Halt gemacht; aber der Kauf zog sich in die Länge. Endlich gieng er ausz und der Ochse solte abgeschlachtet werden. Der Straich auf den Kopf, der in Scherben zerfiel, zur allgemeinen Freude der Menge, beendete die Site und dann gieng's in's Wirtshaus, und die Kaufsumme wurde »versoffen«.

In der Webersprache komen Tücher vor, Ochsen geheiszen: geblaichte und ungeblaichte Ochsen, vôrdige Ochsen u. s. w., warscheinlich vom Stempel, der einen Ochsen fürte, zubenannt. ›Mein Weib hat vorhin einen Grind, halsstarriger als ein Steyermarker Ox.‹ Mastoder Schieboxen in Mickhaus. Rechnungen oft. ›An Schieboxen verblieben.‹ ›an Sch. ausgeben‹ u. s. w. Oxenbrunuen, O. N. Die alte Ochsenstrasze von Nordheim nach Landstrost, im Saalbuche: Heerstrasze. Man machte Ougststraszen darausz. Oxenstierna im Kinderreim:
Bét Jaggele bét
Moara komt der Schwed
Moara komt der Oxasteare
Wird 'm Jaggele 's Béta leare.
Riesz.

OED spr. ead, abgeschmackt, ›ungesalzen‹, von Speisen und bildlich von Personen und deren Handlungsweise. Im Allgaü ådəm, ›'sist miər reacht ådəm‹, ›əådəms gschwäz‹. Oedenberg, Flurn. Klimmach. Pfarrb.

OEL in Oelbergäcker, Dietkircher Flurn. Oelhoinzen, Oelkuchen. Jettingen. ›Gegen den Ratsdienern haben sie gesagt, seht wie stehen die 3 Oelberger, die der Stuben hüten dortl‹ Chron. 1634.

OETTINGER, eine Münzsorte. ›Also lieszen die Herren ain Münz schlagen, nachdem die Oettinger verboten waren.‹ Horm. 1834. 129. ›Und ist zu wiszen, dasz die Oettinger Pfenning verboten waren, an dem lezten, die waren gar bösz und hetten wenig Silber an in; da sagt man dasz dieselben Oettinger als ungeprägt, dasz noch kein Präg darauf geschlagen war.‹ a. a. O. — Ich erinere hier auch an den Öttinger, Turm in Mümpelgart, vom dort eingesperrten Hohenz. Grafen Friz Oettinger so benannt. (1443.)

OFEN, der, im Liede:
In meim Haus, då ist all's verkert
Dear Ofa dear haot 's Grimma
Der Heustock, dear fangt's Tanza ā
Der Esel lernet 's Spinna. St.

Ofaloch: ›Die musz ir Leaba in's Ofaloch nein betet hō‹ heiszt esz bei einer unglücklichen Ehe. Das Strafen um einen Ofen voll Stain kam a. 1538 mermals vor. Chron. 1634.

OFFENHAUS, öffentliches Haus. Sender f. 394 erzält von 3 Ulmer und Langenauermädchen, die zu Augsburg ausz dem Dienst ›in's Offenhaus eingiengen.‹ In der Chron. v. 1634: gemain Haus.

ÖLDERN, Äldern, Erlen. Im Klimm. Saalbuche 1784: ›Den 59 Pfall, wohin 66 schritt, der bei einer alten Ölder stet.‹ ›Den 29. Marktpfall, der 55 Schritt fort bei einer Ölder geschlagen stet.‹ In Mickhaus. Urkd. 1580: ›etlich Ölderlen zu gelanden.‹ 14 Ölderin Rafen. 1610. Abgestandene Öldern. a. a. O.

OMAT, Aumet, Nachheu, Ömd,

foenum secundum. Hart. Invent.:
»93 Fueder Omat«. Omədẽ,
Zeit des Ömdens. ômad, ômat,
Urkde. 1335. Adj. embdisch,
»embdische Wechselwis.« Mülh.
Urb. 39. â ist iterativ.
OR, rechtsaltertml.: Orenab-
schneiden in A. A. 1694 ward
eine Diebin verrufen, ir das linke
Or abgeschnitten, sie mit Ruten
auszgehauen und ir die Stadt verwisen.
ORGEL in der Webersprache:
»Von der Wecharbeit. Item welcher Wecharbeit usz der Orgel
wurkhen will, und an die Geschau, der mag wol zween brait
Stühl an die Geschau und zwen
usz der Orgel brait oder schmal
sich gebrauchen.« Web. O. 1549.
In der Red. Art: »Des ist a
Kerle wie Örgele, ear pfeift wo
ma nã dupft« wenn einer auf
alles Antwort gibt. Burg. Gegend.
Orgelkasten, pöbelhaft, eine
Person von schwammiger Leibes-
beschaffenheit. Orgeln = vomere
ORT 1) im cgm. 154 öfter Ort-
mezzen roggen. 2) Geldstück
15 kr., in Mickh. Rechnungen
Ort = ¹/₂ fl. 1691. »so hab man
einem jeglichen Schitzen von jedem Schusz, den er traf, ein
halbs Orth aines Guldens, wieder aus dem Dopel.« Horm. 1834
S. 141. anderthalb hundert orter,
Ott Ruland. 3) Item ein Wöhr mit
versilbertem Kreuz, Haggen und
Orthband — erlaubt; hingegen
die ganz silberne Kreuz, Haggen,
Orthband und Sporen — verboten.« Zierd. O. 1668. Brannt
ein Ort von der Zungen.« cgm.
206 f. 66^b. 4) Spize, Ende.
»dasz das tuch ferr für sein fůsz
hieng und der ander Ort gieng
im hinden nach.« cgm. 402 f.
130^b. An dem Ort des Kreuzes.
f. 138^b. Zu dem Loch des Orten.
a. a. O. Das Ort, Wald. Mickhs.
4) Ortle: Schusterahle ntr.
Mad Ortbrunn, Grenzbeschrb.
Zacher 56.
OSTER erhalten in Flur- und
Ortsnamen; von leztern füre ich
an: Osterberg (Illertissen);
Osterdorf (Immenstadt); Oster-
ettringen (Türkheim); Oster-
kühbach (Zusmarshausen), urkdl.
Osterkubach 1316. Osterhof
urkdl. Osterhow (Wittislingen).
Osterberg, Wald neben Lin-
denbühel b. Germanicum. (Raiser.) Osterlauchdorf (Mindelheim); Osterried (Oberdorf);
Osterzell (Kaufbeuren) u. s. w.
Ostendorf? (3mal). Der alte
Osterbach war die landesher-
liche Grenze zwischen Brandenburg und der emaligen Herrschaft
Bellenberg (Illertiszen). Ostern,
das Fest. In den Straszenortschaften fand das Ostersingen
der Ministranten stat: sie zogen
von Haus zu Haus und leierten
»vexilla regis prodeunt,« wofür sie
Eier erhielten. Unter dem »berüchtigten Cammerer« ward zum
Aerger der Groszaitinger das
Ostersingen abgeschaft. »Vor
Jaren hat man an dem hl. Oster-
und Montag und nit lenger um

die Stadt herum bettlen, aber nitt hereingelaszen; was sich aber heimlich hereingeschleicht, hat man am hl. Ostertag geschehen, aber den andern Tag hinauszgeschafft.« Ordg. von 1647.

Osterfladen. »Die Gültayr sollen allwegen zu Osterfladen damit gebachen, und jedem Pfrüendtner ein Stuck von einem Fladen gegeben werden.« Pfründ. O. 1543.

Ostergesegnets. »Als der Gotzdienst desselben Fest's vollbracht was, so gieng Sant Ulrich haim; dasselbs waren besunderlich 3 kostlich Tisch bereit: ainer im selbs und die er bei im wolt haben; der ander Tisch unser Frauen Pfaffheit, der dritt St. Afra Samnung. Und als das lemplin, trank, speck und anderes nach gewonheit des Tages gesegnot und von Jedermann genomen ward, darnach fieng jederman an mit freuden, eszen u. trinken. Darnach kumen vil Spilleut, trumeter, pfeiffer und ander Spilleut in groszer meng und trumeten und pfiffen 3 mal nach einander. Nachdem alspald, so sungen die Chorherren ein responsori und gesang und der hl. Urstend Unsers Herrn und ward das trank jedermann geben, desgleichen teten auch von St. Afra Samnung.« cgm. 402 f. 19ᵃ.

Osterstock in den Ritualien des 14. und 15. Jhs. oft erwänt: bes. cgm. 168.

P sieh B.

Q sieh K.

R.

1) Im Anlaute. Laut mererer schriftlicher Denkmäler des 15 und 16. Jds. scheint das r mit einem Hauch gesprochen worden zu sein: rhat, L. Rhem, rheiben, rhappe u. s. w. Am merkwürdigsten ist jedenfalls die Allgaüische im Bregenzer Grenzgebiete

übliche aspir. Auszsprache h r i n g, h r o s s, h r a p p e, die ganz an altes h r o s, h r ô m, h r o r j a n, h r u o f a n, h r i u w a n, h r i o t, h r u k i erinern, Formen die im sogen. Schriftdeutschen seit dem 8. Jhd. verschwunden, die aber imer noch fortleben; seit der Zeit in welcher sogen. Schriftdeutsch u. Mundart in 2 Arme auszeinander giengen, hört h in Denkmälern auf. Schmell. Gramm. §. 622 fürt dise Erscheinung ebenfalls auf ausz Gegenden vor den Alpen u. bringt in s Handexempl. ausz d. Böhmerwalde hrennə, hraudkopfet, (Raud, raüdig), hrumpeln (strepitum facere) hross, hreiter u. s. w. Ein scheinbar anlautendes r erscheint allgem. schwäb. als Ueberrest von her: 'rousz, 'rein, 'rum, rā (b) u. s. w. M. Wbl. 73. 1.

2) Den Wechsel mit l im In- und Auszlaute sieh oben L.

3) Dem ganzen augsb. alt. Bistumsgebiete ist der eigentümliche Nachhal eines a oder e nach r eigen, mit Denung des vorhergenden Vocals; rn, rch, rm, selt. vor rw, rs, rz, rf, rb (ereb, Erbe, verderebə, werəfə, farəb, ganz ahd. farawa) sind esz vorzüglich die schon einem ausz dem halbvokal. Charakter des r hervorgenden Wollautgesez gemäsz im ahd. a einschieben; z. B. aram, brachium, param, sinus, suaram (turba). Gramm. I². 612. Vrgl. 1. Das m büszt seinen Laut ein und wird in solchen Fällen

n: ārə, arm; ārəkrézə, Armkorb; arəmuət; gerən, gerne. Der Waysz und Keren Gilt da seine 11 fl. geren. Web. Inschrift. geərə; kåərə, zåərə, dura, Turn; wo bald konn bald kåənn anderwärts vorkomt.

Im Kinderspil:
Königs, Königs Töchterlein
In einem tiefen Thuren
Der Thuren, der ist gar so tief
Wir müszen Stein abbrechen.

Weiszəhāərə, Hirə, Stirə, Birə, Dorəf, Kirech, Furecht, scharaf, Bereg, wie Uləm. Gramm. v. Schmell. § 637. Stearale, eine Art Maccaroninudeln warə, warm. Bara, Barn und merere andere.

Ich füge ferner schriftl. Belege bei: Sender hat: Koren, Korenschneider f. 39[a]. Ein Schaff Koren f. 33[a]. Korenschrand f. 87[a]. Garen, Faulgarenweber, Färb. O. Garensieder; Leipziger Garen; Arenprust S. f. 210[b]. Schirem, Frank, Annal. Erenst, erensthaft f. 494[a]. Markgraf Erenst von Baden f. 535[b]. Herzog Erenst f. 436[b]. Weiszenhoren f. 308[b]. 310[a]. Hirenheim O. N. Hirnheim f. 569[b]. (hirə). Zorən, zorenklich f. 106[b]. 560[a]. Thuren, Vogelturen f. 524[b]. Perlachturen f. 149[a]. Luginslandturen 91. Sturengloggen. pitteren tod cgm. 345 f. 1[a]. harenstein. cgm. 601 f. 111[a] »Auf's lezt schlug er sie mit einer Korengabel wund.« S. 206. Korenkast f. 313[b] Zwirenfaden 1625.

Ferner: Der Diane Zoren.

Troj. Krg. 6ᵃ. Pulverturen S. f. 306ᵇ. ungeren S. f. 299ᵃ. Graf Eitelfritz v. Zoren 303ᵃ. Durch das Koren reyten S. 518ᵃ. Und machet ein grosz Ghiren (Gehürn) v. Hirsch. Horm. 1834. 150. Regiom. 1518: »das Sternbild der Jungfrau auf jeder Achsel ein Steren, auf jeder Hand ein Steren und an den Klaydern 7 Steren.« Pirichach, urkdl. Birkach. Rais. Viac. 9ᵇ. Erichtag, Dienstag, cgm. 736 f. 65ᵃ. Erent, Ernte. »erent und strô gsot.« Mickhs. Akt. 1610. got. asan, ahd. aran, messis. Wintererent geschnitten. a. a. O. In d. himl. Braut stet geren und garen (Garn) imer. cgm. 402 f. 30ᵇ. Die Steren f. 100ᵃ. Erafurt, Erfurt. Insign. Berenhart cgm. 480 f. 26ᵇ. Rumpelt macht auf die Schweizerische Einschiebung des e nach r aufmerksam; esz ist allgem. oberdeutsch. Gramm. S. 246.

4) Auszfal des r im In- und Auszlaute, mit Denung des vorhergenden Vocals. Sieh die Beispile in mein. Wbl. 73. Dise Erscheinung ist niederschwäbisch weiter verbreitet. ar: Kātə: Karten; āsch, Halbāsch, Lamāsch, Mezgernamen; Spiz und āsch spilen. Māder: wātə: warten; verzātlet: verzārtelt; ātlē: artlich; Standātə: Standarte; Bātlē: Bartholomäus; Hoafāt, Hofart; Gātahaus; Gātliswar: Gartengewächse, Gemüseart; er: hēa: her; dett, dedda, dort (Lechbruck), was einem ältern dert, das vorkomt, entspricht; Mēzablüemlē, Märzenblümchen; Lēat neben Leart, St. Leonhard; fēat: fernd; kēat: kert; Pfēasche: Pfersich; Schmēaz: Schmerz. In der Gegend von Füszen liebt man die Formen wea (r). »Geduld ibe'-windt.« Alte A. Devise. b. Horm. 1834. S. 159; lēaz, lerz, Eādkäuflere, Eādschmidle, Eādöpfel, hēazig; dauchtə, Tochter; ea (r) »hout ea?« dea (r), der; mēə, mer, iterum; meistens gilt das Abwerfen des alt. s entsprechenden r. ur: wüst, Wurst, wirst; kūzum: kurzum; kūzweg; futt: furt, fort, 's gaot so futt.« Kūzweil; Dūst; nūə: nur; būzlə: purzeln; düft: dürfte; Usche; Schūz. or: Woat: Wort, Jaowoat; Oat: Ort, earter pl.; Dōta, Torten; Bōat: Borte; 's oadələst: ordentlichst; wie sie's gheat: gehört; Doaf, Dorf; Fēdernteil, Währ. haüfig Flurn. i: Kiach: Kirche; Hīsch; Fīst: First, Hausgiebel. An schriftl. Belegen stet das Wort Māder f. Marder obenan, als Luxusartikel; adj. māderlin. S. hat Donstag, Donnerstag; f. 248ᵇ. 207ᵇ. mê denn einmal f. 206ᵃ. nu mê f. 217ᵃ. vil mê, kain mê f. 170ᵃ. 16 zedel mê f. 193ᵇ. schon alt mê neben mêr. Ein Kleid des Herrn wird cgm. 445 f. 8ᵃ Glismēdter genannt. auf den êsten oder andern rechtag. Schm. Gr. § 623. Mindelh. Ref. zu aller-

ved ernst vorn. Horm. 1834. 125. r weg in Ortsnamen: Diedorf, 11. und 12. Jarhd. Tierdorf, Tyerdorf. Hädern O. N. urkdl. Hardere, Haerdin, Haerdere, Haerder. 12. Jhd. Weinhold Gr. S. 166. In doben, dunten, düben, dusza bei Frank Ann. dunten (94), doben, 116. dausz, 117, ist rnicht auszgestoszen wie in meinem Wbl. 73. 5 stet., sondern ist da-unten, da-oben, da-auszen anzusezen. S. f. 363ª dauszen, doben 560ᵇ. Die Bayern sind dem r im Auszl. bes. feind, bemerkt schon Wackius 1713: »dasz sie Hea sagen vor Herr, und Jammä vor Jamer.«
5) Einschiebung und Wechsel. Der Edelrieder (Stauden) sagt: »i will di Modes lernen·« für mores. cgm. 439 f. 39. »der Geist wird verdunkert.« Im Mickh. Strafbch. 1773 stet: sie habe die Karnal brav geschüttelt. Noch jezt Karnalle, Karnone allg. üblich. Ob Deizetle und Rezetle auch hieher zu zälen, weisz ich nicht recht; Armusen begegnet man auch hie und da; in einer Verordg. b. Reysch. v. 1523. IV, 53. I. Landsb. Nov. 1495. XII. 11. Armusenkasten. Auszschrb. v. 1547. 31. Mai. r in Gramillen allgemein oberschwäb. und schon in Schleher's Pestilenzb. 1611. Konstz.

RABA spr. rābə, schmuziger geiziger Kegelspiler.

RÄDELN, RADERN swv. trillen.

1) besonders Schlitten: »Mein! magst redeln mit mir, muest mich aber nitt abwerfen.« Kleiderb. 2) beim Sailerhandwerke: »zu einem Gehilfen kann er einen nach Belieben nemen, zugleich auch einen Lerjungen zu radern.« Sail. O. 1687.

RAFEN, der, Dachsparren. »Unde dehain schindeln noh rafen noh latten noh müsel.« Stdtr. 15ᵇ.

RAJEN, Reihen, Tour b. festli-Anläszen in A.; den ersten R. tanzte laut Chroniken bei Anwesenheit hoher Gäste der Bischof.

RAIF. Der junge Schwarz treibt einen rollenden Faszraiff vor sich her; dabei stet: nun welcher kann den Raiff den Mauerberg baser hinabtreiben? S. 106. Kleiderb. Geraifflet: »Hingegen aber ist den Weibspersonen one Underschid vergundt, die silbernen Flaschen- oder Banzer- wie auch die Gusz- und Riemengürtel samt einer geraifflet en Meszerschaid oder Bestöck — nit über 25—30 fl. Wert haben.« Zierd O. 1618. Raifröcke verboten. Pol. O. 1785.

RAIGER, Roigel, sieh oben 174ᵇ. Red. A. »hõ-ni mieszə spaiwə, wie råəgər« = sicherbrechen A. Zeitw. raigeln: heīt bin i zamegråəgelt, habe ein fest geschnürtes, gebundnes Halstuch an. »Einen råəglə«, drosseln: ear håt mi g'råəglet. A.

RAMBAMPELE dim. ein ausz Kirschenwaszer und Zucker bereitetes Getränke; gegen die Leutkircher Haide hin landüblich.

RAMPFEN swv. zusamenkrazen. »Was sagst du? Was frävels wär das? mainstu dasz anderleut ihnen den Namen der Heiligen zurampfen? und unter diesem schönen Namen das Volk betrügen?« Pasquinus. »Sie aber rampften an allen Orten (d. Orden) hie und dort, verflucht und schedlich Lugin zusamen, hielten den bövel in groszem Zittern« u. s. w. a. a. O.

RANDEL, f. 1) rohe Scherze treibende Weibsperson, auszgelaszen, »mannsüchtig«. A. 2) Flurn.

RAPP swm. Rabe, corvus. »Schwerzer dann ein Rapp.« cgm 402 f 72[b]. Kinderreim in den Stauden:

Rapp, Rapp dein Haüsle brennt!
Schatt 'm nix, haoʒ seall āzündt.
Deī Mueter ist a-n alte Kuh
Sie hanget an der Gloggaschnuer.

Rapp, Rapp dein Haus brennt
Deī Muoter hanget am Zwirafada
Kāʒt mit 'r in d'Höll 'nāfarə.

Rapp, Rapp dein Haus brennt an
Schütt a Tröpfle Waszer drā.

Rappaschoisz, der sog. Hexenfurz, die welke Kapsel vom Boletus Pilz; oberschwäbisch Spindelwūza.

RÄSZELN swv. zum adj. rāsz, sieh mein Wbl. s. v. Der Backsteinkās »räszelt iaz no 'rauf da Kraga.« Sch. adj. rāsze Ruthen. H. S.

RASPELN swv. zusamenraffen. Anna Dudel
Schupf deī Nudel
Sperr deī Meal in Kasta
Komt der Baur im Hemet 'rā
Und hilft d'r helfa raspla. St.
»Wann sie in den Beichtstuhl kommen heiszt es rips raps, als wann ein Ratz über ein Schindeldach herabrasplen däte.« H. S.

RAT. In A. war der grosze (gemeine, urkdl.) und der kleine Rat.« Gass.

Ratsschaz, »als er Burgermaister und Ratgeber war, öffentlich Ratschaz nam.« 1349.

RATHA, St. Radegundis A. 1290 war R. Magd im Schlosze Wōllenburg. Gegen Arme u. Kranke woltätig: brachte heimlich das ir am Munde Abgezogene den Hungernden, wusch u. puzte die Kranken. Der Neid der Dienstboten machte sie verdächtig. Als sie einst wieder Almosen forttrug, ward sie angehalten und auf die Frage, was sie hätte, antwortete sie: warme Lauge und Kämme. So war esz. Einstens ward sie von Wölfen zerriszen, als sie eben dem Siechenhause, dem nachherigen Siechenkobel bei Wöllenberg, zugen wollte. Ire Vererung ist grosz: die Reliquien diser Volksheiligen erscheinen in Bergheim, dann in der Vituskirche in Waldberg. Vergl. Viaca 34. 35, wo eine reiche Literatur verzeichnet ist. Bei S. f. 527: Ratha, ein kleiner

Weiler mit der Kirche der hl. Radegundis. Bei St. Radegunden oder St. Rathenkirchen. Gass. **Radauer**, Beiname Hans Langenmantels, Bürgermaisters 1387.

RAU in **Rauholz**: »so nit in die Clafftern zu scheiten gewesen ist.« Mickhs. Urkd. 1610. **Rauhzäune**, schwache Umhegung von Baumzweigen u. s. w. **Rauhspelta**, Spähne.

RAUBERSTATT, Name einer Günzb. Vorstadt. Als Flurname im **Rauber**. (Wurml.)

RAUMSEN. Bei Gass. heiszt esz »raumsend und schnawend« vom Wildschwein, das a. 1563 in den Waszerturm sich verlief.

RAUNZEN swv. weinen. A.

RAUSCH zu Schmell. III, 140. 1) »Lorbeer, **Rausch** und Lor, 3 strittige Waaren; die Lorbeern in die Zolltafel gesezt, die andern 2 frei« Urkd. 1603. »Vorrat an Schmalz, Inslit, Getraid, Holz, Kolen, **Rausch** und was dergleichen Materialien sind.« Anti-Müller. S. 13. 2) **Rauschhaus**, Weberhaus. **Rauschknechte**, Weber- und Färberknechte. Den **Rauschknechten** fürs Neujar 1 fl. u. s. w. **Rauschgeld** im Fugg. Inv.: ein langes Tafeltuch mit **Rauschgold** eintragen.

RAZE, 1) Ratte. Bekant ist die uralte Ueberlieferung, dasz St. Ulrichs Reliquien das Ungezifer der Ratten und Mäuse vertreibt. »Augspurgisch Bodem duldet keine Ratten.« Gass. Nah und fern erbat sich Hilfe; Rottenburg trug noch vor 60—70 Jaren den Bischofsstab St. Ulrichs (?) durch die Felder in feierlicher Prozeszion. Der St. Ulrichstag heiszt in manchen Gegenden Wirtembergs **Razenfeiertag**. »Und glaubten jr vil, dasz im Augsb. Gebiet durch diesen Ulrich die groszen Meüsse oder Ratten vertriben werden Wie dann die Mönche daselbsten noch auf den heutigen Tag St. Ulrichs Erden den Auszländischen zu solchem Gebrauch, die grosse Meüss damit zu vertreiben, nicht one sondern Aberglauben zu schicken.« Gass. Der **Razengraben**, öffentl. Plaz. Memmingen (Karrer). 2) So ward mir alles Unziffer angnem, die Maykäfer und Razen band ich an Fäden und muesten mir zur Hand fliegen und kreisen.« Der junge Schwarz im Kleiderb. 99. 3) Sogen. spanische Nudeln, gebrühet in einer Kachel heiszer Butter als erste Lage, darauf eine Lage Parmesankäs. Beliebte Speise.

Adj. razig im Liede ausz den Stauden:

I woisz nō oins
I hätt's bald vergesza:
Die razigen Lueder
Hend mər d'Stiefel g'fresza.

REBELLIONSHÜGEL, e. alte Schanze zwischen Burgberg und Agathazell. Raiser, Beiträge 1832 S. 18ᵃ.

RECHELN spr. rĕchələ, wiehern. Stauden.

RECHEN swv. »Sodann aber die zeitigen platern mit abdorren wöllend, so mag man's röchen mit haidepeern durn und mit Rosenplatern.« cgm. 601 f. 115ᵃ.

RECHSNEN swv. im cgm. 568 f. 244ᵇ: »ich rochsǹe, huste und speye ausz.«

RECHT. »Einem ein Recht halten« auf der Pfalz. Chron. Einen Rechtsag ansezen. S. Einen berechten = richten, aburteilen.

REFLE, spr. reaflē, oberschwäb. kleines Räff, geflochtener Rückenkorb. Ztw. reflen, schnüren, Judensite.

REGELBAUM. »da man zalt 1455 iar, dâ sezt Gossenbrot ain regelbaum zu dem tor.« cgm. 92 f. 30ᵇ. (Kletterbaum?)

REGELE in »Aescharegele« eine altfränkisch einherstolzirende Weibsperson; der Mann hiesz Festochs.

REGENBOGEN, eine Vorrichtung bei symbolischen Auffart-Christi-Vorstellungen, fast in allen gröszern städtischen Kirchen üblich. »In dieser Zeit ist unser Herr im Regenbogen nach alter Gewonheit aufzogen worden.« »Das Loch, dardurch unser Herr im Regenbogen sollt gen Himel zochen werden.« S. f. 558ᵇ. 560ᵃ. »Er hat auch mit seinen Gesellen da verschloszen den Regenbogen, Engelfanen, und als was am Aufferttag zur Himelfart gehört und Monstranzen.« S. 557ᵇ.

REGINELE, Reginahaube, einst ser übliche Tracht der Frauen:
Und trait sie iar Reginahaüble
So ist's zuem maula schēa, meī
Weible. Sch.
Regina, Name der Chorglocke zu St. Moriz S. 22ᵇ.

REIBE, die und Reiber, der, kleinere Art von Schlitten; der Name jezt noch üblich. Schlittenfarten von 20—30 kleinen, schön gemalten Muscheln und Reiben, Schlitten mit Kindern von Hunden gezogen, welche Knechte an Schnüren fürten bei Tage, des Nachts mit Windliech·ern durch Junge vorangetragen durch die Straszen — gehörten zu den gewönlichen Patrizierlustbarkeiten. Gullmann V, 131.

REIBEN stv. bei Holzmann:
Oft wünschten jr vill, esz sollen
Tausend Teufel die Wucherer hollen
Und ihnen den Kragen reiben umb.

REIBERLE: kleine Bartbürste. Augsburg.

REIFEN swv. »Und reiffet und Kälte und regnet.« Regiom. 1512.

REINHARTSHAUSEN, O. N. in den Stauden:
Z'Rēətshausə bin i geara,
Dao glizget der șteara,
Dao glizget dear Mond
Wenn i auf Rēətshausə neī chom.

Rēətshausə ist ə schēnē Stadt
Pflāştret mit Holz, mit Holz
Buəbə geits nach dər Wal
Aber so stolz.

Rēətshausə ist ə schēənə ştadt
Pflāştrət mit Stoī, mit Stoī
Mädlē geits naoch dər Wāl
Aber so chloī.

REISCHENAU sieh S. 31[b]. Eine Stichelei: Wer ist denn das verfluchte Reischna-na-naschnackel, Zipfelāwang und Sauloch? Stauden.

REISENBURG jenseits d. Wertach bei Türkkeim, bei einer Wise; e. Burgstal. Zacher 240.

REISTE, die, Büschel gebrochenen Flachses. »49 abgehächelte Harreisten.« Fugg. Inv.

REITENKOLB? Nach Gewonheit als hye der Reytenkolb was umgân.« S. 252[b].

REITERE, Sieb, Getraidesieb, Roggen-, Fesa-, Haberreitere. Reitere komt oft als Flurname vor. Strasze.

REITEREI: »a. 1555 bewilliget Kaiser Ferdinand der Stadt A. wegen verdächtiger in dem Burgauischen sich erreigneter Reitereien und Plackereien« u. s. w. Akt. 1555

REMLER in d. Herald. Sprache des cgm. 92 f. 21[a]: »der schilt ist gel, darin ein schwarzer Remler, das ist ein stier.« Zu rameln. adj. ramlig.

REMPEDEBEMP im Rätsel:
Hans von Adria
Haot Waszer vil
Haot Haor am Rempedebemp
Und koin's am Stil. (Aspergillum.)

RENNWEG bei Türkheim. Zacher 238. Rennwägelein, Rennkutschen in Chron. oft.

RENSERN swv. halare, respirare. cgm. 685 f. 75[a].

RENTEN oft im Giltbuche cgm. 154 f. 21[a]. 22[a]. u. s. w. Rindt und Gilt S. 271[a].

REREN swv. 1) »Alle die paum in dem weiten Wald waynten und grosz Zäher von in rerten.« cgm. 581 f. 124[a]. »O des unmenschlichen verrörens seines pluts von seinem Herzen.« hs. 15. Jhd. 2) »Ich spüre das ain hirsz ain stangen auf dem haupt trug und aine gereret hett.« »Dabei merk ich, dasz er die stangen gereret hätt.« cgm. 289 f. 170[a,b].

RETERSCHE, Rätsel. »Wie Sampson in ein retersche ufgab. Als es nu Sampson ergieng, dasz in die chnaben zugeben wurdent, so legt er in eine wilde retersche für; er sprach: rauttend ir von mir diese reterche in 7 tagen!« cgm. 206 f. 129[a]. der reterschen unterschaid. a. a. O.

RETUWA, ein alter volktümlicher Tanz in A.

REUSTERN swv. »wenig husten, reustern.« cgm. 402 f. 87.

REZETLE, dim. eine Art Geschirrbret über Türen etc. Deizetle in Niederschwab. Donauwerd.

RHEINHANF. Sail. O. f. 6[a].

RICHTE, Gericht von Speisen.

»Was aber Seyspeck oder ander Würst sein, die sollen gekocht und etwa für ein Richt gegeben werden.« Pfründ. O. 1543. »Es sollen auf einer jeden Hochzeit nit mer dann 4 Richt oder Eszen über einmal gegeben, darunder ein Richt von Fischen.« A. Hochzt. O. 1540. »Den verhinderten Kranken mag nach des Bräutigams und der Braut gefallen von allen oder etlichen Richten und Eszen, desgleichen von dem Hochzeitwein geschickt werden.« a. a. O.

RIED sieh -ingen. Adelsried (Zusmarshausen), urkdl. Adelhartesried. 1309. Adelzried, Adletsried, Adlatsried. 17. Jhd. Steichele I, 9. Nefsried, urkdl. Ncffriet. 1291. Nefsriet 1316. Aretsried, urkdl. Arnoldsriet, 1209. Arrotsryed. 15. Jh. Heinrichesried, abgegang. O. 1316. Ephenried, jezt Herpfenried 1316. Rumoltsried. Albachried, abgeg. O. Valried 1365. Pipinsried, urkdl. Pipinesriet, 11. Jhd. Randoltsried 1283. Strubenrieth 12. Jhd. Baiersried. Reichersried, urkdl. Richersriet, 12. Jhd. Rumhartsried 1239. Ingenriet, 14. Jhd. oft. Inginriet, 1263. Razzenried, abgeg. O. lebt noch im Wirtemb. Oberland (Wangen). Groszriet 1448. Erinsriet, urkdl. Arnisriet, 12. Jhd. Rieden, gesondertes Gut b. Aurbach. Ried bei Sibnach (Simnə). urkdl. Traunricht 1282 Riedgründwisin, Dietkirch. Fl. N.

RIEMENSTECHER im Stdtr. ist esz eine Art Glücksspil. »Swaz dâ vor umbe die kegeler geschrieben ist, daz sol auch staete sin umbe die riemenstecher.« f.51ª.

RINGE, gelbe: den Jungen ist gebotten worden, dasz sye auszwendig gele Ringlach solten tragen. S. 95ᵇ. Nach Gass. musten die Juden, weil sie sich mit den Burgern gar so gemein machten, vom Rate ausz »gelbe Ring an den Klaidern auf die Brust gehefftet, ihre Weiber aber spizige Schleier tragen.«

RINGELBROT das vom Laib hinten herunter geschnitt. Rank-, Rankelbrot (rägh). Rēnkhel, Mindeltal.

RINTSCHUSTER im Stdtr. »was rehtes die rintschuhster haben: ez ist der rintschuhster recht, daz sie niht suln wirken wîz maler waerkes, noh die wizmaler rintschuhster werk. — ez sol auh chain r. ze strázze mit tischen stân wan an dem fritage u. s. w. f. 14ª.

RIPS bei Holzmann:
Der nam an etlich fedlin knecht
War rips und raps als schlecht
    und recht.

RISLE, ein Absäzlein, Strofe, Zeile: Kägt itt a maol ə risle lésə! Groszaiting. In Wurmling. Gəézle.

RITSCHEMEL, 2 Kipfblöcke am Wagen. Groszaiting.

RITTE swm. »Auch bedürffent dis luite mer lauszens — die da dicke den ritten hend oder geschwür.« Astr. 26ᵇ. de chain mensch sol lauszen, so es des ritten wartent ist.« f. 17ᵃ. ›Schädliche ritten.« a. a O. ›zu ritten geneigt« Adj. rittig. ›rittige lüten.« f. 27ᵇ. ›Daz man nicht rittig werde.« f. 3ᵇ.

RITTERSZERUNG: ›wann fremde Trummeter und Turner von Fürsten, Herren und Städten allher khomen und ein Ritterszerung begeren, soll man jnen — ab dem Rathaus einen Trinkpfenning, wie von Alters her gebraüchlich ist, mitteilen.« Ordnung. 1647.

ROCH im herald. cgm. 92 f. 16ᵃ. 23ᵃ: ›Der Schilt weisz, darinn ein schwarz roch. Der schilt grün, darin ein weisz roch und oben ein schwarz Federböschlein.‹

ROD: ›adi 9. Febr. 1533 haben sie mir in hergesandt uff der Rod« (Luc. Rem.), d. h. mit dem regelmäszigen Augsb. Boten oder dem Rodfuhrwerk. Die Rodstrasze für Pack- und Furwesen gieng über Partenkirchen und Innsbruck. Rodgeld. Sieh Schm. III, 169.

RODLER b. Holzmann:
Damit man kem des Jamers ab
Ordnung unter die Tor man gab
Kein Fremden man einlaszen soll
Der in der Stadt nur bettlen woll.
Sie globten an und hieltens nitt
Deshalb man Rodler auf sie richt,
Die jnen, wa sie solchen kamen
Was sie erbettelt hatten namen
Stieszen sie zum Tor hinausz.
Sie aber blieben drum nitt ausz,
Kamen mit Stüzen, Gablen und Stangen u. s. w.
Ire Eltern hetten sich verborgen
Und musten uff die Rodler sorgen
Die inen tetten vil zu leid.
Alte, Junge Kranken on Unterschid
Warfen sie da mit groszem
Zwinknus
In ellende stinkende Gefenknus u. s. w.
Bei S. f. 398ᵃ: ›das Kärlein haben 4 Rodler zohen.‹

RÖGGLE, Mundsemel, gewönlichen Schlages.
Beggē, gend Sie mᵉr e röggle!
A. Rögglaknöpfla, Späzlein ausz R. Die Butterrögglen waren am Rüetenfeste eine beliebte Speise

ROLL, die, Wald b. Währingen.

ROMMELHAU, Waldn. Raiser, Oberdon. Krs. II. Abthlg. 56ᵃ. Diser Name kert oft wieder.

RÖMISCHES Brot, halbweiszes längliches beliebtes Brot. A. In Mickh. Beschreibungen komt esz an der Fugger'schen Tafel oft vor. Im cgm. 205 f. 23ᵃ. heiszt der Paum im Paradise ›das römisch Holz.‹?

ROR in Rorkasten in Chroniken u. s. w. für Brunnen. Staine Rorkasten vor S. Ulrich. S. f. 318ᵇ. Der Rorkasten auf dem Weinmarkt. f. 325. Solche Rorkästen vor dem Weberhaus, auf dem Perlachplaz, zwischen der Judengaszen und der Krotenau. Roralten, Gemeindegründe bei Währingen.

Red. A. b. Holzmann: Und wellicher in den Roren sizt Im pillich auch ein Pfeiffen schnizt. Adj. kisig, rörig, sumpfig, v. Gottesacker. Furttenbach.

ROSENAU bei A. Rosenauerberg, emals d. städtische Schieszstat. Der Rosenauerkrieg. Gerüchten zufolge, als ob Feindesvolk, gartende Knechte komen liesz der Rat den 8. Mai 1556 unter Schertlin's von B. Commando 3500 Söldner werben und am Rosenauerberg ein Lager beziehen. Nach 4 Wochen, als kein Feind sich zeigte, entliesz man die Knechte mit Auszname einiger Offiziere und zalte inen den Sold.

RÖSELET (-◡◡) »darzu so ist er röselet, rout.« cgm. 736 f. 12; ebenfalls in der Astron. 18ᵃ von dem im Schüzen Gebornen.

ROSS. Rosstrinkin, Plaz in A. S. f. 185ᵇ. »Ihr (der alten Deutschen) Pferd waren auf einfältigest, weder an Form noch Schnelle, sondern wie die Baurnross giengen sie schlecht den ebnen Weg hin.« Elucid. 1543. Rosslaüff — lang und breit. a. a. O. Etlich achten es seind Rossleuff. 300,000 Schritt oder R. a. a. O.

ROSTSCHEITER heiszen in der Bäckersprache die über Nacht in Backofen gelegten Sch., damit sie »auszgedörrt« gut des Morgens brennen.« A.

ROT spr. roat; Roatlache, Pfüze von rotem Torfgrundwasser (Lechfeld u. s. w.). Rotfuchset, »mit r. Leuten handeln« Regiom. 1512. Das Rötelaufzeichnen der Tücher in d. alten Webersprache üblich.

ROTTE in der Vorhölle beim Erscheinen Christi: »da ward in rechter Lieb vor Freuden gezaigter, da was süeszer Gesmak, da was Rotten, harpfen allerlei süsz Spils.« »Und wie ihr Hilf gehân möcht, und ich darzu lieszend machen Freund Freud mit Rotten und mit Pfiffen und mit andern Saitenspilen.« cgm. 345 f. 6ᵇ. 96ᵃ. Der Rott, Rhone »im Rotten«. L. Rem.

ROTTLE »jezt gând miar rottla ausz'm Gsicht« Jazt lasz diar's rottela verzela? Frisz rottela zu und schwäz itt vil. Sch.

ROTWEILER Pfenninge komen im Stdtr. öfters vor: zehen phunt Rotwîler.« f. 6ᵃ, ebenso im Memminger Stdtr.

ROZ, der, in der Schelte: Rōzaff, unreifer Mensch für die Gesellschaft der Erwachsenen. Rōzbell hiesz ehedem die Buzenbercht, auf Bildern ist sie mit roztriefender Nase gezeichnet. Zeitw. rozeln swv. unter Schluchzen und Weinen bitten.

RÜBEN, die bayerischen sieh B neben schwäbischen in alten Mickh. und Augsb. Speisezetteln. In Frank's Augsb. Annalen S. 107 (Steichele, Archiv) stet: Herzog Albrecht zog für Wien und lag eine Zeit davor, und gewunn dürre Rüblen, er mocht nichts geschaffen.‹ ›Und tetten groszen Anschlag, da wurden dürri Rüeben ausz.‹ a. a. O. 117. ›Dieses Geschray fieng einer gleich in dem Lufft auf, machte — wie man sagt — aus einer Rübe gleich einen ganzen Hafen vol.‹ H. S. Karrer zält als Memming. Gewächs auf: Steckrüben, Weischrüben, werden nur süsz gekocht. Auch haben die Gemeinden zu Steinheim und Berg schon mehrere Jahre mit den ächt bayerschen Rüblein Versuche gemacht. RÜETEN, Rüden, Rüten, Rieden, urkdl. schon im XIV. u. XV. Jarhd. In der Schulordnung von 1537 (Greiff 11 ff.) heiszt esz: ›Vnd wann sy die Kind in die Rütten füren, sollen sy dasselbig mit zucht ordenlich und erbarlich thun, one Trummen, Pfeiffen, Fänlin vnd ainicherlay Gesäng. Im Senatsdrekret vom 20. Mai 1587: Die Rietten bethreffendt, es seye in Schuelheüsern, Rosenaw, Schieszgraben, Dantzsölern, gärten, wirtshaüsern oder andern Orthen (dieweil mehr vnzucht dann guts daraus erfolgt) sollen dieselbe hie mit von Newem ernstlich verbotten vnd abgeschafft sein und bleiben. Vnd welcher Schuelmaister od. Schuelfraw disem Artikul zu wider handlen vnd seiner bevolchenen Jugent ein Rieten anstellen wurde, der sol ein gulden zur Straff zu zalen schuldig sein. Jedoch soll jedem Schuelmaister oder Frawen zu Irer glegenheit der Jugent anstat der Rieten ein halben Tag ferias vergont sein u. s. w. Greiff 39.

Im Jare 1654 beschweren sich die evangelische Schulhalter dasz inen das Halten von Rüeten verboten sei. Esz sei disz eine alte Kinderfreude — wan nur die Eltern keine solche Sehnsucht hätten Greiff 70. ›Es beruhet aber die Rüettenfreud auf diesem und zwar auf Seite der Knaben, dasz etliche mit den bei sich habenden Märmeln kurtzweiln ›klukhern‹, schiessen ein, kegeln, etliche gesellen sich und spilen letzten vier Rosz und Heuwagen. — Bei den Mägtlen aber Ring bantschen, sie singen Ring, suechen den Schuech. Die gröste Freud ist die sie haben, ist, dasz wir ihnen bisweilen Federn, Gmähl oder Märmeln zu verspringen geben. Zudem so schlägt es nie leer, dasz nicht Eltern bei ihren Kindern etwa einkehren und sehen wie es zugehe.‹ Greiff 71. ›Ein Semmel, Küchle, Gogelhopfen, eine halbe Bratwurst, warmes Bier oder ein leidigs Trankh wurde den Lehrern angeboten.‹ Die Rüetten verschiden: ›weil man bei 14 Tag her über die 16 unterschiedliche Rüetten gehalten und etliche mit Tromel u. Pfeifen, mit Fahnen und allerlei Kindergewehr, teils mit Spilleuten durch die Stadt für's Thor haben sehen ziehen müssen, ihnen aber, auf die es vor unfürdenklichen Zeiten angesehen gewesen, anjezt zolle verbotten sein.‹ Greiff 73.

Besonders genannt sind die **Nährüetten** der Nähfräulein mit Eszen, Tanz, Hochzeiten 70. 1655 gestattet aber mit Beschränkung. Im vorigen Jarhdrt. entstanden Rütenlieder. In der Regel maskirten sich Kinder als Kaminfeger, Köchinnen und jedes hatte seinen Reim z. B. die Köchin:
Kochen ist eine rare Sach
Wenn man kochet gschmåch;
Ich koche trefflich guet,
Dasz kain Mensch es eszen thuet.

RUGSCHEN swv. ›Und rugsche nun die Warheit und die Sanftmütigkeit.‹ cgm. 206 f. 173ᵃ.

RUMOR, ›in Rumorn oder Gefechten.‹ Pol. O. oft. (16. Jhd.) Rumorisch. a. a. O.

RUMPEDEBUMP in einem Rätsel (Stauden):
4 Rumpedepump
2 haarige Stump
Und in der Mitte nottlet's?
(Kutsche.)

RUMPELN swv. seine Red rumpelt geschwind zu dem Mund herausz; sermo ejus velociter currit. Ps. 147. 15. II. S. Rumpelhans, der, Name eines römisch. Werkes b. Holzheim.

RUMPFE swv. ›dye Weiber, die in der Jugent schön antlucz haben, dye haben in dem alter gereuchte und gerumpften Antlucz.‹ ›Gott wolt dasz jr Antlucz als gerumpfter wär, als ihr Cleider gerumpften und gefalten sein.‹ cgm. 311. f. 46ᵃ.49ᵃ.

RUNDIG adj. in d. Stauden.
Koin schwäbisch Doanderl mag
  i nett
Sie stinkt noch die Schwein;
Meī Mädle muesz a rundigs
Tirolermädle sei.
Koī Tirolere mag i nett
Hand alle Kröpf
A schwäbische muesz sie sein
Wenn sie schon schmeckt.

RUPFEN, stelen. ›tetten vil Schaden an ainander an Volk, doch nur rupfens, wan der Herzog hett vil Behaim bei ihm.‹ Frank 107.

RÜRER, Kornrürer, ein niederes Schraunenknechtamt in A.

RÜRIG, ›waicher, rühriger Mörtel.‹ Pasquin.

RÜSTLÖCHER: ernannte Turnkappen solle mit Kupfer bedeckt an 2 Orten der Seiten aber runde Rüstlöcher (dasz ein Mann hinausschlüpfen könne) mit ihren kupfferin Dekheln oder Fallen gehöb geschloszen werden.‹ Furtenbach.

RUTEN i. d. Nacken stecken rechtsalterl. A. 1735 den 21. April war einer jungen Weibsperson wegen unehlicher Sckwangerschaft nach erstandenem Pranger die Rute in den Nacken gesteckt und ausz der Stadt gewisen.

RUTTIERT heraldisch: ›das

under tail rot und weisz geweyrt oder **ruttiert.**‹ cgm 92 f. 14ª.

RÜZIG: ›item wer **rüzige,** reudige Ross oder die ander erblich gebrechen haben, der soll die nitt für den gemeinen Hirten schlagen, bei Peen und busz eines guldens.‹ Mindelh. Ref. f.18ª.

S.

1) a) **Anlautendes reines s** wird meist wie französches z gesprochen. Scheinbar anlautendes s, der apostrofierte Ueberrest vom neutralen pron. relat. und demonstr. ist allgemein süddeutsch: 's Körble, 's Marîle, 's Mändle, 's Weible, 's Kalb, 's Krézaweible, 's Wäldle u. s. w. 's ghuit mi, 's dorret, 's durnet, 's rengelet, 's schnaibt u. s. w.

b) **Anlautendes unreines s** lautet wie allgemein süddeutsch sch, wofür einfacher unterscheidlich ş gesezt werden mag: şpringə, ştoī, ştraosz, ştaoszə, şpiəsz, ştechə, ştapfl, ştadəl, şpraoch, şpäling, şpauner, şpeizen, şpeltə, şpiaoter, şpiggl, şpitaoler sieh unten. Dise Erwaichung des s ist dem Norddeutschen ebenso widerwärtig als dem Südländer der scharfe Zischlaut s des Niederdeutschen affektirt erscheint. Indessen reicht sie weit zurück und ist bei den Schwaben und Alamannen zumaist auszgebildet, da sie sich hier nicht auf den Anlaut allein beschränkt. In den Verbindungen sm, sn, sr, sl, sp (sb), st (sd), spr, str trit obige sch - Auszsprache am haüfigsten zu Tage. Anlautendes altes sk, sc erscheint im 13. Jarhd. allgemein als sch wie das Augsburger Stadtr. esz durchfürt; wärend die dem 12. Jhd. angehörigen Wernher'schen Fragmente (Greiff) noch scowen, irscain, scraib, haidenscefte u. s. w. schreiben. Bei dem unregelmäszigen sculan entscheidet sich das Stdtr. bald für Auszwerfen des c, k: suln; bald für sch: selpscholn u. s. w. In Denkmälern des 15. Jhs. fand ich zerstreut sc, so im cgm. 206 f. 107ª: scraib. Sklave lautet: şklaof; hinterfürsich: hinderfirschgĕ u. s. w. In volkmäszigen Schriften des 14—16. Jhds. erscheint merkwürdigerweise hie und da noch die höfische gute Schreibung sl, sm, sn, sw: swere sack cgm. 310 f. 17ᵇ. scharfs swert cgm. 70 f. 147ª. smaicher, adulator, unzäligemal.

smachheit cgm. 736 f. 19ᵇ. besnait cgm. 206 f. 40ᵃ. swindlichen f. 72ᵃ. swaymet neben swaiben (schweben, baumeln) cgm. 464 f. 5. Im Stdtr. ist natürlich regelrechtes Mittelhochdeutsch. Ser scheint im 15. Jhd. sch auch vor p, t — vor den flüszigen allgemein — einzureiszen; einige Beispile kan ich für jezt nur bringen: cgm. 402 f. 90ᵃ und öfter hat schpricht, Schprach. Das Schweizerische liebt esz in seinen Weistümern, sieh Weisth. I, 45, wo jeden Augenblick schprechen zu lesen ist. Daselbe im In- und Auszlaute sieh unten. Rumpelt S. 360 ff

c) Ein Vorschlag-s, das man villeicht fälschlich als unächt benennt und das in allen germanischen Sprachzweigen spurenweise nachgewiesen werden kan, erscheint vor den flüszigen l, m, n, r und dem w: lappen neben schlappen, 1) wie Hunde trinken, 2) herabhängen; Lapp neben Schlapp: Schlapphut u. Lapphut, mit herabhängenden Krämpen; lecken neben schlekken, lambere; Lecker und Schlecker; Schlaggl (niederschwäbisch) und Laggl; Lozer neben Schlozer, Kindersaugbeutel; nullen und schnullen; Nuller und Schnuller, was Schlozer; mollen u. schmollen u. s. w. Im Bayerischen lieszen sich noch mer aufbringen. Gramm. II, 701. g Mein Wbl. 79. 7. In Niederschwaben ist sprǻetǝ, z. B. Mist, ser üblich = braiten, auszbraiten. Weinhold, Gramm. S. 157.

d) In vilen weiblichen Hauptwörten hat sich der Artikel d' zu weichem z verschmolzen, so dasz sie nun mit z anlauten: Zusel für Susanna; Zibillen = Weissagung für Sibillen-Weissagung; Zidel für Sidel, Zideltruhe u. s. w. Ebenso bewirkt in Heiligennamen das t von sanct die Umwandlung des folgenden s in z: Sanct Zimbrecht für St. Simpert, Simprecht; uff Zilvest f. Sylvester: Zilveri für Sylverius. Reiner Wechsel des s und z dürfte aber anzunemen sein in Zefenbaum neben Sefenbaum; zelbander neben selbander; Zunding neben Sunding; bei disem Worte will ich an got. undaurni erinern; im Oberpfälz. werden Namen wie Winklarn, Eslarn im Volksmunde zu Winkling, Jasling. — In der Klimmacher Flur komt Zerstetter neben Serstetterfeld vor; der O. N. Schersteten — s wechselt mit g — erscheint im 12. Jhd. als Gerstettin. H und S: das heutige Haunsheim heiszt urkdl. Saunsheim 1312. Sa'wesheim 1446. Auffallend lautet das alte Zuzilinga heute Schlingen. Vrgl. Schmell. § 658. Weinhold, Gramm. S. 147.

2) Im Inlaute ist s, jenachdem ein Consonant vorauszget bald scharf, bald waich. Das schwäbische sch — und dadurch

unterscheidet esz sich vom Bayerischen — trit ein für das alte sanfte s (z, r) und für das ausz got. sächs. t entstandene sz (bei nachfolgendem a). Vor t, p, r u. s. w. ist sch allgemein schwäb. bişt, işt, Mişt, Krişt, Samştig, Brŏşt, Oşwald, woişt, Goişt, Moişter, Naşt, māşt, suşt, sŏşt, Kişner, Gaşt, Kaşper, Doaşchə, Fişt, Angşt, Droaştl, braştlə u. s. w. Besonders wird sz mit folgendem t imer sch. Urkdl. Oschwald cgm. 480 f. 9ª. Aschberg für Asberg bei Gass. »dan richtet man descht gleich« Chron. Horm. 1834 S. 139. Frischt cgm. 466 f. 14ª. Der cgm. 311 hat myscht: vierlei myscht — schoffmyscht, lewenmyscht, affenmyscht, schweinmyscht. scharchach cgm 450 f. 143. Maselheim (Marchtal) heiszt urkdl. Maschelheim. In den Mezg. Akt. Börslen und Börschlen f. Vieheingeweide. Der Schweizer hat sch auch bei folgendem e, z. B. Geischel, Geisel u. Isch, Eis. Der Fränkisch-Hohenlohe'schen Gränze zu erscheinen die häszlichen sch in häschə, Hasen, plur. Bäschle, Bäschen u. s. w. Im cgm. 736 f. 70 stet Muschatel für Muscateller (Wein).

Ein sch für tsch: »bain zerknischen« cgm. 82 f. 65ª. zerknische den Arm des Sünders. f. 23ᵇ. Darschen für Tartschen cgm. 356 f. 17. Neben zerknütschen und zerknüsten, ungemein haüfig in asket. codd.

August. Im Stdtr. erscheint altes sc, sk im Inlaute als ssch: bisschoffe, erwisschet, tissches, misschet u. s. w. Dagegen so wird in der Zusamensezung in Fleischhäckel im Stdtr. stets Fleishäckel, Fleismanger geschriben solange esz scheinbarer Inlaut ist; findet keine Zusamensezung stat, so hat Fleisch seine rechte Schreibung.

Verdoppelung d. h. Schärfung des s komt in schwäbischen codd. nicht so haüfig vor als in bayerischen. Der vorhergende Vocal soll kurz damit bezeichnet sein: genessen cgm. 206 f. 109ᵇ. wisser f. 72. eisserns spanbett f. 97ª brossem »wasbrossem von dem tisch vielent,« »lip narung von den prossmen« f. 113. am lessten tag. cgm. 235 f. 70. »tett arm hesse an« von St. Alexius cgm. 257 f. 67ª. eissni hossen cgm. 206 f. 147. risse, praet. dissu, grissegramen, a. a. O. erschossen (z. e. Künig). cgm. 205 f. 217ᵇ. gewessen f. 215. bessem cgm. 311 f. 29ª. erkosset cgm. 92 f. 67ª. fraissnus cgm. 201 f. 3ª. Dazu komen die regelmäszigen ss für sz wie noch nhd. geschriben wird.

Weiches s für sz: hesig für häszig. cgm. 397 f. 31ᵇ. für z: Lasarus, Esechiel, neben Elizabet in codd. haüfig.

Ueber die Lautverschiebung des sz, z analog dem ch, k, f, ph sieh z.

3) s und sz, sch im Auszlaute.

Wie beim Inlaute erscheint einfaches s und sz als sch. Schriftl. Denkm. füesch, Füsze cgm. 437 f. 108. andersch, anderschwa cgm. 257 f. 53ᵃ. unwirsch cgm. 419 f. 22ᵃ. (unwirschamkeit.) Sender schreibt Mathiasch. cgm. 70. Geschosch für Geschosz. Mündlicher Belege bedarf esz nicht, da esz sich verhält fast wie beim Inlaute. Die altem sc, sk entsprechenden sch werden nach m, n, l, r u. s. w. scharf angeschlagen, als ob t davor stünde: mentsch, wuntsch, kuntscht, sogar in codd. mit t geschriben, z. B. cgm. 588 f. 1ᵃ. Auszlautendes s, sz nach p, t, n etc. wird geschärft gesprochen: Schnaps, Habs, rips, raps; s nach nd wird regelrecht z, weil n auszfiel und ds zusamenkamen: nemez, völlez, eilez; bei dem allgemein augsb. schwäbischen alz, älz müszen wir wol an allata denken. Der cgm 92 hat durchausz des schilz, Schiltes; umbsehenz u. s. w. Hanz gen. Hanzens bei S. f. 560.

Die Auszsprache des einfachen s nach a, i, o, u sowie des sch (sk) ist je nach den Gegenden Schwabens verschiden. Der Niederschwabe hat sanftes s in Has, Gras, Glas, sowie beim Antritte der Flexion; der Bewoner der Baar hat alte Kürze und reimt Glas: Fasz; der Augsb. Schwabe reimt Fasz: Glas; lezteres, die ganz' weiche Auszsprache des sz get bis nach Ellwangen u. Gmünd hin. Der Augsb. spricht sch so waich, dasz der Vocal vorher ser gedent erscheint; der Nekarschwabe spricht sch schnell und geschärft: frŏ-sch; der Augsb. frooosch, ebenso der Ellwanger und Gmünder.

Bei Augsb. Schwaben hört in der Auszsprache der Unterschid des einfachen s und des sz ausz got. sächs. t ganz auf; wärend dem Niederschwaben zwischen beiden Auszsprachen ein himelweiter Unterschid statfindet. Zu Rumpelt, Gramm. S. 278 c.

Das heutige Musch = schlechte Weibsperson komt im Stadt. als muss in mussensun vor. R hat sich im 16. Jhd. noch allgemein Augsb. gefristet: Hirsz, Hirz, Hirszgraben S. 326ᵇ. 330ᵇ. Die O. N. Hörzhausen heiszen urkdl. Herteshûsa; Hirschzell urkdl. Herileszella

SACK. 1) ein Wald der Stadt Augsburg.

2) »Esz sind 5 Manu gen A. komen; darunter was ein priester hetten leynete Klaider an und kunden nit teutsch, hetten ein Strick um den Leib; giengen barfusz und barhaupt, aszen nichts das lebendig was gewesen; hielten ein Regel: man hiesz sie vom Sack.« S. f. 304ᵇ.

3) Bettelsack:
Dermassen das Weberhandwerk
gar
An' Bettelsack gerichtet
war. Holzm.

4) Bei der Sackpfeiffen, ein

Plaz des alten Augsburg: dort war eine Feuerlöschzeug-Niederlage.

5) Leib in asket. Schriften: »der swere Sack der Leib«, cgm. 310 f. 17^b. Schleppsack für Hure. Madensack, Leib. Sieh Reinhold Köhler, Kunst über alle Künste 1864 S. 215.

6) Sackmann machen, rauben, plündern. »Item da man zalt — ward Minz ingenomen von Herzog Ludwig bei Rhein, genannt Schwarzherzog und ward Sackmann da ganz gemacht und pfaffen und Burger geschäzt und erstochen.« cgm. 436 f. 8^b. (Lyrer) »Item er hat bekündt zu gleicherweisz, wie er Sackmann über die Gaistlichen hab gemacht, als auch hab er Sackmann wellen machen über die Alten von Herren und Ratgebern, dasz sie in eignen Haüsern zu todt geschlagen werden.« S. 221^b. »Wie sie wollen über die priesterschaft Sackmann machen.« f. 281^a. »Und sie sind von irem eignen Kriegsvolk geplündert worden: sie heiszen's einen Sackmann machen.« Gass. Schlechte Gesellen- und Maisterstücke musten der Schusterordnung gemäsz im Sacke heimgetragen werden. Den Sacktragern predigen = in der Wüste predigen. (Pasquinus.)

Ztw. auszsäckeln: »über das so hatt die statt sovil Silber und Gold nicht gehept, dazumal, ehe das sie mit Gehilfen zu bstellen sogar auszgesecket wäre worden.« Troj. Kr. f. 46^b.

SACKER- euphemist. in Sakkerlint, z. B. heiszt ein Fluch: Sackerlint Donnerweater! Sakralunt, id. Sickarameit. Sickerlott. Sackermeit, Sakraschwanz, sackerlintisch.

SAICHEN swv. in der Waidmannssprache: »Und wa der hirsz auf schnee gestallet habe, sô saicht er neben ausz, recht als ein hinde, sô stallet die hinde eben in die fart recht als von zehenn. das zaichen tunt die wolf, die füchs ūn die hasen, welches hoden hât, das saicht aus der fart, aber welches ain fud hat, das saicht in die fart.« cgm. 289 f. 107^a.

Bettsaicher, Löwenzan. Pfaffenh. Zustal. fr. pissenlit.

SAIL, funis. In der Sailer O.: 100 Syl-Sail, Hewsail, Laitsail, Wurfsail, »Sailwerkh zu failem Markt bringen« u. s w. »Meszruthen, Sailhäspel.« Furttenbach

SALZ. In Siegertshofen get bei Hochzeiten die Köchin mit dem Schöpflöffel an den Tischen herum (nach dem Male) und samelt ir Trinkgeld, was man »in 's Salz schenken« heiszt. Allgem. oberschwäbisch sagt das Volk von der Wöchnerin: »sie ligt im Salz.« »Der Salzfergger Ritt« an Fasnacht gieng nach Friedberg, wo seit alter Zeit Gasterei gehalten wurde. Salzgelt, Abgabe. Confirm. Kempt. 18.

SAMELOT, ›Damast-Samelot.‹ cgm. 2517.

SANG, fasciculus von Aehren, Kräutern, wozu Weisang, der Bündel Kraüter an Mariä Würzweihin; sieh mein Wbl. s. v. Waldname: Asanghölzle in Mickhaus. Urkunden. Aūsangdoil bei Münster. Ausang b. Hausheim. Wald.

SARROL: ›Und zween bischöfl. Sarrol oder Korröck.‹ cgm. 402 f. 31ᵇ.

SAU. In A. gab esz eine Saugeschau: ›wenn ein Schwein von den Saugeschauern für rein geschaut wird.‹ Ordnungen von 1647. Saubrückle, Saugässle in A. Die alte röm. Strasze v. Pfünznach, Germanicum, heiszt Saustrasze, unweit von der Schafstrasze. In der Landschaft get die Rede: wenn der Bayer sagt 's Schwåba tritt man mit den Füszen! antwortet der verlezte Schwabe: Und Båjersau schlägt ma uff da Rüeszel! Båjersaue! ist allgemeine Schelte — bei jeder Gelegenheit — welche die Westlechleute iren Ostlechnachbarn zurufen. In Lang's Zauberei 55:
Sie ist so dick von Leib als eine
Beckensau
Ir Jüngling hütet euch vor der
versoffnen Frau!

SAUFFÜLLE, ein Järling bei Pferden. Strasze.

SAUSZ, der. Im Liede vom Schwarz heiszt esz:
Der Schwarz nam sich an des
Handels z'vil
Da er an der Steur sasz im Sausze
Esz war ihm gar ein eben's Spil
Da er das Geld bei 'den Hüeten
auszmasze.
Horm. 1834. S. 145.

SAUZER gegen das Allgaü hin, sieh Schnaier.

SE, Sél Säl ecce! zum Gaiszbocke: Se, sē, haoṣt ebbisz Heddl! Die Erklärung sieh mein Wbl. s. v.

SECH, Säch im Allgem. Sä, Sēa. wie nhd. ›Und sie werdend zesamen plewen ire swert in Sech und ir Speer in Sicheln.‹ cgm. 533 f. 6ᵃ. (bayer.) ›Dò schlug in ainer durch sin hopt mit ainem pflugsech.‹ cgm. 257 f. 146ᵇ.

SECHS in den Auszrufen ›meiner sechs!‹ ›O Jesus und no sechs! was ist denn basziert? Sch. Prof. Kern in einem Stutg. Obergymnasialprogramme bringt esz mit dem Schwur ›bei meinem Sax! (Schwert) zusamen.

SECHTEN. A. 1669 den 3. Jänner wiederholte sich ein früherer Zeit schon geeinigter Gränzvertrag zwischen Churbayern und dem Hochstifte Augsburg, demzufolge, ›Sechstens‹ in dem Amberger Holz — gelaszen‹ u. s. w. Lori, Lechrain, pag. 478.

SEELE in der Zusamensezung sieh das 2. Wort. Sealabroatlaibe, Abgabe der Bauern in Memmenhausen. Sealameal in Dirlauingen am Allerseelentage, eine Armenbrotgabe; man trug das Opfer in die Kirche: esz war

Segelzug — Semel.

früher freiwilliges Opfer, ist aber troz Widersezlichkeit zur stätigen Abgabe an den Schulmaister geworden. Die Ablösung ist fast unmöglich.

Sealaberg, der (Armenseelen-?) Berg bei Baisweil.

SEGELZUG in der Lindauer Schiffersprache: »hüt hend se 'n Segelzug,« d. h. guten Wind.

SEGENSPRECHEN in der Hebammen Ordg. in dem Memminger Stdtr. sind die Segnereien strenge verboten.

SEGES, SEEGES, Sägmel. In den Weberhausrechnungen: 4 karen Seeges zum Stubenbodenfüllen.«

SEGES, die, Sense: »der (aniherus) mit einer grossen Segessen die Feinde umgemehet.« Gass.

SEGRER, der, Sakristei. »So gieng St. Ulrich in den Segrer und taylet darausz den Chrysem; darnach vor dem Segrer chlaydet er« u. s. w. cgm. 402 f. 17b. Bei Frank, Annal. ebenfalls.

SEHEN in Zusamensezung: Aufsehen, observare; »ein scharfes Aufsehen haben« oft in Chron. Dr. Müller rümt sich — dasz er den Papisten zu genau aufgesehen.« Anti-Müller 94. Versehen, Versehung, die heil. Sterbsakramente reichen: »Peytinger ist gewessen, der zu Wörd ist gestorben on Versechung der hochwürdigen Sacrament.« S. 75b. 76ª. »On Leicht und on Versechung.« f. 420b. »Die Kranken mit dem Sakrament versehen« f. 76b. Versehung = Vorsorge: »Mit genugsamer Versehung des Pulvers.« f. 361ª.

SEIKORB an Sprizen in der Memminger Feuer.-O. »Damit das in Eil herbeibringende oft gar unreine und mit Stroh und mit anderem Unrat vermengte Waszer durch dieselbe geseyet, sauber in den Kasten gebracht, mithin das Fontil rein bleiben und nicht verstopft werden möge.« S. 21.

SELDE, SÄLDE, Besiztum an Aeckern, Wisen etc. Storkensälden sieh Storch. »Die Lehrer hie auf dem Thomstift haben etlich Selden zu Langeneifna gehabt.« S. 456ª. Erbsöld 1605. Mickhs Seldgrundzins und Hausgrundzins.

SELIG in Web. Akten. »und hept den Zunftmaister an und wünscht der Gemain ein seligs neu's Jar.« Glückseligen Morgen sieh G. Ztw. seligen in der himml. Braut: herr ich nane dich, dasz du mich gesäliget und geheiliget hast.«

SEMEL, in niederschwäb. unbekant »Zwu haller Semeln.« Pfründ. O. 1462. »Zwo grosse Kannen Etschweins und zwelf Semmelwek zu Presenz.« Gass. »Allerlei Schleckwerk, Baurenküchein, warme Semeln.« a. a. O. In der Reimchronik v. Herzog Ulrich S. 81. »von Kempten die Semel ich auch meld. Schiffer von Ahlen ab dem Hertfeld,

Wimpffen am Necker die Haumesser
Wangen, Isnen die Mutschelfreszer
Von Lindau am See die Schiffmacher
Von Giengen die Krapfenmacher;
Memingen, Schneiderist die Sach
Auch der Kirsner von Biberach
Von Schwebischen gnündt d. Augsteindreher.
Von Bopfingen im Riesz die Riebenseher
Die Sichelschmidt von Dinkelspühel
Von Kaufbeuren die Kelberschinder u. s. w.
(D. h. alle dise regieren das verlaszene Land stat des vertriebenen Ulrich.)

SEMLICH, Sämlich, änlich. Acker bawen und semlich dings. Astron. f. 17ᵃ. er hât ouch semlich gelider. f. 17ᵇ. semlich stern sind kalter natûre, etlich naszer. semlich truckner, semlich heiszer natûr. f. 24ᵃ.

SENDRAT, »die ander 3 tag nach dem palmtag het S. Ulrich mit seiner priesterschaft ain sendrat oder concili.« cgm. 402 f. 17ᵇ.

SEPPERL, das Wiener S., ein weitum im schwäb. Kreise berüchtigter Erzspizbube stand a. 1737 zu Augsburg auf dem Pranger und ward auszgepeitscht. Er hiesz Josef Steger von Streim in Unterösterreich. Den 22. August 1738 geköpft.

SER, adj. wund, maistens von wunden Stellen über die bereits ein hailes Haütchen wächst »Die Bueba sind sear,« i haū 'n seara Fuasz. Füszener Gegend. »und auf dein sêrigs, swirigs haupt geslagen staben.« cgm. 128 f. 35ᵃ. Das Ztw. sêren swv. »Man soll sich aber bewaren, das man der newen frücht nitt esze, bösz Obst und ander Ding, wann davon villeicht die Blase zerbricht und das Hirn also geseeret wird, dasz er es nimer überwunde.« Regiom. 1512. »dein Leib was durchwundet und durchsêret.« cgm. 128 f. 136ᵇ.

SERBE für Abzerung, Lungenschwindsucht. Zeitw. serben, Füszen.

SEURE, Seiren, pustulae; niederschwäb. Seirle; im Spiznamen Gseirle in Wurml. hat sogar G vorgeschlagen. Im schwäb. augsb. Gebiete Suiren. »Du hâst a paar richtige Suira: 3 geabe a Raud.« Neckerei in Behlingen. Die groszen beiszen dort: Nürnberger Suira. »Und hând auch rot kernen als die Suiren under dem antlücz.« Astr. 14ᵇ. u. cgm. 737 f. 7ᵇ. triusen ist eine änliche Lautbildung, altertümlich. a. a. O.

SEZEN, einem auf dem Eise die Beine unterschlagen, um in zum Falle zu bringen. »Ich will dir jezt ains sötzen.« Kleiderb. 107. In Niederschwaben heiszt esz »stechen.«

SIB in Hart. Invent. Khorensibere, Rattensiber, Gersten- und Veesensibere.

SIBEN. Sibentischholz und Sibentischwald, städt. Augsb. Wald. Sibenbrunnen, Sibenbrunnenfeld, Gegend um die 7 Tische. Sibenbrunnenbach. Sibenoichmad bei· Memmenhausen. Sibener, die, in Füszen die 7 Richtereide bei Executionen.

SIDL, ZIDEL, Truhe für Kleider besonders der Knechte und Mägde, zugleich Sizbank im Zimmer. »Da begab es sich auf obgemelte Nacht, als er wolt an sein Bett aufsteigen und kam bis auf die Sideltruhen.« S. f. 311ᵇ. In Siegertshof. Dokumenten 18. Jarhd. desgleichen. »Da gedacht ich je wie ich den Himel gerören möcht, und liesz mir beraiten gar ein starke Sidel, die wol mit Eisen beschlagen was.« cgm. 581 f. 133ª. Bei Furttenbach: »Tisch, darneben zwen Bänk oder Sidelen, darob zu Tisch zu sizen.« Die Form Sigl ist jezt die volktümlichste.

SILBER. Silberne Glocke, die sog., von den Präsenzgeldern angeschafft, in einem Turm zu St. Ulrich. Die silbernen bürgerl. Reiter, im Gegensaze zu den goldenen: sie hatten silberne Schnüre. Der Silberjörgle, ein berüchtigter Erzgauner in d. Mitte des vorig. Jhs. Berümt ist seine Gefangennname in der Freyung zur St. Morizkirche. Auf s. Kopf hatte Buchloe 300 fl. gesezt.

SIMETSFEUER ausz Sunwendfeuer, Sünwendfeuer per assim. Simmentfeuer. »Sie wiszen was in unsern Gegenden junge Leute, zumal auf den Dörfern mit den sogen. Veits- oder Simetsfeuern für eine Freude haben.« Paul v Stetten. Erl. 88.

SIMSENLAUFER, ein woldienerischer, achselträgerischer Mensch.

SIZ, der, 1) der Plaz z. B. Schieszplaz, Schieszstat. cgm. 2517. 2) Die Sizung des ersamen Rates in alten Verordnungen bes. in der Hebammen O. haüfig so genannt. »Sizeinschreiben« 17. Jarh. Quatembersiz. 3) Gesicherter Landaufenthalt der Adeligen und Patriz. urkdl. — »Einen neuen Sizsack für Gewandschau oder Sigsack« (in d. Web. O.) 30 kr. Ztw. ersizen. Web. Akten: die vorgeschriebenen 3 Jare nach der Lernzeit bei einem Maister arbeiten, da vorher keine Eingabe um das Gewerbe angenomen wurde. So bei den Webern, Färbern u. s. w. Daher Sizmaister. Laut Dekret vom 11. April a. 1750 musz ein jeder angender Färbermaister, wenn er sich die 3 Ersizjare bei der Laden als Gesellen einzuschreiben unterlaszen »davor 12 fl. an die Laden bezalen.« Web. Akt. Einsizen (grob), detrimentum capere. H. S. Ich ziehe hieher 2 urkundliche Formen Siczmunt und Mazzensiezo, jenes ein altes Gut oder auch nur Flurname, zu St. Ulrich in A. giltend. cgm

154. Disz ist der heute noch lebende Ortsname Matsiesz. Zu Grimm's Erklärung in Haupt's Zeitschrift II, S. 5 ff. gehalten, bestätigen meine 2 Beispile jene vollkomen; (Wolfpoldes) siaza und siuza, sioza, wird nach Grimm stabulum, praedium, Umhegung sein.

SOCHTER. »a sochter oder hempliger Kerle.«

SÖLDNER, Stadtsöldner, »welche die Spech hatten« 1) im städt. Dienste stende Kriegsleute. 2) eine Art Polizeisoldaten. S. 462ᵃ.

SOLER »auf dem Soler unter dem Boden.« S. 333ᵃ. »Auf dösz Hanns Behams Wirts Tanzsoler vor unser Frauentor.« Kleiderbuoh 149.

SONNE in dem Kinderreime:
Liebs Mueter Gottisle
Tue deI Blickele auf
Und lasz die heilig Sonna 'rousz!
Stauden.
Komt die Sonne herausz, so sagen die Kinder: Sigst, mî mäg d'Mueter Gottes geara! Groszaitingen. Den Behlingern sagt man nach, sie hätten die Sonne gefangen nemen und in einen Saustall sperren wollen, wie sie denn gar vile Straiche auf sich haben. Sie sollen auch den Nebel herabgeschlagen, eine Blonza im siedenden, wie sie meinten, aber nur schaümenden Mülgumpen gesotten haben. Das Kirchenschieben, das Krautgartenanbinden, damit er nicht versinke, das Begraben eines leeren Bairle's« — das tote Kind lag hinter dem Ofen — hängt alles an inen.

SUBTIL. Im Sternbild der Jungfrau ist gut mit Schreibern, Kaufleuten und subtilen künstlichen Menschen handeln. Reg. 1518. Der Saugamme Trank sei ein subtiller weiszer Wein. cgm. 601 f. 99ᵇ. Arznei, die das plut subtill macht. Subtilligkeit der Hyrnschall. a. a. O.

SUCHEN, besuchen swv. »Im Jare 1489 fürte ich Max Walter ein überausz groszen Spiesz und rannt in auch wider Jakob Riedler, für alles Besuchen und werdt des Besuchens gar nochendt 3 Stund.« P. v. Stetten, Erl. 55.

SULZ in der Küchensprache: Gallert. »Bratisz und ain Sulz.« Kellermaist. Ordg. 1535. Sulzflaisch. »Sulzen von Kälbern und Schweinen.« a. a. O. »An der Herren Fasnacht ze Inbis ain suppflaisch, kraut und flaisch und jeglichem ain Schüszel mit Sulz von 5 Stücken, damit sie die 3 Vasnachttag der Sulzen halben ûszgericht sein sollen.« Pfr. Ordg. 1462. In Konradshofen wird am Schlusze des Hochzeitmales Sulz mit gedörrten Zwetschgen aufgetragen. Sulzhof bei Dillingen Sulzmad bei Reinhartshausen. Sulzknecht, Sulzer. 1) Wämstler. »Item quilibet parans intestina, qui dicitur Sulzher, 18 Pfond sepi in festo S. Galli.« Bischöfl. Urbar 1316.

Kaiser, Wappen 60ª. 2) »Wer am Diebstal, Kezerei, Straszenraub begriffen wurde, den sol man in den stock legen unde sulln die waibel die slüszel gehalten unde suln die Sulzer des hüten, der darinne lit. — verwarloszten die sulzer daz — (sollen sie) in denselben stock chomen.« Stdtr. Der Burgauische Sulzknecht. Mickh. Urkd. 1681.

SUNDER. »Mittentag oder des tailes der welte, das dâ haizet sunder.« Astron. f. 14ᵇ. »aber das tail, das dâ haizzet meridies oder sunder.« f. 16ᵇ. Germ. VIII, 111. n hat die südd. Mundart schon längst verloren; got. müste sunthar, sunths dagewesen sein.

SUPPE in Suppbub, arrogans, cgm. 685 f. 12ª. Suppenfreszer: »ist diese gottselige Generalvermanung von einem losen bäpstischen Suppenfreszer aufgefangen worden.« Dr. Müller. »Henszelin, Suppeneszer, Liebkoser.« Buxh. Chronik. f. 73ᵇ. In einem clm. des 15—16. Jhds. ist Sykophant mit Suppenfreszer wiedergegeben. Suppfleisch = Flaischsuppe, stets in Chroniken etc. Pfründe-O. 1462.

SURRIG. »Was luegst du heunt so surrig dreï !« sagt Gott zu Adam. Sch.

SCHÄBIG (scabiosus) in rohen Schelten: schäbigs Lueder! — Viech! »Auf derselben hand ward ir behendiglich schebig und reydig.« cgm. 402 f. 65ª.

SCHACH, latrocinium. Schacher, latro. cgm. 402 f. 95ᵇ. Nachtschach. Dazu gehört Schächer am Kreüze. Als er wol tet dem schacherschein. Dem er vergab die Schulde sein. cgm 402 f. 78ª.

SCHACHEN, promontorium; Waldzunge. Schachen O. N. . (Lindau) urkundl. Birscachin. 834. »ein Schachen oder Raühinen in den Wäldern — fällen, abtreiben.« Conf. Kempt. 23. Bärenschachen b. Roth. (Illertal.) Der obere u. untere Sch. Mindelh.

SCHACHTELN heiszen die Freihalder spottweise; sie schachteln ire Reden auf confuse Art ein.

SCHÄCHTEN swv. wie jezt in der Judensprache. In den Schriften der Mezgerstube vom Anfang des 17. Jhs. ab: »Am Donnerstag in der Früeh schechten.« »Und soll jnen, so der Ox treffer ist, hernach ein anderer Ochs geschechtet werden.« »So sonsten dem Schechter gehörig.« »Der Schechter alte Ordnung.« a. a. O.

SCHAFFEN stv. und swv. wie heute noch bayerisch mundartlich = befehlen, scheint esz in A. üblich gewesen zu sein. »So schuof der Kaiser in diesem Jare den von Augsburg, dasz sie widersagen musten.« Horm. 1834. S. 123. »Wie es auch der Kaiser geschafft hat.« S. 95ᵇ. »Bis im ain Rat schieff, dasz er ausz dem Thuren wieder heimgieng.« f. 463ª. »Am Montag hat der

Kaiser geschafft« u. s. w. »Der Bischof schuof, die Gruben wieder einzuwerfen« Horm. S. 133. Ausz geschefft = auf Befehl. S. f. 335ᵃ. »Durch geschefft eines Rates.« f 551ᵃ. Im Troj. Krg. stet erschaffen, befehlen.

SCHÄFFLER, der, Bötticher oder Faszbinder. Der Schäfflertanz, in München noch volktümlich, fand früher in A. ebenfalls stat. Als König Ludwig I. a. 1829 in Augsburg war, fürte man den Tanz nochmal auf. Die Schäfflergesellen trugen Nanghinghosen und Juppen, grünsaffianene Käppchen und weisze Strümpfe; jeder hatte einen halben Raif, »Schäffler's Roiff«. Einer in der Mitte trug den ganzen Raif. Sie machten maisterhafte Kunststücke mit den vollen Weingläsern etc. »Auf d. Schefflerhaus.« S. 411ᵃ.

SCHALAZEN swv. »Verboten, dasz Niemand under derselben Zeit (Predigt) in oder auszer der Stadt vor den Toren solte spazieren und schalazen gehen.« Gass.

SCHALK, der, eine Art Wammes kaum bis an die Hüfte reichend. Tuchschalk, haüfig in und um Augsb. Ein Gesell der Weberzunft hiesz seinen Maister einen rechten Baurenkerl, weilen er bei der Lade, der er unterstand, im Schalk herumgeloffen und ward zu 6 kr. Strafe verurteilt. Web. Strafbch. 1787.

SCHALKENBERG ob Wilmetshofen, ein Burgstal, als Waldname schon in uralten Gränzbeschreibungen Mickhausens üblich.

SCHANZ. Paul v. Stetten, Erl. S. 87: Im Haus, auf der Gassen, beim Tanz Haben sie Acht auf ire Schanz. »Dasz sie nicht etwan noch ein bösere Schanz von dem Heer wurden übersten müszen.« Tr. Krg. 52ᵇ. Im cgm. 311: in sein Schanz schlagen; so fällt dein Schanz desteren; in die Schanz einschlagen. f. 43ᵇ. »Das dritt spyl ist schanzen.« f. 38ᵇ. Schanze »Baurenschanze« b. Breitental. Römisch. Vom Frankenhofer Hofbauern a. 1525 verschanzt. Schanzl b. dem Einödhof Willenfeld. In Memmingen standen am Ende des vor. Jhds. das halb Guldenschänzle zwischen dem Krugs- und Waszertor; die Sternschanze und der Mehlsack zwischen dem Wester und Niedergaszentor.

SCHAPFE: »und hat denselben ganzen Tag über geregnet, also man mit schapfen hette goszen.« S. f. 293ᵃ.

SCHAPPEL als Kranz sieh mein Wbl. s. v. »De Syfrido dicto Schappel.« Man. f. 12ᵇ.

SCHÄPPER. 1) Schafsvlies. 2) Unterkittel. »Dasselben fielen auch die Schnee so dick von dem Himel, als die dicken schäpper der guten schaff.« cgm. 581 f. 119ᵇ.

SCHARBOCK: »mit newer Krankheit dem Scharbock und

schädlicher Fuszgeschwulst verhafftet« Denkw. S. 77.

SCHÄRE ob zu **Scheere**? eine Schelte in Günzburg: »du **Schārē**, du **wüetigerl**« d. h. du fauler, dummstolzer Gäck! In Günzb. gibt esz eine Stadtpersönlichkeit dises Namens; diser Mensch sagt imer: **grēa isch schēə**!

SCHAREN swv. »Was zu schiffunge **gescharet** als vischen und ackerbuwen.« cgm. 736 f. 12ᵇ.

SCHARFSCHIR im Zeughause eine männliche volkbekante Figur: »den **Scharfschir**, welcher den Gesellen, die weder die Pfalz don wellen, den Part schirt.«

SCHARSACH. »Und die Sünd ires Lebens verschneident on Underlasz ir Gewiszen als die scharfen **scharsach**.« Himml. Braut. »Der hirsz tritt das Gras ab als esz mit einem scharpfen **Scharsach** abgesnitten hab und tut das hinden mit dem Balle.« cgm. 289 f. 104ᵇ. »Die schall des Hirschfuszes recht als ein gesliffen **scharsach** und ist der Fuosz einem **scharsach** geleich.« f 104.

SCHATTEL vom ital. la scatola: »76 Käntchen mit Wein; 24 **Schattel** mit Zucker.« S. Schm. III, 413.

SCHAUBE, die, wammesartiger Überrock, Juppe für Mann und Weib. Der Oberrock hatte zu Anfang des 16. Jhds. die Gestalt des **Trapparts** und der **Schaube**. Ersterer, alt, vorn geschloszen, über den Kopf gezogen; leztere hatte senkrechte Oeffnung von oben nach unten. **Schaube** stat Trappart 16. Jhd. Futter-Pelz und Verbrämung. Falke, Trachten I, 301. Bei L. Rem: Noch um 8½ Ellen fein graw Lindisch tuch, cost in Antorff fl. 9 zu einer **schauben**; um 3⅓ elen samet zur **verbrämen** kost 6 fl. 13. tuot 15 fl. 13 kr Mér um ain stück Dopel-Camelot zu ainer **schauben**, kost in Antorff 14 fl. um 3 elen rot samet fl. 7. Um ¼ Stuck samet schwarz a la piana zu ainer **schauben** fl 10. 4 Elen Samet darzu etc. Um 4½ Elen samet 9 fl. zu ainer **schwigerschauben** 19 fl. u. s. w. — Sein Weib für ein **Schaub** geschenkt ein silbern wasserkentlin mit seim und irem wappen — 20 fl. (S. 46.)

SCHAUBELTÄNZE Wegen des Elendes im Reiche liesz der Rat in A. den 12. Juli 1519 das Singen, die Hanentänze, Weintrinken, Zechen auf Tischen vor den Haüsern, das Tromelschlagen auf den Gassen und alles Tanzen, ausgenomen auf Hochzeiten und die sog. **Schaubeltänze** verbieten. Gullm. I, 234.

SCHAUBREISTEN, **Schabreiszen**. »Und mit brennenden **Schabreisten** haben sie ihn durch die Stadt gefiert.« S. 69ᵇ. »Mit brennenden **Schaubreiszen**.« f. 30ᵇ. »Da zündet man **schabreiser** an, dasz man gesach.« Buxh. Chron.

SCHAUEN. Zu **Geschau** oben

S. 190. 191 kan nachgetragen werden: **Geschau** im alt. Augsb. fast nur für **Tuchgeschau** volküblich. Zwischen der **Geschau** **Geschaumarkt**. Die Weberzunft hatte 7 **Rohgeschaumaister**, 4 **Schwarzgeschaumaister**, 3 **Gewandschaumaister**, **Tuchscheerergeschaumaister**. In Rechnungen: den **Geschautrog** zu fegen 2 fl. **Geschaupfennigbüx**. **Geschaustübel** (Mezger). Das **Schauen imBrechhaus**. »Die Fremde, so aus dem Brechhaus oder Lazareth tempore pestis **geschauet** werden, sollen schwören in 3 Monaten nit mer allher zu komen.« Ordgen. 1647. Einem Mezger, der Schulden macht, die **Geschau** niederlegen. Ordgen. 1647. In Memmingen gab esz folgende Schauen: Brot-, Bier-, Mülen-, Korn-, Leinwand-, Loden-, Leder-, Silber-, Fleisch-, Ziegel-, Feuerstätte-, Gewicht-, Masz-, Ellen-, Schmalz-, Unschlitt-, Kohlen-, Zinn-, Ross-, Krankenvieh-, Zeug und Wollenschauen. **Saugeschauer** wegen Pfinnen.

SCHAUFEL in der Mezg: »die **Stoszschaufel** und die **Sandschaufel**.« Mezg. Akt.

SCHAUPEN. »Ulrich Schwarz het an ein schwarz samelot ein **schaupen** mit Mader underfuotert und ein hauben auf dem haupt mit rugfechin futter.« S. 223ª. Samat in Sch. f. 525ᵇ. »Man liesz in die **schaupen** an« f. 526ª.

SCHEER, die, in der Mezgersprache (beim Klein- und Groszvieh): nach Wegname aller übrigen Körperteile das Stück mit den beiden Schlegeln

SCHEIBLICH, rund, in codd. Aug. **scheiblecht**, unzäligemal. »Neoptolemus — **scheyblicher** Augen, groszer Augbrahen.« Troj. Krg. 68ª.

SCHEINEN, blizen; »esz tuet **scheina** und turna.« 's haot **gschinat**. Füszen. Schinar, Bliz. a. a. O.

SCHEINBOT in e. Vergleich v. 1647. Landsknechte und Krigsleut musten unter dem Tore ein lösen; dann durften sie 1 Nacht in der Stadt bleiben. Beim Abgang gab man inen ein **Scheinbot** oder Zetelin, dasz man das Pfand inen wieder zustelle. »Esz ist gebräuchig, dasz man auszerhalb der Markttage in der Schrand Korn oder Getraid abmeszen lasze, es sei denn ein Burgermaister solches durch einen **Scheinboten** vergönnen.«

SCHEIPPELER, Wilmetshofer Flurname.

SCHEIR im Kleiderb. S. 56: »Das wams daphat mit samet underzogen, die hösen mit Zendel ein grosz niederlendisch **scheirn**, superfin.« S. 60: »Die Kapp mit 2 samati Strich, d' Wappenröck mit Daphatzotten auf 4 Ort aufgeschnitten; ein attlas Wams; ein niederlendisch **Scheirn** mit 2 samati spickel.«

SCHEISZKERL in der gemeinen

Schelte: bi‡t vorna a Spizbub u. hinta a Scheiszkerl! A.
SCHEITEN bei Dr. G. Müller: »der Obrigkeit zu Eren lasze Holz auf dir scheiten.« Abscheiten, Tailhölzle abscheiten. Mickh. Urkunden. 1567.
SCHEITERN swv.: desgleichen seind auch der mehrer und grosze Teil Fisch in den Waszern und Teüchen durch eine sonderliche Pest — scheitern gegangen.« Gass.
SCHEIZUNG. »Gewunnen davon (vom Ansehen) ein grausamliche Scheizung.« cgm. 402 f. 65ᵃ. »Was ain grausamlicher Knab — frayssam, scheyzig.« f. 72ᵇ.
SCHELFEN, die, siliquae. Mein Wbl. 81. »Die Baym sind der Schelfen entplöst.« S. 113ᵇ. »Feigen und Linsen, den die Schelf abzogen ist.« cgm. 601. f. 114ᵇ. »Darumb tue als der aff, der die Nusz von im wirft von pitterkeit wegen der Schelen.« f. 83ᵃ. Kurbsschelf f 105ᵃ. Magölschelf. a. a. O. Margranschelf f. 110ᵇ.
SCHELLIG, kollerig, rappelköpfig, flüchtig, fougueux. »Das pfert wurd schöllig.« Kleiderb. 44. Sie waren alle ganz schellig auf einen der Ehrwürdigsten.« Pasquinus.
SCHELMEN. »N. u. N. haben einander wegen ausgefrezter Anwanden geschelmet und gediebt.« Mickhs. Urkdn. Schelmen-Mattle, röm. Plaz, Hügel b. Weiszenhorn. »So wil ich in das Land senden den Tod und Schelmen.« cgm. 206.
SCHELMIG. »Vom naszen Sommer die Kye und Schwain raydig und schelmig sind worden und gestorben.« S. 323ᵇ. »Und im Seszel des schelmigen Todes nicht ist gesessen.« cgm. 528 f. 1ᵃ.

. SCHERG, hie und da Schirg, im Liede:
Im Wald drausz
Ist a Wirtshaus;
Ist a Magd drausz
Hat a Filzlaus;
Komt a Scherg nausz
Füert die Magd 'rousz
Weaga der Filzlaus. Stauden.
Im Reinhartshauser Pfarrbuch: Blutscherg. »Einen schönen Brauch hatten die Walberger in der Karwoche: am Karfreitag legte einer Christum in das Grab, wie solenn weisz nitt, die Auferstehung war grosz. Auf den Abend gaben sie ein Zeichen und kamen allda in der Kirche zusamen. Alsdann giengen in Walberg der Herr Pfleger und in Burgwalden der Bestandbauer, oder auch, so diser nit Zeit, der Untervogt, so diser Zeit ein Blutscherg gewesen, namen Kristum aus dem Grab und sangen mit dem Volk: Christe ist erstanden, nachdem trugen sie ihn in der Prozession um die Kirche.«

SCHERZLE, dim. Brotanschnit, altbayerisch?

SCHETTER. »Spinnet oder Schetter in unterschidlicher

Braite zu würkhen verboten.« Web. Akt. 17. Jh.

SCHEU. »i bī schui auf di« = harb, altb. (böse). Strasze.

SCHEUREN, Scheiren, Becher, in den Chroniken unzäligemal, besonders bei Festbeschreibungen: »Des Kaisers Sun Maximilian hat man geschankt ain verguldten Scheuren 127 fl. wert.« S. 196[b]. »Dem Bischof von Minz hat ain Rat geschenkt ain vergulten Sch. 70 fl. werd.« f. 197[a]. »Um ain Scheuren lauffen.« f. 318[b]. Verdeckte Sch. oft u. s. w.

SCHICKEN, »zu schicken haben«: zu tun haben mit Jemand. Schmell. III, 319. »War ein Pfarrer zu St. Ulrich, hiesz Frischhans, der het mit seiner Beichttochter zu schicken, war ain klains jung Maidlin.« Horm. 1834. S. 144.

SCHIDEN swv. 1) loszen, bei Sender: »am Aftermontag — hat man geschidet um alle Kleinet.« f. 329[b]. Zwen Zechner, der gewan am Schiden das Best an 110 fl.« a. a. O. »Sollen schiden um die lezten Ring.« f. 94[a]. 2) Schidung: Auf unser lieb. Frauentag irer Schidung f. 116[a]. Am Mittwuch nach uns. Frauen Schidung. f. 117[a].

SCHIEBEN swv. »die Feygenbaüme schyebent ire schosz.« Augsb. Messb. Schiebochsen sieh O. Schieber: »im Stadeltennen wird ein rundes Loch ganz durch die Mauer hinauszgebrochen, jedoch mit einem Schieber beschloszen, damit man des Wagens Deichsel hindurchschieben möge.« Furttenbach.

SCHIECHEN, niederschwäbisch schieggen=daher latschen, sei's im Rausche oder auf unsicherm Wege, wo man mit den Schuhen überal anstöszt. »Schiach hoī vom Fest mit Hengst und Molla.« Sch.

SCHIESZEN swv. »Und da er deswegen zur Rede gestellt gegen der Obrigkeit noch unnüze Wort dazu schieszen liesze.« Gass.

SCHIESZEN, swm. Giebel, hie und da stm. »Dises Haus hat einen gemauerten Schieszen gehept, darauf ist gewesen ein Storgennest.« S. 83[a]. Da ist um die erste Stund in der Nacht der schieszen niedergefallen.« a.a.O. »Schieszer: Giebel oder Scheidemauer eines Hauses; dise endigt oben niemals in einer geraden Linie, sondern formiert allemal eine Spize; in der Regel one Liechtrecht.« Bau O. Im Man. f. 26[b]: »und müret das bad und die schieszen baid.« In einer Mickh. Rechnung von 1567: darausz er 17 Tachfenster-Remlen und grosze Ramen in die zwēn Schieszen gemacht. 1 fl. 40 kr.« »Item warf der Wind einen Schieszer, thät groszen Schaden.« Chron. 1634. A. 1434 fiel ein groszer Schieszer umb auf die Leut.« S. 108. Im Servatius, Haupt, Ztschrft. V, S. 95, Vers 581:

ûf sinem houpte sach man schinen ein infel mit zwein schieszen u. s. w.

SCHIESZGRABEN. A. 1545 eingerichtet; der obere für Armbrust (Palester), der untere für Hand oder Bogenschosze. Am Rosenauhügel war der urspr. Schieszplaz bevor der Schieszgraben erworben ward. Der Rosenauhügel heiszt auch urkdl. der Feuervorschieszplaz.

SCHIFF; hie und da in schwäb. und bayerisch. codd. Scheff. »Armbrost und Schefflin.« S. 476[b]. In den Stauden und in den Straszenorten ist Schiffle eine Art kupferner Hölhafen, länglicht, quer durch den Hinterofen, d. h. den Mauerraum zwischen Wand und Ofen laufend; daran ein Han. Im Hart. Inv. »ein grosz kupfern schüfel auf 'm Heerd« Die Schiffhauben, alte Tracht vornemer Art, verboten in der Zierd-O. 1668.

SCHIFTIG in der Webersprache: »drischiftiger, vierschiftiger Zwilch« 1638.

SCHILCHET »e. gelbschilchet taffetene Dökh mit leibfarber Leinwand underfietert.« Fugg. Inv.

SCHILTBUEB, »der den Fanen hat gefiert.« S. 174[a].

SCHINDER neben Abdecker. Schinderhütte bei A. Schinderhölzle b. Göggingen. Auszruf des Unwillens bei Abweisungen: Gang zum Schinder und Schaber!

Nao komm der Schinder oder Schaber
I haŭ mel Gsod, i haŭ mein' Haber. Sch.
Schinder, ein Wald bei Weiller. Schinderei, herbe Arbeit. S. 150[a].
Adj. schindig bei Holzmann: Die reichen Bauren waren karg So übergeizig, schindig arg.

SCHINE f. in einer alt. augsb. Hufschmiderechnung 17 Jh mer: 2 alt Schinen aufzogen 4 kr. mer 12 Schinegel; mer 6 Schinegel. ?

SCHIPPE in Tänzen:
Der Schäfer im Feld
Mit seiner Schippâ
Ear möcht geara pfeiffa
Kan 's Maul ett spizâ.
Stauden.

SCHIPPEL, pöbelhaft f. Kopf: »sein gsterra Schippel lausa.« Sch.

SCHIRMEN swv. Schirm. »Darnach hat man gar maysterlich mit einander geschirmet. Da hat Marggraf F. kein nit hingelauszen, er ist ihn angangen und hat mit ihm geschirmt.« S. f. 285 ff.
Der Schirm: »under einem seydin Schirm (zog Kaiser Max ein), der gemeine Mann nennet es einen Traghimmel.« Gass. »Esz sollo auch eine jede dergleichen Hänke gegen die Nachbarn zu beiden Seiten mit einem sogen. Schirm oder Flügel verwart werden.« Bau O. II, 55.
Schirmboden: »das Mel soll

in füro nit mer dann 6″ hoch von dem Schirmbodenschilt ausz in den Mülkasten fallen.‹ Sigertshof. Mül-O.

SCHITERER ein Schulhaus? Im Kleiderb. S. 20: ›A. 1502 adi 28. Junius als mein Mutter starb: da lernet ich das a b c zum schiterer.‹

SCHLACHES, der, unordentlich in Kleidern, schlaff, schlampig gekleideter Mensch. A.

SCHLACHT, das, sieh Geschlacht. ›Wur und Schlacht‹ 1359. Schlachtanger, an der Wertach u. dem Herrenbach. 1515.

SCHLÄFER: ›das Bistumfest des 7 heil. Martyrer, Schläffer genannt.‹ Festkal. Schläfrige Messe: ›allda auch ein Messpfüfflein den faulen Leuten die lezte Mess des Tages, als nemblich um Mittag zu halten pflegte, die man gespöttweis die schläferige Mess geheiszen.‹ Gass.

SCHLÄFEN, schläffen swv. im Augsb. Messbch. = induere; eine ältere Auszgabe hat einschleifen. ›Herre zeuch oder schläff mich aus den alten Menschen mit seinen Werken und schläff mich ein mit einem neuen Menschen.‹ f. 3ᵇ. Ich bitt dich betend, dasz ich von allen Sünden ausgeschläfft werd und mit dem Kleid der Albe eingeschläfft.‹ f. 5ᵇ. ›schläff mich ein mit dem Kleide des Heiles und mit dem banzer deiner sterke‹ ›Das rot kleid das sie Jesumb um den Leichnam täten und einschläfften.‹ f. 7ᵇ. ›So der priester in den wirdigen Ornat eingeschläfft ist.‹ f. 12ᵃ u. s. w.

SCHLAG: ›Und an ein creuz genagelt und das er daran starb also und begraben ward allda, und das er an dem dritten Tag erstund und lezt den alten Schlag.‹ cgm. 402 f. 72ᵇ. Anschläge heiszen die Bretereinfaszungen an Strodächern. Strasze. Zeitw. schlagen vom Blize: ›hat es hye und auszerhalb fast blizget und durnet und Stain geschlagen, als grosz wie ein Hennenei.‹ S. f. 358ᵃ. ›Hat Stain geschlagen als grosz als ein Haselnusz.› f. 359ᵇ. ›— als grosz als die gemainen Ayr.‹ ›— wie die Tauben Ayr.‹ f. 410. ›Wann sich einer verschlägt oder sonsten abschweif macht und austritt; auf einen solchen soll man unter den Toren Befehl geben.‹ Ordgen. 1647.

SCHLAIF, spr. schloif, nichtsnuziges, unzüchtiges Weib. Burg. Gegend.

SCHLANZ in der Red. A. der, die haot 'n Schlanz, d. h. ist mir willkommen; die möcht ich u. s. w. Klimmach. Schlenz in der heraldischen Sprache des cgm. 92 f. 14ᵃ: ›und das ander tail weisz und plå schlenz getailt.‹ Bei Furttenbach: Schrenz oder runde Löcher an festen Toren.

SCHLAPPE. 1) Kopfbedeckung:

eine zweieckige Schlappen tragen (Inful). Gass. »Dise schlap mit guldi stofft ist gewöst Hörzochs von Mayland;« (niedergebogene Krämpen.) Kleiderb. 57. Mit samatin hacken, burschat Wammes, atlas schlapheiblin. a. a. O. 74. »Hirnschläpplein oder Visier sollen — aus Tripsammet gemacht werden.« Poliz. O. »Ingleichen mögen sie die Hirnschläpplein wol von gutem glattem Samet machen.« a. a. O. 2) detrimentum, wie nhd. »da auch die Mezger der Schlappen nit erwarten wollen, sondern Reiszausz gemacht« u. s. w. Gass. 3) Alte Schuhe. Halbschuhe: »für Schuech und ain Schlappen.« 1680. »Und sez das Pflaster dem Kind in einer Schlappenweis auf.« cgm. 601 f. 104ᵇ.

SCHLARPEL f. herunterhängende Unterlippe Günzb.

SCHLATT in Schlatte, ein groszer breitrandiger Erntestrohhut der Landbevölkerung. Schelte: »Du bist koi Schlatte, aber dei Huet!« Behlingen. Schlattentaler, kaiserl. Leopoldstaler (mit der hängenden Lippe). Schlattoar, Schelte: Langoar! Burg.

SCHLAU, tobelartige kleine Taleinschnitte mit Waszerbächen nebst Wisgründen; die Stauden haben das Wort unzäligemal für Fluren, Wälder. Das merkwürdige Toadaschlaülob. Siegertshofen; urkdl. in Akten 1598 u. s. w. Kreuzschlau, Martenschlau, Margretaschlau, Schlauäckerle (Wilmetshofen). Im Hart. Docum. Buch: Schlaüle, öfter. Bei Waldberg ist die Wolfsschlau; bei Reinhartshausen Schlauacker, Schlauwisa, Schlaülewis u. s. w Im Saalbuch v. Türkheim 1493 »ein Fleck Wiesmadt ist nit gar ½ Tagwerk, ligt in der Schlau.« Zacher 405. »Aus des Müller's Schlau.« Mickhs. Urkd. 1567. Eine Holzmark Grünenschlau b. Anhausen. Viac. 27ᵇ. In einem Fugger'schen Lehenbrief v. 1596 (Viac. 33ᵇ): »die Veste und das Schlosz Wellenburg — mit Gärten, Wisen, Waldungen, Holzmarken u. Schlauen« u. s. w. Die Seldenbachschlau, 1420. Wellenb. Urkden. Viac. 13 (Anhg.) Die Schlau im Holz a. a. O. Im Hohenschwangauer Rechte Schlauch b. Horm.

SCHLAUDER. »Zu dem Rauchfang 2 Schlaudern gemacht.« Mickh. Rechnung. 1681.

SCHLECHT in Schelten: »du bist a schlechter Aff! Strasze.

SCHLEMRIGKEIT im cgm. 601 f. 115ᵃ: »und mit Schlemrigkeit von Leinsamen, vermisch esz under einander in einer salbenweis.«

SCHLENKERN swv. = d. Dienst wechseln v. Ehalten: Schlenkermagd; anderwärts schlenkeln, Schlenkelmägd u. s. w. Tanz:

Heunt ist mein Schlenkertag
Heunt ist mei Zil

Wemmer was geba willst
Gi mer recht vil.
SCHLEPPIG adj. schwer tragend; schlampig dasselbe. Burg.

SCHLICK, SCHLICK! Entenruf. Birkach.

SCHLICKEN in Holzmann's Theurung: Der Barchet schlickt guete Woll Es weiszt's ein Jederman offe Ein Weber haben muesz und soll.

SCHLIEFEN sieh oben schläffen, induere. »Dao hend se se verschlaifft« v. Fasnachtbuzen. Stauden.

SCHLIEFER, Muff; niederschw. Schlupfer. »Dasz die Mannspersonen dises Standes kein Bixlein oder Schliefer von glatem Samet überziehen.« Poliz. Ordg. »Im übrigen seind sie befugt, Bixlein und Schliefer mit Atlasz oder Marderschwaiffen fürzuschieszen zu laszen.« Im Fugg. Invent. »ein schwarz samctens Schlieffrökhel mit Seidenporten prembt.«

SCHLITTENKARREN erscheinen bei St. Ulrich als Weihgeschenke. cgm. 402 f. 37ª. Die gemalten Schlitten der vornemen Augsburger werden in Chron. öfters genannt. Chron. 1634 S. 717.

SCHLORPEN, spr. schloarpə, schloapə, alte ausz- und eingetretene Schuhe. Mindeltal. Schlarpen, anderwärts. Schlorper, ein Mensch schleppfüsziges Ganges. Schlurpa, aufgeschwollener Mund. Ztw. schloapa »der Michel gar, dear schloapt dabea. Sch. Adj. schloapig: Sie sind itt schloapig und itt trottlig, Sie sind itt schäbig und itt zottlig. Sch. In Groszaitingen schlarkchs.

SCHLOSZ in zalloszen Orts- u. Flurnamen. Schlöszle, römisch. Plaz, 3 Stunden von Stettenhofen. Schloszberg, alt, 1) b. Morenhausen; 2) bei Stefansried; 3) Ungerhaus. Wald. Schloszer heiszt seit altem der jeweilige Besizer eines Bauernhauses bei Untermühlegg, alter röm. Plaz.

SCHLOTTER; Schlottaknöpflen, Milchspazen von gestockter Milch und Mel; beliebte Speise der Staudenleute, besonders der Klimmacher. Red. Art: Ja Holzbaur, unreacht hand ihr itta: denn 's komt a Schlotter nauch der Mill. Sch. Ztw. schlottern, zittern. Von Kain heiszt esz cgm. 205 f. 24ª: »wa er ging, so slottret im das houpt «

SCHLUCKGEHEDER: »Du siehest je allenthalben exempel gnug. Waist du nit da St. Franziskus Regel, am ersten anfienge, das der Welt ein solich schluckgeheder mit dieser vermainten hailigkait fürgeworfen ward.« Pasquinus.

SCHLUPFER heiszen im Memmingischen die Schillinge. Karrer, Chronik 27.

SCHLURKEN, stottern, sonst lurken, lorken. »Hektor,

schlurkend Red, weiszgraues Haar.‹ Troj. Krg. f. 67ᵇ. ›Neoptolemos, grosz, giftig, blästig, schlurkend, güetigs Angesichts einwärts gebogen.‹ f. 68ᵃ.

SCHLÜSZEL: ›mit dem Schlüszel schieszen.‹ Augsburger Erlasz 1540.

SCHMAICHER: ›Sch. u. falsch wârsagen.‹ cgm. 402 f. 84ᵃ.

SCHMALOZEN swv. schmarozen. Stauden.

SCHMALZ. Die Speise Ayrinschmalz musz in geschlechtlicher Beziehung eine Bedeutung gehabt haben. Nach Sender f. 315ᵇ gibt die Frau auf die Scene (oben s. v. aufreiben) irem Manne zum Hone ein ›Ayrinschmalz‹ (Eierspeise). Adj. schmalzig. Der schmalzige Samstag vor der Fasnacht ist allgemein schwäbische Benennung, wenigstens in ganz Oberschwaben üblich. ›Item an dem schmalzigen Sampstag ze Nacht — verpran ein Haus.‹ Frank. ›An dem schmalzigen Samstag ir jedem einen pfautzelten, 6 küechlach.‹ Pfründ-Ordg. 1462. ›Und kame gleich auf den schmalzigen Samstag.‹ Gass. Weiden- und Maien-Schmalz, eine alte Abgabe an das Stift Kempten. Confirm. Von jeder Grundweid e. Pfund Schmalz. Das Weydenschmalz z. Legau und Günzburg. a. a. O.

SCHMAROLLEN, eine Art Klösze aus Mel, Milch u. Eiern, in Fleischbrühe gekocht, siedend aufgetischt, weil sie leicht taigicht und unschmackhaft werden. Augsburg.

SCHMIECHEN in ganz Schwaben als Orts- und Waszername vorkomend. Die Schmiech bei Ehingen a. D. Bei Wörishofen ist das längst abgeg. Schmiechen urkdl. Schmiechon gelegen. Seit 1599 ist nur mer das Schmiecherfeld a. E. Schmiechen b. Landsberg. Der Name gehört zu einer Wurzel smuk, die schleichen bedeutet; in der Tat haben die Schmiechen tiefe unheimliche, mit vielen unmeszbaren Gumpen versehene Waszer.

SCHMIERER bei der Weberzunft: dem Maister Schmierer 29 fl. 25 kr. Dem Schmierer bezalt 11 fl. 3 kr. Alte Rechnungen.

SCHMÖGEN swv.
Es starrt das Eis von Luft beschmogen.
Es schmögt sich der waiche Schnee
Und wird nun furchtbar Strom und See.
Handkal. 1749. f. 6ᵃ. 8ᵇ.

SCHMOZEN swv. schmunzeln: ›dao schmōzt er nett und lachet nett.‹ cgm. 311 f. 59ᵇ: ›Und lacht und schmōzt spottlichen.‹

SCHMUCKERGHAU¹, Wilmetshofer Waldn. Sollte etwa Wechsel von k u. t: Schmutterghau eingetreten sein?

SCHNABELWIRT, beim, alte Augsb. Wirtschaft. Schnabel, junges Mädchen. Riesz.

SCHNAP: »in einem schnap hierüber alsbald viel votiert und zu end geschlossen.« Müller.

SCHNAIER, der, Reisachmesser, Hippe. Im Mindeltale Schnaiter.

SCHNAIT, 1) ein groszer Wald von Grimoldsried bis Mitteleifnach; dort get ein Pudel, emaliger böser Jäger, der ruft: ho! ho! Ein Birk auf der Schnait abhauen. Mickhs. Urkunden 1567. Schnaithauer Holz. 1683. 2) Birkacher Flurname.

SCHNARCHER: »unwiszender Schnarcher und Tadler.« Lebensweise d. Augsb. 1784.

SCHNATTERTAFEL im cgm. 311 f. 49^b: »Und mit schnäbeln und Holzschuhen, und geen einander schnatteren; man durft keiner Schnattertafel an dem Karfreitage, wenn man sye hett an dem Weg.« Ztw. schnättern in der Red. A. »Da schnättret oim 's Fidla wie Hausschnabel.« Memming.

SCHNAUPPE, swm. neben Schnäepe, vergl. Schnaier (Weiszenhorn).

SCHNAUZHAN: »esz wurde aber diser Krieg, wann esz nicht ein Mörderei heiszen soll, in kurzer Zeit nach Wunsch derselbigen Schnauzhanen gestillet.« Gass.

SCHNAZEN, schnäzeln heiszt man in den Straszenortschaften das Spinnen und Zupfen der Baumwollabfälle ausz der Augsb. Fabrik. In Groszaitingen kauft man dise Abfälle u. macht sich fast sämtliche rohe Werktagskleider darausz: die Schürze, welche die Buben alle in Kirche und Schule tragen, besten ausz disem Stoffe.

SCHNEBAUCHEN swv. niederschwäb. schlebauchen. Schm. III, 445. Wol zu slag, slegibauchen; denn mit got. sliumo, sniumo kan esz nicht lautlich zusamengehalten werden; das oberpfälz schleibauchen mag man von da ableiten.

SCHNEIDER in dem Staudentanze beliebt:
Dao drunta im Täle
Dao graset 3 Gäns
Da khomet 3 Schneider
Haot koiner koï Näs.

SCHNELLER, Opfer d. Wöchnerin, sieh Hervorsegnung. Ein giltiger gesezl. Augsb. Weberschneller muste 700 Fäden haben. 10 Fäden Abgang strafte man zu $^1/_2$ kr. 20 Fäden zu 1 kr. 30 Fäden 2 kr. 40 Fäden 3 kr. über 40 Fäden zogen die Abname nach sich.

SCHNELLEUCHTER: »Auch der sich schon längstens abgeschafften Schnelleuchter zu obiger Strafe zu bemüszigen.« Memming. Feuerbuch 1765.

SCHNEPPER. »Du bist a Schnepperbäppl« Schelte für eine schwazhafte Person, ebenso Schnäpplere. Schnepperle, penis bei kleinen Büblein.

SCHNIPP im Rätsel (Naturlaut): 's gaot über d'Stiega und duet schnipp schnapp? Pantoffel.

SCHNIT, Ernte: ›wie auf den Schnitt hoffet alle Welt.‹ ›Die Taglöhner vermeinten in dem Schnitt zu nähren sich.‹ ›Ueber den Schnitt klagt man zu Stunden.‹ Holzmann.

SCHNÖD. ›Klaines, schnödes har.‹ Astr. 16^b.

SCHNUR: ›über die Schnur gehauen.‹ Gass. Schnurtuch, Tricol. In den Weberbüchern stet: von einem Schnurtuch; weiszes Sch. Schnurkrönle: weisze Sch. Schnur ordinari, Schnurneuner, Schnurvierer. Einschnüriges Schnurtuch.

SCHOBER. ›Und recht sein hēw über ein Hauffen oder schober.‹ ,cgm. 402 f. 42^b. ›60 Büschel Stro, man heiszt es allhie Schober.‹ Gass.

SCHOLDERBÜCHSE b. Schieszen. S f. 191^a.

SCHÖN mit Mel verbunden: feinstes Mel: ›Am Möntag ain schöns Mus in ainer Milch.‹ Pfründ O. 1462. In einer Ordnung v. 1543 stet: ›ein Semelmus oder ein schöns Mus.‹

SCHÖNBAR. ›Zur Fasnachtszeit ist verboten worden Schönbar und Larven zu füren und Mummereikleider anzuziehen.‹ Gass.

SCHOPERNOLHAUBEN, ein Schmuck der alten Augsb. Kaufmannsfrauen; sie hatten wertvolle Brabanter- und Brüsseler- Spizen, oben befestigte das Ganze eine Zitternadel.

SCHOPF. 1) ›Er sezt auch, dasz die Priester den part sollen abscheern u. solten auch schopf tragen.‹ cgm. 259 f. 8^a. 2) die Brenten — solle geschüttet, sodann gemeszen über derselben angehenkten eisernen Steg genau one einigen Schopf gänzlich abgestrichen — werden. Braüer O. One einig etwa laszenden Schopf abstreichen. a. a. O.

SCHOPPER, Schnuller.
Druff schreit mea 's Mädle zum
Vergaū
Und will 'n frischa Schopper
haū. Sch. 21.

SCHOREN, 1) Langenerringer Wald. 2) bei Memmingen am Wege zwischen Volkertshofen u. Bronnen.

SCHOTTENHOLZ beim Geishof; zum Schottenkloster in der Stadt Memmingen gehörig. Das alte Schottenkloster zu St. Nicolai war auszer der Stadt vor dem Kalchstor. Schon zu Anfang des 16. Jhds. verschwunden.

SCHRAGEN. ›Beckenschrägen.‹ Holzm. ›Dasz der Schrag der Armen allenthalben zu Markt gestellet werde.‹ Kasten-O. ›Die Becken, Kraütler, Hucker-Läden und Schrägen.‹ Bau O.

SCHRANKEN swv. ›ein gegeschrankts Vogelhaus aus plöcken.‹ S. 60^a.

SCHRANNE. Schrandbediente hieszen Schrandknechte; laut Ordnung von 1647 hatten sie im Winter an Sonn- und Feiertagen, so Schlittenban war, 4 an der Zal um 3 Ur auf dem Weinmarkt Obacht zu geben auf die bösen Buben und unerfarene Jugend, welche die erlichen Leute mit Schneeballen warfen. Die Bezalung dafür geschah vom Bauamte. Ordnungen von 1647. Andere niedere Bedienstete: der Schrandschreiber, Schrandkerer, Schrandkarrer und Schrandsackträger.

SCHRECKELAÜTEN um 3 Uhr 1 Stunde lang in den Ortschaften der Strasze üblich; v. Georgi bis d. lezte Bauer auszgedroschen hat. In Groszaitingen heute noch; in Währingen, Untermeitingen, Hurlach abgeg. Früher allgemein. Die Erklärung in meinem Wbl. 83.

SCHREIBER. Ein deutscher Schulmaister heiszt »ein fürnemer Zierschreiber«. Chron. 1634. S. 718. Stadtschreiber. Ratsschreiber. Bauschreiber. 2 Einnemerschreiber. 2 Steuerschreiber. Gegenschreiber (beim Steueramte). Oberpflegschreiber. Einigungsschreiber. Hochzeitschreiber. Strafschreiber. 2 Proviantschreiber. 2 Hüttenschreiber. 2 Hütten-Gegenschreiber. 4 Korn- und Schreiber. 1 Zeugschreiber. Umgeldschreiber. Ladenschreiber bei der Weberzunft. Färberschreiber. Vom Jare 1787 stet im Strafbuche: der Ladenschreiber ein doppelter Spizbub und Hurenkerl gescholten. Blaichschreiber. Weinschreiber. In Memmingen gab esz: Steuerschreiber (1), Kappelschreiber, Pfarrhofschreiber, Erkheimer Pflegschreiber, Pfründenpflegschreiber, Anlagschreiber, Zettelschreiber, Almosenschreiber, Hüttenschreiber im Werkhause; Nachtschreiber. Ztw. schreiben: »in den Krieg sich schreiben laszen.« »den Geschribnen ledig zelen,« Conscription Ordg. 1647.

SCHRINDEN stv. »Sein Fiesz wauren zerschrunden gar sêre von übrigem staun.« cgm. 372 f. 165ª. »Und so die püchler anfachend zu schrinden, so sol man's den Kinden reiben.« cgm. 601 f. 108ª.

SCHROFEL. »E daz — vernement den schrovel als die lebenden verslint.« cgm. 206 f. 177ª. »Felsenharte Schrofen aller Armseligkeit.« Klimmach. Predigtbch.

SCHROLLEN im Handkalend. 1747 f. 7ᵇ:
Frost, Kält und Eis
Macht alles weisz
Der Regen wird zu Schrollen
Es ligt zu Feld die harte Kält
Der Reiff ist gleich der Wollen.

SCHROTEN swv. = das Har abschneiden, Klostersitte »darnách sol man sie füren, dâ man sie beschrotet.« (Novizen.) cgm. 168 f. 4 5ª. Schmell. III, 520.

Schroataxt, kleine Axt zum

Zerhacken des Holzes u. s. w. Langenerringen.

SCHUBEN, das, »die sogen. Kachelscharrete« beim Brei; Bodensaz.

SCHUH. Schuhrosen: »seidine Strimpf, Spiz an Knyebändeln u. Schuechrosen.« Zierd Ordnung 1688. Die Keye oder Schuechbänder mit Spizen verboten. a. a. O. »So wil ich dir drî schuch schieszen; dôbî merk daz du sicher seiest.« cgm. 276 f. 150ª.
Dao drunta im Täle
Gaots gar a so zue:
Dao danzet die Frana
Mit gläserne Schueh. Stauden. Gläserne Schuhe betrachtet die schwäb. Ueberlieferung als den höchsten Luxus; wenn einmal Mägde sie tragen, soll nach der »Zibelen Weissagung« das Ende der Welt vor der Türe sein. Oberschwab. Schuhe als Abgabe: das Kloster Lautrach hatte an Ritter Diepolt von Lautrach järlich gefilzte Polsterschuhe zu entrichten. Urkd. 1307. Adj. schiechig. Mickhaus. Urkunde 1567.

SCHULE. Zu S. 226: Ober- u. Underschuelherren. Erlasz v. 1594. A. 1535 wurden die ersten Schulherren Wolfang Rehlinger und Simprecht Hoser eingesezt. Schulmaister od. Schulfrauen. Ordnung v. 1584. päbstliche Schuelhalter. 1654. Schularristant, volktüml. Anlenung auf dem Lande (Günzb.

u. s. w.) für Schuladstant, Provisor. »In Allmacht fallen« = in Onmacht fallen, Regillion u. s. w. sind änliche verhunzte Wörter.

SCHUPFEN swv. 1) stoszen, allgem. schwäbisch. »Mit einer hilzenen und eisenbeschlagenen Mistgabel vorgewartet und endlich auf mich geschupft, doch nit troffen.« Mickh. Strfboh. 1664. Einen Schupf geben. Die Achsel schupfen = zucken; Mindeltal. Vgl. Schupfnudeln, gestoszene Nudeln, Handnudeln. Mein Wbl. 84. 2) Den Faden befestigen, denselben wulgern mit beiden flachen Händen, und in an die Spindel drehen. 3) Biszherige Wasenböden aufreiszen u. urbar machen heiszt in der Strasze schupfen und reiszen. 4) Echt augsb. ist schupfen für Gissibeln. Ein Ratsdekret von 1443 lautet: »Albrecht Wachtershofer — ist erkennet zu schupfen von args Brots wegen.« Vrgl. mein Volkstüml. II, 458. Bei Sender f. 103ᵇ stet: »Ain Rat hye bei Sant Ulrichs Closter yber die Lachen in die Höchin ain Korb aufgericht, darein hat man die Becken gesezt, die das Brot zu ringe hant bachen. Darein must er sizen in hechin aufgericht, wie in einem storgennest, als lang er wolt; kont nit anders ausz dem korb komen, er zuch dann ein Stricklein, so keret sich der Korb um und fiel der Beck in Lachen, und wurd jeder-

26

mann's Spott.« A. 1442 soll der Wippgalgen errichtet worden sein. Gullm. I, 100. Am Fischgraben erwänen Urkunden eines Schnellgalgens. Ueber das Gissübeln in Rottenburg a. N. sieh Volkst. II, 229, 230, 231, wo ich die Site in mereren andern Städten nachwis. In Passau befreite schon Bischof Gebhard († 1232) die Becker von dem altherkömlichen Schupfen, »poena quae dicitur schuphhe.« MB. 29. 2. 73. Der Schuldige wurde in einen Korb gesezt und mitelst einer am Ufer der Donau aufgestellten Maschine miten in den Strom hineingeschleudert, durch dazu in Schiffen bereit gehaltene Leute aber wieder ausz dem Waszer gezogen. A. 1777 zum leztenmal vollzogen an einem Bäcker von der Ilzstadt, der bei einer Teuerung feinen Fluszsand untermischte, um das Brot schwerer zu machen. Erhard's Geschichte v. Passau I, S. 89.

SCHURIA, toller Mensch. Du bist halt au a Schuria Und gar so obsanat dra nâ. Sch

SCHURLSCHÄFFLE, ein hölzernes Schaff zum Waschen und zum Küchenspülicht.

SCHURLIZTUCH. cgm. 2517.

SCHÜRPF: »Schürpf und platern der nasen.« cgm. 206 f. 15ª.

SCHURZ. A. 1418 hielt König Maximilian zu A. einen Tanz, und forderte von den Weibern, sie sollten ire hohen Schlayer und Schürze im zu Gefallen abschaffen. Chron. 1634. S. 181.

SCHUSZ: »Wann ein solcher Knappe — der guten Montag macht — zum drittenmal betreten würde, solle ihm alsdann der Schusz, d. h. das Handwerk in dieser Stadt ein ganzes Jar darniedergelegt und verboten werden.« Web. O. 17—18. Jh

SCHUSZGATTER auf jedem Turme. In der Feuer O. v. 1731 S. 23 stet: »sollen in Gegenwart der Herren Bau- und Zeugmaister durch den Zeugwart, den Lech- und Maurermeister auch Stadtschloszer, sambt denen zu jedem Schuszgatter verordneten Personen alle 3 oder 4 Jar die sämtliche Schuszgatter niedergefället und wo einiger Mangel daran erscheinen solte, derselbe unverzüglich repariert und ergänzet werden.« Bei Furttenbach: Schoszgatter, stm. neb. Trillgatter.

SCHÜTTE. 1) Kornschütte. Gass. Die Städel und Kornschütten bei U. Frauentor. 2) colluvies: »mit erdinen Schütten und Grieszsand verwarte Wege.« Gass. »Mit groszen Würen und Schütten.« Die Schütten auf der Wertach. Mit einem Wahl und Schütten oder Schanzen. Gass. Schüttenberg hiesz ein Giltmann v. St. Ulrich. cgm. 154 f. 12ᵇ. Der Garten »die Abschütt.« Wellenb. Urkd. 1420. Schüttgabel, hölzerne Heugabel etc. im Waltenhofer Weis-

tum: »war der Pflichtige auszer Stand, Hofgeld und Steuer zu geben, so sollte er mit einem Dreschflegel, mit einer **Schüttgabel** und mit einer Axt zu dem Maier oder zu dem Besizer des Frohnstadels in Arbeit gen.«
Ztw. **entschütten**, entsezen: »hat er die Vindelizier der barbarischen Belagerung **entschüttet**.« Gass.

SCHWABACHER Bier in A. S. 325^b.

SCHWÄCHER. »Er ward ein groszer schwecher der Junkfrauen und hielt sein Mägt unerlich.« S. 310. 311.

SCHWAIFFER, Fischach. Wisenname.

SCHWALBE, die. 1) Ende des Strohdaches, Brettereinfaszung. Strasze. 2) Schwalbeneck im Täle, Eckhaus. A.

SCHWÄLBLEN swv. »Und es ist nicht wahr, dasz der Herr Stadtpfleger hierunder ainichen List gebraucht, dermassen wie Dr. Müller fälschlich **schwälblet**.« Anti-Müller 154.

SCHWALBACHER Bier hatte der Rat im Keller.

SCHWANEN swv. »Mir hat wol **geschwanet**, sie seien inwendig weit anderst, dann sie sich äuszerlich erzeigen.« Pasquinus.

SCHWANKEN: »Wein, Bier u. andere schwankende Waaren.« Vrgl. 1602.

SCHWANZ. 1) Zipfel d. Schleppkleides. In Luc. Rem's Geschenkverzeichnis (S. 45): Um 24 Elen schwarz Damast zu eim' ge**schwanzten** hochzeitrock truog si gen kirchen und zuo danz u. s. w. Bildl. »So **schwanze** ich in diner sêle als ein künk tuot in sinem witem künkrich.« cgm. 172 f. 19^b. Auf dem Rocks chwanz (reiten die Teufel). cgm. 311 f. 49^a. Die Natur hat den Frauen keinen Schwanz geben, sie machen aber ein' Schwanz aus Tuch der in hinden nachge.« »Erzherzog Ferdinand hat angehept ain schwarzen Mantel mit einem langen Schwanz.« S. 385^a. Rots chwänze hieszen spöttisch die Polizeisoldaten in A., solange sie noch rote Federbüsche auf iren Hüten hatten. Schwanzari gemütlich humoristischer Zuruf für kleinere sociale Verstösze; in Altbayern allgemeiner. Schelte: Du päppriger Schwanz! Sch. Du falscher Schwanz! An 'n alta Kuhschwanz, d. h. nix u. noch Prügel musz man dir geben! »Und deine Schwänz sind grad so ead.« Sch.

SCHWART. »Das sy im das har underweylen mit der s chwart auszzugen.« cgm. 402 f. 125^a.

SCHWARZ. Das schwarze Büechlein auf dem Statgericht, worin Strafen für Reukaüfe etc. verzeichnet waren. Ordgen. 1647. Schwärzenen, Memmenhauser Flurname.

SCHWED wie allgem. schwäb. in Reimen. Örtlichkeiten etc. erhalten. In A. war eine Schweden- oder Königsschanz; ein Schwedenberg. Schwedenschanze b. Reinholdsried. Schwedenweg bei Weiszenhorn; ein Schwedensteg beim Oblatertor.

Der Reim Rumpumpede bump, bump get in den Stauden ausz:

— — —

Haot d'Bueba aufg'weckt
Haot d' Mädlen verschreckt
Haot d' Düra zuegriglet
Haot d' Baüre brav prüglet. —

Oder:

— — —

Mit eiserne Spiesz;
Haot d' Kuche anzündt
Haot d' Baüre verbrennt.

SCHWEIGEN, schwaigen zu einem † svaigjan, noch niederschwäb. gschâəgə, das Kind stillen: »aber durch sollichs Mandat sind sye geschweygt worden.« S. 171ª.

SCHWEIN. In den Stauden haben die Kinder den Schnellsprechvers: Siben Pfund schweinis Rind-Schweinefleisch. Die von Graben heiszen »die Schweinernen«.

SCHWEINEN, schwenden: »welcher auch bärhafft Baüm abhüw, schweindt oder wüste, der ist zu pusz von jedem Stammen 4 Pfund Heller verfallen.« Mindelh. O. f. 17ª.

SCHWELLE überschreiten, rechtsaltert. »Starb nach dem Waltenhof. Weistum ein bischöflicher Eigenmann, so sollte der Probst sich dahin begeben. Die Frau sollte mit einem Fusz über die Thürschwelle schreiten und mit dem andern zurückbleiben. In diser Lage sollte ihr der Probst das Gut verleihen, für eine ganze Hube gegen 30 Pfenninge, für eine halbe Hube gegen die Hälfte. Der Probst hatte aber auch das Besthaupt zu nemen. Allein er muste mit Beiziehung des Maiers und der 6 Schöffen das verlaszne Hab und Gut berechnen. Reichte es zur Zalung der Schulden nicht zu, so fiel es an den Gelter, bis nichts übrig blieb als Hahn und Hennen.«

SCHWENDEN swv. »Der hat den Wald âgschwendet« noch ganz mittelhochd. Ferner ausz Not mer zusezen als man soll (Währingen). Schwendi heiszt ein Wald, den die von Hoheneck zu Vilseck an Augsburg verkauften. 1545.

SCHWERT auf das Gewand; rechtsaltert. »Wenn der Eigenmann one Degenkind starb, so sollte der Maier das Gewand nehmen und es auf 2 Haufen legen: auf einem das feiertägige Gewand mit dem Schwert darauf, das werktägige auf dem andern Haufen mit der Axt darauf. Der Maier hatte hievon die Wahl, zu nehmen was er wollte. Blieb eine schwangere Frau zurück, sollte das Gewand bis zur Entbindung beisamen bleiben. Ward ein männlicher Erbe geboren, so hatte der Maier nichts zu fordern.

SCHWINDEN, abnemen vom

Holze das saftlosz wird, sich krümmt, einschrumpft. Schwindgrube, Kloake. A.

SPÄLING: »3 Maltersäck voll Späling drauf.« Sch. 90.

SPAUNER was Schnaier. Memmenhausen.

SPAZIEREN im cgm. 601 f. 19ᵃ und öfter.

SPECK bei Fischach an der Schmutter ein Waszerplaz. Spéckwisen, Dietkircher Flurn. Spēckzelten mit saurer Lunge und Kuttelflecken, eine beliebte Augsburger Speise an bestimten Wochentagen. Waltenhof. Weist.

SPEIGEL, cuneus, zum Holzklieben. Bildlich:
Und wenn der Baur in Acker fart
Nao ist 'r voar 'm Pflueg
Unh was a reachter Speigel ist
Dear haot 'n runda Huet. Staud.

SPEISE: eszige Speisz. »item so straffet ich Hansen N. als er mein gepott veracht und eszige Speis so zuvor beim Schlosz angeboten soll haben — althem geprauch nach, da etwa sach wäre, dasz die herrschaft unversehener Sach allda ankhomen, dass gleich etwas zu bekomen möcht sein — doch andern verkauft 1 fl.« Mickh. Urkd. Esz ist disz vor dem herschaftl. Tore des Schloszes zu M. Speisle, Speisekamer. Burgau.

SPEIZEN, spaizen swv. spucken, speien. Schmell. III, 583. spuiza, anderwärts. »So wickelten sie auch (die Kezer) die Kinder in ein Tauf nicht mer, oder dauchten sie ein — sonder speizten denselben nur ein Tropfen oder zween unter das Angesicht.« Gass

SPELTE swm. Spabn Klimmach.

SPENEN swv. Gespinn, das. »Ob sie aber die saugenden Kinder in der Zeit anders begeren wurden zu trinken, dann jr Mütter Gespinn also dasz sie ander kost dann müsz begeren.« cgm. 601 f. 102ᵃ. »Nimm Frauengespinn, die ein Tochter sägt.« f. 105ᵃ. Nim auch wenig capher und zerreib ihn mit Frauengespinn.« f. 107ᵇ. Auch nimm Ambra u. zerreib ihn mit Frauengespinn. a. a. O. So aber das Gespinn Kinden auswült u. s. w. Hahn, Mhd. Gramm. 2. Abteilung S. 5.

SPENST. »Wann die Weib waren so gar schön, das ich nye schöner Weib gesach, sie waren wol ain spenst und raytzel aller Menschen.« cgm. 581 f. 129ᵇ.

SPERR in Web. Akten = Bettbarchet.

SPIAOTER, Spion, arglistiger Mensch. A. In Hundersingen bei Riedl. sagt man: »dear nimt Spō ein.«

SPICKEL, Zwickel, cuncus. 1) d. Lechkanalinsel b. A. »i gang halt uff də ɢpiggl;» esz ist ein Lustort mit Wirtshaus da. Die Schafwaid beim Spickel, ehedem in der Mehringer Au, 216 Tagwerke grosz. Mezgereigentum. 2) Wald. A. 3) In der heraldischen Sprache: »der schilt weisz, darinn ein roter **Spickel** mit dem spiz über sich.« cgm. 92 f. 17ᵇ. »Ain plåer schilt, darinn zween weisz **spickel**.« f. 17ᵇ. Die 2 **Spickel** im Welser'schen Wappen. Insign. 123. »Feldung oder **Spickel**.« Furttenbach.

SPICKER, plagiator; noch jezt in Niederschwaben in der Schülersprache: âṣpiggə, ablesen, abschreiben, heimlich in des Andern Arbeit schauen. »Deren (von anderer Bücher) **Spicker** man jezt findet, welche mit fremden Federn, nicht one Aergernus hoch prangen und doch darbei der rechten Authorn ehrlichen Namen wiszentlich verschweigen.« Eine mathem. neue Invention von J. Faulhabern. Augsb. 1617.

SPICKWISEN, Währinger Flur.

SPINN- in **Spinnhaus**, Arbeitshaus. »Wär es nur nit so weit, ich wollt's (eine versoffene Frau) in's **Spinnhaus** fürn.« Lang, natürl. Zauberei 55. **Spinnenstecher**: ausz der faulen Zunft der Hauszknecht, so man die **Spinnenstecher** heiszt. Gass. Spinnet in der Webersprache: der Lon von leinin **spinneten**. Von einem Lon **Spinnets**. 1638. Rechte **Spinnetsraytin**. Wullin **Spinneten**; a. a. O.

SPISZLE, woran Vögel gespiszt und heimgetragen werden. »20 **Spislin** Kleinvögel.« Mickh. Urkunden 1567 und oft.

SPITAL in **Spitaulerna**, Wisen des hl. Geistspital von Augsb. zu Währing. Das Man. schreibt imer auf. å: maister des **spitauls**. f. 9ᵇ. maister oder maistrin des **spitauls** f. 18ᵇ. **Spitaul** an St. Jacobcapelle u. s. w. Red. A. »Eine rechte Jungfrau soll sein wie ein **Spitalsuppen** die nicht vil Augen hat, also soll sie nit alles sehen.« H.S. **Spitalkarren**: »wann eine kranke fremde Person von anderen Orten herkombt solle man sie auf einem **Spitalkarren** in den nächsten Flecken füren.« Ordgen. 1647. In den **Spitalturm** wurden Bettler, so »gewachsenes Mensch« war, gelegt a. a. O.

SPIZ, lieber **Spizlə**, 1) bekante länglicht keilförmige Salzbrötlein: **Salzspizla**. A. Ebenso in Mickhausen. 2) **Spizname** im Web. Umzug. »Er habe sie — seinem Weibe Lucretia — welcher man den **Spiznamen** Lupa gegeben.« 3) In der Zierd-O. von 1668: silberne **Spiz**, **Kögelspiz** u. Borten an Schürzen, Bortenwürker**spiz**, Brüstlen mit **Spizen**, Zizen**spiz**. Poliz. O. 1785. Kegel**spizen** auf Brüstlen. a. a. O.

SPLÄSZLING, ein Vogel. Hart. Invent.

SPONSAUEN u. heurige Laüffelen. Mickh. Rechn. 16. Jhd.

SPRACHEN spr. **sproːchə** in den Stauden nur vom Anreden der Gespenster üblich: »nao haot sie së gəpraochet.« Birkach.

SPRAUSZ swm. u. f. Spruiszen am Wagen. Strasze.

SPREIDEL, kleiner Spachen beim Einfeuern, b. Kochen. Gegen Leutkirch hin. Sprisz und Spreisz, auderwärts. Spreiszel ist dasselbe, besonders in der Augsb. Bäckersprache: die Späne zum Vor- oder Feuerlicht am Eingang des Backofens.

SPRUNG: »dise Prädikanten haben mit ihrer falschen Ler die Leut in Sprung gebracht, dasz das Sacrament und Beicht nichts ist, haben mê Buchstaben auf den Lebzelten freszen.« S. f. 389ª.

SPÜLBRENNTE, Spülkübel; Brennte blosz in diser Verbindung üblich. Günzb. »Ein jeder Müller, so er die Mühlen von spüllens oder anderer Ursachen willen aufhebt. Der Malmann mag begeren die Mülin aufzeheben, die mit Spüllen — zuzerichten.« Sigertshof. Mühl. O. Mit karspuolen beschütten. T. N. 1397.

STACHES, dummer Mensch. Riesz.

STADEL dem bayerisch. und wirtemb. Oberschwb. allein eigen. In A. Beckenstadel, Königsstadel, Kazenstadel, Weinstadel, Salzstadel, zum Stadele, ein Leutenhof z. Konradshofen gehörig. Red. A. »Du bist so dumm, dasz du dich buckst, wie d'Gäns, die bucket se, wenn sie beim Stadeltor hineingen.« Stauden.

STADT. Stadtknechte, ein untergeordnetes Dieneramt in A. Ir Geschäft: wann man den Eltern ein sträfliches Kind heimstellet, dasselbe zu züchtigen, so sollen die St. dasselbe heimfüren, den Eltern überantworten und dabei sein, bis man es züchtiget und wann's genug ist, lasz aufhören. Ordg. 1647. Bei bösen Ehen musten sie den Friden angeloben. Bei Executionen gehörten den St. Wehren u. Büxen, dem Nachrichter die Kleider des Verbrechers. Die Stadtmaister »haben dasjenige zu strafen was in meiner herren oder der Handwerker Ordnung nit begriffen ist.« Akt. »Den St. soll man in jre Straffen nit greiffen, es sei denn mit Fürkauf oder anderm unbilligem Vorhaben.« Ordgen. 1647. Stadtpfeiffer, Musikanten der Stadt: besonders bei den Geschlechtertänzen mitwirkend.

STAFFEL. »mit dem Staffel empfangen« eine auf die Altarstaffel entrichtete Personal-Imposition von Leibeigenen und Hörigen. Raiser, Wappen d. Städte 1834. 15ᵇ.

STAIN. In der Bau O. Gewand-Speichelstaine, St. mit ganzen oder halben Rundstäben, Hohlkehlen u. s. w. Das Stainglauben in d. Ziegelstadel nur Geschäft besonderer Leute. a. a. O. Rote und weisze Staine als Markzeichen zwischen Lech und Wertach. Jagdstaine 1609. In Feldernamen und als Markzeichen häufig. Mit Ortsnamen selten zusamen. Stainkuchen: Der Vasandhan spricht: so merke eben was ich dir sage: du geleichest den Kinden an Allerseelntag, so sye lauffent von Haus ze Haus und schreyent vil fru: Stainkuchen herausz! cgm. 312 f. 35ᵃ. Stainhölern, saufen. Stauden. Rechtsaltertümer: »Und under anderm hat Kaiser Rudolf zugelaszen, dasz zum Beweistumb der Notzüchtigungen man der Klägerin einen Stain, einer Faust grosz, in den Schleier binden und den Beklagten bis an den Nabel in die Erd mit einem Eichenelenstab begraben sol.« Gass. Ilsung auf dem Stein, urkdl. in A. Vor seinem Hause stand emals eine alte Linde, wo man die Uebeltäter öffentlich auszstellte. In Mickh. Urkdn.: Mauer- und Ströckstain, Rigelstain, Brunnenstain,Pflasterstain 1683. Der stainerne Mann; im Tale zwischen Hüttling u. Maurn eine Steinmasse wie eine Mannsgestalt, neben im ein brotlaibartiger Stain. Esz soll ein geiziger Bauer von Barnig (Bergen) gewesen sein der sein Gesinde beim Morgenbrot im Felde sizend fand und auszrief: ich wollte ir freszt Staine stat Brot. Ein plözliches Donnerwetter wandelte in in Stein. Mausstain in Lauîngen, eine Art Warzeichen an dem Eckhause am Marktplaze; auf dem St. sollen Maüse, Ratten in der Hungersnot verkauft worden sein.

STAMPF: »sind darnach wieder in den alten Stampf treten.« S. 402ᵃ.

STÄNDERLING »von anderthalp oder zwai Stunden.« H. S.

STAUCHEN: Schleier; »der Frauenseligen allerlei Hauben von Leinwat und Stauchen.« Fugg. Inv. Schmell. III, 606.

STAUDEN. 1) das Kraut der Kartoffeln. Strasze; 2) die Landschaft, deren Gränzen sieh Einleitung. 3) Die Holderstauden bei Möhringen, in Jagdgränzbeschreibungen (1462). In der Confirm. Kempt. »alte verlegene Böden so mit Stauden verwachsen und zu wirklichen Raühenen worden — abtreiben.« »Die in einigen Orten befindliche sogen. Staudenmäder aber sollen nicht abgetrieben, sondern wegen des bedürftigen Raiffholzes in ihrem Stand, wie von alterehero gelaszen werden.«

STELZENBURG, e. Waldung b. Mazziesz südl. gegen Lauchdorf und Baisweil hin; römisch. Raiser. 1832 S. 24ᵇ.

STENDEL, der, Schieszstand. »Ain jeder wurde 3 Schusz an 3 Stendel nach einander tun.« Erlasz v. 1541. Sonst Ständer.

STEN wie nhd. gesten = kosten sieh G. »In Arbeit sten« = einsten. Web. Akten. Stéaufchen, Korkmännlein, Kinderspil Augsburg.

STENGEL in Butterstengel und Burzenstengel sonst Ulmisch Guggauch. Pfaffenh.

STEPPEN, von Auszen in's Aug fallende Stiche machen. Schmell. III, 650. »Mit zweien steppetlin eingefaszt.« Vergl. von 1581. »Ein schwarz glatt sametin Ueberrockh mit Erblen und gesteppten Seidenprämb.‹ Fugg. Inv.

STERIGKEIT: ›und so der Hust nitt dürri ist, so nim Sterigkheit von einer geweichten Kütten Kern.‹ cgm. 601 f. 108[b].

STERN der bettelnden hl. Dreikönige sieh im Anhang. Sternfürer: von Psittichfürern auszgetribene Sternfürer. Gass. In einem Todtentanz 1627:
Du dürrer Hund, du Storchenkragen
Nun zottelt frei nachher, ich treib den Stern!
›Zum goldenen Stern‹ hiesz eine a. 1412 gestiftete und dem 30järigen Krige (1633) erlegene Belustigungsgesellschaft in Memmingen. A. 1654 erstand sie wieder mit einem den 10. April gehaltenen feierlichen Dank- und Freudenmal. A. 1754 war 100järiges Wiedererstehungs-Jubiläum.

STETKENBÜCHEL, Waldname. Schwabeck. Salbuch. Zacher 263.

STICKEL, der, 1) Flegel. Burgau. Günzb. 2) Ein Pfal im Boden, an dem hinauf Holz aufgebeugt wird. Langeneifnachertal. Schelte: Du dummer Stichel! Sch.

STIEFEL in der Red A. ›Vermeint ihr, man fahr in Himmel hinein als wie der Fischer in die Stiefel oder der Pfeiffer in das Wirtshaus.‹ H. S.

STIFFELN swv. incitare. ›Abgehalten mit Stoszen und Schlagen und sye gestyflet und gesport.‹ S. f. 336ᵃ. (stüpfeln?)

STIFTGELD (cgm. 154) in dem Giltbuche: eine Abgabe: ›4 Dr. Stifftgelt von der Tafernen.‹ 47 und oft.

STIGLIZ hiesz in A. der Schar- und Nachtwächter. Bei Festen und Hochzeiten spilten dise Geschwornen (beeidigte Männer) eine volktümliche Rolle. Bei Hochzeiten giengen sie dem Brautzuge in Kirche und zum Male voran; begleiteten die Träger u. Ueberbringer obrigkeitlicher Geschenke; giengen Fürsten und hohen Gästen vorausz. Bei Wal- und Schwörtagen fürten sie den Zug der Magistratspersonen an; trugen einen langen weiten Tuchrock mit weiszen, grünen, roten, breiten Streifen, hatten grüne Strümpfe, weisze Hüte und in der Hand einen weiszen Stab, womit sie dem Volke abweg zu gen winkten.

In den Stauden hörte ich ein Lied:
Und wenn mein Vater a Stigliz wär,
Und mei Muoter a Zeisle:
Nao möcht i dia zwoi Narra seacha
In dem Vogelhaüsle!

STIMMIEREN, d. Wolle stempfen. ›Die Stimmier verrichten.‹ Stimmierherren. Ungestimmierte Woll. Alte Web. Sprache.

STIPFLER eine Art hölzernen

Stempels, der in die Semelbrote gedrückt wurde vor dem Einschieszen in den Backofen die so gezeichneten hieszen Sternsemeln. A.

STOCK, der 1) der Plaz von einer Gasze zur andern: »gegen halbe 8 Uhr — der Prälat das wunderbarliche — um den nächst angelegenen Gassenstock herumgetragen.« Festkal. 2) die Ettergränze, maist Spazierwege; »um den Stock«, d. h. um die Stadt gen. 3) Gefängnis: »die Magt wurde in den Stock geworfen.« Gass. 4) Almosen-, Opferstock. Der Almosenstock im Dom v. 1582. »Die Rodiser haben die Steck und Truhhen auszgeleeret, darin man das Geld um die Gnad hat gelegt.« S. f. 226. »An dem nechsten heiligen Stock oder an ein Almusenstock, der etwan bei einem Cruzifix auf dem Feld stunde.« Gass. Die Schlüszel zu den Stöcken und Truhen. S. f. 303ᵃ. 5) Die Osterstöcke, in Ritualien oft erwänt; cgm 168 hat eine längere Verhaltungsmaszregel, dessen Anwendung betreffend. 6) Bei Häuseraufzälung: Senator Bauers Stock; Pfaffengaszenstock; Pfarrhofstock; alter Buchdruckereistock; drei Rosenwirtsstock, Radwirtstock, Augustinerstock u. s. w. Sieh Karrer's Memm. Chr. S. 56 ff.

Als Flurn. wird Stock häufig gebraucht: Stockmad, Stockfeld, Klimmach. Stöckere, Wilmetsh. Wise.

STOPFEN swv. »Wie stopft und bockt sie nicht daher, als wie ein Kaz, der Nuszschalen an Füsz gebunden.« H. S.

STORK ahd. storah bei S. f. 543: Storgen, plur. in Flur N. Storkensälde, Klimmach. Flur-Name. Storchenholz, Waldberger Wald. In unzäligen fast gleichlautenden Kinderreimen erscheint der Storch. Bemerkenswerte Verschiedenheit findet sich: Wenige Wenige Storkaschnabel, Wenn i will in Himel fara, Reisz i mier a Baümle 'rousz, Und mache mir a Pfeiffle drausz, Und pfeife alle Morga:
Hear i alle Storka
In der Müle zickezack:
O du alter Pfeffersack!
Stauden.

STORZEN spr. stoarzə, Dorsen. Strasze. Storzenär, Schwarzwurzel.

STOSZHAMER, der Stecken am Pfluge zum Reinigen der Pflugschar. Strasze.

STOZEN: »aichin Fensterstozen.« Furttenbach.

STRAFHERREN, die, auch Zuchtherren genannt, hatten über Ehezwistigkeiten, über Klagen des einen oder andern Teils zu entscheiden. Poliz. O. v. 1553.

STRANG, der. 1) Das Joch gedroschenen Kornes in der Scheuer. 2) Ackerabteilung der Länge nach, »Hürsten« alamannisch; ein Acker zerfällt in den Straszen-Ortschaften in Bete und 3—4 B. machen einen Strang ausz. »In dem Krautgarten hat der Pfarrer 6 an einander gelegene Krautstrangen, welcher zu seinem Nuzen selbsten richten und bauen musz.‹ Während. Pfarr- Urbar. ›Darzu auch 4 Strangen ingemeldter Paint zu Ruben beseen und nuzen laszen.‹ 1616. Urkde. Mickh. Hochstrangen, alte röm. Stellen, Frickenhausen. Agishofen. Winterrieder Tobel.

STREBEN in der alten Waidmannssprache: ›so der hirsz auf einem strebenden Snee gat, wie den erkennen sollt, oder in reysendem Sande oder ertrich.‹ cgm. 289 f. 107ª.

STREICHEN stv. im Giltbuche oft: gestrichen schaff Habers, Roggen u. s. w. Streichröhren an der Stadtmauer. Chr. 1634. Die Haubenstriche, kostbar und mit Spizen, verboten. Zierd-O. 1668.

STREMPFLE, der. ›Machen die Fischer — mit einem Stecken oder Strempfel, wie sie es nennen, trüb.‹ H. S.

STRENZER. ›Die fremden Bettler wurden ausz der Stadt getriben und damit nicht die faule Strenzer — auf dem Bettel lenger erhalten.‹ Gass.

STREUEN, einstreuen, Häckerling etc. von dem Haus einer zweideütigen Liebschaft zu dem des Liebhabers streuen. Schande. Strasze. Groszaitingen.

STRICHLINHOLZ, Streichholz in Urkunden von Mickhs. öfters.

STRICK. In der Sailerordg. v. 1687: Pfennigstrick, Zaumstrick (— soll haben 1¹/₂ Klaffter —), Kühestrick (— ein Klaffter und 1 Spannen —). Die Bruderschaft ›der Strickgürtel des heil. Franziskus.‹ Festkal. Im Kleiderb. S. 22: ›dann Konz von der Rosen hat gar einen bösen Strick ausz mir zogen.‹ Ztw. bestricken swv. ›zum 3. dasz die beschwerliche Obligation aufgehoben und kein Prediger hiemit bestricket würde.‹ Dr. Müller.

STRIEME. Ztw. striemen mit Strichen versehen: weisz seidin Schlayerne Fürheng mit gelb gestriemten Strichen sampt dem Kranz.‹ Fugg. Inv.

STROH spr. ṣtråə. Strohvogel, Emerling. Allgäu. a ṣtråə, heiszt die Anlage von Garben in Scheuern, wenn auf beiden Seiten aufgschaobet ist.

STRODEL vel kolben, contus. cgm. 685 f. 35ᵇ.

STRÜHLEN swv. ›alle Bücher durchstrühlen.‹ H. S

STRUZEL im cgm. 601 f. 102ᵇ: ›So soll man beim Abmüttern in ein Latwerge machen, in struczelweis mit Brot und Zucker, welichs man in je ein wenig geb; daran zusuczeln. — Man nimbt ein Teil klein geribes schönes brots, viertail zuckers und macht strüczel darausz nach der apodegkerkunst.‹

STUBE. Esz gab eine Ratsstube, Gerichts-, Bau-, Steuer-

Stube. Im Rathaus: die Pundts-Ratstube. Chron. 1634. Die kleine Stube. a. a. O. Gleich den Zünften, welche ire eigenen Gebaüde hatten, richteten auch die Patrizier für die zerstreuten Geschlechter einen Vereinigungsort ein. Peter Riederer raümte a. 1412 einen Plaz in seinem Hause ein am Perlach. A. 1419 kam die Stube auf das Tanzhaus, auf d. Perlach, wo zuvor die Fleischbänke waren. A. 1457 kauften die Geschlechter Riederer's Haus und gründeten erst recht die Stube. A. 1488 abgebrant; aber bald wieder aufgebaut. A. 1557 ward das Haus niedergeriszen und ganz neu aufgefürt. Stubenknechte. Poliz. Ordg. 1553. Die finstere Stube, eine alte Taferne. Augsb. Stubenmäszig 1642.

STUL. 1) in Receptbüchern und Kalendern: »die Nordwind bestetigen die Dewung, machen hert Stüel, machen wol harnen.« Regiom. 1518. »Du solt lauszen ze Terzzite und von zestuol gân.« Astr. 27ᵃ. »spis eszen die in zum stuol tribe.« f. 27ᵇ. 2) Stulbrüder, Gehilfen der Messner. In einer Urkde. v. 1582: dasz die Stulbrüder sollen in der Stadt das Almosen weiter nicht sameln, wenn aber jnen Jemand wochentlich aus Mitleiden was geben wollte, desselben mögen sie in der Kirchen erinnern, auch sovil ihren Dienst und Amt belangt und was sie in demselben mit Unfleisz oder sonst in andere Wege verbrechen des Stiftsdechant in allen andern aber Burgermeister und Rat unterworfen sein sollen.« Urkd. 1629: »den Stulbrüdern jedem quartaliter 3 fl. gegeben werden.« Sie durften bei keinem Bürger wonen, sondern bei ehrsamem Rat bescheids sich erholen. 1647. »Geschahe bald darnach, dasz der Rat den alten Brüdern in St. Antonius Pfriend, die man jres stetigen Betens halben bei denen von Argon Begräbnisse die Stulbrüder genennet, gebote, auf gewisse Geding 6 arme Schüler samt einem Präceptore zu sich einnemen musten.« Gass. »Stulbrüder und Glöckner « Gass. Den Stulbrüdern vor's Laüten in's Amt 12 kr. Schusterakten. 3) a. 1739 sollten 5 Mezgerbursche als Nachtschwärmer auf das Stüle (Schandbank) gestellt werden, sie wurden aber zu Stringen (schellwerken, fronen in Ketten) verurteilt. 4) In Furttenbach's Bauwerken komt in Kirchen vor: der Schüler Gestüel, Stulgaszen (Zwischenraüme).

STULP. »Ein roter Hut mit einem weiszen Stulp« heraldisch. Insign. 124; »ein gelber Stulp,« »auf'm Helm der Stulp weisz.«

STUMP swm. wie mhd. zump = membrum virile. Mindeltal. »die haot 'n stumpe«, ist schwanger. a. a. O.

STUMPFE swm. Die Mül-Visitatores sollen insonderheit auch auf der Braüen in die Mül gebrachtes Malz gut Obacht haben und da sie warnemen würden, dasz irgend ein Rest über die gestrichene Brenten nicht nach Haus genomen, sondern etwa in einem Stumpfen versteckt u. s. w. Braüer O. »Haberstumpfen und metzenweisz in die Stadt füren.« a. a. O. »Ueber dem Stumpf Holz zalen.« Mickh. Urkd. 1681. STÜMPFEN, dem Tuche das Ellenzeichen aufstempeln. Für das stümpfen 6 kr. Für ein Stümpfel an die Gewandschau 15 kr. Alte Web. Rechnungen.

STUMPFIEREN: »dasz Niemand den andern verunglimpfen, stumpfieren oder mit Fluchen belästigen soll.« Pol. O. 1553. »In welchen Liedern Herzog Ludwig under andern stumpfierungen und bösen Karten — auszgeschrien war.« Gass. »Stumpfieren, Maulbeeren, Schmahen.« Ehrenf.

STUPF. 1) Mit Schmach- und Stupfworten. S. 593ᵃ. 2) Stupfmarkt: »dasz da ein Maister oder Maisterin der Weberschaft betreten wurde, welcher oder welche das Stupfmarkt oder Zeichen auszwaschen, abzeichnen nachgemacht — und also seine Waaren selbst gestupft — 3 Tag in's Gewölblin verschafft werden.« Web. Akt. 17—18. Jhd. 3) Stupfgelt von jedem fabrizierten Handel-Leinwandstück, das von Auszen in Kemptisches Gebiet kam, musten 3 kr. Stupfgelt vom Stück bezalt werden. Confirm. Kempt.

STURM. »Da hat man dan die Sturm geschlagen.« S. f. 175ᵇ. Die »Sturenglocke« spilte in A. eine bedeutende Rolle. Esz gab einen Sturmglocken-Adjunkt mit eigener Ordnung von 1514: Turner und Wächter auf- und ablaszen, Schlüszel verwaren, Niemand einlaszen one des Stadtpflegers Vergunst etc. A. 1805 ward die »Sturenglocke« zu einer Feuersprize umgoszen. »Die Sturmglocke über einem laüten« bei Executionen in Chr. oft. Die andern Glocken: Schlagglocken, Ratsglöckchen u. s. w.

STURZ, ein Kleidungsstück: »ein ungestalten Gebrauch an den Frauin, das waren die Stirtz, so sie trugen, desgleichen die hohen Schlayr.« Horm. 1834. S. 157. »Auch bei einfallender Trauer den sog. Sturz oder Corde zu tragen.« »Des Sturzes und Corde sich enthalten.« Poliz. O. 1735. Im Fugg. Inv. haüfig: Stürzel, kleine Stürzel. Adv. stürzling: »und sind ir vil erschlagen oder in das Waszer stürzling getriben worden.« Troj. Kr. 37ᵃ.

T sieh D.

U.

1) Vor einer Doppelconsonanz und zwar hauptsächlich vor s st sk wird, wie wir esz bei a, e, i, o schon bemerkt haben, u gedent auszgesprochen; esz ist eine Folge äuszerst waicher Auszsprache der Consonanten. Disz Gesez get ebenfalls bis Ellwangen und Gmünd hin. Lūṣt, Grūṣt, altes Gerümpel; 'rumgrūṣtə, herumwülen in demselben; Glūṣt, Gelüste; Fūsch, Fisch; das in Böhmenkirch noch in Kinderreimen erscheint; grūzgrämig (grutzgrämig) morosus; Brūggh, d'Lechhauserbrūggh; Schlūggh, Mūgg, Stūggh u. s. w. Eine andere Denung des u vor r in Dūrə, Turn; wo niederschwäbisch r auszgeworfen wird: Dūn sieh R; Sturə, Sturm u.s.w.

2) Altes u, wo die Schriftsprache schon längst o sezt, erhielt sich augsb. schwäbisch vilfach: Furm, Form; wullē, wollen; guldē, golden, hulzē, hilzē fast allgem. schwäbisch; besonders in Wuch, Woche; Wuch ausz, Wuch eī! Schriftliche Belege: Sender schreibt durchausz: Wuche: alle Wuchen zalen f. 150. nach escherigen Mitwuchen f. 149. an der Mitwuch in der Karwuchen. f. 152ᵇ. in der ersten Fastwuchen. f. 300ᵇ. Jede Wuchen; Wuchenpadgelt, Wuchenlon. Mickhaus. Rechn. 1567. Der cgm. 168 hat an der escherigen mitwuchen; osterwuchen, wuchnerin u. s. w. Auch Regiom 1512 u. 1518 hat mitwuch. cgm. 402 f. 19ᵇ. und sonst: an der osterlichen mitwuchen. Das Manuale (1313) f. 4ᵇ: wuchen; an der mitwuchen vor der pfingstwuchen. f. 25ᵃ. Die Weberbücher schreiben nicht anders. Wie mündlich, ist trucken, trocken; ruggē, schwarzes Brot (Roggen) in den Schriftwerken angedeutet. trukken cgm. 140; wo auch altes u one Umlaut in wurken, facere, perficere stet; ranft eines rug-

ken brótes. cgm. 601 f. 102ᵇ.
ruggis brot baohen. S. f. 403ᵃ.
rugkin laib f. 466ᵇ. ruggis
brots; Pfründ O. 1462. Ein Schober Ruggenschabstro. Alte
Mickh. Rechg. 1776.
Bei S. f. 279ᵇ. und 277: wullis tuech; guldine kethen u. s.
w.; awürkin, Mickhaus. Rechg.
1603. dürnan kron cgm. 786 f.
39ᵇ. durin kron cgm. 445 f.37ᵃ.
bückgin fleisch in der Mezg.O.
v. 1549. Ferner: Dulmetsch S.
f. 356ᵃ. geduppelt, Pol. O. 1553.
Erdpidum S. f. 20ᵃ. Merkwürdig ist das feste widum (urspr.
Brautkaufsumme, Wbl s.v.) neben
späterem widem und widen,
sogar widden (Schwabmünchen).
Die Chroniken schreiben Musel
für Mosel, Mosella, der Flusz;
Luthringen für Lothringen.
Altes u haben die Urkunden in
dem Ortsnamen Ramungen für
heutiges Rammingen. Echtes u
für späteres schon mhd. o vor m,
n bezeugen merere Denkmäler:
cgm. 436 f. 24ᵃ u. s. f. kumen,
wilkumen u. s. w. cgm. 601
hat benumen f. 97ᵇ und oft;
besunder a. a. O. volkumen
f. 99ᵃ. Bekantlich spricht hier
der Altbayer reines u. Die O-Fälle
sind, wie oben S. 358 dargetan
ward, natürlich die vorherschenden. Im cgm. 402 f. 238ᵃ stet für
Dorothea St. Thurateen. Näher
(denn heutiges weiland) altem -om
stet das weilund; esz erscheint
zerstreut in Schriften, so auch
bei Dr. Müller. Dagegen ist
zwischund cgm. 480 f. 27ᵇ und
sonst hie und da nach falscher
Analogie gebildet; erinert mer
an einen bayerischen Schreiber.
In Günzburg sagt man plaisūr
f. Vergnügen. cgm. 402 f. 158ᵇ
hat antlusznacht. In Dietenkirchen heiszt Himbere: hompɘr,
humpɘr. Martin Müller hat das
richtige Turf.

3) Merkwürdig sind die vil
näher den ahd. und mhd. Formen, dem uralten Sprachgebrauche ligenden u in den praet. der
reduplizierenden Zeitwörter, zumeist Conjunctive praet. Ich vernam sie noch hie und da vom
Landvolke: huesz,fueng,gueng
luesz u. s. w. Schriftl. Augsb.
Denkmäler: das Kleiderb. hat sie
durchausz. Fueng in e. Chron.
bei Horm. 1834 S. 126. huelten
b. Sender f. 120ᵃ. Noch in der
Chronik v. 1634: gefuel. Verhuesz, Troj. Krg. 53ᵃ. hultend,
hulte, f. 62ᵃ. 22ᵃ. luffe f. 72ᵇ.
überluffend f. 44ᵇ. slusz f. 61ᵃ.
Luc. Rem schrieb dafür fong,
gong u. s. w. Weinhold, Dialektforschung, zeichnete lûsz, hûld,
fûl auf S. 59. 4. Allgem. augsb.
schwäb. ist: des wûst i nett =
das wüste ich nicht.

Nicht auffallend sind die bis
spät hereinragenden Formen der
Zeitwörter auf u, iu, au mit
lf, lp u. s. w. wie hulffen, beschluszend, sturben, zugen,
sohussen, verluren; ferner
verbutt = verbot b. S. f. 300ᵃ.
Die participia praes. auf — und

sind bayerisch und selten ist eines in schwäb. codd. zu entdecken.

4) Der cgm. 526 (1329) schreibt die kurzen u wenn r, m, n, l folgen mit ue, uo: Auspuorg, Augsburg; duorh, durch; gebuert, Geburt; laistuong, Leistung; buorgen, Burgen; stuorb, sturb, starb; Ausz MB. 23, 6, S. 550: urkuende; daruemb; Buerun, uenser u. s. w. Der Memminger Chronikschreiber hat ausz älterem Schriftwerke Uelme, was für allgemein üblichen Sprachgebrauch gegolten haben musz.

5) Die nhd. umgelauteten Krücke, Brücke haben allgemein schwäbisch keinen Umlaut: kruggh, brugghe: Wertachbruck, Wertachbruckertor, Horbruck, Lechbruck in A. sieh B. cgm. 402 f. 35ᵃ hat: ain kruken; mit stekken und krucken a. a. O. An der kruken gân. f. 40ᵃ. u s. w.

6) Der Uebergang des u mit folgendem n in au, aũ ist bei N berürt. Andere Beispile, one folgendes m oder n sind Laux, Lucas; cgm. 736 f. 27ᵃ: Sant Laucas. Jaudəs, Judas; ›Simetjaud‹, St. Simon und Judastag. S. Lauxentag bei Send. f. 554ᵃ. gaut für gut, was sich von den Juden herzält. Staudenta, Studenten u. s. w.

7) Langes û scheint schon am Anfang des 15. und Auszgang des 14. Jhds. in Augsb. codd. in au übergegangen zu sein. Au spricht der Augsb. Schwabe dem Allgäu zu ou, im Allgäu selbst ist allgemein mhd. u. ahd. û beibehalten. In der mit den Ostlechleuten verkerenden Jakober-Vorstadt As. hört man ao: aoff, 'naoff, 'naosz, draoff; haochə, hauchen. ›Der Haochmẽã‹ der Hauchmichan! ist eines Mezgen Spizname.

8). Der Umlaut von ŭ und û ist verschiden; von jenem ist er i; im Allgäu reines ū; von disem ai: haiser, Mais, Lais (Läuse), in der Jacob. Vorstadt und somit halb bayerisch; sonst Heiser, Leis, Meis. Folgt m oder n wird ü zu ẽ und aü zu eĩ.

9) Got. iu entspricht, wenn a folgt, iə (ahd. io): schiəsz, schliəfə, ziəgə u. s. w. Folgt i oder u und bleibt ahd. oder mhd. iu, so spricht der Augsburger wieder halb bayerisch ai: nai, raitə, schai, hait, lait, aich (vos), kaisch, staier, fraind, saifzga u. s. w. Schriftl. Denkm. haben esz ebenfalls: Feigele's Chron. schreibt nai Geschirr; Kaufbairen, 's nai Kloster; die Brechung in eu komt schon frühe vor; doch nicht so frühe als sie die bayer. codd. aufweisen. Der cgm. 92 hat noch iu: driuhundert, dagegen nonzehen für niunzehen. Die schon ahd. zerstreuten ui für iu sind augsb. allgemein: fuir, drui, suirə, pustulae; Gruibə. Schriftliche Denkm. allgem. ui: fuir, nuy, stuirn, bei Luc. Rem imer; i guisz, fluig, luichtə u. s. w. mündlich; niederschwb. û.

UEBERGÄNGLE dim. eine Krankheit leichteren Schlages. Allgaü.

UEBERGLÄSTIG, allzu hell, sonnig. »Auch soll man das Kind die ersten 6 Wochen halten halb vinster, also dasz die Kamer nit überglästig sei.« cgm. 601. f. 97ᵃ.

UEBERNÖTEN, notzüchtigen. »Mit dem übernötet der Jüngling Tarquinius Lucretiam und was jr Gewalt tun, dasz sie seines Willens sein müszt.« cgm. 601 f. 8ᵃ.

UEBERRAUSCHEN swv. »Dasz Tacitus — darnach stillschweigend überrauschet, da sie unlängst hernach alle einmals erschlagen worden.« Gass.

UEBERREITER, Jagd-, Forstschuzwächter. »Ich Jörg Weinhard als Ueberreiter und Gewalthaber.« Fischach. Stat. »Haben mich umb Mittag auf einer Gutschen nach Ulm mit einem Uebereiter füren und begleiten laszen.« Schmell. III, 160.

UEBERSAGEN: »ist ihme auferlegt, ihr den Schaden abzutuen und als er sich dessen gewidert, sich mit Laügnen auszreden, jedoch er übersagt worden.« Mikh. Strfb. 1605 1611.

UEBERSTILM stm. Krämpe, im Kleiderb. »das Brusttuch leinin, die vberstilm mit Atlasz.« 51. »Die Stilm waren ganz samatin gestickt.« 63.

UEBERTRAGEN stv. »Es solle fürohin kein Lehrjung das Handwerk zu lernen zugelaszen werden, er seye dann 15 Jare alt, darunter nicht: es übertruge ihn dann seine Länge und Stärke.« Web. O. 17. Jhd.

UEBERZIMMER, Ueberholz, Querholz. »hülzin U. am Galgen.« S. 548.

ULRICH, St. in vilen Sagen und Legenden heute noch volktümlich. Vor allem sind esz die Ulrichs (Uorlis-) Brunnen, die in groszer Zal existiren. Sieh im Anhang. Ferner mein Volkstüml. I. S. 436 ff. Ein St. Ulrichsacker in Sinkenried. Giltbuch cgm. 154 f. 52ᵇ. St. Ulrichsbrunnen in Fridberg neben der Strasz gen Aichach. f. 35ᵃ. Hie und da mochte das Kloster den Namen abgegeben haben, das im Str. schlechthin ze Ulriche heiszt. »Uolriche hât ze behalten einen ieglichen schaedlichen man.« f. 11ᵃ. Im Wirtembergischen gilt auch in prot. Teilen St. Ulrich neben St. Urban als Weinpatron. Sein Fest wurde den 20. Mai feierlich zu Stuttgart begangen. Wirtemb. Jarbüch. 1823 S. 189. St. Ulrichs Erde, Mittel gegen Unzifer sieh Razen.

Die St. Ulrchsminne. Im cgm. 402 f. 37ᵇ heiszt esz von einem Bäcker, der gehailt ward: »als wann er ausz Notturft trinken wollt, so trank er in den Eren und Lieb St. Ulrichs und fordert auch in solichem Masz zu trinken und lernet die andern auch also tun.« — »Das Trank das will ich trinken in der Lieb

27

des hl. Herren St. Ulrichs. — Und als er das Trank ausz hett trunken und den Becher umkört, sprach er, durch die Lieb bin ich gesegnet und sicher, dasz mir kein bösz Widerwärtigkeit auf heut schaden mag, kein Schwert mag in mein Leib komen noch stechen.« 38ª. ›Item in demselbigen Dorf Öttinge, da kam ein Tags vil Menschen zusamen und wolten trinken in der Lieb von St. Ulrich.« f. 38ᵇ. A. 1712 den 14. und 15. Juli ward bei St Ulrich ein grosz Schauspil von St. Ulrich aufgefürt.

UMBORZELN swv. ›Also luesz man mich ob den Kussiner umbfaren und umborzeln.« Kleiderb. 99.

UMHÄNGE heiszen die Altanenartigen Gänge unter der Dachtraufe, z. Waschaufhängen. Straszenorte.

UMGELD in Memm. Das Bierumgeld (emals järl. 20,000 fl.), das Weinumgeld, Fleischumgeld neben dem Kornhaus, Waaggeld, Groszzoll, Weggeld, Pfenniggeld.

UMSAGEN swv. bieten, herumsagen b. Zünften. ›So soll den Sailern auf eine benannte Stund dazu umgesagt werden.« Sail. Ordg. 3ª.

UMSCHLAGEN stv. Wie das Land Armenia umschlug. Darnach in kurzen Tagen, da schlug umb das Land Armenia von Philippo und ward brüchig an ihm.

Da besant Philippus Alexandrum und sprach zu ihm: lieber Sun, ich klag Dir, dasz Armenia umbgeschlagen hat. cgm. 581 f. 17ª.

UNBEDAMT, so ›keal, so ead als möglich.« Staud.

UNBESINNT, verrückt, amens. Bei S. oft. Dafür unbesonnen b. Gass.

UNEBENE, die, ein alter Plaz, worauf der Galgen in A. stand. Die Chron. von 1634 hat S. 7: ›Titus legt sich auf ein Feld zwischen der Stadt und der Wertach, so man jezt haiszt auf dem Uneyber beim Galgen « Uneben daran sein = unrecht daran sein. H. S.

UNDERTRUNK, got. undaurns, ahd. untarn. Hochzt. O 1540. ›Aber zu dem Vndertrunk tuon, so mag der Preytigam sampt drei- und zwainzig Mannen und 9 lediger Gesellen und mer nit — von dem Haus darinn das Stulfest gehalten worden, auf sein Zunfthaus oder sonst ein Wirtshaus gen und daselbst einen zimblichen Undertrunk mit Zucht und Beschaidenheit tun. Dergleichen sollen und mögen die Frauen und Junkfrauen, sampt der Braut bisz in zween tisch und nit darüber, sie seien der Braut gefreünt oder nit in der Braut oder einem andern Haus, ainen Undertrunk tun, dergestalt dasz weder bei den Manns- noch Frauenpersonen nicht anders, dann Wein, Prot, Käsz oder Obst und kein andere kalt oder

warme Speisz aufgetragen werden.« (Kein Nachtmal, kein Tanz, kein Trummen u. Pfeiffen.) Stulfeste und Undertrunk sollen nur an Werktagen sein. Tänze stat des U. musten besonders vom Rate verwilligt werden
UNFLÄTIG adj. »dâ hat der tag angehept unflätig zu werden« Troj. Krg. 7ᵃ.
UNFUR. In's Narrenhaüslein kamen die, »so grosze Unfur und Geschray auf der Gaszen trieben.« S. 205ᵇ. »So begiengent sie Unfur zetribent mit Tanzen und mit springen, mit kauffen und verkauffen.« cgm. 402 f. 45ᵃ.
UNGÄB für ung häb. 1) von einem Bretchen, das nicht auf's andere paszt, nicht anschlieszt. 2) garstigen, häszlichen Wuches: »die hât 'n ungäbe Laib.«
UNGERISCH. 1) von Münzen; cgm. 154 f. 11ᵇ. N. gibt neuen ungerischen Gulden u. s. w. Ungerisch Ochsenfleisch. Mezg. Ordg 1549. 2) 1619 Dez. hat der Sterib oder die ungarische Krankheit angefangen zu regieren. Feigele, Füsz. Chr.
UNGESCHAFFEN, häszlich, verunstaltet. Wbl. S. 88. »Do St. Ulrich geboren wart, do wuchs ihm unter sinem Antlüt ein ungeschaffen Mal, des sich sin freund sere schampten.« cgm. 257 f. 63ᵃ.
UNGETOBE: »es ist bösz arznîe enphöhen wann der ungetobe tribet es wider herousz mit dem plute.« Astron. 16ᵃ.

UNRICHTIG, »wurden die Leut unrichtig« sieh Brechen.
UNRICHTSAM im Kopfe »der sich nicht müste weisen oder bereden laszen.« Gass.
UNSCHIDLICH. »Der Teufel, ein unschidlicher Gesell.« cgm. 402 f. 18.
UNSTIFTIG: »Das unstifftig und unmilt Herz, das gedenkt allweg Böses.« Augsb. Messbch.
UNTERHÄSPEL: »da aber ein Unterhäspel oder ein Gang zu wenig oder zuvil ware, solle derselbe Zettel verfallen sein.« Webersprache 17. Jarhd. Underhäspel, Fädenbruch und Falschdritt, strafbar. a. a. O.
UNTERSTOSZEN stv. »Nachmittag als ein starker Tropp von der burgerlichen Reuterei denen Schwedischen unterstoszen worden, hat der König darmit eilends auf München fortgesezt.« Denkw. 22.
URBERLING, urbärling, subito. »Den urberling nie stillschweygung ausz Unwiszenheit bei jnen sich begeben hat.« »Hat sich urberling ein Adler hineingelaszen.« Troj. Krg. 29. 36.
URHAB, Urhalb. 1) Sauertaig, fermentum, 2) Anfang. »Wenn man ein Urhab lat längsten in einem Glas, weschet man das Glas auch schön aus, und tut darein ein gehefften Taig, so gat er doch auf und wird urhäbig.« cgm. 601 f. 713ᵃ. »Darnach die Chriechen die consecrieren nit in semlein, sondern in urhäbigem

Brote.« cgm. 235 f. 19ᵃ. »Sie haltent Mesz mit geurhabten Brot.« f. 29ᵃ. »Wann dein ewiges wort ist ein urhab.« cgm. 206 f. 21ᵃ. »und namen do anegenge und urhap.« f. 21ᵇ. und do nam Gott an sich den urhap. f. 22ᵃ. dasz er von ersten gab den Chriechen den anfang und rechten urhab. cgm. 206 f. 64ᵃ. was der Berg urhab genannt. f. 67ᵇ.

URLEG: »Alspald aber der künig Philipp ainen sun gewan, da ward die Henn urleg und wolt kein Ei mer legen.« cgm. 581 f. 16ᵇ.

URSACHEN swv. »Und zu solichen aufryrerigen Uebel ursacheten die verkerten Prediger den Boffel.« S. 372ᵃ. Das ursacht mich = bewog mich. Kleiderb. 5.

URTEN, Wirtshauszeche. So man um die Urten spilt. cgm. 311 f. 39ᵃ.

URWECHI. Die Vorzeichen des künftigen Nerisz ist Urwechi des Kinds, vil wainen u. schreien. cgm. 601 f. 103ᵇ.

V sieh F.

W.

1) Im Anlaute ist die Auszsprache des w ganz wie im Neuhochdeutschen. Die bayerisch-österreichische Site, anlautendes w mit b und umgekert b für w zu geben und zu sprechen, ist hie und da an der Gränze von den Ostlechleuten hinüber in's Schwabenland verpflanzt worden. Ueber disz bayerische Gesez spricht Koberstein in seiner Suchenwirt'-schen Grammatik auszfürlich. Die Formen wetrüebt, wekümert, weleib, wegriffen; gebissen (Gewissen); verbandelt, verwandelt, erberben, erwerben; haben sich hie und da in schwäb. Augsb. codd. verirrt. Die Augsb. Chr. v. 1634 hat noch Wascha, türkischer, S. 701. Das heutige

Wettenhausen leitet die Volksetymologie von Bethaus ab. Raiser, Beitr. 1833 S. 22ª. cgm. 736 heiszt der Profet Walam für Balam.

2) Im Inlaute spricht der Agsb. Schwabe b so waich zwischen 2 Vocalen, dasz man nur w hört. So geschieht esz, dasz bisweilen altes, später zu b verhärtetes w in der Mundart sich erhalten hat. éwē, eben:
hót meī glizz də glazzə?
hót meī rōggh də schwenkh?
iṣt meī halsduech éwē?
fragt die eben auszgende Puzdame in Augsb. árwədə, arbeiten; glaiwə, ahd. kliwa, klia Graff IV, 511. hewam, Hebamme; háwə, haben; falwele, falbele; halwāsoh, Halbarsch,. Mezger-Spizname. Altes w spricht man in Wewele, ahd. wêwo. 's haot gschniwa. Strasze. Schmirwen für schmieren ist im Riesze allgemein. cgm. 257 f 31ª: mit gelwem grûsem hâr. Sender f. 548: arweiten. f. 508ª. trawanten. Alwegk, Schlosz bei Ulm einst f. 155ᵇ Gotfrid von Brawant. Weberhaus-Inschrift. Altem inlautenden hv entspricht w; schauwer cgm. 480 f. 81ª. anschauwen, anschauwung cgm. 44 f. 145ª.—fürwen cgm. 402 f. 89ª. Daher gehören die scheinbaren Auszlaute: mit horw cgm. 402 f. 43ᵇ. auf ire kniuw f. 61ª. Schnöw, Schnee f. 82ᵇ. Das scheinbar inlautende mhd. alwec, alewec, alwegen u.

s. w. schreiben Augsb. codd. nach bayerischem Vorgange oft albeg. Ueber das Wort vergl. Pfeiffer's Germ. II, 487 ff. Mein Wbl. S. 90. Genaueres sieh bei B, oben 41 ff. w erscheint oft als m: Schwalme, Schwalmenfrack; Simetsfeuer, Sunwendfeuer u. s. w.

3) Auszlautendes altes w ist wie neuhochd. b geworden; trit Flexion an, so erscheint wieder w. Esz fällt übrigens auszlautend ser oft ab.

Den Wechsel des w mit andern Consonanten besonders mit b sich bei der betreffenden Lautlere.

WACHS, wächs adj. zu altem wahs, was, acutus, klingt noch in dem volktümlich angelenten »mit gewixten Säbeln« in Liedern nach. Das in bayer. codd. so oft vorkommende pulwächsin (bollscharf — stumpf) fand ich in schwäbischen nicht. Zu Gewaz S. 195ª oben vgl. Grieshaber's Predigt. II, XVIII.

WACHSEN stv. »mit ungestümmen Worten in ainander gewachsen« in der Chronik 1634 haüfig.

WACHTEL in dem Kinderspile:
Wichtele Wächtele wo komst her?
Von Six von Sax vom Bodensee.
Was duet deī Mueter? Wäscha.
Wascht de deī, so bacht de meī,
So hupfen wir das Wächteloin.
Alle tanzen oder hüpfen in gebückter Stellung im Kreise herum. Memminger Gegend. Stauden.

Ein Uebungs- u. Schnellsprechreim:
Der Sperber fragt: was machst du Wachtel? Was fragst du Sperber? sprach die Wachtel.

WÄDELN, swv. 1) wehende Luft machen mit einem Fächer, Buch', Kleidungsstück. 2) von groszer Hize im Zimmer: dåhinn wädlets vor Hize Im übrigen Schwaben ist das wellenförmige sich Legen der hohen Saaten auf Getraidefeldern beim Winde damit gemeint. In Waldshut: lueg, wie d' Frucht waiht!

WAGE, die, in einem Ratsdekr. v. 1541: »Auf der Wag des Verderbens sten.« Sieh Gwäg. Wägen Ztw. Derselbe Mörder — ward auch gefangen und ser hart in den Eisen gewogen. Chron. 1634. S. 108. Zusamensezung: die Vorstatt, so man Wagenhals nennet. A. Gass. (beim Schwibbogentor.)

WAGEN. In Furttenbach's Buch: Hangwägelein, die man in den Haustennen leicht unterbringen kan. Die Gottshausleute in Waltenhofen hatten die Freiheit des ungehinderten Abzuges unter die Herrschaft der Prälaten von St. Gallen, St. Blasien, St. Mang, wie auch unter die österreichische Herrschaft. Leztenfalls konte ein Jeder Vormittags mit schnalzender Geiszel, mit knarrendem Wagen, mit bellendem Hunde und mit krähendem Hahne abziehen, und sowie er mit Thür und Thor beschloszen war, hörte er auf, dem Hochstifte zuzugehören und er war österreichisch. Dagegen konte er Nachmittags wieder auf die vorige Weise abziehen und er ward wieder augsburgisch, wenn er vom Bischofe mit Thür und Thor beschloszen worden. Wcistum.

WÄGER, warum: jao wäger? in Niederschwb. = warlich; auch jå wägherlẽ.

WAIDÄSCHEN zum Verfälschen des Weines schon im Memm. Str. verboten.

WAIDENLICH. »Und die Leut sind dann weydenlicher zur Unkeuschen.« Regiom. 1512

WAIDHERDE zum Vogelfang Sieh H.

WALCHEN, Itali, in Augsb. eine haüfige Erscheinung. Adj. ein walchisch bosz stuck. S. f. 456ª. Man bezeichnete oft überhaupt Fremde damit. In den Wirtemb. alten Gesezes-Denkm. komen sie als Krämer und stets neben Saphoyern genannt vor. Das Wort ist wol nichts als vagabundus und stet zur Wurzel walk, walh (wallen).

WALD in A Chron.: Haimwäldle, Gass. 22. Harzwald a. a. O. Affenwald, a. a. O. Lauberwald a a. O Merzenwald, »so zu unser Zeit St. Luzenberg geheiszen wird.« a. a. O. Der grosze Burgauer Wald. urkundl. Waldkopf, ein durch Fusz- und Farwege abgesondertes Stück des Waldes. Waldfenster, Winterfenster. Waldrappe, Schabracke, ital. caval drappo. Waldgläser, feine dicke Gläser. Äzbüchlein.

WALEN, eine Art Spil in Memminger Stdtr. oft erwänt: »Wa daz kind daruber verliert mit spil, mit walen oder wa daz ist« »Niemant sol rihten umb kain spilgelt umb walgelt.« »Wer ouh ichizt gewint mit spilunt oder mit walunt.« »wer ouch der ist die hie zu Memmingen in sinem hûs und gemach wissenklich spilen, walen, Karten — tuon ¦lât« u. s. w. In den Ravensb. Stat. 14. Jhd. desgleichen haüfig.

WALFEN sind an Gebaüden angebrachte Vorsprünge von etlichen Schuhen, welche Vorsprünge das ganze Haus einnemen und auf 8, 10—12' von der öffentlichen Strasze aufwärts gemeszen hoch über der Erde gebauet sind. A. Bau Ordg. In den wirtemb. Gesezen: Walben; Walbensimsen (Ulm). Walmdach, Walmendächer und -Ziegel. Tuttl.

WÄLLE. Der Wertachbruckertor W. Der Eser W. Göggingertor W. Einlasz W. Klinker W. Juden W. Fischertor W. Steffinger W. Jacober W. Vogeltor W. Schwibogentor W. Dazu die Basteien sieh P.

WALPENBURG, »zergangene« Burg bei Alten-Münster.

WALPURGIS, St. im cgm. 154 als Verfalltag viler Gilten an St. Ulrich und Afra.

WALZEN swv. und stand bei ainander als zwen Menschen, die mit ainander umbwalzen. Regiom. 1312. (Vom Zwillingssternbild.)

WAMMES, blutigs, ein altes Augsb. Wirtshaus. Im Fugg. Inv. sind 12 Wambes von den kostbarsten verschiedenartigsten Stoffen aufgezält. Eiserne Wammes. Furttenbach.

WAMPEN, Eingewaide, Unterleib der Tiere. Wämstler oder Kuttler, die das Eingewaide des geschlachteten Viehes reinigen und verkaufen. In der Mezg. Ordg. 1549: Wambst: item ein Schafmagen und Wambst. Wämst. a. a. O. Wämbstlin.

WAND in Bruderwand, W. ausz Brettern. Riesz.

WANDEL »grosze Acht auf seincu Beiwandel gehabt.« Chr. 1634. (Auffürung.) Wandelich, alternatim. »Und die 7 Buszpsalmen sol man sprechen wandelich jeder kor sinen.« cgm. 168 f. 52ª. »sol der Kor wandelich singen.« f. 56ᵇ. 59ª.

WANG als Flurn. Breitwang in den Wörden, zwischen Donau und Lech. 1429. Ellwischwang, Mickh. 1605. Vrgl. mein Wbl. 91. Katriswank urkdl. 1263; jezt Ketterschwang. Höselwang bei Rammingen. Hinnang b. Burgberg, urkdl. Hugowang und Huginang, Eigenwang, Geilenwang nebst Regner, herschaftl. Wisen in Waltenhofen. Elwang, e. Memm. Wäldchen zwischen Blasz und Winterrieden.

WANNE im Waltenhof. Weistum: 6 Wannen Kraut, als Abgabe. Holz und Holzmark zu Hollendorf, genannt Wann. Urkunde 1495.

WARDEIN, der Schäzer in der Münze. A.

WARGELN, den Taig mit einer cylindrischen Form hin- und herrollen bisz er dünn ist. Wargelholz, Wellholz, Nudelholz. Walgeln, ein Fasz wälzen. A. Mein Wbl. 91. »Am Sumptag zeNacht hat sich Herzog Ulrich understanden die Stat zu stirmen und das zu warem Urkund hat er genumen ein grosz vasz, da ain Fuder Wain eingät, dasselb gefilt mit schwefel und Bech und angestoszen und gewalglet für das Tor.« H. Luz Tagebuch. 1525. 13. 14. Public. des hist. Ver. für Schwaben und Neuburg S. 57. Wargele, Ei. Kindersprache. Auf dem Hertfelde mit Umlaut: wergeln.

WARM in Warmwaszerbue, Lerling des Bäkelebantscher. Die von Warmesried werden damit geneckt, sie hätten einstens, da die Sonne 4 Wochen auszblieb, mit dem Scheine deren Namen vergeszen und als sie plözlich ausz den Wolken hervorbrach, voll Freuden gerufen: Grüesz di Gott, liebe warme!

WASEN, Torfstücke Allgäu; weiter herunten Wazzen.

WASZER in der Red. A. »Wie nun die Sach am höchsten stuend und jedermann versteckt ward, dasz man vermeint das Waszer wurd über die Körb gen.« Chr. 1634. Waszerbruch des himels. S. 301ᵇ. Waszersuppen eszen, d. h. Hunger leiden. S. 396ᵃ. Waszerzins, Abgabe der Bürger an die Stadt für den Baumaister auf dem Waszerturm, für d. unterhabenden Brunnenmaister, Palier und Tagwerker. Traffund Himmelswaszer. Bau 0. Fuszwaszer hiesz ein Bach unter dem Spital. Der Waszervogel, ein uraltes Frühlingsfest der Augsburger Landschaft. In der unmitelbaren Umgebung Ags. in der Strasze, bis hinein in die Stauden, aber auch nicht über Birkach hin, fand der Brauch stat, so vil ich erfragen konte. In Birkach, der Filiale von Klimmach, allwo ein wares Festjar sich ehedem entwickelte, gieng der Rit von Froschbach bis zum Wirt; allda war eine Stange und ein Maien mit allerlei Zierraten, besonders Eierschalen angebracht. Der lezte beim Rit war der Waszervogel mit »öldernem Wedel.« Er ward vor den Haüsern in den Bach geworfen und umher gewargelet. Ganz durchnäszt ging er dann in's Wirtshaus, wo er zechfrei war. Esz war am Pfingstmontag. In Groszaitingen waren esz ungefär 8 Reiter; zuerst ging der Rit von der Werchtachbrnck herein in's Dorf zum Maien; der lezte wurde Waszervogel. Des Mittlemüllersbue hatte die Ere merere Jare. Der Waszervogel war mit Weiden eingeflochten. Der zweite Rit im Dorfe herum, wobei der Waszervogel in's Waszer geworfen wurde, bestand ausz ebenso vil Reitern. Der erste war der Sprecher, der 2. hatte den Geldbeutel; der dritte 'n Kréza. Der 4. den Schmalzhafen; einer reitet so mit und der 7. und 8. musz den Waszervogel bedienen und heiszen Freireiter und müszen in in's Waszer »gheien«. Sie haben alle kurze »Feirtig-Schäpper« an. »Dear mao də ſpruch duot, haot a beitsch und schnellt: gnou, gnou! (houə.)« Vor jedem Haus, wo sie denken, sie bekomen etwas, halten sie und der Spruch wird hergesagt. Sieh Anhang. Zu Geratshofen unter dem Schazberg bemerkte Herberger folgende Braüche beim Waszervogel. »Da komen 6 berittene Bursche zusamen um nach einem ausgesteckten Zile zu reiten. Auf den Ruf Hui! reiten sie ab und der erste, der an das Zil komt trägt boi dem nachfolgenden feierlichen Umzug den Maien. Der 2. trägt einen Säbel und den Geldbeutel und der dritte einen Schmalzhafen; der vierte einen Eierkorb, der fünfte fürt den Waszervogel und der 6. ist der Waszervogel selbst. Diser wird ganz in Baumzweige eingehüllt und so auf das Pferd gesezt; derjenige aber, welcher den Maien trägt, wird von den Mädchen mit Bändern geschmückt und der Maien, ein junges Baümchen mit farbigen Bändern, Tüchern nnd auszgeblasenen Eiern ganz voll behängt. So ziehen sie feierlich mit dem Waszervogel im Dorfe herum und sameln Gaben. Dabei rufen sie folgende Reime, die ich mit einigen von Thürheim ergänzte.« Sich Anhang. Am Schlusze wird das Empfangene verteilt oder verzert. Burg- und Batfeld. S. 74. 75.

WATTEN, Reisachwellen, Borzen. Zacher 240.

WAU WAU, der, allgemein schwäb. Augsb. Kinderschrecken: Hinter der Kuchetür Staot der Wauwau: Wie ma mier z'eszet geit Arbet (—ᴗ) i ao.   Stauden.
Schau, der Wauwau klopft an! Todtentanz 1627.

WAYUNG. »Sünden mit Gesicht, mit Gehör, mit Rechten, mit Versuochen, mit Greiffen, mit Wayung, mit Küssen.« cgm. 763 f. 3ᵇ.

WÄZ, Warze. Währingen.

WEBER in Weberherren, Weberhausherren: sie ordneten strittige Sachen; richteten bezüglich verfaulten Garns, abgezogenen Lidlons, falschen Gewichts, fremder Klagen, sie richteten über Knappen, deren Aufführung in Siten und Kleidung (— ob nicht einige zuweilen one Mantel auszgen —); schlichteten Affairen zwischen Webern und Spinnern. Ordg. 17. Jhd. In der Reimchr. v. Herzog Ulrich (Seokendorf ed.):»Der Weber von Augsburg treibt sein Pracht.« Weberheanle heiszen spöttisch die Rettiche: Du gampst wie Weaber, d. h. schlenkerst deine Beine wie der Weber s. Schifflein.

WEG »am hohen Weg.« S. f. 1ᵇ. sieh hoch; (jezige sog. Karolinenstrasze). In den Kempt. Conf. die Gemeinds-, Feld-, Dorf-, Bau- und Holz-Wege. — Den Weg = so: »ganz schwarz, den Weg dasz« u. s. w. Aerztl. Ber. 1634. Schm. IV, 45. »Wan Niemand klagt, hat es sein Weg.« Ordgen. 1647. Wegfertbuch itinerarium. Gass. Adj. wegförtig, Poliz. O. 1553.

WEGER, waeh, ahd. wâhhi; 1) echt allgäuisch: varius, zierlich, stolz, prachtend mit Kleidern. 2) »Lucretia sprach, ich armes Weib, ich mag um nit anders auf diesem Erdreich gehaben, dann Schand und Laster, und ist mir weger, ich sterb von der Keuschheit wegen.«

WEIB: dieses Klaid luesz ich — auf Weibnemen machen, d. h. die Heirat bringt alles ein. Kleiderb. 142. Weibermann, der recht zärtlich imer tut.

Lieder ausz den Stauden:
Wao ist denn mei Kappa,
Wao ist denn mei Huet,
Wao ist denn meī Weible
Woa meī ghaira duat?

'S sizt a Weib uff'm Raod
Und dês Weib spinnt
'S fliegt 'r a Grill in' Arsch
Und die Grill singt.
Ei du verfluechte Grill
Was fällt doch diar ein,
Muesz denn mein Arsch
Dein Grillaloch sein?
Ich und mein altes Weib
Gehe gebettla
Ich trag da Dudelsack
Und sie da Steckha.

WEICHT, O. N. urkdl. Wihstein. 12. Jarhd.

WEIDEN in Flurn. Obere u. untere Weiden, Gemeindegründe b. Währingen. Weidenbart, Wald. Klimmach. Weidenfusz in d. Confirm. Kempt. Masz, Landschaftsmatrikel gemäsz dem der Steuerfusz gehandhabt ward.

WEIDLING bei einer Lechüberschwemmung: »Und man hat hie und wieder über die Gassen in Schifflin und Weidling faren müszen.« Gass.

WEIFELN swv. unsicher gen; wanken, zittern: »ich schlag dir eine Orfeige hin, dasz esz weifelt« dasz du umsinkst. Allgäu.

WEIHER; bei Hart lagen einst: der Mülliweiher, der Staudenweiher, der Urlacksweiher, der Moosweiher, der Anger- u. der Schnitla- nebst d. Seagmühlweiher. Kazenweiher. Memm. Kempt. Strasze. Hurren- und Greulweiher. a. a. O.

WEILACH im Giltbuche cgm. 154: ain Wis auff der Weilach gat zu wichsal.

WEIN. Die Weincultur blüte

einstens auch in Schwabeck; an dem breiten Abhange der dermaligen Dorfstat; jezt noch Weinberg. Zacher 179. Eingefürte beliebte Weine in A. (süsze und fremde) Burgunder, Champagner, Muscat, Frontiniac, Cyprische, spanische, von Malacca, dann Kappweine. Urkd. des 18. Jhs. Älter ist die Einfur der Elsäszer Weine sieh E. Etschwein, der gemeine Mann nennt in Welschwein, aber unrecht. Gass. Des Etsch- oder Welschweins (roter und weiszer, auch Osterwein). Nekarwein, Rheinfal u. s. w. Der Nekerwein bei S. f. 333ᵇ. Die Zollaufsicht war ser scharf. In A ist ein Weinmarkt S. 323, in Memmingen auch. Weinstadel, »wohin die Sailer kein Sailwerk verkaufen durften, noch in andere Würthshaüser.« f. 3ᵃ. Weinschreiber. 1581. Von Fremden hereingeschmuckelter Wein wurde confisciert und ins Pilgramhaus geschenkt. Ordgen. 1647. Unter den verbotenen Schleckwerken werden in Chroniken Obstfrüchte, verhaltene Weine und Most vor den Kirchentüren feilgeboten, aufgefürt A. 1467 den 27. Febr. ward der alte Brauch aufgehoben bei Amtssizungen den Senatoren auf dem Rathause, besonders Nachmittags auf Kosten der Stadt Wein und Confekt vorzusezen. Chron. Vestwein fast allgemein üblich in Schwaben bis an die Alb hin: »wan ein heyrat geschicht, so soll nyemant khain Vestwain geben bei Peen 2 Gulden.« Horm. 1834. S. 134. Speisewein, Mickh. Urkd. 17. Jarhd. »Weinwaren und Wurstsuppe« in einer Ulm. Hochzeit-Ordg. Zu S. 61ᵃ oben: »Übrige Beweinung, zutrinken u. Füllerei — belangende.« Poliz. Ord. 1553. »Wan die vberig Beweinung und Trunkenhait gleich nit so hoch in göttlicher Schrift verflucht« u. s. w. a. a. O Weinpössing abgeg. Ort bei Hader, urkdl. 1263: Winpözzingen. Ein Flurn. Weinpissing noch bei Schempach. Das emal. Weinhausen bei Kaufb. heiszt urkdl. Wigenhusen. 897.

WEISCH, Stoppelfeld. Weischgerechtigkeit, d. h. zu waiden. A. Mein Wbl. 92. Weischrüeben, die in frisch umgeackertes Stoppelfeld gesäten R.

WEISEN; Weysat; im Memminger Stdtr. Wysung, Gilt, Abgabe. Im cgm 154 unzäligemal = Gilt, Abgabe an St. Ulrich f. 6ᵃ. 16ᵃ. 19ᵃ. Mein Wbl. 92. Volkstüml. II, 7. Anmerkg. Im Allgaü: Weis-Brot weisne, in die Kindbett schenken. Burgau.

WEIT 1) »und flohen die Leute gar fast, dasz man's woll spürt zu Kirchen und Straszen: esz war überall weit in den Kirchen.« Horm. 1834. S. 132. 2) Weitschweifig: πολύτροπος: er ist waitschwaiffig (der im Cygnus Geborene). Regiom. 1502. »unstät und weitschweifig « a. a. O. »Der hat waitschwaiffig Glück.‹ a. a. O.

WELFEL oder **hindel**, cstellus. cgm. 685 f. 23^b. ›Wann davor ist die Milich dem Kind nit gesund und in der weil, so soll die Kindpeterin ein Welfen saugen laszen.‹ cgm. 601 f. 98^b.

WELT, die neue, ein Brunnen auf den untern Brühlen, auch Vogelsbrunnen geheiszen. Memmingen.

WENDIG, mutuus, ›wendig machen,‹ i. e. eine Sache. Chron. 1634. ›Also ward unser raysz wendig.‹ G. v. Ehingen. ›Dasz der Zug wendig war‹ a. a. O. Bei Riedl. = krumm von Holz, Brückenbalken, Läden an Fenstern.

WENDLINGS ›über wendlings nähen‹ über- und übereinander nähen; sinnlos, unbrauchbar.

WENGEN, in den, bei Türkheim; uralt. Name. Oberwengen, urkdl.

WERBE, die, eine Wende am Heuwagen zum Befestigen des Wisbaumes mit dem Hinter- und Vorderwagen. Strasze. Sieh mein Wbl. 92.

WERBEN stw. ›wie lieblich er sie (Maria) gruoszt und mit ihr redt, und sein potschaft warb (der Erzengel).‹ Himml. Braut.

WERFTAG sieh 149^b. Werfen in der heraldischen Sprache des cgm. 92 f. 16^b. 17^a: ›Ain schwarzen Schilt, darinn ein weiszen Vogel mit usgeworfen Flugeln.‹ ›Ain schwarzer Vogel mit usgeworfen Flügeln.‹

WERKEN in Burgau: stadtwerken = fronen. In den Ravensburger Stat. 14. Jhd. ›zu der Stadt werken.‹ Vergl. Schellenwerk, schellenbergen in Schellen, als Gefangener Frondienste tun. Mein Wbl. s. v. W. Verbollwerken: ›die Klöster von Mann- und Weibspersonen wurden mit Holz und Stainen zum Teil verbollwerkt.‹ Chron. 1634. 249. In vilen Gegenden gebraucht das Volk die Zusamensezung gerne wie: Fueszwerk, Häswerk, Zanwerk u. s. w. Karwerk und — Krezen. Sail. Ordg. 6^a. Gunkhelwerkh, die Kunkeln. Furttenbach.

WERR, WERRLE neb. Weagbrunzer, hordeoli, pustulae an Augenlidern (Stauden): Weagsaacher, Wurml. Mein Wbl. 92. Fränk. Mergentheimisch: Wäbele. Weara, im Allgäu: Parasiten am Viech.

WEST. ›Westerhalp in der Grufte.‹ St. Ulrich's Leben. V. 510. ›Gegen dem Tail der Welt, der haiszt Occident od. Weston.‹ Astron. 17^a. 18^b. Westerholz, jezt Bichel genannt, nordw. v. Türkheim. Bemerkenswert sind die mit West- gebildeten Ortsnamen.

WESTERHEMD, Taufhemd zu vasti, vasjan, got. ›Und wer weisz nicht dasz wir in der hl. Taufe mit einem leinenen Westerhemd bekleidet werden.‹

Web. **Umzug.** »Dem soll der klager alltag geben zwaier Westerpfenning.« Memming. Stdtr. In Gundelf. erscheint neben der Nagel-, Kecken-, eine Westermühle urkl. 1278 (Saalbuch).

WETSCHGER, der, Hängetasche. Schmell. IV, 203. »Meszer, Seckhel und Wetschger.« Vergleich 1581. cgm. 3045. »Do nam im (dem Grafen Joachim v. Ötingen) seinen Daumenring und ain Wezger, darin seine clainet lagen.« S. f. 368ᵃ. Ob watschar, der Flurname bei Mone Ztsch. I, 80 ad 1801 daher gehört? In der Chronik von Herzog Ulrich (Seckendorf) stet von Nürnberg, »die hübschen Wetschger macht.« S. 81.

WETTER, eine Wagenvorrichtung, da wo Hinter- und Vorderwagen zusamenläüft. Stauden. **Wetterstraich**, Furttenbach. **Wetterlöcher** = Hülen bei Ottenfeld. **Wetterloichna**, verb. neutr. blizen. Rammingen.

WETTRENNEN, Pferderennen, scheint eine uralte Site um A. gewesen zu sein. Gass. »Ich halte auch dafür, dasz das Wettrennen mit den Pferden, welches noch heutage nahend bei dieser Statt järlich gehalten wird, mit erster Anrichtung der Colonien herkommen.«

WICKELE dim. zu wiggle, Werk anlegen stend: 1) Kunkelanlege. M. Wbl. 90. Das **Wickeleholen**, eine uralte deutsche Site im ganzen Augsb. Gebiete, in der Reischenau, der Strasze und in den Stauden üblich, aber jezt selten, weil abgeschafft. In Groszaitingen holte man nach dem Male am Hochzeitstage das Wickele, d. h. die mit Werk schön und zierlich angelegten Kunkeln nebst dem gold- und silbrigen Änspin u. s. w. Der Zug bewegte sich ins Haus der Braut und ein Mädchen trägt Hochzeitsgeschenke; Häfen von Kupfer u. s. w., Braotiskar, Durschlag zum Spazenmachen dürfen als Geschenke nicht felen. Miten im Orte auf freiem Plaze stellt man das Wickele hin und tanzt ½ Stunde darum, wobei der Wein- und Bierkrug fleiszig die Runde macht. Jedes Mädchen oder Frau, wenn gleich alt, musz einen Tänzer haben, sonst ist's eine grosze Schande: bekomt eine keinen, so lacht man sie brav ausz. Daher die Aufforderung, Schreien und Rufen oft nach Hausknechten, die sich endlich in Auszsicht auf gute unentgeltliche Zeche von Seite der Tänzerinen herbeilaszen und tanzen. Nachher gets dem Wirtshaus zu und der Tanz wird fortgesezt, worauf das Wickele zur Ruhe in eine Kamer gelegt wird. Sieh oben S. 208ᵃ. 2) Ein Flöcklein Werg. Ein Tanz in den Stauden:

Hoppete ho in d'Doana neï
Meï Alte will ett spinna
Schopp'r a Wickele Werg in A.
Und lasz da Teufel brenna.

WICKELN swv. »Und dasz die

Vers und die Alleluja gewicklet werden und nit aufeinander gesungen.« Augsb. Messb.

WIDE dim. Widle, zarte Bind-Weidenrütlein zum Zusamenkoppeln erlegter Vögel, Frösche u. s. w. A Widle Vögel, a Widle Halbvögel, Krametsvögel, a Widle Frösch in A. ser üblich. Widle brechen zu disem Behufe, im Hart. Inv. Widenstrang, Flurname. Türkheim. 1440.

WIDERN. »Und als er sich dessen gewidert.« Mickh. Strafbuch 1611.

WIDUM in Flurn. haüfig: Unter- und Oberwiden, Klimmach. Widemgut, —holz; Widummaden a. a. O. Widdumbreitin, Türkh. (Mein Wbl. 94.) Widum-Lusz. Widenstrang a. a. O. Der Name Wittmöswald b. Dolnstain wurde zum römisch. Ortsn. Vetonianis gestellt.

WIEDERSTRICH: »Alles Vogel- und Lerchenfangs im Wiederstrich sampt der hochschädlichen Lerchenbaysz — sol man sich enthalten.« Vergleich v. 1609.

WIEDERZUPFUNG, die: »darnach wie die Griechen hinauszgen Troja zu gen nicht wusten, ob sie es haimlich bei der Nacht oder bei Tage tun sollten, brachte der Palamedes jhr Widerzupfung also an den Tag.« Trojan. Krg. 70[b].

WILD. 1) »'s wild Gjäg« in den Stauden üblich. In Klimmach erzälte man mir, wie in einer Ortschaft »'s wild Gjäg« einen Buben vom »Boarza machen« wegnam, in eine landfremde Gegend fürte und sizen liesz. Ein Kaufmann hätte den Buben erziehen und etwas lernen laszen; er sei als Mann heimgekomen und zum Dank, er war reich, habe er eine Kapelle erbaut. 2) Wilder Berg, in einer Grenzbeschrbg. v. Ettelried u. s. w. 3) Wildennen Gut, bei Friesenried. 1312. Zacher 90.

WILFA, Birkacher Flurn.

WILLKÖRE, arbitrium. cgm. 685 f. 11[a]. willkörer, arbiter. Der codd. hat stets u für o und o für u; dazu Umlaute.

WILLKOM, der. 1) Geschenk. »Dise 2 Schilt so an dem Willkumb hangen.« Mickh. Strafb. 17. Jhd. 2) Einstandsprügel für schwere Verbrecher im Henkerhause des Dischingen zu Buchloe, wohin die Verbrecher auch von Niederhohenberg komen, laut Vertrags des Erzhenkers mit Oesterreich. Mein Wbl. 93. Volkst. II, 200. 203. 230.

WIND bei Gass. noch unumgelautet Sudwind. Gegen Sudwind, gegen Westwind wie man im übrigen Schwaben von einem Ober- und Unterluft redet. Windei, ein blindes, unfruchtbares Ei. Windenfeld, Flurn. zwischen Deubach und Kuzzenhausen; abgegang. Hofgut: Wünden. Windell, französ. éventail, Fächer. See. Windig, superl. windigkalt, windigschön. Allgaü. Wie die Windsbraut dahin fliegen. S. 646.

WINKEL; in den alten Weberbüchern sind Spinnerinen und Spulleute »so in Winkeln hocken« gebrandmarkt. Gegen die Leutkircher Haide hin ist Winkel = Auszding-, Pfründnerhaus der Eltern, die den Hof vŏgēə haben. Das Einsegnen und sich vermählen laszen in Haŭsern und Winkeln ist in der Hochz. O. 1540 streng verboten. WINTERIG im cgm 184 f 1ª: wintrigs trayd. »in sechs winterischen Zeichen.« Regiom. 1512. Im Gegensaze zum sommerigen. WIRKEN »mit fuire wirken« = werken. Astron. 16ª, 16ᵇ: »es ist auch guot anzehebent würken, alles daz man mit fuire würken sol.«
WIRT, Wirtschaft. »Wirt oder Trinkherren.« Chron. 1634. Im alten A. der Dirgelwirt, der Lettenwirt, ein Bödeleoder Bödemlewirt, weil er auf seinem Malzbödele über die Polizeistunde Gäste heimlich behielt. Die 2 Stubenwirte, Schlöszlewirt, bei den 3 Lümmeln, jezt Maichele's Garten; beim Paritätwirt, beim bayerischen W. Wirtschaft in asket. und homilet. Schriften: »Ich han ein hoffen zu den heiligen crüz als zu einer Wirtschaft.« cgm. 257 f. 3ᵇ. Kom her Johannes, mein auszerwälter liebster Freund, zu ewiger W. die ich hân dir bereit! f. 17ᵇ. Und empfahl den (hl. Johannes Kandelb.) den lieben Heiligen, die da Huszwirt waren siner kirchen. f. 19ª Die da (Boten Gottes) solltend kund tun eine grosze wirtschaft zu des Königs Gemahelschaft. Himml. Brt.

WIS, adj. rösch, dürre vom Werg, gegen das wirtemb. Illertal hin.

WISBAUM im Waltenhof. Weistum: Das Masz des halben Fuders Zehentheu war in der Art bestimmt, dasz man, wenn der Ellenbogen auf die Leiter gesezt ist mit der Hand den Wisbaum umgreifen könne. Das doppelte dieses Maszes betrug ein ganzes Fuder.

WISE im Giltbuche cgm. 154: oft Wisgilt. wisflecken. f. 40ª. Wismad die Kripp genannt. f. 34ª. 2 hagken wismad f. 46ᵇ. Galgenwisen f. 44ª. Die Wisin ein Kaufb. Spitalgut b. Siebnach, Kloster Weingart. Lehen. Zacher 112. Bei Altheimerberg: die Badwise, Todt- u. Hünenwisen. f. 14ª.

WISZMALER, Weiszmaler im Stdtr. = Gerber, die feines Leder zu Hüten, Taschen verarbeiten. Mhd. Wb. II, 25ª. Fundgruben I, 398. Schmid 524. »Unter den Wiszmalern«, Ortsbestimung in Urkden. 14. Jh. Weiszmalerstrasze.

WISPELN v. der Natter, »und hat ein Stimm als ein Nater, so sie wisplet.« Elucid. »Uff sinem hals lag ain schlang und wysplet.« cgm. 257 f. 60ª.

WIST: im Zaichen des Skorpions: der ist klain und mageres libs u. underwîle wist. Astron. 17ᵇ.

WITTZINS in der Confirm. Kempt. Und haben darnebenst diejenige Untertanen, so den Kempter Wald von Alters zu gebrauchen befugt über den herkomlichen alten Wittzins (vitu = Holz) nichts zu tragen u. s. w.

WOCHE echt Augsb. Schriften ist wuche eigen, das sowol der Wirkung von w als ch gemäsz ist, sieh U. Esz gibt sog. Wochentagsgebete oder Wochenreime ausz der Burgauer Gegend:
Am Montag ist der Anfangstag,
Dienstag thue i was i mäg
Migda ist da Wuchamarkt,
Donnerstag schaff i au nitt stark,
Freitig lasz i Freitig sein
Der Samstag hilft am Sontig rein.
Ich füge bei:
Wer ein böses Weib hat:
Geh in Wald am Montag
Schneid 'n Stecka am Dienstag,
Prügle sie am Migda
Wird sie krank am Donstig,
Stirbt sie am Freitig,
Begräbt man sie am Samstig,
Haot der Mã 'n fröhliche Sonntig.
a. a. O.

Wuchner. »Jeder Herr Doktor der Wuchner war.« Laz. Ordg. 1633.

WOLFSGRUB im cgm. 154 f. 10ᵇ: »vom zehnten auf der Wolfsgrub« Die Wolfsgruben, —löcher, —graben waren noch vor 60—70 Jahren haüfig in Schwaben als Ueberreste der alten Wolfsjagden. Wolfsbühle, Wolfsälden u. s. w. sind haüfig. Wolfszan, Augsb. Wald. Wolfspelze als Futter im Fug. Inv. »Ein von Seiden Rupf gemachter Janker mit Wolf gefietert.« Ein Unterfueter zu einem Rockh von Wolfsfueter; fünf Döckhen von Wolfsheuten u. s. w. Wolfsberg, Ritterburg b. Steinerkirch.

WOLKENBRUST sieh Brust = Wolkenbruch. Mhd. Wb. I, 256ᵇ. »dâ in die veind einer zeitt gar snel als die wolkenbrust mit groszer macht überzugen.« cgm. 581 f. 3ᵇ.

WOLLE, adj. wullin. Nach der alten Webersprache gab esz eine bösze und ungestimmierte W. Staub-, Kart-, Kernwoll; Gestrichen Woll u.s.w. »Item welcher wurkhte Barchant von Staub, Kartwoll oder Kernwoll oder sonst bösc Woll« u. s. w Web. Akt. 1638.

Wollherren b. Holzmann:
Der Hunger und Tod den Weber trieb
Dasz sie zu den Wollherren komen
Die Woll so teur sie wollten nimmer.

Im Reinhartshauser Pfarrbuche v. 1773 S. 35 heiszt esz: »Die Walberger, arme schlechte Leut, welche ihr gröste Sorg haben um das tägliche Brot und dessentwillen gar wenig zu dem pfarrgottesdienst komen, die feiertäg zubrachten mit per henden zu arbeiten und umlaufen teils nach Augsburg mit iren Wollbengel teils andere Unanstendigkeiten womit vile Ermanung — nichts auszrichtet.‹ Die W. sind 2 Prügel, auf beiden Schultern getragen, woran die gelieferte Wollarbeit Sonntags in die Stadt getragen wurde.

WUCHER 1) wie nhd. Zinsprocente von dargelihenem Geld. Wucherliche Fürkeuffe, Pol. Ordg. 1553. ›Hatt aber ein Mann Geld genomen von den Juden, der sol darvon kein Wucher geben in demselben Jar, denn esz heiszt ein freies Jar.‹ 1385. 2) Frucht, Ertrag: ›Als ein paum der gepelzt ist bei dem Lauf des Waszers, der sein Wuecher geit in seiner Zeit.‹ cgm. 390. 3) ›Dasz bishero die Pfarrherren der Gemain die Wucherstier, Hengst, Bärn und Widder halten müszen, ist solches hiemit abgestellt.‹ Augsb. Recesz v. 1684. Wucherrind b. Riedl. Wuchertier, Heuberg.

WUGGELE dim. Harlocken-Instrument. A.

WULE dim. ein in's Eis gehauenes Loch. Wulbret, das Pflugbret am Säoh. Strasze.

WUNDMAISTER: dise Herren (v. Rate, welche Frevler verhören musten) legten nachmals nach Auszweisung ihres Amtes dem Frevler von einer jeden Wunden 2 fl. Strafe auf, daher man sie dann die Wundmaister gehaiszen. Gass.

WUR‛, WÖR. Waszerstauung. Urkdl. pl. wiehr. Wöräcker, Wilmetshofer Flurn. Wuehr an der Wertach. 1602. Mein Wbl. 94. ›Wier oder rinnendiu waszer.‹ Stdtr.

WURM in wurmkreise, auf dem Rücken ligend, sich vor- oder rückwärts arbeiten; Spile, Wetten. Burgau. Wurmweib, mürrische, ewig klagende Person

WURST. ›Leber- und Rosenwürst.‹ Mezg. Ordg. 1549. Die Mezger sollen sie ungewägen nit verkaufen. a. a. O. In der Scherzrede: ›'s ist sonderbar dasz der Hund Boiner friszt und Würst scheiszt.‹ Burg. Gegend. Red. A. ›wann man nachfragt (bei lügenhaften Gerüchten) ist alles mit der Wurst bunden, ein blinder Lermen.‹ H. S. ›Also machts die Welt — sie verspricht iren Dienern goldene Berg, endlich ist alles mit der Wurst bunden, gibt ihnen nichts.‹ a. a. O. Wurstschnappen und Kerzenschnappen, ein poszierliches Spil: 1 Wurst an einer Schnur, die an 2 Stänglein im Boden quer über hängt, one Hände herabzuschnappen; ein Kerzenstück in e. Schaff Waszer erschnappen.

WURZEN: Capistran hat vil Laster durch sein haylig leer auszgewurzt. S. f. 127^b. ›'S wurzlet‹ zu sagen trägt bei den Deiningern im Riesze Prügel ein;

sie hatten einst nach der Viehseuche beschloszen, die Kuhschwänze der crepirten Tiere abzuschneiden, sie vom lezten Haus bisz zum weiszen Kreuze hinausz in den Boden zu stecken, dasz ›'s wurzlet‹ und sie wieder Kälber bekomen.

Z.

1) Ueber anlautendes mit S wechselndes Z sieh oben S. 380. Ueber die Verbindung zg sieh oben G und mein Wbl. 94. Ueber auszlautendes z für s sieh S.

2) Das wichtigste in d. oberdeutschen Lautlere ist die Lautverschiebung des t, ts (z) und sz. Wie bei k, kh, ch, bei p, pf, f entwickelt worden ist, sind esz gewisze folgende Vocale oder Halbvocale, welche Lautverschiebung zulaszen oder nicht zulaszen. Folgt ein Bildungs-j wie die schwachen Verb. esz haben, so vollzieht sich die Lautverschiebung folgendermaszen: t verschiebt sich in ts, d. h z, gelangt aber nicht bei sz, d. h scharfem s an. Beispiele: āzen entspricht einem got. atjan = zu eszen geben; wogegen bei folgendem a die Verschiebung in sz stattfindet, z. B. eszen zu ītan. Sitan solte einem nhd. seszen entsprechen; unser sizen get aber auf ein altes sitjan zurück; wärend Seszel harscharf einem alten sitls entsprechen musz. Darnach sind zu beurteilen: Goisz und Goiz, Pflugsterze; flaize u. Flosz, flaisze. spreizen und spreiszen; naswizling im H. S. neben nasweisz, Geiszhals und Geizhals; schuzen, stoszen und schuszen, schieszen; Waiszen und Waizen. Merkwürdig ist Wizbaum für Wisbaum in den Stauden (Münster), was auf altes t hinweist; bizle und biszle. Die Torfstücke heiszen in Oberschwaben sogar Wazen neben Wasen. Schriftliche Belege: was raiszen cgm. 257 f. 30ᵃ = reizen, vom Teufel. Waiszenkörnlein cgm. 402 f. 41ᵇ. waiszen cgm. 419 f. 62ᵃ. Waiszenkoren f. 216ᵃ. das hess waiszen f. 216ᵇ. waiszenanhöfel cgm. 445 f. 27ᵇ. das warent sachen sins abszeszens (Abszezung) cgm. 436 f 97ᵃ.

In einigen oberschwäb. Gegenden hört man dem ītan und si-

tan entsprechendes geəzzə und gseəzzə; dazu sëəzzel u. s. w. Merkwürdig ist das Fernebleiben des Umlautes vor -zj z. B. schuzen, nuzen, staoszə, ståəszə, wo der Bayer lieber zum Umlaute zu neigen scheint.
8) Für Faser, fäsericht hört man oberschwb. zâser, zäserlẽ (ch) was niederschwäb. zåsem, zäsemlẽ, dim. lautet.
ZAICHEN? »Fraw Priorin mit meiner Schwester Magdlena und Convent St. Ulrich von Dilingen hergesandt ein Silber Pater noster und zwai zaichen, wert 3 fl.« »Die Priorin, Frau Welserin zu St. Catarina 1 zaichen 1 fl.« L. Rem. (Hochzeitgeschenke.)
ZAINE sieh mein Wbl. 94 ff. Zoïde anderwärts; Zuine echt allgaüisch. Ztw. zainen, »da hiesz sie ir machen ain körblin, das wolgezeünet war.« cgm. 206 f. 65[b].
ZANUNG, die. »Wo von einem Nachbar gegen den andern an einer Mauer sog. Zahnungen sich befinden, welche die ganze Mauerdicke einnehmen, oder über des Andern Gebaü hervorstehen und überstechen, so ist eine solche Mauer jenem eigen und mag er nach solchen Zahnungen seine Mauer weiter fort und auffüren one Irrung.« Bau-Ordg. I, 18.
ZANNEN swv. »Darnach sein die Weiber die ganzen Nacht schwäzig, kippelen und kifen, greinen und zannen.« cgm. 601 f. 2[b]. »So griszgramment dann

und zannent gegen ir die hellischen Hundt.« Himml. Braut.
ZAPFKANNEN im Fugg. Inv. »2 grosze Zapfkandlen von 4 und 6 Innsbrugger Masz.«
ZARG. 1) Mauerwerk: »besonderlich ward die Zarg von ihm gebuwet.« Man. 1384. 2) In der Müle: ein jedliche Zarch soll nun für allen nit mer denn 1 ganzen Zoll in der Weitin haben — so sollen sie von jeglicher Sarch, so zu weit ist ein 1 fl. zu bezalen verfallen sein.« Sigertshofer Mül-O. Die Zarch, an einer jeden newgebauten Malmülin solle ob dem Lauffer ¹/₂ Zoll in die höhe haben.« a. a. O.
ZÄRREN swv. was bisen und därren, sieh oben. Zärr du, wenn du kein Schwanz hast! Pfaffenhausen.
ZARTEN swv. »Alspald straich und zartet er dem pferd auf den Ars.« cgm. 402 f. 10[a].
ZÄRTLICH »mit zärtlichem Rat fürkomen.« Fischach. Stat.
ZAUDEL m. Mangel an Speisen oder kleine Portionen.
ZAUM im Fugg. Inv. Käppenzemb, Dümblzemb u. s. w.
ZAÜNEN swv. »umb Sant Ulrichstag zeunet man auf den mitlen Graben ein starken Zaun.« Buxh. Chron. 1530 f. 27[b].
ZECHE fabrica ecclesiae. »Item man sol uns geben den Dürftigen in die Siechstuben älliu Jar i lib. dn. ûf den Karfrytag ûz der zaehh ze Sant Morizin.« Man. 6[a].

28*

Zechschrein »und einem Pfarrer zur Nuznieszung zuglegt sein werde, mithin seind jedesmalen bis dahin die Baufälligkeiten aus dem Zechschrein zu bestreiten.« Original-Urkde. von 1765 in Klimmach v. Churfürsten Maximilian Josef. Zechmaister cgm. 688 f. 239. Die Z. zu St. Ulrich. S. 565. Ordnung v. 1629: Sollen die Zech- und Zechpfleger dem Dom, sampt allem dabei vorhandenen Einkomen wieder überlaszen werden. Auch sollen die Zechpfleger und alle andern, so geistliche Güter und Stiftungen verwalten, katholisch sein. Die Zechpflegere zu U. L. Frauen soll der Rat verordnen — ihre Rechnungen järlich auf Michaelis zu beschlieszen und zu übergeben. Aus dem Zecheinkomen sollen alle pfarrliche onera prästiert werden.

ZEILE, die, Haüser-, Baumreihe etc. allgem. »Der Haupthanen ob St. Ulrichsplaz an der kleinen Zeile.« Bronn. O. 1734. 9. Weil in der Nähe keine Hauptzeilen oder Hanen gestanden.« a. a. O.

ZELL, Ortsn. (Weiszenhorn). Reim (Bettelzell):
'Z Zell
Dä bettlet d'Baura-n-äll
Und der Pfarrer hät koine Schueh
Sust gieng 'r ao derzuə.

ZELTE swm. libum, m.Wb.: »man pecht ein zeltlin mit ain ayertotter und ainer halben Muscatnusz auf einer herten hertstatt.« cgm. 601 f. 110ª. Rosenzelt. f. 111ᵇ. Im Waltenhofer Weistum war der Stiftsmaier verbunden jeden Baumann mit einem groszen Zelten, zur Fastenzeit mit Kraut und Bohnen, auszer der Fasten mit Schweinefleisch zu verkösten. Zur Nachtszeit muste er noch einen Mezen Mel für jeden Pflug abgeben.

ZENDEL, warscheinlich ein ser feiner Seidenstoff. Bei Horm. 1834 S. 140 komt oin Fanen von Zendel vor. Stadtr. »ez si sidin gewant, sidin golter, ander golter noh zendal.« f. 12ᵇ. Glosse. Im Wigalois V. 1420 als Futer gebraucht. Im Troj. Kriege Konrads V. 14785 als durchsichtiger Stoff, die Wangenröte damit verglichen. In e. Voc. v. 1482 = vestis subserica. Vrgl. Zeune in von d. Hagen's Germ. I, 316.

ZEREN swv. von der Zeit. Wie aber etlich täg verzeret; den ganzen Tag verzeret, das Alter verzeren, die Nacht verzeren u. s. w. im Troj. K. haüfig. Zerzerer: »etlich in groszen Werchen sind mer úsgebund, denn die Werch bedürffent und dieselben die haiszent Zerzerer.« cgm. 208 f. 46ª. Zerhaftig »gesellig zerhaftig und spilet geren.« cgm. 601 f. 21ᵇ. Der lezte Zerpfenning, die Wegzerung. Gass.

ZERESEN swv. »Und hat gescheybs um alles verwiest und zerest.« S. 157ª.

ZERFELEN (–⏑⏑) swv. zanken, um Kleinigkeiten streiten. Herr Gott, wie wart allda ein Meng Einzanken, zerflen u. ein treng. Holzmann.

ZERGÄNZEN swv. »dasz selbiges nicht ein ganzer besampter, sondern zergänzter Rat gemacht habe.« Müller. Sieh Ganz.

ZERKNITSCHEN swv. zerbrechen, zerschlagen, »zerknütschte Schalen.« Gass. zerknitschte Karren, Wägen; zerknitschte Bildlach bei S. 420^b. 423^b. tsch = sch oder scht sieh Lautlere vom S 381.

ZERNOPPEN swv. übel zurichten besonders von Händearbeiten: Nähstücken u. s w.

ZERREISZEN, z. B. Teller, Porcellangeschirre nur in A., sonst zerbrechen.

ZERWERFEN im Stdtr. »ist daz biderbe lüte zerwerfent mit einander in eime lithûse.« f. 44^a. »Mit Scheltwortern z.« a.a.O.

ZETTEL, Schenkzettel: »Kheinem fremden Herrn oder Gast soll geschenkt werden es habe dann ein Amtsburgermaister den Schenkzettel gesehen und geschrieben.« Ordgen. 1647. (Von Weinschenken.) »Zettelin aufnemen«. Todtenzettel v. Medico holen. a. a. O Bürgerrechts-, Judenzettelin vor dem Tor. a.a.O.

ZIECHE in der alten Webersprache: Ziechwerkh, Ziechstuckh; ein praits Ziechwerk 2500 Fäden minder 1 Faden.

Schmale Z. 2309 Fäden. Gewirfelte Ziechen; vergleister Ziechstul 1638. Ziechen auf Ulmer Art. Web. Ordg. Der plur. Ziechlach haüfig neben dem Sing. Ziechlachen, das Nach dem Stdtr. »von ainer ziech mit nuzze ainen helbelinch.« f.9^a. Im Fugg. Inv. federritene Ziechen. Küssen von parcheten Z. Leinwatene Küssziechen mit roter Seide, — mit schwarzer Seide, — mit und ohne Porten; Köllische Pettziechen. Grob harbene Bettziecher; (harben: harbene Tischtüecher, oft im Inv. im Gegensaze zu »werkhen«, feinflächsig. Schmell II, 225.) Polsterziechen, werchene Küssziechen; leinwatene Altarziechen.

ZIEHEN, einziehen stv. »Die Zal der fremden Knappen soll dahin eingeschränkt und eingezogen werden.« Erneuerte Web. Ordnung.

ZILEN. 1) »Der Vollmond erglanzet den 11 disz zu Nacht nach halber 8 Uhr im Krebsen, zilet auf Schneewolken u. rauhe Luft.« Kirchen- und Hofkal. 1751. 2) »Also legt die Frau mit der Magd an, dasz sie im zillet auf ain Nacht an ihr beth und dasz er still wer.« S. 315^a. Zillherrn, 4 an der Zal in der Schieszstat; Zillstatt, Chroniken. Kammergerichtsziler. Conf. Kempt.

ZINKE in dem heraldischen cgm. 92 f. 17^a. »darauf über sich drey schwarz **Spilbrettzingen** und unter sich ach drei.‹ Graff V, 681. Pfeiff. Germ. VIII, 302.

ZINNE hiesz ein Plaz vor dem Göggingertor a. 1730 als gemeinschaftlicher Gottesacker angekauft. Herberger's Jakobspfründe S. 44.

ZINNSPIL ein volktümliches Würfelspil um Zinngeschirre im Schieszgraben.

ZINS in **Madzins, Hauszins, Zinsgelt**. Mickhs. Akt 1569.

ZIPFELADAM ein alter Dreher oder Tanz in den Straszenortschaften.

ZIPPERN. ›sei nächtlicherweil in den Gärten nach den **Zippern** gestigen — die **Zippern** abgebrochen.‹ Mickhaus. Strafbuch 1605. (Pflaumen.)

ZIRKEN als Flur- und Waldname: der **voader**, der **hinter Z.** in Münster; die Erwerbung soll durch gewisze Fraülein geschehen sein, für deren Seelenruhe man jezt noch die Schidung alle 8 Tage laütet.

ZISTEL. ›Der Virgilius ist gar ein groszer Tor gewesen, dasz er sich in einer **Zystel** liesz an einen turen henken.‹ cgm. 345 f. 31ᵃ.

ZOBEL in den Augsb. Kleider- und Polizei-Ordnungen unzäligemal. ›Gemeino gefärbte **Zöbel, zobline Mütz**‹ u. s. w. **Erzoblen** swv. sieh E.

ZOHENSUN im Stdtr. Schelte f. 50ᵃ. Graff V, 100: zoha, Hündin; **Windzoha, Hessezoha**.

An der Röhn Zusz. Schmell. IV, 248. 277.

ZOLL. In Memm. hiesz einst das dem Rathause gegenüberstende Zollhaus nur der ›**Groszzoll**.‹ (Karrer.)

ZOPF, eine Abgabe an das Kloster Ulrich cgm. 154 f. 23ᵇ. 24ᵇ. 31ᵇ. 32ᵃ u. oft.

ZOTT. ›Mit **Zott** gemusiert.‹ S. 530ᵇ.

ZUCK in der Flöszersprache Stdtr. ›swer mit holze kumbt in die bäche — der sol sin holz heften ietwederhalp an dasz stat, das ein flecke wol dann zwischen muge gân unz uff den zuck.‹ f. 15ᵃ.

ZUCKERMANTEL, urkdl. Flurname bei Schwabeck. 1416 neben **Zugmantel**.

ZUG. ›Dilation u. **Zug** geben‹ neben dem haüfigern ›**Aufzug**‹; adj. **aufzügig** in der bischöfl. Strafordg. wiederholt.

ZÜGELN swv. einen Rebstock am Hause **hinaufzügeln**; Thierlein im Haus **aufzügeln**. Gass. **Zügelbrunnen** oder **Ziggelbrunnen** im H. S. **Handzügel, Sperrzügel** im Hart. Inv.

ZUGESELL, Helfer, cooperator. S. 203ᵃ: der Pfarrer und sein **Zugesell. Zuogesell** oder sin Helfer. f. 387ᵃ.

ZULLEN, swv. grobo Fäden spinnen.

ZUMP swm. penis. ›An Adren vornan uff dem **Zumpen**, die sol man lauszen, für das Barlin und für den Rysenstein. An Adern unten an dem Zumpen, die sol man lauszen für das Gron und für die Geschwulst der Gemechte.‹ Astr. 38ᵃ. ›Auch haben sie wee um die weiche und villeicht, so statt im sein zümpflin oder greift im das Kind an s. Scham und juckts.‹ cgm. 601 f. 111.

ZÜNDLER oder Leuchter. Hart. Invent. Zünslen swv. mit dem Lichte spilen, wie Kinder, sich verbrennen.

ZUPFEL, Zipfel. Als Zeichen des jüngsten Gerichtes fürt cgm 402 f. 101 an: ›Frauen werden unschämig, Falten an dem Gewand werden gemein, schuch mit den schnebeln und spitzig hüt, klain kappen mit langen Zupflen.‹

ZUPLAZEN acclamatio. Anti-Müller: ›Man werd und künde alle Ding mit dem Beifall und Zuplazen des gemainen Mannes hinausztrucken.‹

ZURÜCKBÜRGEN, gestellte u. Selbstzäler. Akt. 1673.

ZUSAMENGEBEN im 14—16. Jhd. verloben, jezt mundartlich für kirchlich einsegnen: ›adi 20. Nov. 1496 warden sie eelich zesamengeben und hilten mit einander Hochzeit am Dornstag 26. Nov.‹ L. Rem.

ZUSAMENSCHAFFEN swv. ›Was gestalten böse Ehen zusamenschafft. Wann ein Burgermeister böse Ehen zusamenschafft, soll es mit der Bescheidenheit beschehen, dasz der Mann das Weib ohne grosze Ursach nit welle schlagen‹ u. s. w. Ordnungen 1647.

ZWALKEREI, ZWALGEN. ›Des ist a pure Zwalkerei.‹ Sch. Daherzwalgen = daherschlenkeln, müde, hatschend einhergen, gen Ulm hin.

ZWAZELN, sich durch schnelles Gen abmühen.

ZWEIERLEI. In d Staud. heiszt esz von einwärts genden Knien und nach unten ausgeschweiften Füszen: dear haot zwoierloi Füesz!

ZWEIFELSCHEISZER, der zu keinem Entschlusz komt. A.

ZWEREN swv. Gemüse mit Einstaubmel einbrennen, ›einzweara.‹ A.

ZWERRIWEG, röm. Zwerch-, Querweg von Mazziesz südl. gen Lauchdorf und Baisweil. Raiser 1831. S. 24.

ZWETSCHGE. Zwetschgenröster, Pflaumenmus mit Semelschnitchen im Schmalz gebät. Kinderreim:

Zwuo Zwetschga
Zwuo Zwetschga
Zwuo zwi-drispizige Zwetschga.

Musz 3 mal in einem Atem gesagt werden.

ZWIEGLING oder Zwillet, Zwillinge. Füszen. Zwillig, Handkal. 1747.

ZWIEREN swv. ›Nym deinen gummi und zwier das so du schwemmen wilt.‹ (Äzbühl. 16. Jhd.)

ZWINGER. Der obere, mitlere und untere Z. in A. mit den sog.

Zwingerhaüslein, c. 279 Wonungen für unbemitelte Personen guten Leumundes. Auf dem Zwinger, eine Wirtschaft gegenüber dem Schieszgraben. In den Zwingern das Spil rühren bei Feuersnot. 1731.

Zwingel oder —r in der alten Waidmannssprache: »Mit ainem besloszen Fusze und mit einem betwungen Fusze, dasz er nicht zwischen dem Spalt uszlât und das Zeichen haiszet das Zwingel.« cgm. 289 f. 105ª.

ZWIRN. 1) Währinger Flurn. 2) »Ein Jauchert im Zwirren.« Urkd. 1440 b. Türkheim. zwirna sieh zwieren. Pfaffenhaus.

ZWIRUNT, bis; ahd. zwiront, —ent. Grff. 723. Mhd. Wb. III, 955ᵇ. Die Astr. hat diese volle Form noch, der cgm. 168 ebenfalls.

ZWISPIL im Man. 1ª. »etwas geben mit der Zwispyl; so musten wir sie mit der Zwispyl geben.«

Nachträge und Berichtigungen.

S. 6ª. Nr. 5. Ganz Schwaben hat längst organisches ă in dărum, wărum u. s. w. zu au, ao, ă umgewandelt. Disz der Grund warum ich dârumb, dârzu sowol im Wb. als auch im Felix Faber's Pilgerb. volktüml. schreibe. Selbst codd. des 14. und 15. Jhs. haben d. volktüml. Auszsprache: daurumb daurdurch oft im cgm. 275. ad 1467. waurumbe cgm. 372 f. 197ª. Der cgm. 397 hat daurzu f. 3ª.

daurum a. a. O. waurzu f. 9ª. daurnach f. 10ᵇ. Füszen hat Waudel für Wadel Vrgl. das schwäbische veil, vil; weithô (witu) Holzhau u. s. w.

Zu Nr. 4: in Rammingen spricht man ganz deutlich gâşt, stât, lât u. s. w.

S. 8ª oben: in Konradshofen (Stauden) findet bei Hochzeiten Abends nach dem Eszen c. 9 Ur das Abdanken stat.

S. 9ᵃ: stat aberylen schreiben alte Jägerpraktiken übereilen.
S. 12ᵃ: ablichen swv. für stv.
S. 14ᵃ: skrôtan stat scrôdan.
S. 15ᵃ oben: a. a. O. stat (o).
15ᵇ: 3) »Abgötterei und Abtritt von der wahren Religion.« Mem. Stdtr. Walch II, 283.
S. 18ᵃ oben: »wann's achte,« sagt der Lauinger stat: esz ist 8 Uhr.
S. 19: ēwirggē, adj. Stauden. Ehewirkene Leinwath. Hart. Invent.
S. 20ᵇ: ēgme. Füszen.
S. 21ᵃ: zu albeg vergl. Pfeiff. Germ. III, 142.
S. 23ᵇ: andbahti für andbahtei.
S. 24ᵇ: ne in furore tuo arguas me (b. anfaren).
S. 25ᵃ: 2) in der Mezgersprache: »Kalbfleisch one allen Anhang.« »Der Castron one allen Anhang.« Mezg. O. 1549.
S. 25ᵇ: anchsmer. Pfeiff. Arzneib. II, 7ᵇ. Graff VI, 838. G. D. S. 1003.
S. 26ᵃ: 1. anmachen swv.
S. 47ᵃ oben: 1. vertigo, vertigines = aenspin. 1. ansprache stf.
S. 27ᵇ unten seze: Apfelkeller, röm. Gewölbe bei Mündling.
S. 28ᵃ zu Apostel: »koin' Apostel bring m'r dō nett hin« sagt man bei Burgau, wenn man nichts Rechtes, kein Anwesen zusamenbringt.
S. 28ᵇ: Arche stf. u. swf.
S. 30ᵃ: 1. Audorf; das Volk spricht Adorf. 30ᵇ: askâ, asgâ stat azgo, aszga. Im Riesz heiszt esz: Du åszkerl! für ainen durchtriebenen, verschlagenen Menschen. pfui åsz! abscheulich!
S. 32ᵃ: auferzucht stf.
S. 35ᵃ: komşt im Aogşte zum schneide = Ernte. Memm.
S. 41ᵇ: speivan stat sbeivan.
S. 42ᵇ: Beck swm.
S. 45: A. 1527 wurde das Backenbrennen an Wiedertaüfern auszgefürt. Gass. A. 1563, Nov. an 2 Schwestern wegen Falschmünzens. A. 1564 an einer Obergasthauserin ebendeshalb. Chron. 1834. Die Kreuzform wurde eingehalten auf »Backen und Stirn«. Zu bäggen: in Klimmach heiszt eine Karte zum Herabstechen Bägger; ein Knecht trägt dort disen Namen.
S. 47ᵃ: Beim langen Bank, eine alte Augsb. Wirtschaft. »Hinter die Mezgbank sten«, verpönt. Kinderbank nach Furttenbach ein Auszruhestul für Paten bis zum heil. Taufakt in protestant. Kirchen.
S. 47ᵇ: zu bantschen. 4) Schwäzereien machen: was haoşt bätschet? dês işt a bātsch. Stauden.
S. 49ᵇ: zu Bazen: Bazensperrtor, Bazentor. Gullm. V, 59. Zu Bäzner: wol von der Site an Schnüre oder Drähte Bazen zu faszen und sie als Schmuck um den Hals zu tragen.
S. 50ᵃ: bazig; »nun diser thut eine bazete Lüge.« 2) Bauchstöszig = kurzatmig von Pferden. Behlingen.
S. 51: »Du grober Altbojer!«

allgemein in den Strassennorten.
S. 56: beschnallen. 8) überweisen. **Pfaffenhaus.**
S. 57ᵃ oben: Besextes stat Besezes.
S. 59 ff.: Boind, Währinger Flurn. Altenbaindt. Ortsn. Boindtlen, einzelne Wisen b. Wilmatshofen »Die 3 hinter dem Dorfe gelegenen Baindten, sie seien mit Wintrigem oder Sommrigem angebaut.« Mickhaus. Lagerb.Baindt, Stiftische Kempt. Confirm. Dittlisbaindt b. Berg, ein Hof.
S. 60ᵃ: verbaint partic. stat adj. In einem Todtentanze von 1682 heiszt es:
Willst du dann mich armen Narren
Schwarz verbaindtes Contrafeh
Zu dir in die Erde scharren
Weit von mir sei solches Weh!
Der Unkeusche zum Tode:
Unkeusche Lieb, verbaindte Hitz
Wie hart bist zu benennen!
§ 61ᵃ: Biberborg b. Leipheim. Biberhof bei Sulzdorf u. Mündling.
S. 62ᵃ: Bierbrocken, eine beliebte Speise in den Stauden; schwarzes Brot in Bier gebrockt und ausz Schüszeln geeszen.
S. 63ᵇ: Lauchert für Bauchert.
S. 64ᵇ: Blantscher und Blantscherin=Spraisserin, Grosztuerin. **Stauden.**
Nach der Mezgerordg. v. 1549 muste auch »böses, den verbrechenden Mezgern« abgenommenes Fleich ausz Kellern, Truhen ins Blaterhaus getragen werden.
S. 65ᵃ: Blauhimelamtsstube, Strafamtsstube in der Eisen.

S. 66ᵃ: »Lux am Block« heiszt stat hiesz.
S. 69ᵇ: »a. 1629 8. Febr. haben die Lodenweber allhie das erstemal anfachen, Trilch und Boy wirkhen, dann zuvor nie allhie gemacht worden.« (Feigele.)
S. 71ᵃ: »Dasz ein Fasz Wein per 4 Eimer, ein Punzen per 2 Eimer genomen und solchem nach vom süszen Wein vom Fasz ein Masz, vom Punzen aber 1 Seidel oder ½ Masz entrichten.« Akten 1774. Bierpunten 1662.
Börtle stat Bortle.
S. 73ᵃ: Botege stm.
S. 74ᵇ: Brautstück = Gabe der Brautleute an das Gesinde.
S. 75ᵈ: Breche swm. Daneben »das Brechen.« »Brechen- oder Pestarzt.« Memm.
S. 75ᵇ: Breitlehen Flurn. bei Währingen; Bertenbreit, Hof bei Donauwerd. Breitental u. Brentental O. N. Die Breite, ein stift. Ackerfeld bei Waltenhofen.
S. 76ᵃ: »Daniel ware bei Dario in höchsten Ehren — der erste am Brett.« H. S.
Die Fastenbrezgen teilte man am weiszen (1. Fastensonntage) Sonntage an Buben ausz; bisweilen bestand die Sache in Geld.
S. 77ᵇ: Esz gab auch einen geschworenen Brotwäger. Ordgen. 1647. Die Schrobenhauser Brote waren in A. ebenfalls üblich.
S 79: Brühe stf.
S. 80ᵇ: Burghof bei Langenerringen, mit unterird. Gange u. einem Schaze. Buschel oder Burg-

berg bei Schalkshofen. Buschelberg bei Oberbächingen. Buschel b. Wöringen u. bei Zell u. s. w.

S. 85ᵇ: buzen = 3) ausszanken.

S 91: Die Pfäle gränzten ganze Markungen, aber auch einzelne Eschäcker ab. Wie bei Steinen, so auch bei Pfälen järliche Visitation (Umgang). Nördlich vom Markte Nassenfels heiszt die alte Römerstrasze »Pfal«.

S. 91ᵇ: Pfännlein heiszen in Memm. Hannenfüsze, Raunkeln u. s. w. Pfannensiele, röm. Stelle. Augsb.

S. 92ᵇ: Die Geistlichen können keine Gottspfenninge annemen. Ordgn. 1647. Der gemeine Pfenning, eine Augsb. Kopfsteuer, a. 1496 in Folge des Lindauer Reichstagsschluszes den Augsburgern auferlegt. Die Händlepfenninge, mit der zum Schwur emporgehobenen Hand des Münzmaisters und rückwärts mit dem bischöfl. Augsb. Prägezeichen des Krückenkreuzes. Raiser, Beitr. 1833. S. 21.25. Zu pfezen: »a. 1568 ward Michael Schwarzkopf von Braitenbron bei St. Georgs Gässlein mit glühenden Zangen gepfezt.« Chr. 1634. 713.

S. 93ᵃ: Pfipfigs Hun sieh Anhang »Buzenbercht.«

S. 93ᵇ: Pflatschrad in der Müle. Furttenbach. »Und hat Barth. Welser ein Pfläz unter dem freien Himel, welches man auf italienisch ein Altana heiszt, zugericht.« Chron. 1634.

S. 97: Politten: Hilfspolitten, Anweisungen, wie vil der Mitbürger dem Andern wegen überzäliger Einquartierung zalen muste. Erst a. 1703. 1704 entstanden. A. 1626 muste wegen der Pest jeder Auszgende am Tor seine Bolette vorzeigen als Zeichen, dasz Niemand in seinem Hause krank sei.

S. 98ᵃ unten: »Der Preis sollen oben 3½ Zoll und unten bei dem Gelenk und dessen Anfang 3 Zoll vollkommen im Liecht erhalten und weit sein. In der Tiefe aber sollen selbige obige im Liecht in der Mitte gerechnet völlig 2¼ Zoll und unten bei dem Anfang des Gelenkes 1½ Zoll haben.« Bau-O. II, 26.

S. 103ᵇ: Gersthofen hat unorganisches t, urkdl. Gereshofen u. Gerfredeshova. Rais. Viac. 9ᵃ.

S. 105ᵃ oben: vertschmaocha, verdrieszen. Std.

S. 105ᵇ: Sieh, Meda, döt ist e kleis dächele! sagt die Kindsmagd zum kleinen Mädchen. Füszen

S. 106ᵇ zu Tafel: 5) Mezgertäfelein. »Welicher Mezger Ochsen-, Kühe-, Farren- oder Stier-Fleich feil haben will, der soll ein Täfelein sichtiglich hangen zu laszen schuldig sein, daran verständlich verzeichnet, wie teur ihm das Fleisch, das er auf denselbigen Tag geschlachtet hat, gesezt und zu geben erlaubt sei: bei Peen ½ fl.« Merg. O. 1549.

S. 113ᵇ unten: »Bücherkasten — in gar fleisziger Ordnung die Bücher hineingestellt, so wolen

die Sendschreiben in ihre Däthlin gelegt werden.« Furttenbach.
Ein Rätsel ausz den Stauden:
Im a eiserna Hafa
In 'r a eiserna Daota
Kann's neamet verraota? (Glocke.)
S. 116ᵃ: Teufelsfürz heiszen die sogen. Brandpilze in Pfaffenhausen.
S. 118ᵇ: in Füszen Doxelmauser.
S. 119ᵃ: »Die Gevatter- und Dodtenpfenninge aber, bei denen von beeden Stuben, wann sie einander dergleichen zu geben haben — höchstens auf 25 fl. bei dem dritten Stand auf 10 fl. bei dem vierten und fünften auf 4 bis 5 fl. den Wert gesezt haben.« Poliz. O. 1735 S. 23.
S. 123ᵃ: Dreisziger. Wellenb. Flurn. Urkd. 1420—26.
S. 124ᵇ: Trinkstube der Kaufleute, Zunftlocal im alten A.
S. 127ᵃ: »Bach oder Tümpfel.« cgm. 685 f. 74ᵇ.
S. 128ᵇ: In Memmingen: der Waszer-, Diebs-, Tortur-, Soldaten-, Luginsland-, Hafendecken-Turm.
S. 129ᵇ: Dusel stf.
S. 138ᵇ: Einlaszzettel. A. In Memm. war ein Einlasz, ein Einlaszer und ein Obereinlaszer.
S. 141ᵃ: In Memm. gab esz ein Einungsgericht, ein Strafamt für alle Schläge-, Schmähung- und Injurienhändel. In älterer Zeit versahen das Amt 2 Ratseinunger: seit 1492 hatten esz 3 Männer; später 7 mit Obmann u. Schreiber (Karrer).

S. 142: Eisen. Eisenburg O. N. von Memming. Der Besizer des Schwaighofes zu Waltenhofen muste seinem Herrn, dem Bischof von A., 12 eiserne Kühe unterhalten, deren Verlust er zu ersezen hatte, wenn sie nicht in einem allgemeinen Landschaden oder in herschaftlichen Landesdienste zu Grunde giengen. Weist.
S. 142ᵇ: Die 3 heiligen Elenden zu Ettingen. Im Elend, eine Gasze in A.
S. 145ᵇ: Schmeller fürt nur Schmidel an III, 466. Ereshola zwischen Füszen und Schwangau.
S. 152 ff. und 159ᵃ sind die Versezungen v. Fane, Fälle, Ferd zu berichtigen, wie S. 250 Jäckel und Jakob u. s. w.
S. 154ᵇ: In Memm. gab esz ein. Kapellvater, Seelvater, Zuchtvater, Kapellmutter, Seelmutter, Zuchtmutter.
S. 154ᵇ: fäsig = selten, teuer, gesucht; gehört zu einem jezt noch nicht auszgestorbenen fasen = suchen. »Das Getreide ist fäsig.«
S. 161ᵇ: Gred für Fred.
S 164ᵇ:
Es ist gar ain böse Henn
Die kosen will bei ainem Tenn
Und wonen wil bei ainem Han
Und sich nit will füglen lân.
T. N. 2216. »Zu der Zeit als er in Venedig gewonet und mit seiner Gleisznerei nach dem Cardinalhütlein voglet.« Pasquin.
S. 171ᵇ: Grünenfurt O. N.

S. 179ᵇ: Gangsteig, Wald zwischen Burgau und Wettenhausen.

S. 182ᵃ: Gaszengericht übten die Fugger in Hausen (Steppach). (Patrimonialgerichtsbarkeit.)

S. 188ᵃ im Zusamenhange: genist stat gneist.

S. 189: Hintergeren bei Berg. Gernschwaige. a. a. O. Bruchgern im Steppach. Forst. Wellenb. Urkd. 1420—26: Ger, Oberholz.

S. 192ᵇ: »Geschmeidigstes Morgenmal.« Chr. 1634.

S. 199ᵃ unten: γFανηϱ stat γάνηϱ.

S. 200ᵇ: Der schwarze Graben im Hart zwischen Wörishofen, Kirchdorf bis Angelberg; römisch; sagenhaft. Der Kemptner Graben im Memminger Gebiet.

S. 209: H: cgm. 144: herscheinen, herkennen, herlangt, herleuchtet, herklerung, hermanen, herkantnus, herhept u. s. w. Vgl. W. Grimm z. Grafen Rudolf, S. 6 ff.

S. 218ᵃ oben: zu b'hammeln vergl. Grimm Wb. I, 1325. Ferner: »Er will weiter sagen, dasz ihren vil mit dem Angel der Prälaturen Cardinälhütlin und derselbigen Flüszigkeit behamlet seind.« Pasquinus.

S. 229ᵇ: In der Seegegend Heujucker = Heuschrecke.

S. 232ᵃ: »Etlich Jäger trinken die Röth und Faisztin — der Gemsen — von wegen des guten Kopfs für den Schwindel.« Meurer. »Den 15. Dez. 1569 erliesz Herzog Albrecht ein Mandat, wie sich die Unterthanen des Klosters Rottenbuch — wärend der Hirschfaiszt und Bärenprunst zu verhalten.« Horm Hohenschwang. Urkdbch S. 36ᵃ.

S. 256ᵇ: »Die Statknecht solten ob denen halten, die sich hinder die Juden steckhen; item keinen Juden yrzen.« Ordg. 1647.

S. 285ᵇ: im Texte Kniestiefel stat Stiefel.

S. 308 zu lê, Gunzenlê vergl. Steichele, Bist. Heft 6 S. 491 ff.

S. 333ᵃ: zu meit vergl. oben gemeit.

S. 333ᵇ: lis nach Melker: Melkkübel

S. 351ᵃ: zu nerten seze S. 355ᵇ nörten.

S. 352: Durch ein Versehen wurde von Seite 352 auf 355 paginirt, ohne die Sazfolge zu stören.

S. 373ᵃ: Vrgl. die Reisenburg b. Günzburg.

S. 386 oben: semlich stat selmlich.

S. 394: Schieben stv. Schieszen stv.

S. 396ᵃ: der hl. 7 Martyrer.

S. 399ᵇ: schmôgen stv.

S. 402ᵃ: Schreckelaüten um 3 Ur Morgens.

S. 438ᵇ: Zendel, vgl. Fontes rerum Austr. 14, 241, Note 1. Die Red.

Kurzes Quellenverzeichnis.

Cellius, Erhard. Württembergisch New Jahr, 1603. 1. Jan. (Reimereien an Herrn Herzog Friderich.)

Confirm. Kempt. Confirmatio Caesarea; über den Hauptvergleich und Nebenrecess zwischen dem hochfürstl. Stift Kempten u. dessen Unterthanen. 1732—1737. fol. 107 S.

Confirmation von Mindelheim. 16. Jhd. Augsb. Druck von Melchor Kriesstein bei St Ursulen-Kloster am Lech. 4. 26 Bl.

Conlin sieh Volksthüml. I, 342.

Schmeller citirt C. bisweilen aber fälschlich als Abraham a St. Clara.

Chronik v. 1634; handschriftlich im antiquarischen Lager v. Clem. Steyrer i.München. (c.1000Bl. 18fl.)

Chronik von Buxheim XVI. Jhd. in Frauenfeld, hs. 4.

Denkwürdigkeiten. Summarischer Verlaufsbegrif oder kurze wahrhaftige Historie schwedisch. Augsburg. denkwürdiger Sachen. Augsb. Aperger 1653. 4.

Ehrenfest. Neuerweckter Andachtseifer, d. i. hoch- feyr- und freudenreiches Ehrenfest u. s. w. Augsb. Brandan. 1699. (12. Okt.)

Feigele's, Hans, Hausaufschreibung von 1618—1640. In Horm.

Hohenschwang. Chronik. Urkd. S. 36 ff.

Festkalender sieh Mundart III.

Frank's Annalen (Augsb.) in Steichele's Archiv.

Furttenbach, jun. Kirchengebaüw, Schulgebaüw u. s. w. Augsb. Schultes 1649 ff.

Gass. Darunter verstehe ich durchaus die Weflichische gedruckte Chronik v. 1595. Sieh Mundart III.

Gloss August bei Braun, Geschichte v. Augsb.

Gockelius, Dr., über ein Hahnenei so im Fuggerschen Oberkirchberg gelegt worden. Ulm o. 1690.

Harter Inventar und Documentenbuch. 1698. hs in Hart, einst Fuggerischem jezt Lotzbeckischem Schloss bei Reinhartshausen.

Hauszucht und Regiment. Dillingen 1569. S. Mayer.

HimmlischeBraut. Augsb. Druck v. Bämler. 1477. 4., mit wertvollen Holzschnitten.

Holzmann, Theuerungscarmen. hs. v. 1570—71. H. war Maler und Bürger zu Augsb.

H. S. Homo simplex et rectus oder der alte redliche deutsche Michel. Predigtbuch von P. Mauritius Nattenhusanum etc. bei Hl. Kreuz in Augsb. Schlüter, 1701.

Huber. Abhandlung über die Abweichung der Augsb. Statuten vom gemeinen Recht u. s. w. von Johann Joseph von Huber. Augsb. 1821. Geiger.

Horm. Taschenbuch 1834. Goldene Chronik von Hohenschwangau. 1840.

Insignia. Patriciarum stirpium Augustanarum Vindelicorum et earundem sodalitatis Insignia. Von Raphael custodis a. 1613.

Inventuari, Fugger'sches. Mickhaus. Archiv.

Karrer, Ph. J. Memminger Chronik 1805 (Rehm).

Kleiderbüchl. sieh Mundart III.

Lutz, Hans. Tagebuch über den Bauernkrieg. 13. 14. Jahresb. des hist. Vereins v. Schwaben u. N. 1847—1848.

Messbuch, Augsb. Beschreibung der heil. Messgebraüche. 1484. Augsb. Fol.

Müller, Martin, der alte, genannt der Hohentwiler. Gründlicher Bericht wie — Torf — vorhanden sein müsze. Ulm 1752. 8.

Müller, Dr. und Anti-Müller. Augsb. Streitschrift beider Confessionen c. 1570 in Augsburg u. Wittenberg gedruckt.

Regiom. »Kalendarius teutsch Maister Joannis Küngsbergers.« Augsb. 1512. (Syttich.) u. 1518.

Pasquinus (P). Der verzucket ausz welcher sprach in das Deutsch gebracht. 1543. 12. Ohne Druckort.

Warscheinlich von einem südd. Gelerten in Wittenberg.

Sailerordnung von 1687. hs. pergam. 4.

S. Sender, Clemens, handschriftliche Augsb. Chronik von 1535. Städt. Archiv.

Sch. Gedichte in schwäbischer Mundart von J. G. Scheifele. 4. Auflage. Heilbronn 1863.

Seelenwayde der christlichen Schäfflin. Augsb. Brechenmacher. 1708. (Predigten.)

Schwabmünchen. Kurze Geschichte des Marktes. Schw. Zur Erinnerung an das 300jährige Jubiläum, gefeiert den 15. Sept. 1862. Von Herberger. Augsb. Wirt'sche Buchdruckerei.

Steichele, das Bistum Augsb. I.B. Heft 1—6. Str. St. R. Stadtrecht.

Strafordnungen, bischöfliche. Dilingen 1552. Fol. (Von Cardin. Fürstbischof Otho v. Augsb.)

T. N. Des Teufels Nez von Barack. 1863. Lit. Verein Bd. 70.

Trojanischer Krieg. »Wahrhaftige Histori und Beschreibung von dem Trojanischen Krieg und der Stadt Troje durch die hochgeachten Geschichtschreiber Dictyn Cretensem und Darem Phrygium u. s. w. Augsburg 1540. Stayner.

Umzug. Auf- und Umzug eines erbaren Weberhandwerks nebst des Handwerks Ursprung. Von Max. Simon Pingitzer. Augsb. 1760. 4.

Wbl. Mein Wörterb. z. Volkst. 1863. Herder.

Disz sind nur einige der Quellen; alle übrigen sind im Buche selbst näher genannt; die Werke von Raiser, Herberger seze ich als bekant vorausz. Die Angaben von seltenern Büchern, die in meinem Volkstümlichen II. Bde. 1861 und 1862 sowie im Wörterbüchlein genannt sind, habe ich hier nicht wiederholt. Ueber die codd. der königl. Hof- und Staatsbibliothek hier in München, welche citirt sich vorfinden und vor Allem über das Manuale August. und die Astron. behalte ich mir Näheres zu sagen vor; desgleichen über das Stadtrecht im Reichsarchive.

ANHANG.

Lieder, Sagen, Sitten, Kinderspile.

I.

Lieder.

1.

Schweig mein Dissele drauszdə
(Zu Seite 117b.)

Ich diene meim herrn ə ganzes jaor,
Bis er mier ein eilein gab.
Tripple trim hoiszt meī henn
Schweig meī dissele drauszde
Trit herzuə, heiszt meī kueh
Schweig meī dissele drauszde!
Trit hereī, heiszt meī schweī
Schweig meī dissele drauszde!
Langer zä, hoiszt meī mä
Schweig meī dissele drauszde!
All meī wāt, hoiszt meī mād
Schweig meī dissele drauszdə!
Nur geschwind, hoiszt mein kind
Schweig meī dissele drauszdə!
Arbeit recht, hoiszt meī knecht
Schweig meī dissele drauszdə!
Hinta 'nausz hoiszt meī haus
Schweig meī dissele drauszdə!
Dissele chom, chom

Reinhartshausen.

2.
Das Ottilgenlied.

Es war einmal eine heilige Ottilia geboren,
Sie macht dem Vater ein' grimmigen Zoren.
Er liesz ein Fäszlein machen;
Er schlug dem Fäszle den Boden 'nein
Und tat die heilige Ottilia d'rein.

Er trug sie wol auf das Waszer;
Sie schwamm den driten Tag;
Da kam sie 'm Müller an das Rad.
Der Müller, der sprang ganz hurtig herausz
Und tat die heilige Ottilia herausz.

Er trug sie wol in die Stube
Und zog sie auf bis zwanzig Jar,
Bis sie ein wackers Mädchen war.
Der Nachbaur hat a schlimmes Kind,
Sie hieszen d'Ottilia a g'fundenes Kind

Gefunden wol auf dem Waszer.
Sie nam ir Stäbelein in die Hand
Und reist wol durch das ganze Land;
Sie knieglet auf ein' Marber Stein
Sie knieglet Löcher in ir Gebein.

Sie schaut ein, zwei bis dreimal um,
Ob der leidige Satan no nett kom,
Und bringt iren herzliebsten Vater.
»Dao Heinere, haoszt dein Vater mēa:
Esz ist gschechen, gschicht nimermēə,
Dasz ein Kind iren Vater verlöst
Wol ausz den höllischen Flammen.«

3.
Freitiglied.

Da droben auf hohem Berge
Get esz a kuhler Wind.
Maria verlor ir herzliebstes Kind.

Haoş niemen gséhhe Herr Jesum Christ?
Haoş niemen gséhhe mein' Sō?
Ja wol vor einem jüdischen Haus Jesum Christ,
Da giengen die Juden gar blutig hinein und hinausz.
Was haben Sie mit Jesus getan?
Sie nagelten in an das Kreuz,
Sie schlugen 3 Nāgel in seine treue
In seine heiligen Füesz.
O Sünder, du sollst di bekeren
Wol ist esz die Hölle so haisz;
Laub und Gras tut schwiza,
Schwizt nix als Bluet wie Schwaisz!
O Sünder, du sollst di bekeren
Wol ist esz die Hölle so haisz!
      Klimmach. Birkach.

4.
Bärbellied.

Jez gang mər zue der Bärbel 'neī,
Die haot a Hous asz wie a Schweī;
 hm, hm, hm!
 ha, ha, ha!
Dao und dort 'n Fézzə.

Jez gang mər in die Kuche 'nousz,
Was für Zī und Kupfer drousz:
 hm, hm, hm!
 ha, ha, ha!
Ist alles nur vom Hafner.

Jez luəg mer auf die Pfanna 'nouf,
Sind zehadauset Löcher drauf:
 hm, hm, hm!
 ha, ha, ha!
Und darbei verroştet.

Jez gang mer in die Stuba 'neī
Und luəgẽ in die Schublad neī:
Was wird wol dao dinna seī?
 hm, hm, hm!

Nix als altē Spinnaweatta
    hm, hm, hm!
    ha, ha, ha!
Und a verreckte Maus; sie ist aber nō verhungeret.
                                        Birkach.

5.
'S Doadalied.

'S krākseĩ ist a harte buəsz,
ma woiszt nett wemma stearba muəsz;
stirb i heĩt, nao bin i dåəd,
nao legt ma mē uff's råəsə råət:
råəsəlērået und veigelēgrēə
heĩt bin i nō dao, måərə nemmē mea;
heĩt bin i nō in meĩ 's vadders hous,
måərə komet vier und draget mi 'nousz.
sie drag^ət mi 'nousz und nimmē reĩ
und drag^ət mi über də freithof 'neĩ.
Sie toilet 's Geld und toilet 's Guət,
fraoget aber nett was meĩ armē Seal leidə muesz.

Dazu: wenn der himel babbeirē wār und die steara Schreiber wāre, so kont' sie it schreiba, was meĩ armē Seal im Feagfuir leida muəsz.

Disz Lied wurde früher in Birkach und Klimmach gesungen in und auszer der Kirche.

6.
Lied vom Gugger.
(Zu Seite 207a.)

Der Gugger ist a braver Mann
Guggugû! Guggugû! Guggugû!
Er nimt sich nur zwölf Weiblein an,
Guggugû! Guggugû! Guggugû!
Die erste kert das Stüblein ausz.
Guggugû! Guggugû! Gûggugû!

Die zweite tragt das Kerkoath 'nousz
Guggugû! Guggugû! Guggugû!
Die drite schmirbt dem Herra d'Schuəh
Guggugû! Guggugû! Guggugû!
Die vierte legt im d'Schnällē zu
Guggugû! Guggugû! Guggugû!
Die fünfte macht das Feürlein auf
Guggugû! Guggugû! Guggugû!
Die sechste stellt den Drîfuəsz drauf
Guggugû! Guggugû! Guggugû!
Die siebte die schneit Schnita eī
Guggugû! Guggugû! Guggugû!
Die achte legt das Schmälzlē eī
Guggugû! Guggugû! Guggugû!
Die neunte bäckt dem Herra d'Fisch
Guggugû! Guggugû! Guggugû!
Die zehnte die trägt auf da Dīsch
Guggugû! Guggugû! Guggugû!
Die elfte die macht deam Herra 's Bet
Guggugû! Guggugû! Guggugû!
Die zwölfte hat sich zu im glegt
Guggugû! Guggugû! Guggugû!
Reinhartshausen.

7.

Esz gieng ein Knab spazieren
Durch einen langen Wald,
Esz begegnet im ein Mädchen
Die kaum achtzehn Jare alt.
Vom Walde, vom Walde
Bis ans Wirtshaus hin;
Frau Wirtin schenkts ein
Ein Gläslein Wein!
Versoffen muesz esz sein.

Als das Mädchen die Red vernam,
Da fieng sie an zu weinen:
Mädichen, was weinest du?
Weinst du um des Vaters Gut

Oder weinst du um den stolzen Mut?
Oder weinst du um dein Ehr, dein Ehr?
Die bekomst du nimermer.

Ich weine nicht um Vaters Gut,
Ich weine nicht um stolzen Mut:
Ich weine um mein Ehr, mein Ehr!
Die bekomst du nimermer.
Ich etwas verloren
In meinen jungen Jahren
Ich suche, ich suche
Und find esz nimermer.

Birkach. Klimmach.

Disz Lied ist ein Bruchstück vom folgenden.

8.
Das sog. Ulingerlied.
(Mündlich.)

Esz roit ein Reiter durch das Ried,
Er schwingt sich um und singt ein Lied,
Ein Liedlein will ich singen,
Mit zwei- und dreierlei Stimmen
Das drüben im Wald tut klingen.

Eine Jungfrau, die im Zimmer stund
Loset, wie er singen tut;
›Ei könnt ich doch singen wie der Mann,
Ich würd im versprechen mein Lob und Ehr.‹

Ei Jungfrau kom' hie nur zu mir
Ich will sie lernen, was ich kan:
Ich will sie lernen singen ein Lied
Mit zwei- und dreierlei Stimmen,
Das drüben im Wald tut klingen.

Er nam sie bei dem Gürtelschlosz
Und schwingt sie hinten auf sein Ross.
Jezt wollen wir ein wenig weiter vorwärts faren,
Bis zu einem kühlen Waldbrunnen,
Der ist mit Blut überronnen.

Da reitet (reiten) sie ausz
Durch einen Haselnuszstrauch;
Darinnen sasz ein Turteltaub.
Die Turteltaub tuot sie faskienen(?)
Braun's Madel mag wilde verfüren

Sei still, du lüegst in deinen Kragen!
Wir wollen ein wenig weiter vorwärts faren!
Bis zu einem kühlen Waldbrunnen,
Der ist mit Blut überonnen.

Der spreit seinen Mantel auf grünes Gras
Und sezt sio nieder; kleine basz:
Tu mir ein wenig lausen
Tu mir mein schwarzgelbes Har verzausen!

Der Reiter schaut auch um und um
Schaut auch unter Schäzle's Aug:
Schäzle warum weinest du?
Weinest um des Vaters Gut
Oder um den stolzen Mut?

Oder um den Nägelkranz?
Der ist verbrochen, wird nimer ganz?
Ich weine nicht um des Vater's Gut
Oder um den stolzen Mut:

Ich weine nur ob der Tannen,
Wo die elf Jungfrauen dran hangen!
Du muszt ja die zwölfte sein:
Du muszt hangen am Dölderlein!

Musz ich die zwölfte sein
Und hangen am Dölderlein:
So verlaub mir noch drei Schrei,
So will ich ja gern die zwölfte sein.

Schrei du nur so lang du willst,
Esz ist Niemand im Wald, der dich hören wird,
Als die kleinen Waldvögelein,
Die fliegen den grünen Wald ausz und ein.

Den ersten Schrei, den sie tat,
Den tat sie irem Vater ab:

Ei Vater kome doch balde!
Oder ich musz sterben im finstern Walde!

Den zweiten Schrei, den sie tat,
Den tat sie irer Mutter ab:
Ei Mutter kom doch balde,
Oder ich musz sterben im finstern Walde!

Den dritten Schrei, den sie tat,
Den tat sie irem Bruder ab:
Ei Bruder kom doch balde,
Oder ich musz sterben im finstern Walde!

Ir Bruder, der ein edler Jägersmann war
Und alle Tierlein schieszen kan,
Liesz sein Büxlein krachen
Und hörte seiner Schwesterlein Lachen.

Er nam noch sein gwixtes Schwert
Und stachs dem Ritter durch sein Herz.
Jezt Reiter da hast du deinen Lon,
Dasz du mir mein' Schwester hast genomen!

Er nam sie bei der schneeweiszen Hand
Und fürt sie in das Vaterland:
Jezt da sollst du bleiben
Und keinem Ritter mer glauben!

Denn die Reiter die sind so falsch betrogen:
Was sie heut sagen ist morgen verlogen,
Die Reiter, die könen kein Warheit machen
Sie sagen imer von falschen Sachen.

Ausz der oberschwäb. Gränzgegend, Kempten,
Memmingen bis Leutkirch und Arnach hin.

Uhland, Volkslieder Nr. 74. In den Anmerkungen verzeichnet Uhland unter anderem einen Augsb. Druck (Math. Frank) c. 1566.

9.

Bl. 1ᵃ. Ein kurtzweyli- | ges Lied, zu singen nach dem | Wechseltanz, es musz aber | doppelt gesungen werden. | (Holzschn.)*)

2ᵃ.
1.
Nvn höret zu jhr lieben Biderleüte, wie man allhie zu Augspurg, Fegsandt vmbher schreyte.

2.
Fegsandt nit allein auch ander ding gar viel, das ich euch alles sam jetzundt erzehlen will.

3.
Weyble kauffet Fegsandt, O Weyble, gut Ofengablen, Stützen schreyt man auch also.

4.
Schweafelhöltzle Weyble, vnd ander ding noch mehr, Ofenrohr vnnd Hünnerderm tregt man auch vmbher.

2ᵇ.
5.
Rieb Rieb Gerschhoff, schreyt man herumb laut, die Bawren vor Lechhausen haben sie gebaut.

6.
Saursenff Saursenff, schreyt man herumb auch, darzu grosz büschel Besen schreyt man nach altem brauch.

7.
Weyble kauflet guts Bech, Schefferbis gut, Schisselbinden, Pfanneuflecken man auch schreyen thut.

---

*) 4 Bl. 8., Augsburger Druck vom Ende des XVI. Jarhds. etwa auss M. Mangers Offizin. Bibl. Caes. Vind. S. A. 7. D. 62.

8.
Baretle zuferben. Opigeren,
welches hat zu flicken alte Latern.

9.*)
Bain Bain Mäydlein, welch
hat alte Schuch, Lumpte, Lumpte
Mäydlein, dieselben herfür such.

10.
Weyble kauffet Salat, Zwifel, gut Pfifferling, vnnd Fleügen-
schwamm man auch thut tragen herein.

11.
Kretzenmachen vnnd Saüre-
milich auch, süsze Milch vnd But-
terschmalz solchs füllt mir meinen
Bauch.

12.
Birckenwaszer, Saurkraut
Wechalter fein, darzu grosz hiltze
schlegel tregt man auch herein.

13.
Also hat dises schreyen schier
ein ende, Der**) ritt aber der Fegsandt
schende.

14.
Der thut den schönen jungen
Mäydlein souil plagen an, sie giengen alle lieber zum Tantze, oder zu
den jungen Gsellen schwetzen stahn.

15.
Dann sie damit fegen die Leüt
beschweren thun, Welliches ausz
schwartzen Kleydern nicht gern thut
gahn.

---
*) im Drucke 6.
**) der sic!

Anhang.

16.

Noch eins hab ich schier vergessen, das man auch vmbher schreyt,
Wasszerstangen und Katzenschwentz
das braucht man täglich heüt.

17.

Auch sicht*) man an Kirchweyhen, der Zanbrecher gar viel, die jren
Petrolim auszschreyen subtil.

18.

Hiemit so lasz ichs bleyben das
Liedlein new, bitt auch die Megdt
vnnd Weyber, das new gedicht, thu
verdriessen nicht.

ENDE.**)

9.

Tänze ausz den Stauden.

Hinter der Stubadūr
Hanget zwoi Oxagschīr,
Komet zwoi Schanndarma reī
Di spann mər eī.

Lustig sind d'Bauraknecht,
Hând se Geald, saufens reacht;
Hând se koīs, land se 's sein:
So machts der meī.

Ein und zwuo fürcht i nett
Drei und vier ao nô nett:
Fünf und sexs müszets seī;
Nao schlâ i dreī.

Bua, wia weard's mər morga gaū?
Måərə muəsz i z'Gvatter staū?
I woisz nett, duet ma d'Hosa-n-ã
Oder staot ma im Hēmmet nã.

---

*) ficht, Druck.
**) Durch freundliche Mitteilung des Herrn J. M. Wagner in Wien.

Anhang.

Und wenn meī Vater wissa dāt,
Wie luṣtig als i wār:
Nao kām 'r mit 'm Prügele
Und prüglet mi brav hear.

I kā nemma luṣtig seī,
'S frait mẽ nex mea;
Bald schempfet mẽ d'Leut
Nao dend se mər mẽə schẽə.

Zimmermāndle, Zimmermāndle
Leich mer deinẽ Hosa;
I leich dər's nett, i leich dər's nett
Se hangət hintrəm Ofa.
(Behlinger Neckreim.)

Beim Sābe drattāttā
Da hat ma a Sau
Ma sticht sẽ 'n Bau(ch)
Ma brüət sẽ im Salzbūxle ā.
(a. a. O.)

Birka ist a schẽəne ṣtadt
Pfläṣtret mit Holz, mit Holz
Bueba geit's nâ der Wāl
Aber so stolz.

Im Oberland, im Unterland
Und in der Mitt ist Birka:
Und wenn der Teufel d'Weber holt,
Nao müeszet d'Weiber wirka.

Musikanta, spilets auf!
Und i zal ett derfür;
Und der Waga von Buechla
Dear staot schō voar dər Dür,
Jezt fārt mə uff Buəchələ mit miər.
Ein Vagabundenlied. In Buchloe
das Verbrecherhaus.

Schẽə bin i wol, reich bin i wol,
Geld hab i 'n ganzen Beutel vol,
'S Beutele iṣt ziemlẽ kleī
'S gond nō drei Heller neī.

Anhang.

Schēə bin i itt, reich bin i itt
Brav kōt i seī,
Möga duə i nitt
Beas bin i geara,
D'Leut duə-n-i scheara,
Dês ist meî fraid.

Alte mach Falta
Junge trag auf!
Gretel will tanza,
Musikanta spilts auf!

Dreizehthalb Schneider
Weaget vierzehthalb Pfund
Und wenn sie's ett weaget
Nå sind sie itt gsund.

Annabārbele Lisabet,
Sag mər wao deī Betstat stet?
In der Kāmer in der Mit,
Gelt du Narr i sā dr's nitt.

Mueszt auf dea Gansberg steiga,
Darfst a Schneid haba,
Darfst koin Jäger scheua
Und koī Pulver spara;
Wenn se auf de schieszet
Därf's di nett verdriesza
Schiesz nue a druff nuff,
Mei lieber Bua!
    Zu S. 130[a].[b].

Weaberle, Weaberle wirk,
Moara komt der Dirk,
Moara komt der Bockelmā
Und legt 'm Weaber d'Hosa ā.
    Zu S. 68[b].   (Klimmach.)

Nannele, Nannele geh zum Tanza!
Ja Muoter, i hab koin Schueh.
Nimm du deines Vaters Zipfelhaub
Und knüpf se hinta zua.
                (Türkheim.)

Anhang.

Du mit deim Spāzafrāck
Du hoscht koin Geld im Sāck;
Du mit deim runda Huet
Du duest koī Guet.

    (Klimmach)

Schao nŏ wie 's renget,
Jazt schao nõ wie 's guiszt,
Und schao nõ wie meī Brueder
Im Kegelplaz schuiszt?
Und lasz 'n nõ schiesza
Und lasz 'n nõ gau,
Ear wead nimma lang schiesza
Wenn's i will itt haū.

Juhe der Wald ist greā!
I haū koī Muoter meā,
Sie ist fott in d'Ewigkeit
Komt nĕma meā.

A kreidaweisz Daūble
Fliecht über meī Haus,
Därst ett so laut reda,
Sind Zuoloser drausz.

Die Sonna gaot unter
Gaot nâ über da Berg,
Heunt darf i nett fuetera
Heunt fuotret meī Herr.

Die Sonna gaot unter
Sie ist schon blut rot:
Wer ist den gstorba?
Der liebvolle Gott!

Und wenn i schon koin Distelvogel bin
Bin i dõ, bin i dõ koī Spāz;
Und wenn i schon koī scheans Mädle bin,
Bin i dõ, bin i dõ reacht brav.

'S Gebet haot ma glitta
In alle vier Eck:
Und jezt sollen die rŏzigen Bueben
Hoim gaū in's Bett.

II.
Sagen und Sitten.

1.
'S Fraile uff der druhhə z'Kloinoitinga.

Dao iṣt ə maol ə frailē gwésə ond die iṣt im ə gmaurətə kéler dinn gwésə ond ist uff ə-r-ə druhhə vol geld gsészə am ə chloinə dīschlē ond ə liehhtlə haot bronnə ond nao wemmə haot wellə nā gaū, nao iṣ 's liəhht āgléscht ond nāchommə haot mə chönnə niə, wiə mə 's gmacht haot. nao haot ə maol ə mād miṣt broitet, nao haot sē glei voll broit ghett, nao iṣt dés frailē zu 'r 'nā chommə; haot ə weisz häs āgchett; nao haot's gsait: in 3 haüflə wear ə schlang 'rouszfarə und die schlang wear an 'r 'nouffarə druimaol: nao deab sē iər aber nix, sē wēar nō drui maol an 'r 'nauffarə, aber sē därf nitt schwäzə ond nao chriəg sē də schāz. der viertl doil gchear in' chirchə; oī doil də armə, ond oī doil iərə seall. beim drittə hauffə iṣt åədəlē diə schlang 'rouszgfarə. nao iṣt sē an'r 'nuff; s'ēṣt maol haot sē itt gschwäzt ond nao dés fraile iṣt ā dər straosz staū bliebə. nao 's zweit maol haot sē »Jess mandd Josef« gschriə. nao iṣt dés frailē vertschwondə; nao haot sē 's drei dāg in də liftə dōbə hearə heinə. wenn də nao Kloīåitingə gaoṣt, dao ist ə onterirdischer gang 'neī ½ stond.

2.
Der Schloəszbeərg bei Kchlimmə und Birkchə.

Wemmə vō Chlemmə nao Birkchə gaot, lauft mə am Schloəszbearg nā, itt gar håə; dao sind beaseritter gwésə, diə hond mit heffanudlə keglət und də hindərə buzzət. sē sind oft gē Schwaobegg ni grittə zuə də chloəstərfraoə aber itt zum bétə. nao hend sē iərə ross d'eisiner hinderschgefürschge ufnaglə laū, daz mə ett wûst ob sē 'nā oder 'nuff grittə sind dao sind sē seall an' fröschbach rāgfarə und hond waszer mit də fäszer gholet. 2 fasz hond sē ghett. weil sē gar so liederlē glébt hond, iʃt des schloasz ə maol versunggə. die beasē ritter miəszət allet nō waszer am frōschbach holə mit 2 schemmel; z'nax heart mə sē pflätschə im wāszer ond hond schō oft gchrafflet und gchülderet (v. Echo). im beərg dinn ist ao ə druhhə mit əmə schāz, dao sizt ə budl druff. oinige mand hend wellə gchrabə, därfət aber choī silble redə: dao iʃt oim ə red 'nouszchommə und dao iʃt der schāz versonkchə und 's geəld verlåərə.

3.
Uorlisbronnen.

Get man von Klimmach nach Guggenberg hinüber, so fürt der Weg durch den Wald ›Weinhart‹ Einstens befand sich St. Ulrich mit groszem Gefolge von Jägern hier auf der Jagd; esz gab kein Waszer und St. Ulrich stiesz mit seinem Stabe in den Boden, worauf ein Quell hervorschosz.

4.
Vo zwoi Buaba, dia in d'Oichhalm ganga sind.

Zwoi buəbə send in d'Oichhalm gangə. nao weil se send 'nouszchommə, hŏnd sē gchlei oin' ādroffə; nao ist d'r Oichhalm auf ə dann nauff: der oī sagte: kāʃt du 'nouff, kă ni ao nauff! nao ist dər Oichhalm von dər dann uff dē ander num. ›kăst du 'num, sagte der mēa, kā-n-i ao 'num!‹ sagte zum andern: gang hoim, hol 'n hafə, kŏnn' mər 'n braotə! der gieng hoim. er hüpfte 'num auf dē dann, iʃt 'rabgfallə, haot bluatet ond iʃt z'dåəd gfallə. nao iʃt der vō də hoim chommə und haot iən gseəhhə und gsét: so haoʃt 'n jəzt schöə gfreaszə, haoʃt chönnə itt verwātə bis i chommə bī! Klimmach.

5.
Vom ə hiətəbuə.

Dao iʃt maol ə hiətəbuə gwēst, dear haot in d'kchappə 'neī beatet; mao 'nr 's haot vol ghêt, haot 'rs ausgschitt: nao haot 'r allemaol gsét: dao armē sealə chlaubet! nao haot 'r ällemaol seī vadder ond seī muoter gseahhə. nao iʃt ə maol ə goistlicher herr zu 'm kchoma:

nao haot 'r 'm 'n baoter ond 'n rẳəsəchranz gschēkt; nao haot deər buə 'n baoter 'rābeatet, nao sēd diə armē seələ um də herra. 'rumgwest. Nao ißt 'r zu deam buəbə ganga und haot gsaet: buə gî mər mei baoter mëə: d'armē seələ sind all om mi rumm! nao haot dear buə mea in d'kchappə 'nei beatet, nao haot 'r mëə auszgschitt, nao sind dē armə seələ mëə zu 'm kchommə. Klimmach.

6.
Die Wehemutter von Augsburg.

Zur Zeit da das Christentum in Augsburg schon ganz allgemein war, wie vile Kirchen, Klöster, wol auch Klosterschulen hatte, nam ein Jude den christlichen Glauben an, liesz sich in einem dortigen Kloster als Mönch aufnemen und wurde christlicher Priester. Als solcher übte derselbe alle die disem Stande zukomenden kirchlichen Verrichtungen ausz. Zu derselben Zeit lebte auch ein Bürgermeister, dem seine Gattin jedes Jar einen gesunden Knaben gebar, der aber in der Regel nach empfangener Taufe innerhalb weniger Tage, wie manche andere dort getaufte Kinder, starb. Dise Frau ging nun abermals und zwar mit dem 7. Kinde unter irem Herzen. Der Vater voll banger Anungen nam nun seine Zuflucht zu Gott und nach inständigem Gebete gelobte derselbe, dem im zuerst Begegnenden bei seinem Auszgange ausz der Kirche zum Gevater zu bitten, derselbe möge, welchen Standes sein, als er wolle. Ausz der Kirche gekert, kam ein junger Mann im entgegen, den also der besorgte Vater seinem Versprechen gemäsz zu Gevater bat. Der jugendliche Klosterschüler erhob wol mancherlei Bedenken gegen ein solches Ersuchen des Bürgermeisters, die aber alle von lezterem beigelegt wurden, so dasz der Klosterschüler in dessen Begeren zulezt einwilligte. Die Zeit der Entbindung kam heran und die besagte Frau gebar zum 7. male einen gesunden Knaben. Der abermals gewordene Vater machte seinem neuen Gevater sogleich die Anzeige, beschied denselben in sein Haus, wo für den armen Klosterschüler zur ebenbürtigen Auszstafirung eines Gevaters des Bürgermeisters alles Gehörige bereit lag. Niemand kante den neuen Gevater, noch wuste Jemand von der eigentümlichen Auffindung und Erbetung desselben. Man gieng stillschweigend zur Kirche, der Taufakt began; wie horchte aber der Klosterschüler, als er stat der gewönlichen Taufformel in den 3 höchsten Namen der Gottheit, in auszergewön-

licher Sprache 3 Namen der verworfenen Geister auszsprechen und
das Kind denselben durch den Geistlichen übergeben hörte. Auch
wollte er stat der Aufgieszung des Taufwaszers ein dreimaliges Eindrücken in des Kindes Kopf bemerkt haben, wonach oben erwänte
Uebergabe die Dreifaltigkeit des bösen Geistes bestärkt wurde. Mit
Mühe, doch schnell gefaszt, unterdrückte der verkleidete Klosterschüler seinen Unmut über solchen gottesschänderischen Frevel und
begleitete seinen Taüfling stillschweigend und überlegend nach Hause.
Im Hause des Bürgermeisters aber angelangt, suchte er bei erster
sich darbietender Gelegenheit den ganzen Vorgang in der Kirche
demselben beizubringen und den Vater zur rechtmäszigen, von der
christlichen Kirche vorgeschriebenen Taufe durch einen Geistlichen
in einer andern Kirche aufzufordern, welchem auch bereitwillig ent-
sprochen wurde. Bei disem eigentlichen Taufakte kamen nun auch
nach Begieszung des Kindes mit dem Taufwaszer im Namen der
dreieinigen Gottheit die drei früher in das Gehirn des Kindes ein-
gedrückten Stecknadeln oder Glufen zum Vorschein, die sodann ausz-
gezogen wurden, wodurch das Kind gerettet war und zur Freude
seiner beiden Eltern gedieh. Der gottesschänderische Geistliche und
die mit demselben im Bunde stende Wehemutter aber wurden ge-
richtlich eingezogen und troz alles hartnäckigen Laügnens irer Freveltaten dem damaligen geheimen Gerichte übergeben. Von der Zeit
des Vorkomens diser beiden Gottlosen rumorte, nachdem die Gebet-
glocke des Abends verhallt hatte bis Morgens diselbe wieder ertönte,
in den Straszen Augsburgs bald ein schwarzer Pudel, der die spät auf
der Strasze Wandelnden anbellte, plärte wie ein Kalb und behelligte
besonders die zur Nachtzeit Kreisenden, wodurch dise in Schreck versezt wurden und eine unglückliche Geburt sich nicht selten ergab.
Mancher Ungläubige und Frevler wurde auf empfindliche Weise durch
dise unheimliche Schreckgestalt zurechtgewisen. Seit Papst Pius VI.
Augsburg auf seiner Reise durch Deutschland mit seinem Besuche
beerte, ist disz Phantom verschwunden. Ein gottesfürchtiger Priester
mit auszerordentlicher oberkirchlicher Gewalt soll selbes in eine me-
tallene Flasche beschworen und in einen Sumpf versenkt haben.

7.
Vom ə Schneider.

'S iṣt ə maol ə schneider vō dər steər z'nax hoīgangə; nao iṣt
'r in 'n wald kchomə, dao haot 'r ə 'n oichis laob uff də huət 'nuff

gₛtekcht. nao mao 'r gangə işt, haot's so gchrauschet, nao haot 'r 'm gforchtə, weil 's so gchrauschet haot. nao haot 'r āfangə lauffə: nao haot's āll érger gchrauschət und ear işt āll érger gchlauffə und haot 'm erger gforchtə bis 'r ganz miəd gwést işt; nao işt 'r 'nā gflagget ond haot gsāt: iəz frisz mē nō voll: î kā nix mēə machə!
Birkach.

8.
Woher die Gundelfinger den Namen »die Linken« haben.
Zu Seite 817a.

Zur Zeit des 30järigen Krieges lebte in Gundelfingen ein Geiger Namens Ulrich oder Utz. Von dem get die Sage, wenn seine Geige klang, muste Jedermann tanzen ob er wollte oder nicht. Der Geiger hatte von Natur an der linken Hand zu wenig Finger; strich darum den Bogen mit der linken Hand. Er war weit und breit bekant und beliebt, wurde überallhin geholt, hatte auch Schüler, die sämtlich links geigen musten. Da hiesz esz alsbald: »Juhé, jezt gets losz, die linken komen!« So blieb der Name »die Linken« den Gundelfingern. Ein Maler brachte in der Spitalkirche sogar einen links geigenden Engel an, mit dem er wenig Ere aufhob; er ist jezt übertüncht.

9.
Der Kinderfreszer.

Auf einem Kupfer, fliegendes Blat des vorigen Jarhunderts, stet der bärtige, uraltherkömmliche Kinderfreszer mit langem Rock, die Taschen voll Kinder; vor im her flüchtet ein Bube und ein Mädchen der nahen Mutter in die Arme. Unten stet:

Still, still und werdet fromm, ihr gar zu böse Kinder,
Springet und brüllt nicht so, als wie die dumme Rinder.
Laszt euch was weren doch, seid nicht so ungehalten.
Folgt euren Eltern, Lehrmeistern und den Alten!
Wo nit, so komm ich gar geschwind zu euch gelaufen
Und frisz euch alle auf: Seht an den groszen Hauffen.
So ich schon bei mir hab; die Säcke sein gefüllet
Mein Korb ist starzend voll, ein Teil trag ich verhüllet

In meinen Hosen und ein Teil in meinen Taschen,
Dise habe ich geraubt zum Freszen und zum Naschen.
Mir wird die Zahl zu viel, dasz ich's nicht kann auffreszen
So henk ich Teils in Rauch, Teils pflege ich zu preszen,
So lang bis alles Blut aus Adern ist gefloszen,
Das sauf ich maszweisz aus mit meinen Hausgenoszen,
Dem Wauwau u. der Bercht vil pfleg ich klein zu hacken,
Zu Knöpflein oder Würst, teils aber lasz ich backen
Als wie ein Birenknopf, zum Teil tu ich verstecken
Ins stinkend Mägdeloch, Mistgrub und bei den Hecken;
Bis mich zum Freszen mahnt mein hungriger Magen
Alsdann verschlingt sie auch des Kinderfreszers Kragen.
So mache ich's auch euch, wann ihr wollt bös verbleiben.
Faul sein und nichts tun denn nur Mutwillen treiben.
Ich steck euch in mein Sack und beisz ab Füsz und Ärme
Hand, Ohren, Nas und Kopf, zernage das Gedärme,
Herz, Leber, Lung und Bauch. Wollt ihr mir gleich entfliehen
So hab ich Strick genug, womit ich kann euch zu mir ziehen;
Ich frage nichts darnach, ihr mögt zu Hilfe rufen
Der Regel, Ursel, Lies, Ann, Berbel und Margrethen;
Ich nehme euch dennoch mit: ich frage nichts nach eurem Klagen
Wann ihr's gleich zehemal wollt eurer Mutter sagen;
Drum seidt gehorsam, still, gesellt euch zu den Frommen
Dasz ihr nicht dörft in Bauch des Kindleinfreszers kommen.

10.
Die Butzenbercht.

Ein fliegendes Blatt, Kupfer, worauf die B. als altes häszliches Weib mit Pelzkappe, zerriszenem Rocke, einem Korb voll Kinder auf dem Rücken u. s. w. Unten stet:

Mum, mum, mum, wo seid ihr Kinder, wo?
Warum versteckt ihr euch, warum fliehet ihr mich so?
Ich tu den Frommen nichts, die Bösen will ich plagen
Und sie in Lech, Mägdloch, Hundsgraben, Mistgrub tragen.
Wollt ihr auch böse sein, faullenzen und nichts tun
Grumpfig und muffig sein als wie ein pfiffigs Huhn;
Nichts lernen in der Schul, nichts nähen oder spinnen
Nichts beten und aufstehn, so sollt ihr nicht entrinnen

Meim alten Besenstil, der Peitschen und der Rut
Womit ich schlagen will euch bis aufs rote Blut.
Ich will euch Händ und Füsz kreuzweis zusamenbinden
Und werfen in den Koth, auch will ich euch anzünden
Euer Zöpf und Haar, das Gesicht zerkrazen und die Nas
Abschneiden und euch brav zerzausen; über das
All euer Dockenwerk wegnemen und verbrennen,
Euer schönste Sonntagskleid zerschneiden und zertrennen;
Die Gunkel will ich so einfüllen mit Rotz
Dasz sie recht tropfnen soll, wann ihr als wie ein Klotz
Zu lang im Bette flackt und schnarcht, so will ich haspeln
Die Därme aus dem Bauch und ihn hernach mit Raspeln
Und Hecheln füllen ein. Ich will euch in ein Haus
Zusammensperren, wo ein Floh bald einer Maus
Ein Laus bald einer Katz in ihrer Grösze gleichet,
Die Wanze einem Hund; solch Ungezifer schleichet
Zur Nacht in euer Bett, die Schlang soll Tischgesell,
Der Wurm zur Kurzweil sein: die Bänk und Tischgestell
Sind Küh- und Ochsendreck, Geiszkugeln sein die Speisen;
Mein Rotz ist das Getränk. Wollt ihr euch nun erweisen
Zu Haus und in der Schul gottsförchtig, fleisig, fromm
So kom ich Butzbercht nit, mum, mum, mum, mum, mum!
Drum seid gehorsam still, gesellt euch zu den Frommen
Dasz ihr nicht derft in Korb der Butzenbercht kommen.

Die fliegenden Blätter sind unterzeichnet Albrecht Schmidt, seelige Erbe. exc. A. v. 2. Ich verdanke sie Herrn Buchhändler Manz in Augsburg.

11.
Das Königenfest in Memmingen.

Bis zum Jare 1804 lebte in M. ein uraltes Fest, das die Sage auf die Karolingische Zeit zurückfürt. Am Schlusze des Schuljares, am Pfingstmitwoch, zogen die drei besten Schüler jeder Classe unter Fürung ires Lerers; im Gefolge die Schuljugend samt den Königen des vorigen Jares und 3 Gesangfürern in der Stadt herum. Die 3 waren je mit Kronen, Kränzen etc. geziert und hieszen Könige und Königinen, disz war mit Kosten verbunden; daher esz schwer hielt, solche Eltern zu finden, die sich dazu verstanden. So giengen oft die rechten Preisträger leer ausz. Am Ende des vorigen Jarhunderts war das Fest mitunter ser einfach, bald so bald so gehalten. Am

Pfingstdonnerstag gen die Eltern in einen der Stadt nahe gelegenen Belustigungsort. Am Schlusze froher Raigen auf grüner Wise. Der Ursprung sol von Kempten auszgen. Karl's des Groszen Gemahlin Hildegard wonte mit iren Sönen Pipin, Karl und Ludwig auf der Hilarmont, um den Bau des von ir gestifteten Klosters zu überwachen. Bei Tische soll einstens Pipin seine Mutter gefragt haben: wenn der Vater gen Himmel gekomen ist, werde ich darauf König werden; desgleichen fragten die zwei andern. Die Mutter entschied: jeder der drei Prinzen solle sich in dem Flecken Kempten einen Han holen und die drei miteinander kämpfen laszen; wessen Han siege, der werde König werden. Die drei Prinzen giengen und holten Häne, inen schlosz sich die Jugend an bis auf die Burg, allwo der Kampf vor sich gieng. Ludwigs Han siegte. Das Spil gefiel so, dasz esz jedes Jar von der Jugend wiederholt wurde.

In wieweit dise Sage von Wert, musz vorerst dahingestellt bleiben: sie soll einer alten Chronik entnomen sein. Vgl. Scharrer.

12.
Die hl. drei Könige.

Wir komen daher in aller Gefar
Und wünschen Euch allen ein neu's guts Jaor;
Ein neu's guts Jaor, eine fröhliche Zeit,
Die uns Gott Vater vom Himel 'rabkheit,
Gott Vater, Gott Son, Gott heiliger Geist!
Da komen die hl. Dreikönige mit irem Stern,
Sie suchen den Herrn und finden in nicht.
Esz giengen alle drei das Bergele hinauf,
Herodes, der schaute zum Fenster herausz;
Da sprach er mit bedachtem Blick:
Wie ist der mitlere König so schwarz?
Er ist nicht schwarz, er ist nicht weisz,
Er sieht dem König von Morenland gleich.
Bist du der König von Morenland,
So reiche mir die rechte Hand.
Die rechte Hand, die reich ich dir nicht
Du bist ein falscher Herodes, dir trau ich ja nicht!
Esz flog ein Vogel wol über das Feld;
Wir nemen nichts als Flaisch und Geld;

Und ir is gern gend, so gend is frei bald,
Wir müszen heut Nacht durch den finstern Wald
Durch 'n tiefen Schnee: wie tuet dês den heil. Dreikönigen so weh!
O je!

Strasze. Allgemein.

13.
Fasnachtbraüche vornemer Augsburger.

A. 1590, den 6. März, hielten vorneme Augsburger, worunter die Fugger, auf dem Weinmarkte folgenden Aufzug. 3 Haufen, je zu 12 Mann erscheinen zu Ross, in seydenen Klaidern. Ir Speerrennen galt dem hölzernen Türken, einer mechanischen Figur, die getroffen zusamensank, alsbald sich aber wieder erhob; verfelte der Ritter den Stosz, so drehte sich der Türke und versezte im, wenn er nicht schnell genug umkerte, einen derben Schlag. Den Preisz trug Anton Fugger davon. Hierauf hieng man eine lebendige Gans mit dem öltriefenden glatten Kragen abwärts und wer sie im Galopp reitend erfaszte und herabrisz war Sieger. Damals war esz Georg Fugger.

(Chroniken.)

14.
Fuggerische Hochzeitsite.

A. 1591, den 24. Febr. fürte Anton Fugger seine Braut, Barbara von Montfort, mit mer denn 700 Pferden heim zur Trauung in die St. Morizkirche. Zu der Kirche fürte er die Braut in Begleitung der Hochzeitgäste über eine Brücke von Bretern, die bis an die Kirche reichte. Am 27. Februar fanden Ritterspile stat. Ein ausz Leinwand gemachter hoher Berg, Parnass, mit Musikern oben ward auf dem Weinmarkt herumgefürt. Dort war ein Breterschlosz, mit Kanonen oben, errichtet, die Freudenschüze abfeuerten. Zulezt brannte man das Schlosz selbst ab. Den 28. Febr. fanden änliche Spile stat.

(Chroniken.)

15.

Das Spil von der Flucht nach Egypten.

In der Chronik von 1634 heiszt esz S. 130: »A. 1486: Und als am achteten der hl. Dreikönig das Spil, wie die Jungfrau Maria, da sie ein Kindsbetterin gewesen, in Egypten geflohen, in der Thumbkirchen allhie altem Gebrauch nach gehalten wurde, hatten 2 Weiber einander mit Meszern verwundt.«

16.

Der Waszervogel.

Wir reiten, wir reiten den Waszervogel,
Wir wiszen nicht, wo er ist hingeflogen.
Er ist geflogen wol über das Ried,
Er macht deana Fischa das Waszer so trüeb.
So trüeb, so trüeb bisz auf den Boden,
Da meinet die Mädchen, wir sollet se loben.
Wir lobet se nicht, wir lobet se nicht.
Wir loben die schwarzbraunen Aügelein
Mit iren schönen Kränzelein.
Das Kränzelein hat eine seidige Schnur
Einem jedwedera Baurabueba uff sein Huot.
Und wenn die Baura uns wöllet 's Pfingstreita verbieta,
Nao wöllet mier ins koin Ross mer hüeta;
Kein Ross nie hüeta, kein Fülle mer treiba
Nao wöllet mier alles ge Fridberg reita,
Ge Fridberg reita in's obere Schlosz,
Dao komet dia Baura und hollet die Ross.
Und wenn die Baura die Ross wend haba,
Nao müeszet se 'n Sack voll Taler mittraga.
Ein Sack voll Taler ist nõ nett gnug,
A Huet voll Halbbaza gheart ao derzu.
A Huet voll Halbbaza ist nõ net gnueg,
A Kräza voll Goisla gheart ao derzu.
A Kräza voll Goisla ist nõ nett gnueg,
A Kräza voll Schnüera gheart ao derzu.
A Kräza voll Schnüera ist nõ nett gnueg,
A Kräza voll Semla gheart ao derzu.

A Kräza voll Semla ist nō nett gnueg,
A Kräza voll Oier gheart ao derzu.
A Kräza voll Oier ist nō nett gnueg,
A Hafa voll Schmalz gheart ao derzu.
Jezt wollet mir da Baura dankcha
Mit lauter Schwaoba und Schwanka.
Schwaoba u. Schwanka sind uns wol bekant,
Wir bieten der Baürin die rechte Hand.
Adé!·

Zwei andere Varianten finden sich in Schmid's schwäb. Wb. u. in Herberger's Burg- und Batfeld. Den besten Text habe ich wol hier, von einer Baüerin in Groszaitingen, aufgeschriben, um deren elterliches Haus (Mitelmüle) sich der Waszervogel drehte, weil imer einer den Hauptreiter machte von da.

17.
Alte Pfingstspile.

»Es hatten auch die Messner oder Glöckner zu unser lieben Frawen, ein alten Gebrauch, dasz sie auf den andern Pfingstfeiertag allezeit ein grossen Kranz von vielerlei Blumen und Farben flochten und denselben in der Prozession da alle Stulbrüeder u. Glöckner mitgehen muszten, einem Thumbherrn selbigen Stifts mit Trummen und Pfeifen verehrten (in maszen noch die Bawren so zu dem Spital gehören auf denselben Tag mit seltsamen Ceremonien ein Eintritt halten und etlichen Bürgern Käs zu verehren pflegen); solchen Kranz nun brachten dieselben Messner in des Thumbprobst's Behausung und verehrten jne der Keyserin, dafür sie 10 fl. bekommen und da noch etlich Geld auf die Gassen in die Bursch geworfen worden.«
(Chron.)

18.
Das Husauszlaüten.

Seit dem Husitenkriege war esz an mereren Orten Schwabens üblich, neben dem Ave dreimal des Tages auch ein Glockenzeichen zu geben zum allgemeinen Gebete, um Gott anzuflehen vor einem

Böhmen-Einfal das Land zu schüzen; das Glockenzeichen hiesz »Husausz!« In Günzburg sol das Läuten nach dem furchtbaren Brande a. 1735, wo 176 Haüser abbrannten, aufgehört haben.

19.
Passionsspil in Lauingen a. 1797 u. 1798.

Am Karfreitage um die zwölfte Stunde gieng der Zug ausz dem Schlosze zur Pfarrkirche, wo die Vorstellung mit der Gefangenname Christi am Oelberge began, und sich von hier ausz durch die Hauptstraszen der Stadt bewegte. Pilatus und Herodes saszen hoch zu Ros, wärend Annas und Kaiphas in einer Kutsche furen. In Kutten gekleidet, mit verhülltem Gesichte oft noch ein schweres Kreuz auf der Schulter tragend, die Geisel in der Faust, drängten sich die Haufen der Geisler zwischen Vorstellungen ausz dem alten Testamente, wie z. B Adam und Eva, der egyptische Joseph, Jonas im Wallfisch etc. Nach den drei, durch Pöllerschusze begleiteten Fuszfällen kam der Zug auf dem Marktplaze an, wo das Passionstheater aufgeschlagen war und wo nun in zwölf Aufzügen die vorzüglichsten Momente des Leidens Christi den bis zu Tränen gerürten Zuschauern, deren Zal sich gewönlich auf merere Tausende belief, vor Augen gefürt wurde. Wärend der lezten Akte waren die Geisler gewönlich als unwürdig solches anzusehen im Schulgebaüde versamelt und geiselten sich dort, dasz nicht selten das Blut an die Wände sprizte, bis esz endlich am späten Abend endete u. die Menge lautlos, als hätte sie wirklich dem Tode des Gottmenschen beigewont, auszeinander ging. Auch bei disem gewisz jedem Denker mer als ernsthaften Gegenstande, ereigneten sich oft ser burleske Scenen, welche nur zu laut gegen derartige Profanirung des Heiligsten sprechen. — So geschah esz einst in Gundelfingen, wo der die Person Christus Vorstellende die Kazen nicht leiden konnte, dasz, als er am Kreuze hieng und sein persönlicher Feind eine Kaze zum Kreuze emporhielt, derselbe jämerlich zu zappeln anfieng und kläglich schrie: Land mi ra, land mi ra! Auch Aufpasser in Teufelskostümen waren bestellt, welche mit Prügeln die Unandächtigen anfeuerten, oder unererbietigen Bauern die Hüte auf die Köpfe trieben. Derjenige, welchem die Rolle des Christus zufiel, war auf keinen Fal zu beneiden, er war gemeinlich Beschaumeister der Weberzunft und Mitglied des Quartieramtes, und da die Judenrollen an arme Weber verteilt wurden, so ist esz nicht zu bewundern, wenn selbe noch obendrein etwas bezecht Schläge regneu lieszen. Einmal wurde der Bürger Braun, den man später nur mer den »Herrgott« nannte, dermaszen mit der Kette gewürgt, dasz esz mit einem Haar einen tragischen Auszgang genomen hätte, wenn nicht sein Weib mit dem Auszruf dazwischen gesprungen wäre: »bei euch mag der Teufel Herrgott sein, mein Mann darf in nicht mer machen, wiszt ir Lümel denn nicht, dasz er Weib und Kinder hat!«

Wie ernst esz aber den Geislern mit irer Buszübung war, zeigte sich einmal in der Augustinerkirche, wo zwei derselben am Karfreitage, als sie sich unbemerkt glaubten, allerlei Zotten und Possen trieben. Aber Pater Leopold, ein besonderer Eiferer für die Religion, bemerkte iren Mutwillen vom Chore ausz, holte ein dickes spanisches Ror und prügelte sie pro Gloria Dei der Art zur Kirche hinausz, dasz inen auf Zeitleben die Lust zu pharisäerischen Buszübungen vergangen sein wird. (Mittermaier.)

20.
Das Quatemberbantschen.

Wenn imer ein Vierteljar verstrichen und der Quatembertag gekomen, so erklärte der Schullerer gewönlich seinen Schülern: Heute werdet ir alle wieder einmal auszgestrichen, vergeszt daher ja nicht, Nachmitag das Streichgeld mitzubringen. Nachmitags stellte der Lerer eine Bank miten in die Stube und sezte sich mit einer gewaltigen Rute auf diselbe. Nun muste sämtliche Schuljugend, Buhen und Mädchen durch seine auszgespreizten Beine so hastig als möglich durchkriechen, um nicht von den Schlägen der Rute, welche hageldick herabregneten, getroffen zu werden, wonach das Streichgeld, welches gewönlich in einem Kreuzer bestand, entrichtet wurde. Ein Hauptspasz war esz aber für die löbliche Jugend, wenn ein etwas groszerer Bube die Bank mit samt dem darauf sizenden Lerer über den Haufen warf. So etwas konte angen, so lange irgend ein Handwerksmann, der oft selber nicht lesen und schreiben konnte, Lererstelle versah, muste jedoch unterbleiben, wenn achtungswerte Leute an ire Stelle traten. Diser Gebrauch stamte ausz uralter Zeit, wo die Novizenmeister der Klöster ire Zöglinge, um sie zu erinnern, dasz jeder one Unterschid der Strafe würdig sei, auf dise Weise züchtigten.

(Mittermaier.)

Anhang.

21.
Mezgerknaben.

Eine Reimtafel in der Mezgerstube:
Ihr junge Mezgerknaben
Hört mir anjezo zu:
Ein' alten Brauch wir haben,
Welchen ich melden thu.
Keiner kann nicht **einkommen**
In unsrer Zunft herein,
Er thu dann in der Sonnen
Ein ehrlicher Mezgers-sohn sein.
Ein' Artikel wir haben
Der gibt uns zu verstohn
Dasz jede Mezgerknaben
Ihre Jahr müszen hon,
Ihre Meisterstück zu machen
So dasz er thu beston.
Nach denen g'scheh'nen Sachen
Mag er heiraten thun.
Ihr junge Mezgerknaben!
Wann einer will arbeiten vil
Thu er sein Achtung haben;
Und ordne recht voran
Und thue so arbeiten
Dasz er möge beston.
Hat er Lob bei den Leüten
Und bringet Ehr davon.
Erstlich soll einer trachten
Um ein gesundes Vich;
Ein' Ochsen zu dem Schlachten,
Das kleine Vich zu dem Stich.
Ein Schwein soll er arbeiten,
Weil deren sind nicht vil
Oder er kann es meiden
Wann er's nicht treiben will.
Du solt es auch anzeigen
Fein deinen **Vorgehern** recht;
Da wird man dir zugeben
Erstlichen 2 **Marktknecht**

Die dir fein den Plaz machen
Denn vil Leut thent da stohn;
Hab Acht auf deine Sachen
Zwei Bschauer muszt du hon.
Wann es dann 2 hat geschlagen
So sei geschwind und lauf;
Thu das klein Vich hertragen
Und weck die Bschauer auf!
Wann sie dann zu dir sprechen
Sie woll'n bald bei dir sein.
In Gottes Namen thu's stechen
Trags in die Mezg hinein.
Erstlich für das Lämmelein
Und breit es schön und bald
Und das Kalb musz das ander sein,
Damit es nicht verkalt.
Den Hamel gleich darneben
Muszt du bonlingen thun
Und den B'schauern fürheben
Auf dasz du mögst beston.

22.
Pfingstrit.

Der Pfingstrit hat hier den Namen um's Doarabüschele reiten. Am Pfingstmontag in der Früh get's zuerst in den Klee und dann suchen Bursche von 16—18 Jar gute Rosse, um zuerst zum Zil, das eine Viertelstunde entfernt ist, zu komen. Dort steckt eine seidene Fane und ein Dornbüschelein. Alle stellen sich in Linie auf; der befehlende ruft: »zum erstenmal: richt euch! zum zweitenmal richtet euch! zum drittenmal hui!« Der am bäldesten am Zil, bekomt die Seidenfane; der zulezt anlangt, bekomt das Dornbüschele. Nachmitags reiten alle gerade so mit der Fane und dem Doarabüschele im Dorfe herum und sameln Eier, Buter u. s. w. und hierauf get's in's Wirtshaus. Abends müszen die Jungen heim und die älteren ledigen Bursche beginnen jezt ir Nachtfest.

Oxsenbrunnen.

23.
Hochzeit.

Vorausz get »uff Gschaub«; dann die Stulfeste; nach disem wird die Hochzeit beim Wirt andinget. Am Hochzeittage vor der Kirche holt man die Braut ab, wobei der Pfarrer sein musz; oder man holt den Braütigam ab, je nachdem sie oder er in's Haus kam oder schon vorher von seinen Eltern ausz da war und in Zukunft bleibt. Zum Kirchgang gehörte Musik. Zuerst die Copulation, dann Amt. Bei der Copulation die Braut links; der Pfarrer holt den Braütigam und fürt in zum Altar; so ein zweiter Geistlicher da, der holt die Braut; ist 1 Geistlicher im Orte, so musz die Braut one Fürer gen. Vom Altar weg ebenso wie hin. Der Pfarrer fürt wieder den Braütigam, der Benefiziat die Braut. Beim Hinauszgen sten 2 Ministranten mit dem Cingulum und die Brautleute müszen sich lösen. Sodann get's auf die Gräber beiderseitiger Eltern und Verwandten, »auf Gräbnis«: man betet ein Vaterunser und gibt Weihwaszer mit einem Buchsbüschele. Dabei ist auch der Pfarrer, der zum Andenken an die Verstorbenen das Vaterunser begint. Dann get der ganze Zug heim zum Wirte mit dem Geistlichen, so ein Mal ist; ist keines, d. h. ist eine städtische Hochzeit, dann nicht. Der Wirt und Wirtin empfangen die Hochzeitleute mit dem Weichbrunnen in der Hand. Der Pfarrer gibt nochmal den Segen. Jezt komt der erste Tanz, Erentanz, den blosz Braut und Braütigam tun. Jezt get's Mål an bis 2 Ur; dann holte man früher 's Wickele. Die Gunkel auf's schönste geziert, mit Gold und Silber bedacht, so d. åspə. Dabei trägt ein Mädchen Brautgeschenke nach: wie kupferne Küchengeschirre u. s. w. Braotkar, Durschlag z. Klöszen, Späzlen. Hierauf get man ins Wirtshaus, da komt wieder Tanz und hierauf legt man 's Wickele in ein Zimmer. Zum Wickele im Hofe wird getanzt und brav getrunken. Jede Weibsperson musz einen Tänzer dazu haben, sonst ist esz eine Schande; wer keinen Fürer bekomt wird auszgelacht. Daher die Aufforderung und das Rufen nach Knechten: man wolle bezalen, wenn nur ein Begleiter komt. Nicht selten zalten alte Weiber irem Tänzer Bier und Wein. Die Brautfürerinen heiszen »die beide Brautspil«; nur imer 2; Brautfürer blosz einer oder gar keiner. Die Hierakappa war Schmuck der Braut, die gefallene durfte sie nicht haben, sondern blosz schwarze Bändel. Eine arme Hochzeit one Musik heiszt der Hennadreiszigst.

Groszaitingen.

24.

Das **Brautstelen** ist bräuchig gewesen; beide Brautleute sind getrennt; so tanzt z. B. einer und färt mit der Braut zur Türe hinausz und der Braütigam musz seine Braut loskaufen und zwar mit Wein. Nun sizt man ins Mâl. Zuerst komt Suppe, Voreszen und Würste. Bei den Würsten wird getanzt. Und jezt get's wieder an die Brautstelerei. Der Brautfürer musz die Braut alsbald **ferken**, d. h. herbringen. Jezt get's wieder zum Eszen und zwar z. Rindfleisch, aber kein Kraut. Die Brautgspiler komen in die Küche, »Jungfer Köchin!« sagen sie, »wir möchten a Kraut.« Die K. sagt: 's gibt schon eins. Was kostets? 8 Masz Wein, 12 Kronentaler. Das ist zu vil! Jezt komt eine Masz Wein; die Köchin verlangt noch 1 Masz u. s. fort; die Musikanten komen und nach und nach alles und schreit nach Kraut: jezt gibt sie 's Kraut wolfeil, jezt läszt i handla! Das ist der Köchin Trinkgelt. Nachher get's wieder in's Zimmer.

Dinkelscherben.

25.

Fasnachtsprüche.

a.

Im Namen Gottes tret ich herein,
Grüsz euch Alle Grosz und Klein;
Hausvater, Hausmutter laszt euch was sagen,
Ich will Euch zu meiner Fastnacht laden.
Komt aber auch zur rechten Zeit,
Da, wo etwas noch in meiner Schüszel bleibt.
Holla! Mensch gedenk recht nach,
Sag mir, wie stet bei Gott dein Sach?
Hast du auch imer Gut's getan,
Den Tod den fürcht fast Jedermann,
Hier samle du einen Gnadenschaz,
Weil du hast noch Zeit und Plaz,
Denn beim Sterben kein Probiren gilt
So ist's immer g'felt und auf ewig verspilt.
Tu Guts so vil esz immer kan sein,

Was jezt g'winnṣt, g'hört ewig dein.
Und so nimt auch mein Spruch ein End,
Ich wünsch euch Alle ein glückseligs.

b.

Im Namen Gottes tret ich herein,
Grüsz euch Alle Grosz und Klein,
Und wenn i den Erste grüsza det u. den Zweiten nett,
So wär i kein rechter Apodeier (?) net.
Apodeier Hochwolgeboren!
In unserm Land wächst wenig Wein und Koren,
Und auf der Wisen wächst kei Gras,
Meine liebe Leutla, was ist das!
Und i kom daher von Grünaboindt,
Wenn i ebis hätt, blieb i au dahoint.
Und i kom von Sachsa,
Wo die junge Mädli auf die Baümla wachsa
Und i kom daher von Kemnath,
Wo die alte Weibla auf die Baüm verschimlat.
I kom daher von Weiszenhora
Da hat a Ma sei Weib im Bet verlora.
Der, wo 's findt und nimma bringt,
Dem wird a wackers Trinkgeld gschenkt.
Und doch jezt sucht er 's Weib im ganzen Haus,
Er findt sie net, sie ist beim Rauchfang nausz.

Burgauer Gegend.

26.
Wie sträfliche Kinder zu züchtigen.

»Wenn man den Eltern ein sträffliches Kind haimbstellt dasselbe zue züchtigen, so sollen die Stattknecht dasselbe haimbfüren, den Eltern überantworten und dabei sein, bis man es züchtiget, und wann's genug ist, laszen aufhören.«

Alte Augsb. Verordg. 1647. Sammlg.

27.
Volks- und Handwerkssprüche.

Die Gänsberger (Günzburger), schreibt ein Klosterchronist, und die Bauern in irer Nachbarschaft seien ein gar sinnreiches Völkchen, unter denen vil Merkwürdiges zu hören. Nicht selten läszt sich ein verschwenderischer Vater verlauten: eine reiche Schwieger, bringt mir Alles wieder! — und wenn einem die Frau in die Wochen komt, so get er zum Pfarrer und meldet: seine Frau hab' einen jungen Erbsünder bekomen oder auch der Annamarie (oder wie esz heiszt) ir Backofen sei eingefallen. — Fastet ein rechter Vilfrasz unter inen, so heiszts gleich, er fastet wie jener Mann am Aschermitwoch, der von der Fasnacht her noch voll ist. — Als nur dem Kaiser unterworfene Untertanen sahen sie ganz hönisch auf ire Nachbarn und deren vile Regenten hernieder und sagten spotweis: Fürstlein krönen und Bratwürst eszen sei gar leichte Arbeit. — Von unehelichen Kindern meinten sie, die Eltern seien eben um den Altar gegangen ehe der Priester das Kyrie Eleyson gesungen. — Zu unnötigen Arbeiten hiesz esz: im Hintern gegrazt ist auch nicht gefeiert. — »Sohn, gib dich nicht mit schlechten Weibsleuten ab«, sprachen die Väter: »Mistlauge löscht auch den Durst, aber es mags doch kein gescheidter Mensch, höchstens der Besoffene, der darein fällt; hüt' dich vor dem Tier das Zöpf hat!« — Log einer so recht, so erzälte man ihm: »hast auch schon von dem Manne gehört, der auf dem Holzapfelbaum sizt und Zwetschgen iszt, dasz der ganze Boden voll Kirschkern liegt. — Wenn die PP. Franziskaner in Günzburg durch Verwandtenbesuche belästigt wurden, so sagten sie zu denselben: Bleiben Sie bei uns, o Herr Vetter, wir haben gute Better, unten Stro — oben Stro — in der Mit ists auch so, bleiben Sie da Herr Vetter, wir haben gute Better. — Vor falschen Leuten warnte man: Bist du der König von Morgenland, so buit du mir die rechte Hand. Die rechte Hand, die buit dir nit, du bist der Herodes, trau dir nit. — Ueber Freundschaften: Bist du brav — bin ich auch brav, sind wir brav miteinander. Bist du traurig, bin ich auch traurig, sind wir traurig nebeneinander. — Magst mich nicht, mag ich dich auch nicht, gehen wir gleich auszeinander. — Eszen und trinken, so man's sieht, ist viehisch; eszen und trinken, so oft esz einfällt, ist kindisch; eszen und trinken, wenn's nötig, das ist vernünftig. — Alles was närrisch, hebt man an, dasz man die Zeit vertreiben kan; aber die verlorne Zeit bringt hernach Reu und Leid. — Im Todbett hat kein Mensch gesagt: »Hätt' ich mer Geld und Gut gehabt.« Aber: »Hätt' ich mer Guts getan!« im Todbett wünschet Jedermann. — Ueber Eigenlob: Er lobt sich selbst, denn sein Nachbar ist nicht daheim, sonst —. Zu grose Lust: Närrisch ist zu lachen, dasz sich die Nase biegt: auf »lach!« sagt das Echo »ach!« —

In der ganzen Markgrafschaft Burgau galt esz als feste Norm, dasz zu jeder Hinrichtung die Weber die Leiter, die Müller den Galgen und die Schneider das Todtenhemd unentgeltlich liefern musten, als Leute, welche durch ire Profesionen am leichtesten zum »Langefingermachen« verleitet würden.

Ueber die Erträgnisse der Gewerbe liefert eine noch im Schwunge stende Schnurre einiges Licht. Der Schneider näht gar emsig und singt: »Kraut und Speck, mag ich nöt!« aber seufzend zieht der Schuster den Pechdraht durch das Leder und meint: hätt' ich, hätt' ich! und groszmütig hobelt im der Schreiner die Späne hin und ruft: »da hast's, da hast's.« (Mittermaier.)

III.

Kinderspile.

1.

Das sogen. »Sautreiben«.*)
(Zu S. 384a u. 237a.)

Disz für Kinder ser unterhaltliche Spil, wo bes. die Behendigkeit geübt wird, bestet in Folgendem:

1) Man hat einen Faszspund, die sogen. »Sau«.

2) Esz wird eine Grube in die Erde gemacht, in welche die Sau hineingetrieben werden musz; um dise Grube herum so vile kleinere Grübchen als es Spilende sind — um eines weniger —, in welches jedes Mitspilende den Stock, womit esz bewaffnet ist, als in seinen Zufluchtsort zu sezen hat.

---

*) Die 2 folgenden Spile verdanke ich dem Herrn Pfarrverweser Holzmann in Konradshofen. Sie stammen ausz Mittelschwaben.

3) Das Spil begint also:

Esz nimt eines die Sau in die Hand; jedes hat den Stock im mitlern groszen Grüblein. Nun wird die Sau mit den Worten »Hudelum« (durch die Stöcke hindurch) in die Grube geworfen; esz sucht Jedes mit Blizesschnelle mit seinem Stocke ein Grübchen zu erreichen; jenes, welches kein Grübchen im Kreise mit seinem Stocke erhascht, ist der »Sautreiber« (ein Grübchen im Kreise ist nämlich weniger als esz Spilende sind).

Nun wird die Sau auszer den Kreis geworfen; des Sautreibers Aufgabe bestet jezt darin, die Sau mit seinem Stocke durch die Spilenden hindurch in die mitlere Grube zu treiben. Natürlich verweren das die Spilenden mit iren Stöcken und schlagen diselbe, sobald sie in ire Nähe komt, mit iren Stöcken fort. Der Sautreiber aber paszt die Gelegenheit ab, um, wenn einer mit dem Stocke ausz seiner Grube ist und nach der Sau schlägt, in dessen Grube mit seinem Stocke zu komen; gelingt im disz, so ist der andere, der so seine Grube verloren, der Sautreiber. Bringt der Sautreiber dagegen die Sau in's mitlere Loch (Grube), so heiszts: »Hudelum«; jeder Spiler musz nun sein Grübchen wechseln und ein anderes zu erhalten suchen; wer beim Hudelum kein Grübchen erobert, ist der Sautreiber. Und so get das Spil fort, so lange man esz fortsezen wil.

2.
Das sogen. Gaiszen.
(Zu Seite 177.)

Man braucht zu disem Spile »ein Faszspund«, das so abgedreht ist, dasz esz auf dem dicken Ende leicht auf einem Brete stet. Dann wird auf einen Holzkloz oder ein paar Ziegelsteine ein Bret gelegt, dasz esz eine schiefe Ebene bildet. Jeder Spilende hat einen ordentlich zugerichteten Stock, mit welchem geworfen wird. Das Bret wird also hergerichtet und auf dasselbe das Spund, die Gaisz, gesezt und das Zil bestimt, von welchem ausz geworfen werden sol.

Das Spil begint also: Jeder hat seinen Stock auf die Gaisz zu schupfen, nicht werfen mit einer Hand, sondern mit beiden Händen; disz geschieht zu dem Zwecke, um den Gaiszhirten auszumiteln. Wessen Stock am weitesten von der Gaisz bei disem Schupfen entfernt bleibt, also schlecht gezilt oder geschupft hat, ist der Hirt, oder auch esz wird der Hirt dadurch nämlich, dasz einer bei disem Schupfen das Bret erreicht, dasz die Gais knappet, mankt, meckern genannt, so ist diser der Gaiszhirt.

Ist auf dise Weise der Hirt auszgemitelt, so nimt jeder seinen Stock und verfügt sich an das Zil — Distanz — von wo ausz auf die Gaisz geworfen wird und damit begint erst das eigentliche Spil. Jeder wirft vom Zile ausz nach der Gaisz; fällt dise vom Bret herunter oder was möglich geschieht, fliegt sie weiter fort, so hat der Hirt diselbe allemal sogleich wieder aufzusezen.

Spilregeln:

1. Wer auszer dem Zile nach der Gaisz wirft, wird, wenn in der Hirt erblickt, zur Strafe Hirt und jener ist abgelöst.

2. Wer mit dem Stocke beim Wurfe das Bret nur so berürt oder streift, dasz die Gaisz mankt, i. e. meckert, vulgo mäckelet, so wird diser Gaiszhirt, und der andere trit in die Reihe der anderen Spilenden.

3. Wärend die Gaisz auf dem Boden ligt, darf man nach dem Stocke, den einer nach der Gaisz hinauszgeworfen hat, laufen, um denselben zu einem fernern Wurf zu holen. Sezt der Hirt die Gaisz so schnell auf, bevor einer seinen Stock, der über das Bret hinauszfliegen musz, erreicht hat und ist der Hirt im durch seine Schnelligkeit auf der Ferse, so dasz er in mit seinem Stock berüren, dupfen, kan, bevor jener mit dem Fusze auf seinem Stocke stet, so ist er der Hirt.

4. Wer beim Wurfe nicht über das Bret hinauszkomt, wird Gaiszhirt; ligt jedoch der Stock um die Hälfte über dem Punkte, wo die Gaisz auf dem Brete stet, drauszen, so wird er's nicht.

5. Wer seinen Stock so hinauszwirft, dasz sein Stock mit einem andern, der schon drauszen liegt, ein Kreuz bildet — habe das Kreuz eine Gestalt wie imer — ist diser, wenn die Gaisz auf dem Bret stet, Hirt; fällt aber die Gais und hat er oder ein anderer so vil Zeit und Behendigkeit, das Kreuz der Stöcke zu nichte zu machen, bevor die Gaisz wieder stet, so wird er's nicht.

6. Wie der Stock drauszen hinfällt, musz er aufgehoben werden, d. h. der Punkt auf der Erde, wo der dicke Teil des Stockes hinfällt und der durch Krazen, um Streitigkeiten zu vermeiden, kentlich gemacht wird, bildet das resp. Zil eines jeden drauszen; wer den Stock in der Hand auf disem seinem Zile hat, kan nicht gedupft werden Dise Stellung hat jeder drauszen einzunemen, wenn die Gaisz von allen Spilenden gefelt ist. Der Hirt überwacht sie nun, dasz keiner zum innern Zile komt, um aufs Neue der Gaisz zuzusezen. Reiszt einer ausz — der Hirt wird auch durch Scheinmanöver getrezt, so dasz er einen für einen Auszreiszer halten kan, der nicht wol weg kan — so sezt im der Hirt nach; erreicht er den,

Anhang.

bevor er das innere zum Wurffe bestimte Zil erreicht, i. e. dupft er in auf dise Weise, so ist diser Hirt.

7. Esz darf keiner werfen, bevor der Hirt nicht ausz der Wurflinie ist; ebenso müszen die, die druszen bei iren Stöcken sind, während einer wirft, zur Seite gen, um Unglück und Beschädigung zu verhüten.

8. Wird die Gaisz vom Bret so abgeworfen, dass sie auf dem Boden stet, wie sie auf dem Brete sizt, so heiszt esz: die Gaisz mäckelet und der Hirt darf jeden, der nicht bei seinem Stocke drauszen oder am Zile drinnen ist, dupfen, i. e. zum Hirten machen, d. h. solche, die nach iren Stöcken drauszen laufen, oder mit iren Stöcken dem innern Ziele sich im Guten Glauben, die Gaisz lige, zuflüchten.

9. Esz wird, um dem Gaiszhirten seine Arbeit nicht gar zu sauer zu machen, ein Umkreis — ein Flächenraum — bestimt, innerhalb welchem man, wenn die Gaisz stet und der Hirt also jeden abfraszen kan, zu seinem Stocke drauszen oder mit demselben nach dem innern Zil sich schleichen darf, natürlich auf die Gefar hin, vom Hirten abgefaszt zu werden.

10. So wie Nr. 3 angefürt, laufen jene, die bei iren Stöcken drauszen sind, dem innern Teile der Distanz zu, wenn die Gaisz ligt; hat der Hirt die Gaisz schnell aufgeseszt und erwischt er einen, bevor er das innere Zil erreicht hat, so ist diser Hirt.

Das Spil, wo Auge, Hand und Fuaz, Geschicklichkeit und Behendigkeit geübt wird, erseszt bei einer frischen munteren Landjugend alle Turnschulen lungenschwindsüchtiger Städtkinder.

Sind der Spilenden vile, z. B. 10, so macht man zwei Hirten; einer ist eigentlicher Gaiszhirt und der andere ist Hirt bei der Distanz. Das Spil get wie angefürt nur mit folgenden Modificationen vor sich:

1. Man darf zum Werfen auch über das Zil hinausz in die Nähe des Brettes sogar; wird man aber erwischt, d. h. vom Hirten gedupft, bevor die Gaisz herunterfliegt oder wenn die Gaisz nicht getroffen wird, so wird man eben Hirt.

2) Man darf auch die Gaisz herunterschlagen, nur musz man sich nicht erwischen laazen.

3. Das Terrain für das Spil wird angemeszen weiter abgesteckt. Anmerk. zu 8. Wenn auf solche Weise die Gaisz mäckelet, so musz man so lange von einem beliebig gewählten und bestimten [Zil] auf sie werfen, biaz sie fällt. Dann wird die Gaisz erst wieder auf das Bret geseszt.

489

8.
Gockelspil.
(Zu Seite 1975.)

Baz ậten vile Mädchen sich haltend hintereinander. Die Vorderste ist die Henne und gräbt im Boden. Der Gockel stet vor ir und fragt:

Was gräbst du dao 'nei?
Antwort: A Heǫlẹ.
Wạo hǫ̈st hear?
Vom Herra.
Wāt i sag'ẹ 'm Herra! (Geistlicher.)
Sag'ẹ itt, sag'ẹ itt, i gib d'r a Schüzzel vol Birα.
I sag'ẹ ōnẹwēα.
Sag'ẹ itt, sag'ẹ itt, i gib d'r a Schüzzel vol Nuzz.
I sag'ẹ ōnẹwēα.
Sag'ẹ itt u. s. w. — da halbα Himel — da ganza Himel!
I sag'ẹ itt.
Gockel: Mao gaot der weag uff N?
Henne: So 'nauz! (rechte oder linkα.)
Gockel: 'S ist a-n-alte Weib koma
Und haot gaait so nā.

Jezt will der Gockel die Henne nemen; das ›ganze Riss‹ streitet für die Henne. Wen der Gockel erwischt, der muzz heraus und die andern fangen; alle Gefangenen werden ›gewürgt‹ (abgeschlacht-tet); biaz alle abgewürgt sind; nao iǧ 's Spil gar.

Klimmach. Birkach.

———

S. 474 (Mitte) lis Karrer st. Scharrer. S. 481 (unten) Oxenbrunnen.